中国运河与漕运研究

先秦两汉卷

张强 著

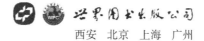

西安　北京　上海　广州

图书在版编目(CIP)数据

中国运河与漕运研究.先秦两汉卷 / 张强著.—西安:世界图书出版西安有限公司,2021.1
ISBN 978-7-5192-8255-4

Ⅰ.①中… Ⅱ.①张… Ⅲ.①运河—交通运输史—研究—中国—先秦时代、秦汉时代 ②漕运—交通运输史—研究—中国—先秦时代、秦汉时代 Ⅳ.①F552.9

中国版本图书馆CIP数据核字(2020)第270658号

书　　名	中国运河与漕运研究·先秦两汉卷
	ZHONGGUO YUNHE YU CAOYUN YANJIU XIANQIN LIANGHAN JUAN
著　　者	张　强
责任编辑	孙　蓉
装帧设计	诗风文化
出版发行	世界图书出版西安有限公司
地　　址	西安市锦业路1号都市之门C座
邮　　编	710065
电　　话	029-87214941　029-87233647(市场营销部)
	029-87235105(总编室)
网　　址	http://www.wpcxa.com
邮　　箱	xast@wpcxa.com
经　　销	全国各地新华书店
印　　刷	西安牵井印务有限公司
开　　本	787mm×1092mm　1/16
印　　张	21.5
字　　数	480千字
版　　次	2021年1月第1版
印　　次	2021年1月第1次印刷
国际书号	ISBN 978-7-5192-8255-4
定　　价	150.00元

版权所有　翻印必究
(如有印装错误,请与出版社联系)

序

从兴修区域性的内河航线到将不同区域的内河航线连接到一起,中国古代的人们通过改变交通运输方式,以运河带动了当时沿线地区社会经济及城市的发展。

周代以前,交通以陆路为主。《周礼·大司徒》云:"诸公之地,封疆方五百里,其食者半;诸侯之地封疆方四百里,其食者参之一;诸伯之地,封疆方三百里,其食者参之一;诸子之地,封疆方二百里,其食者四之一;诸男之地,封疆方百里,其食者四之一。"《汉书·地理志上》云:"周爵五等,而土三等:公、侯百里,伯七十里,子、男五十里。"那时虽有水运,但主要是利用自然水道。如《尚书·禹贡》叙述九州贡道时,有兖州"浮于济、漯,达于河",青州"浮于汶,达于济",徐州"浮于淮、泗,达于河",扬州"沿于江、海,达于淮、泗"之说,等等,这些都是说利用自然水道的情况。

时至春秋,为了满足领土扩张后的交通需求,一些诸侯国开始在境内外开挖运河。如司马迁《史记·河渠书》记载道:"荥阳下引河东南为鸿沟,以通宋、郑、陈、蔡、曹、卫,与济、汝、淮、泗会。于楚,西方则通渠汉水、云梦之野,东方则通沟江淮之间。于吴,则通渠三江、五湖。于齐,则通菑济之间。"这些运河具有区域性的特点,主要是为各诸侯国的政治、经济、军事等服务,如吴国在境内外开挖运河就有三个目的:一是为改善自身的交通条件;二是为提高农业的生产水平;三是为争霸服务,建立一条与中原相连的能够运粮运兵的水上通道。

平王东迁,以洛阳为中心的黄河中下游地区成为各诸侯国争霸的场所。这一时期,横亘中原"与济、汝、淮、泗会"的鸿沟成为诸侯争霸时利用的对象。中国古代有长江、黄河、济水和淮河四条独立入海的大河,鸿沟与黄河、济水和淮河三大水系相通,极大地改善了原有的水上交通条件。如鸿沟自荥阳(在今河南荥阳)向西可入黄河航线,沿黄河入渭水可入关中,随后直通长安(在今陕西西安);而自荥阳向东入淮、泗,经江淮之间的邗沟可抵长江北岸,随后进入长江流域及长江以南的区域。

鸿沟建成的时间下限当在周定王五年(前602)黄河南徙之前。司马迁称鸿沟"与济、汝、淮、泗会",黄河南徙后,济水在黄河南岸的水道已不复存在,故可知在周定王五年黄河南徙前鸿沟已投入使用。东周的政治中心是洛邑(在今河南洛阳),经济发达地区集中在以洛邑为中心的黄河两岸,鸿沟自荥阳向东南与淮河及支流泗水、汝水相会。有意思的是,江、河、淮、济四渎中,唯淮河呈南北流向。如胡渭《禹贡锥指》卷六云:"淮水自今河南汝宁府息县南东流,经光山县北,是为扬域。又东经光州北,又东经固始县北,又东北经江南凤阳府颍州北,又东经霍丘县北、颍上县南,又东经寿州北,与豫分界。又东北经五河县东南,又东经泗州南、盱眙县北,又东北经淮安府清河县南,又东经山阳县北,又东经安东县南,而东北注于海,与徐分界。"鸿沟与淮河及其支流汝水、泗水相通,为开发汝、泗区域创造了必要的条件,后来,又为开发淮河另一支流颍水的沿岸打开了方便之门,时至东汉,颍水两岸成为天下最富庶的地区。

邗沟位于江淮之间,公元前486年,吴王夫差为了北上争霸,遂利用淮河下游的水道兴修了这条运粮通道。鸿沟入淮,以及其与邗沟相连有四个方面的意义:一是自鸿沟入淮、入邗沟可以抵达长江北岸的扬州(在今江苏扬州),如果继续向前,跨越长江可经吴古故水道或秦丹徒水道深入江南的腹地,如果走水路溯江而上可深入到两湖、巴蜀等地;二是邗沟在改善淮南交通的同时,为开发淮南立下了汗马功劳,如《尚书·禹贡》叙述淮南土地及农业收成时有"厥土惟涂泥,厥田唯下下"之说,而开凿邗沟以后,这块以扬州、淮阴(在今江苏淮阴)为核心的贫瘠之地渐渐成为著名的粮仓;三是汉代吴王刘濞统治淮南时,重点发展盐业,为后世淮盐的崛起奠定了坚实的基础;四是在经济重心移往江淮及江南的过程中,这条水上交通线既担负着维护京城粮食安全的使命,又担负着商贸往来的重任。

鸿沟、邗沟虽然不是开挖最早的运河,但它们所经过区域的农业经济都曾先后崛起。具体地讲,我国的农业经济重心移往江南以前,先是在黄河中下游地区,后来在江淮崛起,但人们只关注自黄河中下游地区转移到江南的历史,对江淮一直缺少必要的关注。江淮农业经济地位下降,主要有两个原因:一是从三国分立起,江淮地区开始成为不同政权反复争夺的战场,这一情况直接影响社会经济特别是农业经济的发展;二是宋高宗建炎二年(1128)冬,东京留守杜充为阻金兵南下开挖黄河堤坝,从此开启了江淮成为洪水走廊的先河,如史有"杜充决黄河,自泗入淮以阻金兵"(《宋史·高宗纪二》)之说。可以说,南宋以后,黄河夺泗夺淮的历史均与此相关。黄河夺泗侵淮给江淮带来灭顶之灾,改变了"走千走万,不如淮河两岸"的历史。然而,如果注意到从隋唐到北宋这一历史时期,当知在江淮出现扬州这样全国第一大商业都会不是偶然的,亦可知江淮曾是全国最发达的农业经济区域和重要的商品集散地。

东晋时期,江南的农业经济得到了开发,其中,江南运河如吴古故水道、秦丹徒水道等均在农业开发中发挥了重要作用。这些运河除了有交通运输功能外,还有排洪防涝、改良土壤等功能。南北分治时期,无论是南朝北伐还是北朝南征,都是沿水路运兵运粮的,在这一过程中,鸿沟、邗沟、吴古故水道、丹徒水道等都在连接中原与江淮的运河中发挥了重要作用。

时至隋代,运河建设进入了历史的新阶段。一般认为,隋代运河建设是在隋炀帝即位以后,其实这一认识是不准确的,应该说是始于隋文帝。具体地讲,一是隋文帝在关中兴修了广通渠等,改变了关中的交通条件,提升了漕运能力;二是广通渠等具有行运、灌溉、改良土壤、排洪防涝等多种功能,这些功能叠加在一起改善了关中的农业生产条件;三是隋文帝将运河建设扩展到关东、江淮等区域,多次重修邗沟,又整治汴口(鸿沟入河口)等,已有将关中、关东、江淮等地运河相互连接的构想;四是隋文帝建十三州水次仓(漕运中转仓),明确地表达了加强漕运及为京城粮食安全服务的诉求。十三州水次仓均建在黄河与其支流交汇的河口,这也标志着隋朝建立了黄河与运河相接的漕运体系,如史有"转运通利,关内赖之。诸州水旱凶饥之处,亦便开仓赈给"(《隋书·食货志》)之说。水次仓的建设是漕运管理制度的重要内容。追溯历史,水次仓建设萌芽于战国后期,至北魏得到确立,隋文帝统一中国后沿续了这一制度。通过一系列的建设,隋文帝建立了自江淮、关东至关中的漕运大通道,为以关中控制关东及全国的战略构想提供了保障。

在隋文帝兴修运河的基础上,隋炀帝全面揭开了建设东都洛阳水陆交通运输体系的序幕,兴修了通济渠、永济渠和江南河三条运河,编织了一个巨大的交通运输网络。具体地讲,自长安至扬州的通济渠,主要利用了先秦鸿沟及汉代石门堰等,以及隋文帝时重修的汴口、邗沟等成果。通济渠自洛阳出发,经阳渠入洛水,经洛口入黄河,随后走黄河航线入汴口(在今河南荥阳西),继续东行入淮,途经淮北到淮南以后入邗沟,经邗沟可抵长江北岸的扬州。在经济重心移往江淮及江南的背景下,通济渠凭借自然地理区位优势成为隋王朝最重要的运河。这条运河不但将黄河流域的洛阳与江淮连到一起,而且自扬州渡江可深入江南的腹地,溯江而上可深入长江流域。开渠后,隋炀帝又下令沿通济渠修筑御道,增强了通济渠的陆运能力。

再来看看永济渠,它入黄河前有与通济渠共用的航道。两渠都是自洛阳出发,经阳渠入洛水,经洛口入黄河,入黄河后,两渠的航线发生变化,其中,通济渠入河后向东行至汴口出黄河,永济渠自洛口渡河至北岸。《隋书·炀帝纪上》云:"四年春正月乙巳,诏发河北诸郡男女百余万开永济渠,引沁水南达于河,北通涿郡。"永济渠建设发生在大业四年一月。永济渠至黄河北岸后,兴修时先是引沁补给水源,随后又因男丁不足,征用女姓服劳役。《隋书·食货志》又云:"四年,发河北诸郡百余万众,引沁水,南达于河,北通涿郡。自是以丁男不供,始以妇人从役。"从大势上看,永济渠呈南北走向,兴修时先是引沁入运,后是将黄河以北的大部分河流纳入补给水源,与此同时,又利用了建安时期(196—220)曹操在河北地区兴建的白沟等,最终建成了一条自洛阳直抵幽、燕大地的战略大通道。

永济渠与通济渠互通,使隋朝具有了面向不同方向的水上交通能力。此外,隋炀帝又沿两渠堤岸兴修御道,进一步提升了两渠的利用价值。与通济渠、江南河相比,永济渠兴修的难度最大。兴修永济渠的难处有三:一是建设的过程中需要避开太行山;二是黄河以北是黄河泛滥及改道的高频区,而黄河改道往往会引起相关区域的水文变化,增加兴修永济渠的难度;三是永济渠自南向北,截断了自西向东且有不同入海口的河流,由于需要将这些河流统一到独流口经小直沽入海,在破坏原有水系的同时,还加大了兴修永济渠的工程量。

与通济渠、永济渠相比,江南河兴修的难度最小。江南水网密布,水资源丰富,隋炀帝兴修江南河,主要利用了吴古故水道、秦丹徒水道等。

经过一千多年不间断的开挖,时至隋炀帝一朝,贯穿四方的水上交通运输体系终于建立起来了。

当国都建在黄河流域时,无论是建都长安、洛阳,还是大梁(在今河南开封),漕运方向虽会发生一些变化,但不会发生原运道废弃或沿岸城市衰败的情况。然而,到元世祖忽必烈定都大都(在今北京)时,运河交通及漕运开始发生重大变化。具体地讲,政治中心北移后,原先的水运体系已不能适应新的需求,史有"而运粮则自浙西涉江入淮,由黄河逆水至中滦旱站,陆运至淇门,入御河,以达于京。"(《元史·食货志一》)之说。这一时期,绕道而行采用水陆联运的耗费实在太大,随后统治者采取了"海漕"即海运之策。先将江南粮食集中到发运点刘家港(在今江苏苏州太仓浏河),随后,从刘家港起航沿长江入海,入海后沿海岸线北上,至直沽(在今天津)登岸入广通仓,等候北上入京。

元朝的政治中心虽然北移,但经济重心却仍在江南。《元史·食货志一》云:"元都于燕,去江南极远,而百司庶府之繁,卫士编民之众,无不仰给于江南。"元人眼中的"江南"是指江南省,其中包括盛产淮盐的沿海区域。

为了开通京杭大运河,元王朝主要采用了四大措施:一是在前人的基础上兴修了从直沽到大都的通惠河;二是重点兴修了山东境内的会通河;三是开通了徐州至清口(在今江苏淮阴码头镇)的黄河运道;四是利用和改造了元代以前的运河等,如利用和改造了从临清到直沽的御河、从淮阴到扬州的江淮运河、从镇江到杭州的隋及隋前运河。通过采取这四大措施,元王朝实现了大运河东移的战略构想。

明成祖朱棣夺取政权后,迁都北京。这一时期,最能代表明代兴修京杭大运河成就的工程是重开会通河。重开会通河的直接原因是:洪武二十四年(1391),河决原武(在今河南原阳),淤塞会通河。为恢复自江南北上的航线,宋礼等奉命疏凿会通河,再次开通了贯穿南北的大运河。

嘉靖四十五年(1566),运道大坏,工部尚书朱衡提出开挖自南阳至夏村的备用运道的方案。在这中间,朱衡采纳了潘季驯"浚留城口至白洋浅旧河,属之新河"的意见。勘议时,给事中何起鸣表达了赞成朱衡、潘季驯意见的想法,并提出了"旧河难复,新河宜开"的意见。

"新河"是与"旧河"相对的概念,旧河原本是会通河的一部分,开新河的目的是改造会通河沛县及留城一带的航线,避开黄河的侵扰。

明朝随后又开了洳河。洳河长二百六十里,自夏镇(在今山东微山)李家口经韩庄湖口可抵达台儿庄(在今山东枣庄),从台儿庄经邳州东直河口至董沟进入黄河(泗水故道)。史称:"其后开洳河二百六十里,为闸十一,为坝四。运舟不出镇口,与黄河会于董沟。"(《明史·河渠志三》)新河和洳河开通后,在改造会通河运道的同时,降低了船舶在该航段航行的风险。

清代继续通过各种方法维护贯穿南北的京杭大运河的运道安全,根据需要改造和疏浚了大运河的不同航段。在这中间,最重要的改造工程是:改造自清口(在今江苏淮阴)至徐州的借黄河行运的航线。改造前这条航线以黄河为运道,改造后另开新航线,成功地避开了黄河风险。

综上所述,不同时期有不同的运河。具体地讲,春秋战国时期是运河开挖的初始期,这一时期,主要是各诸侯国根据军事斗争的需要开挖运河,如吴国兴修了吴古故水道、邗沟和菏水等。秦灭六国,国祚不长,故没有机会进行运河建设。汉王朝建立以后,主要在黄河流域及关中和关东兴修运河。建安时期,曹操在北方兴修运河,为隋炀帝开凿永济渠奠定了基础。隋文帝开关中运河改善了关中的水上交通条件,隋炀帝以洛阳为中心兴修贯穿南北的通济渠、永济渠,同时在吴运河的基础上开江南河,第一次建立了贯穿南北的运河交通秩序。元朝建立后,原有的运河交通体系已不能适应新形势,故元朝在部分旧航线的基础上开辟新道,建立起自杭州北上至大都的运河交通体系。在这中间,元人开凿会通河及借黄河行运,实现了京杭大运河的整体东移。此后,明清两代在继承元代运河的同时,根据各航段出现的新问题进行了重修。

这里再说一说运河与城市的关系,在没有兴修运河以前,城市虽有依水而建的特点,但水运受到河流自然走向的限制,城市与城市之间的联系以陆路交通为主。运河兴修后,整个国家具有了四通八达的水上交通网,沿岸城市以经济发展为先导迅速崛起,在一定程度上引起了区域政治中心的变化。具体地讲,运河沿线的航段节点作为商品流通的集散地,在成为人口密集区的同时,也为其成为繁华的都市提供了必要的条件。当这些区域因经济地位上升后成为县级建制或州府级建制时,往往会动摇与之相关的非运河城市的区域政治中心的地位。一般来说,古代城市建设的规模是由其政治地位决定的,作为不同层级的区域政治中心城市一经建立,与之相应的交通建设则会起到维护该城市政治、经济地位的作用。如果要改变原有的布局,则需要改善与之相适应的交通环境。从这样的角度看,以城市为中心的交通布局一旦形成,交通建设的保守性则会起到维护原有城市中心地位的作用。反过来讲,城市布局的保守性又为保持城市原有的政治和经济地位起到了关键性的维护作用,即城市政治和经济地位的升降是以交通布局和变化为依据的。在这中间,当运河冲破区域性的限制,形成贯穿东西南北的交通能力后,会在改变原有交通布局的同时,给城市建设带来新的内容,甚至在一定程度上会颠覆原有的政治、经济秩序。

从另一个层面看,在三级或四级行政管理体制下,京城作为全国的政治中心对不同层级的区域政治中心具有行政管辖权。郡及州、府作为区域政治中心,一头联系中央,一头联系属县。这一格局在宣示京城为国家政治中心和经济中心的同时,也表达了下一层级的城市作为区域政治和经济中心的诉求。在没有运河以前,城市之间的联系更多表现为行政管辖和隶属关系。在这一过程中,许多平级城市因没有行政管辖关系,在重农抑商政策的左右下,再加上陆路运输成本太高、缺少必要的商品流通机制,甚至一些相邻的城市也会在经济上处于相对封闭或隔绝的状态。受行政管辖权的支配,因隶属关系不同,相邻的城市很难形成经济联系紧密的共同体,进而成为优势互补的城市群。然而,运河成为重要的交通干线后,形势发生了变化。具体地讲,运河作为快捷高效的交通形式,通过取代陆路交通或改变原有的交通结构的方式,改变了原有的城市布局。在这一过程中,具有一定层级的行政建制向运河沿线迁徙或运河沿线低层级的城市成为高一级的行政建制,交通方面的变化引起了行政区域及建制方面的变化。进而言之,以运河为干线,沿岸城市凭借这一高效率的交通运输形式,加强了相互间的联系,形成相对稳定的经济体和城市群。

运河城市的兴起与非运河城市的衰落,在一定程度上反映了运河交通兴衰的历史。从开挖某一区域的运河到重视运河在交通、灌溉、防洪排涝等方面的综合功能,从联结不同区域的运河到弱化其综合功能,再到重点发展漕运,运河在形成贯穿全国的交通运输能力以后,以水运优势改变了以陆路为主的交通结构。在这一过程中,交通布局上的变化引起了城市布局的变化,而城市布局的变化又引发了城市建设观念的变化。

在历史的进程中,运河与古代社会的政治、经济、军事、文化等发生了密切的联系,其中最值得关注的有八个方面:一是运河有强大的运兵、运粮能力,为诸侯称雄争霸带来了占据制高点的先机;二是进入大一统时期以后,运河为维护国家统一、开拓疆土和消灭反叛势力提供了基本保障;三是运河促进了不同区域的经济发展,为不同的自然经济区域的发展及商贸活动注入了活力;四是运河贯穿南北,是有生命力的载体,它的存在缩小了不同区域的文化差异;五是运河有稳定社会政治和经济秩序的功能,如运河保证了京城的粮食安全;六是运河沿线的中转仓能为就近调粮赈灾提供便利;七是运河同时具有交通运输、农田灌溉、防洪防涝、改良土壤等多种功能,这些功能叠加在一起,提高了相关区域社会经济的发展水平;八是运河与黄河、长江、淮河等交织在一起,形成了强大的交通运输网,特别是运河与运盐河串联在一起,扩大了商贸往来及榷盐即征收盐税的范围。

运盐河是运河的一部分,它一头通往盐场,一头与运河相连,为榷盐提供了便利的水道。

更重要的是,运盐河又是一条漕运及商贸的大通道,如与运盐河相连的江淮运河即扬州运河有"盐河"之称,史有"扬州运河,亦名盐河,北至三汊口,达于会通河"(《新元史·河渠志二》)之说。扬州运河以扬州为起点,北至三汊口(三汊口闸,在今江苏徐州),与会通河相接。

追溯历史,征收盐税始于春秋。当时,齐国为了富国强兵,充分利用濒临大海的自然地理条件煮海为盐,开创了征收盐税的历史。叶观论述道:"盐利之兴,肇于管晏,而成于汉,然与酒、铁并榷,未盛也。至唐之刘晏,而利始博。"(《嘉靖两淮盐法志·序》)这一说法大体上反映了古代建立榷盐制度的历史轨迹。

最早的运盐河,当推刘濞在江淮之间兴修的自广陵(在今江苏扬州)到产盐区海陵(在今江苏泰州)的运盐河。史称:"江、淮漕运尚矣。春秋时,吴穿邗沟,东北通射阳湖,西北至末口。汉吴王濞开邗沟,通运海陵。"(《宋史·河渠志六》)因通运海陵的运盐河是邗沟的延长线,故有"邗沟"之称。又因自广陵往海陵及如皋磻溪(在今江苏南通如皋)等地的运盐河,以茱萸湾(在今江苏扬州邗江区万头乡)为起点,故又有"茱萸沟"之称。李斗记载道:"《左传·哀公九年》:'秋,吴城邗,沟通江、淮。'此今之运河自江入淮之道也。自茱萸湾通海陵、如皋、蟠溪,此吴王濞所开之河,今运盐道也。运道在《左传》称邗沟,《国语》称深沟,《吴越春秋》称为渠,《水经注》称幹江,汉晋间称漕渠,或曰合渎渠,或曰山阳渎。隋称山阳渎,郡志称山阳沟,河名不一,徙复无常。郡县志乘,载而弗详。"(《扬州画舫录》)茱萸沟开通后,为淮盐输出创造了必要的条件。吴王夫差兴修邗沟后,改善了江淮之间的水上交通条件,具体表现在两方面:扬州的一头连接长江,以长江为运道可联系长江流域的广大地区并通向大海;扬州的另一头通过邗沟连接淮河,以邗沟和淮河为运道,向北可联系淮河流域及中原。

运盐河的建设区域主要集中在江淮一带,出现这一情况是必然的,原因有三方面:一是江淮区域地理位置适中,南下入江可深入长江流域的腹地,沿运河北上可进入黄河流域;二是江淮区域水资源丰富,有适合建造运盐河的自然条件;三是江淮生产的海盐即淮盐,品质优良,价格低廉,深受百姓和经销商的欢迎。

进入南北分治时期,江淮成为战争双方对峙的攻防线。为就地解决军用需求,淮浦(在今江苏涟水)成为南北双方争夺的战略要地。卢昶在上疏中写道:"所以倾国而举,非为朐山,将恐王师固六里,据湖冲,南截淮浦,势崩难测,海利盐物,交阙常贡。所虑在大,有必争之心。若皇家经略,方有所讨,必须简将增兵,加益粮仗,与之亢拟。相持至秋,天麾一动,开拓为易。"(《魏书·卢玄传》)为了夺取淮浦的"海利盐物",北魏南下时将淮浦视为重点发展的区域。魏世宗在诏书中写道:"知贼城已下,复克三关,展威辟境,声略宣振,公私称泰,良以欣然。将军渊规内断,忠谋外举,受律扬旌,克申庙算,虽方叔之制蛮荆,召虎之扫淮浦,匹兹蔑如也。新州初附,宜广经略,想善加检督,必令周固,有所委付,然后凯旋耳。"(《魏书·

南安王传》)魏世宗之所以要"扫淮浦",是因为淮浦生产的海盐可以充实国库,进而换取粮食及各类军用物资。几乎是与此同时,南朝也把淮浦视为经略的对象。梁武帝代齐后,雄心勃勃地提出了开拓疆土的战略构想,史有"频事经略,开拓闽、越,克复淮浦,平俚洞"(《隋书·地理志上》)之说,梁武帝将"克复淮浦"与"开拓闽、越"相提并论,当知经营淮浦的目的是经营淮盐。

淮盐成为重点征榷的对象始于唐代刘晏身兼江淮转运、盐铁诸使以后。当时,淮盐产区集中在淮浦及以东的东海(在今江苏连云港东海)和郁州(在今江苏连云港)等地。是时,淮浦是淮盐输出的水上交通枢纽,凭借淮河及支流形成的水道,可经淮浦中转北上或南下。具体地讲,自淮浦顺淮河而下经海州出海可抵郁州,沿游水北上可入沭水;自海州溯淮而上经淮浦可经淮阴进入泗水和汴河,并远接黄河流域;自淮浦经淮阴入邗沟南下可达长江流域。这一自然水道的存在,为淮浦成为淮盐外运时的交通枢纽奠定了基础。

然而,仅仅有自然形成的水路是不够的,要想扩大淮盐的外运能力,还需要开挖与漕运通道相连的运盐河。垂拱四年(688),武则天在淮浦开挖了新漕渠。史家叙述涟水政区及交通时写道:"有新漕渠,南通淮,垂拱四年开,以通海、沂、密等州。"(《新唐书·地理志二》)新漕渠的主要功能是输出淮浦和海州生产的海盐,这条运盐河与江淮运河相通,可入长江、淮河及汴河,沿沂水通沂州(在今山东临沂)、密州(在今山东诸城)等地。

稍后,唐王朝又兴修了自淮浦至海州及东海的运盐河。王谠记载道:"海州南有沟水,上通淮楚,公私漕运之路也。宝应中,堰破水涸,鱼商绝行。州差东海令李知远主役修复,堰将成辄坏,如此者数四,劳费颇多,知远甚以为忧。或说:梁代筑浮山堰,频有坏决,乃以铁数千万片填积其下,堰乃成。知远闻之,即依其言,而堰果立。"(《唐语林·补遗》)

这些运盐河开凿后,为刘晏以盐利补贴漕运,解决东南漕运中产生的各项支出奠定了基础,同时为划分食盐区、扩大淮盐的销售范围提供了必要的条件。司马光记载道:"晏专用榷盐法充军国之用。时自许、汝、郑、邓之西,皆食河东池盐,度支主之;汴、滑、唐、蔡之东,皆食海盐,晏主之。"(《资治通鉴·唐纪四十二》)这一做法扩大了淮盐的行销范围,在这中间,刘晏取得"大历末,通计一岁征赋所入总一千二百万贯,而盐利且过半"(《旧唐书·刘晏传》)的成绩,这些与重点经营淮盐息息相关。

运盐河与东南重镇楚州淮阴郡、扬州广陵郡相连,两大重镇扼守淮河和长江两大自然水道。沿运盐河可深入到淮浦、海州等盐场的腹地,自运盐河入江淮运河北上入淮河、汴河等进入黄河流域;自扬州入江可溯流而上深入到长江腹地,特别是划分食盐区以后,淮盐在销售汴、滑、唐、蔡以东各州的同时,又可溯江而上销售到荆湖等地。

唐代以后,淮盐成为最受欢迎的盐种。为了加快淮盐输出及行销的步伐,时至宋代,江淮出现了运河疏浚与运盐河建设相结合的情况。史称:"元丰七年,浚真楚运河。朱服为右史,帝遣使治楚州新河,戒之曰:'东南不惯兴大役,卿且为朕优恤兵民。'元符元年,工部言:'淮南开河,所开修楚州支家河,导涟水与淮通。'赐名'通涟河'。初,楚州沿淮至涟州风涛险,舟多溺,议者谓开支氏渠引水入运河,岁久不决,发运使王宗望始成之,为公私利。"(清·卫哲治等修,清·叶长扬等纂《乾隆淮安府志·河防》)宋神宗元丰七年(1084),重点疏浚了从真州(在今江苏仪征)到楚州(在今江苏淮安)之间的运河,又在楚州境内开挖了楚州新河,疏浚真楚运河。开挖楚州新河既与加强漕运相关,也与淮盐输出相关。此外,宋哲宗元符元年(1098),为加强涟州、海州等地的海盐外运,建成了自楚州至涟州及连通海州的支家河。起初,从楚州到涟州主要走淮河航线,为了避开"楚州沿淮至涟州风涛险",在发运使王宗望的主持下兴修了运盐河支家河。

支家河又称"支氏河",是江淮运盐河建设的重要工程。史称:"楚州沿淮至涟州,风涛险,舟多溺。议者谓开支氏渠引水入运河,岁久不决,宗望始成之,为公私利。"(《宋史·王宗望传》)元符元年三月,宋哲宗赐名后改称"通涟河"。这条运盐河在避开淮河风险的同时,加强了楚州、涟州和海州之间的联系,史有"疏支家河通漕,楚、海之间赖其利"(《宋史·吴居厚传》)之说可证。支家河提高了涟州、海州等地海盐的输出能力,成为淮、海之间的黄金航线。

需要补充说明的是,宋代江淮之间的运盐河建设是与海塘建设联系在一起的。史称:"淳熙三年四月,诏筑泰州月堰,以遏潮水。从守臣张子正请也。八年,提举淮南东路常平茶盐赵伯昌言:'通州、楚州沿海,旧有捍海堰,东距大海,北接盐城,袤一百四十二里。始自唐黜陟使李承实所建,遮护民田,屏蔽盐灶,其功甚大。历时既久,颓圮不存。至本朝天圣改元,范仲淹为泰州西溪盐官日,风潮泛溢,涂没田产,毁坏亭灶,有请于朝,调四万余夫修筑,三旬毕工。遂使海濒沮洳泻卤之地,化为良田,民得奠居,至今赖之。自后浸失修治,才遇风潮怒盛,即有冲决之患。自宣和、绍兴以来,屡被其害。阡陌洗荡,庐舍漂流,人畜丧亡,不可胜数。每一修筑,必请朝廷大兴工役,然后可办。望令淮东常平茶盐司:今后捍海堰如有塌损,随时修葺,务要坚固,可以经久。'从之。"(《宋史·河渠志七》)为保护江淮产盐区的安全,宋代统治者多次兴修捍海堰即海塘。

海塘除了可以遏制潮水,保护当地的民田及盐灶外,还有保护运盐河的作用。因运盐河是运河的一部分,故需要重新建构与运河、漕运的关系。史称:"时范仲淹安抚江、淮,亦以疏通盐利为言,即诏知制诰丁度等与三司使、江淮制置使同议。皆谓听通商恐私贩肆行,侵蠹县官,请敕制置司益漕船运至诸路,使皆有二三年之蓄;复天禧元年制,听商人入钱粟京师及淮、浙、江南、荆湖州军易盐;在通、楚、泰、海、真、扬、涟水、高邮贸易者毋得出城,余州听诣县镇,毋至乡村;其入钱京师者增盐予之,并敕转运司经画本钱以偿亭户。诏皆施行。"(《宋史·食货志下四》)宋仁宗明道二年(1033),范仲淹"以疏通盐利为言"表明,只有疏通自运盐河入运河的航线,才能恢复宋真宗天禧元年(1017)的旧制,即"听商人入钱粟京师及淮、浙、江南、荆湖州军易盐"的制度。在这中间,从"其入钱京师者增盐予之,并敕转运司经画本钱以偿亭户"等中不难发现,实现淮盐税收是由转运司"经画"的,这里明确地表达了将盐运纳入漕运序列的意图,同时也表明,只有实现运盐河与运河之间的互通,才有可能解决淮盐输出受阻等问题。

崇宁二年(1103),宋徽宗兴修遇明河,开通了自真州宣化入江口至泗州(在今江苏盱眙)的航线。史称:"崇宁二年,诏淮南开修遇明河,自真州宣化镇江口至泗洲淮河口。五年,工毕。"(清·卫哲治等修,清·叶长扬等纂《乾隆淮安府志·河防》)兴修遇明河的目的是为了建立一条快捷的漕运通道,但同时也与方便淮盐输出及建立荆湖等地的行盐区有着不可分割的关系。史称:"明道二年,参知政事王随建言:'淮南盐初甚善。自通、泰、楚运至真州,自真州运至江、浙、荆湖,纲吏舟卒,侵盗贩鬻,从而杂以沙土。涉道愈远,杂恶殆不可食,吏卒坐鞭笞,徒配相继而莫能止。比岁运河浅涸,漕挽不行,远州村民,顿乏盐食;而淮南所积一千五百万石,至无屋以贮,则露积苫覆,岁以损耗。又亭户输盐,应得本钱或无以给,故亭户贫困,往往起为盗贼,其害如此。愿权听通商三五年,使商人入钱京师,又置折博务于扬州,使输钱及粟帛,计直予盐。盐一石约售钱二千,则一千五百万石可得缗钱三千万以资国用,一利也;江、湖远近皆食白盐,二利也;岁罢漕运糜费,风水覆溺,舟人不陷刑辟,三利也;昔时漕盐舟可移以漕米,四利也;商人入钱,可取以偿亭户,五利也。'"(《宋史·食货志下四》)在"淮南盐初甚善"之时,盐运遭受破坏的主要原因是"纲吏舟卒,侵盗贩鬻,从而杂以沙土"。后来,出现"比岁运河浅涸,漕挽不行,远州村民,顿乏盐食"以后,盐运受阻则与运河不通有关。

江淮运河与运盐河之间存在着相互为用的关系。宋孝宗淳熙九年(1182),淮南漕臣钱冲之在上疏中写道:"真州之东二十里,有陈公塘,乃汉陈登浚源为塘,用救旱饥。大中祥符间,江、淮制置发运置司真州,岁藉此塘灌注长河,流通漕运。其塘周回百里,东、西、北三面,倚山为岸,其南带东,则系前人筑垒成堤,以受启闭。废坏岁久,见有古来基趾,可以修筑,为旱干溉田之备。凡诸场盐纲、粮食漕运、使命往还,舟舰皆仰之以通济,其利甚博。"(《宋史·河渠志七》)从"凡诸场盐纲、粮食漕运、使命往还,舟舰皆仰之以通济"等语中可进一步证明:江淮运河与运盐河建设是联系在一起的。进而言之,运盐河虽为运盐而建,但有漕运及商贸等功能,反过来说,运河虽然为漕运及商贸而建,但同时有运盐的功能。两者相互为用,在江淮之间建构了丰富的水上交通运输体系。

元代,江淮运盐河建设与运河建设的关系更为紧密,扬州运河甚至被称为"盐河"。史称:"仁宗延祐四年十一月,两淮运司言:'盐课甚重,运河浅涩无源,止仰天雨,请加修治。'明年二月,中书移文河南省,选官洎运司有司官相视,会计工程费用。于是河南行省委都事张奉政及淮东道宣慰司官、运司官,会州县仓场官,遍历巡视,集议:河长二千三百五十里,有司差濒河有田之家,顾倩丁夫,开修一千八百六十九里;仓场盐司不妨办课,协济有司,开修四百八十二里。运司言:'近岁课额增多,而船灶户日益贫苦,宜令有司通行修治,省减官钱。'省臣奏准:诸色户内顾募丁夫万人,日支盐粮钱二两,计用钞二万锭,于运司盐课及减驳船钱内支用。差官与都水监、河南行省、淮东宣慰司官专董其事,廉访司体察,枢密院遣官镇遏,乘农隙并工疏治。"(《元史·河渠志二》)如果以延祐元年(1314)为整治扬州运河的起点,那么,延祐四年(1317)十一月和延祐五年(1318)二月解决"运河浅涩无源"等问题则标志着扬州运河进入全程治理的新阶段。在这中间,动员运盐的船户及生产食盐的灶户"开修四百八十二里"运盐河一事表明,运盐河已纳入扬州运河兴修的范围。进而言之,两淮盐运与漕运相辅相成,同样关系政治稳定和社会稳定的大问题。

盐税是元王朝财赋收入的重要组成部分,一旦动摇将会影响到社会的稳定。史称:"国之所资,其利最广者莫如盐。……至元十三年既取宋,而江南之盐所入尤广,每引改为中统钞九贯。二十六年,增为五十贯。元贞丙申,每引又增为六十五贯。至大己酉至延祐乙卯,七年之间,累增为一百五十贯。"(《元史·食货志二》)所谓"江南之盐所入尤广",主要指征榷淮盐。"江南之盐"指浙盐和淮盐,如果比较两者的税收,当知浙盐缴纳的税收远低于淮盐。淮盐的地位超过浙盐并成为重点征榷的对象,主要有三个原因:一是受自然条件的限制,浙盐的品质一直不如淮盐,淮盐更容易受到商人的欢迎;二是江淮之间有四通八达的交通网络,如有与运河相通的运盐河,商人至此可最大限度地降低经营海盐的成本;三是当政治中心建在北方需要漕运支持时,无论是实行"海漕"还是开通京杭大运河,江淮始终是漕运必经之地。可以说,交通便利及经营成本低廉也为淮盐崛起奠定了基础。

从汉代到明代前,淮盐集散地主要有扬州和淮浦两大中心。明清两代,在原有的基础上形成了泰州(今江苏泰州)、通州(在今江苏通州)和淮安三个集散中心。三个集散中心的腹地是"淮南盐场"和"淮北盐场"。无论是淮南盐场,还是淮北盐场,其地理区位均在淮河下游三角洲,均可以"淮南"相称,只是出于管理方面的需要,将位于淮南南部的盐场统称为"淮南盐场",将位于淮南盐场北部的盐场统称为"淮北盐场"。

明代兴修江淮之间的运盐河与宋元两代的情况大体相同,继续疏浚运盐河,建立与运河的互通关系。一是在前人的基础上改造通往海州的运盐河——支家河,其中,明太祖洪武二十七年(1394),有"浚山阳支家河"(《明史·河渠志六》)之举;明成祖永乐三年(1405),有"浚淮安府运盐河一十八里,浚淮安府支家河长一万一千九百七十丈"(清·卫哲治等修,清·叶长扬等纂《乾隆淮安府志·河防》)之举;明武宗正德十年(1515),有"开支家河接涟水,建批验引盐所于此"(清·卫哲治等修,清·叶长扬等纂《乾隆淮安府志·城池》)之举,将支家河从涟水延长到淮安府城的河北镇(在今江苏淮安河下镇)。在长达一百二十多年的时间里,明代统治者不断兴修支家河,说明在淮盐输出的历史进程中,涟水及海州生产的海盐在淮盐中占有重要的地位;而重点疏浚江淮与运盐河相连的运河表明,只有运盐河与运河畅通,才能有效地降低淮盐输出的成本,为输粮入边及"中盐"提供便利的条件。所谓"中盐",是指商人输粮等入边,换取相应数额的盐引(官府颁发的运销食盐的许可证),并凭盐引领取行销区域。明代"中盐"经历了"纳粟中盐"到"纳银中盐",再到建立"纲盐"制度等阶段。

明代"中盐"上承宋元两代,宋元时期召商入粟"中盐"是明代推行"纳粟中盐"的前因。宋太宗以"交引"的方式鼓励商人输粮入边,商人取得"交引"后,可凭证券到指定的地点兑换现金或包括食盐在内的货物等,并因此在商贸活动中谋取利益,史有"河北又募商人输刍粟于边,以要券取盐及缗钱、香药、宝货于京师或东南州军,陕西则受盐于两池,谓之入中"(《宋史·食货志上三》)之说。元代继承了宋代的做法,继续推行召商输粮入边"中盐"之策,史有"行省复请令商贾入粟中盐,富家纳粟补官"(《元史·文宗纪二》)之说。明代以后,延续了宋元时期的召商"中盐"之策,商人按规定将相当数量的粮食运往边地并验收后,可以获得相应的盐引及食盐行销权。明王朝推行这一盐政缓解了边防方面的军需压力。

清袭明制,两淮都转盐运使司设在扬州,扬州下设泰州、淮安、通州三座分司,负责管理淮南、淮北盐场事务。经过长期的建设,运司与分司之间有运盐河相通,分司与各盐场之间有运盐河相通,运盐河与运河相通。在此基础上,江淮区域的运盐河与运河共同构成了四通八达的水上交通网。

这里仅以扬州运司与三分司的关系及运盐河及运河之间的互通情况为例,同时以《清史稿·地理志》为证。扬州领二州六县,二州是高邮、泰州,六县是江都、甘泉、扬子、兴化、宝应、东台,这些地方或位于从扬州到淮安的运河主干线上,或位于运盐河沿线。

泰州是盐运分司所在地,自江都东北行可至泰州,史有"盐河导运河水东北入泰州,白塔龙儿河水注之"(《清史稿·地理志五》)之说,又有"里下河自泰州环城北流,又东溢为支入海"(《清史稿·地理志五》)之说。东台(在今江苏盐城东台)有与泰州相通的运盐河,史有"盐河出县西海道彷,西南流,错出复入,至淤溪入泰州"(《清史稿·地理志五》)之说。泰州除了有运盐河与江都、扬州等地相通外,还可经运盐河、串场河入淮安属县盐城,或可自运盐河经东台至通州属县如皋,如史有"盐河西自江都入,夹城东流,一曰里下河,有溱潼水注之。至白米镇,左通串场河,右出支津,入泰兴。又东径海安镇,左歧为界河,东南入如皋。盐河东北自东台入,西南流,径淤溪达鳅鱼港,又西南与之合。有泰坝,泰州分司运判驻"(《清史稿·地理志五》)之说。

此外,淮盐重要产地兴化有运盐河与盐城相通,经运盐河至宝应可入运河,如史家有兴化"东:大海,有堤。盐河并堤流,西受界河、海沟、横泾诸水,东出为大团河、八灶、七灶河,东北会斗龙港,入于海。有刘庄、草堰、丁溪三场,盐课大使驻。北有吴公湖、苔大踪湖,与盐城、宝应错"(《清史稿·地理志五》)之说。经苔大踪湖等可至宝应入运河,史有宝应"运河北自山阳入,径八口铺,东溢为瓦沟溪。又南流,径汜水镇,至界首,有界首湖,入高邮。其西宝应湖,汇淮流下潴之水。苔大踪湖东北,周二百里,分支入运河"(《清史稿·地理志五》)之说。盐城、如皋、东台、兴化等是淮盐的重要产地,由运河与运盐河构成的交通体系将扬州与泰州分司及淮南、淮北的盐场串连起来,形成四通八达的航线。

淮盐自海州外运加强了涟州的中转地位。具体地讲,自涟州沿运盐河东行可抵海州,又可沿通往桃源(在今江苏泗阳)的运盐河至宿迁(在今江苏宿迁),还可沿北盐河直接到沭阳(在今江苏沭阳),史有涟州"西南盐河自清河入,贯县境,入海州,与六塘河合。东北:一帆河自海州入,南至旗杆村。水经,淮水东左右各合一水,至淮浦入海。……运河自宿迁南来,径古城驿,入清河,歧为六塘河,一曰北盐河,东北流入沭阳"(《清史稿·地理志五》)之说。

起初,盐城的盐场隶属淮安分司,盐场隶属关系调整后归泰州分司管辖。从交通形势上看,盐城主要有面向淮安和扬州的两条航线:盐场归淮安分司管辖时,面向淮安的运盐河比较繁忙;归泰州分司管辖时,面向扬州及泰州的运盐河比较繁忙。盐城所产之盐的销售区域因盐场隶属关系变化也发生了变化:属淮安分司时,行盐区面向安徽、河南等地;属泰州分司后,行盐区面向湖广等地。四通八达的运盐河加强了盐城与淮安、泰州和扬州等地的联系。具体地讲,盐城有经阜宁至淮安府治山阳的运盐河,入山阳后与运河相通,史有"射阳湖上承苔大纵湖水,汇淮水为湖,又东流,会诸水入海。运盐河受射阳湖水,径城南流,循范公堤入盐城"(《清史稿·地理志五》)之说。庙湾镇初属山阳县,在中转盐城各盐场的海盐时成为繁忙的水运码头。根据这一情况,雍正九年(1731),清世宗析山阳、盐城两县,以庙湾为治所建阜宁县。此外,自盐城沿运盐河南行经便仓(在今江苏盐城便仓镇)可进入兴化,史有"运盐河自草堰口环城流,至便仓镇入兴化。苔大纵湖西南与兴化错。县西诸水所汇"(《清史稿·地理志五》)之说,至兴化后可入运河到宝应、高邮等地,并进入扬州或泰州等地。

通州亦是盐运分司的所在地,史有"通州分司运判驻石港,税课大使亦驻。南:大江西自如皋入,东行达老洪港,会于海。盐河自如皋西入江,东分流,循城而南,又东入于海"(《清史稿·地理志五》)之说。石港在通州西城,史有"在通州西城隅者,曰通州分司"(《嘉靖两淮盐法志·署宇志》)之说。通州除了有入江入海的航线外,又有至如皋的运盐河,这条运盐河与运河交织在一起,加强了通州与扬州、淮安等地的交通联系。史家交代如皋的水上交通形势时有"大江西自靖江入,又东入通州,北通运盐河。河西北自泰州入,循城南,分为二。一南流入江。一东径丁堰,又分流,至岔河,为盐场诸水。又南流,径白蒲镇入通州"(《清史稿·地理志五》)之说。

考察江淮运盐河建设,可发现其主要有三个特点。一是在充分利用淮河下游及支流形成的湖泊和自然水道的基础上,兴修了贯穿产盐区及盐场的运盐河。如山阳、宝应、高邮、阜宁之间有淮河下泄时形成的白马湖、宝应湖、高邮湖、射阳湖等,涟州、海州境内有淮河下泄时的水道和支流,由于这些湖泊本身就有与淮河下游各条支流相连的水道,只要稍加修整便可供运盐使用。进而言之,历代兴修山阳、宝应、高邮、阜宁、盐城、兴化、涟州、海州等之间的运盐河,主要利用了淮河下泄时形成的湖泊或河流。二是利用了江潮在长江以北形成的湖泊和自然水道。如长江自靖江入通州及泰州时一分为二,在此基础上形成了"一东径丁堰,又分流,至岔河,为盐场诸水。又南流,径白蒲镇入通州"的水道,这一水道在串连通州、泰州盐场的同时,又串连起淮安分司下辖的盐场。三是各盐场之间的运盐河与运河建设交织在一起,为淮盐输出即淮盐南下和北上创造了良好的环境。

运河与自然水道黄河、长江、淮河等实现互通后,扩大了漕运的范围。漕运有广义和狭义之分。广义的漕运指水运,凡水运皆可以"漕"相称。如鲁僖公十三年(前647),为救晋国发生的粮荒,秦国发动了"泛舟之役"。《左传·僖公十三年》云:"秦于是乎输粟于晋,自雍及绛相继,命之曰泛舟之役。"司马迁亦记载道:"于是用百里傒、公孙支言,卒与之粟。以船漕车转,自雍相望至绛。"(《史记·秦本纪》)所谓"泛舟之役",是指晋国发生饥荒后向秦国请求救助,在百里傒等人的建议下,秦国从水路调粮入晋。又如《战国策·魏策一》交待魏国及大梁地理形势时有"南与楚境,西与韩境,北与赵境,东与齐境,卒戍四方,守亭障者参列,粟粮漕庾不下十万"语,鲍彪注:"漕,水运。庾,水漕仓。"(鲍彪《战国策注》)又如汉宣帝时赵充国有"臣前部士入山,伐材木大小六万余枚,皆在水次。……冰解漕下"语,颜师古注:"漕下,以水运木而下也。"(《汉书·赵充国传》)据此可知,凡水运皆可以"漕"相称。狭义的漕运,初指由国家出面组织的利用运河及自然水道运粮和运兵的行为。如隰朋奉齐国君主之命,沿齐运河入黄河到赵国进行粮食贸易活动,故《管子·轻重戊》有"齐即令隰朋漕粟于赵"(《管子今诠·轻重戊》)之说。又如吴王夫差开邗沟,沟通江淮。《左传·哀公九年》云:"秋,吴城邗,沟通江淮。"邗沟开通后,为吴国北上与齐国争霸提供了强有力的后勤支援。如《太平御览》引《吴越春秋》佚文:"吴将伐齐,自广陵掘沟通江淮。"(《太平御览·州郡部十五》)郦道元亦记载道:"昔吴将伐齐,北霸中国,自广陵城东南筑邗城,城下掘深沟,谓之韩江,亦曰邗溪沟,自江东北通射阳湖。《地理志》所谓渠水也,西北至末口入淮。"(《水经注·淮水》)邗沟在运兵运粮中起到了重要的作用,并帮助吴军确立了战胜齐军的优势。

汉代以后的漕运主要有十个方面值得关注。

第一,从水路调集租米及赋税等入京,以保证京师地区的粮食安全和政治稳定。汉王朝走上社会安定、经济发展的繁荣之路有多方面的原因,其中很重要的一条便是加强漕运。具体地讲,关中是四塞之地,物产有限,进入和平发展期以后,人口快速增长。马端临论述道:"汉初,致山东之粟,不过岁数十万石耳。至孝武,而岁至六百万石,则几十倍其数矣。"(《文献通考·国用考三·漕运》)关中人口大幅度地增长,对粮食的需求空前扩大。

第二,开拓疆土及平定叛乱需要以漕运的方式向边地运粮及军用物资。汉初,每年调运关东的粮食只有数十万石,到了汉武帝元狩四年(前119)猛增到四百万石,史有"岁漕关东谷四百万斛以给京师"(《汉书·食货志上》)之说。到了元封元年(前110)已高达六百万石,史有"山东漕益岁六百万石"(《史记·平准书》)之说。岁运增加,一方面与关中人口增长等因素相关,另一方面则与汉武帝开辟西北战场打击匈奴相关。此外,隋唐两代为平定辽东,从永济渠向东北方向运兵运粮,为稳定辽东以远的政治局势做出了重要的贡献。史称:"大业七年,征辽东,炀帝遣诸将,于蓟城南桑干河上,筑社稷二坛,设方墠,行宜社礼。"(《隋书·礼仪志三》)大战之前,隋炀帝到蓟城南桑干河上建社稷坛"行宜社礼",明确地表达了平定辽东的决心和意志。

第三,漕运通道又是商贸往来的大通道,在稳定国家政治秩序、经济秩序等方面负有特殊的使命。如永济渠以白沟为基础,沿途纳入淇水、漳水等河流,同时又以清河、屯氏河、沽河、桑干河等为借用运道,将航线延长到涿郡一带,带动了沿线社会经济的发展。又如唐玄宗在长安建漕运码头广运潭,明确地表达了漕通四方的意图。史称:"又于长乐坡濒苑墙凿潭于望春楼下,以聚漕舟。坚因使诸舟各揭其郡名,陈其土地所产宝货诸奇物于栿上。……众艘以次辖楼下,天子望见大悦,赐其潭名曰广运潭。是岁,漕山东粟四百万石。"(《新唐书·食货志三》)又称:"坚预于东京、汴、宋取小斛底船三二百只置于潭侧,其船皆署牌表之。若广陵郡船,即于栿背上堆积广陵所出锦、镜、铜器、海味;丹阳郡船,即京口绫衫段;晋陵郡船,即折造官端绫绣,会稽郡船,即铜器、罗、吴绫、绛纱;南海郡船,即玳瑁、真珠、象牙、沉香;豫章郡船,即名瓷、酒器、茶釜、茶铛、茶椀;宣城郡船,即空青石、纸笔、黄连;始安郡船,即蕉葛、蚺蛇胆、翡翠。船中皆有米,吴郡即三破糯米、方丈绫。凡数十郡。驾船人皆大笠子、宽袖衫、芒屦,如吴、楚之制。"(《旧唐书·韦坚传》)在广运潭漕运码头停泊的船只来自全国各地,其中,标明起始地的漕船涉及广陵郡、丹阳郡、晋陵郡、会稽郡、南海郡、豫章郡、宣城郡、始安郡、吴郡等地,在漕船上展示的手工业制品有玉器、铜器、绫缎、瓷器、酒器、茶具、笔墨、纸张等。将来自各地的手工业制品等堆放于停泊在广运潭码头的船只上,虽有精心策划的色彩,但从一个侧面说明了漕运繁荣了社会经济,甚至促进了海外贸易的发展。如南海郡的象牙是通过海外贸易获取的,从南海郡献象牙一事中当知,关中与其他不同区域的运河及黄河水道等串连在一起,成功地扩大了漕运的范围,同时也加快了商品流通的速度,为长安再度成为国际贸易中心城市奠定了坚实的基础。

第四,因漕运建造的水次仓即沿岸建造的中转仓,既可以在国家战时就地运兵运粮至前线,也可以就近赈灾放粮。具体地讲,在吸收北魏建邸阁仓经验的基础上,隋文帝制定了在航段节点或河口建造水次仓的制度,大大地方便了漕运。其中,黎阳仓建在永济渠与淇水及黄河交汇的河口,广通仓(永丰仓)建在广通渠与渭水及黄河交汇的河口,太原仓(常平仓)建在自黄河进入渭水之前的航段节点上。稍后,隋炀帝在营造东都洛阳时在其周边兴建水次仓,有意识地将洛口仓(兴洛仓)、回洛仓、含嘉仓、河阳仓等建在通济渠与洛水、黄河交汇的河口,进一步提升了水次仓在漕转中的作用。史称:"及隋亦在京师,缘河皆有旧仓,所以国用常赡。"(《旧唐书·食货志下》)这些建在不同区域的水次仓,最大限度地方便了运兵运粮,同时也有利于就近赈灾放粮,应对荒年。

第五,盐运是漕运的一部分,自春秋时期齐国实行盐铁官营以后,盐税一直是保证国用的重要途径。历代征收盐税有不同的情况,不过,至德元年(756),唐肃宗令第五琦在全国各道设榷盐机构即盐业专卖专营机构,从此,榷盐成为解决非常之需的基本途径,史有"又至德初,为国用不足,令第五琦于诸道榷盐以助军用"(《旧唐书·刘晏传》)之说。唐代在十五道建榷盐机构,将全国分成十五个食盐专卖专营区。继第五琦制定盐法以后,刘晏临危受命,具体负责东南漕运及盐铁专营事务。刘晏出任盐铁使以后,在肯定民产、官收的基础上,将官运、官销改为商运、商销,在调动商人参与运销积极性的同时,又将官府从烦琐的盐运盐销的事务中解放出来。史称:"盐铁使刘晏以为因民所急而税之,则国足用。于是上盐法轻重之宜,以盐吏多则州县扰,出盐乡因旧监置吏,亭户粜商人,纵其所之。江、岭去盐远者,有常平盐,每商人不至,则减价以粜民,官收厚利而人不知贵。晏又以盐生霖潦则卤薄,暵旱则土溜坟,乃随时为令,遣吏晓导,倍于劝农。"(《新唐书·食货志四》)刘晏制订新的盐法益处有三:一是防止盐吏即监管盐业生产的官吏与亭户及商人勾结,逃避税收,行走私之事;二是针对岭南等因产盐区偏远而商人不愿前往经销等情况,由官府直接用低于商销的价格售盐,这样一来可以取得"官收厚利而人不知贵"的效果;三是针对"盐生霖潦则卤薄,暵旱则土溜坟"等情况,"遣吏晓导"即提供技术来提高生产效率。在这中间,因东南是榷盐和漕运重地,为了增加中央财政收入及以盐利保漕运,刘晏重点改革了东南盐政。洪迈记载道:"唐世盐铁转运使在扬州,尽斡利权,判官多至数十人,商贾如织。故谚称'扬一益二',谓天下之盛,扬为一而蜀次之也。"(《容斋随笔·唐扬州之盛》)在扬州设盐铁转运使的目的有二:一是以扬州为中转地加强东南漕运;二是将淮盐和浙盐纳入国家财政及税收的范围。史称:"吴、越、扬、楚盐廪至数千,积盐二万余石。有涟水、湖州、越州、杭州四场,嘉兴、海陵、盐城、新亭、临平、兰亭、永嘉、大昌、侯官、富都十监,岁得钱百余万缗,以当百余州之赋。自淮北置巡院十三,曰扬州、陈许、汴州、庐寿、白沙、淮西、甬桥、浙西、宋州、泗州、岭南、兖郓、郑滑,捕私盐者,奸盗为之衰息。然诸道加榷盐钱,商人舟所过有税。晏奏罢州县率税,禁堰埭邀以利者。晏之始至也,盐利岁才四十万缗,至大历末,六百余万缗。天下之赋,盐利居半,宫闱服御、军饷、百官禄俸皆仰给焉。"(《新唐书·食货志四》)这一记载详细地叙述了刘晏改革东南盐政的情况,强调了征榷淮盐的重要性。如江浙有良好的水上交通条件,以此为依据,刘晏在吴、越、扬、楚等地建立了涟水、湖州、越州、杭州四大盐场,试图通过完善其生产体系,为征榷淮盐和浙盐创造必要的条件。在重点监管东南四大盐场产销的同时,为提高商人参与盐运和经销的积极性,废除诸道自行设置的关卡,在提高效率的同时,降低商运成本。经此,刘晏在重点征榷淮盐的基础上取得了"天下之赋,盐利居半"的成果,史有"大历末,通计一岁征赋所入总一千二百万贯,而盐利且过半"(《旧唐书·刘晏传》)的成果,盐税支撑起唐王朝财政的半壁江山。

第六,漕运在改朝换代中负有特殊的使命。具体地讲,楚汉之争时,漕运方向是自关中向关东。史称:"关中事计户口转漕给军,汉王数失军遁去,何常兴关中卒,辄补缺。"(《史记·萧相国世家》)萧何以关中为大本营,采用水陆联运的方法将粮食及战略物资运往关东,为刘邦战胜项羽提供了强有力的后勤支援。在推翻元王朝的过程中,明太祖朱元璋利用运河建立了支援北伐、运江南钱粮北上的漕运通道。史称:"洪武元年北伐,命浙江、江西及苏州等九府,运粮三百万石于汴梁。已而大将军徐达令忻、崞、代、坚、台五州运粮大同。中书省符下山东行省,募水工发莱州洋海仓饷永平卫。其后海运饷北平、辽东为定制。其西北边则浚开封漕河饷陕西,自陕西转饷宁夏、河州。"(《明史·食货志三》)北伐有北上和西进两个战略目标,在这中间,徐达取江南钱粮建立了以汴梁(在今河南开封)为中心的漕运中转站。具体地讲,为打击元军,徐达以汴梁为中转站运粮到山西大同。这一时期,调集江南钱粮支援统一战争是漕运的基本特点。史称:"明洪武元年决曹州双河口,入鱼台。徐达方北征,乃开塌场口,引河入泗以济运,而徙曹州治于安陵。塌场者,济宁以西、耐牢坡以南直抵鱼台南阳道也。"(《明史·河渠志一》)徐达"浚开封漕河饷陕西""引河入泗以济运"可以视为明代漕运之始,尽管这一漕运通道只是临时性的通道,目的是为了解决眼前的事情,主要利用了黄河和泗水河道,因此不能算是严格意义上的开挖运河的行为。

第七,海运是漕运的特殊形式,故海运有"海漕"之说。在元王朝残余势力退往大漠及李氏朝鲜侵扰辽东的局面形成后,为了加强北方防务,明王朝建立了以北平(在今北京)和辽东为终点的海运通道,史有"其后海运饷北平、辽东为定制"(《明史·食货志三》)之说。又有明成祖永乐元年(1403)"平江伯陈瑄、都督佥事宣信充总兵官,督海运,饷辽东、北京"(《明史·成祖纪二》)之说。这些举措表明,会通河淤塞后南北漕运航线不通,为加强北方防务亟须输粮北上,在迫不得已的情况下沿用了元代的海运之策。史称:"永乐元年,平江伯陈瑄督海运粮四十九万余石,饷北京、辽东。二年,以海运但抵直沽,别用小船转运至京,命于天津置露囤千四百所,以广储蓄。四年定海陆兼运。瑄每岁运粮百万,建百万仓于直沽尹儿湾城。"(《明史·河渠志四》)明成祖朱棣夺取皇位后迁都北京是在永乐十九年(1421),因朱棣迁都前与朱元璋在位期间的情况大体相同,故可将其视为是加强北方防务的延续。这一时期的海漕主要有两个接运点:一是从直沽尹儿湾城(在今天津)上岸转入通惠河,为北平提供亟须的战略物资;一是从盖州卫(在今辽宁营口盖县)梁房口关和金州卫(在今辽宁大连)旅顺口关上岸,为经营辽东提供必要的战略支援。史有"又西北有梁房口关,海运之舟由此入辽河"(《明史·地理志二》)之说,又有"又旅顺口关在南,海运之舟由此登岸"(《明史·地理志二》)之说。

第八,漕运与屯戍关系密切,在边地屯戍的优点是可以"省漕"。汉宣帝即位后,在匈奴的鼓动下,以先零羌为首的诸羌发动叛乱。根据形势变化,赵充国提出了加强河西屯戍的对策,目的是解决戍边将士每月"用粮谷十九万九千六百三十斛,盐千六百九十三斛,茭藁二十五万二百八十六石"(《汉书·赵充国传》)的难题。当时,漕运负担沉重,史有"今张掖以东粟石百余,乌檝束数十。转输并起,百姓烦扰"(《汉书·赵充国传》)之说。为了避免"烦扰"百姓,赵充国提出了"罢骑兵"及屯戍的主张。他的考量有以下几点:一是军马消耗的粮草远远地超过了士兵,如果"罢骑兵"转为屯戍,可以减少粮草消耗,化解因"徭役不息"带来的负担;二是河西有良好的屯田条件,骑兵转为屯戍后,可与"留驰刑应募""及淮阳、汝南步兵与史士私从者"一道"分屯要害处",安境保民;三是利用现有的条件建立新的屯戍秩序,在"益积畜,省大费"即降低漕运消耗的过程中,加强军备;四是在河西开辟湟水航线,建立"循河湟漕谷至临羌"(《汉书·赵充国传》)的漕运通道。

第九,漕运包括以水运为主的水陆联运。如唐代李杰任水陆运使以后,重点修复了联系江淮的漕运通道。史称:"开元二年,河南尹李杰奏,汴州东有梁公堰,年久堰破,江淮漕运不通。发汴、郑丁夫以浚之。省功速就,公私深以为利。"(《旧唐书·食货志下》)然而仅仅修复联通江淮的漕运通道是不够的,因此时的黄河漕运走三门峡受阻,为此需要开辟陆路运道绕过三门峡。在这中间,为解决陆运时遇到的困难,李杰采取了四大措施:一是在洛阳含嘉仓至陕州太原仓之间的穀函古道上建造了八个递场即八个接运场,规定每递之间的距离为四十里;二是在分段接运的基础上,将陆运分为前后两组;三是规定起止时间,从入冬十月起运到到十一月底结束,全部陆运在两个月内完成;四是规定每递用车用牛的数量。唐代交通工具以牛车为主,一牛拉一辂,用车八百乘指用八百辆牛车。入冬起运的目的是为了利用农闲的时间,不影响农业生产,而分段接运的目的是减轻长途运输中的劳累,提高效率。实行此策后,改善了陆运不济的局面,实现了年运"八十万石,后至一百万石"的目标。天宝七年(748),又通过增加车辆和延长时间等,达到了岁运"满二百五十万石"的水平。天宝九年(750)九月,河南尹裴迥为改变递重"伤牛"等情况,又在两递场之间的近水处建立供民运休息的"宿场",并派官员监督和防止盗窃。此外,元明两代在京杭大运河开通以前亦采取水陆联运之策,史称:"元、明都燕京,元行海运,而其初亦涉江入淮,由黄河逆水至中滦,陆运至淇门入御河(即卫河),以达京师。明永乐中,亦运至陈州,载入黄河至新乡,入柳树等处,令河南车夫运赴卫河。盖以河运兼陆运,而其时,则又以卫河为急。自元都燕,而汴河几废。明世,会通河成,而东南重运,悉由淮北、山东至

临清,合卫河,以达于天津。"(《河南通志·漕运》)

第十,历朝历代为加强漕运采取了一系列的措施,现择其大要而归纳之,有八个方面:一是汉代以后,漕运官员经历了从兼职到专职的变化,职官制度建设出现越来越细密的情况,如唐代设转运使以后,宋代又分设转运使和发运使;二是自三国孙吴沿破冈渎建"邸阁"(《三国志·吴书·吴主传》),晋及南北分治时期沿漕路建邸阁以后,隋文帝为实现分级接运的构想建造了水次仓,此后,历代漕运均重视水次仓的建设;三是水次仓建设不仅仅是仓廪建设,更重要的是管理制度建设,在这一过程中建立了一套严格的出纳管理制度等;四是以水次仓为依托,采用了不同的漕运方式,如宋代漕运主要有分级接运和直运两种形式,又如明代采取长运、兑运、支运等形式进行漕运;五是在一些航段节点建税场或榷关即钞关,以方便征收商税,如宋代在盱眙建税场,又如明清两代沿大运河建榷关;六是重视漕运过程管理,采用各种方式堵塞漕运过程中的漏洞,如规定日航程及上水、下水的时间等,采取措施防止运军盗卖漕粮,又如实行纲运即编船队运漕粮;七是建立一支强大的护漕军队,强化为专制政权服务的意志,如明代漕军有十二万人之众;八是为照顾漕运军士的利益,允许"附载",如明清两代规定了不同的"附载"量,分别有二十四石、六十石、一百二十石等区别,这些沿途搭载的土特产,极大地丰富了南北的商贸市场。以上所述只是漕运时采取的一些措施,当然远不止这些,这里不再一一叙述。

张　强

2019 年 1 月

张强,1956 年 10 月出生,江苏沭阳人,文学博士,淮阴师范学院教授,南京师范大学文艺学博士生导师,苏州大学中国古代文学博士生导师。在学术团体中,先后担任中国《史记》学会副会长、中国屈原学会副会长、中国《诗经》学会常务理事、中国诗词吟唱学会常务理事、江苏省明清小说研究会副会长等职,并兼任《中国文学年鉴》《古籍整理研究学刊》等编委。长期从事中国古代文史、文艺理论、运河与漕运研究等,主持和完成多项国家省部级以上科研项目,曾在《文艺研究》《文学遗产》《光明日报》(理论版、国学版)、《北京大学学报》《南京大学学报》《社会科学战线》《江海学刊》等期刊发表论文二百余篇,论文多次被《新华文摘》《中国社会科学文摘》《高校文科学报文摘》《光明日报》以及人大报刊复印中心多种专题如《中国古代近代文学研究》《先秦秦汉史》《历史学》《中国哲学》《文艺学》等摘录或全文转载。主要著作有《桑文化原论》《司马迁学术思想探源》《司马迁与宗教神话》《人与自然的对话》《宇宙的寂寞——扬雄传》《世俗历史的真实写照——说明清小说》《僧肇大师传》等二十多种,多次获江苏省政府及江苏省高校人文社科优秀成果奖。

目 录

第一编 先秦编

概　述 3

第一章　发展漕运的历史原因 6
　　第一节　漕运历史溯源 6
　　第二节　漕运与运河建设 14
　　第三节　漕运成本与陆运 22

第二章　大禹治水与鸿沟 32
　　第一节　大禹与兴修河渠 32
　　第二节　鸿沟与黄淮漕运 37
　　第三节　开挖运河的功过 51

第三章　先秦运河建设考述 63
　　第一节　吴运河建设考述 63
　　第二节　楚运河、齐运河钩沉 84
　　第三节　秦运河建设考述 88

第二编 西汉编

概　述 97

第一章　西汉漕运形势及变化 99
　　第一节　扩大漕运的原因及其管理方式 99
　　第二节　关中漕渠与漕运 105
　　第三节　黄河漕运与开凿褒斜道 111

第二章　关中、河东河渠与漕运之法 ································ 118
　　第一节　关中与河东河渠建设 ···································· 118
　　第二节　白渠、郑国渠与漕运 ···································· 122
　　第三节　成国渠与关中漕运 ······································ 135

第三章　西汉屯田及漕运之法 ·· 139
　　第一节　朔方、河西屯田与省漕 ·································· 140
　　第二节　汉武帝军屯与漕运之法 ·································· 146
　　第三节　昭宣以后的西域屯戍 ···································· 152
　　第四节　赵充国屯戍与省漕 ······································ 159

第四章　仓廪与漕仓建设 ·· 168
　　第一节　汉以前仓廪制度与沿革 ·································· 168
　　第二节　汉以前中原地区的漕仓 ·································· 173
　　第三节　西汉仓廪建设与漕运 ···································· 178

第三编　东汉编

概　述 ·· 191

第一章　洛阳漕运形势与阳渠 ·· 193
　　第一节　刘秀建都洛阳与漕运 ···································· 193
　　第二节　阳渠与洛阳漕运 ·· 198
　　第三节　张纯"堰洛"及通运 ···································· 205

第二章　黄河漕运与恢复汴渠 ·· 215
　　第一节　黄河与鸿沟漕运关系考述 ································ 216
　　第二节　王吴、王景治河及恢复汴渠 ······························ 223
　　第三节　汴口漕运与石门工程 ···································· 229

第三章　屯田与"省漕"及河渠建设 ·································· 236
　　第一节　东汉屯田与"省漕" ···································· 237
　　第二节　凉州、河西漕运与屯田 ·································· 241

第三节　马臻疏浚镜湖及漕运 ·· 245

第四章　曹操兴修睢阳渠与白沟 ·· 248
　　第一节　睢阳渠与汴渠漕运 ·· 248
　　第二节　白沟与漕运 ·· 253
　　第三节　白沟枋头考辨 ··· 261

第五章　曹操经营辽东与漕运 ·· 265
　　第一节　平虏渠、泉州渠与漕运 ··· 265
　　第二节　经营辽东与沟河 ··· 277
　　第三节　新河的漕运功能 ··· 283

第六章　邺城漕运及交通枢纽建设 ··· 288
　　第一节　长明沟与灌溉及漕运 ·· 288
　　第二节　利漕渠与北方漕运 ··· 297
　　第三节　曹操屯田与漕运 ··· 303

主要参考文献 ·· 311
后　记 ··· 317

第一编　先秦编

概 述

中国有悠久的漕运历史。

漕运有广义和狭义之分。广义的漕运指水运，凡是水运皆可以"漕"相称。如《战国策·魏策一》交代魏国及大梁地理形势时有"南与楚境，西与韩境，北与赵境，东与齐境，卒戍四方，守亭障者参列，粟粮漕庾不下十万"语，鲍彪注："漕，水运。庾，水漕仓。"① 又如汉宣帝时赵充国有"臣前部士入山，伐材木大小六万余枚，皆在水次。……冰解漕下"语，颜师古注："漕下，以水运木而下也。"② 据此，凡水运皆可以"漕"相称。狭义的漕运，初指国家出面组织的大规模的水上运粮和运兵行动，主要是为军事斗争和赈灾等服务，带有稳定政治及社会秩序的特征。后来，"漕运"作为专用名词，主要指调集不同区域的租米及赋税等入京，在保障京师安全的同时，向不同的区域运粮运物，为军事行动及赈灾救荒等服务。同时，漕运通道也是商贸往来的大通道，在稳定专制国家的政治秩序、经济秩序方面负有特殊的使命。

在长期的社会实践中，先人为驾驭自然、改造生活环境逐步形成了以农耕为主的文明形态。与其他文明形态相比，农耕文明依赖河流的程度要远远超过游牧文明和工商文明。具体地讲，从简单地利用河流发展农业，到有意识地开挖为农业生产服务的可灌溉、改良土壤和防洪排涝的河渠；从兴修为农业生产服务的河渠，到兴修有综合功能的有灌溉和水运等方面功能的河渠；从认识到水运成本低廉可以节约大量的人力、物力和财力，到自觉地建设河渠、发展漕运，在反复的实践中，人们逐步认识到河渠在社会发展和经济建设中的重要地位。可以说，不断地扩大漕运范围是在兴修河渠的基础上实现的，这些河渠作为世界上开挖的最早运河，经过改造和相互连通后又成为世界上最长的运河——京杭大运河。从这样的角度看，研究漕运首先需要关注河渠在不同历史时期的形态，在此基础上，关注河渠在交通建设、农田水利建设等方面的作用，关注河渠在社会经济发展及向纵深地区辐射的能力，关注漕运改变交通及城市布局的历史。进而言之，中国最早的河渠开挖时间可以追溯到什么时代？河渠建设在国家政治稳定、社会发展等方面有什么样的作用？在研究漕运的过程中，需要从

---

① 宋·鲍彪《战国策注》，《四库全书》第406册，上海：上海古籍出版社1987年版，第648页。
② 汉·班固《汉书·赵充国传》，北京：中华书局1962年版，第2986页。

国家政治安全、社会稳定、军事斗争、经济发展等各个方面来思考河渠及运河的内涵和外延。

漕运范围的扩大需要河渠(运河)的支持。如果没有运河的话,仅仅依靠黄河、长江、淮河等水系,那么,漕运范围将十分有限。具体地讲,中国的基本地形地貌是西高东低、北高南低,受其限制,黄河、长江的水运范围有限。在长期的社会实践以及不同区域的交流中,人们发现了两个问题:一是东西流向的黄河和长江的主要支流大都呈南北流向,且有一定的水运能力,完全可以通过在相关区域兴修河渠,促进其农业经济发展,改善其交通条件,扩大漕运范围;二是位于黄河和长江之间的淮河,虽曲折迂回,但基本走向是自北向南。更重要的是,淮河的一级支流和部分二级支流大都有水运能力,只要开挖新运道,对原有的河道略加改造,便可沟通黄河和长江两大水系,进而有效地扩大漕运范围。正因为如此,人们顺应自然,开挖了有不同走向、有漕运能力的河渠。这些河渠与黄河、长江、淮河水系相互补充,在提升农田灌溉水平发展农业的同时,形成了纵横交错的航线,改变了原有的交通布局,为发展漕运奠定了坚实的基础。从这样的角度看,漕运与河渠(运河)建设实际上是一个问题的两个方面,如果没有兴修河渠之举,以改善交通环境,那么漕运将是一句空话。

中国古代的河渠(运河)建设主要有以下六个特点。

一是历史上兴修的河渠首先是区域性的河渠,是在改造旧河道和开挖新航线的基础上完成的。如,受流量、长度、水位、流向等方面的制约,一些河流的漕运能力有限或没有漕运能力,经过拓宽拓深及补入水源后,这些河流加入到了漕运的行列。

二是水资源丰富及农业经济发达的区域率先开挖了河渠。如,黄河中下游流域成为开挖河渠的重要区域,与这一区域率先成为农业生产区和有丰富的水资源有密切的关系。

三是区域性河渠(运河)不断地加长、向周边地区延展,通过突破地域性的限制与其他区域的河渠及有水运能力的河流实现互通后,引起了交通方面的变革。此前,交通形式以陆路为主,经此,河渠(运河)将不同区域的河流湖泊串联在一起,形成了四通八达的航线。这些航线与陆路相辅相成,打破了原有的交通布局,建立了新的交通秩序。

四是不同的时期有不同的政治中心,有不同的漕运路线,在这样的前提下,河渠(运河)建设有不同的内容,需要建设不同的交通枢纽。如隋唐两代兴修河渠,旨在建立以洛阳为中心的水上交通枢纽;北宋兴修河渠,旨在建立以大梁(在今河南开封)为中心的水上交通枢纽;元、明、清三代政治中心北上,旨在建立以北京为终点和以杭州为起点的京杭大运河。可以说,政治中心的迁移引起了漕运方向上的变化,漕运方向上的变化势必引起河渠建设方向上的变化。

五是河渠(运河)在为漕运服务的同时改变了原有的交通布局,交通布局的改变又引发了政区及城市布局的改变。具体地讲,漕运通道的改变是沿线城市建设的催化剂,政区治所向漕运通道的沿线迁移,与河渠(运河)削弱或加强这些城市的交通地位有着密切的关系。

进而言之,由交通变化引起的连锁反应是,商品流通带动了运河沿线区域的经济发展,加强了沿线区域的经济联系和文化交流,为区域政治中心向漕运通道(运河沿线)迁移提供了重要的依据。与此同时,改变政区及城市布局,势必引起一些城市的衰败和另一些城市的兴起。

六是从关心陆路交通建设到兴修河渠(运河)发展水上交通,两种交通形式交织在一起,给国家政治、农业生产、交通布局、城市建设、区域经济发展等带来了一场观念性的变革。如,当运河成为漕运通道时,国家的政治安全及军事活动、社会稳定及粮食安全、经济发展及商品流通等势必与河渠(运河)结成更为紧密的关系。再如,贯穿不同区域的运河开通后,在向四方延展的过程中,势必带动相关区域的社会经济发展。与此同时,当漕运成为维护国家安全、社会稳定的生命线时,运河势必承担起为国家政治服务和社会经济发展的双重责任。

一般认为,河渠(运河)是指人工开挖的具有漕运功能的航道。其实,这一认识多有偏差。河渠(运河)的航道主要有三种形式:一是指人工开挖的,引入补给水源的航道;二是指经过改造即拓宽加深河道后,原来不具备通航能力或通航能力很差的河道,在引入新的补给水源后具有了漕运能力;三是指在互不相通的河流湖泊之间开挖连通的航道,将其串联在一起,使之具有漕运功能。这三种航道交织在一起,构成了河渠(运河)建设的基本内容。

追溯河渠建设的历史,可以上溯到大禹治水时期。从大禹治水到关注河渠建设、发展水上交通,人们改变了以陆运为主的形式,拉长了交通运输线,加强了不同区域的政治、经济、文化等方面的联系。进而言之,自大禹治水兴修河渠以后,春秋战国时期,各国迎来了第一个兴修河渠的高潮。当这些区域性的河渠通向不同区域并形成联结之势时,遂为大一统帝国的到来及漕运的发展奠定了坚实的基础。

第一章　发展漕运的历史原因

提倡水运是人类发展史上的必然,在长期的社会实践中,人们发现水运成本远远地低于陆运。起初,水运受自然条件的制约,只能集中在有水运能力的河流沿线。为了改变这一状况,古人用开挖河渠(运河)的方法延长了航线,将水运拓展到不同的区域。中国古代是如何发展漕运的? 又与开挖河渠(运河)有什么样的关系? 这些都是需要回答的问题。

第一节　漕运历史溯源

以"漕"言水运有着久远的历史。《逸周书·文传》云:"是故土多,发政以漕四方,四方流之;土少,安帑而外其务,方输。"①晋代孔晁注"以漕四方,四方流之"云:"漕,转;流,归。言移内入也。"②注"土少安帑,而外其务方输"云:"外设业而四民方输谷。"③根据这一记载,可知"漕"作为水运的别称,主要是指向政治统治的核心区域即京城输送粮食等,故出现了"四民方输谷"的说法。《文传》有"文王受命之九年,时维暮春,在鄗"④等语,据此可知,以"漕"言水运即从水上运粮可以上溯到西周初年。另外,后世称"漕"为"漕运",是单音节词向双音节词转化的结果。这里需要思考的是,《文传》中的记载是否可靠? 其依据是什么? 在此基础上,还有"文王受命之九年"一语是否可信的问题。

20世纪以后,人们研究《逸周书》这一文献汇编时,对各篇的产生年代及真伪进行了辨析。其中,较为一致的意见是,《世俘解》《克殷解》《商誓解》等几篇记载的年代较为可信,其他各篇包括《文传》叙述的年代概不可信,且多为后世的伪作。郭沫若先生依据有关文献进行考证后得出的结论是:"《逸周书》中可信为周初文字者仅有三二篇,《世俘解》即其一,最

---

① 黄怀信、张懋镕、田旭东《逸周书汇校集注》,上海:上海古籍出版社2007年版,第242—243页。
② 同①,第242页。
③ 同①,第243页。
④ 同①,第236页。

为可信。《克殷解》及《商誓解》次之,其他均系伪托,惟非伪托于一人或一时。"①这一观点发表后,受到学界大部分人的拥护,成为占据主导地位的意见。

不过,当学界以郭沫若先生的观点为不刊之论时,清华大学收藏的战国楚简正式出版向世人公布了。这些新材料的问世,极大地冲击和动摇了郭沫若先生的观点。李学勤先生从清华大学收藏的战国楚简入手论述道:"《逸周书》现存的《文儆》《文传》两篇已经是文王末年的口气。"②在这一论述中,李学勤先生虽然没有直接阐释《文传》"已经是文王末年的口气"的原因,甚至也没有深入地辨析《文传》这一文献的真伪性,但从其话语涉及的内容中不难发现,他的基本观点是:《文传》产生的年代应发生在西周建立的前夜即周文王在世的时候。李学勤先生虽然没有明确地交代得出这一结论的原因,但这应与当下还没有全部公布的清华简有关。

在清华简整理面世以前,研究者较为一致的观点是:周王朝的开创者姬昌在位时不可能有"文王"这样的王号。以此为逻辑起点,对《尚书·无逸》"文王受命惟中身,厥享国五十年"等语的真实性和可靠性提出了质疑和否定。不过,《清华大学藏战国竹简·保训》中有"惟王五十年"③等语,与《尚书·无逸》"文王受命惟中身,厥享国五十年"相匹配,完全可以证明姬昌开创周王朝时已经有了王号④。除此之外,传世文本《逸周书·文传》中有"文王授命之九年"语,如果以出土文献《保训》为参照的话,那么,推论传世文本《逸周书·文传》为周王朝初年的文献当不成问题。从这样的角度看,以"漕"称水运的时间节点可以上溯到西周初年。从这一时间起,周王朝已开始重视漕运。不过,从"以漕四方""土少,安帑而外其务,方输"等语看,《文传》中提到的"漕"主要指水运,与后世所说的由国家出面组织的从水路运粮有一定的差异。

近年来,有人认为,由国家出面组织的沿水路运粮的行为始自萧何。《史记·萧相国世家》记载:"关中事计户口转漕给军,汉王数失军遁去,何常兴关中卒,辄补缺。"⑤司马贞注解"转漕给军"一语云:"漕,水运也。"⑥在楚汉战争的紧要关头,萧何坐镇长安采用陆路和水路联合运输的方法,将粮食及军事战略物资等源源不断地运往关东,通过及时的后勤补给,为刘邦战胜项羽提供了强有力的后勤支援。当时,从关中到关东的水上交通线是沿渭水入黄

---

① 郭沫若《古代用牲之最高纪录》,《郭沫若全集·历史编》第一卷,北京:人民出版社1982年版,第299页。
② 李学勤《清华简九篇综述》,《文物》2010年第5期。
③ 清华大学出土文献研究与保护中心编,李学勤主编《清华大学藏战国竹简(一)》下册,上海:中西书局2010年版,第143页。
④ 清华大学出土文献研究与保护中心《清华大学藏战国竹简〈保训〉释文》,《文物》2009年第6期。
⑤ 汉·司马迁《史记·萧相国世家》,北京:中华书局1982年版,第2015页。
⑥ 同⑤。

河,经黄河再入鸿沟。自鸿沟开凿后,这条航线一直是关中联系关东的快捷通道,史有"河渭漕挽天下"①之说。不过,袁枚认为,从水上运粮即"漕"有运粮的特定含义在战国后期。如袁枚论述道:"《国策》张仪说魏王'粟粮漕庾,不下十万',为'漕'字初见。《史记》秦攻匈奴,'飞刍挽粟,起于黄、腄、琅琊,转输北河,率三十钟而致一石。'是漕粟不始于萧何也。"②这一说法虽然将漕运的历史提前到战国后期,但依旧缺乏准确性。

其实,由国家组织的从水上运粮的行为有更为久远的历史。如《史记》涉及漕运的篇目有《秦本纪》《秦始皇本纪》《项羽本纪》《河渠书》《平准书》《萧相国世家》《留侯世家》《平津侯主父列传》和《司马相如列传》等九篇,记载了从春秋到汉代约五百年漕运的情况。著名的由国家出面组织的漕运事件主要有两件:一是春秋时期,秦国为救晋国发生的粮荒,发动了"泛舟之役";二是齐国隰朋自齐输粮入赵,进行商贸活动。

泛舟之役发生的时间为鲁僖公十三年(前647)。《春秋左传·僖公十三年》:"秦于是乎输粟于晋,自雍及绛相继,命之曰泛舟之役。"③孔疏:"秦都雍,雍临渭。晋都绛,绛临汾。渭水从雍而东,至弘农华阴县入河。从河逆流而北上,至河东汾阴县乃东入汾,逆流东行而通绛。"④司马迁亦记载道:"于是用百里傒、公孙支言,卒与之粟。以船漕车转,自雍相望至绛。"⑤所谓"泛舟之役",是指鲁僖公十三年晋国发生饥荒后向秦国请求救助,在百里傒等人的建议下,秦国从水路调粮入晋。

从秦都雍城(在今陕西凤翔雍城一带)始发,到晋都绛城(在今山西曲沃、侯马一带)的航程十分遥远。胡渭描述这一航线时辨析道:"渭汭在河之西岸,华阴、朝邑、韩城之地皆是也。东与蒲州荣河分水,此言雍之贡道,故特以西岸言之。韩汝节云:今蒲州,舜所都也。渭水之北,今朝邑县南境,渭水至此东入河,折而北三十里即蒲州,故舟皆会于渭北。今按北船出龙门,至荣河县北汾水入河处,便当东转溯汾,无缘更顺流而下,至朝邑与南船会也。且禹告成当尧时,帝都平阳,距蒲阪三百余里,韩城北连龙门,东对汾口,南北贡船相会当在其间,曷为引蒲州以证乎?"⑥凡渭水汇入黄河的河口皆有"渭汭"之称,主要的渭汭即渭口有华阴(在今陕西渭南华阴)、朝邑(在今陕西大荔朝邑)、韩城(在今陕西韩城)等。胡渭认为,自关中沿渭水航线起程后,应在"东对汾口"的韩城龙门(在今陕西韩城龙门)渡河,随后经荣河(在今山西万荣)入汾水,不必沿黄河南下至朝邑入河。

汾水是秦国自关中渡黄河联系关东各国的重要航线。沿这条航线从秦国旧都雍城出

---

① 汉·司马迁《史记·留侯世家》,北京:中华书局1982年版,第2044页。
② 清·袁枚《随园随笔》,王英志主编《袁枚全集》第5册,南京:江苏古籍出版社1993年版,第356页。
③ 清·阮元《十三经注疏·春秋左传正义》,北京:中华书局1980年版,第1803页。
④ 同③。
⑤ 汉·司马迁《史记·秦本纪》,北京:中华书局1982年版,第188页。
⑥ 清·胡渭《禹贡锥指》(邹逸麟整理),上海:上海古籍出版社2006年版,第331页。

发,中经渭水东渡黄河后,可抵汾阴(在今山西万荣西南)。从汾阴入汾水可抵达晋国的国都绛城。胡渭以《尚书·禹贡》为依据辨析道:"《孔疏》云:帝都在河之东,故渡河陆行而还帝都。此从《传》谓禹还都白所治,故有陆行之说。若贡物则自蒲州陆行,以至平阳约三百余里,转输之劳,人何以堪。按《左传》:僖十三年,晋饥,秦输粟于晋,自雍及绛相继,命之曰泛舟之役。《正义》曰:秦都雍,雍临渭。晋都绛,绛临汾。渭水从雍而东,至华阴入河;从河逆流而北上,至河东汾阴乃东入汾,逆流东行而通绛。此即尧时雍、梁之贡道,一水可达,焉用陆行哉。"①鲁僖公十三年,秦国运粮救济晋国时利用了这条由天然航线。

公元前457年,晋国大夫韩、赵、魏三家联手打败智氏,平分其领地,标志着历史进入了战国时期。不过,韩、赵、魏三家得到周王室的承认是在周威烈王二十三年(前403),如史有"初命晋大夫魏斯、赵籍、韩虔为诸侯"②之说。七国称雄争霸,揭开了相互兼并的历史。时至战国后期,出现了"合纵连横"的局面:一方面,六国联合起来共同抗击秦国;另一方面,秦国为瓦解六国联盟,采用了"远交近攻"的方针,将打击近邻韩、赵、魏列为重点。秦国是四塞之国,函谷关是秦国进入关东的唯一通道,如果在函谷关以东陈列重兵的话,秦国将很难突破六国的防线,进而完成建立大一统帝国的构想。为此,秦国采取了攻占河东的策略,试图通过经营河东打破六国设置的防线。

河东水运发达,物产丰富,是秦谋求向东发展的战略要地,主要表现在四个方面:一是东渡黄河夺取河东,可以彻底地解除魏国对秦国及关中的威胁;二是通过经营河东,可以扫清秦国经营关东的障碍,进而瓦解六国长期经营的函谷关防线;三是取道汾水等航线,自河东绕过三门峡再入黄河可转战河北、河南等地,可通过开辟新航线达到逐鹿中原的目的;四是经过长期的开发,河东已成为黄河中下游地区重要的农业产区。利用河东已有的汾水等航线转运河东及相邻区域的粮食等资源,可以最大限度地缩短征伐六国的后勤补给线。根据这样的形势,秦国将占领河东视为打击韩、赵、魏三国及经营关东的第一步。秦惠文君九年(前329),秦军伐魏采取"渡河,取汾阴、皮氏"③的战术,夺取了地处河东的汾阴、皮氏(在今山西河津西)等要地,在魏国的心脏插上了一把利刃。以河东为支撑点,秦国彻底打开了逐鹿中原的大门。

河东的战略地位是不言而喻的,如果六国在河东合力抗秦的话,那么,秦军将无法各个击破。然而,六国在秦国"连衡"之策的离间下,早已矛盾重重,乃至于六国"合纵"联合抗秦成为空话。从这样的角度看,占领河东及开辟征伐六国的新线路是秦打破六国联盟以及六国走向衰败的转折点。

---

① 清·胡渭《禹贡锥指》(邹逸麟整理),上海:上海古籍出版社2006年版,第298页。
② 宋·司马光《资治通鉴·周纪一》(邹国义校点),上海:上海古籍出版社1997年版,第3页。
③ 汉·司马迁《史记·秦本纪》,北京:中华书局1982年版,第206页。

关中水运以渭水为主要航线,渭水流经的范围极广:一是以褒水、斜水为航段节点,连接嘉陵江深入到长江流域的腹地,不过这一航线属季节性通航的航线;一是褒水、斜水通渭水,以渭水为主要航线,经渭口渡黄河可到河东,这一航线有常年通航的能力。胡渭叙述清代以前的水文变化时记载:"以今舆地言之,浮嘉陵江至广元县北龙门第三洞口,舍舟从陆,越冈峦而北,至第一洞口,出谷乘舟,至沔县南,《经》所谓'浮潜而逾沔'也。自沔入南郑县界,抵褒城东,历褒水、斜水,至郿县东北入渭,沿流而东历武功、兴平、盩厔、鄠县、咸阳、长安、高陵、咸宁、临潼、渭南、华州、朝邑至华阴县之渭口,绝河流而东抵蒲州,《经》所谓'入渭而乱河'也。自蒲州并东岸而行,至荣河县北,溯汾水而上,历河律、稷山、绛州、太平、襄陵至临汾县,是为平阳,尧之所都。此梁州及西倾之贡道也。"①按照胡渭的说法,自关中入晋的水上通道实际上是一条贡道,这条贡道早在传说时代帝尧以平阳(在今山西临汾)为都时已经存在。

秦国运粮入晋的规模巨大,"泛舟之役"属于国家行为,因此,可以将其视为漕运即由国家组织的大规模水上运粮的发端。根据胡渭的记载,秦国漕运的线路为,从雍城附近的渭水进入黄河,沿黄河东行进入汾水,沿汾水继续向东进入绛城。自秦国从关中调粮入晋都绛城以后,这一航线受到后世的关注。如张守节注《史记·赵世家》"秦以牛田之水通粮"云:"夫牛耕田种谷,至秋则收之,成熟之义也。言秦伐韩上党,胜有日矣,若牛田之必冀收获矣。""秦从渭水漕粮东入河、洛,军击韩上党也。"②秦国攻取韩国上党时,充分利用了"泛舟之役"时的航线。汉宣帝五凤年间(前57—前54),大司农中丞耿寿昌为减少关东向关中的漕运费用,提出了"宜籴三辅、弘农、河东、上党、太原郡谷足供京师,可以省关东漕卒过半"③的建议。这里包含两层含义:一是采取挖潜的方式收购京畿地区的粮食;二是就近收购黄河以东、以北地区的粮食,这些地区或靠近关中,或有良好的水运条件。撇开京畿地区不论,从河东、上党、太原等地运粮入长安(在今陕西西安)主要沿用了秦国实施"泛舟之役"时的航线,稍有不同的是,此时漕运的航线与秦国当年济晋的方向相反。《旧唐书》记载:"咸亨三年,关中饥,监察御史王师顺奏请运晋、绛州仓粟以赡之,上委以运职。河、渭之间,舟楫相继,会于渭南,自师顺始之也。"④王溥《唐令要》亦有此说。自秦发明这一漕运通道而汉代继续使用后,唐高宗于咸亨三年(672)从绛州调粮入关中时也使用了这一漕运通道。

秦兴"泛舟之役"从水路运粮入晋都绛,主要利用了自然水道。相比之下,隰朋自齐输粮入赵则不同了,这一漕运通道利用了齐运河和黄河。《管子·轻重戊》有"齐即令隰朋漕粟

---

① 清·胡渭《禹贡锥指》(邹逸麟整理),上海:上海古籍出版社2006年版,第295页。
② 汉·司马迁《史记·赵世家》,北京:中华书局1982年版,第1825页。
③ 汉·班固《汉书·食货志上》,北京:中华书局1962年版,第1141页。
④ 后晋·刘昫等《旧唐书·食货志下》,北京:中华书局1975年版,第2113页。

于赵"①语,隰朋是齐庄公的曾孙,与管仲、鲍叔牙等一道辅佐齐桓公成就了齐国的霸业。隰朋"漕粟于赵"是以称霸为目的,是由国家出面组织的特大型商贸活动。且不论隰朋漕运与"泛舟之役"孰先孰后,隰朋此举堪为利用运河进行漕运的范例。

春秋时期虽有"泛舟之役"和隰朋漕运之举,但这些行为只是临时性的举措。不过,人们已认识到漕运的重要性,开始把兴修河渠(运河)视为自觉的行动。如王钦若等编纂《册府元龟》时记载:"自雍及绛,泛舟之役是兴。率钟致石,负海之输攸出。盖漕运之举旧矣,利害之论详矣。若乃京师大众之所聚,万旅百官之仰给,邦畿之赋,岂足充用。逮于奉辞伐叛,调兵乘鄣,或约赍以深入,或赢粮而景从,曷尝不漕引而致羡储,飞挽而资宿饱。乃有穿渠凿河,乘便利之势;创法立制,极机巧之思。斯皆贤者之心术。古人之能事,至于成败之殊致,劳逸之异宜,亦一开卷而可见也。"②自"穿渠凿河,乘便利之势"的重要性彰显以后,漕运在国家政治发展进程中的特殊功能开始受到广泛的关注。

前人从分析政治形势入手,注意到兼并战争是兴漕运的重要原因。如马端临引用吕祖谦的观点时论述道:"古者,天子中千里而为都,公侯中百里而为都。天子之都,漕运东西南北,所贡入者,不过五百里;诸侯之都,漕运所贡入者,不过五十里。所以三代之前,漕运之法不备。虽如《禹贡》所载入于渭,乱于河之类,所载者不过是朝廷之路;所输者不过币帛九贡之法。所以三代之时,漕运之法,未甚讲论,正缘未是事大体重。到春秋之末,战国之初,诸侯交相侵伐,争事攻战,是时稍稍讲论漕运,然所论者尚只是行运之漕,至于国都之漕,亦未甚论。且如《管子》所论,粟行三百里,则无一年之积粟;行四百里,则无二年之积粟;行五百里,则众有饥色;如孙武所谓千里馈粮,土有饥色,皆是出征转输,至其所以输国都不出五百里、五十里,国都所在各有分,故当时亦尚未讲论。惟是后来,秦并诸侯,罢五等,置郡,然后漕运之法,自此方详。秦运天下之粟,输之北河,是时,盖有三十钟致一石者。地里之远,运粟之多,故讲论之详,方自此始。后来历代最盛,无如汉、唐。在汉初,高后、文、景时,中都所用者省,岁计不过数十万石而足,是时,漕运之法亦未讲。到得武帝,官多徒役众,在关中之粟四百万犹不足给之,所以郑当时开漕渠、六辅渠之类,盖缘当时用粟之多,漕法不得不讲。然当汉之漕在武帝时,诸侯王尚未尽输天下之粟,至武、宣以后,诸侯王削弱,方尽输天下之粟,汉之东南漕运,至此始详。……唐太宗以前,府兵之制未坏,有征行,便出兵,兵不征行,各自归散于田野,未尽仰给大农,所以唐高祖、太宗运粟于关中不过十万。后来,明皇府兵之法渐坏,兵渐多,所以漕粟自此多。且唐睿宗、明皇以后,府兵之法已坏,是故用粟乃多,向前府兵之法未坏,所用粟不多。唐漕运时,李杰、裴耀卿之徒未甚讲论,到二子讲论,自是府兵之法既坏,用粟既多,不得不讲论。且如汉漕系郑当时之议,都不曾见于高、惠、文、景之世。

---

① 石一参《管子今诠·轻重戊》,北京:中国书店1988年影印版,第588页。
② 宋·王钦若等《册府元龟·邦计部》第6册,北京:中华书局1960年版,第5959页。

唐之李杰、裴耀卿之议,都不曾见于高祖、太宗之世,但只见于中、睿、明皇之时,正缘汉武官多役众。唐中、睿以后,府兵之法坏,聚兵既多,所以漕运不得不详。大抵这两事常相为消长,兵与漕运常相关。"①周王朝实行分封制,各地小国林立,各自为政,受地域及诸多条件的限制,特别是在"天子之都,漕运东西南北,所贡入者,不过五百里;诸侯之都,漕运所贡入者,不过五十里"即疆域狭小的前提下,漕运不可能受到最高统治者的重视,更不可能提上国家发展战略的议程。然而,当诸侯争霸称雄的兼并战争如火如荼地进行以后,各国的疆土空前扩大,因水运成本低廉,各诸侯国的统治者开始把发展水运及加强其管理提上议事日程。进而言之,从夏商周三代以前"漕运之法不备",到"战国之初,诸侯交相侵伐,争事攻战,是时稍稍讲论漕运";从秦兼并六国"然后漕运之法,自此方详",到汉武帝"盖缘当时用粟之多,漕法不得不讲";从初唐"运粟于关中不过十万"到唐中宗一朝"府兵之法坏,聚兵既多,所以漕运不得不详"等,政治形势的变化与不断发现水运的价值交织在一起,漕运在国家政治中的作用得到空前的提升,进而成为有目的、有计划地动员国家力量兴修运河、整治航道的基本动力。

  漕运渐成制度与专制国家不断地增加"国用"紧密相连。"国用"通常指维护国家机器正常运行、稳定社会秩序的基本费用及必要的储备。如《礼记·王制》云:"冢宰制国用,必于岁之杪,五谷皆入,然后制国用。用地小大,视年之丰耗。以三十年之通,制国用,量入以为出,祭用数之仂。丧,三年不祭,唯祭天地、社稷,为越绋而行事。丧用三年之仂,丧祭,用不足曰暴,有余曰浩。祭,丰年不奢,凶年不俭。国无九年之蓄,曰不足,无六年之蓄,曰急,无三年之蓄,曰国非其国也。三年耕,必有一年之食,九年耕,必有三年之食。以三十年之通,虽凶旱水溢,民无菜色,然后天子食,日举以乐。"孔疏:"此一节论冢宰制国用及年之丰耗,并丧祭及所蓄积之法,各随文解之。……'用'谓制国之用。凡制国用多少,必计地小大。又视年之丰耗,若地大年丰,则制用多;若地小年耗,则制用少。……'以三十年之通,制国用,量入以为出'者,言欲制国用之时,先以三十年通融之法,留九年蓄外,计见在之物以制国用。假令一年有四万斛,以一万斛拟三十年通融积聚,为九年之蓄,以见在三万斛,制国之来岁一年之用。量其今年入之多少,以为来年出用之数。"②早期的国用,主要由国家统治机构的正常支出、祭祀、战争、储备等构成。一般来说,国用规划制定后,须执行三十年,即三十年内不可随意更动,需要严格地执行这一规划。秦汉以后,政治形势发生了巨大的变化。伴随着疆土、官僚机构、军备等不断地扩大,国用岁额势必不断扩大。在这样的前提下,仅以五百里的赋税及所贡来满足日益增长的需要已明显滞后,为此,需要漕运的参与,调集不同区域的粮食、赋税等以满足不断增长的国用方面的需求。如马端临指出:"唐都长安,而关中号称

---

① 元·马端临《文献通考·国用考三》,杭州:浙江古籍出版社1988年版,第247—248页。
② 清·阮元《十三经注疏·礼记正义》,北京:中华书局1980年版,第1334页。

沃野,然其土地狭,所出不足以给京师,备水旱,故常转漕东南之粟。……凡漕达于京师而足国用者,大略如此。其他州、县、方镇,漕以自资,或兵所征行,转运以给一时之用者,皆不足纪。"①漕运之所以成为唐王朝关注的大事,是受国用岁额的需求支配的。同理可证,唐代以前的大一统专制国家,也需要漕运为不断增加的国用服务。

一般来说,专制国家处于草创阶段时,政权建设即国家机器及政治制度建设等有待时日,因此,这一时期不可能产生过多的需求。然而当大一统帝国建立后,不断地扩大国用是必然的,与此同时,不断地重复前朝增加漕运岁额的历史也是必然的。那么,该如何应对这些问题呢?很显然,要想维护京畿地区的政治安全和稳定,保证中央对地方的绝对控制,在没有更好的途径的前提下,加强漕运遂成为唯一的选择。具体地讲,由于漕运能给专制国家带来政治稳定、经济繁荣等最大化的利益,因此,无论是漕运的常态化如规定岁运额度,或是非常态化如临时增加岁额,加强漕运的建设和管理受到统治者的高度重视是必然的。其实,漕运是一柄双刃剑:一方面漕运是消解各类社会矛盾的润滑剂,另一方面无限制地扩大漕运岁额,由此引发的社会矛盾也是空前的。可以说,这是由专制国家自身难以解决的痼疾决定的。

春秋战国时期,是诸侯相互征伐不断的时期。为了降低转输成本、提高运兵效率,各国把兴修河渠(运河)提到了议事日程。在后世大一统帝国建设的过程中,无论是政治中心东移还是北上,鸿沟和邗沟在国家政治、经济等方面的作用远远超过其他区域的运河。具体地讲,黄河中下游地区一直是中国农业经济最为发达的区域,鸿沟是最重要的漕运通道的。后来,政治中心移往大梁,农业经济重心移往淮河流域继而移往江浙地区时,江淮之间的邗沟担负起漕运的重要责任。在这中间,政治中心与经济重心同步迁移,邗沟的重要性日益彰显。进而言之,政治中心和经济重心同时向东南转移,一方面昭示了黄河流域的农业经济开始走向衰败,另一方面又表达了淮河流域及江浙地区农业经济异军突起并走到全国前列的诉求。从某种意义上讲,政治中心与经济重心之间的分离,彰显了邗沟在国家漕运中的地位,从而使邗沟具有了与鸿沟同等重要的地位,成为宋代以后专制国家利用率最高的漕运通道。此外,因鸿沟东段是联系江淮不可或缺的漕运通道,因此,鸿沟东段依旧有不可动摇的交通地位。

从另一个层面看,邗沟在漕运中的地位开始超越鸿沟,既是在江淮地区的经济超越黄河流域及经济重心南移的过程中实现的,同时又是在政治中心东移和东移以后北上的过程中实现的。具体地讲,在国家漕运整体东移和北上的过程中,邗沟因处在长江和淮河水系之间成为重要的航段节点。此外,随着江淮农业经济的发展及淮河流域率先崛起,漕运以江淮及

---

① 元·马端临《文献通考·国用考三》,杭州:浙江古籍出版社1988年版,第241—243页。

江南为漕粮的主要征收区域,邗沟的交通地位迅速上升。

更重要的是,在政治中心不断向东迁移的过程中,当大梁以西的河渠(运河)因种种原因不再是专制国家的主要漕运通道时,当江淮及江浙的农业经济进一步走到全国的前列并超越黄河中下游地区时,随着古代政治中心的东移和北上,邗沟在漕运中的地位和作用开始得到重视。《宋史》记载:"江、淮漕运尚矣。春秋时,吴穿邗沟,东北通射阳湖,西北至末口。汉吴王濞开邗沟,通运海陵。隋开邗沟,自山阳至扬子入江。雍熙中,转运使刘蟠以山阳湾迅急,始开沙河以避险阻。天禧中,发运使贾宗始开扬州古河,缭城南接运渠,毁三堰以均水势。今运河岁浅涩,当询访故道,及今河形势与陂塘潴水之地,讲究措置悠久之利,以济不通。"①在经济重心向江淮转移的过程中,邗沟成为自长江连接淮河和黄河流域的重要通道。具体地讲,自宋代起,在国家政治中心东移和北上的进程中,在江淮及江浙农业经济全面超越黄河中游地区的前提下,伴随着淮盐成为国家财政的重要来源,伴随着江淮及江浙成为专制国家最重要的赋税征收地,邗沟在漕运中的地位得到了全面的提升,宋代将邗沟整修及改造,视为重点工程。

第二节 漕运与运河建设

在开挖河渠(运河)以前,漕运主要利用自然水道。如西周时方国林立,偏远的诸侯国进贡主要是走自然水道。《尚书·禹贡》云:"淮、海惟扬州。彭蠡既猪,阳鸟攸居。三江既入,震泽厎定。筱簜既敷,厥草惟夭,厥木惟乔。厥土惟涂泥。厥田唯下下,厥赋下上,上错。厥贡惟金三品,瑶、琨筱、簜、齿、革、羽、毛惟木。鸟夷卉服。厥篚织贝,厥包桔柚,锡贡。沿于江、海,达于淮、泗。"②《禹贡》时代扬州的贡道是,从长江入海,从海上进入淮河,入淮后沿淮河支流泗水进入黄河流域。由于从长江入淮需经海上绕一个大弯方能入淮,故交通极不方便,时至春秋末期,吴王夫差利用沿途的河流湖泊在江淮之间开挖了邗沟。邗沟建成后,缩短了从长江到淮河流域的航程,规避了走海上可能遇到的风险。

从历时的角度看,不同时期的河渠(运河)有不同的称谓。如唐代以前,在黄河流域开挖的河渠(运河)多有"沟""渠"等称谓,在长江流域的河渠(运河)多有"溪""浦""渎"等称谓,淮河流域的运河多有"沟""渎"等称谓。出现这一情况,主要是由南北地形、地貌差异及言语表达方式不同造成的。当然,个别情况下也有例外,但基本上遵循了这一规律。

"运河"一词出现的时间当在宋代。如《新唐书·五行志三》:"开成二年夏,旱,扬州运

---

① 元·脱脱等《宋史·河渠志六》,北京:中华书局1985年版,第2388—2389页。
② 清·阮元《十三经注疏·尚书正义》,北京:中华书局1980年版,第148—149页。

河竭。"①开成是唐文宗李昂的年号,从字面意思看,"运河"一词似乎产生于唐代。不过,《新唐书》的作者是欧阳修、宋祁等人,其完成时间在宋仁宗嘉祐五年(1060)。此外,"大运河"一词出现在南宋。吴自牧描述杭州境内的运河时写道:"城中小河、清湖河两河,合于北郭税务前,由清湖堰闸至得胜桥,与城东外沙河、菜市河、泛洋湖相合,分为两派:一由东北上塘过东仓新桥,入大运河,至长安闸,入嘉兴路运河;一由西北过得胜桥,上北城堰,过江涨桥、喻家桥、北新桥以北,入安吉州界下塘河。"②

运河又有"漕渠""官河""漕河"等称谓。如汉武帝元光六年(前129)开关中运河漕渠,司马迁记载:"令齐人水工徐伯表,悉发卒数万人穿漕渠,三岁而通。"③李吉甫记载:"合渎渠,在县东二里,本吴所掘邗沟江、淮之水路也,今谓之官河,亦谓之山阳渎。"④邗沟有"官河"之称,与官方组织运粮并成为定制有密切的关系。因河渠(运河)由官府组织力量开凿,官府有优先使用的权力,商运、民运等必须服从漕运。

邗沟又称"山阳渎",与邗沟利用渎水开运道入淮有关。乐史记载:"淮阴县,本汉旧县,属临淮郡。宋于此置北兖州,后废。隋开皇三年,又置淮阴县。渎水,今谓之山阳渎。东南自州郭下,西北流经县北,流入于淮,即古之邗沟。昔吴王夫差将伐齐北霸中国,自广陵掘江连淮,以通粮运。"⑤张玉书引《地理通释》指出:"夫差自广陵城东南筑邗城,下掘深沟,谓之邗江,亦曰邗沟。自江东北通射阳湖,今谓之官河,亦谓之山阳渎。"⑥《旧唐书·敬宗纪》云:"丙申,盐铁使王播奏:'扬州城内,旧漕河水浅,舟船涩滞,输不及期程。今从阊门外古七里港开河,向东屈曲,取禅智寺桥,东通旧官河,计长一十九里。其功役所费,当使自方圆支遣。'从之。"⑦王播上书于朝廷的时间是在唐敬宗宝历二年(826),这里所说的"旧漕河"和"旧官河",实际上是邗沟在唐代的别称。略有不同的是,此处所说的"漕河"在城内,"官河"在城外。

河渠(运河)有"漕渠""漕河""官河"等称谓,表明河渠建设是在发展漕运的背景下进行的。在这一过程中,从用"沟""渠""溪""浦""渎"等称呼不同区域的河渠,到正式出现"运河""漕河""官河"等称谓,称谓上的变化在一定程度上反映出河渠建设是在弱化或消解灌溉农田、改良土壤、防洪排涝等功能的过程中,在突出漕运即水上运输功能的过程中逐步

---

① 宋·欧阳修等《新唐书·五行志三》,北京:中华书局1975年版,第947页。
② 宋·吴自牧《梦粱录·城内外河》,杭州:浙江人民出版社1980年版,第109页。
③ 汉·司马迁《史记·河渠书》,北京:中华书局1982年版,第1410页。
④ 唐·李吉甫《元和郡县图志·淮南道》(贺次君点校),北京:中华书局1983年版,第1072页。
⑤ 宋·乐史《太平寰宇记·淮南道二》(王文楚等校点)第6册,北京:中华书局2007年版,第2462页。
⑥ 清·张玉书、陈廷敬等《钦定佩文韵府》,《四库全书》第1026册,上海:上海古籍出版社1987年版,第221页。
⑦ 后晋·刘昫等《旧唐书·敬宗纪》,北京:中华书局1975年版,第518页。

实现的。具体地讲,伴随着区域性河渠(运河)长度的延长和有意识地建立互通关系,运河贯穿不同的区域扩大了漕运范围。漕运范围扩大后,与陆路交通交织在一起,改变了原有的交通布局。与此同时,交通布局的变化带动了沿线地区的发展,给城市布局及区域行政带来了调整。进而言之,在构建新的交通枢纽及网络时,河渠(运河)有力地促进了沿岸城市的社会发展和经济发展。从某种意义上讲,由"沟""渠"等旧称嬗变为"漕渠""漕河"等新称,再嬗变为"运河"这一称谓,在一定程度上反映了后世在河渠建设中重点强调的功能是漕运。在这中间,不断兴修河渠(运河)及强化其漕运功能,为大一统国家大规模地调运粮食及物资提供了保障,同时也为建立漕运制度奠定了基础。

根据文献记载,中国古代的河渠(运河)建设发生在春秋时期,主要在两个区域:一是集中在黄河中下游地区,其范围涉及中原各国及齐国等;一是集中在长江流域,主要在吴、楚两国进行。黄河中下游地区是中华民族最早开发和从事农业生产活动的区域,建设具有农田灌溉、排洪防涝、改造土壤结构、水运等综合功能的河渠是必然的。当黄河中下游地区的经济承受力不足以应付日益增长的人口需求,而各国的政治中心又必须在这一区域时,开挖有不同功能的河渠,可以增强国力,有效化解政权建设中可能存在的危机。春秋时期,楚国和吴国的实力空前扩大,伴随着北上争霸的梦想,需要建设北通中原、可以降低军事行动成本的运河。在这中间,以军事斗争为先导的楚国和吴国在境内境外开挖运河,利用不同的运道北上争霸,将漕运与开挖运河交织在一起,对政治、经济、军事、交通、商贸、文化等产生了深远的影响。

先秦时期掀起了中国古代兴修河渠的第一个高潮。这一时期,各国根据实际需要在不同的区域兴修河渠,建成了与天然河流相辅相成的交通运输网络。通过降低运输成本,有效地拓展了水上交通的范围,进一步丰富了陆路以外的交通运输形式。可以说,当运河沟通不同的水系时,势必以强大的水上交通运输能力拓展漕运的范围。与此同时,漕运范围的拓展则加快了大一统的进程,在维护政治稳定和京城利益优先等方面具有不可替代的作用。

漕运是维护汉王朝政治稳定及粮食安全的生命线。汉代漕运远通江淮,这条水上大通道经邗沟、鸿沟可进入黄河漕运通道,进而经渭水西入长安及关中。《汉书》记载:"荥阳下引河东南为鸿沟,以通宋、郑、陈、蔡、曹、卫,与济、汝、淮、泗会。于楚,西方则通渠汉川、云梦之际,东方则通沟江淮之间。于吴,则通三江、五湖。"[①]在汉武帝兴修关中漕渠之前,关东地区的漕运经黄河与运河相连形成远通江淮之势。

汉武帝一朝为确保漕运畅通,在前人的基础上掀起了兴修河渠的高潮。此后从东汉到魏晋兴修河渠及关注河渠的综合功能始终是统治者关心的大事。这一时期,政治角逐主要

---

① 汉·班固《汉书·沟洫志》,北京:中华书局1962年版,第1677页。

是在黄河流域进行。经过不同时期的建设,在联结黄河、淮河、长江等水系的过程中逐步建成了以长安为中心的关中河渠、以洛阳为中心的河渠、从中原到华北的河渠、从中原到两淮的河渠等。这些河渠(运河)与先秦时期开挖的河渠形成相互连接之势,为隋代建设以洛阳为中心的水上交通枢纽奠定了坚实的基础,为进一步发展漕运和农业经济创造了良好的外部条件。

隋王朝建立后,京城选址出现了多种可能。然而,隋文帝一改东汉以后以洛阳为京城的做法,将国都建在长安,从而使京城选址出现了西迁关中的局面。从表面上看,隋代建都在长安是在沿用前朝旧都,但隋代京城大兴城是在汉长安城以外的地方重新规划和建设的。在建设的过程中,规划者特意在城中开挖了数条河渠,这一举措开创了在缺水的北方规划和建设京城时考虑运河因素的历史。此后,隋炀帝利用河渠旧道在东都洛阳建立了联络全国水上交通的运输体系,考虑到河渠贯穿全国及转运、集散物资的能力,遂给京城选址及建设带来了新的内容。从这样的角度看,自漕运成为国家政治稳定的基本要素后,京城选址及城市建设开始更多地考虑运河的因素。

北宋定都大梁后,漕运方向上的变化给运河建设带来了新的思考空间。因赋税重点征收地区完成了从黄河中下游地区向江淮及江南地区的转移,京城选址势必优先考虑运河及漕运的因素。在这中间,从重点建设黄河两岸的运河到重点建设江淮及江南运河,方向上的变化给运河建设带来了新的变化。

同样的道理,当元、明、清三代定都北京时,漕运再次变化,引起了运河建设方面的变化。进而言之,当漕运成为国家政治倚重的对象时,京城的选址、迁移遂与运河结下剪不断、理还乱的关系。从这一意义上讲,关注运河实际上是关注国家政治中心迁移及城市兴衰的历史,是通过漕运关注古代中国政治、经济、文化变化的历史。

从两汉到北宋,大一统国家的政治中心主要建在黄河流域。在这中间,各王朝的政治中心虽在不同的地点,但使用的漕运线路大体相同。元代迁都大都(在今北京)后,因漕运目的地远离黄河流域,航线随之发生了重大的变化。

经济发达地区江浙及江南并入元朝的版图后,拉长了政治中心和经济发达地区之间的距离。在没有一条现成的为新政治中心服务的漕运通道的背景下,采取什么样的线路转输江南钱粮北上成为元王朝必须面对的大问题。为此,元代统治者进行了三个方面的探索:一是利用原有的漕运通道绕道黄河北上,实行水陆转运;二是为了降低转输成本,尝试海运,先后建立了三条海运航线;三是在山东境内开挖济州漕渠、济州河和会通河等,试图兴建一条内河航线与海上航线相接的漕运通道,或一条与江淮及大都直接相连的漕运通道。从形势上看,元代尝试海运和开山东境内的运河实际上是迫不得已的选择。假定原有的漕运通道能直接为新政治中心大都服务,不会在转输江南钱粮的过程中因绕道河南等地付出高昂代价,那么,元王朝是不会把运河建设及尝试海运提到议事日程的。客观地讲,开挖一条直通大都的新运河形成南北运河整体东移需要一定的时间,是不可能在短期内有立竿见影的效果,根据这一情况,元代把尝试海运即"海漕"提到了议事日程。与水陆联合转输相比,海运虽然可以降低转输成本,但有自身无法克服的缺陷。具体表现在三个方面:一是海上风浪大,近海航行时船只容易搁浅或触礁翻覆;二是在航海技术有限的前提下,起运时需要根据季风、洋流、潮汐等变化来确定具体的时间;三是京城大都远离海口,从入海口经直沽(在今天津)转运没有一条现成的航线。这样一来,要想降低转输成本,建设从通州到大都的漕运通道及山东境内的运河已是当务之急。

自伯颜确立海运秩序后,元代在发展海运的同时也加大了运河建设的力度,主要采取了三个方案。一是由郭守敬重修通惠河,通过开通从通州到大都的漕运通道,保证从直沽到大都航线的畅通,进而形成内河漕运与海漕相接之势。二是加大裁弯取直工程建设的力度,重点兴建山东境内的运河如济州漕渠、济州河、会通河等,进而建成南接江淮、北入御河与大都相通的漕运大通道。与其他区域的运河相比,会通河的建设难度最大。具体地讲,会通河经过的区域地貌复杂,以台地任城(在今山东济宁)为中点,向南北两翼展开,分别有三十米或三十米以上的落差。客观地讲,要想在这一区域开挖运河,不但需要从高处的台地引水补给航道,还需要建造堰闸向南北两端分水并控制流量。经过艰苦的努力,会通河终于建成了,从此实现了南北运河整体东移的战略目标。在这中间,马之贞等为兴修山东境内的运河做出了杰出的贡献。三是在建立为大都服务的水上交通运输体系时,需要根据各地航道、堤岸及水利设施损坏的情况进行针对性的修缮和管理,以提高关键航段御河、扬州运河、江南运河等的通航能力。三个兴修方案实施后,以元世祖至元三十年(1293)通惠河再度开通为标志,一条一头与江南运河相连,一头与大都相通的漕运通道(即京杭大运河)已基本建成。京杭大运河开通后,促进了南北地区的商贸往来,带动了沿岸地区及城市的社会经济发展,并形成了向腹地及周边地区"辐射"的能力。遗憾的是,正当京杭大运河有可能展示出巨大的能量时,元末风云骤起,在朱元璋的打击下元王朝被迫退往漠北。明初,朱元璋将政治中心设在金陵(在今江苏南京),这条航线的重要性开始减弱,乃至于某些航段出现了严重的淤塞。明成祖朱棣定都北京后,这条处于湮废状态的运河经兴修后再度开通。满清入关后,继续定都北京,在加强漕运管理及航道建设的过程中,大运河的重要性进一步彰显。追溯这一历史,开通大运河实际上是在元代积极地从事运河建设的背景下实现的。

以开通会通河、通惠河为标志,元代实现了南北运河整体东移的目标。按理说,明王朝只要加强运河维修和管理便可获取漕运之利。然而,黄河溃溢频仍致使漕运中断,乃至于明初输粮北上被迫采取水陆联运和海运之策。输粮北上的目的是为了加强北方防务,防止退守漠北的元王朝残余势力反扑,同时防止李氏朝鲜侵扰辽东。由于陆运及水陆联运的成本十分高昂,加上海运的风险极大,这样一来,明王朝发展内河漕运的呼声渐高。具体地讲,明成祖朱棣夺取皇位并迁都北京后,加强北方防务与稳定政治秩序交织在一起,使打通南北漕运通道成为更加迫切的要求。

在明王朝二百七十六年的历史中,黄河溃溢和改道共四百五十六次,平均每七个月发生一次。可以说,每一次黄河溃溢和改道都在不同的程度上影响到业已建立的漕运秩序。这一时期,黄河溃溢及改道对运河及漕运的影响可分为两个时段:一是从明初到明中叶,黄河溃溢及改道造成的危害主要集中在会通河方面;二是明世宗嘉靖年间(1522—1566),黄河溃溢的范围向江淮一带延伸。如黄河南下时初有六道,以嘉靖六年(1527)为下限仅存由沛县(在今江苏沛县)入泗一道;又如嘉靖二十五年(1546)黄河全河入淮即倾一河之水沿泗水故道经清口(泗口,在今江苏淮阴码头)入淮,这些情况的存在把黄河溃溢及改道的范围扩大到黄淮交汇处,其破坏力也扩展到江淮运河沿线。

一般认为,京杭大运河的主航线主要由七个航段构成。撇开从北京到通州的通惠河、从通州到天津的北运河、从镇江到杭州的江南运河不论,运河与黄河水系发生联系的航段有四个:从天津到山东临清的南运河,从临清到徐州或台儿庄的鲁运河,从徐州或台儿庄到淮安的中运河,从淮安到扬州的里运河。这些区域的黄河与运河紧密地联系在一起,可以说,黄河的每一次溃溢及改道都直接或间接地伤害到运河并影响了漕运,特别是在黄河全河入淮后,在"黄高淮壅"的背景下逐步形成了以徐州为中心和以清河为中心的溃溢区。两个溃溢区北自丰、沛、徐州、邳州、睢宁等地,南到宿迁、桃源、清河等地,直接威胁到相应区段运河航道的安全。在黄河上流溃溢和泥沙不断壅堵下流的过程中,黄河与淮河的壅水逆流而上引起更大范围的溃溢,漕运面临着来自黄河和淮河的双重威胁。具体地讲,黄河溃溢、淤塞运道引起淮河泛滥,使一向有着良好航运条件的江淮运河成为黄河泥沙侵袭的对象,也使修整运河陷入治河与治淮缺一不可的困境。

会通河和江淮运河是南北漕运容易受损的航段,如果想恢复漕运的话,需要重点修整会通河及江淮运河。明代重开会通河是在元代的基础上进行的,从表面上看,修整会通河的工程难度应该不大,其实不然,黄河溃溢、淤塞相关区域的航道,致使这一区域的地理及水文形势发生了很大的变化。面对这一形势,修整会通河需要在济宁台地建引水入运河的工程。会通河经济宁台地时向南形成了约三十四米的落差,向北形成了三十米的落差。这样一来,需要在济宁台地建造引水工程,建造水闸及船闸,向南北两个方向的航道分水。永乐九年(1411),在宋礼、金纯等人的主持下,明王朝完成了修整会通河的工程。几乎同时,陈瑄主持修整了江淮运河和会通河从百步洪到吕梁洪的航段。在宋礼、陈瑄等人的努力下,明王朝建立起罢海运兴漕运的新秩序。

从历时的角度看,黄河溃溢及迁徙是在自然生态破坏严重的背景下发生的,其中,过度地开发和攫取黄河水资源等是黄河溃溢及改道的重要原因。追溯明代黄河溃溢及改道的历史,可上溯到宋元时期,气候周期性变化在影响黄河水文的同时,给明代运河及漕运带来灾难性的后果。具体地讲,会通河成为黄河泥沙淤塞的重点区域与元末黄河在贾鲁河沿线溃溢有着直接的关系。元末开挖贾鲁河的初衷是,开辟一条具有泄洪和漕运功能的新航线,试图通过疏导黄河迫使其回归故道,以解决溃溢改道等问题。遗憾的是,贾鲁河建成后没能达到根治黄河的目的,泥沙继续向下流堆积引起上流多处溃溢,给相关区域黄河两岸的民生带来极大的困扰,同时也中断了明代南北漕运的大通道。如贾鲁河兴修后黄河不再北流,由此引发的溃溢使疏浚或修整会通河成为没完没了的工程。也就是说,南北漕运的关键航段是会通河,黄河溃溢并淤塞会通河破坏了会通河的补给水源,干扰了正常的漕运秩序。

明代后期,如何保漕运形成了两种意见:一种意见主张以治河为先,在治河的基础上保漕运,如潘季驯等认为治河应采取疏导、筑堤等措施,迫使黄河回归故道;另一种意见主张保漕运应将治河与修整运河分开,如翁大立等针对黄河不断侵袭会通河等情况,认为可开挖新航道实施避黄行运之策。在此基础上形成了保漕运是以治河为先还是以避黄行运为先两种方案。在这中间,黄淮交汇引起黄淮泛滥,给治理江淮运河出了新的难题,治河治淮与修整江淮运河交织在一起,给保漕运提出了新的挑战。

明代输粮北上有不同的运输方式,漕运秩序的建立是在不断地探索中得到确认的。从大的方面讲,明代漕运继承了唐宋时期确立的漕运制度,在此过程中逐步形成了支运、兑运、长运等方式。这些漕运方式与运河沿线的漕仓(水次仓、中转仓)相互配合,完善了明代的漕运机制。具体地讲,京杭大运河最长时可达二千多里,无论是支运、兑运还是长运,都需要输粮入仓和取粮转运。因改革漕政及航线变化等因素,明代在利用旧仓的基础上调整了部分水次仓的地点,从而为建立新的漕运秩序铺平了道路。在这中间,明代采取输粮入边的商运政策及让盐利于商的政策,一方面提高了漕运效率,另一方面为京杭大运河成为商品流通的大通道铺平了道路。通过长期有目的、有计划的建设,明代先后建成了淮安、徐州、临清和德州等重要的水次仓,这些水次仓除了具有中转的职能外,还在赈灾救荒及战略储备等方面发挥着重要的作用,并促进了不同区域的社会经济发展。

清代取之现成,继承了明代的漕运制度。满清入关后,全面继承了明代水次仓建设的成果,在明代已有的基础上制定了更为严格的漕运管理和航道管理制度。由于大运河北上要跨越五大水系,与治河联系在一起,疏浚运河始终是历久弥新的话题。具体地讲,开辟避开黄河的新航线和改革漕政也是清王朝必须面对的大问题。通过长时间的建设和改革,京杭大运河在稳定国家政治和经济秩序的同时,将沿岸城市串联在一起,将经济触角深入到运河沿岸的腹地,为商品流通及推动南北经济互动铺平了道路。近代以后,伴随着新式交通如火车、汽车的兴起,宣告了两千多年漕运历史的结束。在这一过程中,因交通兴盛的运河城市开始走向衰败。

综上所述,中国古代的河渠(运河)建设有八个显著的特点。其一,中国有世界上开挖时间最早和最长的运河。所谓最早,是指古代中国开挖河渠(运河)的历史远远地超过了世界各国;所谓最长,是指经过历朝历代不断地开挖和联结,中国有了世界上最长的运河。其二,开挖河渠(运河)始终是国家行为,历代统治者不遗余力地开挖和维修这一贯穿南北的漕运大通道,是因为看到漕运在国家政治、经济、军事及战略发展等方面具有特殊的意义,在维护大一统国家的安全方面具有不可替代的作用。其三,经过历代不断地开挖,运河形成与陆路交通并驾齐驱的交通大网络,水陆相互联结的交通运输态势,在改变原有交通布局的同时,为社会经济的发展和走向繁荣注入了生生不息的活力。其四,运河某些航段成为商品集散地及水陆交通枢纽后,为运河沿岸城市的兴起提供了必要的条件。在此之前,中国古代的城市大都依天然河流而建,运河城市兴起后,开始改变这种格局。其五,运河贯穿东西南北的交通网络,水上交通向陆路交通辐射,极大地加强了地区与地区之间的联系,进而为新的区域政治、经济、文化中心的形成奠定了基础。其六,凭借水上交通的运输优势,运河沿岸城市迅速走向繁荣。大量的农业人口涌入运河城市,积极地从事手工业、工商业活动等,不但改变了城市的人口结构,为市民阶层的壮大提供了坚实的基础,同时也为城市商品经济的发展及资本主义萌芽提供了先决条件。其七,运河城市为新兴政区的形成和相对独立的经济圈、文化圈等的形成提供了先决条件。如以运河沿岸城市为向外辐射的联系点,运河通过加强不同政区之间的联系,打破了因山川地理造成的相对封闭的状态,起到了促进不同区域政治、经济及文化交流的作用。在运河成为贯穿全国的交通大通道以前,一些政区因处于相对封闭和孤立的状态,很少有接受外来文化及信息的机会,然而,当运河把这些地区串联以后,或这些地区接受运河交通网络的辐射以后,就有可能接受其他地区或外来的文化,进而在交流中把富有个性特征的区域文化向外传播。其八,运河沿岸建成一个又一个的物资或商品集散地以后,运河城市除了成为物资或商品集散地以外,还担负起对外交流的文化使命。如一些运河城市地处江海交汇口,作为对外通商的重要港口吸引了大量的外商入住这些城市。在商品贸易的过程中,除了有物资方面的交流外,同时也会发生文化上的交流。由于不同文化的碰撞交流和互相汲取,运河城市遂成为中国古代极具活力、商业色彩和异族风情的城市。

第三节 漕运成本与陆运

漕运有节约人力、物力和财力等方面的优势。问题是,千里运粮或物资,漕运成本要比陆运低多少?两者之间有什么样的比率关系?这些无疑是研究漕运时必须要关注的问题。

从成本核算的角度看,水运是最经济的长途运输方式。然而,受自然地理等因素的制约,秦汉以前的水运条件有限,乃至于长途运输大都采取陆运或水陆联运的方式,这种情况一直持续到兴修河渠并建成四通八达的漕运通道以前。

根据有关文献记载,千里以上的水陆联运始于蒙恬北逐匈奴之时。《史记》记载:"秦已并天下,乃使蒙恬将三十万众北逐戎狄,收河南。筑长城,因地形,用制险塞,起临洮,至辽东,延袤万余里。于是渡河,据阳山,逶蛇而北。暴师于外十余年,居上郡。是时蒙恬威振匈奴。"①《汉书》又有秦始皇"欲威海外,使蒙恬将兵以北攻强胡,辟地进境,戍于北河,飞刍挽粟以随其后"②之说,秦始皇三十三年(前214),蒙恬奉命率三十万大军北逐匈奴,取得胜利以后,以上郡(在今陕西绥德)为重镇,严密地监控上郡以北的区域。《史记》记载:"始皇乃使将军蒙恬发兵三十万人北击胡,略取河南地。……自榆中并河以东,属之阴山,以为四十四县,城河上为塞。又使蒙恬渡河取高阙、阳山、北假中,筑亭障以逐戎人。"③如果以高阙(在今内蒙古杭锦后旗西北)等地为参照,当知蒙恬北逐匈奴是在关中以北区域进行的。

从另一个层面看,三十万大军与匈奴在上郡以北地区展开激战,需要大量的粮草,为了加强后勤补给,秦王朝采取了从不同区域征调粮草及战略物资的措施。《史记》记载:"秦始皇……使蒙恬将兵攻胡,……又使天下蜚刍挽粟,起于黄、腄、琅邪负海之郡,转输北河,率三十钟而致一石。"④黄,治所在今山东龙口市东。腄,地名,裴骃注引徐广语时写道:"腄在东莱,音缍。"⑤东莱,治所掖县,在今山东泰州。琅邪,治所在今山东胶南西南。北河,应指乌加河。黄河在内蒙古磴口县分为南北两支,其中,北河即乌加河为黄河正流。《史记》中有"中国繇道馈粮,远者三千,近者千余里"⑥之说,如以汉武帝打击匈奴时调运关东粮草的距离为参照,当知秦王朝建立的这一后勤补给线不会低于三千里。马端临考释"蜚刍挽粟"时

---

① 汉·司马迁《史记·蒙恬列传》,北京:中华书局1982年版,第2565—2566页。
② 汉·班固《汉书·严助传》,北京:中华书局1962年版,第2811页。
③ 汉·司马迁《史记·秦始皇本纪》,北京:中华书局1982年版,第252—253页。
④ 汉·司马迁《史记·平津侯主父列传》,北京:中华书局1982年版,第2954页。
⑤ 同④,第2955页。
⑥ 汉·司马迁《史记·平准书》,北京:中华书局1982年版,第1439页。

指出:"运载刍稿令疾至,故曰飞刍。挽粟,谓引车船也。"①从"挽粟,谓引车船也"等语中当知,当时转输粮草时主要采用了水陆联运的方法。如马端临释"转输北河"时又指出:"言沿海诸郡,皆令转输至北河。北河,今朔方之北河也。"②考释"率三十钟而致一石"时又指出:"六斛四斗为钟。计其道路所费,凡用百九十二斛乃得一石。"③通常学者们认为斛与石相通,如裴骃注引《汉书音义》云:"钟六石四斗。"④如果从黄县、东莱等地起运的粮食至北河,水陆联运的距离应超过三千里。所谓"三十钟而致一石",是说起运三十钟粮食,除去沿途的各种消耗,运到三千里以外的目的地,只能剩下一石。可以说,运输成本之高令人难以想象。

一般来说,运输成本以水运最低,水陆联运次之,与此同时,运输成本的高低还要受到距离的制约,由此提出的问题是:三千里的陆运成本究竟是多少呢?尽管无法找到直接的数据,但依旧有迹可循。《史记》记载:"当是时,汉通西南夷道,作者数万人,千里负担馈粮,率十余钟致一石,散币于邛僰以集之。"⑤汉武帝经营西南夷时,因没有现成的水路可以利用,故采取了挑运之策。从"千里负担馈粮"中当知,此次运粮的距离为一千里,这一行程约为秦代蒙恬北征匈奴时运粮里程的三分之一。所谓"率十余钟致一石",是举其略数,是说起运十三钟以上、十五钟以下的粮食,除去中途消耗,只能有一石抵达目的地。秦汉两代,计量单位大体相同,不过西汉的重量单位略低于秦代,当知汉武帝一朝千里挑运,粮食的沿途损耗差不多是秦代三千里水陆联运的二分之一。对此,前人多有体察,甚至在研究漕运时有意将两则史料放在一起。如郑樵记载:"秦欲攻匈奴,运粮,使天下飞刍挽粟,起于黄、腄、琅琊负海之郡,转输北河,率三十钟而致一石。……孝武建元中,通西南夷,作者数万人,千里负担馈粮,率十余钟致一石。"⑥郑樵寓论断于叙述之中,从两则史料对比中当知山路挑行的运粮成本远远地高于水陆联运,又可知路程越远,运输成本越高。如果将山路挑行的距离延长到三千里,其运输成本还要进一步加大,甚至是"率三十钟而致一石"的一倍以上。

秦代自黄县等地起运至北河建立长达三千里的后勤补给线,其消耗比主要是讲水陆联运的成本。汉武帝通西南夷,主要是讲陆运时与走山路时的消耗比。由此提出的问题是:如果有方便车马行走的道路和交通,那么,运输成本究竟有多大呢?根据这一情况,需要做进一步的考察,在这中间,南宋乔行简的说法值得关注。如针对宋理宗打算北上抗金及收复中原的想法,乔行简提出了反对的意见:"陛下之兵,能战者几万?分道而趣京、洛者几万?留屯而守淮、襄者几万?非按籍得二三十万众,恐不足以事进取。借曰帅臣威望素著,以意气

---

① 元·马端临《文献通考·国用考三》,杭州:浙江古籍出版社1988年版,第239页。
② 同①。
③ 同①。
④ 汉·司马迁《史记·平准书》,北京:中华书局1982年版,第1422页。
⑤ 同④,第1421页。
⑥ 宋·郑樵《通志·食货略》,杭州:浙江古籍出版社1988年版,第746页。

招徕,以功赏激劝,推择行伍即可为将,接纳降附即可为兵,臣实未知钱粮之所从出也。兴师十万,日费千金,千里馈粮,士有饥色。今之馈饷,累日不已,至于累月,累月不已,至于累岁,不知累几千金而后可以供其费也。今百姓多垂罄之室,州县多赤立之帑,大军一动,厥费多端,其将何以给之?今陛下不爱金币以应边臣之求,可一而不可再,可再而不可三。再三之后,兵事未已,欲中辍则废前功,欲勉强则无事力。国既不足,民亦不堪。臣恐北方未可图,而南方已先骚动矣。中原蹂践之余,所在空旷,纵使东南有米可运,然道里辽远,宁免乏绝,由淮而进,纵有河渠可通,宁无盗贼邀取之患?由襄而进,必须负载二十钟而致一石,亦恐未必能达。若顿师千里之外,粮道不继,当此之时,孙、吴为谋主,韩、彭为兵帅,亦恐无以为策。他日运粮不继,进退不能,必劳圣虑,此臣之所忧者三也。愿陛下坚持圣意,定为国论,以绝纷纷之说。"①乔行简的这一奏疏主要有三个方面值得关注:一是认为国内兵源枯竭,能战者有限,如果要发动一场恢复中原的战役的话,除了要留守淮河和江汉防线外,还需要动用二三十万的人马,这样一来,将会消耗巨大的财力、人力和物力;二是认为这场战争一旦打响,将会旷日持久,因"兴师十万,日费千金",很可能会发生"北方未可图,而南方已先骚动"的局面;三是认为后勤补给线太长,将会出现"千里馈粮,士有饥色"即粮草不济的情况,更重要的是,还会遇到许多意想不到的困难。如"纵使东南有米可运,然道里辽远,宁免乏绝,由淮而进,纵有河渠可通,宁无盗贼邀取之患"。又如一旦漕路不通,只能走陆路,那么,付出的成本将会更高。

  这里,撇开其他不论,乔行简提出的"由襄而进,必须负载二十钟而致一石,亦恐未必能达"一事特别值得关注。另外,这里所说的"钟"应指"石"。如果以襄阳为起点,走陆路运输粮草至京、洛即汴梁及洛阳一带,全程当在一千里到两千里之间,沿途的损耗将达到二十比一,即"必须负载二十钟而致一石"。当然,这里面还不包括出现意外后运输成本更高的情况。在这中间,如以一千里为消耗比的基本单位,当知每增加一千里,运输成本要增加一倍。进而言之,陆运成本增加是与里程增加联系在一起的,亦可知千里运粮走陆路付出的成本及代价实在是太高了。

  关于这一点,还可以从两个数据中得到进一步的证明。如宋徽宗宣和六年(1124),金人为南下侵宋建立了自河北、河东、山东等地运粮的后勤补给线。毕沅根据文献记载:"自得燕地,悉出河北、河东、山东之力以往馈官军,率十数石致一石。"②因河北、河东、山东等地有可供漕运的河渠(运河),金人南下征宋建立运粮补给线时,可采取陆运或水陆联运。在这中间,从河北、河东、山东等地运粮到大梁一带,近程约数百里,远程应不会超过两千里,如果取其平均数,当在一千里左右。所谓"率十数石致一石",主要是指陆运或水陆联运时的消耗

---

① 元·脱脱等《宋史·乔行简传》,北京:中华书局1985年版,第12494页。
② 清·毕沅《续资治通鉴·宋纪》,北京:中华书局1957年版,第2475页。

比。这一数目之大,可以从反面证明,如果采取全程漕运之策的话,完全可以大大地节约运力。

宣和元年(1119),宋徽宗升郓州为东平府(在今山东东平),东平位于鲁西南,西临黄河,东望泰山。朐山(在今山东临朐)位于胶东半岛的中部即潍坊的西南。《元史》有"东平至朐山,率十石致一石,且车淖于雨必后期"①之说,从东平到朐山的距离约六百多里,从表面上看,元军的陆运成本似低于金军的"率十数石致一石"的水平,其实不然,运输成本减少是因距离缩短而造成的。如做一对比,元军运粮的里程起码比金军运粮的里程少三百里以上,如果陆运的行程每天按五十里计算的话,那么元军运粮起码要比金军运粮的时间节省六天左右。反过来说,如果把节约的行程及节约的人力、物力等方面的消耗计算在内的话,那么元军的陆运成本应远远高于金军的水陆联运成本,甚至还可能翻倍,这里还不包括"车淖于雨必后期"增加的费用。沈括记载:"凡石者,以九十二斤半为法,乃汉秤三百四十一斤也。"②宋代一市斤为六百四十克,一石可折合为一百一十八斤四两。元代承袭宋代的计量单位,从这些数据中当知,陆运成本高昂,且沿途耗费巨大。也就是说,如果以六百里为长度,元代须起运一千一百八十四斤,运到目的地后只能剩下一百一十八斤四两。

从以上的论述中当知,后世千里运粮不走陆路,而致力于发展漕运的原因。进而言之,在古代交通工具有限的前提下,建立强有力的后勤补给线是战争双方必须关注的大问题。沈括计算大军出征耗粮的情况时论述道:"凡师行,因粮于敌,最为急务。运粮不但多费,而势难行远。予尝计之,人负米六斗,卒自携五日干粮,人饷一卒,一去十八日;若计复回,只可进九日。二人饷一卒,一去可二十六日;若计复回,止可进十三日。三人饷一卒,一去可三十一日。计复回止可进十六日。三人饷一卒,极矣。若兴师十万,辎重三之一,止得驻战之卒七万人,已用三十万人运粮,此外难复加矣。运粮之法,人负六斗,此以总数率之也。其间队长不负,樵汲减半,所余皆均在众夫,更有死亡疾病者,所负之米,又以均之,则人所负,常不啻六斗矣。故军中不容冗食,一夫冗食,二三人饷之,尚或不足。若以畜乘运之,则驼负三石,马、骡一石五斗,驴一石,比之人运,虽负多而费寡,然刍牧不时,畜多瘦死,一畜死,则并所负弃之,较之人负,利害相半。"③如以沈括的计算为基准,一是战争爆发后,必将耗费大量的粮食和辎重。如果兴兵十万及战争可以在十六天结束的话,那么,参加运送军粮及军事物资的人员应是出征大军的三倍。二是在出征的十万大军中,非战斗人员约为三分之一。进而言之,十万大军中有三万为非战斗人员,这些人员主要负责后勤保障等事务。三是除了有

---

① 明·宋濂等《元史·商挺传》,北京:中华书局1976年版,第3738页。
② 宋·沈括《梦溪笔谈·辩证一》,胡道静《梦溪笔谈校证》,上海:上海古籍出版社1987年版,第107页。
③ 宋·沈括《梦溪笔谈·官政一》,胡道静《梦溪笔谈校证》,上海:上海古籍出版社1987年版,第419—420页。

专门负责后勤补给的人员参与外,参战的士兵须携带五天的干粮。

如果充分考虑这一系列的情况,那么,参加后勤补给及非战斗人员约为战斗人员的五倍以上。如程颐论述道:"馈运之术,虽自古亦无不烦民、不动摇而足者。然于古则有兵车,其中载糗粮,百人破二十五人。然古者行兵在中国,又不远敌,若是深入远处,则决无省力。且如秦运海隅之粟以馈边,率三十钟而致一石,是二百倍以来。今日师行,一兵行,一夫馈,只可供七日,其余日必俱乏食也。且计之,须三夫而助一兵,仍须十五日便回,一日不回,则一日乏食。以此校之,无善术。故兵也者,古人必不得已而后用者,知此耳。"①不难发现程颐的说法与沈括的说法大体一致,均认识到战争只进行十五天的话,那么运粮人员应是参战人员的三倍。略有不同的是,程颐没有说征大军的数量,也没有将负责辎重的人员计算在内。不过,他提到了战争耗费,完全可以补充沈括论述中的缺失或不足。具体地讲,文中的"破"字中指花费、消耗,所谓"百人破二十五人"是指一百人参战将耗费二十五人上缴的赋税。据此可知,十万大军出征将耗费二万五千人应缴的赋税。结合秦汉时期后勤补给的情况进行综合分析,如果补给线以千里为计算单位,如果战争持续一个月以上,那么,后勤补给人员与战斗人员之间的比率应在十一比一以上。

与陆运相比,漕运在降低成本方面有着明显的优势。如果以一千里为起运单位,路程越长,陆运成本越高。由此提出的问题是:如果以三千里里程为基本单位,漕运与陆运的成本比究竟是多少?尽管一时无法找到宋元以前的数据,但明代留下了三千里漕运成本消耗的具体数据。明代定都北京后,建立了自东南北上入京的漕运秩序。很有意思的是,京杭大运河长一千七百九十七公里,这一距离与秦代自黄县等地运粮至北河的水陆联运距离大体差不多。这样一来,完全可以此为参照,通过纵向比较搞清楚中国古代漕运成本低于陆运成本的情况,同时也可以体察到历朝历代发展漕运的必然性。

漕运是明王朝稳定政治秩序和经济秩序的生命线,自明永乐十三年(1415)实行漕运之策后,沿南北运河漕运,出现了"率三石致一石"或"三四石致一石"的情况。所谓"率三石致一石",是指从水上运粮约三千六百里,如果起运三石的话,除去过程消耗及自然损耗,那么,粮食运到终点时可剩下一石。不过,明代漕运的实际数字要普遍地高于"率三石致一石",究竟高多少?需要进一步分析。

明初漕运实行支运。支运,由民运和军运两部分组成。民运,是指纳粮者自行或雇用船只将规定的粮食运往指定的地点或水次仓。军运是指受漕运总督节制的官军接收民运后,将粮食运往指定的地点及水次仓。《明史》记载:"时漕运,军民相半。军船给之官,民则僦舟,加以杂耗,率三石致一石,往复经年失农业。忱与平江伯陈瑄议,民运至淮安或瓜洲水次

---

① 宋·程颢、程颐《二程集》(王孝鱼点校),北京:中华书局1981年版,第50—51页。

交兑,漕军运抵通州。淮安石加五斗,瓜洲又益五升。其附近并南京军未过江者,即仓交兑,加与过江米二斗。衬垫芦席与折米五合。兑军或后期阻风,则令州县支赢米。设廒于瓜洲水次,迁米贮之,量支余米给守者。由是漕费大省。"①"率三石致一石"发生在民运和官军接运的背景下。但实际情况是,民运者参与漕运受诸多客观条件的限制,时常会出现"往复经年失农业"的情况。

为了解决民运耽误农时的情况,周忱与陈瑄共同商量制定了兑运之策。所谓兑运,是指纳粮者及参与民运者可根据自身的情况,可以不按照指定的地点提前将漕粮交付给接运的官军,随后由官军负责接运。在这一过程中,纳粮者或民运者需要向官军支付相关的费用如剩余里程费、中途损耗费(俗称耗米)、过江费等。兑运实施后虽然"漕费大省",但基本上维持在"率三石致一石"的水平上。略有不同的是,兑运时有意提高征收费用,将本来由官府承担的部分费用转嫁给了百姓。加大征收"杂耗"的力度,有将负担转移给百姓之嫌,但纳粮者或民运者大都乐意接受这一方案,道理很简单,如果自行运输的话,支出的费用将大大地超过支付给官军的数目。

其实,"率三石致一石"只是最初的成本核算数字,在通常的情况下是无法实现的。具体地讲,漕运成本除了与自身费用、沿途"杂耗"等有关外,还与漕运管理、过程管理、气候变化、水流速度、顺水和逆水、风向及速度、航道维修、不同航段的通航能力、船只的承载量、船只维修、船工熟悉水文程度等有关。在这些环节中,如果其中任何一个环节出问题的话,都有可能耽误原先制订的漕运计划,导致运输成本增加,进而无法实现"率三石致一石"的目标。正因为如此,实际运输成本远远超过这一数字,乃至于强制执行"率三石致一石"之策,百姓家破人亡的事件屡有发生。

明初实现"率三石致一石"的漕运目标有两个必要条件:一是丰年,出现粮贱银贵的局面;二是运河各航段畅通无阻,不受黄河溃溢等因素的影响。离开了这两个条件,将无法实现"率三石致一石"的漕运目标。

为充实国库,增加国家的财政收入,明王朝进行了田赋改革,制定了以绢、布、金、银等折收田赋的办法。如洪武三十年(1397),明太祖朱元璋给户部下诏曰:"凡天下积年逋赋,皆许随土地所便,折收绢、布、金、银等物,以免民转运之劳。尔百司如朕命,毋怠。"②所谓"以免民转运之劳",是指用折收法来减轻百姓参与漕转(水陆联运)时的负担。新的田赋制度颁布后,在客观上减轻了老百姓的负担,保证了农业生产的时间,在一定程度上调动了百姓从事农业生产及多种经营的积极性,促进了家庭手工业和商品经济的发展,进而为纳粮者从事多种经营提供了便利。这一时期,承担纳粮义务的百姓可通过购粮代缴田赋,可用自产的

---

① 清·张廷玉等《明史·周忱传》,北京:中华书局1974年版,第4213页。
② 明·胡广等《钞本明实录·明太祖实录》,北京:线装书局2005年版,第400页。

丝绸布帛替代缴纳的田赋及漕粮,可以从事漕粮运输的方式代缴田赋及漕粮,这样遂开辟了漕运制度改革的新局面,进而扭转了"转运之劳"。《明史》记载:"丰年用粮八九石方易一两。若丝绵布帛之输京师者,交纳之费过于所输,南方转漕通州至有三四石致一石者。"①又称:"米贱时,俸贴七八石,仅易银一两。忱请检重额官田、极贫下户两税,准折纳金花银,每两当米四石,解京兑俸,民出甚少,而官俸常足。"②在丰年及粮贱银贵的前提下,百姓可以通过手工业如丝织品等获取银两交纳田赋,或通过购粮弥补田赋中的不足,或通过参与漕运获取经济上的利益,因此,"率三石致一石"的漕运目标基本上可以实现。然而,当水旱灾害来临及粮价上扬时,银两购买粮食的能力自然会缩小,如果再按原有的米价计算漕运成本的话,那么,"率三石致一石"将是一句空话。

然而,米价既受到丰收和歉收的形势支配,同时又由市场需求和变化调节,因而不同的时期有不同的米价。那么,一两白银可购买多少石大米呢?如根据明代不同时期的米价波动情况,赵翼考证道:"《明史·周忱传》,时京师百官月俸,皆持俸帖赴南京领米,米贱时,俸帖七八石易银一两。忱请重额官田极贫下户准纳银,每两当米四石,解京代俸。民出甚少,而官俸常足。《王文传》,苏、松、常、镇四府,每粮四石折银一两,民甚便之。后户部复令征米输徐、淮,率三石致一石,文用便宜停之。《张瑄传》,榆林水灾,瑄请移王府禄米于他处,留应输榆林者济荒,每石取值八钱输榆林,民皆称便。《马文升传》,输边者,粮一石,费银一两以上,丰年用粮八九石,方易银一两。《李敏传》,请令山、陕州县岁输粮于各边者,每粮一石征银一两,以十九输边,依时值折军饷,有余则籴以备军兴。由是北方二税皆折银,自敏始也。《杨守随传》,王府禄米每石征银一两,后增十之五,守随入告于王,得如旧。何乔新勘处播州事情疏云,四川布政使发银三百两,照依时价,每银一两买米二石五斗,给筑城夫口粮。是明中叶以前,米价不过如此,崇祯中,始大贵。《李继贞传》,崇祯四年,斗米值银四钱,民多从贼。《左懋第传》,崇祯时,山东兵荒,米石二十四两,河南乃每石一百五十两。"③根据这一情况,漕运时"率三石致一石"的前提是丰年增收,如遇荒年则无法达到这一漕运目标。

此外,运河各航段的通航能力也是降低漕运成本的重要因素。明代河患严重,如蔡泰彬先生指出:"仅在明代(1368—1644)的二百七十六年间,黄河决口和改道就达四百五十六次,平均每七个月一次,其中大改道七次。"④这一数字表明,明代的河患超过以往的任何一个朝代,在破坏黄河水运的同时,也破坏了以黄河和淮河为补给水源的运河航道。如谷应泰指出:"隋、唐以前,河与淮分,自入海。宋中叶以后,河合于淮以趋海。然前代河决,不过坏民

---

① 清·张廷玉等《明史·马文升传》,北京:中华书局1974年版,第4842页。
② 清·张廷玉等《明史·周忱传》,北京:中华书局1974年版,第4214页。
③ 清·赵翼《廿二史札记·明朝米价贵贱》,王树民《廿二史札记校证》,北京:中华书局1984年版,第848—849页。
④ 蔡泰彬《晚明黄河水患与潘季驯之治河》,新北:台湾花木兰文化出版社2011年版,第9页。

田庐,至明则妨漕矣,故视古尤急。"①河患加剧毁坏了漕运通道,漕船滞留不同的航段,增加了漕运成本,如果继续执行"率三石致一石"之策的话,只会增加百姓的负担,甚至造成家破人亡的局面。针对这一情况,景泰年间(1450—1456),吏部尚书王文废止了"率三石致一石"的漕运制度,采取了较为宽松、可舒缓民力的漕运政策。《明史》记载:"先是苏、松、常、镇四府粮四石折白银一两,民以为便。后户部复征米,令输徐、淮,凡一百十余万石。率三石而致一石,有破家者。文用便宜停之。"②所谓"文用便宜停之",是指王文根据具体的情况适度地增加了漕运中途的消耗。问题是:增加的额度应有多大? 王文没有制定具体的标准。

稍后,万表任漕运总兵后,通过精打细算,实现了"率四石而致一石"的漕运目标。如黄宗羲在《明儒学案》中记载:"先生功在漕运,其大议有三:一、三路转运,以备不虞。置仓卫辉府,每年以十分之二拨中都运船,兑凤阳各府粮米,由汴梁达武阳,陆路七十里,输于卫辉,由卫河以达于京。松江、通泰俱有沙船,淮安有海船,时常由海至山东转贸,宜以南京各总缺船卫分坐,兑松江、太仓粮米,岁运四五万石达于天津,以留海运旧路。于是并漕河而为三。一、本折通融。丰年米贱,全运本色,如遇灾伤,则量减折色。凡本色至京,率四石而致一石,及其支给一石,不过易银三钱;在外折色,每石七钱。若京师米贵,则散本色,米贱,则散折色,一石而当二石。是寓常平之法于漕运之中。一、原立法初意。天下运船万艘,每艘军旗十余人,共计十万余人,每年辏集京师,苟其不废操练,不缺甲仗,是京营之外,岁有勤王师十万弹压边陲。其他利弊纤悉万全,举行而效之一时者,人共奇之。其大者卒莫之能行也。倭寇之乱,先生身亲陷阵,肩中流矢。其所筹画,亦多掣肘,故忠愤至死不忘。③"

万表,字民望,号鹿园,浙江鄞县人,宁波卫世袭指挥佥事。年十七袭职,正德十五年(1520)考中武进士后,历任浙江把总署都指挥佥事、督运、浙江掌印都指挥、南京大教场坐营漕运参将、南京锦衣卫佥书、广西副总兵左军都督漕运总兵佥书、佥书南京中军都督府、淮安总兵、漕运总兵等职。在担任漕运总兵期间,万表锐意改革并采取了一系列措施,提高了漕运效率。在这中间,万表将漕运损耗严格控制在四比一的范围,从而降低了漕运成本,实现了历史性的突破。

自万表推行改革措施后,"率四石而致一石"成为明代千里漕运过程中的基本损耗。客观地讲,这一水运成本消耗远远低于宋元以前的陆路运输成本。具体地讲,如果长途运输的平均里程以一千里进行计算的话,那么,汉代通西南夷时"率十余钟致一石"④的陆运成本是明代水运成本的二十多倍,金人"率十数石致一石"的陆运成本是明代水运成本的四倍以上。

---

① 清·谷应泰《明史纪事本末·河决之患》,北京:中华书局1977年版,第501页。
② 清·张廷玉等《明史·王文传》,北京:中华书局1974年版,第4517页。
③ 清·黄宗羲《明儒学案·浙中王门学案五》,北京:中华书局1985年版,第310页。
④ 汉·司马迁《史记·平准书》,北京:中华书局1982年版,第1421页。

在以陆运为主的年代,水运在节约运输成本方面的优势是不言而喻的。可以说,水运是古代交通运输的高速公路,其快捷的运输方式和低廉的运输成本,受到历代统治者的高度重视。从这样的角度看,汉代以后提倡水运、兴修河渠乃是必然之举。

汉代以后,以漕运稳定政治秩序及保障京师供给、加强战略储备等成为既定国策。问题是,是否真的需要动员全国的力量兴修河渠(运河),动用大量的人力、物力和财力加强漕运呢?除此之外,究竟需要运送多少粮食入京才能保证"国用"?对此,前人有不同的看法。如针对"元封元年,桑弘羊请令民入粟补吏赎罪。他郡各输急处,而诸农各致粟,山东漕益岁六百万石"一事,丘浚站在稳定政治秩序的高度提出了自己的看法:"昔人言,汉初致山东之粟,岁数十万石耳。至孝武,岁至六百万石,则几十倍其数矣。虽征敛苛烦,取之无艺,亦由河渠疏利,致之有道也。虽然,与其至之有道,而积粟于国之多,孰若用之有节,而藏粟于民之多之为愈哉?盖粟资民力以种,种成而不得食,而输于官,以为之食。官食之,而自取之可也,而又资民力以输将之焉。造作舟车之费,疏通沟渠之劳,跋涉河流之苦,鞭挞赔偿之惨,百千万状,乃达京师。使其所养者,皆有功于国,有益于民之人,不徒费也,不然,何苦苦吾有用之民,而养此无用之人,为此无益之事哉?呜呼,人主授一官,兴一役,费一物,必以此念,而痛为之撙节焉。非决不可不已,必已也。国用其有不给,民生其有不安者哉?"①以汉初漕运"岁数十万石"为证,丘浚认为,应采取"藏粟于民"之策,不必"苦吾有用之民而养此无用之人、为此无益之事"。在分析漕运弊端的过程中,丘浚充分认识到从各地调粮入京带来的后患,为此,他力主改革漕政,认为应采取安民之策,不必兴师动众地进行漕运。

那么,漕运岁额是否可以减少或者停止呢?元凤二年(前79),汉昭帝下诏曰:"朕闵百姓未赡,前年减漕三百万石。颇省乘舆马及苑马,以补边郡三辅传马。其令郡国毋敛今年马口钱,三辅、太常郡得以叔粟当赋。"②元凤三年,昭帝再度下诏曰:"乃者民被水灾,颇匮于食,朕虚仓廪,使使者振困乏。其止四年毋漕。三年以前所振贷,非丞相、御史所请,边郡受牛者勿收责。"③尽管汉昭帝减少或停止漕运是汉王朝漕运史中的特例,但从中可知,在全面控制开支的过程中,降低漕运岁额是完全可以做到的。如丘浚评论道:"昭帝承武帝,岁漕六百万石之后,一岁而减其半,又一岁而并免漕。矧武帝末年,海内虚耗,而昭帝即位之初,又从贤良文学言,罢征榷之课。是时霍光辅政,知时务之要,轻徭薄赋,与民休息,至是而又免漕,何以为国用哉?吁,国用之赢缩,在用度之侈俭,而不在漕运之多少也。"④丘浚的这一论述极为精辟,其中,"国用之赢缩,在用度之侈俭,而不在漕运之多少"的观点,对于重新认识

---

① 明·丘浚《大学衍义补·漕挽之宜上》(林冠群、周济夫校点),北京:京华出版社1999年版,第301—302页。
② 汉·班固《汉书·昭帝纪》,北京:中华书局1962年版,第228页。
③ 同②,第229页。
④ 同①,第302页。

漕运有着重要的意义。尽管汉昭帝降低漕运岁额或暂时停止漕运,是以汉武帝大兴漕运引起政权危机为前提的,但应该看到的是,如果休养生息,采取措施降低国用,那么,关中完全可以出现汉武帝一朝"都鄙廪庾皆满,而府库余货财。京师之钱累巨万,贯朽而不可校。太仓之粟陈陈相因,充溢露积于外,至腐败不可食"①的局面。另外,自汉武帝征和四年(前89)下轮台罪己诏后,汉王朝及关中农业经济得到了一定程度的恢复,为汉昭帝减少漕运岁额及临时停止漕运提供了必要的条件。

从另一个层面看,采取节流的措施虽然可以在一定程度上减少漕运的岁额,但从本质上讲,漕运岁额的多少主要由专制王朝的政治形势决定,如建都北方需要重点防御西北和北方,需要从不同的区域运粮运兵。又如不同朝代有不同的建都地点,有着不同的政治形势和漕运需求,虽然可以需要根据具体情况适度削减漕运岁额,但漕运是稳定政治局势的基石,不能轻易停止。具体地讲,宋代采取"守内虚外"的战略防守政策,需要通过漕运为京师驻扎的军队提供"兵食"。此外,在各地设置漕运机构,可以及时了解不同政区的情况,及时调运漕粮为赈灾救荒及稳定社会秩序服务。进而言之,因漕运肩负着维护国家政治安全的使命,故漕运岁额必须维持一定的额度。在这中间,通过节流等手段虽然可以控制岁额的增加,但想要完全中止漕运并不可行。

---

① 汉·司马迁《史记·平准书》,北京:中华书局1982年版,第1420页。

第二章　大禹治水与鸿沟

中国古代何时有开挖河渠（运河）之举？古今有不同的看法。司马迁记录上古及秦汉以前开挖运河的活动时写道："《夏书》曰：禹抑洪水十三年，过家不入门。陆行载车，水行载舟，泥行蹈毳，山行即桥。以别九州，随山浚川，任土作贡。通九道，陂九泽，度九山。……自是之后，荥阳下引河东南为鸿沟，以通宋、郑、陈、蔡、曹、卫，与济、汝、淮、泗会。于楚，西方则通渠汉水、云梦之野，东方则通鸿沟江淮之间。于吴，则通渠三江、五湖。于齐，则通菑济之间。于蜀，蜀守冰凿离碓，辟沫水之害，穿二江成都之中。"①在这里，司马迁建立了大禹治水与后世开河渠（运河）的关系，进而成为后世认识中国古代开挖运河的依据。在这里，司马迁先说大禹治水时"通九道"的举动，随后才叙述鸿沟及楚、吴、齐、蜀各地开河渠的情况。从时间上看，鸿沟开挖的时间未必最早，然而司马迁在叙述楚、吴、齐、蜀各地开河渠之前先说鸿沟。应该说，这一叙述是别有深意的：一是在这一叙述中司马迁有意建立了鸿沟与大禹治水的关系；二是鸿沟是上古时期最重要的河渠（运河），其存在的意义远远超过其他的区域性河渠。由此提出的问题是，司马迁的这一记载是否可靠？《夏书》又是一部什么样的书？为此，需要做进一步辨析和澄清。

第一节　大禹与兴修河渠

司马迁所说的《夏书》是指《尚书·夏书》。司马迁生活的时代，正是儒学及经学方兴未艾的年代。司马迁研习的应是出自孔宅旧壁的古文《尚书》。如班固记载："古文《尚书》者，出孔子壁中。武帝末，鲁共王怀孔子宅，欲以广其宫。而得古文《尚书》及《礼记》《论语》《孝经》凡数十篇，皆古字也。共王往入其宅，闻鼓琴瑟钟磬之音，于是惧，乃止不坏。孔安国者，孔子后也，悉得其书，以考二十九篇，得多十六篇。安国献之。"②古文《尚书》比今文《尚书》

---

① 汉·司马迁《史记·河渠书》，北京：中华书局1982年版，第1405—1407页。
② 汉·班固《汉书·艺文志》，北京：中华书局1962年版，第1706页。

"多十六篇",被发现以后,孔安国将其献给了朝廷。班固又记载:"孔氏有古文《尚书》,孔安国以今文读之,因以起其家逸《书》,得十余篇,盖《尚书》兹多于是矣。遭巫蛊,未立于学官。安国为谏大夫,授都尉朝,而司马迁亦从安国问故。迁书载《尧典》《禹贡》《洪范》《微子》《金縢》诸篇,多古文说。"①司马迁曾师从孔安国,自然属于古文《尚书》学派。

不过,在研习《尚书》的过程中,孔安国又"以今文读之",因此,孔安国实际上是以今文《尚书》研治古文《尚书》的。从这样的角度看,司马迁跟随孔安国研习古文《尚书》时,对今文《尚书》多有关注。尽管如此,司马迁属古文《尚书》学派可确信无疑。如清人唐晏论述道:"近世所辑古文《尚书》说多首列《史记》,正由迁曾从安国问古文,《史记》中有古文说耳。"②这一事实表明,司马迁的《尚书》学知识传承于孔安国,所习以古文《尚书》为主。据此可知,《史记·河渠书》中提到的《夏书》应属古文《尚书》,考虑到孔安国研习古文《尚书》时曾"以今文读之",因此,司马迁引录的《夏书》有可能包含了今文《尚书》的内容。

今本古文《尚书》与大禹相关的篇目有《大禹谟》《皋陶谟》《益稷》《禹贡》等,四篇排序相连,详细地记叙了大禹的事迹。如从"皋陶矢厥谟,禹成厥功,帝舜申之。作《大禹》《皋陶谟》《益稷》"③的叙述内容看,古文《尚书》的编撰者是把大禹视为历史人物的。当然,古文《尚书》的可靠性受到后世的质疑,甚至在今古文经之争的过程中出现了疑古、辨伪等一系列的问题。然而,司马迁时代的古文《尚书》直接取自孔壁,应不属于伪书,由于此时的古文《尚书》不存在后人伪造的问题,因此,司马迁引录的《夏书》应该是可靠的。进而言之,从司马迁所引《夏书》内容看,分别涉及今本古文《尚书》中的《大禹谟》《皋陶谟》《益稷》《禹贡》等四篇当不成问题。以此为逻辑起点,司马迁叙述大禹治水及疏导江河使之有水运能力是有依据的。

根据《尚书·禹贡》中的记载,当知早在夏王朝建立的前夜,传说时代的大禹曾有开挖河渠并沟通不同水系的举动,通过开挖或疏浚水道建立了不同河流的互通关系,并使之具备了一定的通航能力。如《尚书·禹贡》有"禹别九州,随山浚川,任土作贡。……导淮自桐柏,东会于泗、沂,东入于海"④等语,从文字学的角度看,"浚"与"导"同义,故此语从一个侧面透露了"随山浚川"有开挖河道之意的信息,由此及彼,淮河"东会于泗、沂"也应与疏浚河道等有关。《论语·泰伯》有大禹"尽力乎沟洫"⑤语;《国语·周语下》有"疏为川谷,以导其

---

① 汉·班固《汉书·儒林传》,北京:中华书局1962年版,第3607页。
② 清·唐晏《两汉三国学案·尚书》,中华书局1986年版,第166页。
③ 清·阮元《十三经注疏·尚书正义》,北京:中华书局1980年版,第134页。
④ 同③,第146—152页。
⑤ 清·阮元《十三经注疏·论语注疏》,北京:中华书局1980年版,第2488页。

气"①及"疏川导滞,钟水丰物"②语,"导"有疏导、开挖等义当不成问题。如《史记·河渠书》以《尚书》大禹事迹为依据记载:"《夏书》曰:禹抑洪水十三年,过家不入门。陆行载车,水行载舟,泥行蹈毳,山行即桥。以别九州,随山浚川,任土作贡。通九道,陂九泽,度九山。然河菑衍溢,害中国也尤甚。唯是为务。故道河自积石历龙门,南到华阴,东下砥柱,及孟津、洛汭,至于大邳。于是禹以为河所从来者高,水湍悍,难以行平地,数为败,乃厮二渠以引其河。北载之高地,过降水,至于大陆,播为九河,同为逆河,入于勃海。九川既疏,九泽既洒,诸夏艾安,功施于三代。"③大禹疏浚不同区域的河道后,黄河及支流洛水、淮河及支流泗水等互通,航运能力得到了全面的提升,进而建成了"泗滨浮磬,淮夷蠙珠暨鱼。厥篚玄纤缟。浮于淮、泗,达于河"④的水上大通道。

何谓"厮二渠"? 似语焉不详。然而,班固著《汉书·沟洫志》时根据东汉时期使用的语汇,将司马迁《史记·河渠书》中的"厮二渠"改为"酾二渠"。孟康注:"酾,分也。分其流,泄其怒也。二渠,其一出贝丘西南南折者也,其一则漯川也。"⑤这一词语解释似可证早在上古时期,大禹已有开挖运河的壮举。《尚书·禹贡》云:"禹别九州,随山浚川,任土作贡。禹敷土,随山刊木,奠高山大川。……九河既道,雷夏既泽,灉、沮会同。桑土既蚕,是降丘宅土。厥土黑坟,厥草惟繇,厥木惟条。厥土惟中下,厥赋贞,作十有三载乃同。厥贡漆丝,厥篚织文。浮于济、漯,达于河。"⑥通过疏浚河流及开挖连接两河的水道,大禹建立了不同水系间的联系。大禹治水的故事表明,在先民活动区域不断扩大的背景下,通过改造自然连接不同水系发展水上交通的实践活动已提到了议事日程。进而言之,早在史前时代,先民已开创了连接不同水系的历史,在疏导洪水除害利民的前提下扩大了水运范围。如郑肇经先生指出:"大禹平治洪水,不仅在除害,兼以兴利。"⑦这一"兴利"与发展水运有着直接的联系。从这样的角度看,中国古代运河的雏形应出现在史前时代,大禹生活的时代应是古代中国治水及兴修河渠的重要阶段,而大禹很有可能是中国进入有史时代前夜一个非常重要的水利专家。

这样评价大禹在中国水运史上的贡献,是否有将大禹视为历史人物之嫌呢? 为此,需要做进一步辨析,以便厘清上古时期开挖河渠、发展水运的历史。

其一,越来越多的考古发现证明,在中国的历史上,确实有夏王朝存在的可能。具体地讲,既然大禹的儿子启是历史人物,那么,大禹为什么就成了传说时代的人物呢? 如果以夏

---

① 徐元诰《国语集解》(王树民、沈长云点校),北京:中华书局2006年版,第93页。
② 同①,第95页。
③ 汉·司马迁《史记·河渠书》,北京:中华书局1982年版,第1405页。
④ 清·阮元《十三经注疏·尚书正义》,北京:中华书局1980年版,第148页。
⑤ 汉·班固《汉书·沟洫志》,北京:中华书局1962年版,第1676页。
⑥ 同④,第146—147页。
⑦ 郑肇经《中国水利史》,上海:上海书店1984年据商务印书馆1939年版复印,第188页。

王朝的存在为前提,后世史家做这样的区别和判断于情于理都说不通。如果说夏王朝是由启建立的话,那么,就不能简单地将大禹视为传说中的人物,应该承认大禹存在的真实性和可靠性。从这样的角度看,前人在研究夏史时存在着一些人为设置的误区,甚至前后的论述有一定的矛盾。具体地讲,研究夏史者一方面承认夏王朝的存在,另一方面又有意无意地将大禹视为神话传说人物,这种做法在一定程度上影响了我们对夏王朝历史及其文明形态的深入研究。当然,要想全面地肯定大禹是历史人物,则有待于出土文献提供进一步的证据。

其二,人们在研究《尚书》时,一方面承认《尚书》作为上古之书的可靠性,另一方面又把大禹视之为神话传说人物。这种认识明显不妥。如学界对《尚书·禹贡》成书的年代多有争论,其中影响较大的观点主要有四种说法:一是辛树帜主张的西周说;二是王成组主张的春秋孔子说;三是顾颉刚主张的战国中期说;四是日本内藤虎次郎(内藤湖南)主张的战国末到汉初说。① 这些观点从不同的角度论证了《禹贡》产生的年代。比较四种说法,以辛树帜的西周说最为有力。反过来讲,即便《禹贡》写定的时间可能会下延到战国甚至战国以后,可能叙述的名物与战国及其以后一定时间有关,然而,古人是把大禹视为历史人物的。

其三,《尚书》《诗经》中的各篇虽然有不同的成书时间,但这些典籍均不约而同地提到大禹,并丝毫不疑大禹作为历史人物的真实性。如《诗经》有"信彼南山,维禹甸之"(《小雅·信南山》)、"丰水东注,维禹之绩"(《大雅·文王有声》)、"奕奕梁山,维禹甸之"(《大雅·韩奕》)、"洪水芒芒,禹敷下土方"(《商颂·长发》)、"天命多辟,设都于禹之绩"(《商颂·殷武》)等皆提到大禹。在确定这些诗歌产生的年代时,前人多有分歧。如《商颂》究竟是商代祭祖的诗歌,还是周王朝时宋国的祭祖诗歌,前人有不同的意见。不过,《大雅·文王有声》是西周初期的作品当不成问题。从这样的角度看,周初人们已认识到大禹是有可信度的历史人物。

其四,近年来发现的出土文献详细地记载了大禹疏导河流的事迹,这些事迹从侧面说明了疏导河流及开挖河渠有更为悠久的历史。上海博物馆从香港文物市场购得的战国楚竹书大都是"楚国迁郢都以前贵族墓中的随葬物"②。以此为依据,重新解构《尚书》《诗经》等文献中关于大禹事迹的记载,则不难发现大禹治水时已把疏导视为治水时不可或缺的方法。

其五,在已知的西周铜器上面,记载了大禹事迹的铭文分别有遂公盨、秦公簋、叔夷钟等

---

① 四种观点分别见辛树帜《禹贡制作年代的分析》(《西北农学院学报》1957年第3期),辛树帜《禹贡新解》(北京:农业出版社1964年版);王成组《中国地理学史》(北京:商务印书馆1982年版);顾颉刚《自序》(顾颉刚主编《古史辨》第1册,上海:上海古籍出版社1981年重印);内藤虎次郎《禹贡制作时代考》(江侠庵译,《先秦典籍考》)。以上观点在华林甫《〈禹贡〉的成书年代》(《中国史研究动态》1989年第10期)一文中多有介绍,不一一赘述。

② 马承源主编《上海博物馆藏战国楚竹书(一)·序》,上海古籍出版社2001年版,第2页。

三种。遂公盨又称豳公盨和燹公盨,2002年的春天,由北京保利艺术博物馆在海外文物市场发现并购入(现藏北京保利艺术博物馆)。遂公盨高11.8厘米,口径24.8厘米,重2.5千克,椭方形,直口圈足,腹微微鼓起,兽首有双耳。其中,器口沿饰分尾鸟纹,器腹饰瓦沟纹,圈足正中有尖形括弧缺,耳圈的内侧似有衔圆环(今失),盨盖亦不见,盨内的底部有铭文。

遂公盨问世的年代是在西周中期,铭文中叙述的内容表明,大禹作为商以前的帝王是真实存在的,起码说,在西周中期以前这一认识已得到普遍的认同。如为了还原古史本来的面目,纠正古史辨派顾颉刚、童书业等人的观点,即将大禹视为西周中期才出现的传说人物的观点,裘锡圭先生以遂公盨铭文中的记载为重要依据论述道:"可见在较早的传说中,禹确是受天,即上帝之命来平治下界的水土的。上引《洪范》《吕刑》之文,与此盨铭文可以互证,顾颉刚的有关意见完全正确。……虽然燹公盨恰好是西周中期器,但是这却并不能成为支持顾氏'禹是西周中期起来的'说法的证据。在此盨铸造的时代,禹的传说无疑已经是相当古老的被人们当作历史的一个传说了。不然,器主是决不会把禹的事写进一篇有明显教训意义的铭文,铸在准备传之子孙的铜器上的。……但是,顾、童二氏可能仍受到了把鲧和禹的治水方法完全对立起来的那种后起说法的一些影响,以致在讨论禹的治水传说时,认为埋塞和疏导两种方法不能同时并存,较早的传说不会说禹用疏导的方法治水,'禹疏水之说开始盛倡于《墨子》'。其实要平治水土就必须治川,治川就必须疏导。盨铭除敷土、堕山外,还说了'浚川',可见'禹疏水'的观念在西周时就已存在,决非战国以后兴起的。所以在禹的治水方法方面,顾氏之说有得有失。"①客观地讲,遂公盨内壁镌刻的铭文虽然不足以证明王国维的"禹为古之帝王"②的观点,但在西周中期以前古人已有治水开河渠的思想及行为当不成问题。

综上所述,可以推导出两个结论。一是在启建立夏王朝以前,古人已有开河渠建立水上交通的举措,并且积累了丰富的经验。具体地讲,近人在研究出土文献及文物时,大都了解夏王朝存在的可能性。退一步讲,即使还缺少证据证明大禹作为历史人物的依据,但在夏王朝建立的初期即前两千年前,已有开渠、疏导河流等行为及意识应该没有任何疑义③。在除害兴利的过程中,大禹或大禹以前的人已开始有疏浚不同区域河流的举动,并通过此举建立了不同河流的互通关系,扩大了水上交通的范围。从这样的角度看,先民开挖河渠时发展农

---

① 裘锡圭《中国出土古文献十讲·新出土先秦文献与古史传说》,上海:复旦大学出版社2004年版,第22—23页。

② 王国维《古史新证第一二章》,顾颉刚主编《古史辨》第一册,上海:上海古籍出版社1982年版,第267页。

③ 详细论述可参见彭邦本《从大禹到李冰:上古水利理念初探——过去古蜀治水史迹及其影响为中心》(《纪念都江堰建堰2260周年国际学术论坛论文选编》,北京:中国水利水电出版社2005年版,第146—152页),高江涛《考古学视角的大禹与大禹治水》(《史志学刊》2015年第4期)等论著。

业及水上交通完全可以上溯到史前传说时代。

或许是这样的缘故,司马迁才在认真研究《尚书·禹贡》等的基础上,写下了"自是之后,荥阳下引河东南为鸿沟"等语,将开挖河渠的举动上溯到有可能存在的大禹身上,或大禹生活的时代,其目的是为了以大禹治水"随山浚川"领起全篇,以鸿沟为关键词叙述古代开挖河渠的悠久历史。客观地讲,这一叙述是有深意的:一是揭示了春秋时期兴修河渠是以大禹治水为先导的;二是如果大禹治水的事迹皆不可信的话,那么,以遂公盨的记载为节点,西周中期人们已认识到开挖河渠的重要性当不成问题。以此为逻辑起点,如果把大禹视为一个文化符号,那么,时至西周中期,人们已把疏导河流视为治水的重要方略当不成问题。在这一过程中,开挖河渠除了有治水的作用外,还建立了不同河流的水上交通。从这样的角度看,西周中期应是古代中国开挖河渠的重要阶段,春秋时期兴修河渠是在西周治水的基础上进行的。

第二节　鸿沟与黄淮漕运

鸿沟是一条横亘中原、远通淮河流域的运河,加强了黄河流域与淮河流域之间的联系,对后世水上交通建设及漕运产生了深远的影响。

鸿沟究竟何时开挖？前人主要有两种看法。一是在梁惠成王十年(前361)开挖,如郦道元引《竹书纪年》有"梁惠成王十年,入河水于甫田,又为大沟而引甫水"①等记载,梁惠成王指魏惠成王,因魏迁都大梁(在今河南开封),故以"梁"代"魏"。另,大沟又称"渠水",指后世所说的鸿沟。一是黄河南徙前已开挖并投入使用,胡渭论述道:"及周之衰,有于荥阳下引河东南为鸿沟,与济、汝、淮、泗会者,而河始与济乱。"②胡渭认为:早在周定王五年(前602)黄河南徙之前,鸿沟已经建成;黄河改道及南徙后"河始与济乱",黄河沿鸿沟东行侵入汝、淮、泗等运道;鸿沟开挖后,黄河宿胥口(在今河南滑县西南)的流量减少,水流放缓后泥沙沉积并抬高河床,最终导致宿胥口淤塞。对比这两种观点,胡渭的观点更有说服力。

那么,鸿沟有可能开挖于何时呢？郑肇经先生论述道:"先是荥阳下引河为鸿沟,以通宋、郑、陈、蔡、曹、卫,与济、汝、淮、泗会。引河之时期,不能确指。按郑之始封,在宣王时(前827—前782),则鸿沟之引,必在郑始封之后。而胡渭谓:'河水为鸿沟所分,力微不足以刷

---

① 北魏·郦道元《水经注·渠沙水》,杨守敬、熊会贞疏,段熙仲点校,陈桥驿复校《水经注疏》中册,南京:江苏古籍出版社1989年版,第1872页。

② 清·胡渭《禹贡锥指》(邹逸麟整理),上海:上海古籍出版社2006年版,第592页。

沙,下流易致壅塞,此宿胥改道之由。'是鸿沟之引,又必在周定王五年河徙以前,鸿沟既开,始有河汴之患;然河、淮沟通,江、淮之民,与中原交通,渐臻便利,其影响亦巨矣。"①郑肇经先生的观点是,鸿沟开挖的时间应发生在郑桓公受封即建立郑国以后,黄河南徙之前。应该说,这一认识是有见地的。

追溯历史,周宣王二十二年(前806),周宣王的庶弟王子友因功分封伯爵并建立郑国,是为郑桓公。郑桓公遇害后,郑人拥立其子掘突,是为郑武公。稍后,郑武公与晋文侯、卫武公、秦襄公等诸侯护送周平王东迁洛邑有功,继续担任周王室的卿士。在这中间,郑武公制定了郑国向东南扩张的政策。史称:"幽王败,桓公死,其子武公与平王东迁,卒定虢、会之地,右洛左泲,食溱、洧焉。"②又称:"郑氏出自姬姓。周厉王少子友封于郑,是为桓公,其地华州郑县是也。生武公,与晋文侯夹辅平王,东迁于洛,徙溱、洧之间,谓之新郑,其地河南新郑是也。"③郑武公去世后,其子郑庄公继续执掌周政。这一时期,郑武公、郑庄公父子先后执掌周政,挟天子之威,他们有条件协调中原各国,兴修一条行经宋、郑、陈、蔡、曹、卫等诸侯国的鸿沟。从历时的角度看,开通鸿沟,打通自黄河入淮的航线有两个方面的意义:一是为后世开发江淮、经营长江以南奠定了坚实的基础;二是为大一统时代的来临创造了必要的交通条件。然而,有其利必有其弊,鸿沟建立自黄河入淮的航线以后,虽然方便了南北之间的交通,但也造成了黄河改道不断侵淮的严重后果。

鸿沟在不同的历史时期有不同的称谓。如先秦时期有"鸿沟""反水""汳水""卞水""汴水""邲水"等称谓,两汉时期有"蒗荡渠""汴渠""浚仪渠"等称谓,魏晋时期有"官渡水"等称谓,隋代有"通济渠"等称谓,唐代有"汴河""广济渠"等称。如李吉甫记载:"汴渠,在县南二百五十步,亦名蒗荡渠。禹塞荥泽,开渠以通淮、泗。后汉初,汴河决坏,明帝永平中命王景修渠筑堤,十里立一水门,令更相注,回无复溃漏之患。自宋武北征之后,复皆堙塞。隋炀帝大业元年更令开导,名通济渠,自洛阳西苑引谷、洛水达于河,自板渚引河入汴口,又从大梁之东引汴水入于泗,达于淮,自江都宫入于海。"④又称:"汴渠,一名蒗宕渠,今名通济渠,西南自荥泽、管城二县界流入。"⑤史称:"汴河,自隋大业初,疏通济渠,引黄河通淮,至唐,改名广济。"⑥郑樵记载:"汴水,一名鸿沟,一名官度水,一名通济渠,一名蒗荡渠。"⑦日本学者青山定雄进一步总结道:"汴河,隋代称通济渠,唐代称广济渠。宋代沿袭广济渠旧

---

① 郑肇经《中国水利史》,上海:商务印书馆1939年版,第189页。
② 汉·班固《汉书·地理志下》,北京:中华书局1962年版,第1652页。
③ 宋·欧阳修等《新唐书·宰相世表》,北京:中华书局1975年版,第3258—3259页。
④ 唐·李吉甫《元和郡县图志·河南道一》(贺次君点校),北京:中华书局1983年版,第137页。
⑤ 唐·李吉甫《元和郡县图志·河南道四》(贺次君点校),北京:中华书局1983年版,第205页。
⑥ 元·脱脱等《宋史·河渠志三》,北京:中华书局1985年版,第2316页。
⑦ 宋·郑樵《通志·地理略》,杭州:浙江古籍出版社1988年版,第542页。

称,广济渠又是唐宋时的通称,一般将其称之为汴河。"①追溯汴河的历史,当知汴河是先秦时期开挖的鸿沟。问题是,后人为什么要将鸿沟"称之为汴河"呢?

与其他的称谓相比,"卞水"及"邲水"应该是鸿沟最早的称谓,同时可以证明鸿沟开挖有悠久的历史,起码说,鲁宣公十二年(前597),晋楚争霸爆发邲之战时,邲水已是重要的漕运通道。顾祖禹考证道:"汴水即《禹贡》之灉水,所谓河出为灉也。春秋时谓之邲水(邲音汳,即汴字。后避'反'字改为'卞')。宣十二年晋、楚之战,楚军于邲,即是水也(《水经注》:'济水东合荥渎。济水于此亦兼邲之称,其地盖即荥口受河之处。'今在河阴县西)。秦、汉间曰鸿沟。《史记》:'荥阳下引河东南为鸿沟,以通宋、郑、陈、蔡、曹、卫,与济、汝、淮、泗会于楚。'孔氏曰:'即汳水也。'汳水首受济,东南与淮通,《汉志》谓之狼荡渠。前汉平帝时汴河决坏,至明帝永平中浸淫益甚,遣王景、王吴修筑,绝水立门,河、汴分流,复其旧迹,亦曰荥阳漕渠。《说文》:'汴水受陈留浚仪阴沟(狼荡渠亦曰阴沟),至蒙(今南直蒙城县)为雎水,东入于泗。《元和志》:'禹塞荥泽,开渠以通淮、泗,汉永平中命王景修渠(景所修筑谓之渠堤),岁久湮废。晋末刘裕灭秦,发长安,自洛入河,开汴渠而归。其后复塞,隋大业初更开导,名通济渠,西通河、济,南达江、淮。'"②这一论述有四个要点:一是"卞水"是"邲水"及"汳水"的别写,初指黄河别流灉水;二是灉水即汳水"首受济",因此又是济水的支流;三是邲、汳同音,"汳"是"反"的异写,后世避讳有意将"反"改写为"卞",后来又加"氵"为"汴";四是汴河是黄河联系江淮的交通要道,为了恢复其漕运能力,东汉王景、王吴重修汴河,将汴河从黄河水道中剥离出来。晋末刘裕北征时在疏浚旧道的基础上重开汴河,隋炀帝以前人的成果为依据兴修通济渠。另外,顾祖禹提出的"邲音汳"的观点,很可能来自元人的认识,如元代脱脱等编撰《宋史》时有"邲又音汳,即'汴'字,古人避'反'字,改从'汴'字"③之说,当然,"邲音汳"的说法也可能更早。

其实,灉就是"反","反"通"返",是说灉水作为别流自黄河析出后,行经一段距离又返回黄河。如阎若璩论述道:"《史记·河渠书》:禹'功施乎三代。自是之后,荥阳下引河东南为鸿沟,以通宋、郑、陈、蔡、曹、卫,与济、汝、淮、泗会'。此禹以后,代人于荥泽之北下引河东南流,故《水经》谓'河水东过荥阳县,浪荡渠出焉'者是。亦引济水分流,故《汉志》谓'荥阳县有狼汤渠,首受沛,东南流'者是。又自是之后,代有疏浚,枝津别渎,不可胜数。则郦氏注所谓'荥、波、河、济往复径通'者也。虽然,其来古矣。苏秦说魏襄王曰:'大王之地南有鸿沟',则战国前有之。宣公十二年晋楚之战,楚军于泌,泌即汳水,则春秋前有之。《尔雅》:

---

① [日]青山定雄《唐宋时代的交通和地理地图研究》,东京:吉川弘文馆昭和四十四年(1969)版,第227页。
② 清·顾祖禹《读史方舆纪要·河南一》(贺次君、施和金点校)第4册,北京:中华书局2005年版,第2103—2104页。
③ 元·脱脱等《宋史·河渠志三》,北京:中华书局1985年版,第2317页。

'水自河出为滩',滩本汳水,则《尔雅》前有之。然莫不善于道元之言曰:'大禹塞荥泽,荥泽莽时方枯,岂禹塞之乎?'又曰:'昔禹塞其淫水,而于荥阳下引河。'荥阳河非禹引,而谓禹之时遽有乎?余是以断自《河渠书》,参以'荥阳下引河',不见《禹贡》之书,为出禹以后,颇自幸。其考比苏氏差详矣。"①"泌"是邲的异写,邲水就是汳水。《尔雅·释水》云:"滩,反入。"郭璞注:"即河水决出,复还。"②邢昺疏:"反,复也。谓河水决出,而复入河者名滩。"③结合《尔雅·释水》"水自河出为滩"语,当知滩水即反水。进而言之,这里的"汳",应是"反"的后起字,与"卞水"后来写作"汴水"的情况大体相同,因此,不存在"邲音汳",将"邲"写作"汳"等问题。综合这些情况,起码说在晋国与楚国争霸的邲之战以前即鲁宣公十二年黄河别流滩水已有"反水"或"汳水"之称。

《左传·宣公十二年》云:"夏,六月,乙卯,晋荀林父师师及楚子战于邲,晋师败绩。"史有"北败晋师于邲,流血色水"④之说,邲水因血变成红色,是说战争十分残酷。郦道元叙述邲城与济水、邲水之间的关系时指出:"济水于此,又兼邲目。《春秋》宣公十三年,晋、楚之战,楚军于邲,即是水也,音卞。京相璠曰:在敖北。……济水又东南,砾石溪水注之。水出荥阳城西南李泽。泽中有水,即古冯池也。《地理志》曰:荥阳县冯池在西南,是也。东北流,历敖山南。《春秋》,晋、楚之战,设伏于敖前,谓是也。"⑤李吉甫进一步记载:"邲城,县东六里。晋荀林父师与楚子战于邲,即此城也。"⑥邲城在荥阳敖山的北面,下临黄河。楚军取得邲之战的胜利后可以北渡黄河,乘胜进入晋国统治的中心区域。更重要的是,在晋、楚爆发邲之战之前,联系黄河和淮河流域的鸿沟航线已经开通,邲水已成为南北之间的交通要道,可以北入黄河,又可以南下出入江淮,具有特殊的战略意义。这样一来,控制鸿沟及邲水航线的邲,势必成为不同政治势力称霸、挟天子以令诸侯时反复争夺的战略要地。根据胡渭的考证,以黄河为基本补给水源的鸿沟最迟在周定王五年以前已经建成并通航。从时间上看,晋、楚邲之战发生在鲁宣公十二年,因邲扼守着自鸿沟进入黄河流域的咽喉,又是联系江淮的漕运通道,这样一来,邲必然会成为晋、楚两国称霸时争夺的战略要地。

起初,记载鸿沟事迹的文献十分丰富,如魏收在编撰《魏书》时有"鸿沟之引宋卫,史牒具存"⑦之语。"史牒",是指历史典籍及文献档案。然而,北齐以后,有关的历史典籍及文献

---

① 清·阎若璩《尚书古文疏证》(黄怀信、吕翙欣校点),上海:上海古籍出版社2010年版,第494—495页。
② 清·阮元《十三经注疏·尔雅注疏》,北京:中华书局1980年版,第2619页。
③ 同②。
④ 汉·班固《汉书·五行志下》,北京:中华书局1962年版,第1488页。
⑤ 北魏·郦道元《水经注·济水一》,杨守敬、熊会贞疏,段熙仲点校,陈桥驿复校《水经注疏》上册,南京:江苏古籍出版社1989年版,第658—660页。
⑥ 唐·李吉甫《元和郡县图志·河南道四》(贺次君点校),北京:中华书局1983年版,第203页。
⑦ 北齐·魏收《魏书·食货志》,北京:中华书局1974年版,第2860页。

档案散佚,给深入研究鸿沟及历史变迁等带来了诸多的不便。尽管如此,从司马迁等人的记载中,依旧可以厘清某些缺失的环节。具体地讲,今人的基本观点是,鸿沟是一条完全由人工开挖的河渠(运河)。其实不然,在"通宋、郑、陈、蔡、曹、卫,与济、汝、淮、泗会"的过程中,鸿沟或利用了相关区域的河流及水资源,或利用了河流行经这些区域的河道。为了充分地说明这一问题,现辨析如下。

其一,在开挖的过程中,鸿沟利用了索水。索水又称"㳌然水",发源于荥阳成皋(在今河南荥阳汜水镇)小陉山(嵩渚山)。李吉甫记载:"索水,出县南三十五里小径山。"①所谓"县南",是指在荥阳县的南面。历史上的索水曾是济水的支流,后来,黄河在南徙的过程中,引起河、济相斗,两水相斗的结果是,处于强势的黄河截断济水,索水的水文发生变化,成为黄河的岔流(枝津)。如郦道元记载:"济水又东,索水注之。水出京县西南嵩渚山,与东关水同源分流,即古㳌然水也。"②同时又记载:"索水又东流,北屈西转,北径荥阳城东,而北流注济水。杜预曰:㳌然水出荥阳成皋县,东入汳。《春秋·襄公十八年》,楚伐郑。右师涉颍,次于㳌然。即是水也。济渠水断,汳沟惟承此始,故云汳受㳌然矣。亦谓之鸿沟水,盖因汉、楚分王,指水为断故也。《郡国志》曰:荥阳有鸿沟水,是也。盖因城地而变名,为川流之异目。"③所谓"汳受㳌然",是说黄河截断济水后,索水自荥阳入鸿沟,从此不再以济水支流的面目出现。起初,索水与淮河的支流颍水之间没有互通的关系,经此,以汴水为连接点,索水与颍水开始相通。如胡渭考证道:"鸿沟未开,汝、颍皆不与河通,舟行不知从何处入河。"④鲁襄公十八年(前555)楚国征伐郑国,其右师沿淮河支流颍水入索水再入汳水,这一事件表明,前人在兴建鸿沟时利用了索水河道,通过改造自然水道建成了颍水—索水—汳水—黄河航线。进而言之,鸿沟以索水为中间航段,在行经东南与颍水相连的过程中,将水运扩展到河南腹地。如后唐同光二年(924),朱勔有"浚索水,通漕运"⑤之举。索水河道是鸿沟的重要航段,通过疏浚旧道,朱勔恢复了鸿沟的漕运。

其二,在开挖的过程中,鸿沟利用了泌水。泌水自荥阳析出后下行,流经不同区域后再度回归黄河主河道。由于这一水道风平浪静,利于行舟,乃至于利用泌水开挖运道,其安全性能要远远地超过黄河的主河道。正因为如此,古人兴修鸿沟时有意识地利用了泌水的河道,如《诗·陈风·衡门》有"泌之洋洋,可以乐饥"等诗句,孔颖达疏:"观泌水之流,洋洋广

---

① 唐·李吉甫《元和郡县图志·河南道四》(贺次君点校),北京:中华书局1983年版,第203页。
② 北魏·郦道元《水经注·济水一》,杨守敬、熊会贞疏,段熙仲点校,陈桥驿复校《水经注疏》上册,南京:江苏古籍出版社1989年版,第661页。
③ 同②,第670—671页。
④ 清·胡渭《禹贡锥指》(邹逸麟整理),上海:上海古籍出版社2006年版,第260页。
⑤ 宋·司马光《资治通鉴·后唐纪二》(邬国义校点),上海:上海古籍出版社1997年版,第2558页。

大,君可以乐道忘饥。"①上古时期,泌水虽是黄河岔流,但水势浩大,可以行舟,略微加以改造便可以进行水运。

其三,鸿沟利用索水、泌水等开挖航道时,同时又以京水、须水、郑水等为重要的补给水源。史称:"汴河源出荥阳大周山,合京、须、郑四水,东南流即《禹贡》之灉水,春秋时谓之邲水,宣公十三年,晋楚之战楚军邲,即是水也。秦汉曰鸿沟,《汉志》谓之蒗荡渠,明帝遣王景、王吴修筑,亦曰荥阳漕渠,又名阴沟。《元和志》:开渠以通淮泗,岁久复湮。晋末刘裕灭秦发长安,自洛入河开汴渠而归,后复湮。隋大业初更开之,名通济渠,西通河济,南达江淮。"②

其四,在兴修的过程中,鸿沟利用了颍水。汳水在与颍水相接后,向南延展,扩大了鸿沟漕运的范围。如汳水向南行至浚仪(在今河南开封)一带,分为东流和南流两支。东流汳水即汴水是鸿沟东入淮、泗的主航线,这里略去不论。南流与颍水连接的河道称"沙水"。沙水行至陈留(在今河南开封)的北面,牧泽又称"蒲关泽",有调节鸿沟水位的功能。如丰水季节来临时,鸿沟可排水至牧泽;而航道水位下降时,牧泽可补给鸿沟的水位。郦道元记载:"渠水又北屈,分为二水。《续述征记》曰:汴沙到浚仪而分也。汳东注,沙南流。其水更南流,径梁王吹台东。《陈留风俗传》曰:县有仓颉、师旷城,上有列仙之吹台,北有牧泽,中出兰蒲,上多俊髦,衿带牧泽,方十五里,俗谓之蒲关泽,即谓此矣。梁王增筑以为吹台,城隍夷灭,略存故迹。今层台孤立于牧泽之右矣,其台方百许步,即阮嗣宗《咏怀诗》所谓驾言发魏都,南向望吹台,箫管有遗音,梁王安在哉?晋世丧乱,乞活凭居,削堕,故基遂成二层。上基犹方四五十步,高一丈余,世谓之乞活台,又谓之婆台城。渠水于此,有阴沟、鸿沟之称焉。项羽与汉高分王,指是水以为东西之别。"③结合司马迁"荥阳下引河东南为鸿沟"等语看,当知在历史水文变迁的过程中,鸿沟自浚仪析出的南流与颍水相接。因在官渡(在今河南中牟东北)向南入颍水,故鸿沟南流又有"官渡水""沙水"等称谓。如程大昌论述鸿沟与黄河及颍水的关系时指出:"受河之水至汉阳武县分流,其一派南下者,自中牟原圃之东趋大梁,未至则为官渡。官渡亦名沙水,沙读如蔡,即蔡河也。班固著蒗荡渠于荥阳,而曰首受汴。东南至陈留入颍者,即此派也。史迁谓三代以后,凿荥为渠,以通漕路,使宋、郑、陈、蔡、曹、卫,与济、汝、淮、泗得会于楚者,亦此派也;亦战国之谓鸿沟,而楚汉指以分境焉者也。"④鸿沟的

---

① 清·阮元《十三经注疏·毛诗正义》,北京:中华书局1980年版,第377页。
② 清·田文镜、王士俊、孙灏等《河南通志·河防一》,《四库全书》第535册,上海:上海古籍出版社1987年版,第326页。
③ 北魏·郦道元《水经注·渠水》,杨守敬、熊会贞疏,段熙仲点校,陈桥驿复校《水经注疏》中册,南京:江苏古籍出版社1989年版,第1894—1896页。
④ 宋·程大昌《禹贡论·禹贡山川地理图》,《四库全书》第56册,上海:上海古籍出版社1987年版,第161页。

南流以"沙水"相称,应与淮河的支流颍水有着某种内在的联系。《尔雅·释水》有"颍为沙"①语,颍水的别称是"沙水",据此可证,鸿沟南流以"沙水"相称,是指经过后世的开挖,鸿沟与颍水相接。进而言之,经过历代的建设,鸿沟已包括与颍水相接的航段,这一航线建成后,加强了黄河流域与淮河流域的联系。

其五,鸿沟在开挖的过程中,利用了汜水河道。春秋以前,荥阳一带与黄河相通的河流只有汜水。胡渭论述道:"其通河者,唯汜水耳。汜水出浮戏山,北流径虎牢城东,而北注于河。源委颇短,郑地之舟,或当由此入河。"②在鸿沟开挖以前,汜水既是从虎牢城(在今河南荥阳汜水镇)入黄河的水上航线,同时又是郑国发展水运的重要航线。李吉甫叙述汜水县及汜水的情况时指出:"古东虢国,郑之制邑,汉之成皋县,一名虎牢。……汜水,出县东南三十二里浮戏山,经武牢城东。"③成皋即汜水县"有旃然水。有瓶丘聚。有漫水。有汜水"④,索水与汜水同在城东,且相距不远。所谓开鸿沟(渠水)形成"渠水右与汜水合"⑤的局面,与开通索水与汜水之间的航道有密切的联系。郦道元记载:"河水又东,合汜水。水南出浮戏山,世谓之曰方山也。北流合东关水。水出嵩渚之山,泉发于层阜之上,一源两枝,分流泻注,世谓之石泉水也。东流为索水,西注为东关水。西北流,杨兰水注之。水出非山,西北流,注于东关水。又西北,蒲水入焉。水自东浦西流,与东关水合,而乱流注于汜。"⑥汜水北注后,与东关水相合。东关水与索水同源,索水东流后可达"宋、许、陈、蔡之郊"。这一情况表明,只要打通索水和汜水之间的联系,便可沿索水入汜水再入黄河。

其六,在兴修鸿沟的过程中,充分利用了济水残留在黄河以南的自然水道。阎若璩考证道:"济水当王莽时大旱遂枯绝,不复截河南过者,晋初司马彪之言也。虽经枯竭,其后水流径通,津渠势改,寻梁脉水,不与昔同者,后魏郦道元之言也。《通典》据彪之言以折《水经》,谓济渠既塞都不详悉,其余可知。余读郭璞《山海经注》而叹,恐未足以服《水经》者之心。何则?璞固有言矣,曰:今济水自荥阳卷县东、经陈留至济阴北,东北至高平(杜氏《释例》于济水'东北至高平'五字作'经高平东平至济北'八字,余并同),东北经济南,至乐安博昌县入海,与禹时济渎所经河南之道无异,盖枯而复通者,所谓津渠势改,昔则自虢公台东入河,出在敖仓之东南,今改流虢公台西入河,出亦非故处与。或禹时济未必分南北,此则分而二

---

① 清·阮元《十三经注疏·尔雅注疏》,北京:中华书局1980年版,第2619页。
② 清·胡渭《禹贡锥指》(邹逸麟整理),上海:上海古籍出版社2006年版,第260页。
③ 唐·李吉甫《元和郡县图志·河南道一》(贺次君点校),北京:中华书局1983年版,第146页。
④ 刘宋·范晔《后汉书·郡国志一》,北京:中华书局1965年版,第1638页。
⑤ 北魏·郦道元《水经注·渠水》,杨守敬、熊会贞疏,段熙仲点校,陈桥驿复校《水经注疏》中册,南京:江苏古籍出版社1989年版,第1897页。
⑥ 北魏·郦道元《水经注·河水五》,杨守敬、熊会贞疏,段熙仲点校,陈桥驿复校《水经注疏》上册,南京:江苏古籍出版社1989年版,第399—400页。

为不同与！安国果身当武帝时作《禹贡》传,只当曰:济水入河,并流数十里溢为荥泽,在敖仓东南,不当先之以济水入河并流十数里而南截河(张湛注《列子》济水文并同)。此系改流新道,方继而曰:又并流数里溢为荥泽,在敖仓东南。证以塞为平地之故迹,古渠今渎杂然并陈,殆亦翻以目验为说,而不察水道之有迁变时耳。"①黄河截断济水后,河南的济水旧道依旧是鸿沟利用的对象。王莽地皇四年(23),天旱济水断流,因此鸿沟出现了"津渠势改"的情况,进而出现了"昔则自虢公台东入河,出在敖仓之东南,今改流虢公台西入河"的情况。然而,不管"改流新道"后出现多少"不与昔同"的情况,从总体上讲,济水旧道依旧是鸿沟利用的对象。

其七,在兴修过程中,鸿沟利用了黄河支流及黄河乱流以后形成的水道。历史上的鸿沟又有"渠"或"渠水"等称谓,如桑钦《水经》以"渠"相称,郦道元《水经注》又以"渠水"相称。检索有关的文献,鸿沟以"渠"相称的历史,可上溯到汉代甚至是汉代以前。如郦道元注《水经》"渠出荥阳北河,东南过中牟县之北"语云:"《风俗通》曰:渠者,水所居也。渠水自河与济乱流,东径荥泽北,东南分济,历中牟县之圃田泽,北与阳武分水。泽多麻黄草。"②渠水即鸿沟自荥阳一带开渠以后,后因黄河乱流后,因此成为黄河的枝津或分流。在这中间,黄河改道向南迁徙截断济水后,致使济水会同黄河向荥阳一带的低洼处汇聚并形成荥泽。与此同时,水面狭长的荥泽自西向东,成为鸿沟的重要补给水源及航线。这里有三个问题需要专门提出。一是上古时期以"渠"相称的河流,可视为黄河的支流。《尔雅·释水》云:"河出昆仑虚,色白。所渠并千七百,一川色黄。"邢昺疏:"云'河出昆仑虚,色白'者,昆仑,山名。虚,山下基也。言河源出于昆仑山下之基,其初纤微,源高激凑,故水色白也。云'所渠并千七百'者,谓所受之渠,并计凡有一千七百也。云'一川色黄'者,以其所受渠多,沙壤溷淆,故为一川而水色黄也。"③在历史语境中,"渠"一度是黄河支流的统称。进而言之,桑钦、郦道元所说的鸿沟即渠水,应与黄河的支流有密切的关系。二是秦汉以前以"渠水"相称的不仅仅是鸿沟,如江淮之间的邗沟亦称"渠水"。班固记载:"渠水首受江,北至射阳入湖。"④邗沟是吴王夫差北上争霸时,利用江淮之间的河流开挖的运河。邗沟以"渠水"相称,表明"渠水"一词与人工开挖的水道有关。在此基础上可以证明的是,鸿沟以"渠水"相称,除了与自然形成的水道有关外,还包括人工开挖的运道。三是鸿沟以"渠"或"渠水"相称,既与黄河的支流有关,同时又与改造这一水道使之具有水运能力或增强其水运能力有关。

---

① 清·阎若璩《尚书古文疏证》(黄怀信、吕翊欣校点),上海:上海古籍出版社2010年版,第405—406页。
② 北魏·郦道元《水经注·渠水》,杨守敬、熊会贞疏,段熙仲点校,陈桥驿复校《水经注疏》中册,南京:江苏古籍出版社1989年版,第1869—1870页。
③ 清·阮元《十三经注疏·尔雅注疏》,北京:中华书局1980年版,第2620页。
④ 汉·班固《汉书·地理志下》,北京:中华书局1962年版,第1638页。

其八,在兴修的过程中,鸿沟充分利用了济水与黄河相斗后形成的湖泊荥泽。《尚书·禹贡》云:"导沇水,东流为济。入于河,溢为荥。"孔颖达疏:"济水入河,并流十数里,而南截河。又并流数里,溢为荥泽,在敖仓东南。"①荥泽在敖仓(在今河南荥阳敖山)东南,是济水故道的一部分。郦道元有"源出河北,济河而南也。《晋地道志》曰:济自大伾入河,与河水斗,南泆为荥泽。……济水分河,东南流"②之说,黄河截断济水以后,两水并流及相斗,进而形成了跨黄河两岸的湖泊荥泽。程大昌考证道:"济水之在河南者,必因溢为荥泽,乃始有之。"③为了减少黄河漫溢引起荥泽泛滥带来的危害,前人采取了疏导的措施。郦道元记载:"大禹塞荥泽,开之以通淮、泗,即《经》所谓蒗荡渠也。"④在"塞荥泽"的基础上,充分利用荥泽开渠,建成了鸿沟沟通泗水及淮河的航线。

在沟通淮河及泗水的过程中,鸿沟为什么要利用荥泽?主要是因为荥泽东西狭长,是理想航道。胡渭有荥泽"东至河阴县四十一里,又东至荥泽县西北之敖仓十余里,通计得五十余里"⑤之说,兴修鸿沟的目的是自黄河运道向东连通淮、泗,进而发展漕运,荥泽东西狭长,势必会成为开鸿沟时利用的天然水道。如方以智考证道:"荥汴,济渠也。豫州之川,荥(音荣)洛;荥阳,荥泽是也。荥泽与济隧合,出河之济,即阴沟之上源也。康成曰:今为平地。荥阳,民犹谓其地为荥泽。《郑州图经》:'敖山,在县北。荥阳,在县北四里。'郦道元曰:'济水于此又兼邲。'《春秋·宣十二年》'晋、楚战于邲',即是水也。戴侗曰'邲音卞',则即汴水矣,又作汳。京相璠曰'济自敖山北,溢为荥潴,而后泄遂为汴水',即《禹贡》道济,所谓东出于陶丘北。而《汉书·地理志》注'所谓狼汤渠首受沛,东南至陈入颍,过郡四,行七百八十里'者是也。后世荥既不潴,又汴在战国谓之鸿沟,马迁《史记》谓之荥阳漕渠,《汉书》谓之狼汤渠,汉建武中,张纯修之谓之济渠;永平中,王吴治之谓之浚仪渠;郦道元谓之阴沟,故名实遂难晓耳。南丰曾氏曰:'昔禹于荥泽下分大河为阴沟,出之淮、泗,至浚仪西北复分二渠。'其后,或曰鸿沟,始皇疏之,以灌魏郡者是也;或曰浪宕渠,自荥阳五池口注鸿沟者是也;或曰浚仪渠,汉明帝时循河流故渎作渠,渠成,注浚仪者是也;或曰石门渠,灵帝时于敖城西北累石为门,以遏渠口者是也。石门渠东合济水,与河渠东注,至敖山之北而兼汴水,又东至荥阳之北,而旃然之水东流入汴。荥阳之西有广武二城,汴水自二城间小涧中东流而出,济

---

① 清·阮元《十三经注疏·尚书正义》,北京:中华书局1980年版,第152页。
② 北魏·郦道元《水经注·济水一》,杨守敬、熊会贞疏,段熙仲点校,陈桥驿复校《水经注疏》上册,南京:江苏古籍出版社1989年版,第645—649页。
③ 宋·程大昌《禹贡论·禹贡山川地理图》,《四库全书》第56册,上海:上海古籍出版社1987年版,第161页。
④ 北魏·郦道元《水经注·河水五》,杨守敬、熊会贞疏,段熙仲点校,陈桥驿复校《水经注疏》上册,南京:江苏古籍出版社1989年版,第403页。
⑤ 清·胡渭《禹贡锥指》(邹逸麟整理),上海:上海古籍出版社2006年版,第590页。

水至此乃绝。桓温将通之,而不果者,晋太和之中也。刘裕浚之,始有湍流奔注而岸善隤塞,裕更疏凿以漕运,义熙之间也。皇甫谊发河南丁夫百万开之,起荥泽入淮千有余里,更名之曰通济渠者,隋大业之初也。"①在这里,方以智详细地梳理了鸿沟与荥泽、济水及汴水等之间的关系,并叙述了鸿沟在不同时期的名称。从其辨析中不难发现,荥泽虽然是黄河与济水相斗后漫溢的湖泊,但有自然天成的东西狭长的水文形势,故前人在充分利用荥泽及济水的基础上,建成了自黄河入淮泗的航线。

黄河改道截断济水之前,荥泽不复存在。黄河截断济水后,荥泽开始形成。李吉甫记载道:"荥泽,县北四里。《禹贡》济水溢为荥,今济水亦不复入也。"②所谓"溢为荥",是指黄河与济水合流后下泄不畅,在向四周漫溢的过程中形成了荥泽。因为是漫溢,荥泽成为跨黄河两岸的湖泊。一般认为,荥泽在黄河南岸。不过,历史文献中也明确地交代了黄河北岸有荥泽的情况。《左传·闵公二年》云:"及狄人战于荧泽,卫师败绩,遂灭卫。"杜预注:"此荧泽当在河北。"③此处"荧泽"是"荥泽"的别写。鲁闵公二年(前660)狄人侵卫,卫懿公战败被杀。狄人生活在卫国的北面,卫国在黄河北岸,国都建在黄河北岸的淇水沿岸即殷商故都朝歌(在今河南鹤壁淇县)。根据这一情况,荥泽大战的发生地点自然是在黄河北岸,故杜预有"此荧泽当在河北"之说。

时至后世,杜预的观点受到质疑,郦道元明确地表达了荥泽在黄河南岸的观点。郦道元论述道:"《春秋》,卫侯及翟人战于荥泽,而屠懿公,宏演报命纳肝处也。有垂陇城,济渎出其北。《春秋·文公二年》,晋士谷盟于垂陇者也。京相璠曰:垂陇,郑地。今荥阳东二十里有故陇城,即此是也。"④按照这一说法,荥泽当在垂陇城即故陇城(在今河南荥阳东)的北面,从地理方位上看,自然是在黄河的南岸。然而,生活在卫国以北的狄人完全可以不用渡河,便可直取卫国的国都。在这样的前提下,狄人没有必要跑到黄河南岸的荥泽向卫国发动进攻,更重要的是,卫都在黄河北岸,黄河南岸的荥泽肯定不是双方争夺的战略要地或卫都的屏障。从这样的角度看,郦道元的说法似乎不能轻易地否定杜预的观点,在黄河水文变化以前,黄河北岸应有荥泽的存在。胡渭论述道:"荥泽至周时已导为川,与陶丘复出之济相接,然河、济犹未通波。"⑤如果狄人侵卫时荥泽在黄河南岸,那么,疏导后的荥泽不可能有至陶丘(在今山东菏泽定陶)入济水的下泄水道。荥泽原本是济水下行时形成的湖泊,只是黄河南徙及截断济水后,荥泽成为黄河的一部分。进而言之,胡渭的论述是建筑在考证的基础

---

① 明·方以智《通雅·地舆》,《四库全书》第857册,上海:上海古籍出版社1987年版,第340页。
② 唐·李吉甫《元和郡县图志·河南道四》(贺次君点校),北京:中华书局1983年版,第204页。
③ 清·阮元《十三经注疏·春秋左传正义》,北京:中华书局1980年版,第1788页。
④ 北魏·郦道元《水经注·济水一》,杨守敬、熊会贞疏,段熙仲点校,陈桥驿复校《水经注疏》上册,南京:江苏古籍出版社1989年版,第673页。
⑤ 清·胡渭《禹贡锥指》(邹逸麟整理),上海:上海古籍出版社2006年版,第592页。

上得出的,其论述在一定程度上支持了杜预提出的荥泽在黄河北岸的观点。

那么,《左传·闵公二年》中的"荥泽"究竟是在黄河的南岸还是北岸?清代经学大师阎若璩提出了"移泽"之说。他考证道:"《禹贡》溢为荥。荥自在河之南,宣十二年'楚潘党逐之,及荥泽',即其地。然先此闵二年,卫及狄人战于荥泽,则亦移泽之名于河北。"①这一论述有两个要点:一是荥泽"自在河之南",鲁宣公十二年晋楚邲之战发生在这一地方,故《左传·宣十二年》有"楚潘党逐之,及荥泽"之说;二是鲁闵公二年的卫狄之战是在黄河以北的荥泽进行的,此"荥泽"系"移泽之名于河北"。按照这一说法,狄人与卫懿公是在黄河以北的卫国境内发生了大战,因战争发生在没有名称的湖泊附近,故史家记录这一事件时移用了荥泽这一称谓。从表面上看,阎若璩的解释完全可以支持郦道元的荥泽在黄河南岸的观点,可是,为什么要"移泽之名于河北"呢?依旧没有说清楚。

其实,要回答这一问题并不困难。黄河截断济水后,因两水相斗"溢为荥",荥泽实际上是一个横跨黄河两岸的湖泊,就像云楚泽跨长江两岸那样。胡渭论述道:"及周之衰,有于荥阳下引河东南为鸿沟,与济、汝、淮、泗会者,而河始与济乱。"②"河始与济乱"发生在周定王五年,河、济相斗后下泄不畅,向四周漫溢形成了跨黄河两岸的湖泊。由于这一区域的地形是北高南低,黄河改道后,北岸的荥泽因无法得到补给水源再加上快速下泄,很快出现了干涸或消失的情况;与此同时,南岸的荥泽在向低洼处潴积时,继续得到保留。在这中间,黄河北岸的荥泽虽然消失,但称谓得到了保存。之所以做这样的推论,是因为狄人侵卫发生在鲁闵公二年,这一时间发生在周定王五年以前。晋楚邲之战发生在鲁宣公十二年,这一时间发生在周定王五年以后。从这样的角度看,卫狄之战和晋楚邲之战虽发生在黄河两岸及不同地点,但都与荥泽有关。

在宋代《禹贡》学的基础上,清代《禹贡》学出现了蓬勃发展的局面。宋、元、明、清时期,黄河水文发生了巨大的变化。如黄河乱济以后,又南下入淮,这一局面形成后,再加上兴修鸿沟,历代不断地为鸿沟补给新水源或采用新河道,黄河与淮河水系遂形成了特殊的关系。具体地讲,黄河南下入淮的必经水道是汴河(鸿沟),鸿沟作为反映黄河和淮河水文变化的晴雨表,成为清代《禹贡》学重点关注的对象。在这中间,人们通过研究清代以前的黄河水文变化,对鸿沟及其建成时间等问题提出了新的见解。

明、清两代,由黄河和淮河引起的水文变化涉及安民生、保漕运的大事。出于对历史的关心,以考据学见长的经学家阎若璩对鸿沟形成的时间进行了考证:"苏氏《书传》'浮于淮、泗,达于河',不知'河'古本作'菏',曰:'《禹贡》九州之末皆记入河水道,而淮、泗独不能入河。帝都所在,理不应尔,意其必开汴渠之道以通之。汴渠当时已具,世谓创自隋炀帝非。

---

① 清·阎若璩《尚书古文疏证》,(黄怀信、吕翊欣校点),上海:上海古籍出版社2010年版,第384页。
② 清·胡渭《禹贡锥指》(邹逸麟整理),上海:上海古籍出版社2006年版,第592页。

而杜预《与王浚书》固言"自江入淮,逾于泗、汴,溯河而上,振旅还都矣。'愚尝反复考论,郁积累年,一旦发瘖于中,而叹苏氏真如所云,学者考之不详耳。《禹贡》济入于河,南溢而为荥,而陶丘,而菏,而汶,而海。此禹时之济渎发源注海者也?抑所谓出河之济,不与河混者也?《史记·河渠书》禹'功施乎三代。自是之后,荥阳下引河东南为鸿沟,以通宋、郑、陈、蔡、曹、卫,与济、汝、淮、泗会'。此禹以后,代人于荥泽之北下引河东南流,故《水经》谓'河水东过荥阳县,浪荡渠出焉'者是。亦引济水分流,故《汉志》谓'荥阳县有狼汤渠,首受沛,东南流'者是。又自是之后,代有疏浚,枝津别渎,不可胜数,则郦氏注所谓'荥、波、河、济,往复径通'者也。虽然,其来古矣。苏秦说魏襄王曰'大王之地南有鸿沟',则战国前有之。宣公十二年晋楚之战楚军于泌,泌即汳水,则春秋前有之。《尔雅》'水自河出为灉',灉本汳水,则《尔雅》前有之。然莫不善于道元之言曰:'大禹塞荥泽,荥泽莽时方枯,岂禹塞之乎?'又曰:'昔禹塞其淫水,而于荥阳下引河。'荥阳河非禹引,而谓禹之时遽有乎?余是以断自《河渠书》,参以'荥阳下引河'不见《禹贡》之书,为出禹以后,颇自幸。其考此苏氏差详矣"。①

浪荡渠是鸿沟的别称,沛水即济水。阎若璩在充分关注上古水文变化的基础上采用归谬法,提出了鸿沟非大禹所开且成于《尔雅》之前的观点。

细思阎若璩的观点有五点值得注意。一是在研习古文《尚书》的过程中,指出《尚书·禹贡》"浮于淮、泗,达于河"中的"河"字为"菏",由此推导出大禹治水时"淮、泗独不能入河"的结论,言外之意,上古时期开挖的鸿沟不是大禹治水的产物。二是引苏秦游说魏襄王"大王之地,南有鸿沟"语,推导出在魏国迁都大梁以前鸿沟已经存在的结论。三是以"楚军于邲,邲即汳水"语,力证鸿沟与邲水(泌水)的关系,进而推导出汳水即鸿沟在"春秋前有之"的结论。《春秋·宣公十二年》云:"楚子围郑。夏六月乙卯,晋荀林父帅师及楚子战于邲,晋师败绩。"晋楚之战发生在泌水,在此基础上证明在鲁宣公十二年以前,汳水即鸿沟已经存在。四是引《尔雅》"水自河出为灉"语,力证"灉本汳水",进而推导出鸿沟在"《尔雅》前有之"的结论。今人认为,《尔雅》是一部秦汉学者缀春秋战国诸说旧文增补而成的著作,其成书时间的下限为汉代,因此以《尔雅》为依据研究先秦,多有不实之处。不过,古人包括阎若璩在内大都认为《尔雅》是春秋以前的著作。西晋葛洪记录郭威事迹时写道:"郭威,字文伟,茂林人也。好读书,以谓《尔雅》周公所制。……余尝以问扬子云。子云曰:'孔子门徒游、夏之俦所记,以解释六艺者也。'家君以为《外戚传》称:史佚教其子以《尔雅》。《尔雅》小学也。又《记》言:孔子教鲁哀公学《尔雅》,《尔雅》之出,远矣。旧《传》学者,皆云周公所

---

① 清·阎若璩《尚书古文疏证》(黄怀信、吕翊欣校点),上海:上海古籍出版社 2010 年版,第 494—495 页。

记也。"①据此,《尔雅》的作者或为周公旦,或为孔子的门人。在这里,阎若璩虽然没有说《尔雅》的作者是周公旦,但言语之间透露的信息是,《尔雅》的成书年代应在鲁宣公十二年以前。五是以郦道元《水经注》为证,首先指出大禹塞荥泽的错误性,随后证"荥阳下引河"不见于《禹贡》,进而得出开挖鸿沟与大禹治水没有关系的结论。

阎若璩的观点引起胡渭的高度重视,在这一论述的基础上,胡渭论证道:"渭按:'河'当作'菏',得黄氏之辩而愈明。苏氏引《高纪》文颖《注》,而忘其出于《河渠书》也。又安知上文有'自是之后'四字乎?非但苏氏,郦道元亦不察也。今百诗唯据此四字判鸿沟非禹迹,真老吏断狱手。而愚更有进焉者,谓由泗入菏,由菏入济是矣。而自陶丘以西,舍鸿沟无达河之道也,焉得不指为禹迹乎?谓荥阳下引河出禹以后,是矣。而由济达河,莫知其所经,不显示以一涂,终何以破千古之疑乎。是当于济、漯之间求之。盖兖、青、徐、扬之贡道,皆由济入漯,以达河。而宋儒谓济、漯二水无相通之处,则浮济者,溯陶丘而西且北,势不得不出于荥阳。此苏氏之论所以近理,而人不敢深折其非也。诚知《经》所谓'浮于济'者,乃至菏会汶之济,而非陶丘、荥泽之济,则济之所以通河者,漯也。非鸿沟、官渡、汴水也,纷纭之说,不攻自破矣。"②通过肯定阎若璩的观点,胡渭得出了在鸿沟开挖以前淮、泗不通黄河的结论。客观地讲,这一结论是令人信服的。

为了进一步厘清鸿沟建成时间的下限,胡渭又从地名入手,力证鸿沟与春秋各国之间的关系。他论述道:"然鸿沟禹时实未尝有,荥川始见于《周官》,济隧亦仅见《春秋传》,类皆非禹迹。其通河者,唯氾水耳。氾水出浮戏山,北流径虎牢城东,而北注于河。源委颇短,郑地之舟,或当由此入河。而宋、许、陈、蔡之郊,自南而北,非浮于汝、颍不可。鸿沟未开,汝、颍皆不与河通,舟行不知从何处入河。③ 这里有两点值得注意:一是以"荥川始见于《周官》,济隧亦仅见《春秋传》"为坐标,指出鸿沟开挖的年代应在春秋,与大禹治水没有关系;二是在开挖鸿沟以前,自汝水、颍水无法进入黄河,开鸿沟以后建立了索水和氾水之间的连接线,才开辟了自汝水、颍水进入黄河的航线,进而形成了"荥阳下引河东南为鸿沟,以通宋、郑、陈、蔡、曹、卫,与济、汝、淮、泗会"的航线。

胡渭虽然驳斥了大禹开鸿沟的观点,但因文献缺载,鸿沟开挖的准确时间依旧无法说得清楚。尽管如此,胡渭以周定王五年为下限,提出此时鸿沟已投入使用的观点是有说服力的。如胡渭论述道:"于是有荥阳下引河为鸿沟者,自是以后,日渐穿通,枝津交络,宋、郑、陈、蔡、曹、卫之郊,无所不达。至定王五年,河遂南徙,无他,河水之入鸿沟者多,则经流迟贮,不能冲刷泥沙故也。宿胥之塞,实鸿沟致之。不然,禹功历千余岁而不敝,何独至春秋一

---

① 晋·葛洪《西京杂记》,《笔记小说大观》第1册,扬州:江苏广陵古籍刻印社1984年版,第5页。
② 清·胡渭《禹贡锥指》(邹逸麟整理),上海:上海古籍出版社2006年版,第145页。
③ 同②,第260页。

旦变迁也哉!"①黄河南徙后,宿胥口淤塞。宿胥口是由鸿沟进入黄河的河口,以此为依据,胡渭力证在周定王五年黄河南徙之前,鸿沟已经建成并投入使用。"宿胥"既是宿胥口的省称,同时又是淇口的别称,位于滑县(在今河南滑县)和浚县(在今河南浚县)之间。胡渭考证道:"宿胥口在浚县西南,遮害亭东。"②黄河南徙之前,鸿沟在宿胥口一带受河,同时淇水亦在宿胥口入河。黄河南徙后,水流放缓,泥沙淤积河床,堆积河口致使宿胥口淤塞。胡渭又进一步考证道:"今淇水东至黎阳入河,近所谓降水,盖以淇口应'北过降水'之文也。……信如郦言,则淇口在黎阳西南,距修武二百余里,河之所经,当先大陆而后降水矣。"③黄河南徙水流放缓及泥沙淤积河道,为此,出现了"宿胥之塞,实鸿沟致之"的局面。在这中间,鸿沟与黄河之间的部分航段虽有不畅,但因其建立了河、济、濮、泗、睢、颍、汝、涡、淮等之间的联系,因此,鸿沟航线依旧有很高的利用价值。

阎若璩、胡渭辨析开鸿沟的观点虽然引起后人的高度关注,但依旧无法从根本上动摇信古派及释古派的学术根基,因此,依旧有人继续把鸿沟开挖的时间上溯到大禹治水时代。如徐文靖考证道:"考《禹贡》,言尧都冀州,居河下流,而入都贡赋重于用民力,故每州必记入河之水,独淮与河无相通之道。求之故迹而不得,乃疑汴渠自禹以来有之,不起于隋世。既久远,或名鸿沟,或名汴渠(鸿沟,在今郑州荥阳县)。大概皆自河入淮,故淮河引江湖之舟,以达于冀也。今据《后汉书》,则平帝时已有汴渠。曰河汴决坏,则谓输受之所也。官渡,直黄河也。故袁曹相距,沮授曰:悠悠黄河,吾其济乎?汴渠自禹来有之,此不易之论也。又《国策》苏子说魏王曰:大王之地,东有鸿沟。陈、汝南则鸿沟之名,亦不自秦始也。"④徐文靖从《禹贡》入手,提出了"汴渠自禹来有之"的观点,进而将鸿沟开挖的时间上溯到大禹时代,与司马迁作《河渠书》首言《尚书·夏书》,并提出"自是之后,荥阳下引河东南为鸿沟"有直接的关系,然而,因文献缺载,这些有待于进一步地研究。

从另一个层面看,鸿沟虽然有悠久的开挖历史,但受到了黄河水道变迁等因素的影响:一是河口需要根据水文变化进行改建和维修;二是在扩大漕运范围的过程中,鸿沟也开挖了新的运道。具体地讲,在航线变化及延长的过程中,与之相应的漕运线路及航运节点势必发生新的变化,进而形成不同的漕运通道。如魏迁都大梁后,针对新形势,在开"大沟"的基础上,于魏惠王十年(前360)改造了鸿沟运道。郦道元引《竹书纪年》有"梁惠成王十年,入河水于甫田,又为大沟而引甫水"⑤等语,"大沟"指鸿沟,经过改造,鸿沟完善了以大梁为枢纽

---

① 清·胡渭《禹贡锥指》(邹逸麟整理),上海:上海古籍出版社2006年版,第456页。
② 同①,第455页。
③ 同①,第463页。
④ 清·徐文靖《禹贡会笺》,《四库全书》第68册,上海:上海古籍出版社1987年版,第308—309页。
⑤ 北魏·郦道元《水经注·渠水》,杨守敬、熊会贞疏,段熙仲点校,陈桥驿复校《水经注疏》中册,南京:江苏古籍出版社1989年版,第1872页。

的水上交通体系,形成了"诸侯四通,条达辐凑,无有名山大川之阻。……卒戍四方,守亭障者参列,粟粮漕庾不下十万"①的局面。又如秦始皇二十二年(前225)"王贲攻魏,引河沟灌大梁"②,这一破坏性的举动虽以灭魏为目的,但在客观上起到了开鸿沟新道或延长鸿沟航线的作用。《史记·河渠书》云:"自是之后,荥阳下引河东南为鸿沟,以通宋、郑、陈、蔡、曹、卫,与济、汝、淮、泗会。"③司马贞在诠释"鸿沟"一词时指出:"楚汉中分之界,文颖云即今官渡水也。盖为二渠,一南经阳武,为官渡水;一东经大梁城,即鸿沟,今之汴河是也。"④自荥阳引河开渠补给航道水位,鸿沟在连通宋、郑、陈、蔡、曹、卫等诸侯国的过程中,建立了黄河与淮河及其支流汝水和泗水的航线和自沙水(鸿沟的南流)入睢水、涡水等航线。胡渭考释道:"蒗荡渠东南流为荥渎、济水,为官渡水,为阴沟、汳水、浚仪渠,其在大梁城南者为鸿沟,鸿沟南流兼沙水之目,沙水枝津又为睢水、涡水,名称不一,要皆河阴石门河水为之,委别而原同也。"⑤王鸣盛注引杜预《释例》时论述道:"睢水受汴,东经陈留、梁国、谯郡、沛国,至彭城县入泗。"⑥这条复式航线建立后,以大梁为节点折向东南可进入涡水,从涡水向东可以入淮。

第三节 开挖运河的功过

秦汉以前,河渠是由不同的诸侯国在不同的时间和不同的区域兴修的。这些河渠通过连接不同区域的河流湖泊,扩大了水上交通的范围,将漕运与陆运交织在一起,改变了原有的交通布局,为运兵、运粮及扩张疆域提供了方便。另外,因这些河渠同时具有交通、灌溉、改良土壤、防洪排涝等综合功能,因而促进了不同区域社会经济、文化等的发展。

在大规模地兴修河渠以前,周王朝在关东各地分封诸侯,这些诸侯国多为小国。如果以天子之国的国都为半径,那么通向国都的贡道一般不会超过五百里。当时,天下最富庶的地区集中在黄河中下游,大部分诸侯国建立在黄河沿岸,各国之间的交通距离一般低于五百里。这样一来,特殊的地理形势、交通地理环境等就决定了各国入贡时或相互间进行政治、

---

① 汉·刘向集录《战国策·魏策一》,何建章注《战国策注释·魏策一》,北京:中华书局1990年版,第823页。
② 汉·司马迁《史记·秦始皇本纪》,北京:中华书局1982年版,第234页。
③ 汉·司马迁《史记·河渠书》,北京:中华书局1982年版,第1407页。
④ 同③。
⑤ 清·胡渭《禹贡锥指》(邹逸麟整理),上海:上海古籍出版社2006年版,第454页。
⑥ 清·王鸣盛《十七史商榷·〈汉书〉十二》(黄曙辉点校),上海:上海书店出版社2005年版,第128页。

经济往来时,或以陆路为相互交通的主干线,或以黄河为基本航线,因此,兴修运河、发展水上交通基本不在考虑范围之内。

马端临引吕祖谦的观点时论述道:"古者,天子中千里而为都,公侯中百里而为都。天子之都,漕运东西南北,所贡入者,不过五百里;诸侯之都,漕运所贡入者,不过五十里。所以三代之前,漕运之法不备。虽如《禹贡》所载入于渭,乱于河之类,所载者不过是朝廷之路;所输者不过币帛九贡之法。所以三代之时,漕运之法,未甚讲论,正缘未是事大体重。到春秋之末,战国之初,诸侯交相侵伐,争事攻战,是时稍稍讲论漕运,然所论者尚只是行运之漕,至于国都之漕,亦未甚论。且如《管子》所论,粟行三百里,则无一年之积粟;行四百里,则无二年之积粟;行五百里,则众有饥色;如孙武所谓千里馈粮,士有饥色,皆是出征转输,至其所以输国都不出五百里、五十里,国都所在各有分,故当时亦尚未讲论。"①持续不断的兼并战争爆发后情况发生了变化:一方面小国不断被大国吞并,另一方面大国之间的兼并战争需要在千里之外进行。在这中间,称霸争雄的大国要想取得军事斗争中的绝对优势,就需要建立千里之远的粮草及后勤补给线,需要以水运的方式建立一条快捷的、运输成本低廉的交通线。由于受自然地理及水文等方面的制约,河流与河流之间无法互通,再加上河流曲折迂回不能直线抵达目的地,这样一来,及时地开挖河渠,建立一条经济高效的运输航线便成了当务之急。进而言之,及时地建立新的交通形式,以水路建立不同区域之间的联系,可以用快捷的方式降低的运输成本以运兵、运粮、转运军事战略物资等。在这样的前提下,各诸侯国把开挖河渠提到了议事日程上。

春秋以降,当河渠为兼并战争提供直接的后勤支援时,水战也是兼并战争的一部分。如楚国、吴国在长江中下游崛起后,楚国、吴国和越国之间爆发了多次惨烈的战争。这些战争或沿长江展开②,或沿河渠航线展开。在这中间,河渠在运兵、调运粮草、转运军事物资、保证后勤补给等方面发挥了不可替代的作用,为各国提供了展示军事实力的大舞台。

当争霸的主战场转移到长江流域时,长江航线在兼并与反兼并战争中自然会扮演重要的角色。周赧王七年(前308),"司马错率巴、蜀众十万,大舶船万艘,米六百万斛,浮江伐楚,取商于之地为黔中郡"③长江航线成为秦国自西向东征伐楚国的战略通道。如苏代构想秦国进攻楚国的战争策略时叙述道:"蜀地之甲,轻舟浮于汶,乘夏水而下江,五日而至郢。汉中之甲,乘舟出于巴,乘夏水而下汉,四日而至五渚。寡人积甲宛,东下随,知者不及谋,勇者不及怒,寡人如射隼矣。王乃待天下之攻函谷,不亦远乎?"④又如张仪站在秦国的立场上

---

① 元·马端临《文献通考·国用考三》,杭州:浙江古籍出版社1988年版,第247—248页。
② 最早关于舟师(水军)的记载发生在鲁襄公二十四年(前549),如《左传·襄公二十四年》有"夏,楚子为舟师以伐吴"(清·阮元《十三经注疏·春秋左传正义》,北京:中华书局1980年版,第1980页)之说。
③ 晋·常璩《华阳国志·蜀志》(刘琳校注),成都:巴蜀书社1984年版,第194页。
④ 汉·刘向集录《战国策·燕策二》,何建章注《战国策注释》,北京:中华书局1990年版,第1129页。

威胁楚王说:"秦西有巴蜀,大船积粟,起于汶山,浮江已下,至楚三千余里。舫船载卒,一舫载五十人与三月之食,下水而浮,一日行三百余里,里数虽多,然而不费牛马之力,不至十日而距扞关。扞关惊,则从境以东尽城守矣,黔中、巫郡非王之有。秦举甲出武关,南面而伐,则北地绝。秦兵之攻楚也,危难在三月之内,而楚待诸侯之救,在半岁之外,此其势不相及也。夫弱国之救,忘强秦之祸,此臣所以为大王患也。"①秦国从楚国的手中夺取了巴蜀这一广袤的区域后,遂形成了自长江上游进取楚国的势态。在这中间,兼并与反兼并战争的主战场不断向长江流域转移,那么,利用长江水道伐楚似乎与河渠建设之间没有必然的联系。尽管如此,关注水路在军事斗争中的特殊作用,以此考察春秋时期各国兴修河渠的原因会发现,利用河渠进行漕运与军事斗争之间始终存在着某种内在的联系。

春秋各国开挖河渠(运河)是与"挟天子以令诸侯"的称霸行为紧密地联系在一起的,在一定程度上表现出以军事斗争为政治诉求的特征。这一时期"周道陵迟",周王室已无法阻挠各国诸侯问鼎中原的政治野心:一方面诸侯称霸争雄以军事斗争为先导,给政治形势带来充满诡谲色彩的变化和选择;另一方面兼并与反兼并战争如火如荼地进行,使各种政治力量处于此消彼长的状态。进而言之,当社会运动的不确定性及战争胜负的偶然性打破各种政治势力或力量的均衡时,以血与火为表征的兼并战争虽然诉说了平民百姓的不幸,却在更高的层次上顺应了大一统的要求和社会运动的大势。司马迁叙述道:"《春秋》之中,弑君三十六,亡国五十二,诸侯奔走不得保其社稷者不可胜数。"②房玄龄记载:"春秋之初,尚有千二百国,迄获麟之末,二百四十二年,弑君三十六,亡国五十二,诸侯奔走不得保其社稷者不可胜数,而见于《春秋》经传者百有七十国焉。……五伯迭兴,总其盟会。陵夷至于战国,遂有七王,韩、魏、赵、燕、齐、秦、楚。"③杜佑进一步记载:"春秋二百四十二年之中,弑君三十六,亡国五十二,诸侯更相征伐,奔走不保社稷者,不可胜数。齐桓救其难,孔子定其文,至于战国,存者十余。"④兼并战争和反兼并战争如火如荼地进行,使社会运动呈现出错综复杂、曲折多变的势态。在这一过程中,社会运动虽然出现了不同的甚至是相反的运动方向,但由此产生的合力却传达了要求统一的呼声。在这中间,河渠建设及水运遂肩负起为军事斗争服务的重任,在兼并与反兼并战争中扮演着重要的角色。

常言道,"兵马未动,粮草先行。"要想保证军队的战斗力,需要建立一条能够为前方将士提供粮草及军备物资的后勤补给线。然而,战争消耗巨大,在人口急剧下降、壮劳力极其有限的前提下,要想另外组织一支规模庞大、体力充沛的后勤保障队伍势必捉襟见肘。在这中

---

① 汉·司马迁《史记·张仪列传》,北京:中华书局1982年版,第2290—2291页。
② 汉·司马迁《史记·太史公自序》,北京:中华书局1982年版,第3297页。
③ 唐·房玄龄等《晋书·地理志上》,北京:中华书局1974年版,第411—412页。
④ 唐·杜佑《通典·食货七》,杭州:浙江古籍出版社1988年版,第39页。

间,由于漕运可以解决后勤运输人力、物力和财力等严重不足的问题,因此,企图称霸争雄的诸侯十分关注河渠在转运粮草及军事战略物资等方面的作用。如美籍华裔学者黄仁宇论述道:"自公元前5世纪以来,中国就在利用运河进行运输了。战国期间(前481—前221),好几条人工运河就出现在今天的江苏、安徽、河南和山东等地。自这以后,我们完全可以说任何一个标准意义上的王朝都有关于运河开凿情况的历史记载。更多著名的项目在军事需要下投入建设的同时,另一些项目因运输、灌溉和治水等需要而投入建设。"①这一论述大体上道出了秦汉以前开挖河渠的情况。春秋以降,兴修河渠发展水上交通几乎成了军事行动的前奏。如秦南攻越地,为方便转运粮食等战略物资开凿了灵渠②。又如刘邦与项羽争霸天下,双方为了节约人力、物力,均从水路转运粮食及战备物资,故时有"楚汉久相持未决,丁壮苦军旅,老弱罢转漕"③之说。再如汉武帝通西南夷时曾有水运之举,史称:"相如为郎数岁,会唐蒙使略通夜郎西僰中,发巴蜀吏卒千人,郡又多为发转漕万余人,用兴法诛其渠帅,巴蜀民大惊恐。"④这些发展水运的行为在一定程度上表达了漕运为军事行为负责的诉求。

河渠建设改变了旧有的交通秩序,通过加强不同区域的联系,促进了不同区域间的经济往来和文化交流等。如当兼并战争从版图上抹去中原地区的中小国家后,政治上的一体化使中原地区以鸿沟为主航道,出现了"洛阳东贾齐、鲁,南贾梁、楚"⑤的商贸大通道。如《史记·货殖列传》云:"夫自鸿沟以东,芒、砀以北,属巨野,此梁、宋也。陶、睢阳亦一都会也。"《集解》注"梁、宋"引徐广语:"今之浚仪。"⑥浚仪(在今河南开封)、陶(在今山东定陶)、睢阳(在今河南商丘)等成为繁华的都会,与鸿沟成为商贸往来的大通道有密切的关系。如鲁人"好贾趋利,甚于周人。……陈在楚夏之交,通鱼盐之货,其民多贾"⑦,这些事实表明,鸿沟在商贸往来中有不可替代的作用。鸿沟加强了中原与江淮之间的商贸往来,同时又给中原地区的农业发展创造了条件。进而言之,如果没有鸿沟这一具有综合性功能的河渠,那么,相应区域的农业、交通等将会受到制约,相应的航段节点也不可能获得大的发展,实现经济上的繁荣,促进城市化发展的进程。

---

① [美]黄仁宇《明代的漕运》(张皓、张升译),北京:新星出版社2005年版,第4页。
② 元·脱脱等《宋史·河渠志七》:"灵渠源即离水,在桂州兴安县之北,经县郭而南。其初乃秦史禄所凿,以下兵于南越者。"(北京:中华书局1985年版,第2417页)清·胡渭《禹贡锥指》卷九:"《史记》严安上书云:秦使尉佗、屠睢将楼船之士,南攻百越,使监禄凿渠,运粮深入。韦昭曰:监御史名禄也。其所凿之渠,今名灵渠,在广西桂林府兴安县北五里,又西南经灵川县界,合大融水入漓江。"(上海:上海古籍出版社2006年版,第296页)
③ 汉·司马迁《史记·项羽本纪》,北京:中华书局1982年版,第328页。
④ 汉·司马迁《史记·司马相如列传》,北京:中华书局1982年版,第3044页。
⑤ 汉·司马迁《史记·货殖列传》,北京:中华书局1982年版,第3265页。
⑥ 同⑤,第3266页。
⑦ 同⑤,第3266—3267页。

鸿沟带动沿线地域的发展不仅仅是河渠促进社会经济发展的个案,从大势上看,河渠兴修后改变原有的交通状况,相应的航段节点成为交通枢纽是沿线城市和城市群兴起的重要原因。如吴国在境内境外兴修吴古故水道、胥溪、子胥渎、胥浦、百尺渎、邗沟、菏水等运河,为沿线城市及区域经济的繁荣和发展注入了活力,进而为其成为区域行政中心奠定了坚实的基础。具体地讲,扬州长盛不衰及成为重要的运河节点城市与邗沟开通有着密切的关系。又如菏水开通后,形成了自江浙地区过长江、经邗沟入淮进入菏水的航线。这条航线南接江淮,北接黄河,为吴国挺进齐鲁、中原,进而北上争霸提供了交通上的便利,与此同时,菏水带动了沿线城市的发展,加强了南北经济的往来。运河沿线的经济率先走向繁荣,为运河城市及相应行政机构的设置提供了先决条件。

运河城市建设是在水上交通建设的过程中实现的:一方面运河城市的建设和发展受到河渠建设及综合性功能的支配;另一方面河渠建设又反过来促进交通和城市建设等。从这样的角度看,运河沿线迅速崛起一批繁华的都市,与运河成为交通主干线、促进不同区域间的商贸往来及经济繁荣有着密切的关系。一方面运河为军事行动提供了便利的交通条件,另一方面当水上交通将运河城市打造为战略要地时,沿岸城市势必成为各种政治势力反复争夺的对象,进而获得优先发展的权利。运河在国家政治、经济发展和争霸争雄等方面有着特殊的意义,春秋战国时期各国对开凿运河投入了极大的热情是历史的必然。如楚国兴修了一头联系长江与汉水、一头联系中原诸国的楚运河,客观地讲,楚运河是为楚国北上争霸和国内经济发展服务的。从楚国到中原千里迢迢,楚国如果要想北上战胜早已称霸的晋国,必须调动一支强大的军队,通过运输成本低廉的水路提供相应的后勤保障。又如前360年,魏惠王为了向外扩张,通过疏浚和改建鸿沟航道,改善了大梁的水上交通条件①。重修后的鸿沟加强了黄河和淮河水系间的联系,在一定程度上改变了魏国的交通布局。再如齐国开挖了菑济运河,加强了齐都临淄对外的交通联系。菑济运河与吴国开挖的邗沟、菏水相连接,带动了沿线城市的发展。

运河(河渠)建设有转运军事物资、建立后勤补给线及发展水上交通等功能,同时,还肩负着扩大农田面积、改良土壤、防洪排涝等责任,因为通过河渠建设可以满足农耕生活的基本需求。具体地讲,中国古代的文明形态属农业文明,农耕民族对河流的依赖程度要远远超过游牧民族,由于生活在农业文明环境中的人们离不开河流的哺育,而积极地从事水利建设才能满足耕种的需求,这样一来,建设有综合功能的河渠(运河)遂成为当务之急。

从历时的角度看,中国古代社会的农业生产区呈东西走向,一是集中在黄河中下游地

---

① 《竹书纪年》:"梁惠成王十年,入河水于甫田,又为大沟而引甫水。"(方诗铭、王修龄《古本竹书纪年辑证》,上海:上海古籍出版社2005年版,第122页)梁惠成王即魏惠王,梁惠成王十年即公元前360年。《太平御览》卷七二引《水经·渠水注》作"梁惠成王十五年",该说与传世本相异。

区,二是集中在长江中下游地区。在河渠开挖以前,受自然地理环境的制约,中国古代发达的农业生产区大部分集中在由西向东狭长的河谷地带或下游地区的冲积平原。自有水运能力的河渠开挖后,农业生产形势发生了根本性的变化。如向南北方向拓展的河渠不但有扩大农田灌溉面积、排洪防涝、改良土壤、水运等功能,而且可以扩大农业生产活动的范围,进而为远离河流的农业区域取得增产和丰收提供必要的条件。在这中间,伴随着农田灌溉面积的扩大,农业生产的耕种条件发生了巨大的变化。与此同时,通过水上交通建设扩大了农业生产的范围,有效地改善了人们的生活环境。

具体地讲,当不同走向的运河,特别是南北走向的运河连接河流时,在一定程度上拓展了农业生产活动的范围。如引黄河至东南的鸿沟,沟通汉水和云梦的楚运河,贯穿吴国境内的吴运河等,均扩大了农业生产的范围,从而使沿河流两岸展开的线性的农业生产区呈现出网状分布的状态。如安作璋先生论述道:"战国、秦汉时期,几个主要的农业区,正是运河分布比较密集的地区。"①这一论述虽然道出了当时的实际情况,但只说对了一半。战国、秦汉时期的主要农业区出现在河渠密布的地区,是因为河渠扩大了农业生产的范围。起初,重要的农业生产区主要分布在自然水系的沿线或下游的冲积平原。当河渠(运河)因有灌溉能力而改变自然水系的流域面积后,势必扩大农业生产的灌溉面积,建立新的交通运输体系。如蜀运河是具有交通、灌溉、改良土壤、防洪排涝等综合功能的典型代表,为改善蜀地交通、农田灌溉、商贸往来及社会经济走向繁荣起到了积极作用。司马迁在论述蜀运河的综合性功能时记载:"于蜀,蜀守李冰凿离碓,辟沫水之害,穿二江成都之中。此渠皆可行舟,有余则用溉浸,百姓飨其利。至于所过,往往引其水益用溉田畴之渠,以万亿计,然莫足数也。"②常璩亦记载:"冰乃壅江作堋,穿郫江、检江,别支流双过郡下,以行舟船。岷山多梓、柏、大竹,颓随水流,坐致材木,功省用饶;又溉灌三郡,开稻田。于是蜀沃野千里,号为'陆海'。旱则引水浸润,雨则杜塞水门,故记曰:水旱从人,不知饥馑,时无荒年,天下谓之'天府'也。"③以都江堰为标志的蜀运河建成后,提升了蜀地的农业生产水平,改善了蜀地的交通环境。因蜀运河同时具有农田灌溉、防洪排涝、运输等综合功能,从而为蜀地注入了生生不息的活力。从某种意义上讲,开挖河渠发展水上交通虽说与诸侯争霸转运军事战略物资、建立后勤补给线有着某些内在的联系,但同时也促进了农业的发展和不同区域间的经济交流、商贸往来和经济繁荣。河渠(运河)沿线成为农业活动的重要区域后,凭借运河在农业生产和物资交流等方面的优势,形成了一个又一个交通枢纽,成为物资及商品集散地。

河渠建设有进一步确认以农为本的立国思想、富国强兵等功能。冷兵器时代,国力强盛

---

① 安作璋主编《中国运河文化史》上册,济南:山东教育出版社2001年版,第123页。
② 汉·司马迁《史记·河渠书》,北京:中华书局1982年版,第1407页。
③ 晋·常璩《华阳国志校注·蜀志》(刘琳校注),成都:巴蜀书社1984年版,第202页。

与否与人丁兴旺有密切的关系。与此同时,国力强盛、人口增长与提高农业生产能力、扩大种植面积、防洪排涝等有密切的关系。具体地讲,春秋战国时期各诸侯国开挖河渠的目的虽然不同,但河渠在提高国家综合实力,保证社会安定和经济繁荣等方面有着特殊作用。进而言之,河渠建设是一项具有综合功能的水利工程,在改良土壤、扩大农田灌溉面积、防洪排涝、提高农业产量、保证丰收、提高水上交通运输等方面具有特殊的意义。如大一统的中央集权制国家建立后,为了确保政权长治久安,刘邦及其后继者采用了不同的措施,经过"文景之治",汉王朝的社会经济呈现出一派繁荣的景象。然而,旧有问题解决了,新的问题又出现了。当汉王朝不得不面对京畿地区人口日益增长的物质需求,不得不面对匈奴侵扰需要在长安周围驻扎重兵时,因关中物产有限而从关东、河东等地调运粮食及各类物资西入长安便成了当务之急。

问题是,怎样才能减少消耗、降低成本,保证利益最大化呢?担任大农一职的郑当时上书道:"异时关东漕粟从渭中上,度六月而罢,而漕水道九百余里,时有难处。引渭穿渠起长安,并南山下,到河三百余里,径,易漕,度可令三月罢,而渠下民田万余顷,又可得以溉田,此损漕省卒,而益肥关中之地,得谷。"① 郑当时的奏疏得到了汉武帝的肯定,于是,"令齐人水工徐伯表,悉发卒数万人穿漕渠,三岁而通。通,以漕,大便利。其后漕稍多,而渠下之民颇得以溉田矣。"② 通过开挖漕渠(运河)从水上加强了关中与关东的联系,进一步提高了关中地区农业生产的水平。具体地讲,郑当时开挖运河新道,连接运河旧道:一是在强化与黄河水系联系的过程中保证了京畿地区的粮食及物资供应;二是开挖时关注运河在发展农业、改良土壤、防洪排涝、促进经济繁荣和发展等方面的综合效益。

河渠(运河)建设的过程,是从不同的区域调水补给航道的过程。在这中间,过度地攫取水资源势必破坏自然生态,缩小河流原有的流域面积,导致不必要的灾难发生。

具体地讲,黄河流域是最早从事河渠(运河)建设的区域,鸿沟开挖后一方面促进了黄河中下游地区的社会经济发展,另一方面带来的负面效应也是难以估量的,因取水过度加剧破坏黄河水文的程度,乃至成为黄河溃溢及泛滥的重要原因。如胡渭论述鸿沟破坏黄河水文情况时指出:"及周之衰,王政不修,水官失职,诸侯各擅其山川以为己利。于是有荥阳下引河为鸿沟者,自是以后,日渐穿通,枝津交络,宋、郑、陈、蔡、曹、卫之郊,无所不达。至定王五年,河遂南徙,无他,河水之入鸿沟者多,则经流迟贮,不能冲刷泥沙故也。宿胥之塞,实鸿沟致之。不然,禹功历千余岁而不敝,何独至春秋一旦变迁也哉!河自孟津以下,出险就平,兼会济、沁、伊、洛,渐有奔放之势。然南岸巩至荥泽,山脉不断,濒河地形高印,河不能决而南,故广武以东无河患,禹但猪荥播,而其事毕矣。自鸿沟既开,不惟害及禹河,而豫之东境,亦

---

① 汉·司马迁《史记·河渠书》,北京:中华书局1982年版,第1409—1410页。
② 同①,第1410页。

被其灾。……《河渠书》云:荥阳下引河,东南为鸿沟,以通宋、郑、陈、蔡、曹、卫,与济、汝、淮、泗会。其在春秋、战国之际明矣。伟哉此论,善发《禹贡》之蕴,并可以证徐州达于河之误。昔汉武帝云:河乃大禹之所道也。圣人作事为万世功,通于神明,恐难改更,唯英主能为是言。周衰,列国之君不明斯义,苟欲便转输、资灌溉,则妄引河流,贯注境内,狃于一时之小利,而不顾万世之大害。穿渠之祸,甚于曲防,真夏王之罪人也。"①此乃不刊之论,如傅泽洪在《行水金鉴·河水》卷三中专门引录了胡渭的这一论述,可见前人对开挖鸿沟的弊端即"穿渠之祸"多有认识。又如郑肇经先生论述道:"先是荥阳下引河为鸿沟,以通宋、郑、陈、蔡、曹、卫,与济、汝、淮、泗会。引河之时期,不能确指。按郑之始封,在宣王时(前八二七至前七八二),则鸿沟之引,必在郑始封之后。而胡渭谓:'河水为鸿沟所分,力微不足以刷沙,下流易致壅塞,此宿胥改道之由。'是鸿沟之引,又必在周定王(前六〇二)河徙以前,鸿沟既开,始有河汴之患;然河、淮沟通,江、淮之民,与中原交通,渐臻便利,其影响亦巨矣。"②"河汴之患"主要是由黄河泛滥造成的,开挖鸿沟后,因其首受河,黄河改道及泛滥顺势侵入汴河,扩大了受灾的范围,给黄河中下游地区的农业生产及社会经济发展带来了沉重的打击。从这样的角度看,开挖鸿沟实际上是利害参半的工程:一方面鸿沟严重地破坏了黄河水系的生态环境,由此造成的负面效应是难以言表的;另一方面鸿沟开挖后又给交通带来了便利,加强了黄河中下游地区与江淮之间的联系。

从另一个层面看,在政治中心主要建在黄河中下游地区的年代,开挖的河渠(运河)主要集中在黄河中下游地区。在这中间,不间断地开挖河渠,无休止地攫取黄河的水资源,乃至于黄河水系早已不堪重负,特别是汉代兴起开挖河渠的高潮后,或从黄河采水,或从其支流采水,导致黄河主河道的流量日趋减少。因黄河流量减少及水流放缓,又导致大量的泥沙淤积河床,在这样的前提下,一旦遇到丰水季节或山洪暴发,必然会造成黄河一再决口和漫溢。对此,一些有识之士已有深刻的体察。如王莽新政年间,大司马史张戎指出:"水性就下,行疾则自刮除成空而稍深。河水重浊,号为一石水而六斗泥。今西方诸郡,以至京师东行,民皆引河、渭山川水溉田。春夏干燥。少水时也,故使河流迟,贮淤而稍浅;雨多水暴至,则溢决。而国家数堤塞之,稍益高于平地,犹筑垣而居水也。可各顺从其性,毋复灌溉,则百川流行,水道自利,无溢决之害矣。"③桓谭亦记载:"大司马张戎,字仲功,习溉灌事,议曰:'河水浊,一石水,六斗泥。而民竞引河溉田,令河不通利。至三月,桃花水至,则河决,以其壹不泄也。可以禁民勿复引河。'"④遗憾的是,张戎的真知灼见并没有得到统治者应有的重视,甚

---

① 清·胡渭《禹贡锥指》(邹逸麟整理),上海:上海古籍出版社2006年版,第456—457页。
② 郑肇经《中国水利史》,上海:商务印书馆1939年版,第189页。
③ 汉·班固《汉书·沟洫志》,北京:中华书局1962年版,第1697页。
④ 汉·桓谭《新论·离事》,清·严可均校辑《全上古三代秦汉三国六朝文》,北京:中华书局1958年版,第548页。

至后世完全忽视过度取水带来的后遗症,河渠及运河建设依旧进行得如火如荼。

张戎的观点得到后世一些学者的认同和回应。如在论述开挖河渠(运河)的利弊时,胡渭充分肯定了张戎的观点并提出了自己的见解:"穿渠引水非古也,自沟洫之制废,而灌溉之事兴,利于田而河则病矣。关中引水溉田,自郑国渠始。及汉武时用郑当时言,穿渠引渭以漕,且溉南山下。用番系言,引汾溉皮氏、汾阴下,引河溉汾阴、蒲坂下。又用严熊言,引洛溉重泉以东,为龙首渠。宣房既塞,用事者益争言水利,朔方、西河、河西酒泉皆引河及川谷以溉田,关中则有灵轵渠、成国渠、湋渠、六辅渠、白渠,皆溉田各万余顷。它小渠及陂山通道者,不可胜言。故王莽时大司马长史张戎议曰:水性就下,行疾则自刮除,成空而稍深,河水重浊,号为一石水而六斗泥。今西方诸郡以至京师东行,民皆引河、渭山川水溉田,春夏乾燥少水时也,故使河流迟贮淤而稍浅,雨多水暴至则溢决,而国家数堤塞之,稍益高于平地,犹筑垣而居水也。可各顺从其性,毋复灌溉,则百川流行,水道自利,无溢决之害矣。盖河水多泥,急则通利,缓则淤淀。今荥阳之下既有鸿沟,华阴以上复有诸渠,分水太多,则河流日迟,河身日高,故水暴至不能容。汉人知此者鲜,唯戎知之。"①与张戎的区别是,胡渭没有完全站在反对的立场上,而是主张在开挖河渠及运河时应根据水文等情况做必要的控制和调节。如胡渭进一步论述道:"沟洫之制,占地颇多。商鞅之所以开阡陌者,为富强计,使地无尺寸不耕,无尺寸不征也。既尽地力,废沟洫,则膏壤变为舄卤,而穿渠灌溉之事兴焉。郑国引泾注洛以为渠,溉舄卤之地四万余顷是也。贾让欲多穿漕渠于冀州地,使民得以溉田。此郑、白之故智,非大禹涤源之意。故让亦自言非圣人法,乃救败术也。或以穿渠溉田,有合于古沟洫之制,大谬,何也?禹浚畎浍,导溪谷之水以注之田间,其势顺而易;郑、白之渠,引川之水以溉平地,其势逆而难。沟洫广深,雨多水暴至有所容,利于田而兼利于河;穿渠引溉,使河流迟贮淤而稍浅,水暴至辄溢决(汉张戎说),田虽利而河则病矣。唯禹之治水,使地上之流得所容畜,而河中之水不甚满盈,康功田功相为表里,此所以为万世永赖者与。"②汉代以后不断发生黄河及其他河流干涸的情况,虽然与生态破坏及环境恶化有关,但这与过度地开挖河渠(运河)不无关系。

汉代以后,漕运已成为专制国家维护政治安定、社会稳定的基本法则,特别是在专制王朝处于多事之秋的年月,漕运成功与否直接关系到政权的安危。在这中间,专制王朝明明知道扩大漕运岁额只能是饮鸩止渴,但也不能不勉力为之,由此带来的负面效应自然是显而易见的。如刘晏在给元载的书信中写道:"然运之利病,各有四五焉。晏自尹京,入为计相,共五年矣。京师三辅百姓,唯苦税亩伤多,若使江湖米来,每年三二十万,即顿减徭赋,歌舞皇

---

① 清·胡渭《禹贡锥指》(邹逸麟整理),上海:上海古籍出版社2006年版,第442—443页。
② 同①,第647—648页。

泽,其利一也。东都残毁,百无一存。若米运流通,则饥人皆附,村落邑廛,从此滋多。命之曰引海陵之仓,以食巩、洛,是计之得者,其利二也。诸将有在边者,诸戎有侵败王略者,或闻三江、五湖,贡输红粒,云帆桂楫,输纳帝乡。《军志》曰:'先声后实,可以震耀夷夏。'其利三也。自古帝王之盛,皆曰书同文,车同轨,日月所照,莫不率俾。今舟车既通,商贾往来,百货杂集,航海梯山,圣神辉光,渐近贞观、永徽之盛,其利四也。所可疑者,函、陕凋残,东周尤甚,过宜阳、熊耳,至武牢、成皋,五百里中,编户千余而已。居无尺椽,人无烟爨,萧条凄惨,兽游鬼哭。牛必赢角,舆必说鞔,栈车挽漕,亦不易求。今于无人之境,兴此劳人之运,固难就矣,其病一也。河、汴有初不修则毁淀,故每年正月,发近县丁男,塞长茭,决沮淤。清明桃花已后,远水自然安流。阳侯、宓妃,不复太息。顷因寇难,总不淘拓,泽灭水,岸石崩,役夫需于沙,津吏旋于泞,千里洄上,罔水舟行,其病二也。东垣底柱,渑池二陵,北河运处,五六百里,戍卒久绝。县吏空拳夺攘,奸宄窟穴囊橐,夹河为薮,豺狼猗猗,舟行所经,寇亦能往,其病三也。东自淮阴,西临蒲坂,亘三千里,屯戍相望,中军皆鼎司元侯,贱卒仪同青紫。每云食半菽,又云无挟纩,挽漕所至,船到便留,即非单车使折简书所能制矣,其病四也。惟小子毕其虑奔走之,惟中书详其利病裁成之。晏累年已来,事缺名毁,圣慈含育,特赐生全。月余家居,遽即临遣,恩荣感切,思殒百身。见一水不通,愿荷锸而先往;见一粒不运,愿负米而先趋。焦心苦形,期报明主,丹诚未克,漕引多虞。屏营中流,掩泣献状。"[1]元载是唐代宗时的宰相,安史之乱后,唐王朝漕运高度依赖江淮,面对战乱后一片凋敝的景象,刘晏敏锐地发现了隐于其中的弊端,出于责任写信给元载,希望元载能"详其利病裁成之"。客观地讲,刘晏所说的漕运弊端虽以现实为依据,但所存在的问题实际上是历朝历代长期存在的共性问题。进而言之,刘晏所说既涉及民生、社会治安、漕运管理等,也涉及运道、运河航道维修等诸多问题。如何解决这些问题,一直困扰着历代统治者。

其实,开挖河渠及运河发展漕运本身就是利害参半的大问题:一方面维护政权和发展社会经济需要漕运的支持,另一方面漕运长期存在刘晏列举的四种弊端。事实上,历朝历代的统治者对开河及漕运之弊虽多有认识,但由于开河及漕运之弊是以利为前提的,在权衡利弊取其轻的背景下,明知开河及漕运多有负面效应,但还是不得不继续开挖河渠、进行漕运。进而言之,刘晏虽然可以敏锐地认识到"运之利病,各有四五",并忧心忡忡地提出问题,但开河及漕运之弊实际上是永远无法解决的难题,甚至可以说,当专制国家的政治中心建在黄河流域时,当以黄河为漕运通道并以黄河为主要补给水源开漕运通道时,带来的弊病远远地超出刘晏的预想。

这一时期,河渠与河流之间的矛盾主要集中在河渠(运河)与黄河及其水系之间的矛盾

---

[1] 唐·刘晏《遗元载书》,清·董诰《全唐文》,北京:中华书局1983年版,第3762—3763页。

方面。具体地讲,从黄土高原一路走来的黄河携带的泥沙远远地超过其他的水系,要想有相对稳定的河道,需要有充足的水能才能带走不断淤积在河床之中的泥沙。然而,以黄河及黄河水系为补给水源的河渠及运河开挖后,黄河的流速明显地放缓,乃至于泥沙大量地淤积在河床。长此以往,下游地区因泥沙淤积不断地抬高或淤平河床,势必成为黄河决口及漫溢的主要原因。从这样的角度看,以黄河水系为水源的运河即淮河以北的河渠航道发生淤塞与黄河的关系最大。

唐宋以前,政治中心长期建在黄河中下游地区,一方面黄河主航道需要充足的水源冲刷堆积在河床中的泥沙,另一方面这一地区严重缺水,为了满足农田灌溉和发展漕运等方面的需求,需要不断地从黄河及其支流取水。在一种欲罢不能的势态下,只顾眼前、不顾长久已成为历史的必然。在这中间,明知不能而刻意为之,势必在开挖河渠(运河)发展农业和漕运的过程中带来"病河"的后果,进而形成恶性循环。

从大的方面讲,"病河"主要有三个原因:一是专制国家的政治中心建在黄河流域,黄河中下游地区一直是重要的农业生产区,在河渠及运河的补给水源以黄河为主的前提下,过度地掠夺黄河水资源势必加快破坏黄河水系的速度;二是大量的人口在黄河中下游地区繁衍生息和从事人文活动,在向自然攫取及砍伐山林的过程中,加快了破坏黄河中下游地区自然生态的步伐;三是从汉代起,黄河中下游地区进入寒冷期,气候由暖转冷后,降雨量明显地减少,改变了黄河水文,如遇到雨季则黄河泛滥,遇到旱季则黄河干枯。可以说,自然生态遭受严重的破坏与气候变化等交织在一起,加剧了黄河泛滥及溃溢的程度。从这样的角度看,北宋黄河南徙入淮及明嘉靖六年黄河全河侵泗入淮,主要是在"病河"的前提下发生的。

在黄河水系遭受严重破坏的过程中,河渠(运河)建设在加速破坏黄河水系的同时,波及淮河水系。如宋代有"走千走万,不如淮河两岸"的谚语,黄河侵占淮河入海水道后,使原本驯服温良能给两岸人民带来幸福的淮河变成害河。据不完全统计,从西汉高后三年(前185)到宋光宗绍熙五年(1194),一千三百七十九年间淮河共发生水灾一百一十二次(其中,黄河决溢引起淮河泛滥十四次),平均十二年多一次。从宋光宗绍熙五年到清咸丰五年(1855),历六百六十一年,淮河共发生水灾二百六十八次(其中,由黄河决溢引起的淮河泛滥共有一百四十九次),平均两年多一次;从清咸丰五年黄河北归到中华人民共和国成立(1949),九十四年间淮河引起的洪涝灾害有四十八次,平均近两年一次①。从这一统计数据可以看出,在宋光宗绍熙五年揭开黄河长期夺淮的序幕以前,淮河流域发生水灾的频率不高,不会对相关区域的民生带来太大的影响,甚至可以说,淮河泛滥带来的淤泥滋养了两岸的农田,会给来年带来大丰收。然而,在宋光宗绍熙五年以后,黄河长期霸占淮河下游的水

---

① 唐元海《淮河志·淮河综述志》,北京:科学出版社2001年版。

道,以致黄淮下泄不畅向周边漫溢,由此造成的水灾几乎是前一时期的六倍。这一时期带有盐碱性质的黄河泥沙淤积淮河两岸,给淮河流域及淮扬区域的农业经济造成了毁灭性的打击。

此外,明嘉靖六年以前,江淮地区河流与河渠(运河)建设间的矛盾较小,究其原因:一是淮河水资源丰富,河床中的泥沙较少;二是江淮之间的河渠建设如邗沟等主要是利用自然水道,或淮河下泄时形成的水道及湖泊进行漕运,因此河渠(运河)建设与淮河水系的矛盾远低于河渠与黄河水系之间的矛盾。进而言之,尽管在江淮地区开挖的河渠(运河)改变了相应区域的流域面积,与相应区域的水资源自然分配存在着矛盾,但因为与淮河争水的矛盾不大,故河渠建设与淮河及其水系争夺水资源的弊端没有立即显现出来。从这样的角度看,黄河不断地泛滥,实际上是在河渠(运河)与黄河争夺水资源的背景下发生的。随着争夺水资源的矛盾进一步尖锐化,黄河侵淮事件不断发生,淮河水系与河渠(运河)建设之间的矛盾开始显现出来。

尽管开挖河渠(运河)与保持相关区域的自然生态是一对矛盾体,甚至人们也在一定程度上认识到了开挖河渠(运河)对自然水系尤其是黄河水系的破坏作用。然而,古人更多的是关注河渠(运河)给专制王朝带来的以农立国的政治利益和经济利益,关注其强大交通能力特别是漕运能力、农田灌溉和改造能力等。在这样的前提下,积极地从事河渠(运河)建设遂成为历代统治者维稳的动力。出现这样的情况并不奇怪,因为以农业立国的专制王朝需要不断扩大农田灌溉面积以保持政治稳定和社会经济发展,而低成本耗费的漕运在维护国家政治、经济、军事等具有不可替代的作用。这样一来,一方面河渠及漕运通道受各种自然因素的左右不断淤塞,另一方面历代的统治者又不遗余力地疏浚和开挖新的河渠(运河)。

综上所述,河渠(运河)建设实际上是一柄双刃剑,利害参半,功过是非难以评说。从积极的方面看:一是兴修河渠(运河)有效降低了漕运成本,加强了各政区间的联系,在稳定社会秩序、维护国家政治统一方面有着不可替代的作用;二是兴修河渠(运河)改变了以陆路为主的交通形式,为不同区域间的商贸活动等提供了便利的条件,促进了沿岸城市的兴起和繁荣,进而为区域经济发展做出了不可磨灭的贡献;三是这些河渠具有综合能力,除了有水上交通的功能外,还扩大了灌溉面积,通过改良土壤、排洪防涝等方式,促进不同区域的农业发展。从消极的层面看,河渠开挖后严重破坏了不同水系的自然生态环境,给后世带来了难以估量的灾难。更重要的是,长年开挖河渠及维修漕运通道耗费了大量的人力、物力和财力,由此带来的副作用也是难以细数的。

第一编 先秦编

第三章 先秦运河建设考述

先秦是河渠建设的重要阶段。在周道陵迟、诸侯争霸的背景下,为缩短运兵运粮的补给线,吴国、楚国、齐国、秦国等均做了不懈的努力。

第一节 吴运河建设考述

受自然地理因素的制约,吴国一向"以船为车,以楫为马"①。春秋时期,为了以有限的国力扫平东南,实现北上争霸的野心,吴国重视河渠(运河)建设的程度远远超过其他的诸侯国。经过长期的努力,吴国建立了一条连接钱塘江、长江、淮河与黄河流域的漕运通道。这一通道与天然河流湖泊串联在一起,横跨四大水系,形成了从长江以南到黄河流域的水上交通网络。

司马迁《史记·河渠书》叙述吴国兴修河渠通运的历史时,有"于吴,则通渠三江、五湖"②等语。司马贞注:"三江,按《地理志》:北江,从会稽毗陵县北东入海。中江,从丹阳芜湖县东北至会稽阳羡县东入海,南江从会稽吴县南东入海。故《禹贡》有北江、中江也。五湖者,郭璞《江赋》云具区、洮滆、彭蠡、青草、洞庭是也。又云太湖周五百里,故曰五湖。"③裴骃云:"韦昭曰:'五湖,湖名耳,实一湖。今太湖是也,在吴西南。'"④在充分关注前人观点的过程中,史能之进一步论述道:"韦昭注:'五湖,湖名耳,实一湖。今太湖是也,在吴西南。'《通典》注云:五湖在吴郡、吴兴、晋陵三郡。郦元则谓:长塘湖、射贵湖、上湖、滆湖与此为五。韦昭则谓:胥湖、蠡湖、洮湖、阳湖与此为五。张勃《吴录》则谓:五湖即太湖,周回五百余里。众说不同,惟虞翻云:太湖有五道,东通长洲松江,南通安吉雪溪,西通宜兴荆溪,北通晋陵滆

---

① 汉·赵晔《吴越春秋·勾践伐吴外传》(苗麓校点),南京:江苏古籍出版社1999年版,第167页。
② 汉·司马迁《史记·河渠书》,北京:中华书局1982年版,第1407页。
③ 同②。
④ 同②。

63

湖,东南通嘉兴韭溪。"①综合这些说法,当知吴国建立四通八达的水上交通主要利用了由三江五湖构成的自然水道,并在此基础上兴修新道。这些河渠是什么时间建成的?又分别由哪些运道构成?在吴国北上争霸的过程中发挥了什么样的作用?这些都是需要关注的问题。

据文献记载,吴运河建设主要是从吴王阖闾建设新都阖闾城(在今江苏苏州)开始的,此后,吴王夫差在境内外继续兴修运河,形成了阖闾城为中心,向河渠湖泊扩展的态势。通过在这些河渠运兵运粮,凸显了吴国先征伐越国、楚国和随后北上争霸的战略意图。

吴国兴修的运河主要由吴古故水道、胥溪(堰渎)、胥浦、百尺渎、子胥渎、邗沟、菏水等构成,有不同的开挖时间。

吴古故水道是吴国精心建造的水上交通线,这条漕运通道以阖闾城为起点,至渔浦(在今江苏江阴利港)可入长江。入江以后可溯江而上西入楚国,又可顺江而下沿海入淮,或渡江经邗沟可北入中原。此外,吴古故水道有经太湖入越国的水道。

从大的方面讲,吴古故水道是吴王阖闾建设新都阖闾城的一部分,其建成时间的下限当在周敬王六年即阖闾元年(前514)。吴太伯(泰伯)建吴后,将国都定在梅里(在今江苏无锡梅里)。阖闾元年,伍子胥奉阖闾之命,营建吴国新都阖闾大城和小城。史称:"阖闾城,周敬王六年伍子胥筑。大城周回四十五里三十步。小城八里六百六十步。陆门八,以象天之八风,水门八,以象地之八卦。《吴都赋》云'通门二八,水道陆衢'是也。西阊、胥二门,南盘、蛇二门,东娄、匠二门,北齐、平二门。不开东门者,为越绝之故也。"②新都建成后,吴国迁都阖闾大城。从这样的角度看,吴古故水道是伍子胥营造阖闾城时开挖的水上交通线,其建成时间应与阖闾城建成的时间大体相当。

在营建阖闾城的过程中,伍子胥重点建设了新都与外界联络的水陆交通主干线。袁康记载:"邑中径从阊门到娄门,九里七十二步,陆道广二十三步;平门到蛇门,十里七十五步,陆道广三十三步,水道广二十八步。"③阖闾城气势宏大,除了建有"广二十三步"及"广三十三步"的陆路交通主干线外,又建有"广二十八步"的水上交通主干线。其中,城内"水道六衢"作为吴古故水道的有机组成部分,在与陆路相接的过程中将新吴都的各个功能区有机地串联在一起,形成了接太湖、通长江及大海的航线。袁康记载:"吴古故水道,出平门,上郭池,入渎,出巢湖,上历地,过梅亭,入杨湖,出渔浦,入大江,奏广陵。"④平门是阖闾城的北门,出北门沿吴古故水道可进入长江航线。郑玄注《诗·大雅·绵》"予曰有奔奏"云:"奔

---

① 宋·史能之《咸淳毗陵志·山水》(朱玉林、张平生点校),扬州:广陵书社2005年版,第203页。
② 唐·陆广微《吴地记》(曹林娣校注),南京:江苏古籍出版社1999年版,第15页。
③ 李步嘉《越绝书校释》,北京:中华书局2013年版,第32页。
④ 同③。

奏,使人归趋之。……奏如字,本亦作'走'。"①"奏"与"奔"同义,其中,"奏"的本字为"走"。所谓"奏广陵",是指白阖闾城平门沿吴古故水道入江,或顺江而下东入大海,或渡江抵广陵(在今江苏扬州)经邗沟、淮河进入黄河流域。

阖闾城有东、西、南、北等不同方向的城门,这些城门将城内和城外的水陆交通串联在一起,在维护阖闾城这一江南交通枢纽地位的同时,还在吴国对外战争中发挥着不可替代的作用。如吴伐楚时必走阊门,伐齐时必走平门。陆广微记载:"阊门,亦号破楚门,吴伐楚,大军从此门出。陆机诗曰:'阊门势嵯峨,飞阁跨通波。'又孔子登山,望东吴阊门,叹曰:'吴门有白气如练。'今置曳练坊及望馆坊因此。胥门,本伍子胥宅,因名。石碑见在。出太湖等道水陆二路,今陆废。门南三里有储城,越王贮粮处。十五里有鱼城,越王养鱼处。门西南有越来溪。盘门,古作蟠门。尝刻木作蟠龙,镇此以厌越。又云水陆相半,沿洄屈曲,故名盘门。又云,吴大帝蟠龙,故名。门内有武烈大帝庙,在祀典。东南二里有后汉破虏将军孙坚坟,又有讨逆将军孙策坟。蛇门,南面,有陆无水。春申君造以御越军,在巳地,以属蛇,因号蛇门。前汉梅福,字子真,为南昌尉,避王莽乱政,称得仙,弃妻子,易姓名。有人见福隐市卒,即此门也。匠门,又名干将门。东南水陆二路,今陆路废。出海道,通大莱,沿松江,下沪渎。阖闾使干将于此铸剑,采五山之精,合五金之英,使童女三百人祭炉神,鼓橐,金银不销,铁汁不下。其妻莫邪曰:"铁汁不下,有计。"干将曰:"先师欧冶铸剑之颖不销,亲铄耳,以然成物,吾何难哉?可女人娉炉神,当得之。"莫耶闻语,投入炉中,铁汁出,遂成二剑:雄号干将,作龟文,雌号莫耶,鳗文。余铸得三千,并号作龟文剑。干将进雄剑于吴王,而藏雌剑,时时悲鸣,忆其雄也。门南三里有鲑门、赤门,有赤栏将军坟,在蛇门东,陆无水道,故名赤门。东南角又有鲂鱼门,吴曾鲂鱼见,因号,并非八门之数也。娄门,本号疁门。东南,秦时有古疁县。至汉王莽改为娄县。东南二里有汉吴郡太守朱梁坟,本名肇,避后汉和帝讳,改为梁,今吴郡朱氏皆梁之后。塘北有顾三老坟,见存。齐门北通毗陵,昔齐景公女聘吴太子终累,阖闾长子、夫差兄也。齐女丧夫,每思家国,因号齐门。后葬常熟海隅山东南岭,与仲雍、周章等坟相近。葬毕,化白龙冲天而去,今号为母冢坟。门东二里有庐江太守关臻坟。平门北面,有水陆通毗陵,子胥平齐,大军从此门出,故号平门。东北三里有殷贤臣申公巫咸坟,亦号巫门。西北二里有吴偏将军孙武坟。西北三里有酱醋城,汉刘濞筑。东北三里有颍川太守陆宏坟。"②

这一记载大体上道出了吴迁都阖闾城以后,着力发展水上交通的情形,同时也记录了吴国利用水路发展漕运与齐、楚争霸的历史。

不过,吴古故水道建设的时间可能有更早的历史,很可能发生在泰伯奔吴之初。如史家

---

① 清·阮元《十三经注疏·毛诗正义》,北京:中华书局1980年版,第512页。
② 唐·陆广微《吴地记》(曹林娣校注),南京:江苏古籍出版社1999年版,第17—31页。

叙述唐宪宗一朝孟简任常州刺史时,有"简始到郡,开古孟渎,长四十一里,灌溉沃壤四千余顷"①之说,又有武进"西四十里有孟渎,引江水南注通漕,溉田四千顷,元和八年,刺史孟简因故渠开"②之说,同时又有无锡"南五里有泰伯渎,东连蠡湖,亦元和八年孟简所开"③之说,综合这些情况,唐宪宗元和八年(813),常州刺史孟简在泰伯渎的基础上重开有灌溉和漕运等综合功能的孟渎(孟河)。

如以后世地理言之,泰伯渎在吴国的核心区域。如阖闾城由大城和小城构成,其中小城在无锡境内。顾祖禹记载:"县西四十五里。《吴地记》:伍员伐楚,军迁筑大小二城,此盖阖闾小城也。志云:小城在县西北,近太湖,故址犹存。"④"县西"指在无锡西。史能之记载:"吴泰伯庙,在县东南五里,临泰伯渎,《寰宇记》云:'泰伯西城,去县四十里。'又云渎仍泰伯所开。"⑤"县东南"指在无锡东南。又记载:"蠡湖,在县东南五十里,中与吴县分派。《寰宇记》云:范蠡伐吴开此。唐《地里志》云:'刺史孟简开太伯渎,东连蠡湖。'亦名孟河。"⑥"县东南"指在无锡东南。按照这一说法,吴开运渠似可以上溯到泰伯奔吴、建吴之时。

史能之的记载源于乐史。乐史记载:"蠡渎,西北去县五十里,范蠡伐吴开造。太伯渎。西带官河,东连范蠡渎,入苏州界。淀塞年深,粗分崖岸。元和八年,刺史孟简大开漕运,长八十七里,水旱无虞,百姓利之。"⑦按照这一说法,泰伯渎即孟渎的基础。

不过,前人关注孟渎时多有存疑。如顾祖禹写道:"县东南五里,西枕运河,东连蠡湖,入长洲县界,渎长八十一里,相传泰伯所开。唐元和八年,常州刺史孟简尝浚导之。亦称孟渎,溉田千余顷。"⑧从"相传泰伯所开"语中当知,顾祖禹态度较为审慎。顾祖禹交代孟渎经奔牛镇的情况时记载:"府西三十里奔牛镇东。南枕运河,北流六十里入扬子江。《唐会要》:元和八年,常州刺史孟简因故渠开此渎,袤四十一里,引江水南注通漕,溉田四千顷,因名。"⑨根据这一情况,似不能确认"孟简因故渠开此渎"中的"渎"说的就是泰伯渎。尽管如此,从孟渎经武进、无锡等地的情况看,这条航线应是吴古故水道的一部分。或者说,这条漕运通道最迟在范蠡率越国将士伐吴以前已经开通。顾祖禹叙述蠡湖运道开挖的情况时记

---

① 后晋·刘昫等《旧唐书·孟简传》,北京:中华书局1975年版,第4257页。
② 宋·欧阳修等《新唐书·地理志五》,北京:中华书局1975年版,第1058页。
③ 同②。
④ 清·顾祖禹《读史方舆纪要·南直七》(贺次君、施和金点校)第3册,北京:中华书局2005年版,第1231页。
⑤ 宋·史能之《咸淳毗陵志·祠庙》(朱玉林、张平生点校),扬州:广陵书社2005年版,第185页。
⑥ 宋·史能之《咸淳毗陵志·山水》(朱玉林、张平生点校),扬州:广陵书社2005年版,第204页。
⑦ 宋·乐史《太平寰宇记·江南东道四》(王文楚等点校)第4册,北京:中华书局2007年版,第1845页。
⑧ 同④,第1235页。
⑨ 同④,第1227—1228页。

载:"县东南五十里,与长洲县分界。相传范蠡所开。一名蠡渎,一名漕湖。东西长十三里,南北六里。《唐志》:'刺史孟简开泰伯渎,东连蠡湖,亦谓之孟湖。'"①所谓"县东南"指在无锡东南。范蠡开蠡湖运道,建立了与吴古故水道相通的关系。这条运道充分利用了吴国通往越国的水道,越军沿太湖北上经无锡,从东面将军事斗争的锋芒指向吴都。退一步讲,即便不能证明蠡湖运道为范蠡所开,但可知在此之前,从无锡到阖闾城已有吴古故水道的存在。

继兴修吴古故水道以后,伍子胥又在吴国的境内外依自然水道开挖了胥溪、胥浦、百尺渎等运河。

胥溪又称"胥溪河""胥河""伍堰"等。顾祖禹引旧志云:"春秋时吴王阖闾伐楚,用伍员计,开河以运粮,东通太湖,西入长江,因名胥溪河。"②由于文献散佚等原因,今天所见的伍子胥(伍员)开胥溪的记载,似始于北宋。单锷记载:"昔钱舍人公辅为守金陵,常究伍堰之利。虽知伍堰之利,而不知伍堰以东三州之利害。锷知三州之水利,而未究伍堰以西之利害。一日,钱公辅以世之所为伍堰之利害,与锷参究,方知始末利害之议完也。公辅以为伍堰者,自春秋时,吴王阖闾用伍子胥之谋伐楚,始创此河,以为漕运,春冬载二百石舟而东,则通太湖,西则入长江,自后相传,未始有废。至李氏时,亦尝通运。而置牛于堰上,挽拽船筏于固城湖之侧。又尝设监官,置廨宇,以收往来之税。自是河道淀塞,堰埭低狭,虚务添置者,十有一堰。往来舟筏,莫能通行,而水势遂不复西。"③钱公辅认为,胥溪是伍子胥伐楚的产物,虽沿袭了历史传说,但当有所本。事实上,后人对此多有辨析,大都得出胥溪为伍子胥开挖的观点。如胡渭考证道:"春秋时,吴王阖庐(阖闾)伐楚,用伍员计,开渠以运粮。今尚名胥溪及傍有伍牙山云(土音员,讹为牙)。……盖通江于淮,即夫差所开之邗沟,通湖于江,即阖庐所开之胥溪也。"④所谓"通湖于江",是指胥溪可西入长江,东入太湖。胥溪开通后,吴国水师沿这一水道潜行,突然出现在楚军面前,打乱了楚军的部署,乘势攻破楚国郢都。由于年代久远,胥溪已渐渐地淡出人们的视野,为了强调其可靠性,胡渭从辨音入手,通过考证胥溪旁边的伍牙山实为"伍员山"之误,肯定了伍子胥开胥溪的说法。

事实上,伍子胥开胥溪不但有迹可循,而且终为后世所用。史称:"孙儒围行密宣州,凡

---

① 清·顾祖禹《读史方舆纪要·南直七》(贺次君、施和金点校)第3册,北京:中华书局2005年版,第1234页。
② 清·顾祖禹《读史方舆纪要·南直二》,北京:中华书局2005年版,第983页。
③ 宋·单锷《吴中水利书·疏鉴》,《四库全书》第578册,上海:上海古籍出版社1987年版,第399页。
④ 清·胡渭《禹贡锥指》(邹逸麟整理),上海:上海古籍出版社2006年版,第161页。

五月不解。台濛作鲁阳五堰,扡轻舸馈粮,故行密军不困,卒破儒。"①唐昭宗景福三年(894),杨行密据宣州,在与孙儒对抗的过程中,令台濛作鲁阳五堰。五堰建成后保证了宣州的粮草供应,解除了受困之危。那么,五堰都建在什么地方?周应合记载:"于家堰在溧水县南九十里,长十里。银林堰在溧水县东南一百里,长一十一里,即鲁阳五堰也。分水堰在溧水县东南一百里,长十五里。若李堰在溧水县东南一百五里,长八里。何家堰在溧水县东南一百一十里,长九里。余家堰在溧水县东南一百一十五里,长一十里,春冬载二百石舟。"②周应合认为,鲁阳五堰分别是银林堰、分水堰、若李堰、何家堰和余家堰,于家堰不在鲁阳五堰之列。

关于这点,顾祖禹有更为明确的说法:"余家堰,县东南七十五里。《金陵志》:溧水州东南百里有银林堰,亦曰银㴲堰。林本作'淋',宋避讳改曰'林'。稍东南曰分水堰,又东南五里曰苦李堰,又五里曰何家堰,又五里曰余家堰,所谓五堰也。杨吴时曰鲁阳五堰,今谓之东坝,界高淳、溧阳二县之境。"③"苦李堰"当为若李堰,在这里,顾祖禹明确将于家堰排除在鲁阳五堰之外。很有意思的是,顾祖禹又在"余家堰"条下记载:"于家堰,在县东南四十里。旧志亦以为五堰之一。今废。"④于家堰应是旧堰,台濛作鲁阳五堰时改造了旧运道,于家堰虽继续存在,但失去了实际功能,故叙述鲁阳五堰时将其除外。不过,于家堰虽废,但新堰沿用了旧名,因"于""余"音同,故出现了"余家堰"这一异写。

从地理方位上看,鲁阳五堰虽建在溧水(在今江苏南京溧水)境内,但基本上位于溧水与溧阳(在今江苏常州溧阳)交界的地方,故顾祖禹有"界高淳、溧阳二县之境"之说。顾起元亦记载:"伍余福《三吴水利论》论五堰云:古者宣、歙、金陵、九阳江之水皆入芜湖,以五堰为之障也,其地在今溧阳县界。"⑤这一说法进一步强调了鲁阳五堰兴修的地点,鲁阳五堰建成后,开辟了从宣、歙、金陵等地至芜湖的漕运通道。

由此提出的问题是,鲁阳五堰与胥溪有什么样的关系?周应合考证道:"昔吴王阖闾伐楚因开此渎运粮,东通太湖,西入长江。《南唐书》杨行密据宣州,孙儒围之,五月不解,行密将台濛作鲁阳五堰,拖轻舸馈粮,故军得不困,卒破孙儒。鲁阳者,即于家等五堰是也,故道尚存。"⑥事实上,后代史家对此多有认识。史称:"五堰,西八十里。堰即广通镇。春秋时吴

---

① 宋·欧阳修等《新唐书·杨行密传》,北京:中华书局1975年版,第5454页。
② 宋·周应合《景定建康志·疆域志二》,《四库全书》第489册,上海:上海古籍出版社1987年版,第40页。
③ 清·顾祖禹《读史方舆纪要·南直二》(贺次君、施和金点校)第2册,北京:中华书局2005年版,第986页。
④ 同③。
⑤ 明·顾起元《客座赘语·五堰》(孔一校点),上海:上海古籍出版社2012年版,第122页。
⑥ 同②。

王阖闾伐楚,用伍员计,开河以运粮,今尚名胥溪河,及傍有五牙山云。左氏襄三年,楚伐吴,克鸠兹(今芜湖),至于衡山(今在乌程)。哀十五年,楚子西子期伐吴,至桐汭(今建平),盖由此道。自是河流相通,东南连两浙,西入大江,后不知何时渐湮。景福三年,杨行密据宣州,孙儒围之,五月不解,密将台濛作鲁阳五堰,拖轻舸馈粮,故军得不困,卒破儒。鲁阳者,银淋、分水等五堰坝左右是也。坝西北有吴漕水,言吴王行密所漕也,至宋时不废,故高淳水易泄,民多垦湖为田者,而苏常湖三州,承此下流,水患特甚。"①根据这一记载,台濛兴修鲁阳五堰主要是以胥溪为基础的。

除了兴修胥溪外,伍子胥在伐楚的过程中又开挖了与之相接的胥浦。问题是,胥溪和胥浦都是在什么时间开挖的?郑肇经先生考证道:"《史记》敬王十四年(前五〇六),吴王阖庐伐楚,开堰渎运粮,东通太湖,西入长江。敬王二十五年(前四九五),吴行人伍员凿河自长泖接界泾而东,尽纳惠高、彭港、处士、沥渎诸水,后人名其河曰胥浦。"②从郑肇经先生论述的内容看,这里所说的"堰渎"应指胥溪。胥溪兴修的时间为周敬王十四年即阖闾九年(前506),胥浦兴修的时间为周敬王二十五年即夫差元年(前495)。胥溪与吴古故水道连通,从吴都阖闾城出发,东通太湖,西经高淳(在今江苏高淳),至芜湖一带入江,又可自长泖(在今上海金山)东行经界泾、惠高、彭巷、处士等地。其中,胥溪自长泖东行的航线是后世松江运河的雏形。

百尺渎在吴国征伐越国时发挥了重要的作用,很可能在吴王阖闾征伐越国之前就已建成并投入使用。袁康记载:"百尺渎,奏江,吴以达粮。"③"奏江,吴以达粮",指吴军远征越国时自百尺渎入钱塘江,随后自钱塘江东岸入曹娥江或清阳江,并沿这一航线运兵运粮。袁康所述之事当发生在阖闾称王时期,进而言之,百尺渎建成的时间应在阖闾在位的时间。

吴、越两国交恶,始于越王勾践之父允常在位(前510—前497)之时。史称:"允常之时,与吴王阖庐战而相怨伐。"④《左传·昭公三十二年》云:"夏,吴伐越,始用师于越也。"⑤鲁昭公三十二年(前510)是吴国征伐越国的起点,很可能在这一时间节点上,吴国兴建了百尺渎这一远通越国的河渠。《国语·越语上》云:"句践(勾践)之地,南至于句无,北至于御儿,东至于鄞,西至于姑蔑,广运百里。"⑥夫差二年(前494),吴国打败越国,越国的疆域南至句无(在今浙江诸暨),北至御儿(在今浙江嘉兴),东至于鄞(在今浙江宁波),西至姑蔑(在今浙江衢县),根本没有能力在境内开挖运河。从这样的角度看,越国境内"广运百里"的运河应

---

① 清·陈开虞纂修,邓旭、白梦鼐《康熙江宁府志·山川下》,南京:南京出版社2011年版,第573—574页。
② 郑肇经《中国水利史》,上海:上海书店1984年据商务印书馆1939年版复印,第190页。
③ 李步嘉《越绝书校释》,北京:中华书局2013年版,第33页。
④ 汉·司马迁《史记·越王句践世家》,北京:中华书局1982年版,第1739页。
⑤ 清·阮元《十三经注疏·春秋左传正义》,北京:中华书局1980年版,第2127页。
⑥ 徐元诰《国语集解》(王树民、沈长云点校),北京:中华书局2002年版,第570页。

在吴国夫差二年以前开挖并建成,百尺渎也应该在此之前完成。从国力上看,越国的国力远逊于吴国,因此,开挖百尺渎很可能是吴国伐越时的产物。

子胥渎是伍子胥伐楚时在楚国郢都(纪南城,在今湖北荆州)开挖的运河,投入使用的时间应与胥溪、胥浦、百尺渎等大体相当。郦道元论述道:"江陵西北有纪南城,楚文王自丹阳徙此,平王城之。班固言:楚之郢都也。城西南有赤坂冈,冈下有渎水,东北流入城,名曰子胥渎,盖吴师入郢所开也,谓之西赤湖。"①在这里,郦道元明确地说吴师攻入楚国郢都之前开挖了子胥渎。事实上,吴师曾数次攻入楚国郢都。《国语·楚语下》云:"吴人入楚,昭王出奔,济于成曰。……吴人入楚,昭王奔郧,郧公之弟怀将弑王,郧公辛止之。"②尽管这一记载没有明确地交代吴师入郢的时间,但由于没有其他更确切的记载,因此可以视之为吴师第一次入郢。时至汉代,司马迁著《史记》时,将吴师入郢的时间定在阖闾九年,他在叙述吴王阖闾与伍子胥、孙武谋划伐楚一事时写道:"比至郢,五战,楚五败。楚昭王亡出郢,奔郧。郧公弟欲弑昭王,昭王与郧公奔随。而吴兵遂入郢。子胥、伯嚭鞭平王之尸以报父仇。"③以此与"阖庐知孙子能用兵,卒以为将。西破强楚,入郢,北威齐晋,显名诸侯"④相对照当知,吴师是在伍子胥、孙武的率领下西征楚国的,而吴师攻入楚都郢都就在阖闾九年。司马迁的观点得到郦道元的认同:"鲁定公四年,吴师入郢,昭王奔随,济于成曰。"⑤鲁定公四年(前506)即阖闾九年,以此为节点,可推知子胥渎开挖的时间亦在吴师伐楚入郢都之前。

遗憾的是,司马迁叙述吴师入郢时没有提到子胥渎开挖的情况,有关子胥渎的记载仅见于郦道元的《水经注》。不过,郦道元叙述兴修子胥渎的情况时有"班固言"语,表明开挖子胥渎的提法始自班固。遗憾的是,《汉书》却不见关于开挖子胥渎的记载。很有意思的是,班固将"吴败楚入郢"⑥的第一次时间明确定在周敬王九年阖闾四年(前511)。按照这样的说法,伍子胥兴建子胥渎的时间应在这一年。然而,这一说法明显有误。吴王阖闾即位后,吴楚两国之间的战争是从吴军攻占舒城(在今安徽舒城)揭开序幕的。史称:"三年,吴王阖庐与子胥、伯嚭将兵伐楚,拔舒,杀吴亡将二公子。光谋欲入郢,将军孙武曰:'民劳,未可,待之。'四年,伐楚,取六与潜。五年,伐越,败之。六年,楚使子常囊瓦伐吴。迎而击之,大败楚军于豫章,取楚之居巢而还。"⑦从阖闾三年到四年,吴楚两国之间的战争主要是在舒、六(在

---

① 北魏·郦道元《水经注·沔水中》,杨守敬、熊会贞疏,段熙仲点校,陈桥驿复校《水经注疏》下册,南京:江苏古籍出版社1989年版,第2404—2405页。
② 徐元诰《国语集解》(王树民、沈长云点校),北京:中华书局2002年版,第523—524页。
③ 汉·司马迁《史记·吴太伯世家》,北京:中华书局1982年版,第1466页。
④ 汉·司马迁《史记·孙子吴起列传》,北京:中华书局1982年版,第2162页。
⑤ 同①,第2402页。
⑥ 汉·班固《汉书·五行志下》,北京:中华书局1962年版,第1498页。
⑦ 同③。

今安徽六安）、潜（在今安徽潜山）一带进行，吴国的军队并未进军到楚国的政治中心郢都一带。

司马迁的观点得到后世史家的普遍认同。乐史论述道："太史公曰：'楚都城，至平王而更城郢也。'杜预以为史所言郢者，即州北纪南城是。盛弘之《荆州记》云：'昭王十年，吴通漳水，灌纪南，入赤湖，进灌郢城，遂破楚。'则是前攻纪南而后破郢也。"①楚文王以前，楚国郢都为丹阳（一说河南淅川，一说湖北枝江）。楚文王营造新都纪南城后，楚平王又在距纪南城不远的地方，营造了具有军事要塞性质的郢城。为此，吴师攻破纪南城以后，又将军事斗争的锋芒指向郢城。乐史以司马迁的记载为依据，又引盛弘之《荆州记》证明了吴师入郢分两个步骤进行，首先通漳水灌郢都纪南城，随后引赤湖水淹灌郢城。郑樵论述道："昭王十年冬，伍子胥复父兄之仇，相吴王阖闾以伐楚，入郢，焚平王之墓。十二年，吴复伐楚，楚去郢，北徙都鄀，今襄阳宜城西南有鄀亭山，是其地。"②按照这一说法，吴师第一次入郢是在楚昭王十年即阖闾九年的冬天，此后，楚昭王十二年（前504）吴军再次攻破郢都。根据这些记载，当知伍子胥为方便运兵运粮开子胥渎应在"入赤湖进灌郢城"以前。进而言之，伍子胥开子胥渎的时间应在破纪南城之前和水淹郢城之后，攻破郢城才有伍子胥"鞭平王之尸以报父仇"之举。根据这些时间节点，可证兴修子胥渎当在阖闾九年吴师征伐楚国之时，同时以吴师入郢之前为下限。

邗沟是吴王夫差在江淮之间开挖的运河。《左传·哀公九年》云："夏，楚人伐陈，……秋，吴城邗，沟通江淮。"③鲁哀公九年（前486）秋天，邗沟建成。邗沟开通后，为吴国运兵运粮、转运军事战略物资及北上征伐齐国提供了强有力的后勤支援。《太平御览》引《吴越春秋》佚文："吴将伐齐，自广陵掘沟通江淮。"④郦道元亦记载："昔吴将伐齐，北霸中国，自广陵城东南筑邗城，城下掘深沟，谓之韩江，亦曰邗溟沟，自江东北通射阳湖。《地理志》所谓渠水也，西北至末口入淮。"⑤邗沟为吴与齐大战于艾陵（在今山东莱芜东北）提供了强有力的后勤保障，确立了吴军在艾陵之战中的优势。

在开挖邗沟的过程中，吴王夫差取之现成，利用了沿线的河流和湖泊。由于这些河流和湖泊均位于淮河流域的下游，而邗沟在江北，且邗沟的高程（航道底部的海拔高度）高于长江水面，因此邗沟的补给水源主要来自淮河及淮河下游形成的河流和湖泊。《孟子·滕文公

---

① 宋·乐史《太平寰宇记·山南东道五》（王文楚等点校）第 6 册，北京：中华书局 2007 年版，第 2836 页。
② 宋·郑樵《通志·氏族略》，杭州：浙江古籍出版社 1988 年版，第 450 页。
③ 清·阮元《十三经注疏·春秋左传正义》，北京：中华书局 1980 年版，第 2165 页。
④ 宋·李昉等《太平御览·州郡部十五》，北京：中华书局 1960 年版，第 821 页。
⑤ 北魏·郦道元《水经注·淮水》，杨守敬、熊会贞疏，段熙仲点校《水经注疏》下册，南京：江苏古籍出版社 1989 年版，第 2555 页。

上》云:"禹疏九河,瀹济、漯而注诸海;决汝、汉,排淮、泗而注之江,然后中国可得而食也。"从"排淮、泗而注之江"的水文情况看,吴王夫差开邗沟时,主要是利用了从淮阴到邗城沿线的河流湖泊。

不过,后世多有不同的看法,其中朱熹的观点值得注意。朱熹以《尚书·禹贡》水文为依据,对《孟子·滕文公上》的说法提出了质疑。他指出:"据《禹贡》及今水路,惟汉水入江耳。汝、泗则入淮,而淮自入海。此谓四水皆入于江,记者之误也。"①朱熹为什么要说《孟子》所说的淮、泗等入江是"记者之误"呢?为了释疑,朱熹又撰文阐释了立论的理由。他指出:"《孟子》'决汝、汉,排淮、泗,而注之江',此但作文取其字数,以足对偶而云耳。若以水路之实论之,便有不通,而亦初无所害于理也。说者见其不通,便欲强为之说,然亦徒为穿凿,而卒不能使之通也。如沈存中引李习之《来南录》云:'自淮沿流至于高邮,乃溯于江。'因谓淮、泗入江,乃禹之旧迹,故道宛然,但今江、淮已深,不能至高邮耳。此说甚似,其实非也。按《禹贡》,淮水出桐柏,会泗、溯,以入于海。故以小江而列于四渎,正以其能专达于海耳。若如此说,则《禹贡》当云南入于江,不应言东入于海,而淮亦不得为渎矣。且习之'沿、溯'二字似亦未当,盖古今往来淮南,只行邗沟、运河,皆筑埭置闸,储闭潮汐,以通漕运,非流水也。若使当时自有禹迹故道可通舟楫,则不须更开运河矣。故自淮至高邮不得为沿,自高邮以入江不得为溯,而习之又有'自淮顺潮入新浦'之言,则是入运河时,偶随淮潮而入,有似于沿,意其过高邮后,又迎江潮而出,故复有似于溯,而察之不审,致此谬误。今人以是而说《孟子》,是以误而益误也。(今按:《来南录》中无此语,未详其故。)近世又有立说,以为淮、泗本不入江,当洪水横流之时排退淮、泗,然后能决汝、汉以入江。此说尤巧而尤不通。盖汝水入淮,泗水亦入淮,三水合而为一,若排退淮、泗,则汝水亦见排退,而愈不得入江矣。汉水自嶓冢过襄阳,南流至汉阳军,乃入于江;淮自桐柏东流,会汝水、泗水以入于海。淮汉之间自有大山,自唐、邓、光、黄以下至于潜、霍,地势隔蓦,虽使淮、泗横流,亦与江、汉不相干涉,不待排退二水而后汉得入江也。大抵孟子之言只是行文之失,无害于义理,不必曲为之说,闲费心力也。"②在质疑孟子"决汝、汉,排淮、泗而注之江"的说法时,朱熹提出了四个重要的论据:一是以北宋沈括引唐代李翱《来南录》为基本依据,力辨淮、泗"注之江"的说法明显有误;二是在批驳《来南录》"沿""溯"二字的基础上,指出古往今来邗沟"皆筑埭置闸,储闭潮汐,以通漕运,非流水",以求进一步证明淮、泗不可能"注之江";三是以《禹贡》淮、泗入海为依据,辨析淮、泗不可能入江;四是力辨"淮、泗横流,亦与江汉不相干涉",在此基础上,得出

---

① 宋·朱熹《四书章句集注·孟子集注》,朱杰人、严佐炎、刘永翔主编《朱子全书》第6册,上海、合肥:上海古籍出版社、安徽教育出版社2010年版,第315页。

② 宋·朱熹《偶读漫记》,朱杰人、严佐炎、刘永翔主编《朱子全书》第24册,上海、合肥:上海古籍出版社、安徽教育出版社2010年版,第3418—3419页。

了《孟子》"排淮、泗而注之江"为"行文之失,无害于义理,不必曲为之说,闲费心力"的结论。

自朱熹辨析《孟子·滕文公上》"排淮、泗而注之江"之误后,阎若璩明确地表达了肯定及支持的意见。如阎若璩论述道:"又按《孟子集注》谓,汝、汉、淮、泗皆入于江。记者之误也,不合《禹贡》,真铁板矣。"①在此基础上,阎若璩又论述道:"哀九年吴城邗,沟通江、淮,为吴王夫差十年。就其境内之地引江水以通湖,由湖西北至末口入淮。"②在这里,阎若璩"引江水以通湖"的结论,是在充分肯定朱熹的基础上得出的。问题是,朱熹、阎若璩反对《孟子·滕文公上》"排淮、泗而注之江"的意见真的可靠吗?由于古今水文多有变化,受自然因素及人为因素等影响,不同的时代有不同的水文,需要结合不同时代的情况做具体的分析。

其一,《孟子》"决汝、汉,排淮、泗而注之江"是可信的,朱熹、阎若璩认为不可信的观点是站不住脚的。《尚书·禹贡》有"沿于江、海,达于淮、泗"等语,孔传:"顺流而下曰沿。"③《禹贡》又有"浮于济、漯,达于河"语,孔传:"顺流曰浮。济、漯两水名。因水入水曰达。"④王樵进一步论述道:"沿于江海,达于淮泗。孔氏曰:顺流而下曰沿,沿江入海,自海入淮,自淮入泗。《正义》曰《文十年·左传》云:沿汉溯江,溯是逆,沿是顺,故顺流而下曰沿,沿江入海,顺也。自海入淮,自淮入泗,逆也。"⑤上古时期,长江与淮河之间有互通的水道,淮、泗"注之江"当不成问题。《尔雅·释水》载:"江、河、淮、济为四渎。四渎者,发源注海者也。"⑥济水和淮河虽然注海,但济水又注河,淮河又注江,前人所辨甚明。吴王夫差有"余沿江溯淮,阙沟深水,出于商、鲁之间"⑦语,从侧面透露了淮河入江的信息。据此当知,朱熹、阎若璩得出《孟子》"排淮、泗而注之江"为"记者之误",有枉顾事实之嫌。

其二,淮阴(在今江苏淮阴)与广陵属于同一自然经济地理区域,同属淮河流域。史家叙述隋唐两代扬州大都督府及行政区划沿革时记载:"隋江都郡。武德三年,杜伏威归国,于润州江宁县置扬州,以隋江都郡为兖州,置东南道行台。七年,改兖州为邗州。九年,省江宁县之扬州,改邗州为扬州,置大都督,督扬、和、滁、楚、舒、庐、寿七州。贞观十年,改大都督为都督,督扬、滁、常、润、和、宣、歙七州。龙朔二年,升为大都督府。天宝元年,改为广陵郡,依旧大都督府。乾元元年,复为扬州。自后置淮南节度使,亲王为都督,领使;长史为节度副大使,知节度事。恒以此为治所。"⑧自唐代在扬州建淮南节度使治所以后,宋代又以扬州为治

---

① 清·阎若璩《尚书古文疏证》(黄怀信、吕翊欣校点),上海:上海古籍出版社2010年版,第447页。
② 同①,第449页。
③ 清·阮元《十三经注疏·尚书正义》,北京:中华书局1980年版,第149页。
④ 同③,第147页。
⑤ 清·阮元《十三经注疏·尔雅注疏》,北京:中华书局1980年版,第2619页。
⑥ 明·王樵《尚书日记·禹贡》,《四库全书》第64册,上海:上海古籍出版社1987年版,第341页。
⑦ 徐元诰《国语集解》(王树民、沈长云点校),北京:中华书局2006年版,第554页。
⑧ 后晋·刘昫等《旧唐书·地理志三》,北京:中华书局1975年版,第1571—1572页。

所,建淮南路。此后,政区细化,分为淮南东路和淮南西路,其中,淮南东路简称为"淮东",淮南西路简称为"淮西"。史称:"淮南路。旧为一路,熙宁五年,分为东西两路。东路。州十:扬,亳,宿,楚,海,泰,泗,滁,真,通。军二:高邮,涟水。县三十八。南渡后,州九:扬、楚、海、泰、泗、滁、淮安、真、通,军四:高邮、招信、淮安、清河,为淮东路,宿、亳不与焉。"①扬州接受淮河的"辐射",属淮河流域,境内有淮、泗"注之江"的水道。淮阴到扬州的自然地理形势是北高南低,沿途虽有台地,但高程有限,不影响北高南低的大局。淮河下游地区水资源十分充沛,虽然个别地区出现南高北低的地形,但只要深挖航道、加高堤岸,在水能的作用下,不会影响航道的水流自北向南的大局。从这样的角度看,以淮阴为起点和以扬州为终点的邗沟,是在充分利用淮河水系即沿途的河流湖泊建成的。

其三,朱熹、阎若璩力辨"决汝、汉,排淮、泗而注之江"有误,认为"虽使淮、泗横流,亦与江汉不相干涉",以此否定淮河注江之说是没有道理的。钱大昕记载:"问:'淮水为四渎之一,以其独能入海也。淮与江不相入。《孟子》云:"决汝汉,排淮泗而注之江。"先儒以为记者之误,其信然乎?'曰:'汉儒赵邠卿注《孟子》,于此文未尝致疑,宋以后,儒乃疑之。予谓孟子长于《诗》《书》,岂不知读《禹贡》?且生于邹、峄,淮、泗之下流近在数百里之间,何至有误?盖天下之水莫大于海,而江即次之,故老子以江海为百谷王。南条之水皆先入江,后入海,世徒知毗陵为江入海之口,不知朐山以南余姚以北之海,皆江之委也。汉水入江二千余里,而尚有北江之名,淮口距江口仅五百里,其为江之下流何疑?《禹贡》云:"沿于江海,达于淮、泗。"此即淮、泗注江之证,注江者会江以注海,与导水之文初不相悖也。《说文》云:"江水至会稽山阴为浙江。"浙江者,渐江也。浙江与江水不同源,而得名江者,源异而委同也。《国语》:"吴之与越,三江环之。"韦昭以为吴松江、钱唐江、浦阳江也。钱唐江即浙江,吴松、浦阳亦注江而后注海,故皆有江之名。汉儒去古未远,其言江之下流,不专指毗陵一处,如知会稽山阴亦为江水所至,则无疑乎淮、泗注江之文矣。'"②钱大昕的这一论述虽然没有直接强调其针对性,但其中包含了对朱熹、阎若璩等人观点的质疑。江藩在论述钱大昕的学术成就时,曾引录钱大昕的上述言论并指出这一观点是不刊之论③。随后,在赞扬其学术成就时论述道:"先生不专治一经而无经不通,不专攻一艺而无艺不精。"④客观地讲,钱大昕的论述是正确的。不过在论述的过程中,钱大昕主要采用了以文献证文献的做法,因而没有关注自然环境的变化对水文的影响。尽管如此,钱大昕的辨析依旧是有认识价值的。

其四,朱熹所说的《来南录》,是指唐代李翱的文章。在这篇纪行性的文章中,李翱详细

---

① 元·脱脱等《宋史·地理志四》,北京:中华书局1985年版,第2178页。
② 清·钱大昕《潜研堂文集·答问六》,《续修四库全书》第1438册,上海:上海古籍出版社2002年版,第521—522页。
③ 清·江藩《国朝汉学师承记·钱大昕》(钟哲整理),北京:中华书局1983年版,第49页。
④ 同③,第50页。

叙述了自洛入河,从水上南行至杭州、广州以远的水上行程。李翱在文中写道:"自洛州下黄河、汴梁,过淮至淮阴一千八百有三十里,顺流。自淮阴至邵伯三百有五十里,逆流。自邵伯至江九十里,自润州至杭州八百里,渠有高下,水皆不流。"①由于这一记载是以亲身经历为依据的,准确、真实地反映了当时邗沟的水文情况,自然有着不可辩驳的权威性。不过,从唐中叶到宋代,江淮之间的水文发生了很大的变化。更重要的是,汉代以后、唐代以前的邗沟主要用堰埭控制航道的水位,这一时期的水流方向与自然水道的流向大体相同。宋代以后,伴随着船闸技术的普遍运用及航道改建,一些航段的水流方向已发生变化。在这样的前提下,朱熹以宋代的水文来质疑《来南录》所说的唐代邗沟水文及流向多有不妥之处。

其五,朱熹驳斥李翱的观点主要来自沈括。沈括在《梦溪笔谈·杂志一》中论述道:"唐李翱为《来南录》云:'自淮沿流至于高邮,乃溯至于江。'《孟子》所谓'决汝、汉,排淮、泗而注之江'。则淮、泗固尝入江矣。此乃禹之旧迹也。熙宁中,曾遣使按图求之,故道宛然,但江、淮已深,其流无复能至高邮耳。"②在这里,所谓"江、淮已深,其流无复能至高邮",是指宋神宗熙宁年间(1068—1077),江淮之间的水文发生巨大的变化后,引发了邗沟的水文变化。具体地讲,淮河水系自淮阴至高邮顺流而下的水道发生变化后,邗沟的水能、水位、航道等都发生了变化。这样一来,原先不存在的高程问题因水能减弱及航线改道等开始显现出来。此外,因部分航段的水流方向发生变化后,不能再像邗沟开挖之初那样继续由北向南。在此基础上,朱熹以沈括的记载为依据,对孟子"排淮、泗而注之江"之说产生了怀疑。其实,朱熹曲解了沈括的原意③,忽略了沈括"故道宛然"的真正含义。在朱熹观点的基础上,阎若璩进一步论述道:"沈存中引李翱《南来录》言唐时淮南漕渠犹是流水,而汝、淮、泗水皆从此以入江,但今江、淮渐深,故不通耳。此或犹可强说,然运河自是夫差所通之邗沟,初非禹迹。且果若此,则淮又不能专达于海,亦不得在四渎之数矣。沈说终亦不能通也。愚谓一言初无所害于理,再言无害于义理。朱子将理与气作两样看,亦非。"④在这里,阎若璩犯了与朱熹一样的错误,虽言之凿凿,但因没有注意到北宋以前淮河下游的水文变化,因而曲解了沈括的原意。

其六,从汉代至隋唐两代,广陵到淮阴一带的水文已多次发生变化。在这中间,忽略古今水文变化等因素,武断地对孟子"排淮、泗而注之江"的观点提出质疑,实有不妥之处。胡渭论述江淮水文变化时考证道:"《汉志》:江都,渠水首受江,北至射阳入湖。《水经注》:中

---

① 唐·李翱《来南录》,清·董诰《全唐文》,北京:中华书局1983年版,第6443页。
② 宋·沈括《梦溪笔谈·杂志一》,胡道静《梦溪笔谈校证》,上海:上海古籍出版社1987年版,第761页。
③ 李翱《来南录》中不见"自淮沿流至于高邮,乃溯于江"等语,但有"自淮顺潮入新浦"等语,今本李翱《来南录》可能不完整,朱熹所引应有所本。
④ 清·阎若璩《尚书古文疏证》(黄怀信、吕翊欣校点),上海:上海古籍出版社2010年版,第449页。

渎水首受江,自广陵至山阳入淮。是其水乃自南入北,非自北入南也,即以邗沟既开时言之,《孟子》云'淮注江',亦误。然班固言渠水入湖,而不言入淮,颇有分寸。撰《水经》者乃云:淮水过淮阴县北,中渎水出白马湖,东北注之。郦道元遂以为此水直至山阳口入淮,而其说牢不可破矣。窃疑高邮、宝应、地势最卑,若釜底然(潘季驯《两河议》曰:高家堰去宝应高丈八尺有奇,去高邮高二丈二尺有奇)。邗沟首受江水,东北流至射阳湖而止。杜预云:自射阳西北至末口入淮。此不过言由江达淮之粮道耳。路可通淮,而水不入淮也。《水经》殆不如《地志》之确。……或问:吴自哀九年沟通江、淮之后,十年伐齐,十一年又伐齐,十二年会鲁于橐皋,十三年会晋于黄池。《国语》云:夫差既退,使告劳于周,曰余沿江溯淮,阙沟深水,出于商、鲁之间。其所沿溯者,非即邗江至末口之道乎?曰:非也。射阳以南之水,引江以通湖,不可谓之江;射阳以北之路,由湖以达淮,不可谓之淮。其所称沿江溯淮,盖即《禹贡》扬州之贡道耳。何以知之。邗沟之开,《杜注》但云通粮道,其水未必能深广。观隋开皇中,山阳渎既开,而犹不胜战舰,则吴人所乘余皇戈船之类,不可由此渎明矣。故哀十年公会吴伐齐,《左传》云:徐承帅舟师,将自海入齐,齐人败之,吴师乃还。十三年黄池之役,于越入吴。《国语》云:越师沿海溯淮,以绝吴路。向使伐齐由邗沟,则徐承何独帅舟师泛海,其自会而归,越师欲绝其路,亦必溯江而不溯淮矣。故知吴王沿江溯淮,仍用《禹贡》扬州之贡道也。"①胡渭的这一论述依据主要来自朱熹、阎若璩等,从表面上看,"邗沟首受江水,东北流至射阳湖而止"的说法似有道理,但犯了与朱熹、阎若璩等人同样的错误。不过,胡渭声称"射阳以南之水,引江以通湖,不可谓之江;射阳以北之路,由湖以达淮,不可谓之淮。其所称沿江溯淮,盖即《禹贡》扬州之贡道耳"则是有认识价值的,起码胡渭已发现江淮之间的水文变化,注意到孟子时与后世的区别,注意到广陵潮对邗沟水运的影响。在长江南移以前,广陵一带的江面宽四十余里,胡渭记载:"江都,扬州府治,汉旧县。故城在今府城南四十六里,为江水所侵。"②这里所说的"为江水所侵",是指扬州为广陵潮淹没。广陵潮向西经广陵时冲击江北,以至于江水大量地潴积在广陵低洼的地带。因这一情况的存在,后世出现朱熹、阎若璩等否定淮河注江的说法是必然的。

其七,吴王夫差开邗沟时,在一定程度上利用了由江潮即广陵潮潴积江北的江水。汉代以前,即广陵在长江边上,如长期生活在广陵的枚乘有"观涛乎广陵之曲江"③之说。所谓"曲江",从表面上看是指长江在广陵境内形成的曲折迂回的水道和湖泊。其实,这些水道及湖泊是因广陵潮暴涨以后淹没长江以北广袤的低洼地区而形成的。唐代诗人李绅在《入扬州郭诗序》中写道:"潮水旧通扬州郭内,大历已后,潮信不通。李颀诗:'鸬鹚山头片雨晴,

---

① 清·胡渭《禹贡锥指》(邹逸麟整理),上海:上海古籍出版社2006年版,第194—195页。
② 同①,第581页。
③ 汉·枚乘《七发》,梁·萧统《文选》,上海:商务印书馆1936年版,第753页。

扬州郭里见潮生。'此可以验。"其诗曰:"菊芳沙渚残花少,柳过秋风坠叶疏。堤绕门津喧井市,路交村陌混樵渔。畏冲生客呼童仆,欲指潮痕问里闾。非为掩身羞白发,自缘多病喜肩舆。"①这里所说的"潮水",是指江潮。如果以唐中叶为长江水文变化的节点,在此之前,长江入海口在润州(在今江苏镇江)与广陵之间。具体地讲,历史上的润州有"海门"之称,如王昌龄有"霜天起长望,残月生海门"②诗句可证。唐初的广陵有"海县"之称,如王昌龄有"秋色明海县,寒烟生里闾"③诗句可证。在这中间,自长江入海口向西至广陵,形成了喇叭状的类似钱塘江在杭州一带形成的三角湾即杭州湾。在潮汐的影响下,江潮自广陵三角湾不停地向西推进,乘势而上可以抵达九江郡安庆(在今安徽安庆)一带④。胡仔引《蔡宽夫诗话》云:"润州大江本与今扬子桥为对岸,而瓜洲乃江中一洲耳,故潮水悉通扬州城中。"⑤江潮在广陵、润州一带暴涨,势必淹没两地的低洼之地并形成不同的积水河道和湖泊。

唐中叶以前,长江入海口向东推移的速度很慢,这一时期,广陵是重要的观潮地点。郦道元记载:"淮水右岸,即淮阴也。城西二里有公路浦,昔袁术向九江,将东奔袁谭,路出斯浦,因以为名焉。又东径淮阴县故城北。北临淮水,汉高帝六年,封韩信为侯国。王莽之嘉信也。昔韩信去下乡而钓于此处也。城东有两冢:西者,即漂母冢也,周回数百步,高十余丈。昔漂母食信于淮阴,信王下邳,盖投金增陵以报母矣。东一陵即信母冢也。县有中渎水,首受江于广陵郡之江都县。县城临江,应劭《地理风俗记》曰:县为一都之会,故曰江都也。县有江水祠,俗谓之伍相庙也。子胥但配食耳,岁三祭,与五岳同。旧江水道也。昔吴将伐齐,北霸中国,自广陵城东南筑邗城,城下掘深沟,谓之韩江,亦曰邗溟沟,自江东北通射阳湖。《地理志》所谓渠水也,西北至末口入淮。"⑥应劭是东汉人,其著《地理风俗记》称江都有江水祠,表明开邗沟时利用了江水故道。可以断定,这一江水故道的形成与广陵潮灌入江北有直接的关系。

此外,瓜洲原本为江中的沙洲,如李吉甫记载:"瓜洲镇,在县南四十里江滨。昔为瓜洲村,盖扬子江中之沙碛也,状如瓜字,遥接扬子渡口,自开元以来渐为南北襟喉之地。"⑦唐玄宗开元年间(713—741),瓜洲成为横渡长江时不可或缺的节点。这一时期,南来北往的船只渡江北上或南下,均需在此停泊,等候适合过江的水文条件。唐中叶以后,长江的水文环境

---

① 唐·李绅《入扬州郭》,《全唐诗》,北京:中华书局1960年版,第5487页。
② 唐·王昌龄《宿京江口期刘眘虚不至》,《全唐诗》,北京:中华书局1960年版,第1440页。
③ 唐·王昌龄《客广陵》,《全唐诗》,北京:中华书局1960年版,第1439页。
④ 徐汉兴、樊连法、顾明杰《对长江潮区界与潮流界的研究》,《水运研究》2012年第6期。
⑤ 宋·胡仔《苕溪渔隐丛话前集·唐人杂记》(廖德明校点),北京:人民文学出版社1962年版,第162页。
⑥ 北魏·郦道元《水经注·淮水》,杨守敬、熊会贞疏,段熙仲点校,陈桥驿复校《水经注疏》下册,南京:江苏古籍出版社1989年版,第2553—2555页。
⑦ 唐·李吉甫《元和郡县图志·淮南道》(贺次君点校),北京:中华书局1983年版,第1072页。

等发生了重大的变化。如长江上游的植被破坏严重,下行的泥沙日益增多,再加上北方人口大量地移入并开垦滩涂,在广陵一带形成的长江三角湾逐步消失,乃至于相关地区的水文及地形地貌发生了很大的变化,原本在江中的瓜洲已与长江北岸相连。如胡仔引《蔡宽夫诗话》记载:"李绅《与李频诗》云:'鸬鹚山头片云晴,扬州城里见潮生。'以为自大历后潮信始不通。今瓜洲既与扬子桥相连,自扬子距江尚三十里,瓜洲以闸为限,则不惟潮不至扬州,亦自不至扬子矣。山川形势,固有时迁易,大抵江中多积沙,初自水底将涌聚,傍江居人多能以水色验之,渐涨而出水,初谓之涂泥地,已而生小黄花,而谓之黄花杂草地,其相去迟速不常,近不过三五年者,自黄花变而生芦苇,则绵亘数十里,皆为良田,其为利不赀矣。"①中唐以后,瓜洲已成为江北繁华的小镇。

以此为逻辑起点,考察长江水文变化、江潮与广陵的关系,那么,在吴王夫差开邗沟的时代,自然存在着阎若璩所说的"就其境内之地引江水以通湖,由湖西北至末口入淮"的情况。然而,必须承认的是,广陵境内的大部分河道及湖泊主要是由长江潮信之水向低洼处积聚而成的。也就是说,在长江口东移之前,吴王夫差开邗沟时引江水入运是客观存在的。但到了唐代中叶长江口东移以后,在扬州境内因长江潮信而形成的河道已出现淤塞或汇聚成湖泊的情况,不再与长江相通。进而言之,在水文发生巨变及扬州接受淮河"辐射"的背景下,"引江水以通湖"已不可能。

吴国为实现与晋定公在黄池(在今河南封丘西南)会盟诸侯、称霸中原的大业,于吴王夫差十四年(前482)开挖了"通于商、鲁之间"的菏水。《国语·吴语》云:"吴王夫差既杀申胥,不稔于岁,乃起师北征。阙为深沟,通于商、鲁之间,北属之沂,西属之济,以会晋公午于黄池。"②"商",是宋国的别称。周灭商后,封殷商贵族微子的后代于宋,因此宋延续"商"这一旧称。"鲁",指周公旦建立的鲁国,在山东的南部,以泰山以界,泰山南为鲁,泰山北为齐。黄池,地名,在封丘(在今河南封丘)境内,欧阳忞记叙封丘县的历史沿革时指出:"古封父之国《左传》所谓周以封父之繁弱赐鲁是也。二汉属陈留郡。晋及元魏因之。北齐省。隋开皇十六年复置,属东郡。唐属汴州。亦汉平丘县地。有黑山、白沟河、封丘台、期城、黄池,吴王夫差会诸侯于此。"③吴王夫差北征的目的是为了问鼎中原,通过与晋定公黄池会盟,实现称霸的野心。

所谓"阙为深沟",是指兴建菏水航线,以便强化从水上运兵运粮的能力,为北上争霸做先期准备工作。《吴越春秋·夫差内传》:"今齐不贤于楚,又不恭王命,以远辟兄弟之国。夫差不忍其恶,被甲带剑,径至艾陵,天福于吴,齐师还锋而退。夫差岂敢自多其功?是文武

---

① 宋·胡仔《苕溪渔隐丛话前集·唐人杂记》(廖德明校点),北京:人民文学出版社1962年版,第162页。
② 徐元诰《国语集解》(王树民、沈长云点校),北京:中华书局2006年版,第545页。
③ 宋·欧阳忞《舆地广记·四京》(李勇先、王小红校注),成都:四川大学出版社2003年版,第74页。

之德所佑助。时归吴,不熟于岁,遂缘江溯淮,开沟深水,出于商、鲁之间,而归告于天子执事。"①如果将《国语·吴语》与《吴越春秋·夫差内传》两段文字对读的话,当知"阙为深沟"是指"开沟深水",拓宽拓深泗水和济水(沛水)河道。从这样的角度看,在兴修的过程中,菏水利用了济水和泗水的河道及水资源。

所谓"北属之沂",是指拓宽拓深泗水河道,与沂水没有关系。如郦道元考证道:"沛在湖陆西而左注泗,泗、沛合流,故《地记》或言沛入泗,泗亦言入沛,互受通称,故有入沛之文。阚骃《十三州志》曰:西至湖陆入泗是也。《经》无南梁之名,而有涓涓之称,疑即是水也。戴延之《西征记》亦言湖陆县之东南有涓涓水,亦无记于南梁,谓是吴王所道之渎也。余按湖陆西南,止有是水。延之盖以《国语》云:吴王夫差起师,将北会黄池,掘沟于商、鲁之间,北属之沂,西属于济。以是言之,故谓是水为吴王所掘,非也。余以水路求之,止有泗川耳。盖北达沂西,北径于商、鲁而接于济,吴所浚广耳。"②郦道元通过实地考察后发现,开菏水经湖陆(在今山东鱼台东南)时只与济水和泗水相连,因此得出了"余以水路求之,止有泗川"的结论。进而言之,《国语·吴语》所说的"北属之沂"中的沂水实为泗水。李吉甫记载:"菏水,即济水也,一名五丈沟,西自金乡县界流入,去县十里,又东南流合泗水。泗水东北自任城县界流入,经县东与菏水合,又东流入徐州沛县界。"③这一记载可进一步证明开菏水利用了泗水和济水河道。

菏水开通后,吴王夫差率大军"缘江溯淮",经邗沟入淮入泗可入济水及黄河。如徐文靖论述道:"笺按:《说文》作达于菏水,经菏水又东,过胡陆县南,东入于泗水。注曰:泽水所钟也。《尚书》浮于淮、泗,达于河是也。《日记》曰:淮入海,泗入淮,淮、泗不与河通,由泗而溯灘(即汴水也),由灘而达河,此一道也(由灘达河是东路)。由泗之上源以溯沛,由沛而达河,此又一道也(由沛达河是西路),是皆逆流而上者也。"④在连接淮河与黄河水系的过程中,菏水减少了长途运兵运粮的巨大消耗,为吴王夫差北上与大国争霸,在黄池会盟诸侯,迫使强大的晋国带头承认其霸主的地位,立下了汗马功劳。

在改变水上交通秩序方面,开挖菏水运道主要有三个方面的意义和作用。

其一,利用泗水河道开辟了自江淮北上齐鲁的航线。在菏水航线开通之前,邗沟虽沟通了江淮,但无法自泗水入济水故道进入齐国。菏水开通后,建立了一条从江淮直接进入齐鲁之地的航线。具体地讲,吴国的军队渡江后可沿邗沟入淮再进入泗水,随后沿泗水河道自鲁

---

① 汉·赵晔《吴越春秋》(苗麓校点),南京:江苏古籍出版社1999年版,第83页。
② 北魏·郦道元《水经注·泗水》,杨守敬、熊会贞疏,段熙仲点校,陈桥驿复校《水经注疏》中册,南京:江苏古籍出版社1989年版,第2129—2130页。
③ 唐·李吉甫《元和郡县图志·河南道六》(贺次君点校),北京:中华书局1983年版,第266页。
④ 清·徐文靖《禹贡会笺》,《四库全书》第68册,上海:上海古籍出版社1987年版,第308页。

地北上进入济水,进入"通菑济之间"①的齐国菑济运河。在此基础上,深入齐国的腹地,形成威慑齐国的力量。

其二,利用济水河道建立了从泗水进入济水的航线,开辟了自齐鲁经中原入黄河的航线。这条航线开辟后,与自汴水入淮河水系的航线形成复线,加强了齐鲁与黄河、江淮之间的水上交通。具体地讲,吴王夫差利用泗水、济水等河道,开挖了从湖陵(湖陆)到定陶(在今山东定陶东北)之间的新航道菏水。从菏泽(在今山东菏泽)一带引济水补给菏水航道的水位,既解决了吴王夫差北上争霸时运兵运粮时遇到的难题,同时也与齐国开挖的菑济运河相接,构建了更大的水上交通网络。胡渭考证道:"地记之言水也,凡二水大小相敌,既合流,自下皆得通称,多至五六水亦然。《汉志》鲁国卞县泗水至方与入沛,《说文》泗受沛水东入淮,其所谓沛即菏水也。又《汉志》蕃县南梁水西至湖陵入沛渠。郦善长云:沛在湖陆西,而左注泗。泗、沛合流。地记或言沛入泗,泗亦言入沛,故有入沛之文。渭按:观鱼台下临菏水,而《公羊传》以棠为济上邑,则以菏为济,汉初已然。故班固谓泗入济,许慎谓泗受济,而不言菏,以菏即济也。《水经·济水篇》所叙,自乘氏以至湖陆,即分济之菏,自沛县以至睢陵,即入淮之泗,而皆以为济水。盖本《汉志》以立文也。然又云济水东至乘氏县西,分为二,南为菏水,北为济渎。而《泗水篇》则自方与受菏,以至睢陵入淮,皆以为泗水。是又与禹贡合。"②又考证道:"济水故渎即《汉志》所谓'东南至武德入河'者,盖禹迹也。第五卷《河水注》云:成皋大伾山在河内修武、武德之界,济、沇之水与荥播泽,出入自此,即《经》所谓'济水从北来注之'者。今济水自温县入河,不于此也。所入者奉沟水耳,即济、沇之故渎矣。"③从胡渭叙述的航线看,菑济运河与菏水连通后,扩大了水运范围,既可以从齐国的国都临淄出发,沿菑济运河入黄河抵达中原各国,同时又可以由齐地入鲁,自鲁地进入淮河并远通江淮。

其三,引济入泗,以济水为菏水航道的主要补给水源,在改善齐鲁境内的水上交通环境的同时,建立自江淮入菏水再入齐鲁的航线,加强了江淮与齐鲁之间的联系。菏水建成后不但解决了吴国北上争霸时战略物资转运及后勤补给等问题,而且在更大的范围建立了水上交通运输体系。阎若璩考证道:"哀九年吴城邗沟,通江、淮,为吴王夫差十年,就其境内之地引江水以通湖,由湖西北至末口入淮,越不得而径焉。故十四年会黄池,越王勾践乃命范蠡、舌庸率师,沿海溯淮,以绝吴路。盖转从吴境外以入吴境中,正《禹贡》当日扬州贡道也。苏氏《书传》认沟通江、淮为即阙沟通水,王伯厚辨之曰:'案吴之通水有二焉:一吴城邗沟通江、淮,见《左氏内传》;一夫差起师北征,阙为深沟于商鲁之间,北属之沂,西属之济,以会晋

---
① 汉·司马迁《史记·河渠书》,北京:中华书局1982年版,第1407页。
② 清·胡渭《禹贡锥指》(邹逸麟整理),上海:上海古籍出版社2006年版,第142—143页。
③ 同②,第588—589页。

公午于黄池,见《左氏外传》。'余谓惟其然,夫差退自黄池,乃使王孙苟告劳于周曰:'余沿江溯淮,阙沟深水,出于商鲁之间。'盖自江而淮,自淮而溯,而深沟以达济,会于黄池,皆一水相通,无复阻间。"①胡渭亦考证道:"兖、青、徐、扬四州之贡道,前后相承,不复不乱。汶与济连,故青曰浮于汶,达于济。徐、扬道由淮、泗,从泗入济,必由菏泽,故《书》曰达于菏。若作'河',则复而无理,河、漯青且不言矣,而徐复云达于河,陵乱失次,《禹贡》必无此书法,而人犹谓作'河'为是者,总由不知菏泽之原委耳。"②菏水航线开通后,改善了淮河流域与商鲁之地的水上交通。

在兴修"深沟于商、鲁之间"的航道之前,邗沟是除自然水道之外的,自江淮通往黄河流域开挖的唯一的快速漕运通道。上古时期,从长江进入黄河的水道是这样的:首先自长江口入海,随后自海上入淮,沿淮河进入泗水后北上入鸿沟,再入黄河。如《尚书·禹贡》有"浮于淮、泗,达于河"③之说。邗沟开挖后,通过取消自江入海的航段,彰显了自江入淮再入黄河这一航线的重要性。

遗憾的是,这一航线虽建立了黄河流域与江淮之间的联系,但无法从根本上解决吴国自淮入鲁进而运兵运粮与齐国争霸的大问题。针对这一情况,吴王夫差在邗沟的基础上开菏水,将自江淮入黄河的航线延长到了商、鲁等地。开菏水之前,从中原到江淮的快捷航线是自鸿沟入泗、入淮,随后自邗沟入长江。开菏水以后,建立了一条自泗水、济水等入齐、鲁、商等地的新航线,这条新航线改变了自邗沟入淮、入泗的格局,形成了一条自淮入泗、入济、入鸿沟、再入黄河的航线。具体地讲,邗沟开辟了从长江进入淮河的航线,菏水建立了自淮入泗、入济的航线。由于两条航线均可自淮入泗,这样一来,自淮北上遂有了两条快捷航线:第一条是自邗沟入淮、入泗、入鸿沟再入黄河的航线;第二条是自淮河入菏水,随后入泗、入济、入鸿沟再入黄河的航线。

这里提出的问题是,吴王夫差为什么不沿第一条航线北上入黄河? 要在泗水、济水河道的基础上"深沟于商、鲁之间",自菏水北上入黄河呢? 究其原因主要有三个。

其一,泗水虽与鸿沟东段相通,但航线曲折迂回,将会增加成本不利于漕运。此外,自泗水入鸿沟经过的区域地理构造、水文形势等极为复杂,且泗水河道的高程大部分低于鸿沟及黄河,故自泗水入鸿沟及黄河,需要在水位落差大的航段建造堰埭(拦河坝)。然而,建造过多的堰埭除了影响正常的通航外,且因建堰工程量浩繁,根本无法在短时间内完成。

其二,在鸿沟及泗水运道沿线建造堰埭,似有阻止黄河泥沙侵入运道的意图,然而这一做法根本无法阻止黄河泥沙侵入运道。丰水季节来临时,黄河水位高涨,时常越过堰埭,将

---

① 清·阎若璩《尚书古文疏证》(黄怀信、吕翊欣校点),上海:上海古籍出版社2010年版,第449—450页。
② 清·胡渭《禹贡锥指》(邹逸麟整理),上海:上海古籍出版社2006年版,第139页。
③ 清·阮元《十三经注疏·尚书注疏》,杭州:浙江古籍出版社1998年版,第148页。

大量的泥沙带入鸿沟及泗水运道,进而淤塞鸿沟和泗水运道。正因为如此,历史上曾一再地发生以水代兵的情况,如宋高宗建炎二年(1128)的冬天,东京留守杜充"决黄河,自泗入淮以阻金兵"①。杜充能够以水代兵阻止金兵南下,主要的原因是黄河的水位高于泗水和淮河,一旦开河放水的话,黄河泥沙势必淤塞淮泗。其实,早在吴王夫差开邗沟之时,黄河经鸿沟入泗、入淮的航线已出现了水道淤塞等问题,影响了自泗水、入鸿沟再入黄河的水运能力。

其三,沿第二条河道从泗水、入济水再入黄河,虽可规避黄河泥沙淤塞河道等问题,但原有的通航条件很差。针对这一情况,吴王夫差采用了"深沟于商、鲁之间"的措施,《国语·吴语》云:"吴王夫差既杀申胥,不稔于岁,乃起师北征。阙为深沟,通于商、鲁之间,北属之沂,西属之济,以会晋公午于黄池。"②郦道元论述道:"延之盖以《国语》云:吴王夫差起师,将北会黄池,掘沟于商、鲁之间,北属之沂,西属于济。以是言之,故谓是水为吴王所掘,非也。余以水路求之,止有泗川耳。盖北达沂西,北径于商、鲁而接于济,吴所浚广耳。"③所谓"深沟于商、鲁之间",是指充分利用泗水、济水等河道,在拓宽加深河道的过程中使之具有航运能力,并且把从泗水进入黄河的航道即经鸿沟入河的航道改成了由泗入济、入河的航道。

吴王夫差开挖菏水后,在一定程度上改变了鸿沟挟黄河之水淤塞泗水河道的历史。具体地讲,从济水入河形成河道弯曲之势后,可以有效阻止黄河泥沙直接灌入泗水河道的情况发生。进而言之,从泗入济,济水在得到黄河水源补给的过程中,补给了泗水航道延缓黄河泥沙直接灌入泗水,起到了缓解淤塞泗水航道的作用。进而言之,以济水沟通泗水与黄河之间的联系,可以有效解决黄河泥沙直接灌入泗水河道的大问题。除此之外,开辟这一航道有一石二鸟的作用,吴王夫差沿这一航道从泗入济可以直接进入齐地,进而形成侧击晋国之势。郦道元指出:"《地理志》曰:其水西流注于沛。沛在湖陆西而左注泗,泗、沛合流,故《地记》或言沛入泗,泗亦言入沛,互受通称,故有入沛之文。阚骃《十三州志》曰:西至湖陆入泗是也。《经》无南梁之名,而有涓涓之称,疑即是水也。戴延之《西征记》亦言湖陆县之东南有涓涓水,亦无记于南梁,谓是吴王所道之渎也。余按湖陆西南,止有是水。延之盖以《国语》云:吴王夫差起师,将北会黄池,掘沟于商、鲁之间,北属之沂,西属于济。以是言之,故谓是水为吴王所掘,非也。余以水路求之,止有泗川耳。盖北达沂西,北径于商、鲁而接于济,吴所浚广耳。非谓起自东北受沂西南注济也。假之有道,非吴所趣,年载诚眇,人情则近,以

---

① 元·脱脱等《宋史·高宗纪二》,北京:中华书局1985年版,第459页。
② 徐元诰《国语集解》(王树民、沈长云点校),北京:中华书局2006年版,第545页。
③ 北魏·郦道元《水经注·泗水》,杨守敬、熊会贞疏,段熙仲点校,陈桥驿复校《水经注疏》中册,南京:江苏古籍出版社1989年版,第2131页。

今忖古,益知延之不通情理矣。泗水又南,漷水注之,又径薛之上邳城西而南注者也。"①胡渭进一步指出:"东南据济与豫分界。当自兖州府之曹州始。何以知之?按:《导水》:济入河,溢为荥,东出于陶丘北,又东至于菏。菏泽在今定陶县境,《经》系诸豫。雷夏在今曹州境,《经》系诸兖。故知二泽之间为兖、豫之界也。济水至曹州西分为二:一水东南流为菏水,一水东北流入巨野泽为济渎。《春秋·僖公三十一年》:取济西田。《左传》云:分曹地自洮以南,东傅于济。郦道元云:'济水自是东北流出巨泽。'即此地也。济水又北过东昌府之濮州、范县,东与徐分界;又北为阳谷、茌平,东与青分界;转东为济南府之齐河、济阳、齐东、青城,又东为青州府之高苑、博兴、乐安(乐安县东北一百十里有琅槐故城,汉属千乘郡,古济水入海处也),南与青分界。今历城以东有小清河,即济水入海之故道,其北为兖,南为青也。"②泗水通济在湖陆的西面,进入沂水可接商、鲁之地并进入齐地。吴王夫差沿这一条航道运兵运粮,起到了威慑实力强劲的齐国和晋国的作用,为在黄池与诸侯会盟奠定了基础。

在开菏水以前,鲁地只有《尚书·禹贡》所说的由兖州、青州、徐州、扬州进入黄河航线的贡道即"由济入漯,以达河"的航线。由于这一航线曲折迂回,故运输成本高昂。菏水航线开通后,水上交通形势发生了变化,从远通齐地的鲁地进入黄河,可以利用齐鲁之地的粮食及物产降低长途转输中的成本。史念海先生叙述这一航线的走向及作用时论述道:"至公元前482年(鲁哀公十三年),吴晋两国打算在黄池会盟,又引起新的运河的开凿。黄池在今河南封丘县,当时正在济水的沿岸。吴王夫差为了要乘舟达到黄池,就在商鲁之间又开了一条运河。根据《水经注》的说法,这条运河就是出于小黄县的黄沟。小黄县在今河南旧陈留县北,也在济水的沿岸。比黄池稍东一点。黄沟由这里分济水东流后流经外黄县故城南,再东流经定陶县南,又东经山阳郡成武县的楚丘亭北,又北经郜城北和成武县故城南,又东经平乐县故城南,又东经沛县故城南,东注于泗水。外黄在今河南杞县东北。定陶县今已并入菏泽和成武二县。成武为今山东成武县。郜城在今成武县东南。平乐在今山东单县东。沛县在今江苏沛县东。就是说,这条运河沟通了济水和泗水,流经现在河南、山东、江苏三省间。这条运河诚然是沟通济水和泗水,但并不是像郦道元所说的流过那样一些地方。这条运河实际就是《禹贡》所说的菏水,为战国时代江淮流域和河济流域一条重要交通道路,这样的道理在拙著《中国的运河》中曾有较详的说明,这里就不再赘述了。这条运河既然注入泗水,泗水下游注入淮水,越淮水又可与邗沟相接,是由吴国境内可以乘舟直达于中原了。根据《国语》的记载,吴国所施工的水道,不仅西属之济,而且还北属之沂。现在山东境内有两条沂水。一条出于沂源县,一出于曲阜县东南尼山。这两条沂水古时下游都是入于泗水。不过吴国

---

① 北魏·郦道元《水经注·泗水》,杨守敬、熊会贞疏,段熙仲点校,陈桥驿复校《水经注疏》中册,南京:江苏古籍出版社1989年版,第2129—2130页。
② 清·胡渭《禹贡锥指》(邹逸麟整理),上海:上海古籍出版社2006年版,第66—67页。

所开的运河应该是和曲阜的沂水相联系,也就是所说的商鲁之间。至于东面的沂水,不仅偏东,而且和吴国黄池之会的目的相差太远了。"①菏水航线为吴王夫差率吴国大军称霸中原提供了交通上的便利:从吴都出发走水路,经吴古故水道跨长江,经邗沟入淮,再从淮河进入泗水,然后沿泗水北上进入新开挖的菏水,从菏水可抵达黄池,从黄池可入黄河航道。

综上所述,吴国开挖运河主要有四个方面的意义:一是建立吴国的漕运体系,兴修吴古故水道、邗沟、菏水等运河,降低了运输成本,提高了运兵时的机动能力;二是为战胜近邻越国和楚国兴修百尺渎和子胥渎等运河,加强了吴越两地的政治、经济、文化等方面的联系,为后世在荆江地区兴修运河如晋代杜预开扬口运河奠定了基础;三是初步建立自长江流域进入淮河、黄河流域的水上交通线,第一次建立了运河与钱塘江、长江、淮河和黄河的联系,对后世的水上交通建设产生了深远的影响,如隋代兴修通济渠、北宋兴修汴河等都在不同的程度上利用了吴国兴修的邗沟、菏水等,而邗沟等为元代以前开通京杭大运河实现运河整体东移提供了必要的条件;四是为专制国家的社会经济重心移往东南即江淮地区提供了便利的交通条件,带动了沿线城市的发展,使得经济重心的整体东移。遗憾的是,前人在评论古代运河成就时,大都忽略了吴国的贡献。

第二节 楚运河、齐运河钩沉

楚运河即"于楚,西方则通渠汉水、云梦之野,东方则通鸿沟江淮之间"②的运河,分别由楚国境内外的运河构成的。这些运河建于何时?涉及哪些区域?需要根据具体的情况做具体的分析。

所谓"通渠汉水、云梦之野",是指在兴修河渠的背景下,楚国在境内开挖的连接汉水和云梦之间的运道。裴骃注《史记·循吏列传》"故三得相而不喜,知其材自得之也;三去相而不悔,知非己之罪也"数语时引《皇览》解释道:"或曰孙叔敖激沮水作云梦大泽之池也。"③孙叔敖是楚庄王的令尹,楚庄王在位的时间为前613年至前591年,据此可知,"通渠汉水、云梦之野"的楚运河建成并投入使用的下限应在前591年。所谓"激",是指拦截。所谓"作云梦大泽之池",是指在云梦一带拦截和蓄积沮水,引沮水入运,班固记载:"沮水出东狼谷,南至沙羡南入江,过郡五,行四千里,荆州川。"④沮水和汉水同为长江的支流,以长江为纽带

---

① 史念海《河山集·春秋时代的交通道路》,北京:三联书店1963年版,第78—79页。
② 汉·司马迁《史记·河渠书》,北京:中华书局1982年版,第1407页。
③ 汉·司马迁《史记·循吏列传》,北京:中华书局1982年版,第3100页。
④ 汉·班固《汉书·地理志下》,北京:中华书局1962年版,第1609页。

完全可以把沮水和汉水连接在一起。那么,楚人为什么还要建"通渠汉水、云梦之野"的运河呢?发展江、汉之间的水运完全可以自汉水进入长江航线,没有必要在云梦蓄水,进而以云梦为航段节点,开挖连接汉水和长江的运道。其实道理很简单,汉水曲折迂回,如果沿汉水顺流而下进入长江的话,势必增加水上航行的时间,根据这一情况,可以通过拦截沮水及开运道引沮入运。如谭其骧先生精辟地论述道:"西方一渠当为杨水,是沟通长江与汉水的一条人工运河。工程的关键是在郢都附近,拦截沮水与漳水作大泽,泽水南通大江,东北循杨水达汉水,所经过的地方正是当时所谓云梦,约当在长江沙市一带到汉水沙洋一带。这条运河是在公元前六世纪初楚相孙叔敖主持下,广大劳动人民开凿的。"①遗憾的是,这条杨水运河没有受到后世的重视。

其实,没有受到后人重视的楚运河不仅有杨水运河,其中,还有"东方则通鸿沟江淮之间"②的运河。那么,"东方则通鸿沟江淮之间"的河渠(运河)是什么时间兴修的?尽管文献记载不太明确,不过这条运河在鲁昭公二十七年(前515)以前建成并投入使用应该是有依据的,《左传·昭公二十七年》记载:"吴子欲因楚丧而伐之,使公子掩余、公子烛庸帅师围潜。使延州来季子聘于上国,遂聘于晋,以观诸侯。楚莠尹然,工尹麋帅师救潜。左司马沈尹戌帅都君子与王马之属,以济师,与吴师遇于穷。令尹子常以舟师及沙汭而还。左尹郤宛、工尹寿帅师至于潜,吴师不能退。"杜预注:"沙,水名。"③子常名囊瓦,芈姓,楚国的王族,楚平王十年(前519)担任楚国令尹一职。沙水又称"蔡水",是鸿沟的南流,与淮河支流颍水相通,是当时重要的漕运交通线。从"令尹子常以舟师及沙汭而还"看,楚军北上主要是沿沙水进军的。所谓"东方则通鸿沟江淮之间",实际上是指楚国兴修了连接鸿沟的运河沙水。由于鸿沟本身有"以通宋、郑、陈、曹、卫,与济、汝、淮、泗会"④的能力,因此,楚国兴修与鸿沟相通的运河应指利用淮河支流颍水建成的沙水运道。胡渭论述道:"鸿沟南流兼沙水之目,沙水枝津又为睢水、涡水,名称不一,要皆河阴石门河水为之,委别而原同也。"⑤自沙水可进入鸿沟,既可进入黄河中下游地区,也可以进入淮河流域。

何谓"汭"? 前人多有不同的看法。阎若璩辨析道:"盖河之南、洛之北,其两间为汭也,在今巩县。河自北来,渭自东注,实交会于今华阴县,故曰渭汭。'汭'字解有作水北者,有作水所出者,有作水之隈曲者,有作水曲流者,有作水中州者,总不若《说文》'汭,水相入也'于此处为确解。"⑥"沙汭"是"东方则通鸿沟江淮之间"的航段节点,沙水航线开通后,将进入

---

① 谭其骧《黄河与运河的变迁》,《地理知识》1955年第8期。
② 汉·司马迁《史记·河渠书》,北京:中华书局1982年版,第1407页。
③ 清·阮元《十三经注疏·春秋左传正义》,北京:中华书局1980年版,第2116页。
④ 同②。
⑤ 清·胡渭《禹贡锥指》(邹逸麟整理),上海:上海古籍出版社2006年版,第454页。
⑥ 清·阎若璩《尚书古文疏证》(黄怀信、吕翊欣校点),上海:上海古籍出版社2010年版,第390页。

中原的鸿沟及淮河支流汝水、泗水等连接起来,因可自颍水、汝水、泗水等航线入淮,从而加强了黄河与淮河及长江流域之间的联系。进而言之,"东方则通鸿沟江淮之间"的运河即鸿沟与颍水相通的航线应是楚国兴修的,开挖这条运道与运兵运粮及北上争霸有着直接的关系。史念海先生论述道:"春秋末年,交通方面有了突飞猛进的发展,运河的开凿就是划时代的壮举。最早开凿运河的为楚吴两国,而楚国较吴国更早。不过最初所开凿的运河还是较小的规模,因此所发生的影响也不十分巨大。"①史念海先生认为楚国开凿运河的时间"较吴国更早"自然是不刊之论。尽管文献缺载,但这条运河在楚国北上争霸的过程中发挥了重要的作用应不成问题。遗憾的是,这条至沙水进入中原的运河虽然成为后世重要的漕运通道,但很少有人注意到它与楚国的关系。进而言之,楚国兴修沙水航线没有受到应有的重视早已成为不争的事实。

齐运河即"于齐,则通菑济之间"②的运河,因"通菑济之间",这条运河又被后世称之为"菑济运河"。那么,菑济运河建于何时?尽管文献语焉不详,但有迹可循。

历史上的菑水(甾水、淄水)是济水(沛水)的支流,水资源十分丰富。周武王伐纣克商后,分封天下,姜尚因功封齐。在这中间,营造了齐都营丘(在今山东淄博东),史有周武王"平商而王天下,封师尚父于齐营丘"③之说。后来,因营丘东临菑水,齐献公改称"临淄",史有"淄水又北径其城东,城临淄水,故曰临淄"④之说。班固叙述莱芜山川地理水文形势时有"原山,甾水所出,东至博昌入沛"⑤之说。郦道元亦记载:"莱芜县在齐城西南,原山又在县西南六十许里。《地理志》汶水与淄水俱出原山西南入济,故不得过其县南也。"⑥博昌,汉县,旧治在今山东博兴县湖滨镇。问题是,既然菑水是济水的支流,齐国为什么还要兴修菑济运河呢?道理很简单,菑、济二水虽然相通,但蜿蜒曲折,且河道水位不高,不具备航运的基本条件,这样一来,遂需要通过开挖新的河道和引入必要的补给水源,为发展漕运创造必要的条件。

司马迁叙述菑济运河的前提是"于楚,西方则通渠汉水、云梦之野,……于吴,则通渠三江、五湖",以此为句式的基本结构,那么"于齐,则通菑济之间"则应为"于齐,则通渠菑济之间"。齐国开挖菑济运河时,采取裁弯取直等方法建立了菑水和济水相通的新运道,但开挖

---

① 史念海《河山集·春秋时代的交通道路》,北京:三联书店1963年版,第78页。
② 汉·司马迁《史记·河渠书》,北京:中华书局1982年版,第1407页。
③ 汉·司马迁《史记·齐太公世家》,北京:中华书局1982年版,第1480页。
④ 北魏·郦道元《水经注·淄水》,杨守敬、熊会贞疏,段熙仲点校,陈桥驿复校《水经注疏》中册,南京:江苏古籍出版社1989年版,第2227页。
⑤ 汉·班固《汉书·地理志上》,北京:中华书局1962年版,第1582页。
⑥ 北魏·郦道元《水经注·汶水》,杨守敬、熊会贞疏,段熙仲点校,陈桥驿复校《水经注疏》中册,南京:江苏古籍出版社1989年版,第2056—2057页。

新运道需要调水补给航道的水位,那么,齐都临淄是否具备引水入运的条件呢?答案是肯定的。

临淄水资源丰富,境内有菑水、如水(时水)、渑水、济水等,史有"如水西北至梁邹入泲"①之说,渑水自博昌入如水。胡渭考证道:"时水出齐城西南二十五里,平地出泉,即如水也,亦谓之源水。因水色黑,俗又目之为黑水。渑水出营城东,世谓之汉溱水,北径博昌南界,入时水,自下通谓之渑。又东北至广饶故城北,东北入淄水。孔子曰:淄、渑之水合,易牙尝而知之。谓斯水矣,'绳'当作'渑',《齐乘》云:时水之源,南近淄水,详其地形,盖伏淄所发,土人名曰乌河,一名耏水。亦名如水。渑水北流,势极屈曲,俗称九里十八湾。"②又考证道:"按梁邹故城,唐置济阳县,属淄州。今为邹平县治。其唐之邹平县城,则割入今齐东县界。"③郦道元叙述济水与齐都临淄的关系时记载:"济水又径薄姑城北。后汉《郡国志》曰:博昌县有薄姑城。《地理书》曰:吕尚封于齐郡薄姑。薄姑故城在临淄县西北五十里,近济水,史迁曰:胡公徙薄姑。城内有高台。"④所谓"通菑济之间",是指齐国兴修水上航线时,采取裁弯取直的措施,将菑水和济水连接起来,使之直通国都临淄,从而提高了齐国的航运能力。

齐国菑济运河建成的时间,似可以鲁隐公四年即卫宣公元年(前718)为下限。《左传·隐公四年》记载:"冬十二月,宣公即位。"卫宣公即位后,宣布立夷姜的儿子公子伋为太子。与此同时,卫宣公派右公子(公子伋的师傅)到齐国寻求支持,为太子伋迎娶齐僖公的女儿宣姜。宣姜貌美,卫宣公听说后心生歹念,在黄河岸边构筑离宫新台,并强娶儿媳宣姜为妻。《诗·邶风·新台》:"新台有泚,河水瀰瀰。燕婉之求,蘧篨不鲜。"《毛诗序》:"《新台》,刺卫宣公也。纳伋之妻,作新台于河上而要之。国人恶之,而作是诗也。"⑤从"新台有泚"及"作新台于河上而要之"等语中可知,宣姜自齐入卫主要走水路,是从齐国走水路入黄河航线抵达新台的。在这中间,由于齐国有"通菑济之间"的运河,因此,完全可以自齐都临淄起程沿济水南下,选择适当的地点入黄河,再经淇水便可进入卫国。具体地讲,宣姜是从齐都乘船沿菑济运河南下经济水入黄河,随后沿黄河航线入淇水到达卫国国都。《诗·卫风·氓》有"淇水汤汤"等诗句,《诗·卫风·竹竿》有"淇水悠悠,桧楫松舟,驾言出游,以写我忧"等诗句,据此可知,淇水是北方的一条大河,且有漕运能力。《战国策·秦策一·张仪说秦王》有"昔者纣为天子,帅天下将甲百万,左饮于淇谷,右饮于洹水"等语,早在殷商后期,淇水已

---

① 汉·班固《汉书·地理志上》,北京:中华书局1962年版,第1583页。
② 清·胡渭《禹贡锥指》(邹逸麟整理),上海:上海古籍出版社2006年版,第101页。
③ 同②,第605页。
④ 北魏·郦道元《水经注·济水二》,杨守敬、熊会贞疏,段熙仲点校,陈桥驿复校《水经注疏》上册,南京:江苏古籍出版社1989年版,第761页。
⑤ 清·阮元《十三经注疏·毛诗正义》,北京:中华书局1980年版,第311页。

成为交通要冲及战略要地。战国后期这条漕运通道再度引起时人的关注，如《战国策·赵策二·苏秦从燕之赵》有"据卫取淇则齐必入朝"语，自淇水可以入齐，从这样的角度看，齐运河建成的时间下限似乎应该在卫宣公迎娶宣姜即前 718 年以前。

退一步讲，即便前 718 年以前齐国没有兴修运河，但在齐桓公生活的年代，齐国已建成菑济运河并投入使用。《管子·轻重戊》云："齐即令隰朋漕粟于赵，赵籴十五，隰朋取之，石五十，天下闻之，载粟而之齐。"①隰朋与辅佐齐桓公称霸的管仲是同时代人。隰朋沿水路自齐国到赵国购粮，赵国以一石十五钱卖出，隰朋以一石五十钱的高价收购，各诸侯国听说后，纷纷运粮到齐国出售。这里所说的"载粟而之齐"，是指沿水路运粮进入齐国。这一事件表明，在隰朋奉命到赵地进行商贸活动以前，齐国联系中原各国的菑济运河已经开通。正是因为有菑济运河这一快捷的航线，才有了后来的各诸侯国贩粮到齐国的行为。

菑济运河改善了齐国的水上交通条件，为齐国称霸中原提供了一条便捷的水上通道，同时也加强了齐国与中原各国的联系。齐国以菑济运河为主航线，串联起临淄周边的河道并与济水相通，或南下将水上交通拓展到中原及黄河中下游地区，或沿济水北上将水上交通线延长到临淄以北的广大地区。更重要的是，春秋后期，菑济运河与菏水相接后，为齐国从水路进入中原提供了一条快捷的新航线。这条新航线远接江淮，从水上将齐鲁之地与淮河及长江流域联系起来。进而言之，菑济运河开通后，与后来开通的菏水、邗沟、吴古故水道等连通，将水上交通从黄河流域延长到了淮河流域和长江流域。

第三节　秦运河建设考述

秦统一六国前后，为扩大版图，加强对不同区域的控制，有意识地开挖了蜀运河、灵渠、由拳水道和丹徒水道等运河，这些运河作为汉代以前有漕运能力的重要河渠，在国家大一统事业中发挥了非同一般的作用。

那么，蜀运河即"于蜀，蜀守冰凿离碓，辟沫水之害，穿二江成都之中"②的运河，究竟是什么时间建成？前人提出了三种说法。一是蜀运河建成的时间下限应该在秦昭襄王在位的年代。郦道元引《风俗通》云："秦昭王使李冰为蜀守，开成都两江，溉田万顷。"③秦昭王于前 306 年至前 251 年在位，因此蜀运河建成的下限应在公元前 251 年。二是蜀运河兴修于秦孝

---

① 石一参《管子今诠·轻重戊》，北京：中国书店 1988 年影印版，第 588 页。
② 汉·司马迁《史记·河渠书》，北京：中华书局 1982 年版，第 1407 页。
③ 北魏·郦道元《水经注·江水一》，杨守敬、熊会贞疏，段熙仲点校，陈桥驿复校《水经注疏》下册，南京：江苏古籍出版社 1989 年版，第 2747 页。

文王在位之时。常璩记载:"周灭后,秦孝文王以李冰为蜀守。"①秦襄昭王死后,秦孝文王即位。秦孝文王在位的时间只有一年,因此,蜀运河投入使用的时间应在前250年。三是蜀运河建成的时间在秦并六国建立大一统政权以后。郑樵记载:"秦平天下,以李冰为蜀守。冰壅江水作堋,穿二江成都中,双过郡下,以通舟船,因以溉灌诸郡。于是蜀沃野千里,号为'陆海'。"②秦并六国及建立大一统帝国的时间为前221年,因此,蜀运河建成的时间应在前221年以后。三种说法孰是孰非,似乎难以说清。不过,学术界的普遍看法是,李冰是秦昭襄王时期的蜀郡太守,据此可知,蜀运河建成的最迟时间应在前251年之前。

撇开兴修的时间不论,蜀运河是在李冰的主持下开挖的当不成问题。根据司马迁及后人的记载,李冰"凿离碓、辟沫水"以后,建成了有漕运、灌溉、排洪防涝等综合功能的河渠,在改变蜀地交通的同时,提高了蜀地的农业生产水平。

灵渠开挖于秦始皇二十八年(前219)。秦统一六国后,为打通南征百越的航线,节约运兵运粮的成本专门开挖了灵渠,史有"又使尉佗屠睢将楼船之士南攻百越,使监禄凿渠运粮,深入越,越人遁逃"③语,严安又有"臣闻长老言,秦之时尝使尉屠睢击越,又使监禄凿渠通道"④语,所谓"监禄"是秦代监御史禄的省称,是说秦代有一位名禄的监御史开凿了灵渠。

那么,灵渠是在什么地方开凿的呢?司马迁和班固均没有明确的交代。不过,后世对这一问题多有关注。如李焘记载:"桂州兴安县有灵渠,北通江、湖,南入海,自秦、汉通舟楫,皆石底浅狭,十八里内置三十六斗门,一舟所载不过百斛,乘涨水则可行。师中积薪焚其石,募工凿之,废斗门二十六,役三旬而成,舟楫以通。"⑤脱脱等记载:"灵渠源即离水,在桂州兴安县之北,经县郭而南。其初乃秦史禄所凿,以下兵于南越者。至汉,归义侯严出零陵离水,即此渠也;马伏波南征之师,饷道亦出于此。唐宝历初,观察使李渤立斗门以通漕舟。宋初,计使边翊始修之。"⑥李焘、脱脱等史家的记载大体相同,均指出灵渠开挖在兴安县(在今广西兴安)境内。因有实物为证,李焘、脱脱等的说法当不会有误。

在充分肯定前人观点的基础上,胡渭论述道:"《史记》严安上书云:秦使尉佗、屠睢将楼船之士,南攻百越,使监禄凿渠,运粮深入。韦昭曰:监御史名禄也。其所凿之渠,今名灵渠,在广西桂林府兴安县北五里,又西南经灵川县界,合大融水入漓江。范成大《桂海虞衡志》曰:灵渠在桂之兴安县,湘水于此下融江。融江为牂柯下流,本南下兴安,地势最高,二水远不相谋。秦监禄始作此渠,派湘之流而注之融,使北水南合,北舟逾岭。其作渠之法,于湘流

---

① 晋·常璩《华阳国志·蜀志》(刘琳校注),成都:巴蜀书社1984年版,第201页。
② 宋·郑樵《通志·食货略》,杭州:浙江古籍出版社1988年版,第735页。
③ 汉·司马迁《史记·平津侯主父列传》,北京:中华书局1982年版,第2958页。
④ 汉·班固《汉书·严助传》,北京:中华书局1962年版,第2783页。
⑤ 宋·李焘《续资治通鉴长编》,北京:中华书局2004年版,第4528页。
⑥ 元·脱脱等《宋史·河渠志七》,北京:中华书局1985年版,第2417页。

沙磕中,垒石作铧觜,锐其前,逆分湘流为两,激之六十里行渠中,以入融江,与俱南。渠绕兴安界,深不数尺,广丈余,六十里间置斗门三十六,土人但谓之斗。舟入一斗,则复闸斗,俟水积渐进,故能循崖而上,建瓴而下。千斛之舟,亦可往来。治水巧妙,无如灵渠者。"①在这里,胡渭除了明确地指出灵渠兴修的地点外,更重要的是详细地叙述了"舟入一斗,则复闸斗"的情况。

按照胡渭的说法,似乎表明早在秦统一六国之际,时人已掌握建造船闸的技术,其实不然。如果秦王朝已经掌握这一技术的话,为什么一直到唐宋时代才有运用船闸技术提高航运能力的记载呢?很显然,这一认识是有偏颇的。尽管如此,在监禄的主持下,通过开凿湘桂两地的崇山峻岭,建成联结湘江和漓江的航道即灵渠乃不世之功。灵渠第一次把长江和珠江水系联结起来,彻底解决了调集军粮南下进行后勤补给的大问题,从而为秦王朝进军岭南、征伐百越奠定了坚实的基础,同时也促进了岭南地区的经济发展。

由拳水道和丹徒水道均开凿于秦始皇三十七年(前210)。由拳水道建成后改善了从吴入越的水上交通条件。丹徒水道开通后,改变了吴古故水道至渔浦西入长江的漕运秩序,将入江口移到了丹徒(在今江苏镇江)。两条航线开通后,以复式航线的结构与原有的吴古故水道相连,一是加强了吴越两地与长江沿线的水上交通,进一步密切了吴越与楚地之间的联系;二是渡江北上沿邗沟可深入到淮河流域的腹地,自淮河流域又可进入黄河流域。

根据这些情况,先看看秦统一六国后兴修由拳水道的情况。袁康记载:"秦始皇造道陵南,可通陵道,到由拳塞,同起马塘,湛以为陂,治陵水道到钱唐,越地,通浙江。"②所谓"造通陵南",是指开凿长水县(在今浙江嘉兴)南面的山陵由拳塞。所谓"通陵道",是指开通经过由拳塞的运河。由拳塞打通后,沿这一航线可达钱唐(钱塘,在今浙江杭州),进入浙东。这条航线开通后,增加了一条自吴入越的新航线,进一步加强了吴越两地的联系。

由拳塞作为军事要塞,春秋后期,先是吴国和越国争夺的要地,吴占领这一要塞后,由拳又成为吴国和楚国反复争夺的战略要地。追溯历史,在秦始皇将长水县改称由拳县之前,由拳境内的柴辟亭已是交通要道,吴、越两国爆发战争后,柴辟亭是吴国征伐越国的必经之路,也是越国抗击吴国入侵的要地。班固《汉书·地理志上》云:"由拳,柴辟,故就李乡,吴、越战地。"③袁康进一步记载:"去柴辟亭到语儿就李,吴侵以为战地。"④自"吴侵以为战地"以后,柴辟遂成为吴、越两国反复争夺的战略要地。

柴辟之所以成为吴、越争夺的要地,主要与其所处的交通位置有关。郦道元进一步记

---

① 清·胡渭《禹贡锥指》(邹逸麟整理),上海:上海古籍出版社2006年版,第296—297页。
② 李步嘉《越绝书校释》,北京:中华书局2013年版,第40页。
③ 汉·班固《汉书·地理志上》,北京:中华书局1962年版,第1591页。
④ 同②,第33页。

载:"浙江又东径柴辟南,旧吴楚之战地矣。备候于此,故谓之辟塞,是以《越绝》称吴故从由拳、辟塞渡会稽,凑山阴是也。"①春秋后期,越楚是盟国,两国共同的敌人是吴国。根据郦道元的记载,可知吴国在与越国争夺由拳时,越国的盟国楚国参与了这场争夺。在这场争夺战中,吴国站稳了脚跟,在由拳塞建立了军事要塞及威慑越国的前沿阵地。

袁康所说的"马塘",是马塘堰的省称,遗址在今浙江嘉兴的南面。王存记载:"马塘堰,《图经》云:秦始皇三十七年东游至此,改长水为由拳县,遏水为堰,既立,斩白马祭之,因名。"②史称:"吴古故从由拳辟塞,度会夷,奏山阴。辟塞者,吴备候塞也。"③吴古故是指从吴国姑苏到长水之间的驰道。为了打通从长水到钱唐的水上交通,秦始皇"造通陵南"开挖了由拳水道。

除了兴修由拳水道以外,秦始皇南巡时还开挖了丹徒水道。史称:"初,秦以其地有王气,始皇遣赭衣徒三千人凿破长陇,故名丹徒。……丹阳县(望。西北至州六十四里),本旧云阳县地,秦时望气者云有王气,故凿之以败其势,截之直道,使之阿曲,故曰阿曲。"④秦统一六国后,需要改变旧有的以阖闾大城为中心的江浙一带的水陆交通体系,根据新的政治形势的需要,开挖了有利于关东与江浙相互联系的丹徒水道。如元代俞希鲁在记录丹徒即镇江运河的变迁史时记载:"漕渠水,自江口至南水门九里,又南至吕城堰百二十四里。秦凿丹徒、曲阿,齐通吴会,隋穿使广,唐引练湖灌注。淳祐中,修湖复闸,辟淤而深。皇朝至元、大德间,屡募民淘浅;泰定初,复加浚治。"⑤在秦始皇统一六国以前,镇江或称"丹阳",或称"云阳"。秦代是宗教神学盛行的年代,秦始皇征用身着红衣的罪犯兴修运河,并有意地将丹阳改为"丹徒",从表面上看,是为了破坏这一区域的"王气",但根本的目的是建立一条自关东远通江南的便捷的漕运通道,通过强调中央集权,来稳定日趋复杂的长江以南太湖流域的政治形势。

开丹徒水道后,形成了一条新的自长江以南即太湖流域连接淮河流域的通道。元代俞希鲁注"漕渠水,自江口至南水门九里,又南至吕城堰百二十四里。秦凿丹徒、曲阿"等语时写道:"《类集》:'秦始皇三十七年,使赭衣徒三千凿京岘东南垄。'《舆地志》:'秦凿云阳北冈。'《吴录》:'截直道使曲,故名曲阿。'旧志不载渠之所始。今水道所经大小夹冈,一在京

---

① 北魏·郦道元《水经注·浙江水》,杨守敬、熊会贞疏,段熙仲点校,陈桥驿复校《水经注疏》下册,南京:江苏古籍出版社 1989 年版,第 3324 页。
② 宋·王存《元丰九域志·附录·新定九域志》(王文楚、魏嵩山点校),北京:中华书局 1984 年版,第 623—624 页。
③ 李步嘉校释《越绝书校释》,北京:中华书局 2013 年版,第 32 页。
④ 唐·李吉甫《元和郡县图志·江南道一》(贺次君点校),北京:中华书局 1983 年版,第 591—592 页。
⑤ 元·俞希鲁《至顺镇江志·山水》(杨积庆等校点),南京:江苏古籍出版社 1999 年版,第 277—279 页。

岘之南，一在云阳之北，其势委曲周折，皆凿山为之，正与诸说相合。"[1]从"自江口至南水门"中当知，丹徒水道从镇江南水门出发，至江口（镇江丹徒口）与长江相连，从"秦凿丹徒、曲阿，齐通吴、会"中当知，丹徒水道与春秋时吴国开挖的运河相连，可通往吴都姑苏和会稽（在今浙江绍兴）。这条运河开辟了自丹徒进入长江的运道，与经渔浦进入长江的吴古故水道形成呼应之势，除了有改善吴地水上交通的作用外，更重要的是，它缩短了船只在长江上行驶的航程。进而言之，丹徒水道建成后将吴运河的入江口自东西移，减少了船只在长江航行时的航程，有效避开了长江上的风险，缩短了自吴郡（在今江苏苏州）过江进入邗沟及淮河流域的时间。

需要补充的是，在春秋各国开挖运河以前，上古时期可能还有徐偃王开挖的运河。郦道元记载："偃王治国，仁义著闻，欲舟行上国，乃通沟陈、蔡之间，得朱弓矢，以得天瑞，遂因名为号，自称徐偃王。"[2]徐偃王生活在周穆王时代，周穆王是周王朝的第五个君主，其生活时代大约在前960年左右。从"通沟陈、蔡"中可知，徐偃王沿泗水北上进入中原及陈国和蔡国时，开挖了一条连接天然河流的运河。郦道元所述当有所本，然北魏以前的文献缺载，故不知出处。

---

[1] 元·俞希鲁《至顺镇江志·山水》（杨积庆等校点），南京：江苏古籍出版社1999年版，第277页。
[2] 北魏·郦道元《水经注·济水二》，杨守敬、熊会贞疏，段熙仲点校，陈桥驿复校《水经注疏》上册，南京：江苏古籍出版社1989年版，第787页。

第二编 西汉编

概　述

如果以楚汉之争为起点，西汉的漕运方向发生了两次变化。一是楚汉之争时，漕运方向是自关中向关东。《史记·萧相国世家》云："关中事计户口转漕给军，汉王数失军遁去，何常兴关中卒，辄补缺。"①萧何以关中为大本营采用水陆联运的方法，将粮食及战略物资运往关东，为刘邦战胜项羽提供了强有力的后勤支援。二是刘邦称帝后，建立了自关东向关中的漕运机制，史有"漕转山东粟，以给中都官，岁不过数十万石"②之说。

汉武帝登基后，国用大幅度地增加。这一时期，关中虽然是主要的漕运方向，但不是唯一的方向。汉武帝确立打击匈奴的战略时，同时又有伐闽越、东瓯，征朝鲜，通西南夷等战争行为。这一时期的漕运形势：一是黄河在漕运中负有重要的使命，黄河以北、江淮之间及长江流域的漕粮及赋税等运往关中，需要以黄河为运道；二是长江在漕运中负有重要的使命，在征伐南越的过程中，汉武帝重点建设了自零陵郡（在今广西全州西南）、桂阳郡（在今湖南郴州）远通岭南诸郡如南海郡（在今广东广州）、苍梧郡（在今广西梧州）等的水上通道，以灵渠为中间航段，将长江水系和珠江水系串联起来，建成了自漓江入湘江再入长江的水上大通道。

从大的方面讲，汉武帝一朝虽有不同的漕运方向，但关中是主要的方向。当时关中漕运先是出现了"下河漕度四百万石"③的情况，后又出现了"山东漕益岁六百万石"④的情况。为解决征战匈奴时的粮草及物资问题，汉武帝重点建立了自关东沿黄河运道入渭水进入关中的漕运秩序。史称："明年，南粤反，西羌侵边。天子为山东不瞻，赦天下囚，因南方楼船士二十余万人击粤，发三河以西骑击羌，又数万人渡河筑令居。初置张掖、酒泉郡，而上郡朔方、西河、河西开田官，斥塞卒六十万人戍田之。中国缮道馈粮，远者三千，近者千余里，皆仰给大农。边兵不足，乃发武库工官兵器以赡之。"⑤漕运补给线拉长后，给汉武帝提出了缩短

---

① 汉·司马迁《史记·萧相国世家》，北京：中华书局1982年版，第2015页。
② 汉·司马迁《史记·平准书》，北京：中华书局1982年版，第1418页。
③ 同②，第1436页。
④ 同②，第1441页。
⑤ 汉·班固《汉书·食货志下》，北京：中华书局1962年版，第1173页。

漕运补给线和提高效率的要求。章如愚引吕祖谦语论述道:"汉初漕运,高后、文、景时,中都所用者省,岁计不过数十万石而足,是时漕运之法亦未讲。到得武帝,官多徒役众,在关中之粟四百万犹不足给之,所以郑当时开漕渠、六辅渠之类,盖缘当时用粟之多,漕法不得不讲。"①按照这一说法,汉武帝关心的"漕运之法"主要指面向关中的漕运,其中包括两个方面:一是在关中兴修漕渠,改造自黄河进入关中的漕运通道;二是兴修灌溉渠,提高关中农业产出。这两个方面相互为用,解决了国用增加的难题。

从后世情况看,"漕运之法"主要指漕运过程管理及制度建设。不过,汉武帝一朝是政权建设全面倚重漕运的初始期,故漕运过程管理及制度建设不是其关心的重点。出现这样的情况,主要是由四个方面的原因造成的。一是汉武帝扩大漕运规模以前,全国的赋税征收及转运等事务属于治粟内史即大司农。史称:"治粟内史,秦官,掌谷货,有两丞。景帝后元年更名大农令,武帝太初元年更名大司农。属官有太仓、均输、平准、都内、籍田五令丞,斡官、铁市两长丞。又郡国诸仓农监、都水六十五官长丞皆属焉。"②因转运赋税及谷物是大司农的职责,汉武帝扩大漕运岁额后,继续由大司农负责漕运事务。二是汉武帝扩大漕运规模后,大司农郑当时提出了兴修漕渠,加强关中漕运及农田灌溉的建议,经此,兴修河渠及漕运事务顺理成章归大司农管辖。史称:"是时郑当时为大农,言曰:'异时关东漕粟从渭中上,度六月而罢,而漕水道九百余里,时有难处。引渭穿渠起长安,并南山下,到河三百余里,径,易漕,度可令三月罢;而渠下民田万余顷,又可得以溉田:此损漕省卒,而益肥关中之地,得谷。'天子以为然,令齐人水工徐伯表,悉发卒数万人穿漕渠,三岁而通。通,以漕,大便利。其后漕稍多,而渠下之民颇得以溉田矣。"③由于开挖河渠涉及农田灌溉和漕运等方面,再加上大司农本身有督促农业生产的职责,这样一来,由大司农掌漕运及兴修河渠等事务是顺理成章的事,故不需要设置兴修河渠及发展漕运的专门机构。三是关中是主要的漕运方向,当时的漕运主要是军运,军队有一套严密的指挥系统,故不需要另外设立专门的管理机构。四是汉武帝登基后,推崇儒学及经学,试图在"改制度"的过程中张扬大一统及皇权至上④,宣示新王当立的合法性,这样一来,不可能立即将漕运管理及制度建设提到议事日程。

鉴于这四个方面的原因,汉武帝关心的"漕运之法"主要表现在缩短漕运里程、减少漕运岁额等方面。这一举措虽然与后世建立的漕运管理制度有着本质上的区别,但开创了政权建设倚重漕运的先例,特别是动用数万人参与漕运,势必在过程管理等方面做必要的安排和调整。进而言之,当漕运成为政权建设的生命线时,汉武帝的做法势必提醒后世统治者必须

---

① 宋·章如愚《群书考索后集·财赋门》,《四库全书》第937册,上海:上海古籍出版社1987年版,第779页。
② 汉·班固《汉书·百官公卿表上》,北京:中华书局1962年版,第731页。
③ 汉·司马迁《史记·河渠书》,北京:中华书局1982年版,第1409—1410页。
④ 张强《汉武帝与文治》,《江苏社会科学》1997年第6期。

把漕运管理及制度建设提到议事日程上。

按照吕祖谦、章如愚等人的说法,关中是漕运的主要方向,为了消除漕运时的瓶颈,汉武帝主要采取了两大措施。一是在关中兴修漕渠,缩短自黄河入关中的漕运距离。在兴修漕渠以前,渭水是关中漕运的唯一航线,这一航线曲折迂回,为提高其漕运能力,西汉政府采取了裁弯取直及改造航线的做法,兴修了长约三百里的漕渠。漕渠建成后,降低了漕运成本,提高了效率。二是在关中兴修有灌溉能力的河渠如六辅渠等。通过扩大农田灌溉面积改善土壤,提高了关中的农业产出,从而缩短了漕运补给线,减少了关中对关东粮食补给上的依赖。

其实,汉武帝一朝关心的漕运之法远不止以上两个方面。具体地讲,还包括以下六个方面。

其一,整治三门峡以东的黄河运道等,改善自关东经黄河入关中的漕运条件。黄河是关中漕运不可或缺的航线,为保证"河漕"即黄河漕运畅通,汉武帝重点整治了三门峡以东的黄河运道。

其二,寻求多元化漕运的路径,改变关中漕运单一依靠关东漕运的局面。汉武帝在汉中兴修了褒斜水道等,试图绕过黄河,开辟新的漕运补给线,将巴蜀等地纳入漕运,从不同的区域征调漕粮及物资。

其三,在与关中相邻的区域兴修灌溉渠,试图提高河东等地的农业产出,进而在缩短航程的过程中降低漕运成本。

其四,在用兵西北的过程中,在朔方、西河、河西等地推行屯垦之策。屯垦由民屯和军屯构成,主要通过移民实边及军队就地屯垦等方式来减轻长途漕运带来的压力。

其五,开拓疆土的战争虽以征战匈奴为主,同时又由伐闽越、东瓯,征朝鲜、大宛,通西南夷等构成,这样一来,漕运形成了不同的方向,为拓展财源,汉武帝采取了兴修水利设施的做法。司马迁记载:"自是之后,用事者争言水利。朔方、西河、河西、酒泉皆引河及川谷以溉田;而关中辅渠、灵轵引堵水;汝南、九江引淮;东海引巨定;泰山下引汶水:皆穿渠为溉田,各万余顷。佗小渠披山通道者,不可胜言。"①在这些区域兴修水利设施,目的是扩大灌溉面积,改良土壤,提高农业产出,在加强赋税征收的过程中,保证国用。

其六,在漕运通道的沿线建造具有漕运中转性质的粮仓,以方便转运。漕运中转仓是西汉仓廪建设的重要组成部分。漕运规模扩大以后,给西汉仓廪建设提出了新的要求,给统治者提出了如何利用水上交通方便转运的问题。具体地讲,为建设打击匈奴的关中后勤补给基地,关中的新粮仓建设形成了沿渭水及漕渠展开的特点,与此同时,为加强关东漕运,西汉王朝主要沿用或重修了秦前关东黄河及鸿沟沿线的旧仓敖仓、陈留仓等。这些粮仓虽无漕运中转仓之称,但有漕运中转的性质和特点。进而言之,依漕运通道建造粮仓或沿用旧仓,

---

① 汉·司马迁《史记·河渠书》,北京:中华书局1982年版,第1414页。

是汉武帝一朝以后讲究漕运之法的重要组成部分,这一做法为后世建造漕运中转仓及提高漕运效率积累了丰富的经验。

需要补充的是,漕运成本虽然远低于陆运,但付出的代价也是巨大的。如汉武帝一朝动用军队输送漕粮,常年有数万士卒参与其中,史有"岁漕关东谷四百万斛以给京师,用卒六万人"①之说。当每年有数万士卒加入漕运的行列时,本身的开销就非常大。从这样的角度看,汉武帝在关中、河东等地兴修河渠,提高当地的农业产出,实际上是将其视为"漕运之法"的一部分。

此外,西北屯垦也是西汉讲究漕运之法的重要组成部分。自汉武帝发动打击匈奴的战争实行开拓疆土的战略以后,屯垦主要沿三个方向进行:一是在关中以北的朔方郡等进行屯垦;二是在关中以西的河西四郡进行屯垦;三是在经营西域的过程中建立屯垦区。这些屯垦区,不但在汉武帝开拓疆土的过程中发挥了重要作用,而且作为西汉漕运之法的一部分,初步实现了以战养战的目标。

在西北建立的屯垦秩序,虽然可以在一定程度上减少漕运岁额,但又非常有限。如开辟朔方、西河、河西等边郡时,因这些区域是战争双方的攻防要点,故屯垦成效不大,征战过程中所需要的粮草及物资主要来自关中及关东。特别是当征伐匈奴的战争长达三十二年之久时,处于战争旋涡之中的西汉王朝已陷入严重的财政危机,唯一的办法是加大赋税征收。但由此带来的后果是,社会矛盾激化。根据这一情况,汉武帝下"轮台罪己诏"并收缩战线。

在收缩西域的战线以后,匈奴乘机进入西域,将战火引向西汉王朝的西北地区如河西四郡和朔方等地。这样一来,不但使汉武帝经营西域的成果化为乌有,而且使西北边疆再度陷入不稳定的状态。根据这一形势,汉昭帝以桑弘羊轮台屯戍的主张为依据,采取了经营西域的措施。以汉昭帝元凤四年(前77)时间节点,西域屯戍出现了两种新情况:一是遣送西域质子回国继承王位,由质子任屯田校尉一职,将其直接置于中央的管辖之下;二是在西域扶植亲汉政权,派军队保护并进行屯戍。这两大措施交织在一起,为建立西域都护府起到了至关重要的作用。

神爵二年(前60),汉宣帝建西域都护府,标志着西域完全纳入西汉的版图。西域完整置于西汉的统治之下,与郑吉等在西域屯垦保持一支强大的军事力量紧密相连。在这中间,如赵充国等在河西等地屯垦,起到了威慑诸羌的作用,削弱了匈奴联合诸羌反汉的力量,缩小了匈奴的活动空间,为经营西域及将西域置于西汉的统治之下起到了强有力的支撑作用。此后,西汉君主继续经营西域,因屯田校尉隶属西域都护府,就地解决了长期困扰大军远征后带来了粮草供应不济的问题,宣告了自关东漕运关中以西的历史的结束。

---

① 汉·班固《汉书·食货志上》,北京:中华书局1962年版,第1141页。

第一章　西汉漕运形势及变化

汉初国用尚简,漕运岁额有限,时至汉武帝一朝开始发生变化。具体地讲,关中人口的自然增长,与外来人口涌入京畿地区及军备扩张等交织在一起,出现了关中粮食安全方面亟须关东支持的局面。为了保证漕运方面的安全,汉武帝在关中兴修了漕渠,在关东重点改造了黄河运道,试图打通汉中与关中的漕运通道,扩大漕运范围。进而言之,在国用需求大幅度增加的过程中,由于漕运可以最大限度地降低运输成本,兴修河渠及疏通漕路便成了当务之急。

第一节　扩大漕运的原因及其管理方式

从刘邦建汉到汉武帝即位,汉王朝经过六十多年的建设走上了社会安定、经济发展的繁荣之路。然而,关中土地有限,很难应对人口大幅度增长后产生的粮食问题,与此同时,官僚机构扩大、在西北用兵打击匈奴等,进一步增加了关中的粮食需求。由此产生的后果是,汉高祖一朝从关东调往关中的粮食不过数十万石,但到了汉武帝元狩四年(前119)已猛增到四百万石,到了元封元年(前110)已增加到六百万石,在这一前提下,漕运开始成为政治稳定及国家安全的生命线。

汉武帝以前,国用支出相对有限。史称:"天下已平,高祖乃令贾人不得衣丝乘车,重租税以困辱之。孝惠、高后时,为天下初定,复弛商贾之律,然市井之子孙亦不得仕宦为吏。量吏禄,度官用,以赋于民。而山川园池市井租税之入,自天子以至于封君汤沐邑,皆各为私奉养焉,不领于天下之经费。漕转山东粟,以给中都官,岁不过数十万石。"①这一叙述主要强调了四个方面的内容:一是汉高祖一朝采取重课商人之策,在一定程度上解决了国用支出的需求;二是汉惠帝一朝反其道而行之,实行宽松的商贸政策,在"复弛商贾之律"的基础上加

---

① 汉·司马迁《史记·平准书》,北京:中华书局1982年版,第1418页。

强了商品流通,进一步增加了国家的财政收入;三是采取"量吏禄,度官用"的财政核算及紧缩政策,政府减少了不必要的支出;四是推行"自天子以至于封君汤沐邑,皆各为私奉养焉,不领于天下之经费"的政策,进一步减少了国家财政支出。进而言之,在开源节流的基础上,有效地控制了国用支出。

这一时期,因推行轻徭薄赋之策,关中的农业经济得到了全面的恢复,再加上不需要扩充军备,故其产出基本上可以满足关中各方面的需求。史称:"漕转关东粟以给中都官,岁不过数十万石。孝惠、高后之间,衣食滋殖。文帝即位,躬修俭节,思安百姓。"①又称:"汉兴之初,反秦之敝,与民休息,凡事简易,禁罔疏阔,而相国萧、曹以宽厚清静为天下帅,民作'画一'之歌。孝惠垂拱,高后女主,不出房闼,而天下晏然,民务稼穑,衣食滋殖。至于文、景,遂移风易俗。"②从汉王朝建立到汉景帝一朝,关中的粮食虽不能完全满足日趋增长的国用需求,但依赖关东的程度不高。

这种情况持续到汉武帝一朝开始发生重大的变化。从汉高祖刘邦建立大一统帝国到汉武帝即位,经过长时间的休养生息,一方面社会经济得到了明显的恢复,另一方面外来人口涌入关中,加剧了关中物产有限与人口增长之间的矛盾。进而言之,漕运岁额大幅度增加,主要是由关中人口进入快速增长期、外来人口大量涌入长安、官僚队伍膨胀、打击匈奴等因素决定的。

一般认为,战国末年的人口约两千万,此后,从秦始皇建立大一统帝国再到楚汉之争,在这十九年中间,有七年处于战争的状态。如果考虑到战争阻碍人口增长这一情况的话,那么,时至刘邦建立大一统政权时,全国人口应与秦统一六国前的情况大体相当,不会超过两千万。《汉书·地理志上》云:"京兆尹,故秦内史,高帝元年属塞国,二年更为渭南郡,九年罢,复为内史。武帝建元六年分为右内史,太初元年更为京兆尹。元始二年(2)户十九万五千七百二,口六十八万二千四百六十八。……左冯翊,故秦内史,高帝元年属塞国,二年更名河上郡,九年罢,复为内史。武帝建元六年分为左内史,太初元年更名左冯翊。户二十三万五千一百一,口九十一万七千八百二十二。……右扶风,故秦内史,高帝元年属雍国,二年更为中地郡。九年罢,复为内史。武帝建元六年分为右内史,太初元年更名主爵都尉为右扶风。户二十一万六千三百七十七,口八十三万六千七十。……弘农郡,武帝元鼎四年置。莽曰右队。户十一万八千九十一,口四十七万五千九百五十四。"③

梁方仲先生指出,元始二年(2)全国的户籍为 12 356 470 户,共有 57 671 401 人。其中,

---

① 汉·班固《汉书·食货志上》,北京:中华书局 1962 年版,第 1127 页。
② 汉·班固《汉书·循吏传》,北京:中华书局 1962 年版,第 3623 页。
③ 汉·班固《汉书·地理志上》,北京:中华书局 1962 年版,第 1543—1549 页。

司隶部有 1 519 857 户,共 6 682 602 人①。以此计算,司隶部户籍应占全国总量的 12.30% 左右,人口应占全国人口的 11.59% 左右。

不过,通过分析比对不同的文献,薛平拴论述道:"汉平帝元始二年今陕西境内的在籍人口为 902 780 户,3 579 179 口;估计实际人口约 420 万人,最少当不低 400 万人。"②薛平拴提供的人口数字是按照当今陕西省拥有的政区及土地面积计算的,这里面不包括现已属其他省份的关中地区。在这中间,尽管薛平拴的研究不能反映关中人口增长的全貌,但可知入汉以后关中人口的自然增长率远远超过全国人口增长的平均水平。在这样的前提下,关中产出的粮食自然无法满足日益增长的人口的需求。

关中人口进入快速增长期,与汉初实行轻徭薄赋的国策有直接的关系。史称:"天下既定,民亡盖臧,自天子不能具醇驷,而将相或乘牛车。上于是约法省禁,轻田租,什五而税一,量吏禄,度官用,以赋于民。……于是文帝从错之言,……上复从其言,乃下诏赐民十二年租税之半。明年,遂除民田之租税。后十三岁,孝景二年,令民半出田租,三十而税一也。"③从汉高祖实行"什五税一"之策,到汉文帝"下诏赐民十二年租税之半",甚至实行临时免税政策,再到汉景帝实行"三十税一",在社会经济全面恢复的过程中,关中人口呈现出持续增长的态势。

在这一过程中,关中人口的增长速度超过全国的平均水平,还与奉行"以实关中"的移民之策有关。定都长安后,为了稳定政局,防止关东旧贵族复辟势力东山再起,刘邦采取了将其宗族迁往关中及京畿地区加以监控的政策。《汉书·地理志》云:"汉兴,立都长安,徙齐诸田,楚昭、屈、景及诸功臣家于长陵。后世世徙吏二千石、高訾富人及豪桀并兼之家于诸陵。"④《三辅黄图·秦汉风俗》亦云:"秦都咸阳,徙天下豪富十二万户。汉高帝都长安,徙齐诸田、楚昭屈景及诸功臣于长陵。后世世徙吏二千石高訾富人及豪杰兼并之家于诸陵,强本弱末,以制天下。"⑤这一举措既加强了控制关东旧贵族的力度,同时也成为关中人口快速增长的重要原因。汉武帝登基后,继续执行这一既定的国策,如元朔二年(前127)"又徙郡国豪杰及訾三百万以上于茂陵"⑥。"强本弱末"的政策实行后,大幅度增加了京畿地区的人口。

关中土地有限,人口大幅度增加后,扩大了有限的物产与不断增长的人口之间的矛盾。在这一过程中,有两个方面的原因需要特别说明。

---

① 梁方仲《中国历代户口、田地、田赋统计》,上海:上海人民出版社1980年版,第14—17页。
② 薛平拴《陕西历史人口地理》,北京:人民出版社2001年版,第44—45页。
③ 汉·班固《汉书·食货志上》,北京:中华书局1962年版,第1127—1135页。
④ 汉·班固《汉书·地理志下》,北京:中华书局1962年版,第1642页。
⑤ 陈直校证《三辅黄图校证》,西安:陕西人民出版社1980年版,第20—21页。
⑥ 汉·班固《汉书·武帝纪》,北京:中华书局1962年版,第170页。

其一，汉武帝一朝关中粮食需求大幅度增加，与其不断扩大中央行政机构和衙役队伍息息相关。史称："孝、昭治咸阳，因以汉都，长安诸陵，四方辐凑并至而会，地小人众，故其民益玩巧而事末也。"①为了稳定京畿地区的社会秩序，汉武帝扩大了中央的行政机构，在关中大兴土木地建造宫苑，增加了财政支出。如元鼎二年（前115），汉武帝"起柏梁台"②。徐天麟论述道："武帝作柏梁台，宫室之修，由此日丽，徒奴婢众，而下河漕度四百万石，及官自籴乃足。"③在加强漕运的过程中，汉武帝采取了"及官自籴"的措施。丘濬论述道："吕祖谦言，武帝时，官多徒役众，用粟之多，漕法不得不讲。所谓官多徒役众，此二者，国粟所以费之由也。官多而不切于用者，可以减其冗员；徒役众而无益于事者，可以省其冗卒。如是，则食粟者少，食粟者少，则可以省岁漕之数。漕数日省，则国用日舒民力日宽矣。丰国裕民之策，莫先于此。武帝作柏梁台，宫室之修，由此日丽。徒奴婢众，而下河漕度四百万石，及官自籴乃足。"④丘濬在强调"官多徒役众"是漕运岁额增加的原因时，又指出"省岁漕之数"的办法，从一个侧面道出了"官多徒役众"是扩大关东漕运的原因。应该说，这一认识是有见地的。不过，实际情况是，四百万石的粮食依旧解决不了关中的需求，如史有"官多徒役众，在关中之粟四百万犹不足给之"⑤之说。

其二，元光六年（前129），汉武帝决定实施打击匈奴的战略，进一步扩大了关中粮食及物资供给不足的缺口。在兴修河渠提高了关中及河东农业产出后，依旧解决不了关中的粮食需求时，唯一的方法，只能是加大从关东调粮的力度。这样一来，遂出现了漕运关中的岁额快速上升的态势。关于这点，这里有两组数字可以作充分的说明：一是元狩四年，"岁漕关东谷四百万斛以给京师"⑥，这一情况表明，每年须从关东调运四百万斛（石）粮食支援关中；二是元封元年，漕运岁额进一步增加，出现了"山东漕益岁六百万石"⑦的局面。从其数字变化中不难发现，漕运岁额的增加应与打击匈奴及开拓疆土的策略是联系在一起的。换句话说，是军备扩张与联系在一起的。马端临论述道："汉初，致山东之粟，不过岁数十万石耳。至孝武，而岁至六百万石，则几十倍其数矣。"⑧关中人口大幅度增长与打击匈奴的国策交织在一起，加大了从关东调粮入关的力度。

汉王朝应对匈奴入侵可以汉武帝打击匈奴为节点分为前后两个时段：一是在汉武帝确

---

① 汉·司马迁《史记·货殖列传》，北京：中华书局1982年版，第3261页。
② 汉·班固《汉书·武帝纪》，北京：中华书局1962年版，第182页。
③ 宋·徐天麟《西汉会要·食货五》，上海：上海古籍出版社2006年版，第622页。
④ 明·丘濬《大学衍义补·漕挽之宜上》（林冠群、周济夫校点），北京：京华出版社1999年版，第301页。
⑤ 元·马端临《文献通考·国用考三》，杭州：浙江古籍出版社1988年版，第248页。
⑥ 汉·班固《汉书·食货志上》，北京：中华书局1962年版，第1141页。
⑦ 汉·司马迁《史记·平准书》，北京：中华书局1982年版，第1441页。
⑧ 同⑤，第239页。

立打击匈奴的战略方针以前,汉王朝主要采取防守之策,如汉高祖七年(前200)刘邦率军亲征误中埋伏被困白登山以后①,汉王朝与匈奴之间没有爆发大的战争,因而调粮西入关中的岁额较小;二是汉武帝确立打击匈奴的战略目标后,为了扩充军备,加强了漕运,从关东调集大量的粮草和军用物资。如卫青等远征匈奴,建立了远离关中的军事要塞,史称:"其后汉将岁以数万骑出击胡,及车骑将军卫青取匈奴河南地,筑朔方。"②朔方军事要塞建立后,因需要军队戍守,故需要以关东漕运来提供可靠的后勤支援。如徐天麟指出:"卫青岁以数万骑出击匈奴,遂取河南地筑朔方,……又兴十余万人,筑卫朔方,转漕甚远,自山东咸被其劳。"③打击匈奴的战略制定后,还需要在关中驻扎一支强大的常备军,这些都加大了关中对关东粮草的依赖程度。

  从另一个层面看,汉武帝一朝,关中虽然是主要的漕运方向,但不是唯一的方向。此时的对外战争涉及西北、东南、西南、东北等不同方向,史有"而方南诛两越,东伐朝鲜,击羌、西南夷"④之说。杜佑论述道:"汉兴,置大将军、骠骑将军,位次丞相。车骑将军、卫将军、左右前后将军,皆金印紫绶,位次上卿(《后汉志》曰:'汉将军比公者四:谓大将军、骠骑、车骑、卫将军。'掌京师兵卫,四夷屯警。孝武征闽越、东瓯,又有伏波、楼船;及伐朝鲜、大宛,复置横海、度辽、贰师。"⑤章潢亦论述道:"武帝时通西南夷,灭朝鲜,击匈奴,筑卫朔,方转漕甚远,山东咸被其劳。武帝劳中国人,漕中国粟,以争无用之地,是以璀璨之珠而弹啁啾之雀也。务虚名而受实害,损有用之才而易无用之地,岂盛德事哉!郑当时言关中运粟,请引渭穿渠,泾,易漕,度。而渠下民田万余顷,又可得以溉,此损漕省卒。上以为然,发卒穿渠以漕运,大便利。吕祖谦曰:汉初中都所用者省,漕运之法未讲也。郑当时议开漕渠引渭入河,盖缘是时用粟之多,漕法不得不讲。"⑥扩大调集粮草及军需物资的范围后,漕运是减少财政支出的有效途径。另外,根据《史记·河渠书》,此处的"泾"应为"径"。

  与陆运相比,漕运虽然可以降低成本,然而,将数万士卒投入漕运,其耗费依旧是巨大

---

① 史称:"七年冬,上自往击,破信军铜鞮,斩其将王喜。信亡走匈奴。其与白土人曼丘臣、王黄等立赵苗裔赵利为王,复收信败散兵,而与信及冒顿谋攻汉。匈奴使左右贤王将万余骑与王黄等屯广武以南,至晋阳,与汉兵战,汉大破之,追至于离石,复破之。匈奴复聚兵楼烦西北,汉令车骑击破匈奴。匈奴常败走,汉乘胜追北,闻冒顿居代(上)谷,高皇帝居晋阳,使人视冒顿,还报曰'可击'。上遂至平城。上出白登,匈奴骑围上,上乃使人厚遗阏氏。阏氏乃说冒顿曰:'今得汉地,犹不能居;且两主不相厄。'居七日,胡骑稍引去。时天大雾,汉使人往来,胡不觉。护军中尉陈平言上曰:'胡者全兵,请令强弩傅两矢外向,徐行出围。'入平城,汉救兵亦到,胡骑遂解去。汉亦罢兵归。"(汉·司马迁《史记·韩信卢绾列传》,北京:中华书局1982年版,第2634页)
② 汉·司马迁《史记·平准书》,北京:中华书局1982年版,第1421页。
③ 宋·徐天麟《西汉会要·食货五》,上海:上海古籍出版社2006年版,第622页。
④ 汉·司马迁《史记·卫将军骠骑列传》,北京:中华书局1982年版,第2940页。
⑤ 唐·杜佑《通典·职官十》,杭州:浙江古籍出版社1988年版,第163页。
⑥ 明·章潢《图书编·漕运考》,《四库全书》第970册,上海:上海古籍出版社1987年版,第401页。

的,这样一来,"损漕省卒,而益肥关中之地"①便成了当务之急。汉武帝一朝除了在关中、河东兴修河渠外,还关注漕运过程管理。这一变化得到后世统治者的充分肯定,进而在此基础上建立了漕运制度,设立了专门的管理机构。

从大的方面讲,汉武帝一朝虽然没有特别重视漕运过程管理及制度建设,但不是没有作为。如钱文子有十分精当的论述:"若夫主漕之官,主于侍御史。(《汉官仪》:侍御史,出督郡漕运军粮。)总于大农,而分掌于太仓令。在外则以县令而将漕(《卜式》)。或以刺史而护漕(《朱博》)无定负也。惟江淮粟米,去长安逾远,诸侯自为封植而已。故吴王之反,自谓聚粮食三十余年。而枚乘之说云:'汉家转粟西向,不如海陵之仓。'以是知汉仓多在于山东,而不在江淮矣。"②按照这一说法,汉武帝一朝的漕运过程管理,有四个方面值得注意。

其一,由侍御史负责督运以军粮为主的漕粮。侍御史是御史大夫的属官,行使监察等职能。史称:"御史大夫,秦官,位上卿,银印青绶,掌副丞相。有两丞,秩千石。一曰中丞,在殿中兰台,掌图籍秘书,外督部刺史,内领侍御史员十五人,受公卿奏事,举劾按章。……侍御史有绣衣直指,出讨奸猾,治大狱,武帝所制,不常置。"③由于御史中丞可"外督部刺史",侍御史可"出讨奸猾",因职务之便,侍御史巡行郡县时增加了督运军粮的事职,进而成为专门监督漕运事务的官员。杜佑引《汉官仪》道:"侍御史出督州郡盗贼,运漕军粮,言督军粮侍御史。"④所谓"督军粮",是指侍御史负责监督漕卒运送军粮。

其二,由大司农总揽漕运,其属官太仓令负责具体粮仓的漕运等事务。史称:"治粟内史,秦官,掌谷货,有两丞。景帝后元年更名大农令,武帝太初元年更名大司农。属官有太仓、均输、平准、都内、籍田五令丞,斡官、铁市两长丞。又郡国诸仓农监、都水六十五官长丞皆属焉。駛粟都尉,武帝军官,不常置。王莽改大司农曰羲和,后更为纳言。初,斡官属少府,中属主爵,后属大司农。"⑤大司农下设太仓令,掌中央及地方的粮仓事务,设均输令负责征收、买卖和运输等。汉武帝一朝大司农郑当时提出兴修漕渠之议,漕运事务顺理成章地成为大司农的职事。在这中间,太仓令负责接受郡国的漕粮仓储等事务,如《后汉书·百官志三》注太仓令职掌时有"主受郡国传漕谷。丞一人"⑥之说。具体地讲,凡涉及郡国相应区域的漕粮主要由中央设在各地的太仓令主持。

其三,由县令负责境内的漕运事务。县令负责漕运事务,始于卜式。汉武帝发动打击匈

---

① 汉·司马迁《史记·河渠书》,北京:中华书局1982年版,第1410页。
② 宋·钱文子《汉唐制度》,明·解缙《永乐大典·九震运》第7册,北京:中华书局1986年版,第6959页。
③ 汉·班固《汉书·百官公卿表》,北京:中华书局1962年版,第725—726页。
④ 唐·杜佑《通典·职官六》,杭州:浙江古籍出版社1988年版,第143页。
⑤ 同③,第731页。
⑥ 刘宋·范晔《后汉书·百官志三》,北京:中华书局1965年版,第3590页。

奴的战争后,国库空虚,卜式提出了愿捐一半家产助边的建议。后来,卜式又拿钱二十万救济流离失所的百姓,为此,卜式受到征召,"迁为成皋令,将漕最"①。何谓"将漕最"？颜师古注《汉书·公孙弘卜式儿宽传》"迁成皋令,将漕最"语云:"为县令而又令领漕,其课最上。"②成皋(在今河南荥阳)是黄河漕运的重要节点,境内有敖仓。从卜式领漕运事务中可以推论的是,汉武帝一朝,凡与漕运有关的各县均负有征收漕粮及漕运之职。

其四,以刺史护漕。以刺史护漕是汉武帝一朝的重要举措。刺史主要负责监察地方,所谓"刺",是指检核问事。元封五年(前106),为加强地方监察,汉武帝将全国分为十三部(州),并派刺史负责相关区域的监察事务。史称:"汉兴,因秦制度,崇恩德,行简易,以抚海内。至武帝攘却胡、越,开地斥境,南置交阯,北置朔方之州,兼徐、梁、幽、并夏、周之制,改雍曰凉,改梁曰益,凡十三部,置刺史。"③又称:"监御史,秦官,掌监郡。汉省,丞相遣史分刺州,不常置。武帝元封五年初置部刺史,掌奉诏条察州,秩六百石,员十三人。成帝绥和元年更名牧,秩二千石。哀帝建平二年复为刺史,元寿二年复为牧。"④至汉成帝绥和元年(前8),刺史改称州牧,职权进一步扩大,开始由监察官演变为地方最高军事长官。汉成帝即位后,朱博因功"徙为并州刺史、护漕都尉,迁琅邪太守"⑤,似表明此时护漕事务归军事长官。不过,护漕初由侍御史具体负责。杜佑引《汉官仪》道:"侍御史出督州郡盗贼,运漕军粮,言督军粮侍御史。至后汉,复有谦漕都尉官,建武七年省。"⑥汉武帝一朝监督漕运是由侍御史具体执行的,元封五年后,十三州部刺史参与到漕运事务之中,到了汉成帝一朝职官变化,开始由军事长官负责。

第二节　关中漕渠与漕运

汉武帝在关中兴修漕渠,与加强关东漕运,实施打击匈奴这一国策有直接的关系。具体地讲,为解决粮草供应严重不足的难题,汉武帝一朝重点改造了关中的渭水航线,建成了有漕运、灌溉等综合功能的漕渠,如马端临有"虽征敛苛烦,取之无艺,亦由河渠疏利,致之有道也"⑦之说。进而言之,漕运岁额大幅度增加后,提高关中接受漕粮的能力及扫除漕运中的

---

① 汉·司马迁《史记·平准书》,北京:中华书局1982年版,第1432页。
② 汉·班固《汉书·公孙弘卜式儿宽传》,北京:中华书局1962年版,第2626页。
③ 汉·班固《汉书·地理志上》,北京:中华书局1962年版,第1543页。
④ 汉·班固《汉书·百官公卿表》,北京:中华书局1962年版,第741页。
⑤ 汉·班固《汉书·薛宣朱博传》,北京:中华书局1962年版,第3399页。
⑥ 唐·杜佑《通典·职官六》,杭州:浙江古籍出版社1988年版,第143页。
⑦ 元·马端临《文献通考·国用考三》,杭州:浙江古籍出版社1988年版,第239页。

障碍,已成为汉武帝必须关注的大问题。

漕渠又称"直渠",是改造关中渭水航线的工程。这条航线以长安为起点,至华阴(在今陕西华阴)入黄河,司马迁有"郑当时为渭漕渠回远,凿直渠自长安至华阴"①之说。郑当时开漕渠时采取裁弯取直的方案,提高了关中的漕运效率。

一般认为,改造关中的渭水航线、兴修漕渠是郑当时于汉武帝元光六年提出的,随后在徐伯的主持下,历时三年,于元朔二年完工并正式投入使用。司马迁叙述这一事件的始末时记载:"汉兴三十九年,孝文时河决酸枣,东溃金堤,于是东郡大兴卒塞之。其后四十有余年,今天子元光之中,而河决于瓠子,东南注巨野,通于淮、泗。于是天子使汲黯、郑当时兴人徒塞之,辄复坏。是时武安侯田蚡为丞相,其奉邑食鄃。鄃居河北,河决而南则鄃无水灾,邑收多。蚡言于上曰:'江河之决皆天事,未易以人力为强塞,塞之未必应天。'而望气用数者亦以为然。于是天子久之不事复塞也。是时郑当时为大农,言曰:'异时关东漕粟从渭中上,度六月而罢,而漕水道九百余里,时有难处。引渭穿渠起长安,并南山下,至河三百余里,径,易漕,度可令三月罢;而渠下民田万余顷,又可得以溉田:此损漕省卒,而益肥关中之地,得谷。'天子以为然,令齐人水工徐伯表,悉发卒数万人穿漕渠,三岁而通。通,以漕,大便利。其后漕稍多,而渠下之民颇得以溉田矣。"②元光是汉武帝的年号,共六年,从"今天子元光之中,而河决于瓠子"中当知,河决瓠子口(在今河南濮阳西南)发生在元光三年(前132);从田蚡反对继续治河及"于是天子久之不事复塞"可知,元光三年以后一度停止治河。徐天麟云:"武帝元光六年,郑当时为大司农,言:'异时关东漕粟从渭上,度六月罢,而渭水道九百余里,时有难处,引渭穿渠起长安,旁南山下,至河三百余里,径,易漕,度可令三月罢,得以损漕省卒。'上以为然,令齐人水工徐伯表,发卒数万人穿漕渠,三岁而通。以漕,大便利,其后漕稍多,而渠下之民颇得以溉矣。"③据此可证,漕渠动工于元光六年,时至元朔二年建成。

不过,这一说法有待商榷。《汉书·武帝纪》虽有元光六年春"穿漕渠通渭"④之说,徐天麟一方面称郑当时于元光六年开漕渠,另一方面又称:"按《武纪》,元光六年穿漕渠通渭。"⑤据此可得出的结论是,元光六年漕渠已建成并投入使用。在郑当时的领导下,水工徐伯负责具体事务,揭开了兴修漕渠的序幕。漕渠"三岁而通",故兴修漕渠的时间可提前到元光三年。

根据《史记》《汉书》等记载,元光三年开通漕渠的说法是有依据的:一是汉代大规模从事河渠建设是从治理黄河开始的,河决瓠子口以后,郑当时与汲黯一道负责了这一整治工程,其时间就在元光三年;二是初治瓠子口以后,出现了丞相田蚡反对继续治河的情况,不过

---

① 汉·司马迁《史记·平准书》,北京:中华书局1982年版,第1424页。
② 汉·司马迁《史记·河渠书》,北京:中华书局1982年版,第1409—1410页。
③ 宋·徐天麟《西汉会要·食货五》,上海:上海古籍出版社2006年版,第621页。
④ 汉·班固《汉书·武帝纪》,北京:中华书局1962年版,第165页。
⑤ 同③。

主要反对在关东及河北地区治河，不包括关中，这给郑当时在关中兴修河渠留下了空间；三是初治瓠子口时郑当时任大司农一职，大司农的职掌包括兴修农田水利，因职责所在，郑当时开始在关中兴修河渠，并于元光三年"凿直渠自长安至华阴"，在这一过程中，可能是改造工程浩大，无法立即竣工，故郑当时上书朝廷提出继续兴修漕渠的建议；四是继郑当时兴修漕渠后，徐伯又继续兴修漕渠。郦道元记载："又东北径新丰县，左合漕渠，汉大司农郑当时所开也。以渭水难漕，命齐水工徐伯发卒穿渠引渭。其渠自昆明池，南傍山原，东至于河，且田且漕，大以为便。"①综合这些记载可以得出的结论是：元光三年郑当时提出改造关中渭水航线的建议后，立即着手兴修漕渠。稍后，在徐伯的主持下再次改造漕渠，通过改造漕渠具有了航运、灌溉等综合功能，并于元光六年正式投入使用。

在兴修漕渠以前，关中漕运主要依靠渭水。遗憾的是，渭水曲折迂回，从华阴渭口（渭汭，渭水进入黄河的河口）到长安附近有九百多里的航程。此外，渭水含沙量高，部分水道通航能力差，容易搁浅，再加上受自然条件的影响，全年的通航时间受到一定的限制。为了加强关中漕运，改变原有水道不畅的现状，郑当时提出了兴修漕渠的方案并付诸实施。

郑当时的基本构想：一是渭水自关中入黄河的航线蜿蜒曲折，长达九百多里，通过"凿直渠自长安至华阴"，建一条"引渭穿渠起长安，并南山下，至河三百余里，径，易漕"的新航线，通过黄河水运与关中漕渠相接，可以大大地缩短渭水进入黄河的航程；二是在开渠引水兴修关中水运工程的同时，扩展沿途的农田灌溉面积，以提升关中农业的发展水平，使漕渠成为一条具有农田灌溉、航运等综合功能的河渠，形成"渠下民田万余顷，又可得以溉田：此损漕省卒，而益肥关中之地，得谷"②的局面。客观地讲，这一兴修方案有很高的经济价值，既可以通过缩短航程提高关中的漕运效率，又可以通过提高灌溉水平发展关中农业，部分解决长安及关中缺粮的大问题。因开漕渠有一举多得的功能，故受到汉武帝的肯定和支持，但从"悉发卒数万人穿漕渠，三岁而通"③等情况看，兴修漕渠可谓困难重重，且耗资巨大。反过来说，如不及时建设一条漕运新通道，将会制约关中漕运，影响政权的稳定。一般认为，关中漕运的瓶颈是黄河航线上的三门峡及砥柱山，其实，关中曲折迂回的渭水航线同样是漕运的瓶颈，甚至可以说，在渭水通漕遇到的困难绝不亚于黄河。黄盛璋先生指出："渭河运道自古就有些困难，三门底柱，号称天险；而渭河迂曲多沙，水量时感不够，因此怎样改革渭河水运就成为当时一个很实际的问题。"④漕渠建成后提高了关中的水运能力，在一定程度上改变了关中的交通布局。

---

① 北魏·郦道元《水经注·渭水下》，杨守敬、熊会贞疏，段熙仲点校，陈桥驿复校《水经注疏》中册，南京：江苏古籍出版社1989年版，第1617页。
② 汉·司马迁《史记·河渠书》，北京：中华书局1982年版，第1409—1410页。
③ 同②，第1410页。
④ 黄盛璋《历史地理论集·历史上的渭河水运》，北京：人民出版社1982年版，第149页。

漕渠的主要补给水源来自渭水,由此提出的问题是,大司农郑当时是如何引渭水西入长安的呢?司马迁在《史记·河渠书》中虽然记载了郑当时"凿直渠自长安至华阴"这一事件,强调了兴修漕渠时采取了裁弯取直的方案,然而,关于取渭水入运的具体情况依旧语焉不详。郦道元注桑钦《水经》渭水"又东过长安县北"语时指出:"渭水东合昆明故渠,渠上承昆明池东口,东径河池陂北,亦曰女观陂。又东合沈水,亦曰漕渠。"①这一说法大体上道出了渭水与长安城的关系以及郑当时兴修漕渠时取渭水的情况。具体地讲,郑当时以长安为起点开挖漕渠时利用了昆明池,并在昆明池的东口取水,进而"东合沈水"。所谓"渭水东合昆明故渠",是指开渠引渭时借用了引渭入昆明池的渠道。郦道元又有"其渠自昆明池,南傍山原,东至于河,且田且漕,大以为便"②之说,是说漕渠南依山原。据有关文献记载,昆明池南面的山原上有甘泉宫(在今陕西咸阳淳化西北),如《三辅黄图·池沼》有"甘泉宫南有昆明池"③之说。据此可证,"引渭穿渠"的取水口在距昆明池东口不远的地方。进而言之,漕渠引渭经昆明池东口,向南经长安城后再向南经终南山,沿山脚继续向东。

需要补充的是,汉武帝"发谪吏穿昆明池"④的时间发生在何时?史学界有元狩三年(前120)开挖之说。《三辅黄图·池沼》云:"汉昆明池,武帝元狩三年穿,在长安西南,周回四十里。"⑤从时间上看,郑当时开漕渠在先,汉武帝开昆明池在后,似表明郦道元的观点有误。其实不然,昆明池是上林苑的一部分,上林苑是在秦王朝离宫的基础上兴修的,秦王朝离宫又是在周王朝镐池的基础上兴修的。从这样的角度看,昆明池可以为漕渠提供补给水源当不成问题。进而言之,在汉武帝扩建昆明池以前,昆明池一带已有规模巨大的水泽或湖泊,如昆明池的北端有镐池,镐池后来成为昆明池的一部分。《三辅黄图·池沼》又云:"镐池,在昆明池之北,即周之故都也。"⑥周亡以后,镐池成为秦离宫的一部分,汉建上林苑、开昆明池又将镐池纳入其中。从这样的角度看,郑当时等开漕渠时自昆明池引渭水为补给水源当不成问题。

漕渠在昆明池东口取渭水以后,渠道为什么要先向东、再向南,随后再沿终南山的山脚继续向东呢?从地理形势看,终南山的山脚地势低洼,有现成的河道,只要略加改造便可成为再次入渭的河道。程大昌指出:"终南山横亘关中南面,西起秦、陇,东彻蓝田,凡雍、岐、

---

① 北魏·郦道元《水经注·渭水下》,杨守敬、熊会贞疏,段熙仲点校,陈桥驿复校《水经注疏》中册,南京:江苏古籍出版社1989年版,第1590页。
② 同①,第1617页。
③ 陈直《三辅黄图校证》,西安:陕西人民出版社1980年版,第94页。
④ 汉·班固《汉书·武帝纪》,北京:中华书局1962年版,第177页。
⑤ 同③,第92页。
⑥ 同③,第96页。

眉、户、长安、万年,相去且八百里而连绵峙据其南者,皆此之一山也。"①又说:"陇山东面则在关中。关中之地,有渭水焉,自鸟鼠同穴以至长安亘五六百里间,凡其在南之水皆碍南山,而北合乎渭,以入于河,则又足见陇山渭北之南,其山岗脊不断,而与于阗之南山远相连接者,又可准水以验矣。于是会其终始,则于阗南山为南山发迹之始,而关中南山为南山东出之终,其终始皆可据信也。《秦诗》作于周世,固已指关中南山以为终南矣,所谓'终南何有,有条有梅'者是也。"②渭水向东经雍、岐、眉、户、长安、万年等地区,曲折迂回,沿终南山山脚下的河道直线向东,从昆明池附近开漕渠引渭向南,可裁直航道在山脚下接纳细流并再次入渭,随后由渭口注入黄河。从这样的角度看,漕渠"并南山下,至河"是指"凿直渠自长安至华阴",这条航道虽然与渭水航道有相同的终点,但与自然形成的渭水航线多有不同。

  起初,关中漕运以渭水为航线,郑当时兴修漕渠后,将自关东至关中长安的九百多里航程缩短为三百余里。在这中间,与其说兴修漕渠是在改造渭水航线,倒不如说是以渭水为补给水源兴修了一条有漕运功能的新河渠。如胡渭考证道:"《水经注》:渭水径峦都城北。则此城在水南,而《华州新志》云:峦城当在同州界。盖渭水非复旧流也,其言未知所据。今按《汉志》:渭水出首阳县东,至船司空入河,过郡四(陇西、扶风、京兆、冯翊),行千八百七十里。而易氏云:渭水出渭源县西七十六里,东流五十里至陇西县,又三百里至上邽县,又一百二十里至南由县,又三百二十里至岐山县,又二百七十里至万年县,又二百六十里至华阴县,又三十五里至永丰仓入河。通计止一千四百三十一里,较《汉志》少四百三十余里。又按汉元光中,郑当时言'关东漕粟从渭上,道九百余里。今引渭穿渠起长安,旁南山下,至河三百余里'。是比旧减六百里也。……但漕渠自长安旁南山而东,至河裁三百余里,而渭水行漕渠之北者,不知如何潆洄曲折,乃有九百里之远。此则古记已亡,郦元亦无从考核,而其议则不可以不存也。"③兴修漕渠时以渭水为补给水源,改善了自关东至关中的漕运条件。

  当然也应该看到,时至康熙年间,渭水经栾城等地时与《水经注》的描述有很大不同,在没有充分证据的前提下,胡渭只能以"其言未知所据"表达了存疑的态度。胡渭是清代著名的经学家和地理学家,文中所说的《华州新志》是指康熙二十三年(1684)在旧志基础上重修的新志。在这里,胡渭隐约表达了渭水虽然多弯,但从长安到华阴渭口入黄河似不应有九百多里的看法。然而,存疑归存疑,但渭水曲折多弯不成问题。从这样的角度看,与其说是利用渭水实施裁弯取直的工程,倒不如说是兴修新运道,通过缩短渭水航程,提高了自关东漕运关中的能力。

  此外,兴修关中漕渠后可加强河东漕运,改变依靠关东进行漕运的单一局面。胡渭论述

---

① 宋·程大昌《雍录·南山》(黄永年点校),北京:中华书局2002年版,第108页。
② 同①,第105页。
③ 清·胡渭《禹贡锥指》(邹逸麟整理),上海:上海古籍出版社2006年版,第630—631页。

道:"渭汭在河之西岸,华阴、朝邑、韩城之地皆是也。东与蒲州荣河分水,此言雍之贡道,故特以西岸言之。韩汝节云:今蒲州,舜所都也。渭水之北,今朝邑县南境,渭水至此东入河,折而北三十里即蒲州,故舟皆会于渭北。今按北船出龙门,至荣河县北汾水入河处,便当东转溯汾,无缘更顺流而下,至朝邑与南船会也。且禹告成当尧时,帝都平阳,距蒲阪三百余里,韩成北连龙门,东对汾口,南北贡船相会当在其间,曷为引蒲州以证乎?"①漕渠建成后,为加强河东漕运提供了便利条件。

根据郦道元提供的线路,结合司马迁等人的叙述,可知漕渠主要自汉长安城至昆明池东口,随后从东口向南沿终南山向东,经新丰到华阴进入黄河。这一叙述虽然可以确定漕渠的基本走向,但沿途有哪些重要的航段节点依旧不太清楚。针对这些情况,辛德勇先生为考证关中航线做了大量的工作,提出了关中航线以渭水航线为主的观点②。根据古人的论述,再结合辛德勇先生的考证,漕渠在关中的航线是,先从汉长安城的西北即靠近咸阳的地方引渭水向东经上林苑昆明池东口,由此向南经长安城南再到终南山的山脚东行,沿途接纳灞水、浐水等,经万年、临潼、新丰、渭南、华县、华阴等地进入潼关,从潼关经渭口注入黄河。客观地讲,漕渠航线有自身无法克服的缺陷,因航线水位落差小,且以挟带泥沙严重的渭水为主要补给水源,渭水入漕渠后因水流放缓致使泥沙淤积航道,从而导致航运能力下降。与之相比,渭水航线虽曲折多弯,但因水位落差大,水流湍急,因此淤沙堵塞航道的现象低于漕渠。进而言之,当漕渠因淤寒无法通航时,渭水航道依旧有航运能力。

汉武帝兴修为漕运服务的河渠,改善了关中已有的漕运条件,为调集河东的粮食入关中提供了必要的条件。然而,开挖具有航运功能的新航道谈何容易,受自然条件及科技水平的限制,水上交通建设遇到了无法克服的困难。要想维护政治统治和社会的稳定,只能重点维护从关东到关中——沿黄河经砥柱山入潼关,然后沿渭河进入关中的漕运通道。从这样的角度看,要确保关中的政治安全和社会稳定,依赖关东通往关中及长安的漕运通道是必然的选择。马端临指出:"然当汉之漕在武帝时,诸侯王尚未尽输天下之粟,至武、宣以后,诸侯王削弱,方尽输天下之粟,汉之东南漕运,至此始详。当高帝之初,天子之州郡与诸侯封疆相间杂,诸侯各据其利,粟不及于天子。"③汉武帝一朝关中人口增加、对外用兵及官僚机构扩大等因素交织在一起,扩大了国用的范围。

为解除后顾之忧,达到"尽输天下之粟"的目的,元朔二年,汉武帝采纳主父偃的建议,颁布"推恩令",允许诸侯王将自己的封地再分给子弟,建立侯国。司马迁论述道:"汉定百年之间,亲属益疏,诸侯或骄奢,忕邪臣计谋为淫乱,大者叛逆,小者不轨于法,以危其命,殒身亡国。天子观于上古,然后加惠,使诸侯得推恩分子弟国邑,故齐分为七,赵分为六,梁分为

---

① 清·胡渭《禹贡锥指》(邹逸麟整理),上海:上海古籍出版社2006年版,第331页。
② 辛德勇《西汉时期陕西航运之地理研究》,《历史地理》第21辑,上海:上海人民出版社2006年版。
③ 元·马端临《文献通考·国用考三》,杭州:浙江古籍出版社1988年版,第248页。

五,淮南分三,及天子支庶子为王,王子支庶为侯,百有余焉。吴楚时,前后诸侯或以适削地,是以燕、代无北边郡,吴、淮南、长沙无南边郡,齐、赵、梁、楚支郡名山陂海咸纳于汉。诸侯稍微,大国不过十余城,小侯不过数十里,上足以奉贡职,下足以供养祭祀,以蕃辅京师。而汉郡八九十,形错诸侯间,犬牙相临,秉其陀塞地利,强本干,弱枝叶之势,尊卑明而万事各得其所矣。"①"推恩令"实行后,有效地削弱了诸侯王的实力,为汉武帝放心大胆地调集粮草,实施打击匈奴的国策创造了条件。

问题是,汉武帝兴修河渠及加强漕运后,为什么没有像后世那样在河渠沿线形成新的城市及区域性政治中心?具体地讲,主要是由六个方面的原因决定的。一是西汉虽然关注河渠的漕运能力,但重点关心的是长安这一政治中心的安全及关中的农业生产发展,没有通盘考虑建立全国的漕运系统问题,只是把关中视为河渠建设的重要区域。二是关中河渠主要沿渭水展开,在建设这些河渠以前,渭水沿线已建有不同层级的政区,一时难以改变。具体地讲,渭水是关中重要的漕运通道,漕渠是利用渭水兴修的裁弯取直工程,在发展关中漕运时,漕渠的航段节点早已建有城市,没有必要在漕渠沿岸另建有漕运中转能力的城市。三是西汉王朝的科学技术水平较低,虽然有发展漕运的良好愿望,但因无法彻底地解决河渠通运时遇到的水位落差、泥沙淤塞航道等难题,以致在关中及周边地区开挖的河渠大都以失败告终。四是西汉王朝取粮关东的范围主要集中在黄河流域,这些地区经过长期开发,早已形成政治中心,这些城市有向周边地区辐射的功能。五是西汉漕运主要依靠东西流向的黄河及其支流,开挖的河渠大都是这些河流的延长或补充,由于这些河渠的长度较短,转运成本过高,因此不可能在河渠经过的关中地区建立集散地或中转站。六是西汉开挖河渠关心的重点是灌溉农田、改造土壤、提高粮食产量等,部分河渠没有或通航能力有限,因此河渠沿线很难形成中转地或集散地。进而言之,由于这些地区受自然地理及行政区划等条件的制约无法成为新的水陆交通枢纽,因此很难形成人口聚集的新兴城市。从这样的角度看,关中虽然是汉王朝重点经营的地区,但漕运范围有限,因此无法形成有别于陆路的交通运输体系。反过来讲,由于关中河渠沿岸不可能建立漕运中转站及集散地,因此无法成为水陆交通枢纽,这样一来,也就消解了在关中河渠沿岸建造新城的可能。

第三节　黄河漕运与开凿褒斜道

自关东漕运关中必须走黄河,但从汉武帝一朝起,黄河改道及泛滥进入高频期。黄河改道和泛滥直接影响黄河中下游地区的民生及漕运安全,因而,在加强漕运和关注民生的紧要

---

① 汉·司马迁《史记·汉兴以来诸侯王年表》,北京:中华书局1982年版,第802—803页。

关口,治理黄河遂成为汉武帝必须关注的大问题。进而言之,汉武帝兴修河渠,是在治理黄河及漕运全面受阻的过程中进行的。

汉代治理黄河的历史,可以上溯到汉文帝一朝,史有"汉兴三十九年,孝文时河决酸枣,东溃金堤,于是东郡大兴卒塞之"①之说。史称:"其后四十有余年,今天子元光之中,而河决于瓠子,东南注巨野,通于淮、泗。于是天子使汲黯、郑当时兴人徒塞之,辄复坏。是时武安侯田蚡为丞相,其奉邑食鄃。鄃居河北,河决而南则鄃无水灾,邑收多。蚡言于上曰:'江河之决皆天事,未易以人力为强塞,塞之未必应天。'而望气用数者亦以为然。于是天子久之不事复塞也。"②这一记载强调了三个方面的内容:一是自汉文帝治河以后,历四十余年,至汉武帝元光三年黄河再度溃决,并从酸枣(在今河南延津西南)转移到瓠子口(在今河南濮阳西南)一带;二是汉武帝派汲黯、郑当时等堵塞决口,取得的成效不大,陷入了屡修屡坏的僵局;三是汲黯、郑当时治理黄河难以取得成功,与武安侯田蚡出于保食邑不被水淹的私心,以"塞之未必应天"为理由提出反对意见有关,而田蚡反对治河的意见之所以占上风,主要与西汉奉行邹衍"五德终始"及以"灾异"为核心的五行相胜的神学主张有关③。具体地讲,在汉武帝"改制度"以前,西汉一直以"水德"自称,有"大汉继周"④之说,周兴以"火",按照五行相克的原理,汉继周,自然要以"水德"相称。换言之,"水"是汉王朝的兴象,受五行相克及"五德终始"宗教神学的制约,汉王朝停止了治河的行动。

又过了二十多年,黄河溃决在影响黄河两岸民生的同时,中断了黄河漕运,致使关中漕运陷入危机,这样一来,及时地恢复黄河漕运及治理黄河便成了头等大事。此时,汉武帝"改制度"的重要一环——登泰山封禅已完成⑤,由于改称"土德",以土克水的形势已经明朗,故治河及恢复黄河运道时完全可以不受以"水德"相称时的制约。元封二年(前109),汉武帝亲临现场指挥堵塞瓠子口。工程完工后,出现了"道河北行二渠,复禹旧迹,而梁、楚之地复宁,无水灾"⑥的局面。具体地讲,瓠子口被修缮后,不但改善了当地的农业生产条件,恢复了黄河漕运,而且在加强漕运的过程中掀起了兴修河渠的高潮。司马迁记载:"自是之后,用事者争言水利。朔方、西河、河西、酒泉皆引河及川谷以溉田;而关中辅渠、灵轵引堵水;汝

---

① 汉·司马迁《史记·河渠书》,北京:中华书局1982年版,第1409页。
② 同①。
③ 详细论述参见张强《司马迁的通变观与五德终始说》,《南京师范大学学报》2005年第4期;张强《帝王思维与经学思维模式》,《南京师范大学文学院学报》2004年第2期;张强《论西汉前期的天人思想》,《河北师范大学学报》2001年第2期。
④ 汉·班固《汉书·礼乐志》,北京:中华书局1962年版,第1075页。
⑤ 详细论述参见张强《汉武帝与文治》,《江苏社会科学》1997年第6期;张强《帝王思维与阴阳五行思维模式》,《晋阳学刊》2001年第2期;张强《阴阳五行说的历史与宇宙生成模式》,《湖北大学学报》2001年第5期。
⑥ 同①,第1413页。

南、九江引淮；东海引巨定；泰山下引汶水：皆穿渠为溉田，各万余顷。佗小渠披山通道者，不可胜言。"①班固亦有类似的记载②。"自是之后"，指堵塞瓠子口以后。在"争言水利"的过程中，各自然经济地理区域在兴修河渠的过程中，加强了农田灌溉、改良土壤、排洪防涝等，建成了一批具有丰产、高产和稳产能力的粮食基地。

兴修有综合功能的河渠是西汉统治者一致的看法。如汉哀帝一朝，贾让曾用"通渠有三利，不通有三害"等语，充分肯定了汉武帝一朝以后河渠建设的成果，针对黄河水文变化及泛滥、改道等情况，强调了治河的重要性。他在上疏中指出："若乃多穿漕渠于冀州地，使民得以溉田，分杀水怒，虽非圣人法，然亦救败术也。难者将曰：'河水高于平地，岁增堤防，犹尚决溢，不可以开渠。'臣窃按视遮害亭西十八里，至淇水口，乃有金堤，高一丈。自是东，地稍下，堤稍高，至遮害亭，高四五丈。往六七岁，河水大盛，增丈七尺，坏黎阳南郭门，入至堤下。水未逾堤二尺所，从堤上北望，河高出民屋，百姓皆走上山。水留十三日，堤溃，吏民塞之。臣循堤上，行视水势，南七十余里，至淇口，水适至堤半，计出地上五尺所。今可从淇口以东为石堤，多张水门。初元中，遮害亭下河去堤足数十步，至今四十余岁，适至堤足。由是言之，其地坚矣。恐议者疑河大川难禁制，荥阳漕渠足以（下）〔卜〕之，其水门但用木与土耳，今据坚地作石堤，势必完安。冀州渠首尽当印此水门。治渠非穿地也，但为东方一堤，北行三百余里，入漳水中，其西因山足高地，诸渠皆往往股引取之；旱则开东方下水门溉冀州，水则开西方高门分河流。通渠有三利，不通有三害。民常罢于救水，半失作业；水行地上，凑润上彻，民则病湿气，木皆立枯，卤不生谷；决溢有败，为鱼鳖食：此三害也。若有渠溉，则盐卤下湿，填淤加肥；故种禾麦，更为粳稻，高田五倍，下田十倍；转漕舟船之便：此三利也。"③尽管贾让"通渠有三利，不通有三害"提出的时间虽然较晚，但完全可以来说明汉武帝兴修河渠的思想。从某种意义上讲，汉武帝兴修河渠的过程，实际上是重新认识和评估河渠作用及功能的过程。从关心漕运到关注河渠的灌溉功能等，汉武帝思想认识上的变化为在关中及其他地区全面进行河渠建设、发展农业和水上交通奠定了坚实的基础。可以说，贾让肯定了汉武帝以后兴修河渠的成果，在此基础上提出一系列的改进措施，对后世的河渠建设产生了深远的影响。

从形势上看，西汉王朝的政治中心虽然建在关中，但关东及黄河中下游地区一直是重要的农业经济区，这样一来，维护黄河这一漕运通道势必成为西汉统治者关心的大事。问题是，黄河流经黄土高原，每年向下游地区输送大量泥沙，特别是枯水季节水流放缓时，将会出

---

① 汉·司马迁《史记·河渠书》，北京：中华书局1982年版，第1414页。
② 史称："自是之后，用事者争言水利。朔方、西河、河西、酒泉皆引河及川谷以溉田。而关中灵轵、成国、湋漳渠引诸川，汝南、九江引淮，东海引巨定，泰山下引汶水，皆穿渠为溉田，各万余顷。它小渠及陂山通道者，不可胜言也。"（汉·班固《汉书·沟洫志》，北京：中华书局1962年版，第1684页）
③ 汉·班固《汉书·沟洫志》，北京：中华书局1962年版，第1694—1695页。

现泥沙淤积河道不断抬高河床的情况。河床被抬高以后势必形成"悬河",在丰水季节发生决口和漫溢的情况,进而给漕运发展和农田灌溉带来极大的困难。为了防止黄河决口和漫溢,西汉统治者采用了在关键航段建造石堤,加固堤防的措施。如汉哀帝时贾让根据实地考察的情况写道:"今堤防狭者去水数百步,远者数里。近黎阳南故大金堤,从河西西北行,至西山南头,乃折东,与东山相属。民居金堤东,为庐舍,(住)〔往〕十余岁更起堤,从东山南头直南与故大堤会。又内黄界中有泽,方数十里,环之有堤,往十余岁太守以赋民,民今起庐舍其中,此臣亲所见者也。东郡白马故大堤亦复数重,民皆居其间。从黎阳北尽魏界,故大堤去河远者数十里,内亦数重,此皆前世所排也。河从河内北至黎阳为石堤,激使东抵东郡平刚;又为石堤,使西北抵黎阳、观下;又为石堤,使东北抵东郡津北;又为石堤,使西北抵魏郡昭阳;又为石堤,激使东北。"①这里虽主要叙述在黄河沿岸建造石堤的情况,但所述地区如黎阳、内黄等地皆为战国时期的魏地,魏国曾在这些地区整治、修缮鸿沟,因此所述亦涉及在黄河航线沿岸建造石堤的问题。从这样的角度看,在千里黄河沿线建造石堤可谓是汉王朝的一大壮举。

西汉是河渠及漕运通道建设史上的重要时期。总结这一时期河渠建设的特点,河渠建设虽然在不同的区域展开,但与提高不同区域的农业生产水平及加强漕运有密切的关系,主要表现在三个方面:一是西汉重点建设关中及相邻区域的河渠,表现出河渠建设沿黄河中下游地区展开的特点;二是黄河中下游地区是农业经济的发达地区,加强这一区域的河渠建设可以在发展农业、提高产出的过程中,最大限度地稳定专制王朝的政治秩序和经济秩序;三是建设有漕运和灌溉等综合能力的河渠,可以有效地缩短漕运关中的距离。西汉时期,黄河中下游地区的农业经济发展水平明显高于江淮及其他地区。由于征收赋税需要农业经济的支撑,而就近建设有灌溉能力的河渠可以降低漕运成本,减少不必要的消耗,那么加强漕运势必从河渠建设入手。

为了改变单一依靠关东漕运的局面,实现漕运的多元化,汉武帝一朝除了在关中兴修漕渠、治理黄河及恢复黄河漕运外,又在汉中兴修了褒斜水道。

褒斜水道是由汉中太守张卬具体负责开凿的。司马迁记载:"其后人有上书欲通褒斜道及漕事,下御史大夫张汤。汤问其事,因言:'抵蜀从故道,故道多坂,回远。今穿褒斜道,少坂,近四百里;而褒水通沔,斜水通渭,皆可以行船漕。漕从南阳上沔入褒,褒之绝水至斜,间百余里,以车转,从斜下下渭。如此,汉中之谷可致,山东从沔无限,便于砥柱之漕。且褒斜材木竹箭之饶,拟于巴蜀。'天子以为然,拜汤子卬为汉中守,发数万人作褒斜道五百余里。道果便近,而水湍石,不可漕。"②所谓"褒水通沔,斜水通渭,皆可以行船漕",是指褒水通沔

---

① 汉·班固《汉书·沟洫志》,北京:中华书局1962年版,第1692—1693页。
② 汉·司马迁《史记·河渠书》,北京:中华书局1982年版,第1411页。

水（汉水），斜水通渭水，两条水道都有进行漕运的基础。所谓"漕从南阳上沔入褒，褒之绝水至斜"，是指可将沔水流域的南阳（在今河南南阳）等地纳入漕运范围。因这些水道本身有一定的漕运能力，如果加以修整则可以提高运输能力建立一条自沔水入褒水，自褒水上游入斜水，随后自斜水入渭水直通关中及长安的通道。具体地讲，发源于衙岭山（旧时也写作"衙岭山"，在今陕西武功境内）的褒水和斜水其上游只有一道平缓的山坡即五里坡，只要翻越五里坡便可从斜水入褒水，随后沿褒谷顺流而下，随后出谷口入沔抵汉中。

从理论上讲，沿秦岭中的斜谷和褒谷开辟一条自关中沿斜水经褒水至汉中的漕转路线是可行的。班固记载："斜水出衙领山北，至郿入渭。褒水亦出衙领，至南郑入沔。有垂山、斜水、（淮）[褒]水祠三所。"①渭水的支流斜水和沔水的支流褒水，以衙岭山为分水岭，形成南北两个流向。褒水自衙岭山沿褒谷西行至太白县嘴头镇后，向南经白云、江口、柳川、南河、武关河、铁佛店、马道、青桥驿、褒姒铺、将军铺等地出谷口入汉水抵汉中；斜水自衙岭山沿斜谷向东至桃川以东的老爷岭，北经鹦鸽抵斜峪关出谷口，随后经武功、五丈原等地入渭水抵关中及长安。

关于这条水道的情况，前人多有论述。胡渭考证道："《汉志》右扶风武功县下云：斜水出衙领山，北至郿入渭，褒水亦出衙领，至南郑入沔。按衙领山在今郿县西南三十里，俗呼马鞍山。褒、斜本谷名。李善《西都赋》注引《梁州记》云：万石城溯汉上七里有褒谷（万石城在今汉中府褒城县东），南口曰褒，北口曰斜，长四百五十里（《沟洫志》曰：作褒斜道五百余里。曹孟德以此谷为五百里石穴。孔颖达云汉在渭南五百余里，皆与《梁州记》合。程大昌谓汉中北距斜口八九百里，妄也）。《水经注》：汉水自西乐城北（城在今沔县东南，汉水南岸），又东合褒水。水东北出衙岭山，东南经大石门，历故栈道下谷，又东南径三交城（城在褒城县西北，以三水之会名），又东南得丙水口（水上承丙穴，穴出嘉鱼。故左思称'嘉鱼出于丙穴，良木攒于褒谷'），又东南历小石门（门穿山通道，六丈有余。《蜀都赋》曰'岨以石门'，即此。门在汉中之西，褒中之北。按今褒城县西北十五里箕谷口，有石如门，曰石门），又东南历褒口（即褒谷之南口。北口曰斜，所谓北出褒），又南径褒县故城东（褒中县也，本褒国。按褒中故城在褒城县南），又南流入于汉。渭水自郿县故城南（城在今郿县东北十五里，渭水之北），又东径武功县北，斜水自南注之。水出县西南衙岭山，北历五丈原东（原在郿县西三十里，渭水南），亦谓之武功水。诸葛亮《表》云'臣遣虎步监孟琰据武功水东'是也。"②如果这条经衙岭山中转的漕转线路开通的话，将大大改变单纯依靠关东漕运的局面，同时也可避开黄河三门峡的风险。

褒水和斜水在秦岭中穿行，起伏不定，水位落差极大，遂给漕运带来了困难。以衙岭山

---

① 汉·班固《汉书·地理志上》，北京：中华书局1962年版，第1547页。
② 清·胡渭《禹贡锥指》（邹逸麟整理），上海：上海古籍出版社2006年版，第294页。

为最高点，褒水至汉中的高程约为一千五百多米，由于沿途水位的落差太大，故需要开凿褒斜道，为拉纤服务。胡渭论述道："以今舆地言之，褒谷口在褒城县北十里，斜谷口在郿县四南三十里。褒水自衙岭南流，经褒城县东，又南入于汉。斜水自衙岭北流，经郿县东，又东北入于渭。褒之流长，而斜之流短，两谷高峻，中间褒水所经，皆穴山架木而行，名曰连云栈。陆贽所云'缘侧径于岭岩，缀危栈于绝壁'者也。"①从表面上看，开凿褒斜道似与漕运无关，其实不然，开凿这一栈道与漕运时方便拉纤有密切的联系。

不幸的是，整治后的褒水和斜水之间的航线无法投入使用，这样一来，探索汉中漕运，以汉中为漕运节点，保关中的粮食安全成为一句空话。胡渭论述开通褒斜水道失败的原因时指出："褒、斜之间，绝水百余里，则渭不言逾而言入，诚有可疑，即通谓褒为沔，亦无解于百余里之阻隔。傅同叔云：上文既言逾沔，可以该下而省文。此说亦未当。褒、斜之间，若更有一逾，安得以逾沔该之。愚窃谓褒、斜二水，禹时必有相通之道，如《水经注》所云'衙岭之南，溪水支灌于斜川'者。及夏、殷之际，梁俗变为蛮夷，贡职不修，贡道遂废。周武王牧野之师，八国虽尝来会，其后巴、蜀恃险，复不与中国通。逾沔入渭之道，其谁知之？尝观江、河之枝流，日久亦多堙塞。如夷水首受鱼复江，战国时，巴、楚相攻，舟师常出此路。洎乎隋、唐，遂成断港。汴水引河为转运之通渠，宋南渡后废而不用，日就浅涩，今水道断续几不可问，而况深山穷谷之中溪流一线？裁得通舟，自禹至汉，多历年所，岂能长存而不变。褒、斜二水相通之道，禹时自有，汉时自无。不得据《汉》《史》而疑圣经，亦不得据《郦注》而疑《汉》《史》也。……或问古今之地势一也。褒、斜之水，汉时多湍石，不可漕，禹时何独不然。曰：汉之所漕者谷也，禹之所漕者贡物而已。梁州所贡，皆金石之类，体质虽重，亦岂若珂峨大艑，每船载至数百石，水稍浅狭，即不能行者哉。盖惟物少而舟轻，故山溪无碍，急湍可挽。苟有水道，则必从之，至不得已，而舍舟行陆。虽轻约易赍，亦必择其路之最近者。如自潜逾沔，中间所历冈穴不过二十余里，圣人之重民力也如此。惜乎张汤刀笔吏，不知经术，其子卬亦庸才，不能推寻旧迹，而轻用其民，以车转谷百余里，曾不以为劳，且使沔、渭之间，贡道断续不明，真千载恨事。"②经过艰苦的努力，从汉中到关中的漕运通道褒斜道虽然建成了，但终因山谷之间的水位落差太大，且无法清除河道中的巨石，从而出现了"水湍石，不可漕"的尴尬局面。胡渭论述道："以今舆地言之，浮嘉陵江至广元县北龙门第三洞口，舍舟从陆，越冈峦而北，至第一洞口，出谷乘舟，至沔县南，《经》所谓'浮潜而逾沔'也。自沔入南郑县界，抵褒城东，历褒水、斜水，至郿县东北入渭，沿流而东历武功、兴平、盩厔、鄠县、咸阳、长安、高陵、咸宁、临潼、渭南、华州、朝邑至华阴县之渭口，绝河流而东抵蒲州，《经》所谓'入渭而乱河'也。自蒲州并东岸而行，至荣河县北，溯汾水而上，历河津、稷山、绛州、太平、襄陵至临汾县，是为平

---

① 清·胡渭《禹贡锥指》（邹逸麟整理），上海：上海古籍出版社2006年版，第294—295页。
② 同①，第296—298页。

阳,尧之所都。此梁州及西倾之贡道也。"①开辟褒斜漕运通道除了可以汉中为节点支援关中外,还可以建立一条自汉水及长江流域经关中腹地直抵河东的水上交通线,在此基础上形成以关中为圆心,以汉中、河东为两翼的战略布局,三者之间形成呼应关系,以巩固长安这一政治中心的地位。遗憾的是,这一漕运通道虽然"道果便近",终因水位落差大、水流太急无法漕运,无法达到预期的目标。

开褒斜漕运通道一事表明,在关中及长安人口快速增长及国用不断增加的背景下,为了解决关中及长安日趋扩大的粮食需求,需要探索多元化的漕运途径。在这中间,将褒水、斜水、沔水等与渭水串联起来,建立以汉中为中心的远及巴蜀的粮食基地,对于确保关中及长安的粮食安全,稳定关中及长安的政治秩序,应对打击匈奴时的粮草需求等,有着特殊的战略意义。

从文献记载的情况看,开凿褒斜水道的最初构想是,以汉中为联系沔水及长江流域的航段节点,打通自汉中联系江汉平原的航线。这条通道以南阳为联系沔水和长江的起点,中经沔水可以进入褒水,在褒水与斜水的分水岭衙岭山搬转后入斜水,随后自斜水顺流而下进入渭水,再从渭水入关中及长安。如果这条富有战略意义的航线顺利开通并投入使用的话,不但可以将漕运扩展到汉水及长江流域,深入巴蜀腹地,建立一条自汉中经南阳、远及长江沿岸的大通道,还可以改变汉王朝已有的交通面貌,摆脱关中及长安粮食安全完全依赖关东的单一局面,实现漕运关中多元化的目标,为稳定关中及长安的政治秩序和经济秩序服务。

---

① 清·胡渭《禹贡锥指》(邹逸麟整理),上海:上海古籍出版社2006年版,第295页。

第二章　关中、河东河渠与漕运之法

如何缩短漕运补给线及降低运输成本,是汉武帝一朝关心的大事。从漕运形势看,漕运关中在黄河三门峡受限,再加上水运成本虽然低于陆运,但如果距离过远,依旧要付出沉重的代价。这样一来,全面提高关中的农业产出,减少关中对关东的依赖,便成了汉武帝关心的"漕运之法"。马端临论述道:"在汉初,高后、文、景时,中都所用者省,岁计不过数十万石而足,是时,漕运之法亦未讲。到得武帝,官多徒役众,在关中之粟四百万犹不足给之,所以郑当时开漕渠、六辅渠之类,盖缘当时用粟之多,漕法不得不讲。"①马端临的说法主要承袭了前人的观点,认为汉武帝所关心的漕运之法即"漕法"主要是指在关中兴修漕渠、六辅渠等农业灌溉渠。这一说法虽有以偏概全之嫌,但延展一下,当知关中的河渠建设还包括与之相邻的河东等地。具体地讲,汉武帝关心的"漕法",主要是缩短漕运补给线及降低运输成本之法。汉武帝登基后,关中人口快速增长,官僚机构急剧扩大,打击匈奴需要大军进驻关中,囤积粮草及军用物资等,这一切使得国用空前扩大,加大了关中对关东漕运的依赖。面对这些难题,在关中土地有限,农业产出亦有限的前提下,汉武帝关心的"漕法"除了与兴修关中河渠有关外,还与在相邻的区域如河东等地兴修河渠有关。

第一节　关中与河东河渠建设

司马迁有"其后漕稍多,而渠下之民颇得以溉田矣"②等语,是说开漕渠以后,汉武帝开挖了多条有漕运及灌溉功能的河渠。这些河渠开挖后,改造了关中及相邻区域的农田,提高其农业产出,缩短了漕运补给线。

关中是汉武帝一朝农田水利建设的重点区域,在这一区域兴修的河渠有龙首渠、富民渠、昆明渠、郑国渠、白渠、六辅渠、灵轵渠、成国渠、沣渠等。河东与关中相邻,汉武帝在这一

---

① 元·马端临《文献通考·国用考三》,杭州:浙江古籍出版社1988年版,第248页。
② 汉·司马迁《史记·河渠书》,北京:中华书局1982年版,第1411页。

区域兴修了河东渠。兴修河东渠以后,就地屯田、就近运粮渡河入关中,在一定程度上解除了漕运必经三门峡时所遇的风险。进而言之,关中及河东河渠开挖后,在扩大农田灌溉面积及提高农业产量的同时,提高了关中粮食的自给能力,缩短了从关东调粮的路程,降低了高昂的运输成本。

汉武帝一朝关中的河渠建设,是从兴修临晋龙首渠开始的。司马迁记载:"其后庄熊罴言:'临晋民愿穿洛以溉重泉以东万余顷故卤地。诚得水,可令亩十石。'于是为发卒万余人穿渠,自征引洛水至商颜山下。岸善崩,乃凿井,深者四十余丈。往往为井,井下相通行水。水颓以绝商颜,东至山岭十余里间。井渠之生自此始。穿渠得龙骨,故名曰龙首渠。作之十余岁,渠颇通,犹未得其饶。"①班固著《汉书·沟洫志》时移录了这一记载。本来,盐碱地因无法产粮很少有人居住,但引水灌溉变成良田后,便成为人口居住和活动的密集区域。

兴修龙首渠时,采用了凿井相通的办法,这一富有创造性的引水工程与吐鲁番地区的坎儿井似有异曲同工之妙。李吉甫叙述商颜山的地理位置时记载:"《汉书·沟洫志》云武帝时严熊上言,'愿穿洛以溉重泉以东万余顷'。于是发卒穿渠,自征引洛水至商颜下(商颜,今在冯翊县界),名曰龙首渠。按州西三十里有乾坑,即龙首之尾也。"②胡渭亦考证道:"《沟洫志》云:武帝用严熊言,穿渠自征引洛水,至商颜下,溉重泉以东万余顷故恶地,穿得龙骨,故名曰龙首渠。商颜即今同州北三十五里之商原也。蒲城在华州北少西一百二十里。本汉重泉县(《长安志》:洛水在蒲城县东五十里)。又南径同州西南(同州在西安府东北二百八十里),本汉临晋县。"③临晋即冯翊县(在今陕西大荔),位于关中东部,重泉(在今陕西蒲城南)靠近黄河。龙首渠兴修后虽然没能达到预期的灌溉效果,但在一定程度上提高了当地的农业生产水平。

继龙首渠以后,汉武帝一朝又在关中分别兴修了六辅渠、灵轵渠、沣渠、富民渠、昆明渠、白渠、成国渠等。元鼎六年(前111),汉武帝采纳儿宽的建议,在郑国渠上游的南岸开挖了六条支渠即六辅渠,故史有"六辅渠"或"辅渠"之称。史称:"宽表奏开六辅渠,定水令以广溉田。收租税,时裁阔狭,与民相假贷,以故租多不入。后有军发,左内史以负租课殿,当免。民闻当免,皆恐失之,大家牛车,小家担负,输租襁属不绝,课更以最。"④从"后有军发"等语中不难发现,兴修六辅渠与省漕及支援西北战事紧密地联系在一起。在兴修六辅渠的过程中,儿宽有整治郑国渠的举措。《汉书·沟洫志》云:"自郑国渠起,至元鼎六年,百三十六岁,而儿宽为左内史,奏请穿凿六辅渠,以益溉郑国傍高卬之田。上曰:'农,天下之本也。泉

---

① 汉·司马迁《史记·河渠书》,北京:中华书局1982年版,第1412页。
② 唐·李吉甫《元和郡县图志·关内道二》(贺次君点校),北京:中华书局1983年版,第39页。
③ 清·胡渭《禹贡锥指》(邹逸麟整理),上海:上海古籍出版社2006年版,第313页。
④ 汉·班固《汉书·公孙弘卜式儿宽传》,北京:中华书局1962年版,第2630页。

流灌浸,所以育五谷也。左、右内史地,名山川原甚众,细民未知其利,故为通沟渎,畜陂泽,所以备旱也。今内史稻田租挈重,不与郡同,其议减。令吏民勉农,尽地利,平由行水,勿使失时。'"①颜师古注:"在郑国渠之里,今尚谓之辅渠,亦曰六渠也。"②六辅渠开挖后,将郑国渠的灌溉面积扩大到淳化(在今陕西咸阳淳化)西南及泾阳(在今陕西咸阳泾阳)西北。

灵轵渠主要灌溉盩厔(在今陕西西安周至)及周边地区的农田,沣渠主要灌溉扶风(在今陕西宝鸡扶风)和郿县(在今陕西宝鸡眉县)等地的农田,如班固指出:"盩厔,有长杨宫,有射熊馆,秦昭王起。灵轵渠,武帝穿也。"③胡渭注渭水"又东南径扶风县西南、郿县北"语时,有"扶风在府东南一百十里。水去县二十里有沣渠。郿县在府东南一百四十里,水去县三里"之说④。灵轵渠和沣渠均在渭水沿岸,在利用渭水的过程中,扩大了灌溉面积。《史记·河渠书》有"关中辅渠、灵轵引堵水"⑤之说,班固在《汉书·沟洫志》中,将此语改为"关中灵轵、成国、沣渠引诸川"⑥,郦道元《水经注·渭水下》有"县北有蒙茏渠,上承渭水于郿县东,径武功县为成林渠。东径县北,亦曰灵轵渠,《河渠书》以为引堵水,徐广曰:一作诸川,是也。渭水又东径槐里县故城南"⑦之说,据此可证,"堵水"应为"诸水",以"堵水"相称,应系通假所致。

胡渭考察关中河渠时,有"郑当时所开漕渠及灵轵、富民、昆明诸渠,皆横绝沣、镐等水"⑧之说。这一论述表明,除了灵轵渠等渠外,汉武帝还在长安一带以沣、镐为水源兴修了富民渠、昆明渠等。此外,汉武帝一朝又兴修了白渠、成国渠等,因白渠、成国渠有漕运能力或有潜在的漕运能力,将留到后面作专门的论述。

粮食安全涉及西汉政权稳定和打击匈奴等大事,因而在兴修关中河渠、提高其农业产出的同时,汉武帝又重点兴修了河东渠道,在开垦滩涂、建设农田的过程中,试图扩大关中及长安的粮食供应通道。

河东指黄河流经山西和陕西之间时,在两岸高山的制约下,经此呈南北流向,此后,流经陕西东部、山西南部和河南西部时又由南北走向转折为东西走向,由于黄河经山西南部时与黄河以西的关中相望,故时有"河东"之称。

自汉武帝扩大漕运规模后,河东太守提出了在河东兴修河渠、改造河边滩涂的建议。河

---

① 汉·班固《汉书·沟洫志》,北京:中华书局1962年版,第1685页。
② 同①。
③ 同①,第1547页。
④ 清·胡渭《禹贡锥指》(邹逸麟整理),上海:上海古籍出版社2006年版,第627页。
⑤ 汉·司马迁《史记·河渠书》,北京:中华书局1982年版,第1414页。
⑥ 同①。
⑦ 北魏·郦道元《水经注·渭水下》,杨守敬、熊会贞疏,段熙仲点校,陈桥驿复校《水经注疏》中册,南京:江苏古籍出版社1989年版,第1552—1553页。
⑧ 同④,第630页。

东渠道引水涉及两个方面：一是引汾水灌溉皮氏（在今山西河津西）、汾阴（在今山西万荣西南）境内的农田；二是引黄河水灌溉汾阴、蒲坂（在今山西永济西南）。进而言之，河东渠道主要以黄河及黄河一级支流汾水等为补给水源。此外，在开渠的过程中，通过构筑堤坝，将河埂之地即滩涂改造为良田。司马迁记载："其后河东守番系言：'漕从山东西，岁百余万石，更砥柱之限，败亡甚多，而亦烦费。穿渠引汾溉皮氏、汾阴下，引河溉汾阴、蒲坂下，度可得五千顷。五千顷故尽河埂弃地，民茭牧其中耳，今溉田之，度可得谷二百万石以上。谷从渭上，与关中无异，而砥柱之东可无复漕。'天子以为然，发卒数万人作渠田。"①皮氏、汾阴、蒲坂等是河东郡（在今山西夏县北）的属县。在河东开挖河渠的目的是建造"渠田"，将产出的粮食沿汾水北渡黄河入渭水，经漕渠运入关中及长安。胡渭论述道："厎柱之险不减于龙门，自古患之。汉武帝时，河东守番系漕从山东西，岁百余万石，更厎柱之艰，败亡甚多。"②在河东兴修河渠，建立屯垦区，扩大农田灌溉面积，可缩短漕运补给线，避开三门峡天险，减少漕运中的损耗。

遗憾的是，几年后，黄河向东迁徙，大部分渠田被淹没，河东屯垦区陷入被毁灭的危险境地。史称"数岁，河移徙，渠不利，则田者不能偿种。久之，河东渠田废，予越人，令少府以为稍入。"③在安置移民的过程中，汉武帝将河东的渠田给予了越人。少府为汉代九卿，主要掌管山海地泽收入和皇家手工业制造等。从"令少府以为稍入"中可知，在河东安置越人后，渠田得到了部分的恢复。

在河东营造渠田虽因黄河改道出现了"渠不利"的情况，没能收到预期的效果，但在加强渠田建设的过程建成了自河东入黄河的漕运通道。这条漕运通道建成后，改善了自黄河东岸至河西即关中的漕运条件，河东渠渡河后与关中漕渠相接，可将河东生产的粮食等运入关中。河东本身有汾水航线，沿汾水航线可深入三晋腹地，如春秋时秦国兴"泛舟之役"运粮至晋国，就是以汾水航线为运粮通道的。汉宣帝时大司农中丞耿寿昌上书道："故事，岁漕关东谷四百万斛以给京师，用卒六万人。宜籴三辅、弘农、河东、上党、太原郡谷，足供京师，可以省关东漕卒过半。"④所谓"故事"，是指汉武帝开河东渠以加强漕运一事。在这中间，兴修河东渠除了可以改造荒滩进行屯垦外，还可以打通汾水航线，将漕运范围扩展到河东以外的上党、太原等地，从这样的角度看，汉武帝一朝兴修河东渠有着特殊的意义。

需要强调的是，在关中及河东兴修有灌溉能力的河渠，是汉武帝讲究"漕运之法"及缩短漕运里程、提高效率等的重要举措。当关中生产的粮食等满足不了日益增长的需要时，当从

---

① 汉·司马迁《史记·河渠书》，北京：中华书局1982年版，第1410页。
② 清·胡渭《禹贡锥指》（邹逸麟整理），上海：上海古籍出版社2006年版，第446页。
③ 同①。
④ 汉·班固《汉书·食货志上》，北京：中华书局1962年版，第1141页。

关东运往关中的漕运量越来越大时,及时开辟新的粮食基地,改变单纯地依靠关东漕运的局面,缩短漕运距离,减少漕运损耗无疑是积极的。

第二节　白渠、郑国渠与漕运

白渠始修于汉武帝一朝,是一条具有漕运能力的关中河渠。因文献缺载,且受到后人的忽视,有必要做专门的澄清。

始元六年(前81),汉昭帝召开盐铁会议,这一时间距汉武帝去世只有六年。时至汉宣帝一朝,桓宽根据保留下来的历史档案将其整理为《盐铁论》一书。在这部著作中留下了"泾、渭造渠以通漕运"①等语,如以司马迁"其后漕稍多"②为参照,当知关中漕运不仅仅有漕渠,可能还有其他的河渠通漕。

这里需要提出的问题是,如果说漕渠是在渭水河道及以渭水为补给水源的基础上"造渠以通漕运"的话,那么,以泾水为补给水源"造渠以通漕运"应指哪些河渠呢？我们的结论是:应与白渠及郑国渠有关。具体地讲,汉武帝一朝在关中兴修或重修的河渠有郑当时所修漕渠和龙首渠、郑国渠、白渠、六辅渠、灵轵渠、成国渠、沣渠、富民渠、昆明渠等。

这些河渠可分为两大类:一类是只有灌溉能力的河渠,一类是有灌溉和漕运等综合能力的河渠。胡渭论述道:"关中引水溉田,自郑国渠始。及汉武时用郑当时言,穿渠引渭以漕,且溉南山下。用番系言,引汾溉皮氏、汾阴下,引河溉汾阴、蒲坂下。又用严熊言,引洛溉重泉以东,为龙首渠。宣房既塞,用事者益争言水利,朔方、西河、河西酒泉皆引河及川谷以溉田,关中则有灵轵渠、成国渠、沣渠、六辅渠、白渠,皆溉田各万余顷。它小渠及陂山通道者,不可胜言。"③这些河渠或为发展关中漕运而建,或为改善农业生产环境及提高农田灌溉水平而建。其中,郑当时所修漕渠和成国渠主要以渭水为补给水源,龙首渠、灵轵渠、沣渠、富民渠、昆明渠等分别以渭水、洛水、灞水、浐水、沣水、潏水等为补给水源。这些河渠兴修在不同的地点,且有不同的补给水源,均未与泾水发生联系。

在关中以泾水为补给水源的河渠有两个:一是秦统一六国前兴修的郑国渠,一是汉代白公兴修的白渠。考察司马迁、班固列举的汉代关中河渠,其中以泾水为主要补给水源的只有白渠。此外,间接以泾水为补给水源的则有儿宽兴修的六辅渠。问题是,在灌溉能力有限的前提下,怎样才能"益溉郑国傍高卬之田"呢？唯一的选择是在兴修六辅渠时重修郑国渠,增

---

① 汉·桓宽《盐铁论·刺复》,王利器《盐铁论校注》,北京:中华书局1992年版,第132页。
② 汉·司马迁《史记·河渠书》,北京:中华书局1982年版,第1411页。
③ 清·胡渭《禹贡锥指》(邹逸麟整理),上海:上海古籍出版社2006年版,第442页。

加引入郑国渠的水源。这样一来,"泾、渭造渠以通漕运"的河渠只能是郑当时所修漕渠和成国渠、白渠以及重修后的郑国渠。进而言之,漕渠、成国渠等因渭通漕①,故以泾水"造渠以通漕运"的只能是白渠和郑国渠。

问题是,《盐铁论》的记载是否可靠? 为此,有必要从其成书的情况说起。汉昭帝始元六年,丞相田千秋奉命召集会议,裁定桑弘羊盐铁专卖的主张是否可以继续执行下去。为了厘清利弊,来自各郡国的贤良文学之士对维护盐铁专卖之策的桑弘羊发出诘难。针对贤良文学之士的意见,桑弘羊或做出正面解答或提出反驳。在这场前所未有的声势浩大的廷辩中,大家关注到了"泾、渭造渠以通漕运"的情况。汉代的贤良、文学大都是儒生,这些饱读经书的儒生除了善于引经据典外,还密切关注现实,以经世致用为任,从这样的角度看,"泾、渭造渠以通漕运"应该是既成的事实。更重要的是,汉宣帝继位后令桓宽根据汉昭帝一朝盐铁辩论时的档案材料整理结集,并命名为"盐铁论"。因此,《盐铁论》的记载是可信的。

在两汉文献中,兴修白渠的情况仅见于《汉书》,不见于《史记》。如《汉书·沟洫志》云:"太始二年,赵中大夫白公复奏穿渠。引泾水,首起谷口,尾入栎阳,注渭中,袤二百里,溉田四千五百余顷,因名曰白渠。民得其饶,歌之曰:'田于何所? 池阳、谷口。郑国在前,白渠起后。举臿为云,决渠为雨。泾水一石,其泥数斗。且溉且粪,长我禾黍。衣食京师,亿万之口。'言此两渠饶也。"②太始二年(前95),白公兴修白渠的主张再次提出后得到汉武帝的批准并付诸实施。白渠兴修后改善了从谷口(在今陕西礼泉东北)到栎阳(在今陕西临潼东北)一带的农业生产条件,通过改旱田为水浇田提高了当地的农业产量。

很有意思的是,班固记叙兴修白渠的情况时只提到白渠的灌溉功能,没有透露白渠有水运能力的信息。受班固的影响,后世大都只关注白渠的灌溉功能。如郦道元记载:"渭水又东得白渠口。大始二年,赵国中大夫白公奏穿渠。引泾水,首起谷口,出于郑渠南,名曰白渠。民歌之曰:田于何所,池阳谷口。郑国在前,白渠起后。即水所始也。东径宜春城南,又东南径池阳城北,枝渎出焉。东南径藕原下,又东径郿县故城北,东南入渭。今无水。白渠又东,枝渠出焉。东南径高陵县故城北。"③因白渠与郑国渠地理位置相近,后人大都将两渠合在一起叙述。杜佑记载:"又秦开郑渠,溉田四万顷。汉开白渠,复溉田四千五百余顷。关中沃衍,实在于斯。"④又记载:"夫关中土沃物丰,厥田上上,加以泾渭之流,溉其潟卤,郑国、白渠,灌浸相通,黍稷之饶,亩号一钟,帝王之都每以为居,未闻戎狄宜在此土也。"⑤李吉甫

---

① 按:因以渭水为主要补给水源的成国渠不涉及泾水"造渠以通漕运",故放到后面再进行讨论。
② 汉·班固《汉书·沟洫志》,北京:中华书局1962年版,第1685页。
③ 北魏·郦道元《水经注·渭水下》,杨守敬、熊会贞疏,段熙仲点校,陈桥驿复校《水经注疏》中册,南京:江苏古籍出版社1989年版,第1664页。
④ 唐·杜佑《通典·州郡四》,杭州:浙江古籍出版社1988年版,第925页。
⑤ 唐·杜佑《通典·边防五》,杭州:浙江古籍出版社1988年版,第1017页。

记载:"醴泉县(次赤。东南至府一百二十里)。本汉谷口县地,在九嵕山东仲山西,当泾水出山之处,故谓之谷口。《沟洫志》云:'白渠首起谷口,尾入栎阳,衺二百里,溉田四千五百余顷。人得其饶,歌曰:"田于何所?池阳谷口。郑国在前,白渠起后。举臿为云,决渠为雨。泾水一石,其泥数斗。且溉且粪,长我禾黍。衣食京师,亿万之口。"'谓此也。后汉及晋,又为池阳县。后魏改为宁夷县。隋开皇十八年改为醴泉县,以县界有周醴泉宫,因以为名。"①陆游亦记载:"秦所作郑、白渠,在今京兆府之泾阳,皆以泾水为源。白渠灌泾阳、高陵、栎阳及耀州云阳、三原、富平,凡六县。斗门百七十余所,今尚存,然多废不治。郑渠所灌尤广袤,数倍于白渠。泾水乃绝深,不能复入渠口,渠岸又多摧已填淤,比之白渠,尤不可措手矣。"②前人所述甚明,充分地交代了白渠、郑国渠行经的区域及引水情况。

郑国渠又称"泾渠",在白渠的北面,两渠相邻且相通,后人常将两渠合在一起,以"郑白渠"相称。朱鹤龄论述道:"秦时,郑国凿泾渠,并北山东注洛三百里,溉田四万余顷,收皆亩一钟。汉儿宽穿六辅渠,益溉郑渠旁高仰之田,白公复穿渠引泾水,首起谷口(汉谷口县,故城在今醴泉县东北),尾入栎阳(故城在今临潼县北)注渭,衺二百里,溉田四千五百余顷。唐长孙无忌言:白渠水带泥淤,灌田极肥美。又渠水发源本高,向下支分极众,若得流至同州,则水饶足。比为碾硙用水,泄渠水随入渭,加以壅遏耗竭,所以失利,于是尽毁水上碾硙。自宋迄今,屡修郑、白二渠,项忠、余子俊、阮勤并凿石通水,乃得引泾入渠水,分为三名,上白、中白、下白,立陡门以均水。夫秦汉时,泾河平浅,计古沟浍犹有存者,故引河作渠易耳。年久河益深,水势与渠口相悬,益就上流,然后能引水。而疏凿,非故渠,且多石,故其用力益难,然欲变潟卤为沃壤,亦存乎人。若高泾渭之渠杜入河之口,如李冰壅江作堋法,即高陵栎阳以北不让江南诸郡矣。"③这些记载只提郑国渠和白渠灌溉农田的情况,并未说明两渠是否有漕运能力的情况。

考察白渠的漕运能力,首先要从郑国渠说起。郑国渠是秦统一六国以前,由韩国水工郑国开挖的灌溉渠。这条河渠自泾水北岸引水,行经三百余里,东注洛水,建成后有力地促进了关中农业的发展。《史记·河渠书》云:"而韩闻秦之好兴事,欲罢之,毋令东伐,乃使水工郑国间说秦,令凿泾水自中山西邸瓠口为渠,并北山东注洛三百余里,欲以溉田。中作而觉,秦欲杀郑国。郑国曰:'始臣为间,然渠成亦秦之利也。'秦以为然,卒使就渠。渠就,用注填阏之水,溉泽卤之地四万余顷,收皆亩一钟。于是关中为沃野,无凶年,秦以富强,卒并诸侯,因命曰郑国渠。"④司马贞云:"小颜云'中音仲,即今九嵕山之东仲山是也'。邸,至也。瓠口

---

① 唐·李吉甫《元和郡县图志·关内道一》(贺次君点校),北京:中华书局1983年版,第8页。
② 宋·陆游《老学庵笔记》,《陆放翁全集》上册,北京:中国书店1986年版,第35页。
③ 清·朱鹤龄《禹贡长笺》,《四库全书》第67册,上海:上海古籍出版社1987年版,第132页。
④ 汉·司马迁《史记·河渠书》,北京:中华书局1982年版,第1408页。

即谷口,乃《郊祀志》所谓'寒门谷口'是也。与池阳相近,故曰'田于何所,池阳谷口'也。"①张守节云:"《括地志》云:'中山一名仲山,在雍州云阳县西十五里。又云焦获薮,亦名瓠,在泾阳北城外也。'邸,至也。至渠首起云阳县西南二十五里,今枯也。"②以上所述地点甚明,郑国渠的渠首在仲山谷口即汉县池阳。不过,郦道元这样记载:"徐广《史记音义》曰:关中有中山,非冀州者也。指证此山,俗谓之仲山,非也。郑渠又东,径舍车宫南,绝冶谷水。郑渠故渎又东,径嶻嶭山南,池阳县故城北,又东绝清水,又东径北原下,浊水注焉。自浊水以上,今无水。浊水上承云阳县东大黑泉,东南流,谓之浊谷水。又东南,出原注郑渠,又东,历原,径曲梁城北,又东径太上陵南原下,北屈,径原东,与沮水合,分为二水。"③这一观点与唐人的观点大同小异。起初,韩国水利专家郑国入秦修渠的目的是为了耗费秦国的国力,防止秦国向东侵犯韩国。但收到的客观效果是,郑国渠扩大了水浇面积,利用泾水挟带下来的肥沃泥土改造了灌区的土壤结构,增加了四万多顷的良田,为关中成为"天府之国"奠定了坚实的基础,为秦国发动统一六国的战争提供了粮食及物质保障。因此,秦人虽然发现了郑国的企图,然而,当郑国以"渠成亦秦之利"进行辩解时,秦人也认识到了兴修郑国渠的重要性。而后世在旧渠的基础上"立陡门以均水",已改变了郑国渠、白渠等的原本面貌。尽管如此,关中开渠引水以泾水为主却是不争的事实。

经过汉代的改造,郑国渠不但扩大了农田的灌溉面积,而且有了一定的漕运基础。中华人民共和国成立后,陕西的考古工作者在郑国渠遗址进行了考察,通过调查、取样等对郑国渠的面貌有了初步的了解和把握。黄盛璋先生注引《历代泾渠名称》碑文时指出:"按郑国渠故道,代远年湮,久不可考,今所存者,惠民桥西有大渠口一道,宽十六丈,下流无路可寻,当是郑国昔引泾渠口,所谓中山西邸瓠口,古迹苑然,故竖碑记,以资考据者证焉。"④从渠口"宽十六丈"等情况看,郑国渠应该具备潜在的水上交通运输能力。然而,黄盛璋先生叙述这一考古成果时用不太肯定的叙述方式,表达了存疑的态度。

从文献记载的情况看,郑国渠及引泾水的河口在汉代经过重修和改造。史称:"自郑国渠起,至元鼎六年,百三十六岁,而儿宽为左内史,奏请穿凿六辅渠,以益溉郑国傍高卬之田。"⑤颜师古注:"在郑国渠之里,今尚谓之辅渠,亦曰六渠也。"⑥汉武帝元鼎六年,儿宽在郑国渠的基础上兴修了六条支渠即六辅渠。六辅渠之所以能"益溉郑国傍高卬之田",与兴

---

① 汉·司马迁《史记·河渠书》,北京:中华书局1982年版,第1408页。
② 同①,第1408—1409页。
③ 北魏·郦道元《水经注·谷水》,杨守敬、熊会贞疏,段熙仲点校,陈桥驿复校《水经注疏》中册,南京:江苏古籍出版社1989年版,第1456—1459页。
④ 黄盛璋《历史地理论集·关中农田水利的历史发展及其成就》,北京:人民出版社1982年版,第114页。
⑤ 汉·班固《汉书·沟洫志》,北京:中华书局1962年版,第1685页。
⑥ 同⑤。

修六辅渠时重修郑国渠及增添新的补给水源有着密切的关系。

在兴修六辅渠的过程中，儿宽对郑国渠进行了改造，通过引入新的补给水源，建造了"宽十六丈"的引水渠口。郑国渠长三百多里，主要的水源来自泾水，泾水和渭水虽然同为黄河的支流，但关中航段的河流只有渭水有航运能力①。进而言之，泾水是季节性河流，丰水期和枯水期明显：丰水时，流量大增，可以为郑国渠提供丰富的水源；枯水时，河道干浅，可补入郑国渠的水量有限。因此，郑国渠可能存在的航运能力受到一定程度的限制，故后世多不关注。

不过，儿宽兴修六辅渠时，扩大了郑国渠的补给水源，为郑国渠通航奠定了基础。进而言之，郑国渠初具漕运能力，是在兴修六辅渠扩大水源的过程中形成的。根据郦道元《水经注》等文献的记载，黄盛璋先生描绘了郑国渠行经的路线："大致是从泾阳西北仲山西抵瓠口凿引泾水，向东经过宜秋城（泾阳县北）、池阳故城（泾阳县东北二十八里，三原县西北二十里）的北面，横绝冶谷跟清谷水，再往东汇合浊水，利用了浊水一段路，又经过曲梁城北面，会合沮水（石川河），即循着沮水的道路经莲勺故城（渭南县北七十里）、汉光武故城、粟邑故城（白水县东北）的北面，东注入洛水。"②古今水文多有变化，因而黄盛璋先生描述的这一线路，实际上叙述的是郑国渠从汉代到北魏时的情况。

经过儿宽的改造，郑国渠初步具备了漕运能力。稍后，白公修白渠，亦将发展漕运纳入其中。为了充分地说明这一问题，现考述如下。

其一，所谓"泾、渭造渠以通漕运"，是说汉武帝一朝在兴修和改建河渠的过程中，以渭水为主要补给水源的郑当时所修漕渠有了漕运能力，以泾水为主要补给水源的郑国渠和白渠具有了一定的漕运能力。北魏薄骨律镇将刁雍上表朝廷时有"臣闻郑、白之渠，远引淮海之粟，溯流数千"③等语，当知在泾水上"造渠以通漕运"是指利用郑国渠和白渠等发展关中漕运。

其二，郑国渠和白渠"通漕运"的先决条件是有丰富的补给水源。从郑国渠"溉泽卤之地四万余顷"和白渠"溉田四千五百余顷"的情况看，当时的泾水流量充沛，可以为两渠提供丰富的水资源。更重要的是，儿宽改造郑国渠和白公建白渠以后，扩大了两渠的补给水源，出现了沮水、漆水、浊水、沣水等入渠的情况，如傅寅考证道："郦氏曰：泽泉水出沮东泽中，与沮水隔原相去十五里，俗谓是水为漆水也。东流径怀德城北，东南注郑渠，合沮水，又以沮直绝注浊水，至白渠合焉，故浊水得漆沮之名也。其水又东北注于洛水，洛水入渭在华阴县

---

① 黄盛璋《历史地理论集·历史上的渭河水运》，北京：人民出版社1982年版，第147—173页。
② 黄盛璋《历史地理论集·关中农田水利的历史发展及其成就》，北京：人民出版社1982年版，第113—114页。
③ 北齐·魏收《魏书·刁雍传》，北京：中华书局1974年版，第868页。

北。"①又如毛晃考证道:"沮水。《水经》:沮水出北地直路县,东过冯翊、祋祤县北,东入于洛。注云:《地理志》:沮水出畿县西,东入洛。郑渠在汉太上皇陵东南,浊水入焉,俗谓之漆水,又谓之漆沮。其水东入洛。孔安国谓:漆沮,一名洛水。此言漆沮东入洛,非漆沮即洛水也。《长安志》:洛水在渭北,东南流入渭。盖漆沮入洛,故俗呼漆沮为洛耳。《汉·地理志》:漆水出漆县西。阚骃《十三州志》云:漆水出漆县西北、岐山东,入渭。颜师古曰:漆沮即冯翊之洛水也。沣水出鄠之南山,言漆沮既从入渭,沣水亦来同也。又《汉·五行志》引《史记》:周幽王二年,三川皆震。师古曰:泾渭,洛也。洛即漆沮也。《水经注》又引阚骃《十三州志》曰:冯翊万年县西有泾、渭,北有小河,谓漆水也。其水西南径郭蒣城西,与白渠、枝渠合,又南入于渭水。其一水东出即沮水也,沮水又自沮直绝注浊水,至白渠合焉,故浊水得漆沮之名也。"②郑国渠和白渠引泾水、沮水、漆水、浊水、沣水等入渠后增加了主渠道的流量,遂为借用郑国渠、白渠发展关中漕运奠定了坚实的基础。

其三,郑国渠和白渠引入不同的补给水源后,抬高了水位,为两渠发展关中漕运创造了必要的条件。具体地讲,两渠与渭水相通,因渭水有漕运能力,两渠与渭水相通后扩大了关中的漕运范围。史称:"今量得郑渠口至水面计高五十余尺,白渠口至水面计高一丈一尺,相悬如此,虽欲不改不可得也。"③这一记载是在描述明代的水文和地理,不同时代的水文虽有变化,但更重要的是相互之间一向有继承性,因此,完全可以由此可反观汉代郑国渠和白渠开渠的情况。进而言之,取水口高悬于渠口,表明受地理条件的限制,两者之间存在着很大的落差。因水位落差大,为了防止漫溢,为此,需要拓宽、拓深下流的渠道。进而言之,拓宽、拓深渠道后,势必为发展漕运创造必要的条件。如在考证关中水文与郑国渠和白渠的关系的过程中,徐文靖记载:"《蔡传》曰:《地志》谓漆水出扶风县西。晁氏曰:此豳之漆也。《水经》:漆水出扶风杜阳县。程氏曰:杜阳县,今岐山普润县之地,亦汉漆县之境,其水入渭在沣水之上,与经序渭水节次不合,非《禹贡》之漆水也。笺按:《水经注》:昔韩欲令秦无东伐,使水工郑国间秦凿泾引水,谓之郑渠。渠水上承泾水于仲山西瓠口,所谓瓠中也。郑渠又东径舍车宫,南绝治谷水。郑渠故渎又东径巚嶭山南,又东绝清水,又东径北原下,浊水注焉。又东径南原中北屈,径原东与沮水合(宋白曰:苻坚于巚嶭山北置三原护军,以其地南有鄟原,西有孟侯原,北有白鹿原,为三原。后魏太平真君七年,罢护军置县)分为二水,一水东南出,至白渠与泽泉合,俗谓之漆水,又谓之为漆沮水,绝白渠东径万年县故城北(今咸宁县)为栎阳渠,其水又南屈,更名石川水,又西南径郭蒣城西,与白渠枝渠合,又南入于渭水也。《长安

---

① 宋·傅寅《禹贡说断》,《四库全书》第57册,上海:上海古籍出版社1987年版,第98—99页。
② 宋·毛晃《禹贡指南》,《四库全书》第56册,上海:上海古籍出版社1987年版,第26页。
③ 清·刘于义、沈青崖等《陕西通志·水利一》,《四库全书》第553册,上海:上海古籍出版社1987年版,第286页。

志》曰：漆水经华原县界十五里南流入沮水，入富平县界，俗名石川河。据此，则渭水东会于泾，又东过漆沮，其先后莫此之详悉也。程氏《雍录》曰：雍境漆水凡四出，而实三派。雍州万年县石川河一也，邠州新平县漆水二也，凤翔府普润县漆水三也，郑白渠一名漆沮四也。四水之中，惟石川河当为《禹贡》漆沮。而《绵诗》谓：自土漆沮者，在岐不在邠也。"①又如胡渭论秦汉水文与郑国渠、白渠之间的关系时记载："分为二水：一水东南出，即浊水也，至白渠与泽泉合，俗谓之漆水，又谓之漆沮水（漆，本作'柒'，古'桼'字也。泽泉水自郑渠合沮水，又直绝注浊水，至白渠合焉。故浊水得漆沮之名）。绝白渠，东径万年县故城北为栎阳渠（万年故城即栎阳故城，在今临潼县东北七十里），又南屈，更名石川水（《括地志》云：沮水一名石川水。源出富平县东南入栎阳。盖即此与浊水合流者也），又西南径郭藏城西，与白渠枝渠合，又南入于渭水（今浊水至三原县界，散绝白渠，亦不入富平县境。县所恃以溉者，唯石川水而已），其一水东出即沮水也，东与泽泉合。水出沮东泽中，与沮水隔原，相去十五里，东流径怀德城北，东南注郑渠，合沮水（《长安志》云：泽多泉在富平县西十三里，东南入漆沮。即此水也。《县志》谓之温泉水，云出县西北仲山麓）。沮循郑渠，东径当道城南（城在频阳县故城南。频阳故城在今富平县东北五十里），又东径莲勺县故城北（今渭南县东北有莲勺废县，莲音辇），又东径汉光武故城北，又东径粟邑县故城北（今白水县界有粟邑故城），又东北注于洛水（洛水在白水县东）。渭按：郦元以浊水为漆水，宋人则以铜官川水来合沮水者为漆水。近志皆承其说。云沮水出中部县西北子午岭（中部在延安府鄜州南一百四十里。本汉冯翊翟道县。姚秦改置中部县，直路故城在焉，唐属坊州。《寰宇记》云：沮水自坊州升平县北子午岭出，俗号子午水，下合榆谷、慈马等川，遂为沮水。按升平废县在今宜君县西北三十五里，沮水所经，非所出也。子午山在中部县北，亦曰子午岭，沮水出焉。岭绵亘庆阳、延安二府之间，其南麓抵县界，或云即桥山也），东南流，径宜君县东北，又东南径同官县西（同官在今耀州北七十里），又南径耀州西，而东会漆水（耀州在西安府北少东一百六十里。本唐华原县）。漆水出同官县东北，西南流，至县城东北，注于铜官水。又西南至州南，与沮水合。"②徐文靖和胡渭的论述言明了汉代以前郑国渠和白渠的水文情况：一是郑国渠、白渠在引泾水入渠的同时，又引入其他的河流，丰富了两渠水源结构，提高了主渠道水位，从而为两渠发展漕运创造了必要的条件；二是关中水系以渭水为主。经过汉代的改造，郑国渠和白渠开渠后，再次与渭水相会，从而开辟了入渭的新道，为以两渠干道为航线发展漕运提供了必要的先决条件。

其四，汉代的郑国渠和白渠均是有灌溉和漕运等综合功能的河渠。史家叙述郑国渠和白渠的情况时，有不同的侧重点，有的强调了灌溉功能，有的强调了漕运功能。史称："泾渠

---

① 清·徐文靖《禹贡会笺》，《四库全书》第 68 册，上海：上海古籍出版社 1987 年版，第 339—340 页。
② 清·胡渭《禹贡锥指》（邹逸麟整理），上海：上海古籍出版社 2006 年版，第 310—311 页。

者,在秦时韩使水工郑国说秦,凿泾水,自仲山西抵瓠口为渠,并北山,东注于洛三百余里以溉田,盖欲以罢秦之力,使无东伐。秦觉其谋,欲杀之,郑曰:'臣为韩延数年之命,而为秦建万世之利。'秦以为然,使讫成之,号郑渠。汉时有白公者,奏穿渠引泾水,起谷口,入栎阳,注渭中,袤二百里,溉田四千五百余顷,因名曰白渠。历代因之,皆享其利。至宋时,水冲啮,失其故迹。熙宁间,诏赐常平息钱,助民兴作,自仲山旁开凿石渠,从高泻水,名丰利渠。"①史家在叙述秦时郑国兴修郑国渠、汉时白公兴修白渠时,均重点强调了兴修两渠的目的是为了"溉田"。在这一叙述中,虽然没有言明郑国渠和白渠是否有漕运能力等情况,但因强调了郑国渠、白渠与泾水、渭水等之间的关系,从而为重新认识汉代郑国渠、白渠可能存在的漕运能力提供了必要的线索。客观地讲,白渠一直是关中的重要漕运通道,如史有"子仪使其将仆固怀恩、王仲升、浑释之、李若幽等伏兵击之于白渠留运桥,杀伤略尽,归仁游水而逸"②之说,又有"留运桥在县北大白渠上,久废(《县志》)。唐至德二载郭子仪及贼将李归仁战于留运桥败之"③之说,据此可知,唐代的白渠是有漕运能力的。史又有唐德宗贞元十六年(800)十一月,"以东渭桥纳给使徐班兼白渠、漕渠及升原、城国等渠堰使"④之说,东渭桥是唐代长安重要的漕运码头,因郑当时所修漕渠和升原渠、城国渠(成国渠)均是唐代的漕运通道,据此可以反证汉代的白渠是有漕运能力的。史称:"渭水自合泾水又东径鄠县西,又东得白渠枝口,又东与五丈渠合,又东径新丰县故城北,东与鱼池水会,又东径鸿门北,又东石川水南注焉。又东戏水注之,又东泠水入焉,又东合首水(《水经注》鄠县故城在县东北)、渭水,与泾水合,至临潼而益大,每水涨弥漫不可渡。"⑤白渠又称"五丈渠",与郑国渠相距不远,同在池阳(在今陕西泾阳西北)境内。魏收记载:"池阳,郡治。二汉属左冯翊,晋属扶风,后属。有郑、白渠。"⑥通过开渠引泾,郑国渠和白渠形成串联之势;通过引水提高渠道的水位,从而使两渠具备了水运能力,并增加了关中的漕运航程。

其五,泾水是关中可季节性通航的河流,郑国渠和白渠的水源主要来自泾水。朱鹤龄记载:"夏允彝曰:泾、渭、灞、浐、沣、镐、涝、潏为关中八水,而溉田之利,得之泾水为多。秦时,郑国凿泾渠,并北山东注洛三百里,溉田四万余顷,收皆亩一钟。汉儿宽穿六辅渠,益溉郑渠旁高仰之田。白公复穿渠引泾水,首起谷口(汉谷口县,故城在今醴泉县东北),尾入栎阳

---

① 明·宋濂等《元史·河渠志三》,北京:中华书局1976年版,第1658页。
② 宋·司马光《资治通鉴·唐纪三十五》(邹国义校点),上海:上海古籍出版社1997年版,第2030页。
③ 清·刘于义、沈青崖等《陕西通志·关梁一》,《四库全书》第551册,上海:上海古籍出版社1987年版,第817页。
④ 宋·王溥《唐会要·疏凿利人》,北京:中华书局1955年版,第1621页。
⑤ 清·刘于义、沈青崖等《陕西通志·山川二》,《四库全书》第551册,上海:上海古籍出版社1987年版,第478—479页。
⑥ 北齐·魏收《魏书·地形志下》,北京:中华书局1974年版,第2608页。

（故城在今临潼县北）注渭，袤二百里，溉田四千五百余顷。"①泾水注入洛水和渭水。郑国渠和白渠相接，并与渭水相通。史称："坚治汉、隋运渠，起关门，抵长安，通山东租赋。乃绝灞、浐，并渭而东，至永丰仓与渭合。"②所谓"坚治汉、隋运渠"，是指韦坚在汉代、隋代旧渠的基础上重开漕运通道。唐代的关中漕运主要继承了隋代的成果，隋代主要继承了汉代的成果，在这些成果中，自然应包括汉代重修的郑国渠和新修的白渠，由此反推，汉代重修郑国渠及兴修白渠以后，郑国渠的主干渠是有一定的漕运能力的，白渠是有漕运能力的。

其六，白渠与漕渠、郑国渠相通，同时又与渭水交汇，这些河渠与渭水相通后，进一步扩大了关中漕运的范围。史有白渠"首起谷口，尾入栎阳，注渭中，袤二百里"之说，按照这一说法，长达二百里的白渠行至栎阳与渭水相连。很有意思的是，与渭水相通的漕渠也经过栎阳，从这样的角度看，栎阳实际上是白渠与漕渠及渭水互通的交汇点，白渠和漕渠在栎阳实现互通后，可进入长安。关于这点，可以从汉高祖刘邦析栎阳县建万年县一事中得到证明。《三辅黄图·陵墓》云："汉太上皇陵，高帝葬太上皇于栎阳北原，因置万年县于栎阳大城内，以为奉陵邑。"③刘邦建万年县后，万年县一度与栎阳同治。李吉甫交代万年县治所及地理方位时记载："本汉旧县，属冯翊，在今栎阳县东北三十五里。"④郦道元叙述白渠与栎阳及渭水之间的关系时记载："又东径太上陵南原下，北屈，径原东，与沮水合，分为二水。一水东南出，即浊水也，至白渠与泽泉合，俗谓之漆水，又谓之为漆沮水。绝白渠，东径万年县故城北，为栎阳渠，城即栎阳宫也。汉高帝葬皇考于是县，起坟陵，署邑号，改曰万年也。《地理志》曰：冯翊万年县，高祖置。王莽曰异赤也。故徐广《史记音义》曰：栎阳，今万年矣。阚骃曰：县西有泾渭，北有小河，谓此水也。其水又南屈，更名石川水。又西南，径郭猨城西，与白渠枝渠合，又南，入于渭水也。"⑤如吴澄考证泾水与渭水的关系及流经的区域时记载道："泾水，出安定岍头山。易氏曰：岍头山，一名崆峒，连亘原州高平、百泉、平凉三县。泾水东南流至泾州临泾县、保定县，邠州宜禄县、永寿县，又东北流至京兆醴泉县九嵕山东、仲山西，当水出山处，故汉名谷口县。白渠溉田在此地，又自池阳东流至泾阳县南七里。《左传·襄十四年》：诸侯伐秦济泾，而次在此地，东南流至高陵县，东北流至云阳县西二十五里，即郑国凿渠处。又东流而入渭，洛入河处谓之洛汭，渭入河处谓之渭汭，泾至云阳县而入渭，又至华州华阴之永丰仓而入河，此二百八十里间泾与渭相连，故曰泾属渭汭。"⑥白渠行经的基本路线

---

① 清·朱鹤龄《禹贡长笺》，《四库全书》第67册，上海：上海古籍出版社1987年版，第132页。
② 宋·欧阳修等《新唐书·食货志三》，北京：中华书局1975年版，第1367页。
③ 陈直《三辅黄图校证》，西安：陕西人民出版社1980年版，第140页。
④ 唐·李吉甫《元和郡县图志·关内道一》（贺次君点校），北京：中华书局1983年版，第3页。
⑤ 北魏·郦道元《水经注·谷水》，杨守敬、熊会贞疏，段熙仲点校，陈桥驿复校《水经注疏》中册，南京：江苏古籍出版社1989年版，第1457—1459页。
⑥ 元·吴澄《书纂言·夏书》，《四库全书》第61册，上海：上海古籍出版社1987年版，第61—62页。

是,自池阳至泾阳,随后至云阳县(在今陕西淳化县西北)与郑国渠交汇,东流入渭。入渭水航线后,沿渭水可抵达华阴,随后自渭口入黄河。如隋代在华阴建永丰仓(广通仓),负责接纳关东的漕粮,隐约透露了经渭水入白渠进入关中腹地的信息。李吉甫叙述永丰仓的地理位置时论述道:"永丰仓,在县东北三十五里渭河口,隋置。"①这里所说的"至华州华阴之永丰仓而入河,此二百八十里间泾与渭相连,故曰泾属渭汭"虽然是说隋唐以后的事情,但汉唐时期的关中水文地理没有发生大的变化,因此,这里所说的泾水与洛水及渭水流经的区域应与汉代的情况基本上相同。从这一叙述中当知,自郑国渠、白渠可进入泾水,经泾水入渭水,可抵达华阴永丰仓,并在永丰仓附近与黄河相接。司马相如《上林赋》有"出入泾渭"②语,扬雄《河东赋》有"涌渭跃泾"③语,联系"泾、渭造渠以通漕运"等语看,汉代的泾水应有一定的漕运能力。泾水与郑国渠、白渠相通并与郑当时所修漕渠等串联在一起,扩大了关中的漕运范围。

其七,郑国渠和白渠的河道十分宽阔。关于这点,完全可以从郑国渠的渠首工程建设中找到线索。郑国渠在谷口一带的渠首工程,主要由渠首大坝和引水干渠两大工程构成④。如在实地调查郑国渠渠首大坝的基础上,赵荣、秦建明等论述道:"在今泾阳县王桥乡上然村北,有一座东起泾河东岸木梳湾村南尖嘴,西至泾河西岸湾里王村南的大坝遗迹。该坝今残长1800多米、顶宽约10米、底宽150多米,距地表残高5—6米。"⑤与此同时,在勘查及发掘的过程中,在谷口下游木梳湾村西南二里的黑石湾附近发现了郑国渠引水干渠遗迹,秦中行叙述道:"干渠故道宽24.5、渠堤高3、深约10米。"⑥这些情况表明,郑国渠引水干渠除了有灌溉功能外,因有一定的宽度和深度同时具备漕运的基本条件。同样的道理,白渠宽约五丈,亦具有发展漕运的基本条件。郦道元在叙述渭水与郑国渠、白渠之间的关系时指出:"东南流,绝郑渠,又东南,入高陵县径黄白城西,本曲梁宫也。南绝白渠,屈而东流,谓之曲梁水。又东南,径高陵县故城北,东南绝白渠枝渎,又东南,入万年县,谓之五丈渠。又径藕原东,东南流,注于渭。"⑦白渠有"五丈渠"之称,与渠宽五丈有密切的关系。汉代河渠的命名或以人名命名,或以地名命名。万年县境内没有"五丈"这一地名,这一情况表明,五丈渠主要因渠宽"五丈"而得名。如史家有宋代的广济河"自开封历陈留、曹、济、郓,其广五丈,亦

---

① 唐·李吉甫《元和郡县图志·关内道二》(贺次君点校),北京:中华书局1983年版,第35页。
② 汉·司马相如《上林赋》,梁·萧统《文选》,北京:商务印书馆1959年版,第160页。
③ 汉·扬雄《河东赋》,费振刚等辑校《全汉赋》,北京:北京大学出版社1993年版,第183页。
④ 秦建明、杨政、赵荣《陕西泾阳县秦郑国渠首拦河坝工程遗址调查》,《考古》2006年第4期。
⑤ 赵荣、秦建明《秦郑国渠大坝的发现与渠首建筑特征》,《西北大学学报》(自然科学版)1987年第1期。
⑥ 秦中行《秦郑国渠渠首遗址调查记》,《文物》1974年第7期。
⑦ 北魏·郦道元《水经注·渭水下》,杨守敬、熊会贞疏,段熙仲点校,陈桥驿复校《水经注疏》中册,南京:江苏古籍出版社1989年版,第1628—1629页。

名五丈河"①之说,似可佐证白渠被称之为"五丈渠",是因渠宽五丈而起。据此可以推论,郑国渠和白渠具备水运条件。毕沅论述道:"臣谨按:古来言水利者,首称关辅。而龙洞一渠尤为秦民衣食之源,关内膏腴之最,其在秦时号郑国渠,汉名六辅。太始二年赵中大夫白公复请开凿,因名白渠。后汉迁都洛阳,两渠之利渐废。晋建兴四年刘聪使刘曜寇长安,曜陷冯翊,进至泾阳(泾水以北)渭北诸城,悉溃,遂逼长安。义熙十三年刘裕伐秦,王镇恶自河入渭,秦主泓遣其将姚强等合兵屯泾上拒之。"②刘裕伐秦时主要走水路,从"王镇恶自河入渭,秦主泓遣其将姚强等合兵屯泾上拒之"等语中当知,历史上的白渠是有航运能力的,否则不会出现"姚强等合兵屯泾上拒之"即扼守水路的情况。

需要补充的是,《水经注》是在《水经》的基础上撰写的。《水经》的著者究竟是何人,后世多有争议,分别有汉代桑钦、东晋郭璞、三国人氏著述说。如《隋书·经籍志二》称:"《水经》三卷,郭璞注。"《旧唐书·经籍志上》称:"《水经》二卷,郭璞撰。"《新唐书·艺文志二》称:"桑钦《水经》三卷,一作郭璞撰。"《四库全书总目提要》考证道:"又《水经》作者,《唐书》题曰桑钦,然班固尝引钦说,与此经文异。道元注亦引钦所作《地理志》,不曰《水经》。观其涪水条中称广汉已为广魏,则决非汉时。钟水条中称晋宁仍曰魏宁,则未及晋代。推寻文句,大抵三国时人。"③《水经》的著作权应该归谁?后世从《水经》为汉代著作或为汉以后的著作等层面进行了辨析。诸说不同,且存疑不论,但从其论述中当知,《水经》记录的山川河流带有汉代以后山川河流变化的痕迹。结合这些观点,可知郦道元叙述的郑国渠所经区域应该是汉代到北魏时的情况。从这样的角度看,秦代开渠时郑国渠虽然没有水运能力,但经过汉代的重修及水源扩充,出现了"郑、白之渠,远引淮海之粟,溯流数千"的局面。进而言之,汉代以后,郑国渠在渠道宽阔、水源充分的前提下,形成一定的航运能力应符合实际情况。

那么,白渠都经过哪些地区?与关中及长安形成了什么样的漕运关系?在郦道元记载的基础上,胡渭通过考证对白渠经过的地区进行了详细的描述:"《水经注》:渭水自霸陵县东北,左合泾水,又东径郭县西(今临潼县东北有郭县故城,后魏分万年县置),又东得白渠枝口,又东与五丈渠合(在万年县界),右径新丰故城北(城在临潼县东北十四里),东与鱼池水会,又东径鸿门北(临潼县东十七里有鸿门坂),又东,石川水南注焉(今富平县南有石川堰,亦曰石川河)。又东,戏水注之(在临潼县东三十里),又东,泠水入焉('泠'一作'零'。在临潼县东入渭处谓之零口)。又东得首水(首,《元和志》作'酋'),又东得西阳水,又东得阳水(并南出广乡原,原在今华州西),又东径下邽县故城北(城在今渭南县北五十里),又东与

---

① 宋·李焘《续资治通鉴长编·仁宗天圣六年》,北京:中华书局2004年版,第2487页。
② 清·毕沅《关中胜迹图志·大川》,《四库全书》第588册,上海:上海古籍出版社1987年版,第520页。
③ 清·纪昀等《钦定四库全书总目》(四库全书研究所整理),北京:中华书局1997年版,第946页。

竹水合(水南出竹山。山在华州西南一百四十里),又东得白渠口(在今渭南县北。《沟洫志》'白渠首起谷口,尾入栎阳'是也),又东径峦都城北(故蕃邑,殷契之所居。阚骃曰蕃在郑西。然则今峦城是矣),又东合西石桥水(东去郑城十里),又东径郑县故城北(城在华州北),又东与石桥水会(在州东,故沈水也),又东敷水注之(在今华阴县西二十四里)。又东余水注之(俗谓之宜水),又东合黄酸之水(世名为干渠水),又东径平舒城北(城在华阴县西南十里),又东径长城北(长城在县西二里。《史记》:秦孝公元年,魏筑长城自郑滨洛者也),又东径华阴县北,洛水入焉,阚骃以为漆沮之水(《汉志》:襄德县,荆山在南,下有强梁原,洛水东南入渭,今朝邑县西南有怀德故城),又东,沙渠水注之,又东径定城北(城去潼关三十里),又东,泥泉水注之,又东合沙沟水(即《山海经》所谓符禺之水),又东入于河(《春秋》之渭汭也。水会即船司空所在矣)。以今舆地言之,渭水自高陵、咸宁县界,又东径临潼县北(临潼在西安府东少北六十里,水去县十五里),又东径渭南县北(渭南在府东一百四十里。《元和志》:渭水南去渭南县四里),又东径同州南、华州北(同州在府东北二百八十里,渭水北去州三十五里。华州在府东一百九十里,渭水南去州十二里),又东北径华阴县北(华阴在华州东七十里,东至潼关街四十里,渭水南去县十五里),又东入于河,是曰渭口。经所谓'又东过漆沮,入于河'也。"①胡渭详细地叙述了白渠行经各地的情况,如果将郦道元与胡渭的描述结合起来看,当知白渠西起池阳谷口郑国渠的南岸,引泾水后向东经宜春,折向东南经池阳、藕原、郭县、栎阳等地入渭。在这中间,白渠分别有沮水、漆水、泾水、渭水等补入,建成后与渭水及漕渠等一道担负起关中漕运的重任,改善了关中东部的漕运条件。

郑国渠、白渠等有漕运、农田灌溉、改良土壤、排洪防涝等功能,这些功能的同时存在促进了这一区域的农业发展和社会经济的繁荣,在此基础上,引起了行政区划的变化,如泾阳、三原等旧属池阳,有灌溉功能的郑国渠和白渠带动了当地农业经济的发展,其后析旧县、建新县,在池阳的基础上出现了泾阳、三原等新的县级建制。这些情况表明,兴修具有综合功能的河渠,对发展当地的农业和进行政区建设有着非同寻常的意义。

关于这点,前人多有认识。如胡渭考释道:"泾阳在府北七十里。本汉池阳县。晋惠帝析置泾阳县。《元和志》云:苻秦置今县东南泾阳故城是也。隋移今治。池阳故城在今县西北二里。后周废入泾阳。《沟洫志》云:秦令水工郑国凿泾水,自中山西邸瓠口为渠,并北山,东注洛,三百余里。注填阏之水,溉潟卤之地四万余顷,收皆亩一钟。于是关中为沃野,无凶年,秦以富强,卒并诸侯,因名曰郑国渠。至武帝元鼎六年,百三十六岁。儿宽为左内史,奏请穿凿六辅渠,以益溉郑国旁高卬之田。后十六岁,大始二年,赵中大夫白公复奏穿渠,引泾水,首起谷口,尾入栎阳,注渭中。袤二百里,溉田四千五百顷,因名曰白渠。民得其饶,歌之

---

① 清·胡渭《禹贡锥指》(邹逸麟整理),上海:上海古籍出版社 2006 年版,第 628—629 页。

曰:田于何所? 池阳谷口,郑国在前,白渠起后。举臿为云,决渠为雨。泾水一石,其泥数斗,且溉且粪,长我禾黍。衣食京师,亿万之口。言此两渠饶也。渭按:中读曰仲,即今九嵕之东仲山也。邸,至也。瓠口即冶谷,亦称瓠中。北山,即巀嶭诸山也。泾水在今泾阳县南七里。《左传》:成十三年,晋师及秦战于麻隧,秦师败绩,晋师济泾及侯丽而还。襄十四年,晋帅诸侯之师伐秦,济泾而次,秦人毒泾上流,师人多死,即此水也。仲山在县西北七十里,东北接嵯峨山西麓,中隔冶谷,西南连九嵕山,泾水经其中。冶水出谷处,俗谓之东谷口,西距谷口二十余里,即《封禅书》所谓'寒门谷口'也。宋至道初,议修郑、白渠,诏皇甫选、何亮相度。选等言:郑渠并仲山而东,凿断冈阜,首尾三百余里,连亘山足,岸壁颓坏,堙废已久。度其制置之始,泾河平浅,直入渠口,暨年代浸远,泾河陡深,水势渐下,与渠口相悬,水不能至,峻崖之处,渠岸久废,实难致力。三白渠溉泾阳、栎阳、高陵、云阳、三原、富平六县田三千八百五十余顷,宜增筑堤堰,以固护之。自是以后,三白渠屡加修治,颇得其利,而郑渠卒不可兴复。《元和志》云:大白渠在泾阳县东北十里。中白渠首受大白渠,东流入高陵县界。南白渠首受中白渠,东南流,亦入高陵县界也。六辅渠在郑渠上流之南,三白渠在郑渠下流之南。"①自汉武帝一朝在郑国渠的基础上开六辅渠、白渠以后,进一步扩大了关中的农田灌溉面积。在这中间,因引水灌溉改造了盐碱地,提高了当地的农业产出,使之成为富庶地区,进而引起政区的变化,乃至于后世出现了一县析分为数县的情况。如晋惠帝析置泾阳县,后魏置三原县,等等,这些均与汉武帝一朝在郑国渠的基础上兴修六辅渠、白渠等有着直接的关系。

更重要的是,经过有目的、有计划的改造,郑国渠和白渠在挖掘了关中农业潜力的同时,极大地方便了漕运即运兵运粮,从而提升了关中的防务能力。徐文靖论述道:"《水经注》:昔韩欲令秦无东伐,使水工郑国间秦,凿泾引水谓之郑渠。渠水上承泾水于仲山西瓠口,所谓瓠中也。郑渠又东径舍车宫、南绝冶谷水,郑渠故渎又东径巀嶭山南,又东绝清水,又东径北原下,浊水注焉。又东径南原中北屈,径原东与沮水合(宋白曰:苻坚于巀嶭山北置三原护军,以其地南有鄷原,西有孟侯原,北有白鹿原,为三原。后魏太平真君七年,罢护军置县),分为二水。一水东南出,至白渠与泽泉合,俗谓之漆水,又谓之为漆沮水。绝白渠东径万年县故城北(今咸宁县)为栎阳渠,其水又南屈,更名石川水。又西南径郭葰城西,与白渠枝渠合,又南入于渭水也。"②郑国渠与白渠相连,沿其东行,可至万年县南入渭水。

综上所述,经过整治和改造的郑国渠和新修的白渠已初步具备漕运能力,两渠在与郑当时所修漕渠相接相通的过程中,进一步扩大了关中的漕运范围。具体地讲,重修后的郑国渠和新修的白渠实现互通主要有三个方面的意义:一是提高了这一区域的农田灌溉水平,为建设关中粮仓铺平了道路;二是因两渠同时具有灌溉、排洪防涝、改造土壤、水运等综合性的功

---

① 清·胡渭《禹贡锥指》(邹逸麟整理),上海:上海古籍出版社2006年版,第306—307页。
② 清·徐文靖《禹贡会笺》,《四库全书》第68册,上海:上海古籍出版社1987年版,第339页。

能,在安定民生的同时,在一定程度上降低了关中运粮的成本;三是汉武帝为加强西北防御及打击匈奴,需要"岁漕关东谷四百万斛以给京师,用卒六万人"①以上,关中的农业产出增加后,降低了关中漕运依赖关东的程度。

第三节　成国渠与关中漕运

　　成国渠始建于汉武帝一朝,开渠的最初目的是为了发展相关区域的农业。史称:"自是之后,用事者争言水利。……而关中灵轵、成国、湋渠引诸川……皆穿渠为溉田,各万余顷。"②所谓"自是",是指郑当时、徐伯兴修漕渠以后,关中出现了兴修河渠的高潮。

　　成国渠是一条自关中西部联系关中东部的河渠,一般认为,成国渠经过唐王朝的重修始有漕运能力。汉代以后,成国渠曾两度重修,一次在曹魏时期,一次在唐代。问题是,汉武帝一朝及西汉时期的成国渠是否有漕运能力？由于文献缺载,为此,需要进行专门的讨论。

　　其一,成国渠沿途有丰富的补给水源,如在以渭水为主要补给水源的过程中,成国渠又有沣水、潏水、甘水、涝水等先后补入。这些河流从不同的地点补入以后,抬高了成国渠的水位,为其发展漕运创造了必要的条件。班固记载:"酆水出东南,又有潏水,皆北过上林苑入渭。……郿,成国渠首受渭,东北至上林入蒙笼渠。"③沣水、潏水等汇入渭水后,成国渠在郿县一带接受包含沣水、潏水的渭水。李吉甫亦论述道:"成国渠,在县东北九里,受渭水以溉田。"④所谓"县东北",是指成国渠在郿县的东北。胡渭进一步考证道:"沣,一作'丰',又作'酆'。《汉志》:扶风鄠县,古国。有扈谷亭。扈,夏启所伐。酆水出东南,又有潏水,皆北过上林苑入渭。《水经》无沣水之目,其附见《渭水篇》中者曰:渭水自槐里县故城南(槐里今为兴平县,在西安府西少北一百里),又东合甘水(水出南山甘谷,北流至鄠县,合涝水入渭。《甘誓》云:'大战于甘',即此地),又东,丰水从南来注之。《地说》云:渭水与丰水会于短阴山内。水会无他高山异峦,所有唯原阜石激而已。《汉书音义》张揖曰:酆水出鄠县南山酆谷,北入渭。《长安志》:丰水出长安县西南五十五里终南山丰谷,其源阔一十五步。其下阔六十步,水深三尺。自鄠县界来,终县界,由马坊村入咸阳,合渭水。"⑤按照这一说法,成国渠除了在郿县东北接受渭水外,又在甘水、涝水等汇入渭水的不远处接受渭水,这一地点距离长安县不远。更重要的是,沣水的流量十分充沛,且河面宽阔,从"其源阔一十五步。其下

---

① 汉·班固《汉书·食货志上》,北京:中华书局1962年版,第1141页。
② 汉·班固《汉书·沟洫志》,北京:中华书局1962年版,第1685页。
③ 汉·班固《汉书·地理志上》,北京:中华书局1962年版,第1547页。
④ 唐·李吉甫《元和郡县图志·关内道二》(贺次君点校),北京:中华书局1983年版,第44页。
⑤ 清·胡渭《禹贡锥指》(邹逸麟整理),上海:上海古籍出版社2006年版,第315—316页。

阔六十步,水深三尺"等情况看,应该说,沣水是可以进行漕运的。如顾祖禹论述陈瑄开吕梁洪通漕的情况时记载:"宣德初以漕舟艰阻,陈瑄于旧河西岸凿渠,深二尺,阔五丈,夏秋有水,可以行舟。"①吕梁洪是京杭大运河徐州段的重要节点,无论是宽度和深度均不如沣水。以此为参照,可证沣水是有漕运能力的。在此基础上考察渭水补入成国渠的情况,当知渭水入成国渠,渠口需要一定的宽度和深度。如果说郑国渠的渠口"宽十六丈"②的话,那么,以此为参照,当知成国渠的取水渠口亦有一定的宽度和深度,否则,取渭水等入渠以后将会发生决堤、漫溢等恶性事件。从这样的角度看,汉代兴修的成国渠已具备潜在的漕运能力。

其二,上林苑昆明池与成国渠相接,元狩三年,汉武帝在秦离宫的基础上兴修上林苑,开昆明池。如《三辅黄图·苑囿》云:"汉昆明池,武帝元狩三年穿,在长安西南,周回四十里。《西南夷传》曰:天子遣使求身毒国市竹(身毒国,即天竺也。《汉书》曰:张骞言使大夏时,见蜀布邛竹杖,问所从来,曰从东来。身毒国可数千里,得蜀贾人市),而为昆明池所闭。天子欲伐之,越巂昆明国有滇池,方三百里,故作昆明池以象之,以习水战,因名曰昆明池(《汉书》曰:元狩三年减陇西、北地、上郡戍卒之半,及吏弄法者,谪之穿此池)。《食货志》曰:时越欲与汉用船战逐(水战相逐也),乃大修昆明池也。"③史称:"是时越欲与汉用船战逐,乃大修昆明池,列观环之治楼船,高十余丈,旗帜加其上,甚壮。"④汉武帝开挖昆明池的目的是为了训练水师,水师自昆明池可入渭水。史称:"元狩三年夏,大旱。是岁发天下故吏伐棘上林,穿昆明池。"⑤昆明池开挖时正值大旱,在这种情况下,昆明池尚可获得充足的补给水源,当知汉武帝一朝关中的水资源十分丰富。关中地区的河流大部分属于黄河水系的分支渭水水系,注入昆明池的河流或为渭水或为渭水支流。因成国渠多处与渭水相接,自然有通漕的能力。

其三,在开挖的过程中,成国渠与蒙笼渠(蒙茏渠)形成了特殊的关系,蒙笼渠沿途有丰富的水资源补入,为可能存在的漕运条件奠定了坚实的基础。蒙笼渠又称"灵轵渠""成林渠"。今本《水经注·渭水下》云:"县北有蒙茏渠,上承渭水于郿县东,径武功县为成林渠。东径县北,亦曰灵轵渠,《河渠书》以为引堵水,徐广曰:一作诸川,是也。"⑥所谓"县北",是指在盩厔县(在今陕西周至)北。盩厔,汉武帝太初元年(前104)建县。旧本《水经注·渭

---

① 清·顾祖禹《读史方舆纪要·南直十一》(贺次君、施和金点校)第3册,北京:中华书局2005年版,第1395页。
② 黄盛璋《历史地理论集·关中农田水利的历史发展及其成就》,北京:人民出版社1982年版,第114页。
③ 陈直《三辅黄图校证》,西安:陕西人民出版社1980年版,第92—93页。
④ 汉·司马迁《史记·平准书》,北京:中华书局1982年版,第1436页。
⑤ 汉·班固《汉书·五行志中上》,北京:中华书局1962年版,第1392页。
⑥ 北魏·郦道元《水经注·渭水下》,杨守敬、熊会贞疏,段熙仲点校,陈桥驿复校《水经注疏》中册,南京:江苏古籍出版社1989年版,第1552—1553页。

水》写作"县北有蒙茏源,……亦曰灵轵源",王应麟、赵一清等在考证的基础上,将"源"字改为"渠"字。如王应麟论述灵轵渠自盩厔东受渭水的情况时写道:"《地理志》:扶风盩厔县有灵轵渠,武帝穿。《括地志》:灵轵渠,一名蒙茏渠,首起雍州盩厔东十五里平地。《水经注》:蒙茏源,亦曰灵轵源。"①赵一清辨析道:"'源',《汉书·地理志》作'渠'。成林源、灵轵源之'源',并当作'渠'。"②裴骃注《史记·河渠志》"引堵水"语云:"徐广曰:一作'诸川'。"③检索文献,关中河流中没有"堵水",故"堵水"应是"诸水"之误。徐广称"一作'诸川'",这一说法从一个侧面说明了兴修时蒙茏渠时,引入了丰富的水资源。乐史记载:"成国渠,在县东北九里,至上林入蒙茏渠。"④蒙茏渠东行时与成国渠及渭水多次相交:一是蒙茏渠"上承渭水于郿县东",与成国渠相通;二是蒙茏渠自盩厔县再度引渭水,形成多次与渭水相交的势态;三是蒙茏渠的武功航段改称"成林渠""灵轵渠"以后,至上林苑再度与成国渠相通。根据这一情况,以渭水为主要补给水源的成国渠因有丰富的补给水源,应有一定的漕运能力。起码说,与昆明池相接的蒙茏渠行船当不成问题。

其四,汉武帝一朝,环绕长安的关中八水有着不同的漕运能力,有的可全年通航,有的可季节性通航。《三辅黄图·杂录》云:"关中八水,皆出入上林苑。霸水出蓝田谷,西北入渭。浐水亦出蓝田谷,北至霸陵入霸。泾水出安定泾阳开头山,东至阳陵入渭。渭水出陇西首阳县鸟鼠同穴山,东北至华阴入河。丰水出鄠南山丰谷,北入渭。镐水在昆明池北。牢水出鄠县西南,入潦谷,北流入渭。潏水在杜陵,从皇子陂西流,经昆明池入渭。"⑤成国渠沿途有丰富的水资源补入,可以确保渠道不会出现干浅的情况。具体地讲,成国渠数次与渭水相遇,并在郿县、槐里、咸阳、上林苑等地多次与关中八水汇集。此外,元狩三年秋汉武帝曾有"发谪吏穿昆明池"⑥之举,昆明池是汉武帝训练水师的地方,自然有漕运能力,与此同时,昆明池又与关中八水相通。从这样的角度看,成国渠应有潜在的或阶段性的漕运能力。进而言之,唐代在汉代成国渠的基础上兴修有漕运能力的升原渠,之所以能迅速地将其建成有漕运功能的河渠,与汉代成国渠具有一定的漕运基础密不可分。

其五,时至东汉,已有成国渠有漕运能力的记载。如汉顺帝永建四年(129),虞诩在给朝廷的奏疏中有关中"因渠以溉,水春河漕。用功省少,而军粮饶足"⑦等语,又如杜佑诠释"水

---

① 宋·王应麟《玉海·地理》,南京:江苏古籍出版社1990年版,第418页。
② 清·赵一清《水经注笺刊误·渭水》,《四库全书》第575册,上海:上海古籍出版社1987年版,第884页。
③ 汉·司马迁《史记·河渠书》,北京:中华书局1982年版,第1415页。
④ 宋·乐史《太平寰宇记·关西道六》(王文楚等点校),北京:中华书局2007年版,第638页。
⑤ 陈直《三辅黄图校证》,西安:陕西人民出版社1980年版,第154页。
⑥ 汉·班固《汉书·武帝纪》,北京:中华书局1962年版,第177页。
⑦ 刘宋·范晔《后汉书·西羌传》,北京:中华书局1965年版,第2893页。

春河漕"时,有"水舂即水碓也。河漕,通船运也"①之说。按照这一说法,东汉时成国渠有漕运能力当不成问题。关于这点,王应麟进一步考证道:"《黄图》:汉圆丘,在昆明故渠南。《水经注》:渭水东合昆明故渠。《后·西羌传》虞诩曰:雍州厥田惟上,因渠以溉,水舂河漕,用功省,而军粮足。《后纪》:和帝永元十年三月壬戌诏曰:堤防、沟渠所以顺地理通利、壅塞,刺史二千石其随宜疏导。安帝元初二年二月辛酉诏:三辅、河内、河东、上党、赵国、太原,各修理旧渠,通利水道,以溉公私田畴。"②如果将"水舂河漕"与此语对照,当知在永建四年以前成国渠已有漕运的历史。遗憾的是,检索文献,不见东汉重修成国渠的记载,这一情况表明,成国渠有漕运能力的上限可进一步地上推,很可能在汉武帝时期成国渠已有一定的漕运能力,只是其漕运能力不强,属于季节线航线,因此被后世忽视。尽管如此,虞诩的奏疏完全可以将成国渠具有漕运能力的时间提前,同时也表明成国渠是一条集漕运和灌溉等功能于一体的河渠,这条河渠建成以后,极大地丰富了关中的漕运体系,从而将关中的漕运范围向关中西部拓展。

---

① 唐·杜佑《通典·边防五》,杭州:浙江古籍出版社1988年版,第1015页。
② 宋·王应麟《玉海·地理》,南京:江苏古籍出版社1990年版,第418页。

第二编　西汉编

第三章　西汉屯田及漕运之法

汉武帝一朝奉行全面开拓疆土的战略。史称:"其后汉将岁以数万骑出击胡,及车骑将军卫青取匈奴河南地,筑朔方。当是时,汉通西南夷道,作者数万人,千里负担馈粮,率十余钟致一石,散币于邛僰以集之。数岁道不通,蛮夷因以数攻,吏发兵诛之。悉巴蜀租赋不足以更之,乃募豪民田南夷,入粟县官,而内受钱于都内。东至沧海之郡,人徒之费拟于南夷。又兴十万余人筑卫朔方,转漕甚辽远,自山东咸被其劳,费数十百巨万,府库益虚。乃募民能入奴婢得以终身复,为郎增秩,及入羊为郎,始于此。"①战争扩大了漕运需求,为了达成"兵可不费中国而粮食自足"②的目标,汉武帝采取不同的屯田措施,试图通过在边地或新开拓的疆土屯田以减少内地的赋税征收,减轻漕运负担,及时调运粮草,支持旷日持久的战争。

汉武帝屯田有民屯和军屯两种形式:民屯主要是在移民实边的过程中实现的,军屯主要是在军队就地屯垦的过程中实现的。两种屯垦方式交织在一起,巩固了开拓疆土及建立边郡时的成果,在一定程度上解决了征伐大军粮草供应不足的问题,减轻了千里漕运及赋税征收的压力。不过,此时属于边郡初建时期,边疆政局不稳,民屯和军屯受到限制,征伐大军的粮草供给主要依靠漕运。

征和二年(前91),汉武帝下"轮台罪己诏",不再大规模地征伐匈奴并收缩战线以后,匈奴在西域的势力再度崛起。这一时期,在匈奴的游说和武力威胁下,西域各国出现与匈奴结盟的势头,与此同时,匈奴鼓动河西诸羌反叛,在给河西四郡带来威胁的同时,影响到关中的稳定。根据这一形势,汉昭帝登基后,在重点打击匈奴的同时,采取措施分化瓦解匈奴与诸羌之间的结盟:一是重点经营河西,通过屯戍来稳定朔方、河西等边郡的社会秩序;二是采用桑弘羊之法,在西域重新建立了屯垦秩序。

西域屯田以军屯为主,汉昭帝元凤四年(前77)发生的两件事特别值得关注:一是遣送杅弥国质子归国并继承王位,以新王充当屯田校尉,将扜弥(在今新疆于田)一带的屯田事务归属中央;二是傅介子入西域,令随从诛杀与匈奴交好的楼兰王安归,扶植亲汉的安归之弟

---

① 汉·司马迁《史记·平准书》,北京:中华书局1982年版,第1421—1422页。
② 刘宋·范晔《后汉书·班梁列传》,北京:中华书局1965年版,第1576页。

尉屠耆为楼兰国即鄯善国新王。随后,出于自身安全上的考虑,尉屠耆邀汉军入伊循城(在今新疆若羌东)屯戍。以这两个事件为转折点,西汉扩大了西域屯戍范围,揭开了全面经营西域的序幕,为汉宣帝神爵二年(前60)建立西域都护府提供了先决条件。

设西域都护府是西汉经营西域的转折点,西域纳入了西汉王朝的版图后,屯戍与开拓疆土交织在一起,解除了匈奴的威胁,消除了河西以西的反叛势力,在此基础上减少了千里漕运中的耗费。

第一节 朔方、河西屯田与省漕

西汉屯田是在打击匈奴、开拓疆土的过程中进行的,同时又是在讲究漕运之法即缩短漕运里程的过程中实现的。

元朔二年(前127),设朔方郡(在今内蒙古磴口县)是汉武帝打击匈奴恢复失地、开拓疆土的重大事件,如史有"武帝元朔二年开"①之说,又有"至武帝攘却胡、越,开地斥境,南置交阯,北置朔方之州"②之说。司马迁和班固分别记载了这一事件,如司马迁有"其后汉将岁以数万骑出击胡,及车骑将军卫青取匈奴河南地,筑朔方"③之说,又有"令车骑将军青出云中以西至高阙。遂略河南地,至于陇西,捕首虏数千,畜数十万,走白羊、楼烦王。遂以河南地为朔方郡"④之说,班固亦有"匈奴入上谷、渔阳,杀略吏民千余人。遣将军卫青、李息出云中,至高阙,遂西至符离,获首虏数千级。收河南地,置朔方、五原郡"⑤之说。司马迁与班固叙述时有不同的侧重点,两者可互为补充。五原郡(在今内蒙古包头)是秦郡,旧称"九原郡",如班固叙述五原郡时有"秦九原郡,武帝元朔二年更名"⑥之说。针对匈奴南下入侵上谷(在今河北张家口怀来县)、渔阳(在今北京密云)等事件,卫青、李息等奉命出击匈奴。其进军路线是,先出云中(在今内蒙古托克托东北),西经高阙(在今内蒙古杭锦后旗西北),继续向西至符离(在今甘肃北部),收复了河套以南的区域。

朔方郡是西汉承秦以后失去的疆土,收复这一区域后,汉武帝又向西开拓疆土,在河西走廊建酒泉等郡。史称:"最骠骑将军去病,凡六出击匈奴,其四出以将军,斩捕首虏十一万

---

① 汉·班固《汉书·地理志下》,北京:中华书局1962年版,第1619页。
② 汉·班固《汉书·地理志上》,北京:中华书局1962年版,第1543页。
③ 汉·司马迁《史记·平准书》,北京:中华书局1982年版,第1421页。
④ 汉·司马迁《史记·卫将军骠骑列传》,北京:中华书局1982年版,第2923页。
⑤ 汉·班固《汉书·武帝纪》,北京:中华书局1962年版,第170页。
⑥ 同①。

余级。及浑邪王以众降数万,遂开河西酒泉之地,西方益少胡寇。"①建立朔方郡及以酒泉为代表的河西郡,为汉武帝实施移民实边及屯垦之策奠定了基础。移民实边及屯垦达成了两个战略目标:一是巩固了开拓疆土后的战果,为防止匈奴卷土重来做出了贡献;二是减轻了千里漕运时的负担,可在未来的战争中就地补充粮草及军需。

在朔方、酒泉等郡实施屯垦之策,与这些区域有适合屯垦的条件息息相关,如司马迁有"朔方、西河、河西、酒泉皆引河及川谷以溉田"②之说可证。在黄河及其他河流的共同作用下,朔方郡形成了大片的冲积平原,很适合屯垦:如朔方郡的西北是河套地区,黄河在此曲折迂回,水草丰茂,有天然的耕种条件;又如黄河经朔方郡临戎县石登北以后,分为南河(黄河现在的主河道)和北河(今为乌加河,当时是黄河的主河道)两支,这一区域十分适合屯垦。根据这一自然条件,汉武帝采纳主父偃的建议,采取了移民屯垦之策,试图达到以战养战的目标。史称:"偃盛言朔方地肥饶,外阻河,蒙恬城之以逐匈奴,内省转输戍漕,广中国,灭胡之本也。上览其说,下公卿议,皆言不便。公孙弘曰:'秦时常发三十万众筑北河,终不可就,已而弃之。'主父偃盛言其便,上竟用主父计,立朔方郡。"③在主父偃的建议下,汉武帝上承秦代蒙恬的做法,开始在朔方屯田,试图在"内省转输戍漕,广中国"的过程中,全面落实"灭胡"的目标。

以酒泉为前沿的河西地区位于祁连山以北、合黎山以南,在黄河的作用下,形成了狭长的堆积平原,其中狭窄处只有十余里,宽处不到四百里。由于这一区域位于黄河以西,南北两面分别有祁连山和合黎山,故有"河西走廊"之称。像朔方那样,河西亦有良好的屯垦条件。再加上河西是通往西域的唯一通道,战略地位十分重要,在开拓疆土及防止匈奴再度侵占的过程中,汉武帝采取了建立郡治及移民的屯垦策略。如史有"募民徙朔方十万口"④之说,又有"徙天下奸猾吏民于边"⑤之说,徐天麟论述道:"武帝元朔二年,募民徙朔方十万口。元狩五年,徙天下奸猾吏民于边。"⑥在新开拓的疆土建郡立郡治进行屯垦,有效减轻了漕运中的负担,同时成功压缩了匈奴的活动空间,起到了巩固边防的作用。

汉武帝经营河西,始于元朔五年(前124)。史称:"元朔五年春,大旱。是岁,六将军众十余万征匈奴。"⑦又称:"元朔五年春,令青将三万骑出高阙,卫尉苏建为游击将军,左内史李沮为强弩将军,太仆公孙贺为骑将军,代相李蔡为轻车将军,皆领属车骑将军,俱出朔方。

---

① 汉·司马迁《史记·卫将军骠骑列传》,北京:中华书局1982年版,第2945页。
② 汉·司马迁《史记·河渠书》,北京:中华书局1982年版,第1414页。
③ 汉·司马迁《史记·平津侯主父列传》,北京:中华书局1982年版,第2961—2962页。
④ 汉·班固《汉书·武帝纪》,北京:中华书局1962年版,第170页。
⑤ 同④,第179页。
⑥ 宋·徐天麟《西汉会要·兵四》,上海:上海古籍出版社2006年版,第687页。
⑦ 汉·班固《汉书·五行志中上》,北京:中华书局1962年版,第1392页。

大行李息、岸头侯张次公为将军,俱出右北平。匈奴右贤王当青等兵,以为汉兵不能至此,饮醉,汉兵夜至,围右贤王。右贤王惊,夜逃,独与其爱妾一人骑数百驰,溃围北去。"①战争取得胜利后,汉武帝在河西建郡。

汉武帝在河西建立了张掖、酒泉、武威、敦煌四郡。问题是:河西四郡何时建立的呢?是先建张掖郡、酒泉郡,还是先建武威郡、酒泉郡?对此,司马迁和班固有不同的认识。如司马迁《史记·平准书》有"初置张掖、酒泉郡"②之说,在《李将军列传》《匈奴列传》《大宛列传》等篇章重申了这一观点。按照这一说法,在河西四郡中,张掖郡和酒泉郡建立的时间最早。对此,班固有不同的看法,他甚至在《汉书》中提出了四种自相矛盾的说法。

一是认为武威郡和酒泉郡是最早设置的。如《汉书·武帝纪》有"遣骠骑将军霍去病出陇西,至皋兰,斩首八千余级。……将军去病、公孙敖出北地二千余里,过居延,斩首虏三万余级。……秋,匈奴昆邪王杀休屠王,并将其众合四万余人来降,置五属国以处之。以其地为武威、酒泉郡"③之说,这一事件发生在元狩二年(前121),是时,霍去病两次率部打击匈奴。

二是在《汉书·武帝纪》中,有"乃分武威、酒泉地置张掖、敦煌郡,徙民以实之"④之说,此事发生在元鼎六年(前111)。以此为节点,张掖郡和酒泉郡是在析分武威、酒泉二郡的基础上建立的新郡。李吉甫亦记载:"汉初为匈奴右地,武帝元鼎六年,使将军赵破奴出令居,乃分武威、酒泉地置张掖、敦煌郡,断匈奴之右臂,自张其掖,因以为名。"⑤按照这样的说法,在河西四郡中,武威郡和酒泉郡建立的时间最早,张掖郡和敦煌郡乃析分武威和酒泉郡而来。

三是班固在《汉书·地理志下》中声称,太初元年(前104)建张掖郡和酒泉郡,太初四年(前101)建武威郡,后元元年(前88)建敦煌郡。如有武威郡"故匈奴休屠王地。武帝太初四年开",张掖郡"故匈奴昆邪王地,武帝太初元年开",酒泉郡"武帝太初元年开",敦煌郡"武帝后元年分酒泉置"⑥之说。按照这一说法,武威建郡的时间晚于张掖郡,敦煌建郡系析分酒泉郡而来。

四是班固认为,河西四郡的母体是酒泉。《汉书·西域传》云:"汉兴至于孝武,事征四夷,广威德,而张骞始开西域之迹。其后骠骑将军击破匈奴右地,降浑邪、休屠王,遂空其地,

---

① 汉·班固《汉书·卫青霍去病传》,北京:中华书局1962年版,第2474—2475页。
② 汉·司马迁《史记·平准书》,北京:中华书局1982年版,第1439页。
③ 汉·班固《汉书·武帝纪》,北京:中华书局1962年版,第176—177页。
④ 同③,第189页。
⑤ 唐·李吉甫《元和郡县图志·陇石道下》(贺次君点校),北京:中华书局1983年版,第1020—1021页。
⑥ 汉·班固《汉书·地理志下》,北京:中华书局1962年版,第1612—1613页。

始筑令居以西,初置酒泉郡,后稍发徙民充实之,分置武威、张掖、敦煌,列四郡,据两关焉。"①"两关",指阳关和玉门关。这一观点对后世的影响最大。如李吉甫记载:"汉武帝时,骠骑将军击破匈奴右地,始筑令居以西,初置酒泉郡,后分置武威、张掖、敦煌,列为四郡,据两关焉。两关,即阳关、玉门也。"②杜佑记载:"自张骞开西域之迹,其后霍去病击破匈奴右地,降浑邪、休屠王(屠音除),遂空其地,始筑令居以西(令音铃。县名,今西平郡之西北),初置酒泉郡,后稍发徙人充实之,分置武威、张掖、敦煌、酒泉四郡(地并今郡),据两关焉。"③徐天麟亦记载:"汉兴至于孝武,事征四夷,广威德,而张骞始开西域之迹。其后,骠骑将军击破匈奴右地,降浑邪、休屠王,遂空其地,始筑令居以西,初置酒泉郡,后稍发徙民充实之,分置武威、张掖、敦煌,列四郡,据两关焉。"④撇开其中的矛盾不论,可以厘清的基本线索是,建立河西四郡发生在张骞通西域的背景下,骠骑将军霍去病击破匈奴右地,旨在打通河西走廊,在河西率先建武威郡和酒泉郡,并开始移民。此外,令居是张掖、酒泉、武威、敦煌的战略支撑点。

综上所述,班固《汉书》记载中的矛盾之处比比皆是,对此,前人多有体察。如徐天麟指出:"张掖郡,本匈奴昆邪王地,《地理志》云:武帝太初元年开。《本纪》云:'元狩二年置。与《志》不同。'酒泉郡,《武帝纪》云:元狩二年置。《地理志》云:太初元年开。与《纪》不同。燉煌郡,《地理志》云:武帝后元元年,分酒泉置。本《纪》云:元鼎六年置。"⑤

对比司马迁和班固之说,司马迁"初置张掖、酒泉郡"的说法应更有道理。不过,班固的说法依旧有可取之处。

其一,班固提出元狩二年在河西建郡是有道理的。司马迁虽然没有明说张掖和酒泉建郡的时间,但张掖、酒泉建郡的时间发生在元狩二年秋骠骑将军霍去病率军至河西击破匈奴的背景下。如《史记·卫将军骠骑列传》有"其秋,单于怒浑邪王居西方数为汉所破,亡数万人,以骠骑之兵也。单于怒,欲召诛浑邪王。浑邪王与休屠王等谋欲降汉,使人先要边。是时大行李息将城河上,得浑邪王使,即驰传以闻。天子闻之,于是恐其以诈降而袭边,乃令骠骑将军将兵往迎之。骠骑既渡河,与浑邪王众相望。浑邪王裨将见汉军而多欲不降者,颇遁去。骠骑乃驰入与浑邪王相见,斩其欲亡者八千人,遂独遣浑邪王乘传先诣行在所,尽将其众渡河,降者数万,号称十万"⑥之说。《史记·李将军列传》又有"后二岁,大将军、骠骑将军

---

① 汉·班固《汉书·西域传上》,北京:中华书局1962年版,第3873页。
② 唐·李吉甫《元和郡县图志·陇石道下》(贺次君点校),北京:中华书局1983年版,第1028—1029页。
③ 唐·杜佑《通典·边防七》,杭州:浙江古籍出版社1988年版,第1027页。
④ 宋·徐天麟《西汉会要·蕃夷下》,上海:上海古籍出版社2006年版,第821页。
⑤ 宋·徐天麟《西汉会要·方域一》,上海:上海古籍出版社2006年版,第738页。
⑥ 汉·司马迁《史记·卫将军骠骑列传》,北京:中华书局1982年版,第2933页。

大出击匈奴,广数自请行。天子以为老,弗许;良久乃许之,以为前将军。是岁,元狩四年也"①之说可证,以此对照霍去病两次出征匈奴的时间,可知"初置张掖、酒泉郡"的时间当发生在元狩二年。

其二,班固在《汉书·地理志下》中,一反《武帝纪》《西域传》中的说法,提出了三个观点:一是认为张掖郡与酒泉郡最早建立且两郡于同年设置;二是认为武威郡设置的时间滞后;三是认为敦煌郡建立的时间最晚,是析分酒泉郡建立的新郡。这里先撇开建郡的先后时间不论,这一说法从一个侧面维护司马迁"初置张掖、酒泉郡"的说法。

其三,班固所说的武威郡应是张掖郡。如班固叙述武威郡时有"故匈奴休屠王地。武帝太初四年开。莽曰张掖"②之说,这里透露的信息是,武威郡的旧称有可能是"张掖郡"。如郦道元引应劭《地理风俗记》有"酒泉,其水若酒味故也。张掖,言张国臂掖以威羌狄"③之说,似可证张掖郡与酒泉同时建立。具体地讲,夺取匈奴右地以后,建郡及移民实边即"张国臂掖以威羌狄"乃是当务之急。郦道元记载:"本匈奴休屠王都。谓之马城河,又东北与横水合,水出姑臧城下,武威郡凉州治。《地理风俗记》曰:汉武帝元朔三年,改雍曰凉州,以其金行,土地寒凉故也。……汉武帝太初四年,匈奴浑邪王杀休屠王,以其众置武威县,武威郡治。王莽更名张掖。"④在重申班固说法的过程中,郦道元又引《地理风俗记》"汉武帝元朔三年,改雍曰凉州"语,似表明张掖有更早的建郡历史。只是因为匈奴浑邪王归附时安置在武威县,经此,武威县成为武威的郡治。从这样的角度看,司马迁所说的"初置张掖、酒泉郡"是正确的。

总之,河西四郡是汉武帝开拓疆土以后的移民及屯垦重镇。如司马迁有"其秋,单于怒浑邪王、休屠王居西方为汉所杀虏数万人,欲召诛之。浑邪王与休屠王恐,谋降汉,汉使骠骑将军往迎之。浑邪王杀休屠王,并将其众降汉。凡四万余人,号十万。于是汉已得浑邪王,则陇西、北地、河西益少胡寇,徙关东贫民处所夺匈奴河南、新秦中以实之,而减北地以西戍卒半"⑤之说,班固有"乃分武威、酒泉地置张掖、敦煌郡,徙民以实之"⑥之说。徐天麟论述道:"武帝元鼎六年,置张掖、敦煌郡,徙民以实之。"⑦移民的过程就是屯垦及进行农田水利建设的过程,在此基础上形成了"自是之后,用事者争言水利。朔方、西河、河西、酒泉皆引河

---

① 汉·司马迁《史记·李将军列传》,北京:中华书局1982年版,第2874页。
② 汉·班固《汉书·地理志下》,北京:中华书局1962年版,第1612页。
③ 北魏·郦道元《水经注·河水二》,杨守敬、熊会贞疏,段熙仲点校,陈桥驿复校《水经注疏》上册,南京:江苏古籍出版社1989年版,第126页。
④ 北魏·郦道元《水经注·斤江水》,杨守敬、熊会贞疏,段熙仲点校,陈桥驿复校《水经注疏》下册,南京:江苏古籍出版社1989年版,第3354—3357页。
⑤ 汉·司马迁《史记·匈奴列传》,北京:中华书局1982年版,第2909页。
⑥ 汉·班固《汉书·武帝纪》,北京:中华书局1962年版,第189页。
⑦ 宋·徐天麟《西汉会要·兵四》,上海:上海古籍出版社2006年版,第687页。

及川谷以溉田"①的局面。可以说,河西屯垦是在开拓疆土及建张掖郡和酒泉郡的背景下发生的,其中,酒泉是重要的屯垦区。兴修河渠与屯垦、移民实边相互作用,在改善当地农业生产条件的同时,减轻了漕运负担,进而在继续进行的战争中发挥了重要的作用。

从另一个层面看,在朔方、河西等新郡实施屯垦之策,与主父偃提出的民屯之策息息相关。主父偃提出的民屯之策既有上承秦代"蒙恬城之以逐匈奴,内省转输戍漕"的一面,同时又与汉初推行输粮入边之策有关。

在汉武帝向匈奴宣战及将开拓疆土提到议事日程以前,西汉一直推行"和亲"之策,试图在相互交好的过程中稳定西北边境,然而,始终改变不了匈奴掠夺和入侵的难题②。为了解除边境危机、抵制匈奴的蚕食,前元十一年(前169),晁错向汉文帝进献了"募民徙塞下"③的屯戍之策。晁错写道:"陛下幸募民相徙以实塞下,使屯戍之事益省,输将之费益寡,甚大惠也。下吏诚能称厚惠,奉明法,存恤所徙之老弱,善遇其壮士,和辑其心而勿侵刻,使先至者安乐而不思故乡,则贫民相募而劝往矣。臣闻古之徙远方以实广虚也,相其阴阳之和,尝其水泉之味,审其土地之宜,观其草木之饶,然后营邑立城,制里割宅,通田作之道,正阡陌之界,先为筑室,家有一堂二内,门户之闭,置器物焉,民至有所居,作有所用,此民所以轻去故乡而劝之新邑也。为置医巫,以救疾病,以修祭祀,男女有昏,生死相恤,坟墓相从,种树畜长,室屋完安,此所以使民乐其处而有长居之心也。"④晁错的基本观点是,要想有效地遏制匈奴对边地的骚扰,可以优惠政策招募自愿者实边屯戍,减少边防费用,提高边防质量。那么,用什么样的优惠政策才能实现募民屯戍的目标呢?晁错提出了四个方面的建议:一是"存恤所徙之老弱,善遇其壮士""使先至者安乐而不思故乡,则贫民相募而劝往",在此基础上为入边的移民提供服务;二是募民入边时,要慎重地选择定居点,以便于移民从事生产活动;三是为入边屯戍者进行必要的基础设施建设,同时要保证他们的人身安全,如"营邑立城,制里割宅,通田作之道"等;四是为入边者提供医疗、祭祀、丧葬等活动的场所及设施,关心移民的衣、食、住、行。

在提出募民入边之策的同时,晁错又提出了鼓励输粟入边的之策。晁错指出:"使天下人人粟于边,以受爵免罪,不过三岁,塞下之粟必多矣。"⑤徐天麟论述道:"晁错说文帝曰:'欲民务农,在于贵粟,贵粟之道,在于以粟为赏罚。使天下人人粟于边,以受爵免罪。不过三岁,塞下之粟必多矣。'于是帝从错之言,令民入粟边,六百石爵上造,稍增至四千石为五大

---

① 汉·司马迁《史记·河渠书》,北京:中华书局1982年版,第1414页。
② 江天蔚《两汉与匈奴关系》,西安:陕西人民出版社1991年版,第1—48页。
③ 汉·班固《汉书·爰盎晁错传》,北京:中华书局1962年版,第2287页。
④ 同③,第2288页。
⑤ 汉·班固《汉书·食货志上》,北京:中华书局1962年版,第1134页。

夫,万二千石为大庶长,各以多少级数为差。"①"募民徙塞下"与"受爵免罪"等交织在一起,在充实边地的过程中增强了防守力量,同时也有效地减少了长途漕运中的政府支出。马端临论述道:"汉文帝使天下人入粟于边,以受爵免罪,而几于刑措。其后京师之钱累百巨万,太仓之粟陈陈相因。"②在这一论述中,马端临有意地改动司马迁"至今上即位数岁,汉兴七十余年之间,国家无事,非遇水旱之灾,民则人给家足,都鄙廪庾皆满,而府库余货财。京师之钱累巨万,贯朽而不可校。太仓之粟陈陈相因,充溢露积于外,至腐败不可食"③的说法,将西汉粮仓充盈与实行"入粟于边"之策联系在一起,揭示了鼓励输粟入边及充实国力的重要性。

  客观地讲,晁错"募民徙塞下""入粟于边""受爵免罪"等主张,是有远见的。汉武帝开拓疆土推行移民实边及屯垦之策时,主要采用了晁错的屯戍之策。近人论述汉武帝征战匈奴的时间长度时,有着不同的说法,不过,应以班固"是时军旅连出,师行三十二年"④为准,徐天麟也曾引录道:"自武帝初通西域,置校尉,屯田渠犁。是时军旅连出,师行三十二年,海内虚耗。"⑤在国用日趋扩大的前提下,实施"受爵免罪"之策可以弥补赋税收入中的缺口,进而成为国用支出的重要来源。史称:"此后四年,卫青比岁十余万众击胡,斩捕首虏之士受赐黄金二十余万斤,而汉军士马死者十余万,兵甲转漕之费不与焉。于是大司农陈臧钱经用,赋税既竭,不足以奉战士。有司请令民得买爵及赎禁锢免减罪;请置赏官,名曰武功爵,级十七万,凡值三十余万金。诸买武功爵官首者试补吏,先除;千夫如五大夫;其有罪又减二等;爵得至乐卿,以显军功。军功多用超等,大者封侯卿大夫,小者郎。吏道杂而多端,则官职耗废。"⑥所谓"此后四年",是指设置朔方郡以后的第四年即元朔六年(前123)。在国力耗尽的前提下,"受爵免罪"之策得到了贯彻执行。郑樵论述道:"孝武帝元朔元年,外事四夷,内兴功利,国用空竭,乃募人能入奴婢以终身复,为郎增秩,及入羊马为郎,始于此。"⑦这一认识是有见地的。

第二节　汉武帝军屯与漕运之法

  在进行民屯的同时,汉武帝又采取了军屯之法,两者交织在一起,成为汉武帝开拓疆土

---

① 宋·徐天麟《西汉会要·兵四》,上海:上海古籍出版社2006年版,第687页。
② 元·马端临《文献通考·刑考十上》,杭州:浙江古籍出版社1988年版,第1483页。
③ 汉·司马迁《史记·平准书》,北京:中华书局1982年版,第1420页。
④ 汉·班固《汉书·西域传下》,北京:中华书局1962年版,第3912页。
⑤ 宋·徐天麟《西汉会要·蕃夷下》,上海:上海古籍出版社2006年版,第829页。
⑥ 汉·班固《汉书·食货志下》,北京:中华书局1962年版,第1159页。
⑦ 宋·郑樵《通志·食货十一》,杭州:浙江古籍出版社1988年版,第61页。

时,减少漕运岁额的重要举措。

军屯始于汉武帝元狩四年,霍去病北出代郡(在今河北蔚县东北),直抵狼居胥山(在今蒙古乌兰巴托东),取得了打击匈奴的决定性胜利。为了固守边地,在此基础上揭开了军屯的序幕。史称:"汉骠骑将军之出代二千余里,与左贤王接战,汉兵得胡首虏凡七万余级,左贤王将皆遁走。骠骑封于狼居胥山,禅姑衍,临翰海而还。是后匈奴远遁,而幕南无王庭。汉度河自朔方以西至令居,往往通渠置田,官吏卒五六万人,稍蚕食,地接匈奴以北。"①

所谓"汉度河自朔方以西至令居",是指将匈奴赶到黄河以西、以北之后,汉武帝建立了从朔方西到令居(在今甘肃永登西北)一带的屯垦区。这一庞大的屯垦区在充分利用黄河及北方水资源的基础上,采取"通渠置田"的方略。在屯戍的过程中,有"官吏卒五六万人"参加了军屯。

此后,军屯规模不断地扩大,时至元鼎五年(前112),出现了"又数万人度河筑令居。初置张掖、酒泉郡,而上郡、朔方、西河、河西开田官,斥塞卒六十万人戍田之"②的局面,元鼎五年以后,军屯的规模呈进一步扩大的势头,至汉武帝太初三年(前102),已出现"益发戍甲卒十八万,酒泉、张掖北,置居延、休屠以卫酒泉,而发天下七科适,及载糒给贰师。转车人徒相连属至敦煌"③的局面。这里所说的"七科适",是指征派七种人到边地戍守,张守节注"七科适"语时指出:"吏有罪一,亡命二,赘婿三,贾人四,故有市籍五,父母有市籍六,大父母有籍七,凡七科。"④此七种人跟随贰师将军,主要负责出征大军的后勤保障,故有"载糒给贰师"之说。联系移民实边人员的基本构成,"七科适"随大军出征后,"转车人徒相连属至敦煌",大部分人应在留在河西四郡就地屯戍。

这一时期,军垦区主要沿黄河两岸自北向西全面展开,涉及的区域有河西的张掖郡、酒泉郡,又有上郡、朔方郡及西河地区。通过屯戍,就地解决粮草,有效地缩短了漕运补给线。

军屯是汉武帝打击匈奴及开拓疆土的重要举措,其中有两件大事需要特别地提出:一是在居延屯田,二是在西域屯田。

居延屯田发生在建张掖郡以后,如史有"自武威以西,本匈奴昆邪王、休屠王地,武帝时攘之,初置四郡,以通西域"⑤之说。居延(在今内蒙古额济纳旗东南)位于河西走廊中部,重点建设居延这一军事要塞,在其周边实行军屯,目的是防止匈奴卷土重来,为经营西域提供后勤支援,如汉武帝使"强弩都尉路博德筑居延"⑥。在经营张掖郡的过程中建造了居延要

---

① 汉·司马迁《史记·匈奴列传》,北京:中华书局1982年版,第2911页。
② 汉·司马迁《史记·平准书》,北京:中华书局1982年版,第1439页。
③ 汉·司马迁《史记·大宛列传》,北京:中华书局1982年版,第3176页。
④ 同③。
⑤ 汉·班固《汉书·地理志下》,北京:中华书局1962年版,第1644页。
⑥ 汉·班固《汉书·武帝纪》,北京:中华书局1962年版,第170页。

塞,与此同时,设居延都尉和肩水都尉,管辖张掖一带的侦伺刺探、屯田等事务。其中,居延都尉驻破城子(在今甘肃瓜州),辖居延、遮虏、珍北、甲渠、卅井候官和居延田官;肩水都尉驻大湾(在今甘肃酒泉金塔县东北),辖肩水、橐他、广地、仓石、庾候官及驿马田官①。居延都尉和肩水都尉属军职,辖区内的屯田自然属于军屯。如田官的属吏有丞、令吏等,有护田校尉保护屯田,同时又有部都尉、大司农部丞、属国都尉等兼管屯田事务②。这一严密的屯戍体系建立后,强化了戍边及屯守能力。

从汉简记载情况看,居延屯田与解决军需中的粮草息息相关,如有"种植的农作物品种甚多,有粟、穈、麦、小麦、穬麦、穈、秫、糠粮、黄米、胡豆、胡麻等"③等考古发现可证。在屯戍的过程中采取了或自额济纳河开渠引水,或掘井引水灌溉的措施。史称:"李陵既壮,选为建章监,监诸骑。善射,爱士卒。天子以为李氏世将,而使将八百骑。尝深入匈奴二千余里,过居延视地形,无所见虏而还。拜为骑都尉,将丹阳楚人五千人,教射酒泉、张掖以屯卫胡。"④这一记载可与出土的汉简相互印证,居延屯田是汉武帝打击匈奴、开拓疆土时必不可少的举措。

在加强居延屯田、实施经营河西的策略后,汉武帝将屯戍范围扩大到西域一带,并设使者校尉即屯田校尉,负责轮台(在今新疆轮台)、渠犁(在今新疆库尔勒西)一带的防务和军屯事务。史称:"自贰师将军伐大宛之后,西域震惧,多遣使来贡献。汉使西域者益得职。于是自敦煌西至盐泽,往往起亭,而轮台、渠犁皆有田卒数百人,置使者校尉领护,以给使外国者。"⑤太初元年,贰师将军李广利伐大宛以后,军屯范围从敦煌扩展到盐泽(在今新疆罗布泊)一带。

从表面上看,汉武帝设屯田校尉是为了接待西域使者,其实不然,他的目的是扩大屯戍范围,进而威慑西域。如徐天麟指出:"孝武征四夷,开西域,自敦煌西至盐津,往往起亭,而轮台、渠犁,皆有田卒数百人,置使者校尉领护,以给使外国者。"⑥徐天麟有意将这一事件放在"孝武征四夷,开西域"的大背景下,强调了西域屯戍的重要性。这一时期,屯戍范围已扩展到莎车国(于阗之西,疏勒之南,在今新疆莎车)一带。如郦道元记载:"枝河又东径莎车国南,治莎车城,西南去蒲犁七百四十里。汉武帝开西域,屯田于此。"⑦这一记载道出了汉

---

① 陈梦家《汉简缀述·汉简考述》,北京:中华书局1980年版,第1—34页。
② 杨剑虹《从居延汉简看西汉在西北的屯田》,《西北史地》1984年第2期。
③ 范传贤、杨世钰、赵德馨《中国经济通史》,长沙:湖南人民出版社2002年版,第385页。
④ 汉·司马迁《史记·李将军列传》,北京:中华书局1982年版,第2877页。
⑤ 汉·班固《汉书·西域传上》,北京:中华书局1962年版,第3873页。
⑥ 宋·徐天麟《西汉会要·兵一》,上海:上海古籍出版社2006年版,第647页。
⑦ 北魏·郦道元《水经注·河水二》,杨守敬、熊会贞疏,段熙仲点校,陈桥驿复校《水经注疏》上册,南京:江苏古籍出版社1989年版,第104—105页。

武帝一朝西域屯戍的范围。

客观地讲,在居延及西域屯戍虽然可以解决部分后勤补给中的粮草消耗,但无法承担起长期征伐中的所有消耗。司马光记载:"主父偃言:'河南地肥饶,外阻河,蒙恬城之以逐匈奴,内省转输戍漕,广中国,灭胡之本也。'上下公卿议,皆言不便。上竟用偃计,立朔方郡,使苏建兴十余万人筑朔方城,复缮故秦时蒙恬所为塞,因河为固。转漕甚远,自山东咸被其劳,费数十百巨万,府库并虚。汉亦弃上谷之斗辟县造阳地以予胡。"①因屯戍解决不了后勤补给中的所有问题,再加上战争来临,从事农垦的将士势必投入战争,即便是继续屯垦,也将受到战争的干扰。从这样的角度看,屯戍虽有利于开拓疆土,但不能解决战争中所有的物资需求。具体地讲,当常年征战需要耗费大量的人力、物力和财力时,势必出现"转漕甚远,自山东咸被其劳,费数十百巨万,府库并虚"的局面。进而言之,在边地屯垦取得的成果实际上是有限的,依靠关东漕运依旧是主要方面。然而,一味地扩大漕运岁额势必加重赋税征收。史有"自武帝初通西域,置校尉,屯田渠犁。是时军旅连出,师行三十二年,海内虚耗"②之说,"师行三十二年"严重地破坏了既有的经济秩序,直接威胁到政治统治秩序。

那么,怎样才能支撑长期战争带来的巨大耗费,减少漕运岁额呢?西汉形成了两种意见。

一种意见是桑弘羊等主张将屯戍范围扩展到轮台以东的地区,他上书道:"故轮台以东捷枝、渠犁皆故国,地广,饶水草,有溉田五千顷以上,处温和,田美,可益通沟渠,种五谷,与中国同时孰。其旁国少锥刀,贵黄金采缯,可以易谷食,宜给足不可乏。臣愚以为可遣屯田卒诣故轮台以东,置校尉三人分护,各举图地形,通利沟渠,务使以时益种五谷,张掖、酒泉遣骑假司马为斥候,属校尉,事有便宜,因骑置以闻。田一岁,有积谷,募民壮健有累重敢徙者诣田所,就畜积为本业,益垦溉田,稍筑列亭,连城而西,以威西国,辅乌孙,为便。臣谨遣征事臣昌分部行边,严敕太守、都尉明烽火,选士马,谨斥候,蓄茭草。愿陛下遣使使西国,以安其意。臣昧死请。"③在桑弘羊提出的屯戍方案中,有四个方面的内容值得关注:一是主张维护开拓疆土及经营西域的成果,将屯垦区扩大到轮台以东;二是充分发挥屯戍在保境安民方面的作用,采取"置校尉三人分护"的措施,保证军屯,由分护校尉节制负责监视和侦察敌情的斥候,以便及时地发现匈奴的异动;三是"募民壮健有累重敢徙者诣田所,就畜积为本业,益垦溉田",通过移民边境的做法提高巩固边防的质量;四是以军事力量为后盾,采取"稍筑列亭,连城而西,以威西国,辅乌孙"之策,与此同时,加强军事巡查,密切监视边地有可能发生的变故。

---

① 宋·司马光《资治通鉴·汉纪十·元朔二年》(邬国义校点),上海:上海古籍出版社1997年版,第155页。
② 汉·班固《汉书·西域传下》,北京:中华书局1962年版,第3912页。
③ 同②。

另一种意见是,放弃西域屯戍,重点加强河西防务及屯戍。史有"征和中,贰师将军李广利以军降匈奴。上既悔远征伐"①之说,"征和中"指征和二年,李广利征讨匈奴失败后,汉武帝"深陈既往之悔"②。具体地讲,经过长年的战争消耗,国家财政已陷入捉襟见肘的困境。为了支撑这场旷日持久的战争,汉武帝不得不加重赋税征收。但在加重赋税征收后,激化了日趋复杂的社会矛盾,增加了社会不安定的因素。为此,汉武帝试图通过停止西域屯垦、回撤远征军等来减少庞大的财政支出,在恢复社会经济的基础上解除日益严重的政治危机。汉武帝在诏书中写道:"前有司奏,欲益民赋三十助边用,是重困老弱孤独也。而今又请遣卒田轮台。轮台西于车师千余里,前开陵侯击车师时,危须、尉犁、楼兰六国子弟在京师者皆先归,发畜食迎汉军,又自发兵,凡数万人,王各自将,共围车师,降其王。诸国兵便罢,力不能复至道上食汉军。汉军破城,食至多,然士自载不足以竟师,强者尽食畜产,羸者道死数千人。朕发酒泉驴橐驼负食,出玉门迎军。吏卒起张掖,不甚远,然尚厮留其众。曩者,朕之不明,以军候弘上书言'匈奴缚马前后足,置城下,驰言"秦人,我匄若马"',又汉使者久留不还,故兴师遣贰师将军,欲以为使者威重也。古者卿大夫与谋,参以蓍龟,不吉不行。乃者以缚马书遍视丞相御史二千石诸大夫郎为文学者,乃至郡属国都尉成忠、赵破奴等,皆以'虏自缚其马,不祥甚哉!'或以为'欲以见强,夫不足者视人有余。'《易》之,卦得《大过》,爻在九五,匈奴困败。公军方士、太史治星望气,及太卜龟蓍,皆以为吉,匈奴必破,时不可再得也。又曰'北伐行将,于鬴山必克。'卦诸将,贰师最吉。故朕亲发贰师下鬴山,诏之必毋深入。今计谋卦兆皆反缪。重合侯毋得虏候者,言'闻汉军当来,匈奴使巫埋羊牛所出诸道及水上以诅军。单于遗天子马裘,常使巫祝之。缚马者,诅军事也。'又卜'汉军一将不吉'。匈奴常言:'汉极大,然不能饥渴,失一狼,走千羊。'乃者贰师败,军士死略离散,悲痛常在朕心。今请远田轮台,欲起亭隧,是扰劳天下,非所以优民也。今朕不忍闻。大鸿胪等又议,欲募囚徒送匈奴使者,明封侯之赏以报忿,五伯所弗能为也。且匈奴得汉降者,常提掖搜索,问以所闻。今边塞未正,阑出不禁,障候长吏使卒猎兽,以皮肉为利,卒苦而烽火乏,失亦上集不得,后降者来,若捕生口虏,乃知之。当今务在禁苛暴,止擅赋,力本农,修马复令,以补缺,毋乏武备而已。郡国二千石各上进畜马方略补边状,与计对。"③

在这篇"轮台罪己诏"中,汉武帝表达了放弃征伐和轮台屯戍的决心。汉武帝叙述放弃征伐一事时,特意强调了以《周易》卦象占卜一事。之所以要以《周易》占卜说事,是因为汉

---

① 汉·班固《汉书·西域传下》,北京:中华书局1962年版,第3912页。
② 同①。
③ 同①,第3912—3914页。

武帝"罢黜百家,独尊儒术"以后,以"灾异"学说为核心的经学成为一切行为的准则①。不过,汉武帝虽然推崇以"灾异"学说为核心的经学,但并不是无条件地服从经学,只是取其合己者用之。如汉宣帝训斥太子时,有"汉家自有制度,本以霸王道杂之,奈何纯任德教,用周政乎!且俗儒不达时宜,好是古非今,使人眩于名实,不知所守,何足委任"②之说可证。

为破除"灾异"学说设置下的经学思维模式,汉武帝以《周易》占卜不准为理由,表达了收缩战线及放弃到轮台以东屯戍的态度。徐天麟记载:"武帝初通西域,置校尉,屯田渠犁。是时军旅连出,海内虚耗。上既悔远征伐,桑弘羊与丞相御史奏言:'轮台以东捷枝、渠犁皆故国,地广,饶水草,有溉田五千顷以上,处温和,田美,可益通沟渠,种五谷,与中国同时孰。可遣屯田卒诣故轮台以东,置校尉三人分护,各举图地形,通利沟渠,使以时益种五谷,张掖、酒泉,遣骑假司马为斥候,属校尉,事有便宜,因骑置以闻。田一岁,有积谷,募民壮健有累重敢徙者诣田所,就畜积为本业,益垦溉田,稍筑列亭,连城而西,以威西国,辅乌孙,为便。'上乃下诏,深陈既往之悔,曰:'前有司奏,欲益民赋以助边用,今又请遣卒田轮台。轮台西于车师千余里,今请远田轮台,欲起亭隧,是扰天下,非所以优民也,朕不忍闻。'"③在这里,徐天麟有意略去占卜这一坏节,目的是为了突出事件,以便后人更好地认识汉武帝放弃征伐及反对继续在轮台屯戍的行为。

以"轮台罪己诏"为节点,汉武帝基本上停止了征伐匈奴及开拓疆土的战争,同时缩小了西域屯戍的规模。平心而论,汉武帝屯田的目的是为了在开拓疆土的过程中尽可能地减轻国家的财政支出,减少漕运岁额。事实上,在边地及新开拓的疆土屯田,根本无法实现以战养战的目标。具体地讲,边地往往是外敌时常侵犯的区域,在此从事农业生产,无论是民屯还是军屯,都会在一定程度上受到战争的干扰,其农业产出较为有限,只能继续依靠漕运。

从历时的角度看,屯田虽然可以减轻漕运压力,但长年的征战难免要耗尽国家的财力,为此,汉武帝对屯田西域及打击匈奴的战略开始有了新的认识,进而认为能缓和社会矛盾的唯一途径是停止战争,不再移民西域,继续进行屯戍。马端临论述道:"武帝征和中,桑弘羊与丞相、御史请屯田故轮台地,以威西域,而帝下诏深陈既往之悔,不从之。其事亦在昭、宣之前。然轮台西于车师千余里,去长安且万里,非张掖、金城之比,而欲驱汉兵远耕之,岂不谬哉?赖其说陈于帝既悔之后耳。武帝通西域,复轮台、渠犁,亦置营田校尉领护,然田卒止数百人。今弘羊建请以为溉田五千顷以上,则徙民多而骚动众矣。帝既悔往事,思富民,宜

---

① 张强《帝王思维与阴阳五行思维模式》,《晋阳学刊》2001 年第 2 期;张强《帝王思维与经学思维模式》,《南京师范大学文学院学报》2004 年第 2 期;张强《论西汉前期的天人思想》,《河北师范大学学报》2001 年第 2 期;张强《司马迁与〈春秋〉学之关系论》,《南京大学学报》2005 年第 4 期;张强《西汉帝王与帝王之学及经学之关系》,《淮阴师范学院学报》2001 年第 2 期。

② 汉·班固《汉书·元帝纪》,北京:中华书局 1962 年版,第 277 页。

③ 宋·徐天麟《西汉会要·兵四》,上海:上海古籍出版社 2006 年版,第 674 页。

其不从也。"①马端临认为,移民实边进行屯戍并非良策,更何况,农耕民族一直有家园不可迁徙的观念,"徙民多"势必造成"骚动众"的局面。应该说,这一认识从侧面道出了汉武帝下"轮台罪己诏"的原因。进而言之,战争耗费巨大,西域屯戍无法从根本上支撑起这场旷日持久的战争,因此,汉武帝拒绝了桑弘羊的提议。

汉武帝下"轮台罪己诏"以后,出现了"由是不复出军。而封丞相车千秋为富民侯,以明休息,思富养民也"②的局面。从这一行为中当知,汉武帝下"轮台罪己诏"也与朝廷内部出现反对继续征伐的声音有关。

第三节　昭宣以后的西域屯戍

汉武帝下"轮台罪己诏",放弃继续打击匈奴的行为,缩小西域屯戍的规模,实际上是一柄双刃剑。从积极的方面看,停止战争及收缩防线,可以减少国用支出及赋税征收,有利于恢复民力,减轻千里漕运的负担。从消极的方面看,在缩小轮台屯戍规模,放弃经营西域之策后,匈奴乘虚而入,势必引起西北边地的再度骚动。

后元二年(前87)三月,汉武帝去世,匈奴抓住这一有利时机,于当年的冬天入侵朔方。史称:"冬,匈奴入朔方,杀略吏民。发军屯西河,左将军桀行北边。"③为有效地阻止匈奴入侵,汉昭帝采取了加强西河军屯的措施,试图采用屯戍的方法来加固北部边境的防守。

在匈奴侵入朔方、西河的同时,匈奴又将战火引向河西。时人赵充国分析形势时论述道:"至征和五年,先零豪封煎等通使匈奴,匈奴使人至小月氏,传告诸羌曰:'汉贰师将军众十余万人降匈奴。羌人为汉事苦。张掖、酒泉本我地,地肥美,可共击居之。'以此观匈奴欲与羌合,非一世也。"④为了稳定河西,汉昭帝采取了加强张掖屯戍的措施。《汉书·昭帝纪》云:"冬,发习战射士诣朔方,调故吏将屯田张掖郡。"颜师古注:"调谓发选也。故吏,前为官职者。令其部率习战射士于张掖为屯田也。"⑤很显然,"调故吏将屯田",是指由熟悉河西事务的解任官员率精通习战的士卒进行屯田。这一事件发生在汉昭帝始元二年(前85),经此,汉廷在加强防守的过程中形成了在朔方、西河和河西等地军屯的局面。从这样的角度看,汉武帝收缩轮台屯戍的防线后,朔方、西河及河西等地开始成为汉廷与匈奴及诸羌争夺的重点区域。针对这一形势,汉昭帝在酒泉郡的后方张掖郡进行屯戍,这样做主要有两个目

---

① 元·马端临《文献通考·田赋考七》,杭州:浙江古籍出版社1988年版,第73页。
② 汉·班固《汉书·西域传下》,北京:中华书局1962年版,第3914页。
③ 汉·班固《汉书·昭帝纪》,北京:中华书局1962年版,第218页。
④ 汉·班固《汉书·赵充国辛庆忌传》,北京:中华书局1962年版,第2973页。
⑤ 同③,第221页。

的:一是通过积粟就地调运粮草,及时支援酒泉郡和敦煌郡的防务;二是重点经营张掖屯戍事务,在关中以西建立防止匈奴入侵关中的防线,进而缩短漕运补给线。

汉昭帝在朔方、西河、河西等地加强军屯,主要是由汉武帝收缩经营西域的规模及防守力量后撤引起的。从当时的形势上看,放弃轮台屯戍等于放弃经营西域,放弃经营西域等于给匈奴提供了喘息的机会。匈奴在西域坐大以后,顺势联合归顺汉廷的诸羌,将战火引向酒泉、张掖等河西四郡,史有"单于使犁汙王窥边,言酒泉、张掖兵益弱,出兵试击,冀可复得其地"①之说,这是汉昭帝元凤三年(前78)的事。司马光记载:"匈奴单于使犁汙王窥边,言酒泉、张掖兵益弱,出兵试击,冀可复得其地。时汉先得降者,闻其计,天子诏边警备。后无几,右贤王、犁汙王四千骑分三队,入日勒、屋兰、番和。张掖太守、属国都尉发兵击,大破之,得脱者数百人。属国义渠王射杀犁汙王,赐黄金二百斤,马二百匹,因封为犁汙王。自是后,匈奴不敢入张掖。"②此时的形势是,如果失去河西四郡,那么,长期征伐及开拓疆土的战果将毁于一旦,一旦失去河西四郡,将危及关中及长安的安全,故加强张掖屯田,支援酒泉郡、敦煌郡的防守已成为当务之急。进而言之,汉昭帝将河西屯戍后撤到张掖,以张掖屯戍支援酒泉、敦煌,旨在缩短漕运距离,就地解决征伐大军的粮草。

从另一个层面看,汉昭帝加强边郡屯戍既与匈奴及诸羌入侵有关,同时也与长期征战导致漕运物资十分匮乏有关。如元凤二年(前79)六月,汉昭帝诏书云:"朕闵百姓未赡,前年减漕三百万石。颇省乘舆马及苑马,以补边郡三辅传马。其令郡国毋敛今年马口钱,三辅、太常郡得以叔粟当赋。"③自元凤二年上推三年,当为汉昭帝始元六年(前81)。元凤三年正月,汉昭帝诏书云:"乃者民被水灾,颇匮于食,朕虚仓廪,使使者振困乏。其止四年毋漕。三年以前所振贷,非丞相御史所请,边郡受牛者勿收责。"④如果将这两个诏书叙述的时间联系起来,可谓是在四年时间里,百姓已陷入"未赡"的困境。在这一时段,尽管反击匈奴及平定叛乱需要漕运,但财政有限,只能采取"减漕三百万石""省乘舆马及苑马,以补边郡三辅传马"及减少官府开支等措施。马端临记载:"昭帝元凤二年,诏曰:'前年减漕三百万石。'三年,诏曰:'民被水灾,颇匮于食,其止四年勿漕。'"⑤马端临叙述时择其大要,前者强调"减漕",后者强调"民被水灾"与"勿漕"之间的关系。应该说,这一史述方式是有深意的。具体地讲,强调水灾与"勿漕"之间的关系,似可以补充说明始元六年"减漕"的原因。进而言之,自然灾害频仍与国库空虚交织在一起,已直接影响到漕运,这样一来,要想解决匈奴入侵及

---

① 汉·班固《汉书·匈奴传上》,北京:中华书局1962年版,第3783页。
② 宋·司马光《资治通鉴·汉纪十五》(邬国义校点),上海:上海古籍出版社1997年版,第198—199页。
③ 汉·班固《汉书·昭帝纪》,北京:中华书局1962年版,第228页。
④ 同③,第229页。
⑤ 元·马端临《文献通考·国用考三》,杭州:浙江古籍出版社1988年版,第239页。

诸羌反叛时所需的粮草及物资,所能采取的办法只能是屯戍,通过屯戍就地解决征伐大军的粮草。

由此提出的问题是,建立什么样的屯戍秩序,才能阻止匈奴的入侵和河西诸羌的反叛呢？在这中间,汉昭帝采取的措施有二种:一是加强河西、西河、朔方等边郡的屯戍,通过就地获取粮草来支援打击匈奴的战争,进而减少关中及关东的漕运岁额;二是在扶植西域三十六国亲汉势力的过程中,采用新的方案进行西域屯戍。与前一项措施相比,后一项屯戍措施更富有新意。之所以这样说,是因为汉昭帝为避免汉武帝所犯的在西域屯戍时的错误,采取了新的屯戍措施,开启了将西域置于西汉直接管辖之下的先河,从而彻底解决了千里漕运时劳民伤财的困难。

汉昭帝西域屯戍,以元凤四年为节点,主要由两大措施构成。

其一,遣送西域质子回国继承王位,由质子即新王任屯田校尉,将其置于中央的直接管辖之下。史称:"初,贰师将军李广利击大宛,还过扜弥,扜弥遣太子赖丹为质于龟兹。广利责龟兹曰:'外国皆臣属于汉,龟兹何以得受扜弥质？'即将赖丹入至京师。昭帝乃用桑弘羊前议,以扜弥太子赖丹为校尉将军,田轮台,轮台与渠犁地皆相连也。"①送西域扜弥国太子赖丹归国,目的是培养亲汉势力,稳定西域政局。"昭帝乃用桑弘羊前议",一是表达了汉昭部恢复西域屯戍的决心,二是任命赖丹为屯田校尉,负责扜弥(在今新疆于田)的屯戍事务,扩大了西域屯戍的规模,形成了"轮台与渠犁地皆相连"的局面。郦道元叙述其屯戍范围时指出:"西去姑墨六百七十里。川水又东南流,径于轮台之东也。昔汉武帝初通西域,置校尉屯田于此。搜粟都尉桑弘羊奏言:故轮台以东,地广,饶水草,可溉田五千顷以上。其处温和田美,可益通沟渠,种五谷,收获与中国同。时匈奴弱,不敢近西域,于是徙莎车相去千余里,即是台也。其水又东南流,右会西川枝水,水有二源,俱受西川。东流径龟兹城南,合为一水。水间有故城,盖屯校所守也。"②全面落实桑弘羊轮台屯戍的主张,主要有三个方面的意义:一是可以减轻汉王朝的财政负担及将士远离家乡的戍边之苦,同时可以减轻千里漕运时的压力,最大限度地节约民力和财力;二是以归国质子任新王及屯田校尉一职,改变了西域屯戍的结构,出现了屯戍以西域军民为主的局面;三是在西域建立新的屯戍秩序以后,开启了西汉以归国质子即新王负责西域屯田的先例,为将西域纳入西汉的直接管辖下铺平了道路。从这样的角度看,汉昭帝稳固西域及边郡的局势,既与桑弘羊的轮台屯戍方案重新受到重视有关,同时又是在以扜弥太子赖丹为屯田校尉等一系列举措的基础上实现的。

其二,在西域扶植亲汉政权,并派军队进行保护,在此基础上联合西域各国的军队进行

---

① 汉·班固《汉书·西域传下》,北京:中华书局1962年版,第3916页。
② 北魏·郦道元《水经注·河水二》,杨守敬、熊会贞疏,段熙仲点校,陈桥驿复校《水经注疏》上册,南京:江苏古籍出版社1989年版,第96—98页。

屯戍。史称:"元凤四年,大将军霍光白遣平乐监傅介子往刺其王。介子轻将勇敢士,赍金币,扬言以赐外国为名。既至楼兰,诈其王欲赐之,王喜,与介子饮,醉,将其王屏语,壮士二人从后刺杀之,贵人左右皆散走。介子告谕以'王负汉罪,天子遣我诛王,当更立王弟尉屠耆在汉者。汉兵方至,毋敢动,自令灭国矣!'介子遂斩王尝归首,驰传诣阙,悬首北阙下。封介子为义阳侯。乃立尉屠耆为王,更名其国为鄯善,为刻印章,赐以宫女为夫人,备车骑辎重,丞相将军率百官送至横门外,祖而遣之。王自请天子曰:'身在汉久,今归,单弱,而前王有子在,恐为所杀。国中有伊循城,其地肥美,愿汉遣一将屯田积谷,令臣得依其威重。'于是汉遣司马一人、吏士四十人,田伊循以填抚之。其后更置都尉。伊循官置始此矣。"①汉武帝撤除轮台屯戍并收缩防线后,西域各国再度成为匈奴与汉王朝争夺和拉拢的对象。根据这一形势,傅介子用计谋诛杀与匈奴交好的楼兰王,并立与汉交好的尉屠耆为新王,从而有效地控制了楼兰国即其后的鄯善国。

以《汉书·西域传上》为依据,徐天麟记载:"元凤四年,鄯善王请曰:'国中有伊循城,其地肥美,欲汉遣一将屯田积谷,令臣得以依其威重。'于是汉遣大司马一人、吏士四十人,田伊循以镇抚之。后更置部尉,伊循官置始此矣。"②在这里,徐天麟强调了"汉遣大司马一人、吏士四十人,田伊循以填抚之"有关的内容,似表明鄯善国伊循(在今新疆若羌东)屯戍只派出了管理人员。其实不然,在派出屯戍管理人员的同时,索劢又率酒泉、敦煌的守军千人进驻伊循并屯田,进而成为一支强大的威慑西域各国的军事力量。郦道元记载:"元凤四年,霍光遣平乐监傅介子刺杀之,更立后王。汉又立其前王质子尉屠耆为王,更名其国为鄯善。百官祖道横门。王自请天子曰:身在汉久,恐为前王子所害,国有伊循城,土地肥美,愿遣将屯田积粟,令得依威重。遂置田以镇抚之。敦煌索劢,字彦义,有才略。刺史毛奕表行贰师将军,将酒泉、敦煌兵千人,至楼兰屯田,起白屋,召鄯善、焉耆、龟兹三国兵各千,横断注滨河。河断之日,水奋势激,波陵冒堤。劢厉声曰:'王尊建节,河堤不溢。王霸精诚,呼沱不流。水德神明,古今一也。'劢躬祷祀,水犹未减,乃列阵被杖,鼓噪欢叫,且刺且射,大战三日,水乃回减,灌浸沃衍,胡人称神。大田三年,积粟百万,威服外国。"③索劢率兵入驻伊循城以后,又"召鄯善、焉耆、龟兹三国兵各千"进驻伊循,这支强大的军事力量在扩大屯戍范围的过程中,为"其后更置都尉。伊循官置始此矣"奠定了坚实的基础。进而言之,在鄯善国国王尉屠耆的邀请下,汉军与西域鄯善、焉耆、龟兹三国的军队共同进驻伊循城,揭开了保护西域进行屯戍的新篇章。

---

① 汉·班固《汉书·西域传上》,北京:中华书局1962年版,第3878页。
② 宋·徐天麟《西汉会要·兵四》,上海:上海古籍出版社2006年版,第674—675页。
③ 北魏·郦道元《水经注·河水二》,杨守敬、熊会贞疏,段熙仲点校,陈桥驿复校《水经注疏》上册,南京:江苏古籍出版社1989年版,第96—98页。

伊循屯戍与傅介子以诈术刺杀楼兰王联系在一起。史称："傅介子,北地人也,以从军为官。先是龟兹、楼兰皆尝杀汉使者,语在《西域传》。至元凤中,介子以骏马监求使大宛,因诏令责楼兰、龟兹国。介子至楼兰,责其王教匈奴遮杀汉使:'大兵方至,王苟不教匈奴,匈奴使过至诸国,何为不言?'王谢服,言'匈奴使属过,当至乌孙,道过龟兹。'介子至龟兹,复责其王,王亦服罪。介子从大宛还到龟兹,龟兹言'匈奴使从乌孙还,在此。'介子因率其吏士共诛斩匈奴使者。还奏事,诏拜介子为中郎,迁平乐监。介子谓大将军霍光曰:'楼兰、龟兹数反复而不诛,无所惩艾。介子过龟兹时,其王近就人,易得也,愿往刺之,以威示诸国。'大将军曰:'龟兹道远,且验之于楼兰。'于是白遣之。介子与士卒俱赍金币,扬言以赐外国为名。至楼兰,楼兰王意不亲介子,介子阳引去,至其西界,使译谓曰:'汉使者持黄金、锦绣行赐诸国,王不来受,我去之西国矣。'即出金币以示译。译还报王,王贪汉物,来见使者。介子与坐饮,陈物示之。饮酒皆醉,介子谓王曰:'天子使我私报王。'王起随介子入帐中,屏语,壮士二人从后刺之,刃交胸,立死。其贵人左右皆散走。介子告谕以'王负汉罪,天子遣我来诛王,当更立前太子质在汉者。汉兵方至,毋敢动,动,灭国矣!'遂持王首还诣阙,公卿将军议者咸嘉其功。上乃下诏曰:'楼兰王安归尝为匈奴间,候遮汉使者,发兵杀略卫司马安乐、光禄大夫忠、期门郎遂成等三辈,及安息、大宛使,盗取节印献物,甚逆天理。平乐监傅介子持节使诛斩楼兰王安归首,县之北阙,以直报怨,不烦师从。其封介子为义阳侯,食邑七百户。士刺王者皆补侍郎。'"①

傅介子虽有迫使楼兰国归顺之功,但这一行为受到后世的谴责。如司马光论述道:"王者之于戎狄,叛则讨之,服则舍之。今楼兰王既服其罪,又从而诛之,后有叛者,不可得而怀矣。必以为有罪而讨之,则宜陈师鞠旅,明致其罚。今乃遣使者诱以金币而杀之,后有奉使诸国者,复可信乎?且以大汉之强而为盗贼之谋于蛮夷,不亦可羞哉!论者或美介子以为奇功,过矣!"②

综上所述,以元凤四年为节点,西域屯戍出现了两种情况:一是由亲汉的西域政权直接担任屯田校尉,并负责屯田事务;二是汉军和西域军共同屯戍,两者交织一起,开创了汉王朝以新模式经营西域的历史,为汉宣帝在神爵二年建立西域都护府铺平道路。

汉宣帝刘询即位后,继承了汉昭帝经营西域时的做法。在这中间,郑吉起到了关键性的作用。史称:"秋,匈奴日逐王先贤掸将人众万余来降。使都护西域骑都尉郑吉迎日逐,破车师,皆封列侯。"③在经营西域的过程中,郑吉通过屯戍有效地缩小了匈奴活动的空间,迫使匈奴日逐王投降,此后,又击破车师,进而稳定了局势,为将西域完整地置于汉王朝的统治之

---

① 汉·班固《汉书·傅常郑甘陈段传》,北京:中华书局1962年版,第3001—3002页。
② 宋·司马光《资治通鉴·汉纪十五》(邬国义校点),上海:上海古籍出版社1997年版,第200页。
③ 汉·班固《汉书·宣帝纪》,北京:中华书局1962年版,第262页。

下,立下了汗马功劳。

郑吉经营西域以屯田渠犁(在今新疆库尔勒西)为背景。汉昭帝即位后,西域的经营处于十分艰难的状态。郑吉奉命屯田渠犁,为保护鄯善以西的南道做出了重大贡献,其后又趁匈奴军力衰败及内部战和不一的矛盾,顺利地打通了车师(又称姑师,西域三十六国之一,在今新疆吐鲁番西北)以西的北道。史称:"至宣帝时,遣卫司马使护鄯善以西数国。及破姑师,未尽殄,分以为车师前后王及山北六国。时汉独护南道,未能尽并北道也。然匈奴不自安矣。其后日逐王畔单于,将众来降,护鄯善以西使者郑吉迎之。既至汉,封日逐王为归德侯,吉为安远侯。是岁,神爵二年也。乃因使吉并护北道,故号曰都护。都护之起,自吉置矣。僮仆都尉由此罢,匈奴益弱,不得近西域。于是徙屯田,田于北胥鞬,披莎车之地,屯田校尉始属都护。都护督察乌孙、康居诸外国,动静有变以闻。可安辑,安辑之;可击,击之。都护治乌垒城,去阳关二千七百三十八里,与渠犁田官相近,土地肥饶,于西域为中,故都护治焉。"①徐天麟注"披莎车之地"时有"披,分也"②之说,经此,屯田校尉始隶属西域都护府。郑吉屯戍的最大功绩是,将西域完整地置于汉廷的统治之下。史家在叙述郑吉事迹时记载:"郑吉,会稽人也,以卒伍从军,数出西域,由是为郎。吉为人强执,习外国事。自张骞通西域、李广利征伐之后,初置校尉,屯田渠黎。至宣帝时,吉以侍郎田渠黎,积谷,因发诸国兵攻破车师,迁卫司马,使护鄯善以西南道。神爵中,匈奴乖乱,日逐王先贤掸欲降汉,使人与吉相闻。吉发渠黎、龟兹诸国五万人迎日逐王,口万二千人、小王将十二人随吉至河曲,颇有亡者,吉追斩之,遂将诣京师。汉封日逐王为归德侯。吉既破车师,降日逐,威震西域,遂并护车师以西北道,故号都护。都护之置自吉始焉。上嘉其功效,乃下诏曰:'都护西域骑都尉郑吉,拊循外蛮,宣明威信,迎匈奴单于从兄日逐王众,击破车师兜訾城,功效茂著。其封吉为安远侯,食邑千户。'吉于是中西或则立莫府,治乌垒城,镇抚诸国,诛伐怀集之。汉之号令班西域矣,始自张骞而成于郑吉。"③

以上两则记载可互为补充,郑吉在西域屯田时,有四件大事值得称道:一是郑吉在渠犁一带屯戍时,聚集粮草,加强军备,联合归顺的西域国出兵车师,解除了匈奴对鄯善以西南道的威胁,清除了这一带的反叛势力;二是通过屯戍缩小匈奴活动的空间,迫使匈奴日逐王归顺汉王朝;三是打通南道和北道后,为建西域都护府,"镇抚诸国",将西域完整地纳入西汉的版图铺平了道路;四是将经营西域与屯戍联系在一起,在汉室设西域都护府以后,开启了将屯田校尉置于都护府之下的先河。正因为如此,班固以"汉之号令班西域矣,始自张骞而成于郑吉"等语,高度地评价了郑吉。

---

① 汉·班固《汉书·西域传上》,北京:中华书局1962年版,第3873—3874页。
② 宋·徐天麟《西汉会要·兵四》,上海:上海古籍出版社2006年版,第675页。
③ 汉·班固《汉书·傅常郑甘陈段传》,北京:中华书局1962年版,第3005—3006页。

不过,西域形势发生变化,主要与郑吉率免刑罪人田渠犁有关。如徐天麟记载:"宣帝地节二年,汉遣侍郎郑吉、校尉司马憙将免刑罪人田渠犁,积谷,欲以攻车师,至秋收谷,吉尽发城郭诸国兵万余人,自与所将田士千五百人,共击车师。食尽,吉等且罢兵,归渠犁田。收秋毕,复发兵攻车师王于石城。王奔乌孙。吉至酒泉,有诏还田渠犁及车师,益积谷以安西国,侵匈奴。于是吉使吏卒三百人别田车师,匈奴遣骑来击,汉田卒少不能当,吉上书'愿益田卒',公卿议以为道远烦费,可且罢车师田者。"①汉宣帝地节二年(前68),郑吉率免除刑法后的囚犯到渠犁屯戍,可视为汉廷经营西域的转折点,在此基础上,郑吉"尽发城郭诸国兵万余人,自与所将田士千五百人,共击车师",初步奠定了汉廷再度经营西域的基础。

郑吉屯戍并击败车师,自然是经营西域的重要成果,在这中间,冯奉世在西域屯戍中的作用不可忽视。史称:"先是时,汉数出使西域,多辱命不称,或贪污,为外国所苦。是时,乌孙大有击匈奴之功,而西域诸国新辑,汉方善遇,欲以安之,选可使外国者。前将军增举奉世以卫候使持节送大宛诸国客。至伊修城,都尉宋将言莎车与旁国共攻杀汉所置莎车王万年,并杀汉使者奚充国。时匈奴又发兵攻车师城,不能下而去。莎车遣使扬言北道诸国已属匈奴矣,于是攻劫南道,与歃盟畔汉,从鄯善以西皆绝不通。都护郑吉、校尉司马意皆在北道诸国间。奉世与其副严昌计,以为不亟击之则莎车日强,其势难制,必危西域。遂以节谕告诸国王,因发其兵,南北道合万五千人进击莎车,攻拔其城。莎车王自杀,传其首诣长安。诸国悉平,威振西域。奉世乃罢兵以闻。宣帝召见韩增,曰:'贺将军所举得其人。'奉世遂西至大宛。大宛闻其斩莎车王,敬之异于它使。得其名马象龙而还。上甚说,下议封奉世。丞相、将军皆曰:'《春秋》之义,大夫出疆,有可以安国家,则颛之可也。奉世功效尤著,宜加爵土之赏。'少府萧望之独以奉世奉使有指,而擅矫制违命,发诸国兵,虽有功效,不可以为后法。即封奉世,开后奉使者利,以奉世为比,争逐发兵,要功万里之外,为国家生事于夷狄。渐不可长,奉世不宜受封。上善望之议,以奉世为光禄大夫、水衡都尉。"②继郑吉开辟经营西域的北道后,面对日趋强大的莎车(莎车国,西域三十六国之一,在今新疆莎车),冯奉世采取了"以节谕告诸国王,因发其兵,南北道合万五千人进击莎车,攻拔其城"的军事行动。

在冯奉世平定莎车之乱以前,郑吉屯戍渠犁,初步打通了西汉经营西域的北道和南道。然而,莎车联合叛汉势力攻劫南道,打破了郑吉建立的政治秩序。在这一过程中,冯奉世敏锐地认识到,如果坐视不管,将会出现"其势难制,必危西域"的局面。为此,冯奉世率屯戍士卒果断出兵,平定了莎车之乱,保卫了经营西域的成果。从这样的角度看,冯奉世平定莎车之乱与郑吉屯戍渠犁等举措相辅相成,均为汉宣帝在神爵二年建西域都护府做出了贡献。

---

① 宋·徐天麟《西汉会要·兵四》,上海:上海古籍出版社2006年版,第675页。
② 汉·班固《汉书·冯奉世传》,北京:中华书局1962年版,第3294—3295页。

通过屯戍,建立了西域都护府,翦除了匈奴在西域的势力,使之失去了在西域生存的空间。西域置于汉廷的直接管辖之下,以当地的赋税支撑战争,从而解决了汉武帝打击匈奴时年年增加漕运岁额及扩大赋税征收的难题。

汉昭帝重新确立西域屯戍之策,为西汉后世帝王所遵守。王溥论述道:"始孝武开西域之后,为置使者校尉领护之,宣、元、哀、平,此道不替。"①汉宣帝登基后,继承了汉武帝、汉昭帝既定的西域屯戍之策,与此同时,将屯戍地点不断地向西延伸,远及莎车国。史称:"是岁,神爵三年也。乃因使吉并护北道,故号曰都护。都护之起,自吉置矣。僮仆都尉由此罢,匈奴益弱,不得近西域。于是徙屯田,田于北胥鞬,披莎车之地,屯田校尉始属都护。"②这里所说的神爵三年(前59),当指神爵二年,是年,匈奴日逐王率众到汉西域地方长官郑吉处投降,从此天山以北归汉,在此基础上"并护北道"并正式设西域都护府。与此同时,加强屯戍,原使者校尉即屯田校尉始属西域都护府。

汉昭帝重新建立西域的屯戍秩序,基本上解决了长期存在的千里漕运的难题。马端临论述道:"屯田所以省馈饷,因农为兵,而起于汉昭、宣之时。然文帝时,晁错上言:'远方之卒,守塞一岁而更,不知胡人之能,不如选常居者,家室田作以备之,为之高城深堑,先为室屋,具器备,募罪人及免徒复作,及民之欲往者,皆赐高爵,复其家,俾实塞下,使屯戍之事省,输将之费寡。'则其规模已略出此,但文帝则与以田屋,令其人自为战守,而此屯田则以兵留耕,因取其耕之所获以饷兵,微为不同。"③西域屯戍之所以能在昭、宣之时起到固边及"省馈饷"的作用,一是与移民实边及以农为兵的方略联系在一起,二是与西域完整地纳入西汉的版图有关。马端临比较汉文帝与汉昭帝的屯戍之策时,提出了"微为不同"的说法。其实,汉昭帝的屯戍之策,不同于汉文帝时期的屯戍之策,也有别于汉武帝时期的屯戍之策,将西域置于西汉的直接统治之下,建立了新的屯戍秩序,解决了征战中漕运的难题。不过,马端临提出的"徙民多而骚动众",是不可忽视的因素,农耕民族一直有家园不可迁徙的观念,如何照顾移民的利益是需要解决的大问题。

第四节　赵充国屯戍与省漕

郑吉、冯奉世等的屯戍行动将西域置于汉廷的管辖之下,减轻了沉重的漕运负担,而赵充国在河西等地的屯戍行为则对支撑西域屯戍起到关键性的作用。自汉武帝收缩西域防线

---

① 宋·王溥《唐会要·安西都护府》,北京:中华书局1955年版,第1328页。
② 汉·班固《汉书·西域传》,北京:中华书局1962年版,第3874页。
③ 元·马端临《文献通考·田赋考七》,杭州:浙江古籍出版社1988年版,第73页。

以后,匈奴在西域的势力再度崛起,其鼓动氐、羌叛乱,直接影响到边郡的安全。那么,在国家财政捉襟见肘的背景下,如何减少漕运岁额?如何在减少漕运支出的基础上稳定河西及经营西域,进而从根本性上破解匈奴及诸羌侵扰的难题呢?根据这一形势,赵充国采取的方略是,加强屯戍,通过就地获取粮草及战略物资,来稳定边郡日趋复杂的形势。

赵充国是陇西上邽(在今甘肃天水)人,后来举家迁令居(在今甘肃永登北),"为人沈勇有大略,少好将帅之节,而学兵法,通知四夷事"①。这里所说的"通知四夷事"包括两个方面:一是指赵充国长期生活在河西,通晓周边游牧民族的事务;一是指赵充国参与了打击匈奴的军事行动,如汉武帝时赵充国曾"以假司马从贰师将军击匈奴"②,在长期征战的过程中,赵充国深刻认识到了屯戍的重要性。

汉昭帝登基后,边郡形势动荡不安。在匈奴的鼓动下,居住在武都(在今西和西南)一带的氐人发动叛乱,赵充国率军平叛,随后在上谷(在今河北怀来东南)一带屯戍。还朝后,赵充国转任水衡都尉。此后,又出征匈奴,凯旋后升任后将军,并继续兼任水衡都尉。史称:"昭帝时,武都氐人反,充国以大将军、护军都尉将兵击定之,迁中郎将,将屯上谷,还为水衡都尉。击匈奴,获西祁王,擢为后将军,兼水衡如故。"③这一记载可视为对赵充国"通知四夷事"的补充说明。

赵充国征伐匈奴升任后将军以后,继续兼任水衡都尉。究其原因,应与其有屯戍的经历有关。水衡都尉始设于汉武帝元鼎二年(前115),主要执掌皇家财政等事务。史称:"水衡都尉,武帝元鼎二年初置,掌上林苑,有五丞。属官有上林、均输、御羞、禁圃、辑濯、钟官、技巧、六厩、辩铜九官令丞。又衡官、水司空、都水、农仓,又甘泉上林、都水七官长丞皆属焉。"④在设水衡都尉以前,"水衡"是大司农的属官,史有"初,大农筦盐铁官布多,置水衡,欲以主盐铁;及杨可告缗钱,上林财物众,乃令水衡主上林。上林既充满,益广。是时越欲与汉用船战逐,乃大修昆明池,列观环之。治楼船,高十余丈,旗帜加其上,甚壮。……乃分缗钱诸官,而水衡、少府、大农、太仆各置农官,往往即郡县比没入田田之。其没入奴婢,分诸苑养狗马禽兽,及与诸官。诸官益杂置多,徒奴婢众,而下河漕度四百万石,及官自籴乃足"⑤之说。赵充国任后将军一职时兼任水衡都尉,固然与其得到汉昭帝的信任有关,还应该与其有上谷屯戍的经历及重视屯戍有关。

这样说主要有三个原因:一是大司农掌国家赋税及财政,汉武帝一朝扩大漕运规模,讲究漕运之法,大司农又负责漕运及河渠建设等事务;二是"水衡"一职作为大司农的属官,早

---

① 汉·班固《汉书·赵充国辛庆忌传》,北京:中华书局1962年版,第2971页。
② 同①。
③ 同①,第2972页。
④ 汉·班固《汉书·百官公卿表上》,北京:中华书局1962年版,第735页。
⑤ 汉·司马迁《史记·平准书》,北京:中华书局1982年版,第1436页。

在汉武帝一朝已参与军事训练;三是设水衡都尉后,"水衡"虽然不再是大司农的属官,但负责屯田及漕运等事务。在这中间,一方面"水衡、少府、大农、太仆各置农官",另一方面大司农"下河漕度四百万石"需要水衡的参与。从这样的角度看,赵充国任后将军后继续兼任水衡都尉,除了继续执掌皇家财政事务外,所承担的事务还应与进行屯戍以减少漕运岁额有一定的关系。

史称"本始中,为蒲类将军征匈奴,斩虏数百级,还为后将军、少府。匈奴大发十余万骑,南旁塞,至符奚庐山,欲入为寇。亡者题除渠堂降汉言之,遣充国将四万骑屯缘边九郡。单于闻之,引去。"①"本始中",当指汉宣帝本始三年(前71),司马光《资治通鉴·汉纪十六》将此事定在本始三年。"还为后将军、少府"一语值得玩味,赵充国在俘获匈奴西祁王后"擢为后将军,兼水衡",当知赵充国回朝后继续任后将军一职,不过,兼任职务发生了变化,由水衡都尉转为少府。史称:"少府,秦官,掌山海池泽之税,以给共养,有六丞。属官有尚书、符节、太医、太官、汤官、导官、乐府、若卢、考工室、左弋、居室、甘泉居室、左右司空、东织、西织、东园匠十六官令丞,又胞人、都水、均官三长丞,又上林中十池监,又中书谒者、黄门、钩盾、尚方、御府、永巷、内者、宦者八官令丞。诸仆射、署长、中黄门皆属焉。"②少府与水衡都尉同掌皇家财政,两者间的职事多有交叉。这一情况表明,赵充国还朝后依旧掌管屯垦事务,其中,朝廷"遣充国将四万骑屯缘边九郡"的屯戍事务没有解除。

屯戍是西汉王朝征伐匈奴、开拓疆土的重要举措。汉宣帝即位后,诸羌在匈奴的鼓动下发动了叛乱。根据这一形势,赵充国在提醒汉宣帝应早做防范的同时,提出了加强河西屯戍的对策。班固交代赵充国提出屯戍之策的原因时,详细地叙述了诸羌在河西反叛的过程。史称:"是时,光禄大夫义渠安国使行诸羌,先零豪言愿时渡湟水北,逐民所不田处畜牧。安国以闻。充国劾安国奉使不敬。是后,羌人旁缘前言,抵冒渡湟水,郡县不能禁。元康三年,先零遂与诸羌种豪二百余人解仇交质盟诅。上闻之,以问充国,对曰:'羌人所以易制者,以其种自有豪,数相攻击,势不一也。往三十余岁,西羌反时,亦先解仇合约攻令居,与汉相距,五六年乃定。至征和五年,先零豪封煎等通使匈奴,匈奴使人至小月氏,传告诸羌曰:"汉贰师将军众十余万人降匈奴。羌人为汉事苦。张掖、酒泉本我地,地肥美,可共击居之。"以此观匈奴欲与羌合,非一世也。间者匈奴困于西方,闻乌桓来保塞,恐兵复从东方起,数使使尉黎、危须诸国,设以子女貂裘,欲沮解之。其计不合。疑匈奴更遣使至羌中,道从沙阴地,出盐泽,过长坑,入穷水塞,南抵属国,与先零相直。臣恐羌变未止此,且复结联他种,宜及未然为之备。'后月余,羌侯狼何果遣使至匈奴藉兵,欲击鄯善、敦煌以绝汉道。充国以为'狼何小月氏种在阳关西南,势不能独造此计,疑匈奴使已至羌中,先零、罕、开乃解仇作约。到秋马

---

① 汉·班固《汉书·赵充国辛庆忌传》,北京:中华书局1962年版,第2972页。
② 汉·班固《汉书·百官公卿表上》,北京:中华书局1962年版,第731页。

肥,变必起矣。宜遣使者行边兵豫为备,敕视诸羌,毋令解仇,以发觉其谋.'于是两府复白遣义渠安国行视诸羌,分别善恶。安国至,召先零诸豪三十余人,以尤桀黠,皆斩之。纵兵击其种人,斩首千余级。于是诸降羌及归义羌侯杨玉等恐怒,亡所信乡,遂劫略小种,背畔犯塞,攻城邑,杀长吏。安国以骑都尉将骑三千屯备羌,至浩亹,为虏所击,失亡车重兵器甚众。安国引还,至令居,以闻。是岁,神爵元年春也。"①

这一记载有四个情况值得关注。一是在叙述诸羌反叛的前因时,上溯到赵充国出击匈奴的时间,交代这一时间节点,旨在为赵充国后来在河西推行屯戍之策,做必要的铺垫。二是汉使义渠安国巡行河西及安抚诸羌时,轻易地答应了羌人"愿时渡湟水北,逐民所不田处畜牧"的要求,因此出现了"是后,羌人旁缘前言,抵冒渡湟水,郡县不能禁"的恶果。这一恶果是河西动荡的直接原因,西汉王朝只能眼睁睁地看着羌人各部落汇聚到一起,准备反叛。三是元康三年(前63),诸羌汇聚到一起后,先零羌与其他的羌人部落结盟,进而在河西形成强大的反叛力量。在河西岌岌可危的背景下,赵充国提出了加强军备早做预防的建议。四是神爵元年(前61),在义渠安国再度"行视诸羌"时,"以尤桀黠"为由,先是斩杀先零羌各部落首领三十多人,随后又纵兵"斩首千余级",这一武力镇压的行为不但没能平定诸羌叛乱,反而加剧了危机,引起"归义羌侯杨玉等恐怒",并聚集羌人部落反叛,由此出现了"背畔犯塞,攻城邑,杀长吏"的局面,与此同时,义渠安国"为虏所击,失亡车重兵器甚众",大败而归并退守令居。

这四个方面作为诸羌叛乱的前因,主要是由用人不当引起的。当义渠安国战败的消息传入朝廷后,年已七十六岁的赵充国主动请缨,率兵到金城(在今甘肃兰州)了解军情,准备伺机而动。在此次出征的过程中,赵充国主要采取了五个方面的措施。

其一,赵充国率军至金城巧渡黄河后,有意避开诸羌的锋芒,先是稳定军心,加强军备,等候出战的时机。后是以武力为后盾,威慑诸羌,采取分化瓦解之策。史称:"充国至金城,须兵满万骑,欲渡河,恐为虏所遮,即夜遣三校衔枚先渡,渡辄营陈,会明,毕,遂以次尽渡。虏数十百骑来,出入军傍。充国曰:'吾士马新倦,不可驰逐。此皆骁骑难制,又恐其为诱兵也。击虏以殄灭为期,小利不足贪。'令军勿击。遣骑候四望陿中,亡虏。夜引兵上至落都,召诸校司马,谓曰:'吾知羌虏不能为兵矣。使虏发数千人守杜四望狭中,兵岂得入哉!'充国常以远斥候为务,行必为战备,止必坚营壁,尤能持重,爱士卒,先计而后战。遂西至西部都尉府,日飨军士,士皆欲为用。虏数挑战,充国坚守。捕得生口,言羌豪相数责曰:'语汝亡反,今天子遣赵将军来,年八九十矣,善为兵。今请欲一斗而死,可得邪!'"②经此,赵充国采取坚守营垒之策,站稳了脚跟,并初步稳定了河西的局势。

---

① 汉·班固《汉书·赵充国辛庆忌传》,北京:中华书局1962年版,第2972—2973页。
② 同①,第2975—2976页。

其二,赵充国采取柔怀之策,确立了争取胁从的策略。史称:"初,罕、开豪靡当儿使弟雕库来告都尉曰先零欲反,后数日果反。雕库种人颇在先零中,都尉即留雕库为质。充国以为亡罪,乃遣归告种豪:'大兵诛有罪者,明白自别,毋取并灭。天子告诸羌人,犯法者能相捕斩,除罪。斩大豪有罪者一人,赐钱四十万,中豪十五万,下豪二万,大男三千,女子及老小千钱,又以其所捕妻子财物尽与之。'充国计欲以威信招降罕开及劫略者,解散虏谋,徼极乃击之。"①在全面了解河西军情和民情的基础上,赵充国通过区别对待,分化了诸羌,翦除了先零羌的羽翼。

其三,赵充国力排众议,坚持重点打击先零羌的战略。针对汉宣帝发兵河西的做法及酒泉太守辛武贤的建议,赵充国提出了不同的意见。史称:"天子下其书充国,令与校尉以下吏士知羌事者博议。充国及长史董通年以为'武贤欲轻引万骑,分为两道出张掖,回远千里。以一马自佗负三十日食,为米二斛四斗,麦八斛,又有衣装兵器,难以追逐。勤劳而至,虏必商军进退,稍引去,逐水草,入山林。随而深入,虏即据前险,守后阨,以绝粮道,必有伤危之忧,为夷狄笑,千载不可复。而武贤以为可夺其畜产,虏其妻子,此殆空言,非至计也。又武威县、张掖日勒皆当北塞,有通谷水草。臣恐匈奴与羌有谋,且欲大入,幸能要杜张掖、酒泉以绝西域,其郡兵尤不可发。先零首为畔逆,它种劫略。故臣愚册,欲捐罕、开暗昧之过,隐而勿章,先行先零之诛以震动之,宜悔过反善,因赦其罪,选择良吏知其俗者抚循和辑,此全师保胜安边之册。'天子下其书。公卿议者咸以为先零兵盛,而负罕、开之助,不先破罕、开,则先零未可图也。"②通过廷议,汉宣帝否定了赵充国的意见,甚至严厉地批评了赵充国。不过,赵充国并没有放弃自己的主张,继续坚持原有的观点,史有赵充国"以为将任兵在外,便宜有守,以安国家。乃上书谢罪,因陈兵利害"③之说。

其四,在"陈兵利害"的基础上,赵充国提出大军驻屯河西,保持威慑,等待诸羌发生内变的战略。史称:"时羌降者万余人矣。充国度其必坏,欲罢骑兵屯田,以待其敝。作奏未上,会得进兵玺书,中郎将卬惧,使客谏充国曰:'诚令兵出,破军杀将以倾国家,将军守之可也。即利与病,又何足争? 一旦不合上意,遣绣衣来责将军,将军之身不能自保,何国家之安?'充国叹曰:'是何言之不忠也! 本用吾言,羌虏得至是邪? 往者举可先行羌者,吾举辛武贤,丞相御史复白遣义渠安国,竟沮败羌。金城、湟中谷斛八钱,吾谓耿中丞,籴二百万斛谷,羌人不敢动矣。耿中丞请籴百万斛,乃得四十万斛耳。义渠再使,且费其半。失此二册,羌人故敢为逆。失之毫厘,差以千里,是既然矣。今兵久不决,四夷卒有动摇,相因而起,虽有知者

---

① 汉·班固《汉书·赵充国辛庆忌传》,北京:中华书局1962年版,第2977页。
② 同①,第2978页。
③ 同①,第2981页。

不能善其后，羌独足忧邪！吾固以死守之，明主可为忠言。'"①针对复杂的形势，赵充国提出，应该罢骑兵，实行屯戍之策，以此等候羌人发生内乱。杜佑记载："赵充国立屯田，且讨且招降者三万余人，置金城属国以处之，自后宾服。"②通过屯戍及保持强大的威慑力量，在恩威并用的过程中，动摇了诸羌叛乱的根基。赵充国认为，战争瞬息万变，前方将领应有临时处置和指挥的权力。同时，还需举贤荐能，主张任用熟悉河西事务的酒泉太守辛武贤。

其五，赵充国上书朝廷，提出以屯戍遏制羌人的主张。他上书道："臣闻兵者，所以明德除害也，故举得于外，则福生于内，不可不慎。臣所将吏士马牛食，月用粮谷十九万九千六百三十斛，盐千六百九十三斛，茭藁二十五万二百八十六石。难久不解，徭役不息。又恐它夷卒有不虞之变，相因并起，为明主忧，诚非素定庙胜之册。且羌虏易以计破，难用兵碎也，故臣愚以为击之不便。计度临羌东至浩亹，羌虏故田及公田，民所未垦，可二千顷以上，其间邮亭多坏败者。臣前部士入山，伐材木大小六万余枚，皆在水次。愿罢骑兵，留驰刑应募，及淮阳、汝南步兵与史士私从者，合凡万二百八十一人，用谷月二万七千三百六十三斛，盐三百八斛，分屯要害处。冰解漕下，缮乡亭，浚沟渠，治湟狭以西道桥七十所，令可至鲜水左右。田事出，赋人二十亩。至四月草生，发郡骑及属国胡骑伉健各千，倅马什二，就草，为田者游兵。以充入金城郡，益积畜，省大费。今大司农所转谷至者，足支万人一岁食。谨上田处及器用簿，唯陛下裁许。"③

赵充国率兵入金城后，部属万余人，此时，一万多人的部队每月要"用粮谷十九万九千六百三十斛，盐千六百九十三斛，茭藁二十五万二百八十六石"，这些粮草主要是依靠千里漕运抵达前线的。当时，漕运负担沉重，史有"今张掖以东粟石百余，刍藳束数十。转输并起，百姓烦扰"④之说，颜师古注"今张掖以东粟石百余，刍藳束数十"语云："皆谓直钱之数，言其贵。"⑤为避免"烦扰"百姓，赵充国从分析士兵征战用粮情况入手，提出解散骑兵，令其屯戍及"省漕"的主张。史称："上报曰：'皇帝问后将军，言欲罢骑兵万人留田，即如将军之计，虏当何时伏诛，兵当何时得决？孰计其便，复奏。'"⑥因骑兵迅捷，可快速追击敌骑，为此，汉宣帝犹豫起来。赵充国的想法涉及三个方面：一是军马消耗的粮草远超过士兵，如果"罢骑兵"转为屯戍，可以减少粮草消耗，化解"徭役不息"带来的负担；二是河西有良好的屯田条件，骑兵转为屯戍后，可与"留驰刑应募""及淮阳、汝南步兵与史士私从者"一道"分屯要害处"，安境保民；三是利用现有的条件建立新的屯戍秩序，在"益积畜，省大费"即降低漕运消耗的过

---

① 汉·班固《汉书·赵充国辛庆忌传》，北京：中华书局1962年版，第2984页。
② 唐·杜佑《通典·边防五·西戎一》，杭州：浙江古籍出版社1988年版，第1013页。
③ 汉·班固《汉书·赵充国辛庆忌传》，北京：中华书局1962年版，第2985—2986页。
④ 同③，第2979—2980页。
⑤ 同③，第2980页。
⑥ 同③，第2986页。

程中,加强军备。

为了说服汉宣帝,赵充国进一步阐明了屯戍有利于稳定河西的观点。他上书道:"臣闻帝王之兵,以全取胜,是以贵谋而贱战。战而百胜,非善之善者也,故先为不可胜以待敌之可胜。蛮夷习俗虽殊于礼义之国,然其欲避害就利,爱亲戚,畏死亡,一也。今虏亡其美地荐草,愁于寄托远遁,骨肉离心,人有畔志,而明主般师罢兵,万人留田,顺天时,因地利,以待可胜之虏,虽未即伏辜,兵决可期月而望。羌虏瓦解,前后降者万七百余人,及受言去者凡七十辈,此坐支解羌虏之具也。臣谨条不出兵留田便宜十二事。步兵九校,吏士万人,留屯以为武备,因田致谷,威德并行,一也。又因排折羌虏,令不得归肥饶之墬,贫破其众,以成羌虏相畔之渐,二也。居民得并田作,不失农业,三也。军马一月之食,度支田士一岁,罢骑兵以省大费,四也。至春省甲士卒,循河湟漕谷至临羌,以示羌虏,扬威武,传世折冲之具,五也。以闲暇时下所伐材,缮治邮亭,充入金城,六也。兵出,乘危徼幸,不出,令反畔之虏窜于风寒之地,离霜露疾疫瘃堕之患,坐得必胜之道,七也。亡经阻远追死伤之害,八也。内不损威武之重,外不令虏得乘间之势,九也。又亡惊动河南大开、小开使牛它变之忧,十也。治湟狭中道桥,令可至鲜水,以制西域,信威千里,从枕席上过师,十一也。大费既省,繇役豫息,以戒不虞,十二也。留屯田得十二便,出兵失十二利。臣充国材下,犬马齿衰,不识长册,唯明诏博详公卿议臣采择。"①

在这里,赵充国详细地分析了"留屯田得十二便,出兵失十二利",择其要点:一是强调了屯戍河西的必要性,通过屯戍可以威慑诸羌,遏制其活动空间,在以逸待劳的过程中,寻求恰当的时间出击;二是屯戍河西可以安民,获取粮草,稳定河西,防止当地的资源为叛乱者所用;三是进一步地强调罢骑兵可以最大限度地节约粮草,如军马一个月的用度,可供屯田士卒一年的开销;四是在河西开辟湟水航线,建立"循河湟漕谷至临羌"的漕运通道,以武装押运的方式威慑羌人;五是加强预警及改善河西现有的交通状况,积极地加强军备,"缮治邮亭""治湟狭中道桥,令可至鲜水",旨在改变后勤补给不利的局面。

为了消除汉宣帝的疑虑,赵充国又进一步强调了"留屯田得十二便,出兵失十二利"的必要性。他上奏:"臣闻兵以计为本,故多算胜少算。先零羌精兵今余下过七八千人,失地远客,分散饥冻。罕、开、莫须又颇暴略其羸弱畜产,畔还者不绝,皆闻天子明令相捕斩之赏。臣愚以为虏破坏可日月冀,远在来春,故曰兵决可期月而望。窃见北边自敦煌至辽东万一千五百余里,乘塞列隧有吏卒数千人,虏数大众攻之而不能害。今留步士万人屯田,地势平易,多高山远望之便,部曲相保,为堑垒木樵,校联不绝,便兵弩,饬斗具。烽火幸通,势及并力,以逸待劳,兵之利者也。臣愚以为屯田内有亡费之利,外有守御之备。骑兵虽罢,虏见万人

---

① 汉·班固《汉书·赵充国辛庆忌传》,北京:中华书局1962年版,第2987—2988页。

留田为必禽之具,其土崩归德,宜不久矣。从今尽三月,虏马羸瘦,必不敢捐其妻子于他种中,远涉河山而来为寇。又见屯田之士精兵万人,终不敢复将其累重还归故地。是臣之愚计,所以度虏且必瓦解其处,不战而自破之册也。至于虏小寇盗,时杀人民,其原未可卒禁。臣闻战不必胜,不苟接刃;攻不必取,不苟劳众。诚令兵出,虽不能灭先零,亶能令虏绝不为小寇,则出兵可也。即今同是而释坐胜之道,从乘危之势,往终不见利,空内自罢敝,贬重而自损,非所以视蛮夷也。又大兵一出,还不可复留,湟中亦未可空,如是,徭役复发也。且匈奴不可不备,乌桓不可不忧。今久转运烦费,倾我不虞之用以澹一隅,臣愚以为不便。校尉临众幸得承威德,奉厚币,拊循众羌,谕以明诏,宜皆乡风。虽其前辞尝曰'得亡效五年',宜亡它心,不足以故出兵。臣窃自惟念,奉诏出塞,引军远击,穷天子之精兵,散车甲于山野,虽亡尺寸之功,偷得避慊之便,而亡后咎余责,此人臣不忠之利,非明主社稷之福也。臣幸得奋精兵,讨不义,久留天诛,罪当万死。陛下宽仁,未忍加诛,令臣数得熟计。愚臣伏计孰甚,不敢避斧钺之诛,昧死陈愚,唯陛下省察。"①赵充国详细地分析了敌我双方的形势,认为要想彻底地平定河西的诸羌之乱,应采取四个方面的策略:一是将自敦煌至辽东建立的烽燧制度推广到河西,在固守军垒的过程中相互支援,进而形成"烽火幸通,势及并力,以逸待劳"的局面;二是在河西重点建立屯戍秩序,在屯田的基础上实现"内有亡费之利,外有守御之备"的战略目标;三是以"屯田之士精兵万人"威慑诸羌,使其不敢轻易进犯;四是屯田积粮,不但可以减少漕转中的"烦费",而且还解决"不虞之用",并积极地做好战前的准备工作。进而言之,为防止征讨诸羌时匈奴等乘机入侵,减少征伐过程中的耗费,必须在河西建立屯戍秩序。

此外,赵充国在河西屯戍还有两个方面的意义需要专门提出。

其一,河西屯戍发生在西域都护府建立的前夜,河西屯戍在平定诸羌之乱的同时,为将西域完整地置于汉廷的直接统治之下奠定了坚实的基础。西域屯戍规模的不断扩大,是以河西屯戍为战略支撑点的。在这中间,如果没有河西屯戍的成果,或者说河西处于动荡之中,要想经营西域是断然不可能的。具体地讲,郑吉破姑师后,扩大了西域的屯戍范围,史有"匈奴益弱,不得近西域。于是徙屯田,田于北胥鞬,披莎车之地"②之说。郑吉的屯戍行动虽然稳定了西域局势,但西域各国亲匈奴的势力依然存在。史称:"初,肥王翁归靡胡妇子乌就屠,狂王伤时惊,与诸翎侯俱去,居北山中,扬言母家匈奴兵来,故众归之。后遂袭杀狂王,自立为昆弥。汉遣破羌将军辛武贤将兵万五千人至敦煌,遣使者案行表,穿卑鞮侯井以西,欲通渠转谷,积居庐仓以讨之。"③汉宣帝甘露元年(前53),乌孙翁归靡子乌就屠袭杀狂王后,奉行亲匈奴之策,针对这一情况,辛武贤率兵至敦煌,并"穿卑鞮侯井以西,欲通渠转谷,

---

① 汉·班固《汉书·赵充国辛庆忌传》,北京:中华书局1962年版,第2989—2990页。
② 汉·班固《汉书·西域传上》,北京:中华书局1962年版,第3874页。
③ 汉·班固《汉书·西域传下》,北京:中华书局1962年版,第3907页。

积居庐仓以讨之"。敦煌是河西四郡之一,如果此时河西不稳定的话,那么,辛武贤就无法屯兵敦煌形成威慑。进而言之,如果没有赵充国屯戍河西及平定诸羌之举的话,那么,此时重兵压境威慑乌就屠将是一句空话。可以说,这一事件印证了河西屯戍对于经营西域的重要性。

其二,赵充国"至春省甲士卒,循河湟漕谷至临羌"的漕运之策,是一项有战略眼光的举措。此前,漕运只有自关东至关中的航线,河西以远的区域主要依靠陆运。实施屯戍河西的战略,有两个作用:一是就地调集屯垦物资,在缩短漕运补给线的同时,减轻了关中及关东赋税征收的负担;二是利用湟水调运粮草,可为前线军队提供及时的后勤补给。李吉甫记载:"湟水,名湟河,亦谓之乐都水,出青海东北乱山中,东南流至兰州西南入黄河。浩亹水,今谓之阁门水,经县东,去县五十五里。汉宣帝神爵元年,遣后将军赵充国击先零羌,充国欲罢骑兵,屯田以待其弊。计度临羌东至浩亹,羌虏故田,人所未垦,可二千顷已上。又理湟狭以西道桥七十所,令可至鲜水左右留步士万人屯田,为必禽之具。诏从之。充国竟以屯田之利,支解先零。"①赵充国在河西屯戍及发展漕运,为平定诸羌稳定河西起到了关键性的作用。

---

① 唐·李吉甫《元和郡县图志·陇石道上》(贺次君点校),北京:中华书局1983年版,第992页。

第四章　仓廪与漕仓建设

仓廪建设是国家制度建设的一部分,国家层面的仓廪主要由中央和地方等层级构成,储存范围以粮食为主,兼及其他。一般来说,国家层面的仓廪建设主要有三个特点:一是将京畿地区视为仓廪建设的重点区域,保证政治中心的粮食安全;二是从战略的角度考虑仓廪建设的布局,将其建在不同的区域,以粮食安全维护不同区域的社会稳定;三是仓廪主要被建在交通要道或重点布防的区域,为赈灾救荒及平易物价等提供方便,同时为对外战争及时地提供粮食及物资。这三个方面交织在一起,成为仓廪建设的显著特征。

汉武帝一朝国用大幅度增加后,亟须建造新的仓廪来适应储备规模扩大后的需求。在这中间,因实行漕运之策,出现了仓廪建设向漕路沿线转移的特征。此时的仓廪虽然没有"漕仓"或"水次仓",但因建在漕路上,故有"漕仓"之实。换句话说,后世将此类的粮仓以"漕"名之,旨在强调漕仓建在漕运通道的特点。漕仓是古代仓储建设的一部分,因文献记载漫漶不清,这样一来,有必要进一步厘清漕仓建设的情况。

第一节　汉以前仓廪制度与沿革

粮食安全即粮食储备是涉及国家安危、社会稳定的大事。《礼记·王制》云:"国无九年之蓄,曰不足;无六年之蓄,曰急;无三年之蓄,曰国非其国也。三年耕,必有一年之食;九年耕,必有三年之食。以三十年之通,虽有凶旱水溢,民无菜色。"①周王朝提出国家储粮须建立九年之蓄的标准,同时,又给粮食储备划出了不得低于六年和三年的两道红线。应该说,这一认识是在全面地总结前世经验的基础上得出的。

粮食储备在维护国家安全及政权稳定方面有着特殊的意义。如在《礼记·王制》的基础上,丘浚进一步论述道:"国之所以为国者,以有民也。民之所以为民者,以有食也。耕虽出

---

① 清·阮元《十三经注疏·尚书正义》,北京:中华书局1980年版,第1334页。

于民,而食则聚于国。方无事之时,丰稔之岁,民自食其食,固无赖于国也。不幸而有水旱之灾,凶荒之岁,民之日食不继,所以继之者,国也,国又无蓄焉,民将何赖哉? 民之饥饿,至于死且散,则国空虚矣。其何以为国哉? 是以国无九年、六年之蓄,虽非完国,然犹足以为国也。至于无三年之蓄,则国非其国矣。国非其国,非谓无土地也,无食以聚民云尔。是以三年耕,必余一年食,九年耕必余三年食。以至三十年之久,其余至于十年之多,则国无不足之患,民有有余之食,一遇凶荒,民有所恃而不散,有所食而不死,而国本安固矣。虽然,为治者,非不欲蓄积以备凶歉也。然而一岁之所出,仅足以给一岁之所费,奈何? 曰数口之家,十金之产,苟有智虑者,尚能营为以度日,积聚以备患,况有天下之大,四海之富者哉。……人君之为治,所以延国祚,安君位者,莫急于为民。故凡国家之所以修营积贮者,何者而非为民哉? 是故丰年则敛之,非敛之以为己利也,收民之有余,为备他日之不足。凶年则散之,非散之以为己惠也,济民之不足,而发前日之有余。呼,民有患,君则恤之,则夫他日君不幸而有患焉,则民将救之,惟恐后矣。"①粮食储备的终极目标是安民,安民的终极目标是稳定社会,稳固国家现存的政治秩序。具体地讲,为了应对战争、旱灾、水灾等突发事件,为国者、治民者需要加强粮食储备。历代统治者重视粮食储备,是因为粮食储备充足与否直接关系社会的稳定。

从另一个层面看,粮食储备除了有安民等功能外,还与政权建设即国家"财用"息息相关。丘浚论述道:"窃惟《王制》此章,说者谓为商制,以臣观之,古今制用之法,诚莫有加焉者也。夫国家之所最急者,财用也。财生于地而成于天,所以致其用者,人也。天地岁岁有所生,人生岁岁有所用,岁用之数不可少,而岁生之物或不给。苟非岁岁为之制,先期而计其数,先事而为之备,至于临事而后为之措置,则有弗及者矣。"②从表面上看,这一论述与粮食储备无关,其实不然,所谓"夫国家之所最急者,财用也",而这是以粮食生产及储备为前提的。在以农立国的年代,粮食有平易物价的功能。在自然经济占据主导地位的古代,国家需要建立以粮食为基准的价格体系及以粮食平易物价的经济运作方式。

古代仓和廪是两个相互联系又有区别的概念,仓主要负责储藏谷类,廪主要负责储藏米类,两者之间的明确的分工。徐灏考证道:"'发仓廪',《吕览》作'发仓窌'。按孔颖达疏引蔡氏《章句》云:'谷藏曰仓,米藏曰廪。'高诱注:'方者曰仓,穿地为窌。'《说文》云:'仓,谷藏也。仓黄取而藏之。'是谷藏曰仓也。《仪礼·少牢馈食礼》:'廪人概甑甗匕。'注云:'廪人掌米入之藏者。'《谷梁传》:'三宫米而藏之御廪。'是米藏曰廪也。《说文》云:'窌,窖也。''窖,地藏也。'《考工记·匠人》:'囷窌仓城。'注云:'穿地曰窌。'与高注同。又,高氏

---

① 明·丘浚《大学衍义补·漕挽之宜上》(林冠群、周济夫校点),北京:京华出版社1999年版,第156—157页。
② 明·丘浚《大学衍义补·制国用》(林冠群、周济夫校点),北京:京华出版社1999年版,第198页。

注《秦策》'囷仓空虚'云:'圆曰囷,方曰仓。'与此同。"①因储藏对象上的差异,仓和廪有不同的建造要求和形状。

古代的仓廪制度建设始于何时?从文献的角度看,似乎无法找到明确的断限。不过,周王朝已建立一套完整的仓储管理制度。《周礼·地官·司徒》云:"遗人掌邦之委积,以待施惠。乡里之委积,以恤民之艰厄;门关之委积,以养老孤;郊里之委积,以待宾客;野鄙之委积,以待羁旅;县都之委积,以待凶荒。"②郑玄注:"委积者,廪人、仓人,计九谷之数足国用,以其余共之,所谓余法用也。职内邦之移用,亦如此也,皆以余财共之。少曰委,多曰积。"③按照这一说法,遗人作为周官,由廪人和仓人构成。何谓廪人?《周礼·地官·司徒》云:"廪人掌九谷之数,以待国之匪颁、赒赐、稍食。以岁之上下数邦用,以知足否,以诏谷用,以治年之凶丰。凡万民之食,食者人四鬴,上也;人三鬴,中也;人二鬴,下也。若食不能人二鬴,则令邦移民就谷,诏王杀邦用。凡邦有会同、师役之事,则治其粮与其食。大祭祀,则共其接盛。"④廪人执掌谷仓即储藏谷类事务,凡国家发生"会同""师役""大祭祀"等大事,廪人负责调配谷物。何谓仓人?《周礼·地官·司徒》云:"仓人掌粟入之藏,辨九谷之物,以待邦用。若谷不足,则止余法用;有余,则藏之,以待凶而颁之。凡国之大事,共道路之谷积、食饮之具。"⑤贾公彦释仓人云:"案其职云'掌粟入之藏',如廪人。米粟,地之所成故也。"⑥仓人执掌储藏米类的粮仓,负责调拨和出纳等事务,凡国家发生祭祀、战争等,仓人负有供给的责任。

周代廪人与仓人的职掌虽然大体相同,但两者又有某些差异。如丘浚论述道:"成周之时,设为仓廪之官。廪人掌九谷之数,仓人辨九谷之物。所谓谷者,凡有九焉。入则掌其数,出则辨其物。数之入也不一;物之出也不同。后世所谓谷者,不过三四品而已。江南止于一稻。江以北有粟,有麦、有豆三者。然豆麦止于京储,外郡亦少焉。夫古之所储,非止一谷。盖古人因其土宜杂种百谷,以备旱潦。谷有多种,随其所成熟而取舍多寡焉。非若后世各以一谷为赋。他谷虽狼戾不取也。是以取之于民者专,而聚之于官者恒不足。臣愚以为,今日之取于民者,除江南岁运实京仓者外,凡北方之赋,无问粟麦黍豆之类,随年所有,皆用为粮。一以时价为准,原额输粟者,估以时直。如粟直六百文,豆直三百,则以二石准一石焉。他皆仿此。每年支散,先其易腐者,亦准粟价而给之,以或多或寡。诸谷之中,惟粟为耐久,地窖藏之,可逾十年(隋人于洛口穿窖三千三百窖,容八千。此古人窖粟之验)。宜别设仓储之。

---

① 清·徐鼒《读书杂释·发仓廪》(阎振益、钟夏点校),北京:中华书局1997年版,第97—98页。
② 清·阮元《十三经注疏·周礼注疏》,北京:中华书局1980年版,第728页。
③ 同②。
④ 同②,第749页。
⑤ 同②,第750页。
⑥ 同②,第700页。

必待杂谷尽绝,然后发之。若其廪人之职,择武臣中之家计优足者,授之,盖久其任,武臣不计资考故也。万一臣言有可采者,乞下有司参酌行之。是亦便民足国之一得也。臣尝因是而通考《周礼》一书,诚周公致太平之典也。其间理财之法居多。而其制用之柄,则付之大臣。有太宰以制其出,有司徒以制其入,而其官属之置于太宰者,尤为详焉。有职内以会其入,有职岁以会其出,有职币以会其余,而其大要,则总之以司会,则掌之以司书。其所以参校钩稽之者,日有日要,月有月成,岁有岁会。"①廪人掌九谷入仓事务,须根据当年各地九谷的收获情况,按照一定的比例征收租赋并分类入仓,并"因其土宜杂种百谷,以备旱潦"。仓人掌九谷出仓事务,出仓时须"支散先其易腐者"。在这中间,由于仓人出仓时须考虑"以时价为准,原额输粟者,估以时直",而廪人征收租赋时涉及谷物的当年价格,以及不同谷物的折算价格,这样一来,廪人和仓人虽有不同的职能,但同时又都兼有理财、平易物价等职能。进而言之,仓廪制度实行后,通过不断地完善储备机制,保证了国家的粮食安全。在这中间,通过赈灾救荒等,为稳定业已建立的政治秩序和社会经济发展提供了源源不断的活力。

除了廪人和仓人外,周王朝还有舍人参加仓廪管理事务。《周礼·地官·司徒》云:"舍人掌平宫中之政。分其财守,以法掌其出入。凡祭祀,共簠簋、实之、陈之。宾客,亦如之,共其礼车米、筥米、刍禾。丧纪,共饭米、熬谷。以岁时县穜稑之种,以共王后之春献种。掌米粟之出入,辨其物。岁终,则会计其政。"②郑玄释舍人云:"舍犹宫也。主平宫中用谷者也。"③舍人专掌宫廷谷米出纳等事务,正因为如此,舍人在仓廪管理方面的作用完全可以忽略不计。

经过长时间的探索和实践,周王朝建立了一套完整的仓廪管理制度,如遗人、廪人、舍人、仓人等职官负责不同事务及执掌不同功能的仓廪。《周礼·地官·司徒》云:"遗人,中士二人、下士四人、府二人、史四人、胥四人、徒四十人。……廪人,下大夫二人、上士四人、中士八人、下士十有六人、府八人、史十有六人、胥三十人、徒三百人。舍人,上士二人,中士四人,府二人,史四人,胥四人,徒四十人。仓人,中士四人,下士八人,府二人,史四人,胥四人、徒四十人。"郑玄注:"藏米曰廪。廪人、舍人、仓人、司禄官之长。"④贾公彦释廪人执掌时论述道:"此官使下大夫为官首,徒三百人又多者,以其米廪事重,出纳又多故也,故其职云:'掌九谷之数。'以其米谷,地之所长成,故在此。"⑤遗人、廪人、舍人、仓人同为司徒的属官,但廪人的官阶高于遗人、舍人和仓人。客观地讲,这一记载与"遗人掌邦之委积"有明显的矛盾,

---

① 明·丘浚《大学衍义补·经制之义上》(林冠群、周济夫校点),北京:京华出版社1999年版,第226页。
② 清·阮元《十三经注疏·周礼注疏》,北京:中华书局1980年版,第749—750页。
③ 同②,第700页。
④ 同②,第698—700页。
⑤ 同②,第700页。

出现这样的情况,很可能与《周礼》有着漫长的成书时间有关。具体地讲,在《周礼》成书的过程中,周王朝的职官制度发生了变化,出现了遗人地位下降、廪人地位上升的情况。

从编制的角度看,遗人和廪人的属员明显多于舍人和仓人。丘浚论述道:"《周礼》十二荒政,是国家遇凶荒之时救济之法也。遗人所掌,是国家常时收诸委积,以待凶荒施惠之法也。廪人所掌,是国家每岁计其丰凶,以为嗣岁移就之法也。观此,可以见先王之时,所以为生灵虑灾防患之良法深意矣。盖其未荒也,预有以待之。将荒也,先有以计之。既荒也,大有以救之。此三代之民。所以遇灾而无患也欤。今其遗法故在,后世人主,诚能师其意而立为三者之法,则民之遇凶荒也,无饥饿之患,流移之苦矣。"①周代职官制度发生变化后,遗人和廪人是管理仓廪的重要职官,其地位高于舍人和仓人。

秦统一六国后,实行三公九卿制改革了周代职官制度,设太仓令一职专管粮食储藏、出纳等事务。杜佑考释道:"太仓署:于周官有廪人下大夫、上士。秦官有太仓令、丞。汉因之,属大司农。后汉令主受郡国传漕谷,其荥阳敖仓官,中兴皆属河南尹。历代并有之。"②周太仓署是秦太仓的前身,周粮官廪人是周官司徒的属官,太仓令、太仓丞是秦官九卿治粟内史的属官,两者之间多有沿革关系。

秦代以太仓令为执掌仓廪的主要官员,很可能与商周两代以"太仓"称谓国家粮仓有某种内在的关系。《越绝书·越绝吴人内传》云:"武王未下车,封比干之墓,发太仓之粟,以赡天下。"③比干墓在今河南卫辉北十五里处,这里所说的"太仓"应该指殷商建在距比干墓不远处的国家粮仓。从表面上看,这一记载似表明殷商时已有"太仓",然而,《越绝书》的作者是东汉袁康,因此,无法证明殷商时期已有"太仓"这一提法。不过,周代有"太仓"当不成问题,如《庄子·秋水》有"计中国之在海内,不似稊米之在太仓"等语。在传抄及刊刻的过程中,不同时期的《庄子》版本或抄本或作"太仓",或作"大仓",从这样的角度看,"大仓"就是"太仓"。

汉代职官制度源于秦官,太仓令是秦官治粟内史即汉官大农令的属官。史称:"治粟内史,秦官,掌谷货,有两丞。景帝后元年更名大农令,武帝太初元年更名大司农。属官有太仓、均输、平准、都内、籍田五令丞,斡官、铁市两长丞。又郡国诸仓农监、都水六十五官长丞皆属焉。"④在沿革周官制度的过程中,秦王朝以太仓令行使周官遗人、廪人、舍人、仓人的职掌,这一职官制度实行后,得到汉王朝的认可,不过,其称谓略有变化。如汉景帝后元年间(前143—前141),治粟内史改称大农令;汉武帝太初元年(前104),改大农令为大司农。尽

---

① 明·丘浚《大学衍义补·恤民之患》(林冠群、周济夫校点),北京:京华出版社1999年版,第155页。
② 唐·杜佑《通典·职官八》,杭州:浙江古籍出版社1988年版,第154页。
③ 汉·袁康《越绝书·吴内传》,《四库全书》第463册,上海:上海古籍出版社1987年版,第88页。
④ 汉·班固《汉书·百官公卿表》,北京:中华书局1962年版,第731页。

管治粟内史一职的称谓多有变化,然而,太仓令始终是其属官。此外,汉代与"令"有关的职官有省略"令"的习惯,如太仓令常简称"太仓"。汉官太仓令沿袭秦官太仓令的职掌,其基本职能与周粮官遗人、廪人、舍人、仓人等职掌大体相同。另外,"掌谷货"表明,秦汉时期的治粟内史或大农令职掌,涉及征收各类谷物和征收赋税及财货等不同的方面。这样一来,其属官太仓令的职掌势必因仓储范围扩大而扩大,进而在仓储方面发生某些变化。

综上所述,一是秦汉以前的粮仓储存包括豆菽在内的九谷,采取分类储存的措施,仓廪建设主要分为谷仓和米仓两大类;二是周代建立了一套严密的仓廪管理制度,在保证国家粮食安全的基础上为赈灾救荒等服务;三是秦统一六国后实行三公九卿制,设太仓令管理粮食储藏、出纳等事务,与此同时,太仓令的管理范围扩大到财货等;四是汉袭秦制,继续设太仓令。

需要指出的是,漕仓是仓廪建设的一部分,自然有仓廪制度建设的共性,略有不同的是,因漕仓建设涉及漕运,故除了有仓廪制度建设的一般特点外,还有在漕运通道的沿岸建设的特点。进而言之,漕仓建设是在改变陆路交通秩序的基础上出现的,是在兴修河渠扩大漕运范围的过程中实现的。

第二节 汉以前中原地区的漕仓

为扩大仓廪建造区域及转输范围,古人采取了加强漕运和建造漕仓的措施。漕仓建设应与魏国迁都大梁(在今河南开封)及发展水上交通有关。魏国迁都大梁以后,为了应对日趋复杂的军事斗争形势,在鸿沟沿岸建造了大量的漕仓,以便及时运兵调粮。

魏国何时迁都大梁?前人有不同的说法。一是司马迁称魏迁都大梁发生在魏惠王三十一年(前339),如司马迁有"三十一年,秦、赵、齐共伐我,秦将商君诈我将军公子卬而袭夺其军,破之。秦用商君,东地至河,而齐、赵数破我,安邑近秦,于是徙治大梁"[①]之说;二是司马光认为,发生在周显王二十九年(前340),如他提出了"魏惠王恐,使使献河西之地于秦以和。因去安邑,徙都大梁"[②]之说;三是裴骃引《竹书纪年》(又称《纪年》《汲冢纪年》)时,提出,应为魏惠王九年(前362),他注"于是徙治大梁"一语时明确提出"骃案:《汲冢纪年》曰'梁惠成王九年四月甲寅,徙都大梁'也"[③]的说法。这些说法虽然不同,但可以的是,魏国漕仓建设当发生在魏迁都大梁以后。由于《竹书纪年》是战国时期的文献,以当代人记当代事,

---

① 汉·司马迁《史记·魏世家》,北京:中华书局1982年版,第1847页。
② 宋·司马光《资治通鉴·周纪二》(邬国义校点),上海:上海古籍出版社1997年版,第16页。
③ 汉·司马迁《史记·魏世家》,北京:中华书局1982年版,第1847页。

当有所本,故魏国迁都大梁应发生在魏惠王九年。

关于魏国漕仓建设在魏迁都大梁以后,似可在《战国策》中找到证明。《战国策·魏策一》交代魏国及大梁地理形势时,有"南与楚境,西与韩境,北与赵境,东与齐境,卒戍四方,守亭障者参列,粟粮漕庾不下十万"之说,鲍彪注:"漕,水运。庾,水漕仓。"①"漕"是"庾"的修饰语,"漕庾"的中心词是"庾",故这里所说的"漕庾"实际上就是后世所说的漕仓。

从水文地理及交通形势看,这些漕仓主要建在魏国境内的黄河航线及鸿沟沿岸。鸿沟是黄河流域最重要的运河,建成的下限发生在周定王五年(前602)。魏惠王迁都大梁后通过整修黄河、鸿沟等运道,恢复了"以通宋、郑、陈、蔡、曹、卫,与济、汝、淮、泗会"②的水上交通线。在这中间,将漕仓建在黄河及鸿沟沿岸,提高了魏国展开军事行动时运兵运粮的效率。具体地讲,大梁是鸿沟航线的重要节点,向东经睢水、涡水等可进入淮北、淮南等地。史称:"陈留,鲁渠水首受狼汤渠,东至阳夏,入涡渠。"③"狼汤渠"是蒗荡渠的异写,"鲁渠"指睢水,"涡渠"指淮河支流涡水。沿蒗荡渠东行,经阳夏(在今河南太康)可入淮河的支流泗水和涡水等;沿蒗荡渠向西可入黄河,沿黄河继续西行入洛水,可与洛阳相连;沿黄河北上或南下可联系河南、山东、河北等地区。郦道元记载:"睢水出陈留县西,蒗荡渠,东北流。《地理志》曰:睢水首受陈留浚仪蒗荡水也。……睢水又东径雍丘县故城北。县,旧杞国也,殷汤、周武以封夏后,继禹之嗣。楚灭杞,秦以为县。圈称曰:县有五陵之丘,故以氏县矣。城内有夏后祠。昔在二代,享祀不辍。秦始皇因筑其表为大城,而以县焉。睢水又东,水积成湖,俗谓之白羊陂。陂方四十里,右则奸梁陂水注之。其水上承陂水,东北径雍丘城北。又东分为两渎,谓之双沟,俱入白羊陂。陂水东合洛架口,水上承汳水,谓之洛架水,东南流入于睢水。"④"汳水""蒗荡水"亦是鸿沟的别称,经鸿沟可西入黄河。

这一时期,魏国建造的最大漕仓是仓垣城。郦道元记载:"济水又东径封丘县南,又东径大梁城北,又东,径仓垣城,又东,径小黄县之故城北。县有黄亭近济,黄水出焉,又谓之曰黄沟。"⑤因仓建城旨在保护粮仓的安全,仓垣城在大梁的东北,是一座有储粮功能的仓城。从水文形势上看,大梁城北有济水故道,鸿沟开挖时利用了济水残存的部分水道。所谓"县有黄亭近济",是指小黄县(在今河南开封)的黄亭临近济水故道。所谓"黄水",是指黄河的岔流。根据这一地理方位,当知仓垣城距黄河截断济水的地方不远,经此可进入鸿沟。选择这

---

① 宋·鲍彪《战国策注》,《四库全书》第406册,上海:上海古籍出版社1987年版,第648页。
② 汉·司马迁《史记·河渠书》,北京:中华书局1982年版,第1407页。
③ 汉·班固《汉书·地理志上》,北京:中华书局1962年版,第1558页。
④ 北魏·郦道元《水经注·睢水》,杨守敬、熊会贞疏,段熙仲点校,陈桥驿复校《水经注疏》中册,南京:江苏古籍出版社1989年版,第2001—2005页。
⑤ 北魏·郦道元《水经注·济水一》,杨守敬、熊会贞疏,段熙仲点校,陈桥驿复校《水经注疏》上册,南京:江苏古籍出版社1989年版,第681页。

样的地点建漕仓,是因为这一区域水运发达,可以根据需要向不同的方向运粮。李吉甫叙述开封县地理方位时指出:"本汉旧县,属河南郡。魏为秦所败,走保开封,即此城也。……长垣故城,一名仓垣城,在县北二十里。汉陈留太守所理。"①秦军大败魏军后,魏王逃入仓垣城继续进行顽强的抵抗。据此,仓垣城是一座规模宏大的粮仓,同时又是一座有防御能力的军事要塞。

漕仓虽然方便了魏国运兵运粮,但大梁地势低洼,来自鸿沟上游的黄河是悬在大梁头上的利剑,时刻威胁着大梁。战国后期,秦国打算联络魏国攻韩时,朱已敏锐地认识到这一做法将会给魏国带来无穷的灾难。从分析形势入手,朱已劝魏安釐王打消这一念头:"秦有郑地,得垣雍,绝荥泽,而水大梁,大梁必亡矣。"②按照约定,秦魏联军打败韩军后,原先属于韩国的郑国旧地将并入秦国。郑国旧地有荥泽,荥泽的下游是大梁,一旦秦国"绝荥泽",在荥泽筑堤蓄积黄河水,下泄鸿沟,将会出现水淹大梁的局面。遗憾的是,利令智昏的魏安釐王根本不听朱已的意见,最终走向亡国的境地。

吞并魏国是秦统一六国战争的一部分,这一蓄谋已久的战争主要由三个时段构成。一是秦庄襄王元年(前249),通过采用远交近攻的战术,秦国把军事斗争的锋芒直接指向三晋即韩、赵、魏,进而迎来了"秦界至大梁,初置三川郡"③的大好形势。通过有计划的军事扩张,秦国东部的边界与魏接壤后,为秦国谋划攻占大梁及灭魏做好了前期准备。二是从魏景愍王元年(前242)起,秦国为发动攻打魏国及围困大梁的战役,采取清扫外围的战略,攻取了魏国黄河两岸大片的领土,史有"景愍王元年,秦拔我二十城,以为秦东郡。二年,秦拔我朝歌。卫徙野王。三年,秦拔我汲。五年,秦拔我垣、蒲阳、衍"④之说,这一举措进一步压缩了魏国生存的空间。三是魏王假三年(前225)"秦灌大梁,虏王假,遂灭魏以为郡县"⑤,通过水淹大梁,秦国灭魏取得了最终的胜利。司马迁载:"吾适故大梁之墟,墟中人曰:'秦之破梁,引河沟而灌大梁,三月城坏,王请降,遂灭魏。'"⑥秦军利用荥泽及鸿沟,采用以水代兵之策,"引河沟而灌大梁"取得了胜利。

荥泽是黄河截断济水及侵占济水河道以后,积潴而成的形状狭长的湖泊。郦道元注《水经》"与河合流,又东过成皋县北,又东过荥阳县北,又东至北砾溪南,东出过荥泽北"等语时论述道:"《释名》曰:济,济也。源出河北,济河而南也。《晋地道志》曰:济自大伾入河,与河水斗,南泆为荥泽。《尚书》曰:荥波既潴。孔安国曰:荥波水以成潴。阚骃曰:荥播,泽名也。

---

① 唐·李吉甫《元和郡县图志·河南道三》(贺次君点校),北京:中华书局1983年版,第176页。
② 汉·刘向集录《战国策·魏策三》,何建章注《战国策注释》,北京:中华书局1990年版,第908页。
③ 汉·司马迁《史记·秦本纪》,北京:中华书局1982年版,第219页。
④ 汉·司马迁《史记·魏世家》,北京:中华书局1982年版,第1863页。
⑤ 同④,第1864页。
⑥ 同④,第1864页。

故吕忱云：播水在荥阳，谓是水也。昔大禹塞其淫水，而于荥阳下引河东南以通淮、泗。"①郑樵进一步记载："鸿沟一名官度水，一名蒗荡渠，今谓之汴河，大禹塞荥泽，开之以引河水，东南通淮泗。"②如将郦道元与郑樵记载的文字对读，当知自"大禹塞其淫水"即"大禹塞荥泽"以后，兴建鸿沟时开挖了自黄河入荥泽的河口及运道，从而形成了"于荥阳下引河东南以通淮、泗"的航道。胡渭论述道："《传》云：济水入河，并流数十里而南截河，又并流数里溢为荥泽，在敖仓东南。《正义》云：此皆目验所说也。济水既入于河，与河相乱而知截河过者。以河浊济清故可知也。渭按：成皋有大伾山，在今开封府郑州汜水县西一里。《水经注》云：《晋地道志》曰：济自大伾入河，与河水斗，南泆为荥泽。又云：大伾在河内修武、武德之界，济、沇之水与荥播泽，出入自此山。东至河阴县四十一里，又东至荥泽县西北之敖仓十余里，通计得五十余里。故《传》约言之曰："河、济并流数十里，又数里溢为荥泽，在敖仓东南也。"③

以孔安国、孔颖达的论述为依据，胡渭又引郦道元《水经注》做进一步的考证，明确指出荥泽在敖仓的东南，这一认识是有充分的依据的。从地理方位上看，大梁在荥泽东，距离黄河主河道不远，地势低洼，一旦黄河决堤，大梁将直接受到威胁。魏国迁都大梁后，整修鸿沟并在沿岸建造漕仓，这一做法在国力十分强大时，自然可以起到保境安民的作用，同时也方便运兵运粮，对外进行军事扩张。然而，当国力衰败时，由于无险可守，四面强敌环伺，鸿沟则会给魏国埋下难以估量的祸根。具体地讲，如果采取以水代兵之策在黄河主河道不同的位置引水入鸿沟，将会直接威胁到大梁的安全。从这样的角度看，魏国在鸿沟沿岸建造漕仓，利用鸿沟运粮运兵实际上是利害参半的行为。

在以关中为大本营向关东扩张的过程中，秦国采取远交近攻之策，步步紧逼三晋。为了尽快地兼并三晋，保证粮草供应，秦国先取黄河沿岸的战略要地敖山（在今河南荥阳东北），在敖山建造了方便漕运中转的敖仓。郦道元记载："济水又东，径敖山北，《诗》所谓薄狩于敖者也。其山上有城，即殷帝仲丁之所迁也。皇甫谧《帝王世纪》曰：仲丁自亳，徙嚣于河上者也，或曰敖矣。秦置仓于其中，故亦曰敖仓城也。"④敖山是商王仲丁建造的新都，地势险要，因而也是一处军事要塞。此前，殷商国都建在西亳（在今河南偃师西）。

客观地讲，秦选择在敖山建敖仓是有深意的。一是敖山濒临黄河，与鸿沟相互连通，是重要的漕运节点。在敖山建造漕仓既可扼守漕运咽喉，灵活地调运粮草，同时又可为兼并三

---

① 北魏·郦道元《水经注·济水一》，杨守敬、熊会贞疏，段熙仲点校，陈桥驿复校《水经注疏》上册，南京：江苏古籍出版社1989年版，第645—648页。
② 宋·郑樵《通志·地理略》，杭州：浙江古籍出版社1988年版，第544页。
③ 清·胡渭《禹贡锥指》（邹逸麟整理），上海：上海古籍出版社2006年版，第590页。
④ 北魏·郦道元《水经注·济水一》，杨守敬、熊会贞疏，段熙仲点校，陈桥驿复校《水经注疏》上册，南京：江苏古籍出版社1989年版，第653页。

晋提供强有力的后勤支持,加强控制关东的力度。二是敖山有居高临下之势,一向易守难攻,在此建造具有军事要塞性质的仓城,既可加强自身的防卫能力,又可有效地控制黄河和鸿沟航线。三是敖山是濒临黄河的高地,在高处储粮,可以有效地防止黄河水涨侵入粮仓,影响粮食安全,同时可为粮食通风和干燥等提供必要的条件。

秦统一六国后,定都咸阳(在今陕西咸阳),为加强控制关东的力度,秦始皇重点经营了敖仓。如李吉甫记载:"敖山,县西十五里。春秋时晋师救郑在敖、鄗之间。敖、鄗二山名。宋武帝《北征记》曰:'敖山,秦时筑仓于山上,汉高祖亦因敖仓,傍山筑甬道,下汴水。'即此山也。……敖仓城,县西十五里。北临汴水,南带三皇山,秦所置。"①秦始皇加强敖仓建设,是因为其地有便利的水上交通,且与关东的战略要地洛阳互为犄角。

敖仓在荥阳与洛阳之间,洛阳是进入关中的门户,荥阳是洛阳东面的门户。群雄逐鹿中原时,洛阳至荥阳一带是反秦起义军与秦军反复争夺的战场。如"沛公乃北攻平阴,绝河津。南,战洛阳东"②,田臧"以精兵西迎秦军于敖仓"③,郦商"从沛公攻缑氏,绝河津,破秦军洛阳东"④。这一系列的战争都在洛阳至荥阳一带进行。因此,项羽分封诸王时,有意识地设置了关中、洛阳等防线,监视刘邦的一举一动。具体地讲,一是以秦降将章邯为雍王、司马欣为塞王、董翳为翟王,设置关中防线;一是立瑕丘申阳"为河南王,都洛阳"⑤,设置洛阳防线。设置这两道防线的目的是为了不给刘邦从汉中进入关中再进犯中原的机会。事实上,刘邦十分重视经营洛阳。如刘邦得天下后,一度定都洛阳。史称:"天下大定。高祖都洛阳,诸侯皆臣属。"⑥如何为洛阳提供强有力的战略支撑,重点建设与鸿沟相连的敖仓遂成为当务之急。

敖仓不但在秦统一六国的战争中发挥了重要的作用,而且在楚汉战争中为刘邦战胜项羽提供了强有力的后勤支持。经过长期的经营,敖仓已成为秦及楚汉之争时的重要粮库及战略物资储备仓库。汉代人称敖仓在荥阳西,不说敖仓在洛阳东,因为楚汉之争时,占据关中地区的刘邦已经把战线向东推进到荥阳一带,荥阳以西已成为刘邦的地盘。刘邦真正认识到敖仓的重要性与郦食其的提醒有密切的关系。楚汉战争进入到相持阶段时,郦食其向刘邦进言:"夫敖仓,天下转输久矣,臣闻其下乃有藏粟甚多。楚人拔荥阳,不坚守敖仓,乃引而东,令适卒分守成皋,此乃天所以资汉也。方今楚易取而汉反郤,自夺其便,臣窃以为过矣。且两雄不俱立,楚汉久相持不决,百姓骚动,海内摇荡,农夫释耒,工女下机,天下之心未

---

① 唐·李吉甫《元和郡县图志·河南道四·荥阳》(贺次君点校),北京:中华书局1983年版,第204页。
② 汉·司马迁《史记·高祖本纪》,北京:中华书局1982年版,第359页。
③ 汉·司马迁《史记·陈涉世家》,北京:中华书局1982年版,第1957页。
④ 汉·司马迁《史记·樊郦滕灌列传》,北京:中华书局1982年版,第2660页。
⑤ 汉·司马迁《史记·项羽本纪》,北京:中华书局1982年版,第316页。
⑥ 同②,第380页。

有所定也。愿足下急复进兵,收取荥阳,据敖仓之粟,塞成皋之险,杜大行之道,距蜚狐之口,守白马之津,以示诸侯效实形制之势,则天下知所归矣。"①通过接受郦食其的建议,刘邦迅速地出兵占领敖仓,从而扭转了战局不利的局面。进而言之,占领敖仓后,刘邦迅速地把战线向东推进到荥阳一带,获取了大量的粮食及战略物资,扭转了战局,缓解了关中和关东漕运的压力,为建立大一统的汉王朝提供了必要的支持。或许正因为如此,后人遂有了敖仓依荥阳而建的误解,其实,敖仓是洛阳战略要地建设的重要组成部分。

第三节　西汉仓廪建设与漕运

西汉仓廪建设始于楚汉之争。为应对日趋复杂的政治局势,富有战略眼光的萧何把在核心统治区域关中建造粮仓提上了议事日程。史称:"萧丞相营作未央宫,立东阙、北阙、前殿、武库、太仓。"②高祖刘邦八年(前199),萧何建未央宫时建造了武库和太仓。

萧何在长安建武库和太仓,与"关中事计户口转漕给军"③有着密切的关系。为支持刘邦在关东与项羽决战,萧何在长安周边分别建造了武库与太仓。《三辅黄图·库》云:"武库,在未央宫,萧何造,以藏兵器。"④《三辅黄图·仓》又云:"太仓,萧何造,在长安城外东南。"⑤这里所说的"武库"和"太仓"均为实指,前者建在与汉未央宫相近的地方,后者建在长安的东南。陈直先生考证道:"萧何造太仓、武库,见《汉书》高祖七年纪。又《史记·樗里子传》云:'昭王七年,樗里子卒,葬于渭南章台之东,曰后百岁是当有天子之宫夹我墓。至汉兴,长乐宫在其东,未央宫在其西,武库正直其墓。'又《汉书·刘向传》云:"樗里子葬于武库。"《水经注·渭水》:'又东历武库北,旧樗里子葬于此。'"⑥萧何将武库和太仓建在渭水沿岸,目的是为了方便及时起运,为楚汉之争提供后勤支援。进而言之,在汉武帝开漕渠以前,关中漕运主要依靠渭水。

楚汉战争结束后,漕运方向发生变化。如史有"漕转关东粟以给中都官,岁不过数十万石"⑦之说,此时,漕运岁额不过数十万石,故仓廪及漕仓建设不属于政权建设的重要内容。不过,这一情况到了汉武帝一朝开始发生变化,如史有"山东漕益岁六百万石。一岁之中,太

---

① 汉·司马迁《史记·郦生陆贾列传》,北京:中华书局1982年版,第2694页。
② 汉·司马迁《史记·高祖本纪》,北京:中华书局1982年版,第385页。
③ 汉·司马迁《史记·萧相国世家》,北京:中华书局1982年版,第2015页。
④ 陈直校证《三辅黄图校证》,西安:陕西人民出版社1980年版,第133页。
⑤ 同④,第135页。
⑥ 同④,第133—134页。
⑦ 汉·班固《汉书·食货志上》,北京:中华书局1962年版,第1127页。

仓、甘泉仓满"①之说。漕运岁额空前扩大以后,仓廪及漕仓建设开始受到重视。史称:"躬又言:'秦开郑国渠以富国强兵,今为京师,土地肥饶,可度地势水泉,广溉灌之利。'天子使躬持节领护三辅都水。躬立表,欲穿长安城,引漕注太仓下以省转输。议不可成,乃止。"②汉哀帝一朝,息夫躬提出自太仓开渠至长安的建议。从"引漕注太仓下以省转输"一语中不难发现,汉武帝开漕渠改善了太仓漕运环境,进而使太仓具有了漕仓的性质。在这中间,太仓在保障长安粮食安全方面的作用是不可忽视的。

刘邦建汉后,在关中及长安建设战略储备仓,一直是西汉有识之士的共同看法。如贾谊指出:"夫积贮者,天下之大命也。苟粟多而财有余,何为而不成?以攻则取,以守则固,以战则胜。怀敌附远,何招而不至?今殴民而归之农,皆著于本,使天下各食其力,末技游食之民转而缘南亩,则畜积足而人乐其所矣。可以为富安天下,而直为此廪廪也,窃为陛下惜之!"③晁错亦指出:"圣王在上而民不冻饥者,非能耕而食之,织而衣之也,为开其资财之道也。故尧、禹有九年之水,汤有七年之旱,而国亡捐瘠者,以畜积多而备先具也。今海内为一,土地人民之众不避汤、禹,加以亡天灾数年之水旱,而畜积未及者,何也?地有遗利,民有余力,生谷之土未尽垦,山泽之利未尽出也,游食之民未尽归农也。民贫,则奸邪生。贫生于不足,不足生于不农,不农则不地著,不地著则离乡轻家,民如鸟兽,虽有高城深池,严法重刑,犹不能禁也。"④贾谊和晁错上书的时间是在汉文帝一朝,所奏虽有不同的侧重点,但均注意到积粟及建造粮仓的重要性,从一个侧面表达了以粮食安全保关中或长安的诉求。具体地讲,关中既是西汉王朝的政治中心,同时又与匈奴活动的主要区域接壤,加强关中粮仓建设,既可维护关中政治稳定,应对突发性的自然灾害,同时可及时地调拨粮草巩固边防。

稍后,汉文帝采纳了晁错"入粟塞下"的建议,如晁错有"陛下幸使天下入粟塞下以拜爵,甚大惠也。窃恐塞卒之食不足用大渫天下粟。边食足以支五岁,可令入粟郡县矣;足支一岁以上,可时赦,勿收农民租。如此,德泽加于万民,民俞勤农。时有军役,若遭水旱,民不困乏,天下安宁"⑤之说,在此基础上,汉文帝"乃下诏赐民十二年租税之半。明年,遂除民田之租税"⑥。汉景帝登基后,继续实行轻徭薄赋之策,如史有"后十三岁,孝景二年,令民半出田租,三十而税一也"⑦之说。经过长期的努力,时至汉武帝一朝,出现了"太仓之粟陈陈相

---

① 汉·司马迁《史记·平准书》,北京:中华书局1982年版,第1441页。
② 汉·班固《汉书·息夫躬传》,北京:中华书局1962年版,第2182页。
③ 汉·班固《汉书·食货志上》,北京:中华书局1962年版,第1130页。
④ 同③,第1130—1131页。
⑤ 同③,第1134—1135页。
⑥ 同③,第1135页。
⑦ 同③,第1135页。

因,充溢露积于外,至腐败不可食"①的局面。更重要的是,汉武帝增加关东的漕运岁额后,在关中及长安建造新的粮仓来适应粮食储存的需求已时不容缓。从这样的角度看,汉武帝确立打击匈奴的战略后,为确保远征军的后勤补给,需要囤积大批的粮食及军需物资,在加大从关东调集粮草及军用物资的基础上,兴修河渠推行漕运之策,在关中及相关区域重点建设战略储备仓。

据载,西汉在关中及长安周边建造的仓廪,主要有甘泉仓、细柳仓、嘉仓、长安仓等,尽管这些仓廪没有"漕仓"之名,但其多有依渭水及漕渠而建的特点,故可视为西汉的漕仓。

甘泉仓建于何时?文献缺载。如果以西汉重建甘泉宫为参照,似建于汉武帝一朝。如史有汉武帝获麟改元之说,又有获麟后的第二年"又作甘泉宫,中为台室,画天、地、泰一诸神,而置祭具以致天神"②之说,据此可知,汉代甘泉宫建于元狩二年(前121)。甘泉宫的基础是秦代的林光宫,如史有"秦之林光宫,汉之甘泉,在雍州云阳县北八十里"③之说。不过,秦代林光宫已有"甘泉宫"之称,如史有"秦王乃迎太后于雍而入咸阳,复居甘泉宫"④之说。甘泉宫又是咸阳南宫,裴骃引徐广语云:"表云咸阳南宫也。"⑤林光宫即咸阳南宫,有"甘泉宫"之称,可能与甘泉宫建在甘泉山(在今陕西淳化西北)一带有关。

据《史记》《汉书》,在云阳境内的甘泉宫又称"云阳宫",是汉武帝处理政务的重要场所。史称:"水衡都尉,武帝元鼎二年初置,掌上林苑,有五丞。属官有上林、均输、御羞、禁圃、辑濯、钟官、技巧、六厩、辩铜九官令丞。又衡官、水司空、都水、农仓,又甘泉上林、都水七官长丞皆属焉。"⑥元鼎二年(前115),汉武帝设置水衡都尉,负责管理上林苑、甘泉宫的事务,甘泉仓建设很可能与建造甘泉宫发生在同一时间。这样说,主要基于三个方面的原因:一是甘泉宫位于渭水北岸,西隔泾水,漕渠开通后,甘泉宫有自漕渠入渭水的航线,可通过漕运调粮运兵;二是甘泉宫在长安的西北,一向是匈奴入侵关中的战略通道,汉武帝将处理政务的场所移到甘泉宫,有将打击匈奴的前沿指挥部前移的意图,因指挥部前移,需要驻扎重兵,需要建造粮仓以保证供给,进而提高关中的防御能力;三是水衡都尉的属官有都水、农仓等,都水负责治理河渠等事务,农仓负责仓储及调拨粮草,以供官吏、军兵禄食。专设农仓一职表明,甘泉宫建有粮仓,这一粮仓很可能是甘泉仓。

除了太仓、甘泉仓之外,汉王朝又在京畿地区重点建造了细柳仓和嘉仓等直属中央的粮仓。细柳仓和嘉仓建造的时间虽然没有文献可征,但综合各方面的情况,应建立在汉武帝即

---

① 汉·司马迁《史记·平准书》,北京:中华书局1982年版,第1420页。
② 汉·司马迁《史记·封禅书》,北京:中华书局1982年版,第1388页。
③ 唐·李泰《括地志》,贺次君辑校《括地志辑校》,北京:中华书局1980年版,第16页。
④ 汉·司马迁《史记·秦始皇本纪》,北京:中华书局1982年版,第227页。
⑤ 同④,第230页。
⑥ 汉·班固《汉书·百官公卿表上》,北京:中华书局1962年版,第735页。

位以后,很可能是汉武帝筹划打击匈奴之策时建设的。这样说,主要有以下四个方面的原因。

其一,从楚汉战争到汉武帝即位,不见关于兴修关中粮仓方面的记载。在汉武帝加强漕运以前,汉代主要沿用萧何建造的太仓,汉武帝登基时,有"太仓之粟陈陈相因,充溢露积于外,至腐败不可食"①之说。这一记载恰好可以说明,太仓的仓储能力有限,时至汉武帝一朝,建设新的粮仓已刻不容缓。

其二,建造新仓及扩大仓储,应在汉武帝一朝兴修漕渠以及加大关东漕运的力度以后,也在建造甘泉仓以后。史有"令民能入粟甘泉各有差,以复终身,不告缗。他郡各输急处,而诸农各致粟,山东漕益岁六百万石。一岁之中,太仓、甘泉仓满"②之说,因太仓和甘泉仓的仓储能力有限,亟须解决漕粮入仓的难题。建造甘泉仓当在汉武帝建甘泉宫之时,以此为断限,当知细柳仓和嘉仓建造的时间应在建甘泉仓以后。马端临记载:"元封元年,桑弘羊请令民入粟补吏、赎罪,他郡各输急处,而诸农各致粟,山东漕益岁六百万石。一岁之中,太仓、甘泉仓满,边余谷。按:汉初,致山东之粟,不过岁数十万石耳。至孝武,而岁至六百万石,则几十倍其数矣。虽征敛苛烦,取之无艺,亦由河渠疏利,致之有道也。"③从"亦由河渠疏利,致之有道也"等语中当知,关中粮仓建设是在兴建漕渠及加强关东漕运的过程中发生的。

其三,细柳仓和嘉仓的规模十分宏大,其仓储能力应超过萧何建造的太仓。陈群叙述道:"昔汉祖唯与项羽争天下,羽已灭,宫室烧焚,是以萧何建武库、太仓,皆是要急,然犹非其壮丽。"④陈群是曹魏时期的政治家,十分熟悉西汉事迹。从"皆是要急,然犹非其壮丽"等语中不难发现,太仓的规模有限,建造规模巨大的粮仓只能以待后世。那么,细柳仓和嘉仓究竟有多大规模呢?王应麟考释道:"《三辅黄图》:在长安西渭北石徼,西有细柳仓,东有嘉仓,初建一百二十楹(《樊哙传》:攻下柳中。注:细柳地。服虔曰:细柳在长安西北)。《万章传》:在城西柳市。注师古曰:汉宫阙。疏云:细柳仓,有柳市。《文纪》注:如淳曰:《长安图》:细柳仓在渭北,近石徼(《三辅故事》:汉周亚夫军于细柳,今石徼是也。石徼西有细柳仓,城东嘉禾仓。《括地志》:细柳仓,在雍州咸阳县西南二十里)。张揖曰:在昆明池南,今有柳市是也。师古曰:《匈奴传》云:军长安西细柳,此则不在渭北。"⑤这一考释有三个要点:一是细柳仓和嘉仓均建在长安的西面,同在渭水的北岸,其中,嘉仓又称"嘉禾仓";二是细柳仓和嘉仓规模宏大,初建时有一百二十楹即有一百二十座仓库,规模应超过太仓,建造时间应在建造甘泉仓以后;三是汉代有两个细柳,一是指长安西北昆明池一侧的细柳原,一

---

① 汉·司马迁《史记·平准书》,北京:中华书局1982年版,第1420页。
② 同①,第1441页。
③ 元·马端临《文献通考·国用考三》,杭州:浙江古籍出版社1988年版,第239页。
④ 晋·陈寿《三国志·魏书》,北京:中华书局1959年版,第637页。
⑤ 宋·王应麟《玉海·食货》,南京:江苏古籍出版社1990年版,第3370页。

是指汉将周亚夫驻军的细柳营。除了李吉甫有"张揖云在昆明池南,恐为疏远"①之说外,程大昌亦论述道:"昆明池之有细柳原也,名虽与亚夫营同,然而昆明在长安都城之西,渭水之南,自古以供游燕,未过便桥也。此时方出师备胡,无由次于渭南非要之地也。"②以前人的论述为基本依据,陈直先生考证道:"《汉书·文帝》七年纪:'河内太守周亚夫为将军,次细柳。'服虔注云:'在长安西北。'如淳注云:'长安细柳仓,在渭北近石徼。'张揖注云:'在昆明池南,今有柳市是也。'又《元和郡县图志》卷一云:'细柳仓,在咸阳县西郊二十里,汉旧仓也。周亚夫军次细柳,即此是也。张揖云在昆明池南,恐为疏远。'"③由于细柳原和细柳营均可简称为"细柳",故后世多有混淆。

其四,渭水是关中漕运的主航线,细柳仓和嘉仓建在渭北,主要是为了方便转输,与汉武帝一朝利用渭水开漕渠及方便漕运有着某种内在的联系。《三辅黄图·仓》云:"细柳仓、嘉仓,在长安西、渭水北。古徼西有细柳仓,城东有嘉仓。"④"古徼",指石徼。李吉甫记载:"细柳仓,在县西南二十里,汉旧仓也。周亚夫军次细柳,即此是也。"⑤"县西南",是指咸阳西南。程大昌记载:"细柳仓在咸阳县西南十五里,汉旧仓也,周亚夫次细柳,即此是也。"⑥李吉甫和程大昌的观点一致,均认为细柳仓在咸阳的西南。从表面上看,李吉甫和程大昌交代的地理方位与《三辅黄图》所说不同,其实是一致的。造成不一致的原因是,《三辅黄图》叙述汉细柳仓、嘉仓时以长安为地理坐标,李吉甫、程大昌是以咸阳为坐标,因参照不同,故方位发生变化。进而言之,细柳仓和嘉仓临渭水而建,对后世依水建造漕仓有着一定的启示。

综上所述,周亚夫屯军细柳虽然在汉文帝一朝,但因后世叙述时刻意强调细柳营与细柳仓之间的关系,很容易产生混淆,进而在细柳营和细柳仓之间画等号,似表明细柳仓在周亚夫军细柳时已经建立。其实不然,细柳仓是后世建造的。

细柳仓、嘉仓在卫戍长安的安全方面有着不可替代的作用。为了防止匈奴入侵关中及威胁长安,汉王朝在细柳、棘门、霸上等地设军营,在长安的西面、北面和东面构筑了遥相呼应,成掎角之势的防线,史有汉文帝"又置三将军,军长安西细柳、渭北棘门、霸上以备胡"⑦之说。程大昌论述道:"细柳、棘门、霸上三将军,备胡者也,故环列都城之三面也。细柳,仓名也。在长安之西,渭水之北,亚夫军于此仓也。《黄图》《十道志》所载皆同。《水经》曰:'棘门在渭北,秦阙门也。霸上,即霸水之上也。'以方向求之,近城三将军屯次其于备胡之

---

① 唐·李吉甫《元和郡县图志·关内道一》(贺次君点校),北京:中华书局1983年版,第13页。
② 宋·程大昌《雍录·细柳棘门霸上图说》(黄永年点校),北京:中华书局2002年版,第152页。
③ 陈直《三辅黄图校证》,西安:陕西人民出版社1980年版,第135页。
④ 同③。
⑤ 同①。
⑥ 同②。
⑦ 汉·司马迁《史记·匈奴列传》,北京:中华书局1982年版,第2904页。

路,皆有方面可言也。棘门在渭水之北,其路可以东北向而趋鄜、坊,鄜、坊又北,则古云中地,与之隔河相当也。细柳在咸阳之西,其路可以西北向而趋泾、原,泾、原西北,即灵、夏、朔方矣。若夫霸上也者,东距潼关,北望蒲关,又皆代郡、太原庝可犯雍之路也。其曰次者,初行顿舍之名,若寇来稍迫,则遂进前,不容长屯此地也。故予得以知三将军之为备外,而霸上、棘门、细柳之为备内也。《元和志》尝采诸家说细柳者,而折衷其宿矣,曰:'万年县东北三十里有细柳营,相传云亚夫屯军处,今按亚夫屯在咸阳西南二十里。'又曰:'细柳原在长安县西北十三里,非亚夫营也。'又曰:'细柳仓在咸阳县西南十五里,汉旧仓也,周亚夫次细柳,即此是也。张揖云:"在昆明池南。"恐是疏远也。'凡《志》之此语,正与《十道志》合,的可据矣,而理又可推也。昆明池之有细柳原也,名虽与亚夫营同,然而昆明在长安都城之西,渭水之南,自古以供游燕,未过便桥也。此时方出师备胡,无由次于渭南非要之地也。若夫棘门也者,《十道志》以为在青绮门外,则明误矣。青门者,长安城之东门,从南数来第一门也。刘礼既屯霸上,则城之东面已有礼矣,不应徐厉又次东面也。《黄图》曰:'棘门,在横门外(横,音光)。横门者,长安城北门,渭水之南也。'夫既使之备胡,亦不应不渡渭水而并城立屯也。故《长安志》曰:'棘门在咸阳县东北十八里,本秦之阙门。'其说是也。况班固所记在《匈奴传》者,则尤详矣,曰:'置三将军,军长安西细柳、渭北棘门、霸上。'此其立文。盖三将军军长安之西者,其地实为细柳,而其军于渭北者是为棘门也。细柳、棘门着地而霸上不地者,霸上据要而名显,不必察察言也。"①程大昌认为,在长安的三面建细柳、棘门、霸上三大军营,既有防止匈奴入侵的功能,同时又有"备内"的功能。只在西、北、东等三个方向设军营及重点防守,不在长安的南面建立重兵把守的军营,应该与南面背靠秦岭这一天险有着内在的联系。从地理方位上看,与太仓、甘泉仓一样,细柳仓、嘉仓也有着十分便捷的漕运通道,可以为长安三大军营细柳、棘门、霸上提供后勤支援。

此外,在长安建造的粮仓中还有长安仓。本始四年(前70),汉宣帝诏书云:"盖闻农者兴德之本也,今岁不登,已遣使者振贷困乏。其令太官损膳省宰,乐府减乐人,使归就农业。丞相以下至都官令丞上书入谷,输长安仓,助贷贫民。民以车船载谷入关者,得毋用传。"②从"输长安仓"看,长安仓应是旧仓。徐天麟叙述长安仓的地理方位时写道:"《宣帝纪》:本始四年,丞相以下上书入谷,输长安仓。《三辅黄图》云:'细柳仓、嘉仓在长安,面渭水北。古徼西有细柳仓,城东有嘉仓。'"③按照这一说法,长安仓的具体建造时间应与细柳仓、嘉仓大体相同。更重要的是,徐天麟叙述长安仓时有意强调了细柳仓、嘉仓"面渭水北",结合汉宣帝诏书中的"民以车船载谷入关者"语,似可知百姓是用车船运粮入长安仓的。从这样的

---

① 宋·程大昌《雍录·说棘门细柳霸上》(黄永年点校),北京:中华书局2002年版,第151—153页。
② 汉·班固《汉书·宣帝纪》,北京:中华书局1962年版,第245页。
③ 宋·徐天麟《西汉会要·食货五》,上海:上海古籍出版社2006年版,第623页。

角度看,长安仓亦有漕仓的性质。

西汉时期的太仓主要有三个指向。

一是实指,指萧何建造的太仓。史称:"至今上即位数岁,汉兴七十余年之间,国家无事,非遇水旱之灾,民则人给家足,都鄙廪庾皆满,而府库余货财。京师之钱累巨万,贯朽而不可校。太仓之粟陈陈相因,充溢露积于外,至腐败不可食。"①又称:"继以孝文、孝景,清净恭俭,安养天下,七十余年之间,国家无事,非遇水旱之灾,民则人给家足。都鄙廪庾皆满,而府库余货财;京师之钱累巨万,贯朽而不可校;太仓之粟陈陈相因,充溢露积于外,至腐败不可食。"②汉武帝即位以前,国家没有发生大的战争,风调雨顺,粮食储备较为充足,但太仓储藏能力有限,出现了在仓外堆放粮食以致"霉烂不可食"的情况。

二是泛指,指在建在关中及各地直属中央的粮仓。史称:"至孝武皇帝元狩六年,太仓之粟红腐而不可食,都内之钱贯朽而不可校。乃探平城之事,录冒顿以来数为边害,籍厉兵马,因富民以攘服之。"③元狩六年(前117),打击匈奴的战争已进行十二个年头,在此之前,已建甘泉仓,故这里所说的"太仓"应包括甘泉仓。徐天麟注"荥阳有敖仓"语时引《音义》云:"敖本地名,临河有太仓。"④根据这一记载当知,"敖仓"有"太仓"之称。由此及彼,细柳仓、嘉仓等应有"太仓"之称。汉代建在关中及长安的国家粮仓除了有"太仓"之称外,又有"长安仓"等称。《汉书·宣帝纪》有"输长安仓"一语,徐天麟注云:"《宣帝纪》,本始四年,丞相以下上书入谷,输长安仓。"⑤这里所说的"长安仓",实际上是建在京畿的中央粮仓的统称,这里应包括太仓、甘泉仓、细柳仓、嘉仓等粮仓。

三是指诸侯国建造的粮仓。具体地讲,齐国粮仓有"太仓"之称,史有"齐太仓令淳于公"⑥之说。徐天麟列举汉代粮仓时,将荥阳敖仓与河东根仓、湿仓、河内仓、郡国诸仓并称⑦,这一情况证明"太仓"实际上是国家及诸侯国粮仓的统称。

西汉关中的仓廪建设与漕运交织在一起,主要有以下五个方面的特点和变化。

其一,长安及关中仓廪建设是与河渠建设是联系在一起的。在楚汉之争时期,打通从关中到关东的漕运通道,是刘邦建立大一统帝国的先决条件。在大一统帝国建立后,及时地打通从关东到关中的漕运通道,在相应的区域建造仓廪,在维护汉王朝的政治统治方面有不可替代的作用。如关中的西部和北部与匈奴活动的主要区域相接,匈奴进犯直接威胁到汉王

---

① 汉·司马迁《史记·平准书》,北京:中华书局1982年版,第1420页。
② 宋·司马光《资治通鉴·汉纪八》(邹国义校点),上海:上海古籍出版社1997年版,第140页。
③ 汉·班固《汉书·贾捐之传》,北京:中华书局1962年版,第2832页。
④ 宋·徐天麟《西汉会要·食货五》,上海:上海古籍出版社2006年版,第623页。
⑤ 同④。
⑥ 汉·司马迁《史记·孝文本纪》,北京:中华书局1982年版,第427页。
⑦ 同④。

朝的安全,加强漕运及关中仓廪建设可为汉王朝政权建设提供基本保障,为在关中驻扎卫戍京畿地区的军队提供必要的粮食及物资支援。

其二,西汉漕运通道及仓廪建设对保证国家安全及战略储备具有重要的意义。具体地讲,漕运有助于国家的粮食储备,增加粮食储备可稳定社会秩序和维护政治统治。贾谊论述道:"管子曰:'仓廪实而知礼节。'民不足而可治者,自古及今,未之尝闻。……夫积贮者,天下之大命也。苟粟多而财有余,何为而不成?"①管子是先秦时期的思想家和经济学家,贾谊是汉文帝时期的政治家,汉代的仓廪建设思想吸纳了管子的思想。从贾谊关注管子仓廪建设的行为中,不难发现汉王朝十分重视粮食的战略储备,充分认识到了粮食储备在维护政治安定、社会稳定等方面的作用。丘浚精辟地论述道:"臣按:贾谊告文帝,大要言,为国以足民为本,而欲民之足,必先足国。国之所以足者,蓄积足恃也。国家粟多而财有余,则蓄积足以恃矣。是以水旱不足虞,军旅不足忧,守固而战胜,怀敌而附远,所为无不成矣。所以然者,莫急于驱末技游食之民,而归之南亩以务农,使天下无不耕之夫,不织之女耳。夫然,则人乐其所而知礼节矣。文帝感其言,躬耕以劝百姓,节俭以为天下先,卒致海内富庶,黎民醇厚,几致刑措。三代以下,称恭俭宽仁之君,必归焉,有以也夫。"②仓廪建设及农耕经济的发展,具有维护国家安全、稳定社会秩序等方面的作用。

其三,加强漕运通道建设及仓廪建设,有助于赈灾救荒、平易粮价及物价等。史称:"三辅大旱,自四月至于是月。帝避正殿请雨,遣使者洗囚徒,原轻系。是时谷一斛五十万,豆麦一斛二十万,人相食啖,白骨委积。帝使侍御史侯汶出太仓米豆,为饥人作糜粥,经日而死者无降。"③当粮食极度匮乏及粮价上涨时,如果没有太仓中足够的存粮赈灾的话,社会矛盾将会激化且发生大乱。进而言之,围绕京师地区建造粮仓是确保政权安全不可缺少的因素,如敖仓是汉王朝控制关东地区的支撑点。

其四,关东各地的中央粮仓主要建在漕运通道的沿线,其中包括利用及重修旧仓。汉武帝认为:"洛阳有武库敖仓,天下冲阨,汉国之大都也。"④又认为:"洛阳有武库、敖仓,当关口,天下咽喉。"⑤这一认识说明汉武帝时期具有漕运中转功能的敖仓是重点建设的对象。钱文子论述道:"自郑当时开渠之后,漕粟益多。考之于史,独河东有根仓、泾仓,荥阳有敖仓。"⑥根仓、泾仓、敖仓是西汉建在不同区域的国家粮仓,这些粮仓在漕运中负有特殊的使

---

① 汉·贾谊《论积贮疏》,王洲明、徐超校注《贾谊集校注》,北京:人民文学出版社1996年版,第441页。
② 明·丘浚《大学衍义补·经制之义下》(林冠群、周济夫校点),北京:京华出版社1999年版,第229—230页。
③ 刘宋·范晔《后汉书·孝献帝纪》,北京:中华书局1965年版,第376页。
④ 汉·司马迁《史记·三王世家》,北京:中华书局1982年版,第2115页。
⑤ 汉·司马迁《史记·滑稽列传》,北京:中华书局1982年版,第3209页。
⑥ 宋·钱文子《汉唐制度》,明·解缙《永乐大典·九震运》北京:中华书局1986年版,第6959页。

命。马端临论述道:"汉初,致山东之粟,不过岁数十万石耳。至孝武,而岁至六百万石,则几十倍其数矣。虽征敛苛烦,取之无艺,亦由河渠疏利,致之有道也。"①通过兴修河渠等举措,汉武帝打通了从关东到关中及长安的漕运通道。为节约运输费用及提高效率,汉王朝采取了在漕运通道两岸进行仓廪建设的措施。将关东漕粮运至关中及长安,并由沿岸的仓廪接运,这些仓廪本身就具有漕仓的特点。钱文子论述道:"汉初转漕巴蜀租岁,以给关中。天下既定,国用浸广。于是岁漕关东粟,以给中都官,然亦不过数十万而已。至武帝,则四百万石,后又益六百万石,大抵多转于山东诸郡,(《志》云:'致粟山东,岁益六百万石。'《枚乘传》云:'转粟西向。')当时有欲开褒斜道,以致汉中谷者,以水多湍石不通船,漕则知已蜀道险,以车转为便。而集于京师者,不可多致。关东、山东诸郡,道从渭水而上。自郑当时开渠之后,漕粟益多。考之于史,独河东有根仓、泾仓,荥阳有敖仓。河南以东置漕船五百艘,则东方诸郡,其粟自远而致者,往往至三河交卸,级节而入都矣。"②为了改变单纯依靠关东的漕运结构,汉王朝进行了多方面的探索。

其五,关中及长安虽然是国家粮仓重点建设的区域,但关中受自然条件的限制,地域有限,远没有关东广阔,因而关东的各个政区也成为汉王朝国家粮仓重点建设的区域。如在考证的基础上,钱文子得出了"惟江淮粟米,去长安逾远,诸侯自为封植而已。故吴王之反,自谓聚粮食三十余年。而枚乘之说云:'汉家转粟西向,不如海陵之仓。'以是知汉仓多在于山东,而不在江淮矣"③的结论。汉王朝在关东建造的粮仓肩负着向关中及长安输粮及漕运的重任,吴国的海陵仓虽然是天下大仓,但因控制在诸侯国的手中,故没有归入汉王朝征粮及漕运的范围。

汉武帝以后,仓廪建设继续与加强漕运联系在一起。为了减少漕运岁额,应对各种事变,汉王朝又建了常平仓。

创建常平仓是由大司农中丞耿寿昌提出的,汉宣帝五凤四年(前54)正式实施。史称:"至昭帝时,流民稍还,田野益辟,颇有蓄积。宣帝即位,用吏多选贤良,百姓安土,岁数丰穰,谷至石五钱,农人少利。时大司农中丞耿寿昌以善为算能商功利得幸于上,五凤中奏言:'故事,岁漕关东谷四百万斛以给京师,用卒六万人。宜籴三辅、弘农、河东、上党、太原郡谷足供京师,可以省关东漕卒过半。'又白增海租三倍,天子皆从其计。"④耿寿昌提出创立常平仓的原因是,"至昭帝时,流民稍还,田野益辟,颇有蓄积"。根据这一情况,耿寿昌提出了创建常平仓的建议,并试图实现两个目标:一是利用丰年市场上的粮食价格走低时,官府从百姓手

---

① 元·马端临《文献通考·国用考三》,杭州:浙江古籍出版社1988年版,第239页。
② 宋·钱文子《汉唐制度》,明·解缙《永乐大典·九震运》北京:中华书局1986年版,第6959页。
③ 同②。
④ 汉·班固《汉书·食货志上》,北京:中华书局1962年版,第1141页。

中收购多余的粮食,以此来加强战略储备,降低漕运岁额,减轻百姓参与漕运时的负担;二是遇荒年粮价走高时,则将常平仓中囤积的粮食平价售出,进行赈灾救荒,进而以粮价平易物价,稳定社会秩序。耿寿昌认为,汉王朝自关东漕运四百万斛漕粮至京师,每年须有六万漕卒参与其中,如果在关中及相邻区域就近收购百姓手中的余粮,可节省超过三万漕卒的运力又可增加海租即海产赋税。另外,部分漕卒由来自海边的有驾船能力的百姓构成。

不过,这一主张受到御史大夫萧望之的反对。史称:"御史大夫萧望之奏言:'故御史属徐宫家在东莱,言往年加海租,鱼不出。长老皆言武帝时县官尝自渔,海鱼不出,后复予民,鱼乃出。夫阴阳之感,物类相应,万事尽然。今寿昌欲近籴漕关内之谷,筑仓治船,费值二万万余,有动众之功,恐生旱气,民被其灾。寿昌习于商功分铢之事,其深计远虑,诚未足任,宜且如故。'上不听。漕事果便,寿昌遂白令边郡皆筑仓,以谷贱时增其贾而籴,以利农,谷贵时减贾而粜,名曰常平仓。民便之。上乃下诏,赐寿昌爵关内侯。而蔡癸以好农使劝郡国,至大官。"①御史大夫萧望之反对的原因有二:一是他认为海租不出是由于赋税过重造成的,此举无法增加海租;二是"寿昌欲近籴漕关内之谷,筑仓治船,费值二万万余,有动众之功,恐生旱气,民被其灾。寿昌习于商功分铢之事,其深计远虑,诚未足任,宜且如故"。尽管如此,耿寿昌的建议得到了汉宣帝的支持。汉宣帝之所以支持建常平仓,主要与"漕事果便"有关。具体地讲,汉宣帝一朝边患虽有所减轻,甚至屯戍也起到了省漕的作用,但大军征伐时所用的粮草依旧需要漕运,史有"大司农中丞耿寿昌奏设常平仓,以给北边,省转漕"②之说。

客观地讲,耿寿昌在各地筑常平仓,建造船只,就近收购谷物,在一定程度上实现了省漕的目标。在边郡建仓,就地囤积粮草,可减少漕运岁额,起到稳定军心和加强边地防务的作用,从而为大军出征提供了有力的支援。从这样的角度看,常平仓建设是汉宣帝一朝实行赈灾救荒、加强边郡防务、节约漕转费用的重要举措。史称:"常平起于汉之耿寿昌,义仓起于唐之戴胄,皆救荒之良法也。元立义仓于乡社,又置常平于路府,使饥不损民,丰不伤农,粟直不低昂,而民无菜色,可谓善法汉、唐者矣。"③常平仓在解决边地储粮、减少漕转费用的同时,还有平易粮价、救荒等功能。进而言之,汉宣帝在不同的地区建常平仓,改革原有的仓储制度,给后世形成深远的影响。不过,常平仓入籴只能在丰年进行,一旦连年发生自然灾害,入籴将是一句空话,与此同时,省漕也将是一句空话。

从历时的角度看,在各地建造常平仓实际上是利弊参半的举措。史称:"帝曾欲置常平仓,公卿议者多以为便。般对以'常平仓外有利民之名,而内实侵刻百姓,豪右因缘为奸,小民不能得其平,置之不便'。帝乃止。"④汉明帝永平年间(58—75),刘般提出的这一问题是发人深省的。

---

① 汉·班固《汉书·食货志上》,北京:中华书局1962年版,第1141页。
② 汉·班固《汉书·宣帝纪》,北京:中华书局1962年版,第268页。
③ 明·宋濂等《元史·食货志四》,北京:中华书局1976年版,第2467页。
④ 刘宋·范晔《后汉书·刘般传》,北京:中华书局1965年版,第1305页。

东汉时期的漕仓建设基本上处于停滞的状态。史称:"大司农,卿一人,中二千石。本注曰:掌诸钱谷金帛诸货币。郡国四时上月旦见钱谷簿,其逋未毕,各具别之。边郡诸官请调度者,皆为报给,损多益寡,取相给足。丞一人,比千石。部丞一人,六百石。……太仓令一人,六百石。本注曰:主受郡国传漕谷。丞一人。……郡国盐官、铁官本属司农,中兴皆属郡县。又有廪牺令,六百石,掌祭祀牺牲雁鹜之属。及雒阳市长、荥阳敖仓官,中兴皆属河南尹。余均输等皆省。"①这一记载有三个要点:一是钱谷金帛诸货币等归大司农;二是大司农属官太仓令执掌仓廪及漕运等事务;三是此前重要的漕运中转仓——敖仓归河南尹,杜佑有"后汉令主受郡国传漕谷,其荥阳敖仓官,中兴皆属河南尹"②之说。东汉王朝在建都洛阳以后,漕运不再受天险三门峡的制约,再加上洛阳有便利的漕运条件,可及时地调运关东各地的粮食及物资等,故没有进行大规模的漕仓建设。尽管如此,敖仓的作用依旧不可轻视,隗嚣兴兵讨王莽移檄郡国时号召道:"今山东之兵二百余万,已平齐、楚、下蜀、汉、定宛、洛,据敖仓,守函谷,威命四布,宣风中岳。"③史称:"建武二年,更封安平侯。遣南击敖仓,转攻酸枣、封丘,皆拔。"④东汉时期的敖仓虽然不再由中央直接管辖,但在漕转中的地位不容忽视。

---

① 刘宋·范晔《后汉书·百官志三》,北京:中华书局1965年版,第3590页。
② 唐·杜佑《通典·职官八》,杭州:浙江古籍出版社1988年版,第154页。
③ 刘宋·范晔《后汉书·隗嚣传》,北京:中华书局1965年版,第519页。
④ 刘宋·范晔《后汉书·盖延传》,北京:中华书局1965年版,第686页。

第三编　东汉编

概　述

建武元年(25)，光武帝刘秀光复汉室，正式定都洛阳，建立了东汉。东汉是河渠建设及漕运的重要阶段，定都洛阳后，漕运形势发生变化，由此引发河渠建设及漕运等方面的变化。

其一，政治中心东移后，漕运集中到以洛阳为中心的黄河两岸及洛阳以东的东南方向。在这一前提下，河渠建设在从河南开始的同时，表现出洛阳优先的特点，如重点兴修阳渠，改善了洛阳一带的漕运条件，建立了以洛阳为中心的漕运体系。

其二，关东的黄河两岸成为统治的核心区域，这一时期，黄河的改道及泛滥给两岸带来了前所未有的灾难，与此同时，黄河侵吞鸿沟(汴渠)，破坏了既有的漕运秩序。为治理河道，恢复漕运，王景、王吴等率数十万人修筑河堤，将黄河与汴渠分离开来，经此，恢复了河南、河北农业生产能力，重建了黄河中下游地区的漕运秩序。

其三，汴口(汴渠入河口)一带土质疏松，因黄河水文变化，经常发生堤岸坍塌及河口迁徙不定的情况。为恢复河南、河北与江淮之间的水上交通，采取了修复汴口的措施。

其四，自汉明帝一朝王景、王吴等整治黄河及恢复汴渠以后，各地的河渠建设主要由地方长官负责。永元十年(98)，汉和帝在诏书中写道："堤防沟渠，所以顺助地理，通利壅塞。今废慢懈弛，不以为负。刺史、二千石其随宜疏导。勿因缘妄发，以为烦扰，将显行其罚。"[1] 结合元初二年(115)，汉安帝"诏三辅、河内、河东、上党、赵国、太原各修理旧渠，通利水道，以溉公私田畴"[2]等情况看，此时兴修河渠的范围很广，且"通利水道"，河渠兼有灌溉、排洪防涝、交通等综合性的功能。如虞诩重修武都一带的河渠并发展农业，在抗击羌胡的过程中起到了不可替代的作用。又如马臻疏浚鉴湖，改善了浙江东部的农业生产和水上交通条件。

其五，边地屯田是保卫边疆的有力手段，通过屯田可以减少国家的财政支出及内地的赋税征收，节省了漕运支出。如东汉边患严重，匈奴及羌胡等势力在西北重新崛起，引起相关地区的动荡，为了减少军费开支，降低漕运负担，采取了边地屯田之策。

东汉末年天下大乱，黄河中下游地区成为各种政治势力反复争夺的战略要地。为确立

---

[1] 刘宋·范晔《后汉书·孝和帝纪》，北京：中华书局1965年版，第184页。
[2] 同[1]。

军事斗争中的优势,曹操兴修了向不同方向延展的河渠。睢阳渠是曹操率先兴修的河渠,始于建安七年(203)。此后,曹操又根据军事斗争形势的需要,先后兴修了白沟、平虏渠、泉州渠、新河、长明沟、利漕渠等河渠。七条有综合功能的河渠建成后,在提高当地农业生产水平的同时,改变了黄淮、河北等区域的漕运秩序,为曹操统一北方,确立在军事斗争中的优势地位发挥了重要作用。

  在兴修河渠的过程中,曹操特别注意其灌溉、改良土壤、排洪防涝、漕运等功能,从而稳定了统治区域内的政治形势和经济形势。他将兴修河渠与安置流民交织在一起,致力于发展农业经济,提高了综合国力。他又利用河渠进行屯田,在寓兵于农的同时,及时地向不同的方向调运粮草及战略物资。河渠在屯田及漕运等方面的作用,确立了曹操政治集团在与东吴、西蜀政治集团对峙中的优势。曹操将前线指挥部前移往洛阳以后,漕运为支撑西北和东南两条战线,提供了强有力的后勤支援。

  从历时的角度看,曹操在不同的区域兴修河渠,既是对历史的因袭,同时又有着承前启后的作用。曹操入主洛阳后重修阳渠,为改善洛阳的水陆交通环境起到关键性的作用。他在河北兴修白沟等,为隋炀帝开通永济渠奠定了基础。他兴修睢阳渠即重点建设洛阳以东的漕运通道,为隋炀帝兴修通济渠铺平了道路。从这样的角度看,曹操兴修河渠,对于确立洛阳作为水陆交通枢纽的地位有着不世之功。

第一章　洛阳漕运形势与阳渠

自汉武帝加强中央集权及全面扩大中央机构以后,漕运作为政权建设的一部分,已成为关系一代王朝兴废与否的头等大事。东汉定都洛阳后,重点兴修了阳渠,旨在通过兴修阳渠等恢复洛阳对外的交通和联系,通过漕运重塑洛阳"天下之中"的地位。这一时期,建立以洛阳为中心的漕运秩序,目的是通过兴修河渠改变南北交通的布局,加强对不同区域的控制,化解政权建设中的危机。

第一节　刘秀建都洛阳与漕运

光武帝刘秀定都洛阳,主要有七个方面的原因。

其一,经过西汉末年的大乱后,关中及长安遭受毁灭性的破坏,社会经济很难在短期内恢复。再加上关中地偏一隅,土地狭小,农业产出有限,如继续定都长安,将不利于对关东的控制。

其二,历史上的河洛地区是夏商周三代活动的中心,洛阳有良好的建都条件。如司马迁考察河洛与三代的关系时指出:"昔三代之居皆在河洛之间,故嵩高为中岳,而四岳各如其方,四渎咸在山东。"①张守节《史记正义》注"昔三代之居皆在河洛之间"语云:"《世本》云:'夏禹都阳城,避商均也。又都平阳,或在安邑,或在晋阳。'《帝王世纪》云:'殷汤都亳,在梁,又都偃师,至盘庚徙河北,又徙偃师也。周文、武都酆、鄗,至平王徙都河南。'案:三代之居皆在河洛之间也。"②从夏禹都阳城(在今河南登封东南)到夏迁都平阳(在今山西临汾)、安邑、晋阳(关于安邑、晋阳的位置学界多有争论,笔者认为在今河南西北与山西西南接壤处),夏代活动的中心区域主要在河洛一带,并向北延伸到山西西南,进入汾水、沁水流域。从商汤都西亳(在今河南偃师西)到盘庚迁殷(在今河南安阳小屯),再到回迁偃师,殷商的

---

① 汉·司马迁《史记·封禅书》,北京:中华书局1982年版,第1371页。
② 同①。

主要活动区域在河洛地区。周推翻殷商后,将国都建在丰(在今陕西户县北)、镐(在今陕西西安南),似表明河洛不再是周人重点经营的地区。然而,洛邑(在今河南洛阳)一直是周人重点经营的对象。周武王伐纣时,曾重点经营洛邑;平定天下后,周公、召公重点建设洛邑;平王东迁后,以洛邑为国都。据此可知,以洛阳为中心的河洛地区依旧是周人重点经营的地区。进而言之,从"昔三代之居皆在河洛之间"的叙述中可以看到,以洛阳为中心的河洛地区是历代统治者重点经营。《史记·秦本纪》云:"周避犬戎难,东徙洛邑,襄公以兵送周平王。"《汉书·地理志下》亦云:"幽王为犬戎所败,平王东迁洛邑。襄公将兵救周有功,赐受岐、丰之地,列为诸侯。"①犬戎入侵,西周国都镐京遭受极大的破坏,为此,周平王在秦襄王的救护下东迁洛邑。司马迁指出:"庄襄王元年,以吕不韦为丞相,封为文信侯,食河南洛阳十万户。"②秦统一六国前,吕不韦为秦庄襄王登上王位立下了汗马功劳,为感激吕不韦,秦庄襄王特意把洛阳分封给吕不韦。从"河南洛阳十万户"一语中当知,洛阳人口众多,是当时极为富庶和繁华的地区。

其三,洛阳地处三河地区,既有发达的农业经济,又有山河之险。凭借这一特殊的地理位置,三河成为周代以前重点建都的地方。史称:"昔唐人都河东,殷人都河内,周人都河南。夫三河在天下之中,若鼎足,王者所更居也,建国各数百千岁。"③所谓"三河",是指河东、河内、河南等三大农业经济区。黄河自晋陕而下,呈南北流向,随后折回,向东向北再向东,由此将黄河两岸划分为河东、河西、河内、河南、河北五个自然地理区域。河西指关中,河东、河内与河北接壤,与河北一道构成广义上的河北。自唐尧以后,农业经济发达的河东、河内、河南成为先民活动的主要区域,由于"三河在天下之中",有利于控制四方,故成为建都的首选之地。

其四,洛阳是战略要地,汉高祖刘邦得天下后,一度"有意乎都河洛"④,后来虽定都关中长安,但洛阳始终是其重点经营的区域。为了防止洛阳落入异姓之手,形成反叛力量,刘邦采取了重点控制洛阳的措施,如史有"明年春,上(刘邦)以韩信材武,所王北近巩、洛,南迫宛、叶,东有淮阳,皆天下劲兵处,乃诏徙韩王信王太原以北,备御胡,都晋阳"⑤之说。尽管刘邦没有在河洛地区建都,但洛阳在地理区位上的优势,对刘秀产生了深远的影响。

其五,洛阳一直是刘秀重点经营的区域。早在更始二年(24),刘秀已认识到河洛及洛阳的重要性。为了防止河洛及洛阳落入赤眉军等之手,刘秀确立了先平定河北、河内、河东,后夺取长安和洛阳的战略。史称:"更始将北都洛阳,以光武行司隶校尉,使前整修宫府。于是

---

① 汉·班固《汉书·地理志下》,北京:中华书局1962年版,第1641页。
② 汉·司马迁《史记·吕不韦列传》,北京:中华书局1982年版,第2509页。
③ 汉·司马迁《史记·货殖列传》,北京:中华书局1982年版,第3262页。
④ 汉·班固《两都赋·西都赋》,梁·萧统《文选》,北京:商务印书馆1959年版,第3页。
⑤ 汉·司马迁《史记·韩信卢绾列传》,北京:中华书局1982年版,第2633页。

置僚属,作文移,从事司察,一如旧章。时三辅吏士东迎更始,见诸将过,皆冠帻,而服妇人衣,诸于绣镼,莫不笑之,或有畏而走者。及见司隶僚属,皆欢喜不自胜。老吏或垂涕曰:'不图今日复见汉官威仪!'由是识者皆属心焉。及更始至洛阳,乃遣光武以破虏将军行大司马事。十月,持节北度河,镇慰州郡。所到部县,辄见二千石、长吏、三老、官属,下至佐史,考察黜陟,如州牧行部事。辄平遣囚徒,除王莽苛政,复汉官名。吏人喜悦,争持牛酒迎劳。"①此外,刘秀的发迹地在南阳(在今河南南阳),南阳距洛阳不远,在洛阳建都有利于依托后方根据地南阳。

其六,洛阳居天下之中,交通便利,既是商贸重镇,又有山河之险,在此建都有利于社会经济的发展及政权的稳定。如史有"洛居天下之中,行者四面而至,苟不惑其涂路,则千里虽远,行无不至"②之说,洛阳一向是商贾云集的繁华之地。史称:"洛阳东贾齐、鲁,南贾梁、楚。故泰山之阳则鲁,其阴则齐""周人既纤,而师史尤甚,转毂以百数,贾郡国,无所不至。洛阳街居在齐秦楚赵之中,贫人学事富家,相矜以久贾,数过邑不入门,设任此等,故师史能致七千万。"③师史之所以能够谋取巨额财富,是因为洛阳有商品集散的条件。马端临论述道:"荆河之间,四方辐辏,故周人善贾,趋利而纤啬。韩国分野,亦有险阻(苏秦谓韩宣王曰:'韩北有巩、成皋之固,西有宜阳、商阪之塞,东有宛、穰、有水,南有径山'也。巩、成皋,则今巩县、汜水也。宜阳、商阪即今福昌山及商山也。宛、穰,南阳界。径山,密县界)。自东汉、魏、晋宅于洛阳,永嘉以后,战争不息。元魏徙居,才过三纪,逮乎二魏,爰及齐、周、河、洛、汝、颍,迭为攻守。"④因其有发达的交通,又有山河之险,这样一来,洛阳势必成为理想的建都之地。

其七,刘秀建都洛阳与消除漕运障碍、节省漕运费用等有关。刘邦定都长安时,因国用开支不大,漕运的重要性没有立即彰显出来。不过,汉武帝扩大国用后,政权建设已不得不依靠关东漕运。然而,漕运关中受到黄河三门峡的制约,如果建都洛阳的话,以黄河、鸿沟等为漕运为主干线,既可深入到河南、河北的腹地,又可远及江淮,有利于以漕运保证政权的稳定。如马端临论述道:"夫土中,风雨所交,宜乎建都立社,均天下之漕输,便万国之享献。不恃隘害,务修德刑,则卜世之期,可延久也。"⑤经过长期的建设,洛阳早已成为水陆交通枢纽,建都洛阳有利于控制四方。进而言之,国用需求扩大以后,漕运已成为政权建设的重要组成部分,这样一来,漕运遂成为刘秀进行政权建设时必须要考虑的因素。

综上所述,光武帝刘秀建都洛阳既有历史方面的原因,又有现实方面的原因,两者交织

---

① 刘宋·范晔《后汉书·光武帝纪》,北京:中华书局1965年版,第9—10页。
② 元·马端临《文献通考·经籍考三十七》,杭州:浙江古籍出版社1988年版,第1726页。
③ 汉·司马迁《史记·货殖列传》,北京:中华书局1982年版,第3265—3279页。
④ 元·马端临《文献通考·舆地考六》,杭州:浙江古籍出版社1988年版,第2511页。
⑤ 同④。

在一起，洛阳必然会成为建都的首选之地。

这里有必要谈一谈"洛"与"雒"的关系。唐贾公彦注《周礼·天官·冢宰》"惟王建国"语："干宝云：'王，天子之号，三代所称。'雒，音洛，水名也，本作洛，后汉都洛之阳，改为雒。"①"后汉都洛之阳"是指光武帝刘秀重建汉统后，定都洛阳。那么，刘秀为什么要将"洛阳"改为"雒阳"？追溯其原因，应从汉代信奉宗教神学，以邹衍的"五德始终说"为承天受命的依据说起。

邹衍认为，宇宙由土、木、金、火、水等五种元素构成，五行即五种元素各据一德，一德衰败标志着另一德的兴盛，社会的变化规律及发展按五行相胜（相克）的原理进行并终始循环②。这一宗教神学理论不但受到秦代统治者的追捧，而且受到了汉代统治者的追捧，因此引起汉代改制度之议。刘邦建汉以后，律历的制定者是张苍。张苍认为，刘邦十月至灞上，这一时间节点应为汉兴的标志，故应该以当年的十月为岁首。史称："自汉兴至孝文二十余年，会天下初定，将相公卿皆军吏。张苍为计相时，绪正律历。以高祖十月始至霸上，因故秦时本以十月为岁首，弗革。推五德之运，以为汉当水德之时，尚黑如故。"③起初，张苍制定的律历得到顺利的推行，时至汉文帝一朝，这一律历受到公孙臣、贾谊等人的质疑。公孙臣、贾谊等认为，秦推翻周王朝，是得天统必不可少的环节。既然秦以水德自居，那么，按照五行相胜（相克）的原理，汉得天下及改制度时应以土克水，即汉为土德。进而言之，公孙臣、贾谊等认为，刘邦之所以能承天受命建立汉王朝，是在战胜秦（水德）的过程中实现的，因此提出了改水德为土德的建议。

这一主张后来受到汉武帝的重视，乃至于汉武帝登基后把改制当作头等大事来抓。为了向世人宣示汉王朝承天受命这一真理，汉武帝通过采取封禅、改历、定礼乐、易官服等一系列的措施来表达新王当立的正当性④。前104年，汉武帝颁布《太初历》并改年号为"太初"，这是汉代宣告改制成功的重要标志。

然而，汉代一直有"大汉继周"⑤的认识。按照这一逻辑，既然周王朝是以火德战胜殷商，而汉王朝又是周王朝的继承者，那么，汉代君主向世人宣示承天受命的真理时自然应该以"火德"相称。史称："汉高祖皇帝，著《纪》，伐秦继周。木生火，故为火德。"⑥这一认识直接影响了刘秀建立东汉王朝时的思想。

---

① 清·阮元《十三经注疏·周礼注疏》，北京：中华书局1980年版，第639页。
② 张强《阴阳五行说的历史与宇宙生成模式》，《湖北大学学报》2001年第5期；张强《道德伦理的政治化与秦汉统治术》，《北京大学学报》2003年第2期。
③ 汉·司马迁《史记·张丞相列传》，北京：中华书局1982年版，第2681页。
④ 张强《汉武帝与文治》，《江苏社会科学》1997年第6期。
⑤ 汉·班固《汉书·礼乐志》，北京：中华书局1962年版，第1075页。
⑥ 汉·班固《汉书·律历志下》，北京：中华书局1962年版，第1023页。

如果以邹衍五德终始(五行相克)的宗教神学理论为指导,那么,洛阳显然不是建都的理想之地。"洛"指洛水,水能克火,刘秀以火德自称,将国都定在洛阳这一做法明显违背了先祖信奉的宗教神学理论。那么,怎样才能解决水火不相容的矛盾呢?刘秀采取了改"洛"为"雒"做法。

改"洛"为"雒"传达了两个信息,一是土可以克水,二是土生木,可以助火。裴松之注《三国志·魏书·文帝纪》"初营洛阳宫,戊午幸洛阳"语时论述道:"《魏书》曰:以夏数为得天,故即用夏正,而服色尚黄。《魏略》曰:诏以汉火行也,火忌水,故'洛'去'水'而加'隹'。魏于行次为土,土,水之牡也,水得土而乃流,土得水而柔,故除'隹'加'水',变'雒'为'洛'。"①这一论述虽然是讲曹魏以禅让手段代汉的情况,但也可以用来说明刘秀改"洛"为"雒"的内在原因。黄初元年(220),曹丕代汉建魏。为了向世人宣示代汉的合法性,运用五行相胜相生的理念,改"雒"为"洛"。这一举措从侧面揭示了从东周时的"洛阳"到东汉时的"雒阳",再到曹魏将"雒阳"改回"洛阳"的历史原因。自汉儒以灾异阐释六经以后,谶纬之学大盛,那么,怎样才能发现一德兴衰的征兆呢?《礼记·中庸》有"国家将兴,必有祯祥;国家将亡,必有妖孽"②之说,董仲舒有"帝王之将兴也,其美祥亦先见,其将亡也,妖孽亦先见"③之说,在夺取政权的过程中,光武帝刘秀一再利用谶纬之学,向世人强调承天受命的合法性,明确地表达以"大汉继周"为本根的思想,试图在此基础上重建汉统。

为了维护邹衍"五德始终说"的权威性,刘秀在承认五行相克原理的基础上,又注意到董仲舒将五行相克与五行相生结合到一块的终始循环理论④,试图以此来宣示新王当立的合法性,他有意识地维护汉武帝改制时以土德相称的权威性,因为汉武帝在向世人宣示新王当立的合法性时,刻意强调了汉以土德胜秦王朝水德的政治意图⑤。史有"光武兴于河北,复都雒阳,居周地"⑥之说,刘秀以火德自居,在表达以火镇水之理念的同时,又以"隹"为土,承认汉武帝以土德相称的合理性。郦道元在叙述洛阳变迁的过程时指出:"洛阳,周公所营洛邑也。故《洛诰》曰:我卜瀍水东,亦惟洛食。其城方七百二十丈,南系于洛水,北因于郏山,以为天下之凑,方六百里,因西为千里。《春秋·昭公三十二年》,晋合诸侯大夫戍成周之城,故亦曰成周也。司马迁《自序》云:太史公留滞周南。挚仲治曰:古之周南,今之洛阳。汉高祖始欲都之,感娄敬之言,不日而驾行矣。属光武中兴,宸居洛邑,逮于魏、晋,咸两宅焉。故《魏略》曰:汉火行忌水,故去其水而加隹。魏为土德,土,水之牡也。水得土而流,土得水而

---

① 晋·陈寿《三国志·魏志》,北京:中华书局1959年版,第76页。
② 清·阮元《十三经注疏·礼记正义》,北京:中华书局1980年版,第1632页。
③ 汉·董仲舒《春秋繁露·同类相动》,上海:上海古籍出版社1989年版,第75页。
④ 张强《董仲舒的天人理论与君权神授》,《江西社会科学》2002年第2期。
⑤ 张强《汉武帝与文治》,《江苏社会科学》1997年第6期。
⑥ 刘宋·范晔《后汉书·天文志上》,北京:中华书局1965年版,第3218页。

柔,除佳加水。"①五行相克及五行相生的宗教神学理论,互为补充,为刘秀找到了承天受命的理论依据。

第二节 阳渠与洛阳漕运

刘秀建立东汉王朝以后,在人为和自然等多重因素的破坏下,洛阳一带的漕运陷入了瘫痪的状态。为了重建为政治中心洛阳服务的漕运秩序,光武帝建武五年(29),在王梁的主持下,开始重修阳渠。因没能达到预期的目标,建武二十四年(48),大司空张纯再度重修阳渠。

阳渠是东汉兴修的第一条有漕运功能的河渠。当时的形势是,黄河南移使得洛水、谷水等随之迁移,给洛阳一带的水文带来了巨大的变化。为了确保洛阳的安全,发展周边的农业,加强水利交通建设已是刻不容缓的大事。

东汉的阳渠建设主要分两个时段进行。第一个时段发生在建武五年,是在王梁的主持下进行的。史称:"梁穿渠引谷水注洛阳城下,东写巩川,及渠成而水不流。"②遗憾的是,此次修渠没能实现预期的目标。第二个时段发生在建武二十四年,是在张纯的主持下进行的。史称:"二十三年,代杜林为大司空。在位慕曹参之迹,务于无为,选辟掾史,皆知名大儒。明年,上穿阳渠,引洛水为漕,百姓得其利。"③张纯重修阳渠后,不但使阳渠具有了灌溉功能,而后建成了"东通河、济,南引江、淮,方贡委输,所由而至"④的漕运通道。郦道元记载:"汉司空渔阳王梁之为河南也,将引谷水以溉京都,渠成而水不流,故以坐免。后张纯堰洛水以通漕,洛中公私穰赡。是渠今引谷水,盖纯之创也。"⑤郦道元的这一论述,在一定程度上揭示了王梁与张纯兴修阳渠时的不同侧重点。

在这里,有必要结合史家的记载,进一步地考察两者的异同。首先,王梁兴修阳渠没能取得预期的效果,因而才有张纯重修阳渠的举动。进而言之,前后两次兴修阳渠的行为交织在一起,改善了洛阳周边的农业生产条件,为洛阳的粮食安全等做出了贡献。其次,张纯重修阳渠后,进一步地确立了洛阳的水上交通地位。阳渠通漕后,从水上加强了洛阳与不同区域政治、经济等方面的联系,自阳渠西入黄河连接旧有的漕路,加强了洛阳与关中的联系,向

---

① 北魏·郦道元《水经注·洛水》,杨守敬、熊会贞疏,段熙仲点校,陈桥驿复校《水经注疏》中册,南京:江苏古籍出版社1989年版,第1313—1315页。
② 刘宋·范晔《后汉书·王梁传》,北京:中华书局1965年版,第775页。
③ 刘宋·范晔《后汉书·张纯传》,北京:中华书局1965年版,第1195页。
④ 北魏·郦道元《水经注·谷水》,杨守敬、熊会贞疏,段熙仲点校,陈桥驿复校《水经注疏》中册,南京:江苏古籍出版社1989年版,第1401页。
⑤ 同④,第1403—1404页。

东连接汴渠,加强了洛阳与江淮地区的联系。再次,阳渠在洛阳的西南,以洛水为基本水源,以谷水等作为补充。在此基础上提出的问题是,在王梁、张纯兴修阳渠以前,洛阳一带的水文情况是什么样的状态?王梁、张纯兴修阳渠时都有哪些作为,他们是如何引水溉田、济运的?针对这一情况,现分述如下。

其一,东汉阳渠的基础是周代的阳渠,周公旦营造洛邑时,兴修了阳渠。郦道元记载:"汉司空渔阳王梁之为河南也,将引谷水以溉京都,渠成而水不流,故以坐免。后张纯堰洛水以通漕,洛中公私穰赡。是渠今引谷水,盖纯之创也。按陆机《洛阳记》、刘澄之《永初记》言,城之四面,有阳渠,周公制之也。"①从"城之四面,有阳渠,周公制之"等语中当知,起初,阳渠是周公旦为加强洛邑城防开挖的护城河。东汉建都洛阳后,王梁奉命改造阳渠,试图将其建成具有灌溉、排水等能力的河渠。王梁兴修阳渠时虽利用了周代阳渠的部分水道,但价值取向不同,两者之间不能画等号。具体地讲,王梁兴修阳渠的目的是引水灌溉农田,重点发展洛阳及周边地区的农业。张纯兴修阳渠时,价值取向再度发生变化。除了重点关注阳渠的灌溉功能外,又将漕运列为追求的目标。史称:"周阳渠,在县西南,乃周公所制也。至汉,又名汉阳渠,亦谓九曲渎。建武二十三年张纯为大司空,明年上言穿阳渠,堰洛水为漕,公私获赡。章帝朝何敞为河南守,修理洛阳四渠,垦增田三万余顷。五龙渠,府城东十五里,有千金堨,魏时更修之而开渠五,所谓五龙渠也。"②自张纯"堰洛水以通漕"后,汉章帝一朝以阳渠为干线兴修新渠,进一步扩大了农田灌溉面积;曹魏在改造阳渠的过程中兴修了五龙渠、千金堨等工程,经过长时间的建设,阳渠的漕运、灌溉等综合功能得到了进一步的提升,这一情况完全可以从侧面印证东汉重修阳渠的重要性。

其二,从周灵王一朝开始,洛阳一带的洛水、谷水大涨,出现了洛水强、谷水亦强的局面。因河道狭窄,两水交汇时发生了相斗的局面。具体地讲,一方面是谷水要下泄入洛,另一方面洛水流量增大,向谷水倒灌。两水互不相容后,引发向四周漫溢的灾难,严重威胁到王城洛邑的安全。郦道元记载:"《述征记》曰:谷、洛二水,本于王城东北合流,所谓谷、洛斗也。今城之东南缺千步,世又谓之谷、洛斗处,俱为非也。余按史传,周灵王之时,谷、洛二水斗,毁王宫。王将堨之,太子晋谏,王不听。遗堰三堤尚存。《左传·襄公二十四年》,齐人城郏,穆叔如周贺。韦昭曰:洛水在王城南,谷水在王城北,东入于瀍。至灵王时,谷水盛,出于王城西,而南流合于洛。两水相格,有似于斗,而毁王城西南也。"③按照这一说法,起初,谷水在王城洛邑的北面向东入瀍水,随后又在王城的东北处与洛水合流。时至周灵王二十三年

---

① 北魏·郦道元《水经注·谷水》,杨守敬、熊会贞疏,段熙仲点校,陈桥驿复校《水经注疏》中册,南京:江苏古籍出版社1989年版,第1403—1404页。
② 清·田文镜、王士俊、孙灏等《河南通志·水利上》,《四库全书》第535册,上海:上海古籍出版社1987年版,第477页。
③ 同①,第1376页。

即鲁襄公二十四年(前549),谷水暴涨后改道,行至王城洛邑的西南与洛水交汇,因无处下泄而四处漫溢,直接威胁王城的安全。进而言之,周灵王一朝水文发生变化后,原本在王城北的谷水改道,自西北方向流向王城的西南。在这一过程中,水文变化与城市建设发生变化交织在一起,改变了阳渠原有的护城功能,给王梁重修阳渠提出了新的要求。郦道元在叙述谷水水文变化的情况时记载:"河南王城西北,谷水之右有石碛,碛南出为死谷,北出为湖沟。魏太和四年,暴水流高三丈,此地下停流以成湖渚,造沟以通水,东西十里,决湖以注瀍水。谷水又径河南王城北,所谓成周矣。《公羊》曰:成周者何? 东周也。何休曰:名为成周者,周道始成,王所都也。《地理志》曰:河南河南县,故郏、鄏地也。京相璠曰:郏,山名;鄏,邑名也。卜年定鼎,为王之东都,谓之新邑,是为王城。其城东南,名曰鼎门,盖九鼎所从入也,故谓是地为鼎中。楚子伐陆浑之戎,问鼎于此。"①周时阳渠原本是环绕洛邑的护城河,自城市的中心区域从洛邑转移到成周城以后,阳渠不但丧失了旧有的功能,而且洛邑城北段的阳渠已到了洛阳新城即成周城的南面。王应麟亦考证道:"《张纯传》:建武二十三年,为大司空。明年上言穿阳渠,引洛水为漕,百姓得其利。注:阳渠,在洛阳城南。《水经注》:城之西南有阳渠,周公制之。"②王应麟的这一观点可以视为是对郦道元的补充说明,从这样的角度看,时至王梁兴修阳渠开辟漕运航线时,经过历代的建设,洛阳城的地理位置发生了变化,洛阳一带的水文也发生了巨大的变化。

其三,在自然气候及黄河南移的影响下,洛阳一带的谷水、洛水出现了改道的情况。具体地讲,经洛邑东北的洛水改道后,又自东北方向绕到洛邑的南面。毛晃在叙述东汉以后的洛水流向及水文时指出:"《水经》:洛水东径熊耳山北,又东北过卢氏县,南径阳渠,关北又东径卢氏县故城南,东与高门水合。洛水又东,松杨溪水注之,又东库谷水注之,又东北过蠡城邑之南,又东过阳市邑南,又东北过于父邑之南,洛水又东径渠谷,又东北过宜阳县南,又东径宜阳县故城南,又东北出散关南,又东枝渎左出焉,又东北过河南县南,又东过洛阳县南,伊水从西来注之,又东过偃师县南,又东北过巩县东,又东北入于河。《山海经》曰:洛水至成皋西入河,是也。"③所谓"河南县南",是指在东汉河南县(洛阳县治所)的南面,即在成周城的南面,这一地理方位与东周时期的洛邑多有重合。顾祖禹记载:"洛水又东经故洛阳城南而瀍水入焉;瀍水出洛阳县西北五十里之谷城山,东流经府城北,至洛阳故城西而南流入洛。东汉以后则经洛阳故城东,又东南经偃师县南,又东而复入于洛矣。洛水自洛阳故城

---

① 北魏·郦道元《水经注·谷水》,杨守敬、熊会贞疏,段熙仲点校,陈桥驿复校《水经注疏》中册,南京:江苏古籍出版社1989年版,第1374—1376页。
② 宋·王应麟《玉海·地理》,南京:江苏古籍出版社1990年版,第422页。
③ 宋·毛晃《禹贡指南》,《四库全书》第56册,上海:上海古籍出版社1987年版,第50页。

南,又东至偃师县西,而伊水入焉。"①所谓"故洛阳城南",是指东汉时期的洛水,在周代洛邑城南即东汉洛阳城的南面。胡渭亦考证道:"四水洛为大,伊次之,涧又次之,瀍最小,而其为害,三水不减于洛。汉吕后三年,伊、洛溢,流千六百余家。魏黄初四年,伊、洛溢,杀人民,坏庐宅。唐开元十年,伊水溢,毁东都城东南隅。咸通元年,暴水自龙门毁定鼎、长夏等门,漂溺居人。伊水之为害如此,禹所以先伊而后洛也。涧水自谷、洛斗毁王城之后,至晋太始七年,暴涨高三尺,荡坏二竭。唐开元八年,谷、洛溢,入西上阳宫,宫中人死者什七八,畿内诸县田庐荡尽。十五年,涧、谷溢,毁渑池县。此涧水之害也。瀍水源流自谷城山,至故洛阳不过七十里,而其患亦甚。开元五年,瀍水溢,溺死千余人。十八年,瀍水溺扬、楚等州租船。天宝十三载,瀍、洛溢坏十七坊。此瀍水之害也。计禹当日治瀍、涧之功,不少于伊、洛。故四水并书,正程泰之所谓尝经疏导,则虽小而见录者也。"②东汉以后,黄河改道,洛水河道亦发生了很大的变化,并转移到了东汉洛阳城的南面。在这样的前提下,如果引洛水到洛阳北,完全可以就近开挖渠道,没有必要把漕运码头建到洛阳城的东门建春门一带。进而言之,在洛阳的城北建设漕运码头,完全可以从洛阳北沿洛水经偃师、巩县至洛口(在今河南巩义东北),随后自洛口入黄河航线。王梁为什么不用简便的方法开渠,反而要用绕城的方法开挖阳渠呢?从当时的情况看,城北的地势最高,引洛水到城北远及黄河后,一旦黄河洪峰到来,沿洛水河道南下,波涛汹涌的大水将无法控制,很有可能淹没地势低洼的洛阳。为此,王梁没有采取自城北开渠引洛水的方案。

其四,在黄河水文的影响下,洛阳一带的水文呈现出复杂的状态。李善注张衡《东京赋》"溯洛背河,左伊右瀍"语云:"溯,向也。洛,洛水。河,黄河。伊,伊水。瀍,瀍水。善曰:《尚书》曰:'予朝至于洛师。卜涧水东瀍水西,惟洛食。'孔安国曰:'洛出上洛山,伊出陆浑山,瀍出河南北山。'"③与周时相比,东汉时洛阳除了伊水、瀍水等流经洛阳汇入洛水外,谷水、涧水等亦流经洛阳汇入洛水。胡渭考证谷水、洛水和瀍水等之间的关系时论述道:"涧、谷二源至新安东而合流,自下得通称,古谓之涧,周室东迁,谓之谷,而涧之名遂晦。《周语》:灵王二十二年谷、洛斗,将毁王宫。王欲壅之,太子晋谏曰:不可,引共工、伯鲧之事以为戒。王弗听,卒壅之。韦昭注云:斗者,两水格有似于斗。洛在王城之南,谷在王城之北,东入于瀍。至灵王时,谷水盛,出于王城之西,而南流合于洛水,毁王城西南,将及王宫,故齐人城郏。壅者,壅防谷水使北出也。郭缘生《述征记》曰:谷、洛二水,本于王城东北合流,所谓谷、洛斗也。今城之东南缺千步,世又谓谷、洛斗处。郦道元引韦昭语以折缘生之谬。愚谓

---

① 清·顾祖禹《读史方舆纪要·河南一》(贺次君、施和金点校)第 4 册,北京:中华书局 2005 年版,第 2111 页。
② 清·胡渭《禹贡锥指》(邹逸麟整理),上海:上海古籍出版社 2006 年版,第 250 页。
③ 汉·张衡《东京赋》,梁·萧统《文选》,北京:商务印书馆 1959 年版,第 51 页。

郭固失之,而韦亦未为得也。谷水出王城之西,而南合于洛水者,其故道也。灵王时,偶值暴水大至,两川相触如格斗然,故谓之斗。非谷水本由城北入瀍,而今忽改道由城西入洛也。使谷水本由城北而东入于瀍,则《洛诰》何以指王城为涧水东邪!且使谷水故道果在城北,则灵王壅之使北出,是为复禹之迹。太子晋亦何为引共、鲧防川之害,以戒王哉!此理甚明,不待多辩。道元言灵王壅谷,其遗堰三堤尚存,今亦不可得详。窃意此三堤者,皆在王城之西北,当时堰谷水使东出于城北与瀍水会,折而南,历城东至千金堨处,又南入洛。此盖自灵王以迄西汉谷水会洛之故道也。何以知之?以东汉作堨于河南城东十五里知之也。使谷水不由此入洛,堨何为在此乎?道元云:河南城西北谷水之右有石碛,碛南出为死谷。颍容《春秋条例》言:西城梁门枯水处,世谓之死谷是也。死谷云者,以其有渎而无水,盖即灵王壅谷后,城西所存之枯渠矣。"①错综复杂的水文形势,给王梁兴修阳渠带来了难度。按照王梁的设计,阳渠的线路从城西经城南到城东,再从城东入洛水经偃师、巩县入黄河。遗憾的是,王梁虽有良好的主观愿望,但终因与实际情况不符,功亏一篑。

其五,周王城洛邑与成周城原本是两个相邻的城邑,东汉建都洛阳后,洛阳包括王城洛邑和成周城。李吉甫记载:"《禹贡》豫州之域,在天地之中,故三代皆为都邑。阳翟,夏城,禹都也。偃师,西亳,汤都也。周成王定鼎于郏鄏,使召公先相宅,乃卜涧水东,瀍水西,是为东都,今苑内故王城是也。又卜瀍水东,召公往营之,是为成周,今河南府东故洛城是也。"②周武王克商班师回朝后,先是周公旦负责营造了王城洛邑,后是召公奭在洛邑的北面负责营造了成周城。营造成周城的目的是控制和监督殷商遗民,成周城建成后,以贵族为主体的殷商遗民迁往成周,如史有"周公迁殷民,是为成周"③可证。平王东迁后,洛邑成为东周的国都,此后,周敬王与子朝争立,在晋定公的主持下,周敬王十年即鲁昭公三十二年(前510)诸侯扩建成周城并迁周敬王居成周,如史有"《春秋》昭公三十二年,晋合诸侯于狄泉,以其地大成周之城,居敬王。……河南,故郏鄏地。周武王迁九鼎,周公致太平,营以为都,是为王城,至平王居之"④之说。阳渠原本是洛邑的护城河,洛邑与成周城隔阳渠相望。此外,成周城在洛水的北岸,故有"洛阳"之称。郦道元记载:"晋故城成周以居敬王,秦又广之,以封不韦,以是推之,非专周公可知矣。"⑤秦统一六国后,成周城再次得到扩建,并成为秦相吕不韦的封邑。史有"至赧王献地于秦昭襄,昭襄王立为三川郡。三川,伊、洛、河也。汉改为河南

---

① 清·胡渭《禹贡锥指》(邹逸麟整理),上海:上海古籍出版社2006年版,第248—249页。
② 唐·李吉甫《元和郡县图志·河南道一》(贺次君点校),北京:中华书局1983年版,第129页。
③ 汉·班固《汉书·地理志上》,北京:中华书局1962年版,第1555页。
④ 同③。
⑤ 北魏·郦道元《水经注·谷水》,杨守敬、熊会贞疏,段熙仲点校,陈桥驿复校《水经注疏》中册,南京:江苏古籍出版社1989年版,第1405页。

郡,后汉光武帝建武元年入洛阳,遂定都焉"①之说,周敬王居成周以后,经过不同朝代的扩建,洛阳逐步形成了以成周城为主城区,以周王城洛邑为次城区的结构。关于这点,前人多有考辨。欧阳忞考证道:"西京河南府,周武王克商,定鼎于郏鄏。成王卜涧水东、瀍水西而作洛邑,谓之王城,今皇城是也。又卜瀍水东而作下都,以迁商顽民,谓之成周,今洛阳故城是也。平王避犬戎之难,乃自丰东迁而居王城。至敬王与子朝争立,子朝据王城,于是晋、魏、舒合都侯之大夫,城成周以居敬王。至考王封弟桓公于河南,以续周公之官职,其后遂为西周,即王城也。"②下都在什么地方?胡渭考证道:"下都即成周,汉为洛阳县,河南郡治,其故城在今洛阳县东北二十里。"③周敬王时期,因与子朝争立,在晋国等调解下,周敬王迁往成周。在这里,欧阳忞所说的"洛阳故城",是指东汉时期的洛阳。欧阳忞是宋代人,以"洛阳故城"称东汉国都洛阳,是因为隋代废弃旧洛阳城,营造了新的洛阳城。从这样的角度看,自成周城成为周敬王的王城后,东周的政治中心开始移往洛水北岸。在这一过程中,洛邑逐步丧失了王城的地位,与此同时,周代的阳渠也失去了原有的护城功能,并处于年久失修的状态。

其六,经过不同时期的扩建,成周城和洛邑王城相连,成为一座城市的两个部分。顾祖禹考证道:"及隋大业九年改建东都,并河南、洛阳而一之,大变成周之辙,而通济之渠复起。于时又以谷、洛二水周匝都城为急,故复引谷南流以会于洛,从城西绕城而南以达于城东,经偃师、巩县之间而注于洛口。其千金、九曲之故迹(汉千金渠,后魏为九曲渎),又未尝过而问也。"④按照这一说法,似表明合并河南、洛阳两城是在隋代。其实不然,早在秦代以前两城已并为一城。具体地讲,周赧王献地以后,秦昭襄王建立三川郡。随后,秦庄襄王元年(前249)以洛阳为吕不韦的食邑,如史有"以吕不韦为丞相,封为文信侯,食河南、洛阳十万户"⑤之说。经此,河南(洛邑王城)和洛阳(成周城)已合二为一,成为一座城市的两个城区。

城区扩大后,洛阳城的地形地貌产生了变化,如东汉洛阳的基本地理形势是,城北最高,城西次之,城东再次之,城南再次之。大司空王梁代欧阳歙为河南尹以后,为发展河南农业将兴修阳渠提上了议事日程。王梁的本意是,从洛阳的西北引谷水至城西,随后经城南再注入城东,以此来提高农田灌溉水平。

谷水在洛阳城的西北角,从表面上看,这一工程的难度不大,只要在洛阳城的四周开渠

---

① 唐·李吉甫《元和郡县图志·河南道一》(贺次君点校),北京:中华书局1983年版,第129页。
② 宋·欧阳忞《舆地广记·四京》(李勇先、王小红校注),成都:四川大学出版社2003年版,第77页。
③ 清·胡渭《禹贡锥指》(邹逸麟整理),上海:上海古籍出版社2006年版,第245页。
④ 清·顾祖禹《读史方舆纪要·河南一》(贺次君、施和金点校)第4册,北京:中华书局2005年版,第2112页。
⑤ 汉·司马迁《史记·吕不韦列传》,北京:中华书局1982年版,第2509页。

引谷水补入渠道便可以成功。可是,"河南城西北,谷水之右有石碛,碛南出为死谷"①,更重要的是,城南地势低洼无法将谷水引到地势更高的城东。受这些自然条件的制约,王梁从城西北引谷水的计划只能陷入失败的境地。

这里需要提出的问题是,王梁为什么不采取引谷水至城北这一高地分水的方案呢? 道理很简单,城北虽然是洛阳城的最高点,但引水到城北需要建设一系列的提水工程,这样一来,将会增加工程的难度。更重要的是,如果在城北开渠引水入运的话,一旦渠道受损引起下泄将会冲向地势低洼的洛阳,给洛阳带来灭顶之灾。具体地讲,张纯兴修阳渠时重点建造了洛阳城北的堰洛工程(千金竭),堰洛的目的是从最高点分水,以解决"渠成而水不流"等问题。然而,在最高点分水,一旦渠道毁坏并引起渠水下泄,将会给洛阳带来灭顶之灾。从这样的角度看,自城北分水虽然可以开通阳渠,但同时提出了如何加强堰洛工程管理、防止渠道损坏及保护洛阳安全的要求。进而言之,堰洛工程在后世之所以成为兵家反复争夺的战略要地,是因为其处于洛阳城的高处,一旦遭受破坏将会淹没整个洛阳城,如晋代张方毁千金竭放水淹没洛阳城,从一个侧面说明了在洛阳城北兴修堰洛工程面临的风险。

东汉时期,黄河水文变化引起洛水水文的变化,由此牵动了洛阳自然地理变化等,进而与洛阳的城市建设及交通建设等形成了错综复杂的关系。这些情况的同时存在,给重修阳渠、发展漕运增加了难度。以前人的论述为基础,胡渭考证道:"《方舆纪要》云:自东汉引谷、洛之水以通漕,而瀍、谷非复故道。曹魏文、明之世,大营宫殿,分引支流,灌注苑囿。延及晋代,川谷渐移。及元魏迁都,更加营治。大约时所务者,都邑之漕渠而已。隋大业元年,改建东都,并河南、洛阳而一之,大变成周之辙(隋东都城即今河南府治,前直伊阙之口,后依邙山之塞。自周敬王、汉光武、魏文帝、晋武帝、后魏孝文帝皆都故洛城,至是西移十八里置都城焉),而通济之渠复起(《隋书》:炀帝大业元年,开通济渠,自西苑引谷、洛水,达于河;自板渚引河通于淮),于时又以谷、洛二水周匝都城为急,故复引谷南流以会洛,从城西绕城而南,以达城东,经偃师、巩县之间,而注于洛口,其于千金、九曲之故迹,又未尝过而问矣(《元和志》:洛水在洛阳县西南三里。西自苑内上阳之南,弥漫东流,宇文恺斜堤束令东北流,形如偃月,谓之月坡。伊水在河南县东南十八里。瀍水在河南县西北六十里,西从新安县东流入县界。又曰通津渠在河南县南三里。隋分洛水西北,名千步碛渠者,东北流入洛)。"② 从周代到隋代,在自然因素和人为因素的双重作用下,洛阳一带的水文一再发生变化。胡渭的这一论述主要有四个要点:一是东汉引谷水、洛水即在周代阳渠的基础上建立漕运通道时,这里所说的谷水包括瀍水等,由于东汉兴修阳渠是在黄河南徙及多次改道的背景下,此时兴修的漕运通道已不再是谷水、洛水的故道;二是曹魏定都洛阳后,在东汉阳渠的基础上兴修

---

① 清·胡渭《禹贡锥指》(邹逸麟整理),上海:上海古籍出版社2006年版,第246页。
② 同①,第249—250页。

五龙渠,兴修"大营宫殿,分引支流,灌注苑囿",进一步改变了洛阳的水文;三是西晋时,洛阳水文继续发生变化,乃至于北魏迁都洛阳后,在西晋的基础上进一步兴修阳渠及周边的漕运通道;四是隋炀帝大兴土木营造东都时,洛阳水文再度发生变化,采取"并河南、洛阳而一之,大变成周之辙"之策,在更广泛的范围兴修了洛阳一带的河渠。

这里,先撇开黄河水文变化不论,从周代经东汉、曹魏、北魏再到隋炀帝一朝,重修阳渠始终与治理洛水联系在一起,可以说,洛阳一带的水文一再发生变化极大地破坏了已有的漕运秩序,为此,需要围绕着洛阳不断地整治运道及恢复漕运。从这样的角度看,东汉一朝花大力气重修阳渠既与扩大农田灌溉面积和发展漕运有关,又与解除洛阳水患有关,正是在这多种因素的驱动下,阳渠才成为东汉重点兴修的工程。

第三节 张纯"堰洛"及通运

王梁以后,张纯重修阳渠,采取了自城北"堰洛"的引水方案。所谓"堰洛",是指用筑堰截水和束水的方法抬高水位,迫使洛水逆流至洛阳城北的高点,然后自高点分水补给环绕洛阳的阳渠。如史有"上穿阳渠,引洛水为漕"①之说,"上"是方位词,是指在洛阳城北这一高点开渠引水,将洛水引入阳渠。

不过,这里所说的"引洛水为漕"是以个别替代整体,目的是强调洛水在阳渠通漕中的作用。其实,"堰洛"还包括拦截其他的河流济运,如郦道元有"是渠今引谷水,盖纯之创也"②之说,除了将洛水、谷水引入阳渠外,还有将瀍水、涧水和伊水等引入洛水的情况。进而言之,在建造"堰洛"工程时,除了引洛水入阳渠外,又引谷水、瀍水、涧水和伊水等到洛阳的城北,在此基础上,从高点分水济运,进而建成有漕运能力的阳渠。根据这一情况,现分述如下。

先来看看堰洛引谷水的情况。谷水是重要的补给水源。杨衒之交代明悬尼寺的地理方位时记载:"明悬尼寺,彭城武宣王勰所立也。在建春门外石桥南,谷水周围,绕城至建春门外,东入阳渠石桥。桥有四柱,在道南,铭云:'汉阳嘉四年将作大匠马宪造。'逮我孝昌三年,大雨颓桥,柱始埋没。道北二柱,至今犹存。"③从表面上看,"谷水周围"是指城东的明悬尼寺周围,有谷水环绕,其实,这里所说的谷水是指"堰洛"以后的谷水,其中包括洛水。在这

---

① 刘宋·范晔《后汉书·张纯传》,北京:中华书局1965年版,第1195页。
② 北魏·郦道元《水经注·谷水》,杨守敬、熊会贞疏,段熙仲点校,陈桥驿复校《水经注疏》中册,南京:江苏古籍出版社1989年版,第1404页。
③ 北魏·杨衒之《洛阳伽蓝记·城东》,杨勇校笺《洛阳伽蓝记校笺》,北京:中华书局2006年版,第70页。

里,杨衒之有意撇开洛水不论,只是强调谷水"绕城至建春门外,东入阳渠石桥",表明谷水是阳渠的重要补给水源。

需要关注的是,王梁兴修阳渠时已有引谷水入阳渠之举,为什么郦道元还要说引谷水"盖纯之创也"呢?究其原因,是因为王梁"引谷水注洛阳城下,东写巩川"的线路,与张纯自洛阳城北"堰洛"分谷水入阳渠的线路多有不同。进而言之,王梁的兴修方案是自王城西北引谷水西入"死谷",张纯的兴修方案是自城北"堰洛"分谷水沿千金渠自东向南补给阳渠,这一分水方案实施后,为谷水从城北流向城东及补给阳渠创造了条件,从而顺利地解决了王梁遇到的"渠成而水不流"的难题。从"堰洛"的情况看,如果张纯在兴修阳渠时通过蓄积洛水开通洛阳城北漕运的话,完全没有必要在洛阳的城东建漕运码头,并以此为起点经洛阳东北的偃师,再经巩县及洛口入黄河。进而言之,如果在洛阳城北兴建堰洛工程能解决漕运时遇到的所有问题,那么,沿城北直接进入洛水显然要比经城东折向东北进入偃师的航段更为快捷。从这样的角度看,在洛阳城北"堰洛"的目的是引水入运,与建造漕运码头没有直接的关系。

谷水既是阳渠的重要补给水源,同时也是洛水的重要来源。正因为如此,前人论堰洛工程时,对如何引谷水入阳渠的情况多有不同的意见。胡渭考证道:"今按:《后汉书·王梁传》,建武五年为河南尹,穿渠,引谷水注洛阳城,东写巩川。及渠成,而水不流。《张纯传》:建武二十三年为大司空,明年上(时丈反)穿阳渠,引洛水为漕,百姓得其利。太子贤注云:阳渠在洛阳城南,以《郦注》考之,堨东谷水有二道:一在洛阳城北,自皋门桥(在城之西北。潘岳《西征赋》曰:秣马皋门,即此处),东历大夏门(北城之西头一门,故夏门也。谷水枝分,南入华林园,东注天渊池,又东注于狄泉)、广莫门(北城之东头一门故谷门也,北对芒阜,连岭修亘),屈南径建春门石桥下(东城之北头一门,即上东门也。桥之右柱铭云:阳嘉四年,诏书以城下漕渠东通河、济,南引江、淮,方贡委输,所由而至,使中谒者马宪监作。其水依石柱文,自乐道里屈而东出阳渠也)。盖即王梁之所引,道元所谓旧渎者也;一在洛阳城南,自阊阖门(西城之北头一门,故上西门也。阳渠水枝分入城,东历故金市、铜驼街,出东阳门石桥,下注于阳渠)南历西阳门(城之正西门,故西明门也,亦曰雍门)、西明门(西城之南头一门,故广阳门也)、屈东历津阳门(南城之最西一门,故津门也)、宣阳门(南城之次西一门,故小苑门也,亦曰谲门)、平昌门(城之正南门,故平门也)、开阳门(南城之东头一门,故建阳门也。谷水于城东南隅枝分,北注径青阳门东,又北径东阳门东,又北径故太仓西,又北入洛阳沟。青阳,东城之南头一门,故清明门,东阳城之正东门,故中东门也),又东径偃师城南,又东注于洛。盖即张纯之所穿。《洛水篇》云:洛水东过偃师县南,又北阳渠水注之是也。此皆周灵王壅谷后,历代递迁之水道,非禹迹也。"①这一考证精辟地论述了张纯"堰洛"引谷水入运的情况。在重修阳渠的过程中,张纯主要采取了两个做法:一是引谷水至洛阳城北分水;二是利用了王梁引谷水至城南的旧道及"周灵王壅谷后,历代递迁之水道"建造阳渠。谷水自洛阳城北分水注入阳渠后,增强了洛阳的水上交通能力,提高了周边地区的农田灌溉水平,从而带动了洛阳社会经济的发展,进而奠定了"洛中公私穰赡"的坚实基础。

引洛水至洛阳城北,需要兴修引水工程,引水工程是"堰洛"的一部分。在兴修引水渠的过程中,为了达到从洛阳城北引谷水自高点注入阳渠的目的,张纯重点开挖了引谷水等至洛阳城北的引水渠,从而为阳渠输入了流量充沛的补给水源。由于这一引水渠有别于阳渠自身的渠道即有漕运能力的渠道,故郦道元将其与阳渠分开,以"千金渠"相称。郦道元记载:"瀍水又东南流注于谷,谷水自千金偈东注,谓之千金渠也。"②顾祖禹亦论述道:"堰瀍、谷之水自洛阳城北东屈而南曰千金渠,会于阳渠,自是瀍、谷非复故流矣。"③千金偈位于千金渠的渠首,在河南县城东十五里处,于魏明帝曹叡一朝由陈协重建。结合"堰洛"的情况看,"谷之水自洛阳城北东屈而南"是说截取洛水、谷水后,又兴修了向阳渠补给水源的千金渠。从文献记载的情况看,这条千金渠是引水济运的关键性工程。从"堰瀍、谷之水自洛阳城北东屈而南曰千金渠"等情况看,瀍水亦属于"堰洛"取水的范围。问题是,"堰洛"引水是否只有洛水、谷水和瀍水呢? 换句话说,"堰洛"时开挖的引水渠都引了哪些河流呢?

张纯"堰洛"取水的范围除了有洛水外,又有谷水、瀍水、涧水和伊水,因谷水、瀍水、涧水和伊水是或是洛水的一级支流,或是洛水的二级支流,这样一来,当这些河流引入阳渠后,遂开创了"引洛水为漕"的新局面。顾祖禹在考释洛水与谷水、瀍水、涧水和伊水的关系时指出,"洛水出陕西西安府商州南六十里之冢岭山,经洛南县东北流,入河南卢氏县西南境,又东北经永宁县、宜阳县南而入洛阳西南境,又东则涧水流入焉;涧水之上源曰谷水,出渑池县南山中谷阳谷,东北流经县南,又东北至新安县南,又东北而涧水合焉;涧水出渑池县东北二十三里之白石山,东流合谷水,遂兼有谷水之称,引而东又折而南,俱至府城西故苑中入于洛。洛水又东经故洛阳城南而瀍水入焉;瀍水出洛阳县西北五十里之谷城山,东流经府城北,至洛阳故城西而南流入洛。东汉以后则经洛阳故城东,又东南经偃师县南,又东而复入于洛也。洛水自洛阳故城南,又东至偃师县西,而伊水入焉;伊水出卢氏县东南百六十里峦山(一名闷顿岭。《水经注》:伊水出南阳县西荀渠山。《地志》:伊出熊耳。《六典》谓商州之熊耳,非也。商州熊耳在冢岭西北,则伊水在洛水北矣。颜师古曰:'伊水出陆浑山。'山,伊

---

① 清·胡渭《禹贡锥指》(邹逸麟整理),上海:上海古籍出版社2006年版,第247—248页。
② 北魏·郦道元《水经注·瀍水》,杨守敬、熊会贞疏,段熙仲点校,陈桥驿复校《水经注疏》中册,南京:江苏古籍出版社1989年版,第1355页。
③ 清·顾祖禹《读史方舆纪要·河南一》(贺次君、施和金点校)第4册,北京:中华书局2005年版,第2112页。

水所经,非所出也。今以《括地志》为据),东北流历嵩县南,经汝州伊阳县西,又东北至府城东南,又东至偃师县西而入洛。洛水又东北流,至巩县北入于大河。《禹贡》曰:'伊、洛、瀍、涧,既入于河。'又曰:'导洛自熊耳(见卢氏县),东北会于涧、瀍,又东会于伊,又东北入于河。'《周书·洛诰》:'我乃卜涧水东,瀍水西,惟洛食(卜王城也)。我又卜瀍水东,亦惟洛食(卜下都也)。'《周语》:'伯阳父曰:昔伊、洛竭而夏亡,河竭而商亡。'又周灵王二十三年谷、洛斗,将毁王宫(涧水于是始有谷水之名)。战国时以河、洛、伊为三川,故张仪曰:'三川,周室天下之市朝也。'秦因之置三川郡。汉吕后三年伊、洛溢(《汉志》:'时二水溢,流千六百余家。')。东汉初定都洛阳,建武二十三年张纯引洛水通漕,谓之阳渠,堰瀍、谷之水自洛阳城北东屈而南曰千金渠,会于阳渠,自是瀍、谷非复故流矣。曹魏文、明之世,大营宫殿,分引支流,灌注苑囿,延及晋代,川谷渐移。及元魏迁都,更复营治。太和七年,谷水自河南城北合瀍水乱流,而城西之支渠遂绝。大约时所务者,都邑之漕渠而已。"①"堰洛"工程成功地扩大了阳渠的补给水源,为阳渠发展漕运创造了必要的条件。不过,从东周到东汉,洛阳一带的水文即洛水、瀍水和谷水的水文多有变化,在这中间,张纯"堰瀍、谷之水",已不再是东周洛阳一带的水文。

东周以降,洛阳一带的水文发生多次变化,为此,前人提出了不同的看法,其中以胡渭的论述最为精当。胡渭论述道:"瀍、涧水道之变,自东周始。灵王壅谷使东出,一变也;东汉引水为漕渠,二变也;魏、晋引水灌苑囿,三变也;元魏决湖注瀍水,四变也;隋炀引水匝都城,五变也。更此五变,禹迹岂可复问? 韦、郦诸人,据后世之水道,以为禹迹而莫之辨,恃有《洛诰》数言,推得其大略而已。其颖容所言死谷,抑亦古涧水历王城西之明证也。"②在这中间,东汉水文是洛阳水文变化的重要节点,此后,洛阳水文虽有变化,但没有发生太大的改变。同理可证,在没有充分研究洛阳水文构造的情况下,王梁采取自城西取谷水的方案,出现"水不流"的情况是必然的。

检索文献,除了伊水是洛水的支流没有人提出异议外,瀍水、涧水究竟是洛水的支流还是谷水的支流,前人多有不同的说法。如郦道元认为瀍水是谷水的支流,顾祖禹认为瀍水是洛水的支流,韦昭认为谷水是瀍水的支流。又如顾祖禹既认为涧水是洛水的支流,同时又认为涧水是谷水的支流。胡渭则认为谷水是瀍水的支流,他指出:"《谷水注》云:河南城西北,谷水之右有石碛,碛南出为死谷,北出为湖沟。魏太和七年,暴水流高三丈,此地下停流以成湖渚,造沟以通水,东西十里,决湖以注瀍水。按曹魏明帝、元魏孝文帝皆有太和年号,明帝之太和终于六年。故《方舆纪要》谓谷水入瀍,经城北,自元魏时始。然瀍水出谷城山,东南

---

① 清·顾祖禹《读史方舆纪要·河南一》(贺次君、施和金点校)第4册,北京:中华书局2005年版,第2110—2112页。

② 清·胡渭《禹贡锥指》(邹逸麟整理),上海:上海古籍出版社2006年版,第250页。

流,至王城东北而南入于洛。周灵王壅谷使东注,势必与之合。韦昭云'谷在王城之北,东入于瀍'是也。其元魏所决者,碛北之湖水耳。涧、瀍之合,实不自元魏时始也。"①很有意思的是,这些观点虽然多有分歧,但均没有对"堰洛"引水的范围提出质疑。出现这样的情况是必然的,东汉时期洛阳的水文虽多有变化,但谷水、瀍水、伊水、涧水等均属于洛水水系,这些河流或为洛水的一级支流或为二级支流,因此,完全可以把谷水、瀍水、伊水、涧水等统统视为洛水。从这样的角度看,"堰洛"的范围十分广泛,包括谷水、瀍水、伊水、涧水等。

在叙述阳渠建造情况及与洛阳的关系时,胡渭在前人的基础上进行了详细的考释。明确地指出"堰洛"与周代兴修阳渠以及引洛水、谷水、瀍水、涧水、伊水等入阳渠有密切的关系。进而言之,东汉兴修阳渠是在建设洛阳水上交通的基础上进行的,这一建设是与洛阳有发展水上交通的良好外部条件离不开的。胡渭指出:"《洛诰》:周公曰:'我乃卜涧水东、瀍水西,惟洛食',谓王城也。'我又卜瀍水东,亦惟洛食',谓下都也。《汉志》:瀍水出河南谷城县替亭北,东南入洛。《后汉志》:瀍水出河南谷城县,刘昭引《博物记》曰:出替亭山(《括地志》云:故谷城在河南县西北十八里苑中,西临谷水。《左传》:定八年,周大夫儋翩叛,单于伐谷城,即此。汉置谷城县。魏省入河南县。自故县西北又三十二里有谷城山,东连孟津县界,即《博物记》所谓替亭山也)。《水经》:瀍水出河南谷城县北山,东与千金渠合,又东过洛阳县南,又东过偃师县,又东入于洛。《注》云:县北有潜亭,瀍水出其北梓泽中,历泽东而南,水西有一原,其上平敞,古旧(替,讹为"旧")亭之处。潘安仁《西征赋》所谓'越街邮'者也。瀍水又东南流,注于谷。谷水自千金堨东注,谓之千金渠也。渭按:王城即郏邑,汉为河南县,其故城在今洛阳县西北(《后汉志》云:河南,周公所城洛邑也。春秋时谓之王城。刘昭引《博物记》曰:王城方七百二十丈,郛方一十里,南望洛水,北至郏山。《地道记》曰:去洛城四十里)。下都即成周,汉为洛阳县,河南郡治,其故城在今洛阳县东北二十里(《后汉志》云:洛阳,周时号成周。刘昭引《帝王世纪》曰:城东西六里,南北九里。《元和志》引华延俊《洛阳记》曰:东西七里)。二城东西相去四十里,而今洛阳县居其中(隋大业初,营新都,始移二县于都城内。金又省河南入洛阳)。古时,涧水经河南故城西入洛,瀍水经河南故城东入洛,故涧水东、瀍水西为王城,而瀍水东为下都。《洛诰》之文甚明也。自周灵王壅谷水,使东出于王城之北,则其势必入于瀍水,而合流历王城之东,以南注于洛。时二水犹未经洛阳城也。迨东汉建都于此,自河南县东十五里之千金堨,引水绕都城南北以通漕,而瀍水始与谷水俱东注矣。古时瀍不合涧,亦不过洛阳县南,而东至偃师也。……《水经注》:涧水出新安县南白石山(《山海经》曰:白石之山,涧水出其阴,北流注于谷,世谓是山曰广阳山,水曰赤岸水,亦曰石子涧。按新安无洛,《汉志》云涧入洛,要其归也。其实涧东合谷,至河南入

---

① 清·胡渭《禹贡锥指》(邹逸麟整理),上海:上海古籍出版社2006年版,第246页。

洛。东北流,历函谷东八特阪(在今新安县东)。《周书》所谓'我卜涧水东'者也。旧与谷水乱流,南入于洛。今谷水东入千金渠,涧水与之俱东入洛矣。谷水出弘农黾池县南墦冢林谷阳谷,……又东涧水注之。自下通谓之涧水,故《尚书》曰'伊、洛、瀍、涧既入于河',而无谷水之目。"①

胡渭的论述对于全面认识周代洛阳水文变化,进而认识东汉时重修阳渠的情况有着重要的意义。如顾祖禹考证东汉伊水、瀍水、涧水、谷水(孝水)与洛水及洛阳的关系时明确地指出:"伊水,府东南十六里。源出卢氏县之峦山,流入伊阳、嵩县境,又东北到洛阳东南,又东至偃师县而入于洛。曹魏正始十年司马懿闭城门拒曹爽,爽留车骑宿伊水南。晋永和十二年桓温北收洛阳军,至伊水,姚襄拒水而战,温击败之。后魏景明二年改筑圜丘于伊水之阳,盖在洛阳城南。伊水之北旧有伊水偃,唐天宝十载,河南尹裴迥自龙门山东抵天津桥,为石堰以遏水处。《河南志》:'今府城南二十五里有伊渠,西南二十五里有洛渠,引二水溉田,盖旧迹也。'瀍水,在府北。源出谷城山,东南流至故洛城西入洛。汉明帝作千金竭于故河南县城东十五里,盖堰谷、洛之水会于瀍水,而经洛阳城北,谓之千金渠,又东南合于阳渠,至偃师县东而入洛云。《水经注》:'瀍水出河南谷城县北山,东与千金渠合,又东过洛阳县南,又东过偃师县南,又东入于洛。'后魏永熙末高欢自晋阳引兵渡河,魏主以五千骑宿于瀍西,遂西奔。东魏天平末侯景围魏将独孤信于金墉,宇文泰军至瀍东,景等解围去。又武定初宇文泰围河桥南城,高欢至河北,泰退军瀍上,既而留辎重于瀍曲,距欢营四十里,袭欢军于北邙,不克;隋杨玄感作乱,围东都,卫文升自长安赴救,渡瀍水与玄感战;皆在今城东北隅。涧水,在府西。源出渑池县之白石山,东流经新安县东而合谷水。谷水出渑池县南山中谷阳谷,东北流经新安县南,又东而与涧水会,自是遂兼谷水之称,又东历故洛阳城广莫门北,又东南出上东门外石桥下而会于洛水。此魏、晋以后之谷水也。周时涧水本在王城西入洛,故《洛诰》云:'涧水东,瀍水西。'周灵王时谷、洛斗,毁王宫,亦在王城西,自此涧水更名谷水。《水经注》:'河南城西北谷水之右有石碛,碛南出为死谷,北出为湖沟。魏太和七年暴水流高三丈,此地下,停流以成湖渚,造沟以通水,东西十里,决湖以注瀍水。'然则谷水入瀍而经城北,自元魏时始也。隋开通济渠,自西苑引谷、洛水达河,又自板渚引河通淮,而水道复一变。《唐六典》:'东都苑中谷、洛二水会焉。'《通典》云:'谷水经东都西苑中入洛。'是也。北齐河清中段韶败周军,自邙山追至谷水。唐天复四年朱全忠劫车驾迁洛阳,自陕而东,憩于谷水,寻发谷水入宫。谷水盖即涧水矣。孝水,在府西二十里。出谷口山,本名谷水。晋王祥卧冰于此,因改为孝水,北流入于谷水。西魏大统四年东魏围金墉,宇文泰自关中赴救,别将莫多娄

---

① 清·胡渭《禹贡锥指》(邹逸麟整理),上海:上海古籍出版社2006年版,第245—247页。

贷文请击泰前锋,夜遇西魏将李弼等于孝水,败死。高齐时,常山王演于此筑孝水戍以拒周师。"①

这些情况表明,张纯重开阳渠即"堰洛"的目的是,重点解决分水至城东遇到的水位落差等难题,其中,主要有三大难题需要解决:一是需要全面地考察洛阳一带的水文情况,选择适合的地点截不同的河流注入阳渠;二是针对王梁开阳渠时遇到的"渠成而水不流"的情况,需要扩大补给水源;三是通过建拦河坝截洛水入阳渠是一巨大的工程,其中,"北回通运"是堰洛工程的一部分,如李昉引郭缘生《述征记》记载:"东城二石桥旧于王城之东北,开渠引洛水,名曰阳渠。东流经洛阳于城之东南,然后北回通运,至建春门以输常满仓。"②

在这中间,如果不能全面地考虑引水济运中的困难,不能将洛阳周边的河流导入阳渠,那么阳渠漕运将是一句空话。进而言之,如果没有"北回通运"工程,仅引水补给阳渠航道的水位,将无法保证行运时的安全。针对这一情况,张纯重修阳渠时主要采取了三大措施:一是利用了"周灵王壅谷后,历代递迁之水道"③;二是利用了王梁引谷水的旧道,即自城西引谷水经城南至城东的旧水道;三是兴修了自城北高点分水自城东至城南的工程,这一工程包括引谷水、瀍水、涧水和伊水等济运。进而言之,由于"堰洛"主要是从两个不同的方向引水入运,再加上城北到城东的地势明显高于城西到城东的地势,这样一来,两个不同方向的水流相遇后,势必形成表层顺流、底层倒流的水文现象,产生妨碍水运的暗流和漩涡,给阳渠漕运带来难以估量的困难。

针对这一情况,为了使阳渠形成行运安全的漕运能力,消解不利因素,张纯兴修了"北回通运"工程。顾祖禹在叙述阳渠的地理方位时指出:"在府东。旧志:在故洛阳城南。汉建武二十三年,张纯奏穿渠引洛水为漕处也。《洛阳记》以为周公所作。《述征记》:'东城有二石桥,旧于王城东北开渠引洛水,名曰阳渠,东流经洛阳,于城东南回通出石桥下,运至建春门以输常满仓。'《水经注》:'上东门外石桥右柱铭曰:阳嘉五年,诏书以城下漕渠东通河、济,南引江、淮,方贡委输,所由而至,乃作石桥。'此即阳渠与谷水回通处也。唐乾元二年史思明陷郑州,西窥洛阳,李光弼去洛而迁河阳。时贼游骑已至石桥,诸将请曰:'自洛城而北乎?当石桥而进乎?'光弼曰:'当石桥而进。'部曲坚整,贼不敢逼。又后唐同光四年李嗣源入汴,帝自汜水西还,至石桥西,置酒悲涕,乃入洛城,即故上东门外之石桥也。"④从"东城有二石桥""于城东南回通出石桥下,运至建春门以输常满仓"等语看,"北回通运"工程的核心是建造洛阳建春门外的石桥。建造石桥的意义在于,通过拓宽渠道,消解水位落差,控制谷水、

---

① 清·顾祖禹《读史方舆纪要·河南三》(贺次君、施和金点校)第5册,北京:中华书局2005年版,第2230—2231页。
② 宋·李昉《太平御览·居处部》,北京:中华书局1960年版,第921页。
③ 清·胡渭《禹贡锥指》(邹逸麟整理),上海:上海古籍出版社2006年版,第248页。
④ 同①,第2232页。

瀍水等进入城东的流量,在此基础上消除洛水、谷水等交汇时产生的水位落差、暗流和漩涡,进而形成"以城下漕渠东通河、济,南引江、淮,方贡委输,所由而至"的漕运局面。

这里需要特别指出的是,"北回通运"工程还包括兴建方便仓储的漕运码头。从"又东南出上东门外石桥下,而会于洛水"到"城东南回通出石桥下",从"东南出上东门外石桥下"到"运至建春门以输常满仓"等叙述中不难发现,石桥漕运码头是联系漕仓即常满仓的关键性工程。这一工程作为"北回通运"的重要组成部分,在解决阳渠与谷水之间的水位落差的过程中,为漕粮入洛阳常满仓奠定了坚实的基础。郦道元记载:"谷水又东,屈南,径建春门石桥下。即上东门也。阮嗣宗《咏怀诗》曰:步出上东门者也。一曰上升门,晋曰建阳门。"①石桥在洛阳的建春门。进而言之,石桥码头及"北回通运"工程应是阳渠兴修过程中除"堰洛"以外的又一关键工程。

选择建春门的石桥为建"北回通运"工程的地点,是因为建造"堰洛"及千金渠等工程后,需要重点解决仓储中的问题。当时的情况是,洛阳有十二座城门,每一座城门都建有横跨阳渠的桥梁,其中建春门是阳渠通漕的重点节点。乐史记载:"十二门。陆机《洛阳记》云:洛阳十二门,南北九里。城内宫殿、台观,有合阓,左右出入城内皆三道,公卿、尚书从中道。凡人左右出入,不得相逢。夹道中植榆柳,以荫行人。又《晋书》云:洛阳御道筑墙高丈余。又云:洛阳十二门皆有双阙、石桥,桥跨阳渠水。又按《舆地志》:洛阳城外四面有阳渠水,即周公所制。池上源注函谷,东流注城西北角,仍分流,绕城至建春门外合流,又折而东流注于池,是也。"②李昉引录戴延之《西流记》亦记载:"洛阳城外四面有阳渠水,周公所制也。建春门外二桥最大,纵一横一。"③这些记载虽有不同的侧重点,但均从不同的侧面强调了建设建春门石桥漕运码头的重要性。进而言之,阳渠形成环绕洛阳之势后,一方面有"东流经洛阳于城之东南,然后北回通运"的航线,另一方面又"至建春门以输常满仓",这样一来,建春门石桥实际上是洛阳不可或缺的漕运码头粮仓的所在地。进而言之,建春门石桥肩负着稳定洛阳的政治秩序和粮食安全的使命,是发展阳渠水运的关键性工程。正因为如此,汉顺帝阳嘉四年(135),再度兴修了建春门一带的石桥码头。

除了兴修"北回通运"工程外,在兴修阳渠发展水运的过程中,张纯还兴修了洛阳通往偃师、巩县等地的航段。如郦道元考释道:"洛水又北,阳渠水注之。《竹书纪年》,晋襄公六年,洛绝于泂,即此处也。洛水又北,径偃师城东,东北历鄩中,水南谓之南鄩,亦曰上鄩也。径訾城西,司马彪所谓訾聚也。而鄩水注之。水出北山鄩溪,其水南流,世谓之温泉水,水侧

---

① 北魏·郦道元《水经注·谷水》,杨守敬、熊会贞疏,段熙仲点校,陈桥驿复校《水经注疏》中册,南京:江苏古籍出版社1989年版,第1400页。
② 宋·乐史《太平寰宇记·河南道三》(王文楚等校点),北京:中华书局2007年版,第55页。
③ 宋·李昉《太平御览·地部》,北京:中华书局1960年版,第351页。

有僵人穴,穴中有僵尸。戴延之从刘武王《西征记》曰:有此尸,尸今犹在。夫物无不化之理,魄无不迁之道,而此尸无神识,事同木偶之状,喻其推移,未若正形之速迁矣。鄩水又东南,于訾城西北,东入洛水。故京相璠曰:今巩洛渡北,有鄩谷水,东入洛,谓之下鄩,故有上鄩、下鄩之名;亦谓之北鄩,于是有南鄩、北鄩之称矣。又有鄩城,盖周大夫鄩肸之旧邑。洛水又东,径訾城北,又东,罗水注之。水出方山罗川,西北流,蒲池水注之,水出南蒲陂,西北流,合罗水,谓之长罗川,亦曰罗中也。"①按照郦道元的说法,从洛阳出发入阳渠向东可到偃师,鄩谷水、罗水等在偃师汇入洛水后增加了洛水的流量,从偃师沿洛水可抵达巩县洛口(在今河南巩义东北),从洛口可入黄河,从而为河东、河北、山东等地漕船由黄入洛,直抵洛阳创造了必要的条件。

综上所述,"堰洛"是张纯重开阳渠的关键性工程,与之配套的工程有三个:一是千金渠引水工程;二是洛阳建春门"北回通运"工程及石桥码头工程;三是洛阳通往偃师、巩县等地的工程。三者合在一起,奠定了开通阳渠漕路的基础。

在历史的变迁过程中,洛水、谷水等河流改道虽然给洛阳的发展带来了变化,但没有从根本上改变洛阳与洛水、谷水、瀍水、涧水和伊水的关系。这种情况的存在,为兴修阳渠、完善洛阳的水上交通运输体系提供了良好的外部环境。进而言之,阳渠不仅提升了洛阳的水上交通能力,更重要的是,它还为曹魏及隋唐建立以洛阳为中心的水陆交通枢纽奠定了坚实的基础。进而言之,东汉以后隋唐以前,阳渠既是连接洛阳与黄河的漕运通道,同时也是漕运关中及长安不可或缺的漕运通道。正因为如此,重修阳渠,关注洛阳周边的水文变化,始终是历朝历代必须正视的大问题。

具体地讲,一方面洛水、谷水、瀍水、涧水和伊水从不同的方向引入阳渠,成为阳渠的主要补给水源,另一方面受自然因素及黄河迁徙等方面的影响,以洛水为代表的洛阳诸水有丰水和枯水季节。当丰水季节来临时,如果不能及时地控制其流量,任凭洛水、谷水、瀍水、涧水和伊水等涌入阳渠不但会影响到航行安全,而且还会因漫溢、决口等淹没农田,危及两岸民众的生命财产安全。当枯水季节来临时,航道水位下降又会直接影响正常的漕运秩序,这样一来,如何通过堰洛工程及时地补给航道同样是必须面对的大问题。

针对这一情况,人们围绕着阳渠,在洛阳兴修了一系列的调节洛水及其水系的工程,这一工程一直延续到后世。唐玄宗开元十八年(730)六月,范安及与韩朝宗奉命疏通洛阳及周边航线,完全可以将其视为东汉兴修阳渠的延续工程。史称:"令范安及、韩朝宗就瀍、洛水源疏决,置门以节水势。"②这里所说的"门",是斗门的省称。范安及、韩宗朝等认识到,仅仅

---

① 北魏·郦道元《水经注·洛水》,杨守敬、熊会贞疏,段熙仲点校,陈桥驿复校《水经注疏》中册,南京:江苏古籍出版社1989年版,第1322—1324页。

② 后晋·刘昫等《旧唐书·玄宗纪上》,北京:中华书局1975年版,第195页。

兴修堰洛工程是无法保证洛阳漕运的,还需要根据不同季节的水文情况,控制洛水等进入阳渠的流量。具体地讲,在雨季或山洪暴发之际,需要建立洛水等下泄时的通道;在枯水季节及航道水位下降时,需要补入适当的水源,以提高航道水位。针对这些情况,范安及、韩朝宗采取了建斗门和兴修泄水渠等一系列的措施。斗门是指有调节运道水位的斗门,水量较大时可开放泄洪的斗门,使其顺利地通过泄水渠,而航道水位下降会影响漕运时,可开放引水斗门补给航道。可以说,采用开堰置斗门技术后,当时的统治阶层进一步控制了航道的水量,提高了阳渠的通航能力。

第二章　黄河漕运与恢复汴渠

进入东汉以后,黄河泛滥及溃决严重地破坏了汴渠及河北运道。这一时期,河渠建设与治理黄河交织在一起,表现出加强黄河漕运及关怀洛阳以东漕运的趋向。

黄河一直是关东联系河南、河北的漕运通道,西汉后期黄河溃决及迁徙破坏了原有的漕运秩序。胡渭论述道:"及哀、平之世,人始有知禹河之所经者。贾让请决黎阳遮害亭,放河使北入海,王横请徙河缘西山足,乘高地而东北入海,意皆欲复禹河故道,而国祚阽危,事不可为矣。"① 早在汉哀帝、汉平帝之时,黄河泛滥已直接影响到漕运安全,然而,在政治动荡自身难保的前提下,西汉只能任凭黄河泛滥,直到东汉进入频发期。

开通阳渠以后,东汉河渠建设及恢复关东漕运的主战场开始转移到洛阳以东的黄河沿线,统治阶层试图在治理黄河、疏通黄河下泄水道的基础上恢复漕运。史称:"建武十年,阳武令张汜上言:'河决积久,日月侵毁,济渠所漂数十许县。修理之费,其功不难。宜改修堤防,以安百姓。'书奏,光武即为发卒。方营河功,而浚仪令乐俊复上言:'昔元光之间,人庶炽盛,缘堤垦殖,而瓠子河决,尚二十余年,不即拥塞。今居家稀少,田地饶广,虽未修理,其患犹可。且新被兵革,方兴役力,劳怨既多,民不堪命。宜须平静,更议其事。'光武得此遂止。"② 针对"河决积久,日月侵毁,济渠所漂数十许县"的形势,建武十年(34)阳武令张汜提出"宜改修堤防,以安百姓"的建议。然而,浚仪令乐俊提出了反对意见,认为"新被兵革,方兴役力,劳怨既多,民不堪命。宜须平静,更议其事"。正因为如此,治河及疏浚济渠的工作暂时搁浅。

张汜所说的"济渠"是否就是汴渠?或者说,济渠、汴渠与黄河及鸿沟究竟有什么样的关系?要回答这一问题,首先要从汉武帝堵塞黄河溃口瓠子口(在今河南濮阳西南)说起。元封二年(前109),天气大旱少雨,黄河水位空前下降。抓住这一有利时机,汉武帝动员力量,堵住了瓠子口,形成了"道河北行二渠"③的局面("道"是"导"的通假字)。所谓"道河北行

---

① 清·胡渭《禹贡锥指》(邹逸麟整理),上海:上海古籍出版社2006年版,第498页。
② 刘宋·范晔《后汉书·王景传》,北京:中华书局1965年版,第2464页。
③ 汉·司马迁《史记·河渠书》,北京:中华书局1982年版,第1413页。

二渠",是指堵塞瓠子口以后,为了防止黄河再度泛滥,兴修了导水工程,经此,黄河分成两条水道入海。其中,一条水道自宿胥口(在今河南滑县西南)东北,途经浚县和滑县之间,折向东北后经濮阳、清丰、南乐、馆陶、高唐、德州、吴桥、景县、章武等地,至柳县(在今河北黄骅)入海;另一条水道自浚县西南与黄河主干分流,折向东北后经濮阳、范县、阳谷、莘县、聊城、茌平、临邑等地,至滨县入海[①]。在这中间,黄河北行时借用了济水故道,进而与鸿沟形成了特殊的关系。

第一节 黄河与鸿沟漕运关系考述

重点治理黄河,恢复汴渠,是东汉安定黄河两岸的民生及恢复漕运的大事。那么,汴渠与黄河之间有什么样的关系？王景、王吴治河及修复汴渠有什么样的关系？这里,需要从鸿沟说起。

历史上的鸿沟,包括汴渠和济渠两个不同的航段。黄河南徙截断济水后,济渠留在黄河北岸,汴渠留在黄河南岸,由此引起了有关区域的水文变化。史称"济水,一名沇水,源出济源县西王屋山。东流经县北,又东南经孟县北,又东南入河。《书·禹贡》：'导沇水东流,为济入于河。'孔传：'泉源为沇流,去为济,在温西北平地。'《山海经》：'王屋之山,灅水出焉。'注：'灅,沇,声相近,即沇水也。潜行地下,至共山南复出于东丘。'刘熙《释名》：'济,济也,源出河北,济河而南也。'《水经注》：'济水重源出温城西北平地,水有二源。'东源出原城东北,南径其城东,又南流与西源合。西源出原城西,东流径原城南,东合北水,乱流东南,注分为二水。一水东南流,俗谓之衍水,即沇水也。又东南径郗城北而出于温,其一水枝津南流注溴水。济水于温城西北与故渎分,南径温县故城西,南历虢公台,西南流注于河。济水故渎东南合奉沟水,又径坟城西,屈而东北流,径其城北,又东径平皋城南,又南注于河。《括地志》：'沇水出王屋山顶崖下石泉,停而不流,其深不测,既见而伏至。济源西北二十里平地,其源重发,而东南流。'胡渭《禹贡锥指》：'郦注济水故渎即《汉志》所谓东南至武德入河者,盖禹迹也。又,郦注奉沟水东南流,右泄为沙沟,东南注于陂,陂水又东南流入河。先儒咸谓是为济渠。'古济水由此入河。按：济河,自县东南流至柏乡镇分为二。一于镇之东北流至河内县穿郡城,经龙涧村入沁河;一于镇之西南流入猪龙河自小营村入黄河。沁水,自山西泽州府阳城县流入东南,流经济源县北,又东南经河内县北,又东经武陟县,北折而南经县东入河。其枝河自武陟县北,东引入修武县,经县西南又东,入卫辉府获嘉县界。《汉书·地理

[①] 宋正海、高建国、孙关龙、张秉伦《中国古代自然灾民动态分析》,合肥：安徽教育出版社2002年版,第257页。

志》:'沁水东南至荥阳入河。'注,师古曰:'今沁水至怀州武陟县界入河。'《水经注》:'沁水过阳阿县东,又南出山径石门,谓之"沁口",晋司马孚所造。夹岸累石结以为门,旧有"枋口"之称。又南分为朱沟,又径沁水县故城北,又东径沁水亭北,又东右合小沁水,又东倍涧水注之,又东径野王县故城北,又东朱沟枝津入焉,又东与丹水合,又东光沟水注之,又东径中都亭内又合界沟水,又东过州县北白马沟水注之,又东径怀县北,又东径武德县南,积为陂,通结数湖,朱沟水注之,又西纳沙沟水,又东南入于河。'"①

黄河南徙截断济水后,鸿沟的两个航段即济渠和汴渠开始分离,进而与济水、黄河等构成了错综复杂的关系:一是济渠的主要补给水源初为济水,包括沁水等,黄河截断济水后,济水河道为黄河所侵占,济渠北行时开始以黄河及其水系为主要的补给水源;二是通向东南的汴渠主要以黄河为补给水源,进入淮河流域时又以淮河水系为补给水源;三是兴修鸿沟时利用了济水,黄河截断济水后,残留在黄河南岸的济水故道及支流继续存在,进而成为可利用的水资源;四是济渠和汴渠为鸿沟的两个航段,在成皋和荥阳之间互通,流经不同的区域。郦道元论述道:"苏秦说魏襄王曰:大王之地,南有鸿沟,是也。故尉氏县有波乡,波亭,鸿沟乡,鸿沟亭,皆藉水以立称也。今萧县西亦有鸿沟亭,梁国睢阳县东有鸿口亭,先后谈者,亦指此以为楚、汉之分王,非也。盖《春秋》之所谓红泽者也。"②魏迁都大梁后,以大梁为中心重点整治了汴渠一带的水上交通,如郦道元引《竹书纪年》有"梁惠成王十年,入河水于甫田,又为大沟而引甫水"③之说,梁惠成王即魏惠王十年(前361)"为大沟",是指魏惠王重修了与大梁相连的鸿沟航段。如果将"今萧县西亦有鸿沟亭,梁国睢阳县东有鸿口亭"与"入河水于甫田"等语联系起来解读的话,当知魏惠王重点整修了大梁以东甫田一带的航段。从地理方位上看,甫田航段作为鸿沟的一部分应指大梁以东的汴渠。

此外,今本《春秋》中不见"红泽",《左传》《谷梁传》《公羊传》中,以"泽"命名的水名或地名,有蒙泽、荥泽、柯泽、鸡泽、贯泽、沙泽、琐泽等。根据这一情况,郦道元所说"楚、汉之分王"的鸿沟即楚汉之争时的界沟即红泽,很可能是指荥泽。这样说的基本理由是,郦道元所说的红泽与荥泽的地理方位一致,史有孔子"因史记作《春秋》,上至隐公,下讫哀公十四年"④之说,今本《春秋》不见红泽,应与今本《春秋》出现散佚有某种内在的联系。

荥泽又称"荧泽",是黄河乱济以后,济水无处下泄而潴积成的湖泊,其中包括济水的支流旃然水。《左传·襄公十八年》云:"楚师伐郑,次于鱼陵。右师城上棘,遂涉颍,次于旃

---

① 清·和珅等《钦定大清一统志·怀庆府》,《四库全书》第477册,上海:上海古籍出版社1987年版,第223—224页。
② 北魏·郦道元《水经注·渠水》,杨守敬、熊会贞疏,段熙仲点校,陈桥驿复校《水经注疏》中册,南京:江苏古籍出版社1989年版,第1896—1897页。
③ 同②,第1872页。
④ 汉·司马迁《史记·孔子世家》,北京:中华书局1982年版,第1943页。

然。"杜预注:"将涉颍,故于水边权筑小城,以为进退之备。旃然水出荥阳城皋县,东入汴。"①鲁襄公十八年(前555)楚军沿颍水挥师北上,在旃然水的沿岸驻扎进行休整。荥阳是"荥阳"的别写,因水而名,自然是在荥泽的北岸。

当时,楚国右师北上进入中原的行军路线是,沿颍水航线入旃然水,随后自旃然水进入黄河。在这中间,自旃然水入黄河既可沿济水故道北上,同时又可沿旃然水东行进入汴水(汳水、汴渠)。郦道元记载:"济水又东,索水注之。水出京县西南嵩渚山,与东关水同源分流,即古旃然水也。"②索水是济水的支流,同时又称"旃然水"。春秋时期,旃然水是自颍水北入中原的重要航线。郦道元记载:"索水又东流,北屈西转,北径荥阳城东,而北流注济水。杜预曰:旃然水出荥阳成皋县,东入汳。《春秋·襄公十八年》,楚伐郑。右师涉颍,次于旃然。即是水也。济渠水断,汳沟惟承此始,故云汳受旃然矣。亦谓之鸿沟水,盖因汉、楚分王,指水为断故也。《郡国志》曰:荥阳有鸿沟水,是也。盖因城地而变名,为川流之异目。"③起初,旃然水入济,黄河截断济水后始入荥泽。在这中间,楚军沿颍水北上时,必走济水故道即济渠。从这样的角度看,所谓"楚、汉之分王"的鸿沟,实际上是指济渠和汴渠在成皋和荥阳之间的交汇处。

济渠和汴渠虽然都是鸿沟的航线,并可以"鸿沟"相称,但有着不同的漕运方向。王应麟论述道:"《河渠书》:'荥阳下引河东南为鸿沟,以通宋、郑、陈、蔡、曹、卫,与济、汝、淮、泗会于楚。'《索隐》云:'楚、汉中分之界。'文颖云:'即今官渡水也,盖为二流:一南经阳武(县,今属东京),为官渡水;一东经大梁城,即鸿沟,今之汴河是也。'《正义》:'应劭云:在荥阳东南二十里。张华云:大梁城在浚仪县,此县西北,渠水东经此城南,又北屈分为二渠。其一渠东南流,始皇凿,引河水以灌大梁,谓之鸿沟,楚、汉会此处也(程氏曰:鸿沟之名,苏秦固尝言之,不待始皇乃有也)。其一渠东经阳武县南,为官渡水。'(张洎云:'大禹于荥泽下分大河,为阴沟,引注东南,以通淮、泗。至大梁浚仪县西北,复分为二渠:一渠东经阳武县中牟台下,为官渡水;一渠始皇疏凿,以灌魏都,谓之鸿沟,莨荡渠自荥阳五池口东注之。其鸿沟即出河之沟,亦曰莨荡渠。'《地理志》:'荥阳县,汴水在西南,有狼汤渠,首受沛,东南至陈入颍。陈留县,鲁渠水首受狼汤渠,东至阳夏入涡。浚仪县,睢水首受狼汤水,东至取虑入泗。')《郡国志》:'荥阳有鸿沟水。'(《正义》云:'历浚仪南。'《晋志》:'浚仪有鸿沟。'《舆地广记》:'郑州荥阳县有鸿沟在西,楚、汉中分天下处。东京开封县,有汴河,盖古莨荡渠也。祥符县,本大梁。《竹书纪年》云:梁惠王三十一年,为大沟于此郛,以行圃田之水。县北有浚水,像而

---

① 清·阮元《十三经注疏·春秋左传正义》,北京:中华书局1980年版,第1966页。
② 北魏·郦道元《水经注·济水一》,杨守敬、熊会贞疏,段熙仲点校,陈桥驿复校《水经注疏》上册,南京:江苏古籍出版社1989年版,第661页。
③ 同②,第670—671页。

仪之,故谓之浚仪。中牟县北十二里有中牟台,是为官渡城。'《水经注》:'禹塞荥泽,开渠以通淮、泗。'胡氏曰:'据《后汉书》,则平帝时已有汴渠,史曰渠堤。自荥阳而东,则上疑其为鸿沟,下疑其为官渡者,恐未得其要。官渡,直黄河也,故曹、袁相距。沮授曰:悠悠黄河,吾其济乎?汴渠自西而东,鸿沟乃横亘南北。'《史记·将相表》:'高帝四年,与楚界洪渠。'即鸿沟也。《水经注》:'尉氏县有鸿沟乡、鸿沟亭。')"①在周密考证的基础上,王应麟得出了"大沟""东经大梁城即河沟,今之汴河是也"的结论。从"汴渠自西而东,鸿沟乃横亘南北"等语中当知,王应麟所说的鸿沟即楚汉界沟,与后世所说的汴渠有一定的区别。进而言之,先秦时期在荥阳一带兴修的河渠只有同属鸿沟的济渠和汴渠,既然可将汴渠排除在外,那只能是济渠。从这样的角度看,郦道元所说的"盖《春秋》之所谓红泽",应与荥阳"首受沛,东南至陈入颍"的济渠有内在的联系。

司马迁有"荥阳下引河东南为鸿沟,以通宋、郑、陈、蔡、曹、卫,与济、汝、淮、泗会。于楚,西方则通渠汉水、云梦之野,东方则通鸿沟江淮之间"②等语记叙了鸿沟航线的情况,鸿沟开挖后,与济水相通,史有"渠外东合济水,济与河、渠浑涛东注,至敖山北,渠水至此又兼邲之水,即《春秋》晋、楚战于邲"③之说。在黄河南徙乱济以前,鸿沟包括济渠和汴渠等两个不同方向的航段,在这中间,鸿沟在成皋、荥阳、大梁之间的航段是由济渠和汴渠构成的,由此鸿沟出现济渠和汴渠等称谓是必然的。

起初,济渠与汴渠有不同的补给水源和不同的航线。班固叙述荥阳水文时有"卞水、冯池皆在西南。有狼汤渠,首受沛,东南至陈入颍"④之说,王应麟记载:"《地理志》:河南郡荥阳,卞水、冯池皆在西南,有狼汤渠(音浪宕)首受沛,东南至陈入颍。陈留郡陈留有鲁渠,首受狼汤渠,东至阳夏入涡渠。浚仪故大梁,睢水首受狼汤水,东至取虑入泗。"⑤在后世的表达中,卞水和狼汤渠等同为鸿沟的别称,不过,班固记荥阳卞水和狼汤渠时有意将两者分开,并强调狼汤渠"首受沛"即以沛水(济水)为补给水源的情况。这一记载从侧面可以证明,在黄河乱济以前,济渠和汴渠虽然都是鸿沟的一部分,但两者有不同的航线和补给水源。

黄河迁徙截断济水后,出现了济渠以黄河为主要补给水源的情况。胡渭考证道:"《河渠书》言荥阳下引河,东南为鸿沟,亦即其处。《班志》河南荥阳县下云:有浪汤渠,首受沛。沛即河也。汉人谓济水。截河而南,故曰首受沛。"⑥所谓"浪汤渠,首受沛",是指东西走向的黄河截断南北走向的济水以前,流汤渠以沛水(济水)为补给水源。阎若璩考证道:"'济水

---

① 宋·王应麟《通鉴地理通释·七国形势考中》(傅林祥点校),北京:中华书局2013年版,第239—240页。
② 汉·司马迁《史记·河渠书》,北京:中华书局1982年版,第1407页。
③ 元·脱脱等《宋史·河渠志三》,北京:中华书局1985年版,第2319页。
④ 汉·班固《汉书·地理志上》,北京:中华书局1962年版,第1555页。
⑤ 宋·王应麟《玉海·地理》,南京:江苏古籍出版社1990年版,第419页。
⑥ 清·胡渭《禹贡锥指》(邹逸麟整理),上海:上海古籍出版社2006年版,第454页。

当王莽时大旱遂枯绝,不复截河南过'者,晋初司马彪之言也。'虽经枯竭,其后水流径通,津渠势改,寻梁脉水,不与昔同'者,后魏郦道元之言也。《通典》据彪之言以折《水经》,谓济渠既塞都不详悉,其余可知。余读郭璞《山海经注》,而叹恐未足以服《水经》者之心。何则?璞固有言矣,曰:'今济水自荥阳卷县东、经陈留至济阴北,东北至高平(杜氏《释例》于济水"东北至高平"五字作"经高平东平至济北"八字,余并同),东北经济南至乐安博昌县入海,与禹时济渎所经河南之道无异,盖枯而复通者。'所谓'津渠势改',昔则自虢公台东入河,出在敖仓之东南,今改流虢公台西入河,出亦非故处与。或禹时济未必分南北,此则分而二为不同与! 安国果身当武帝时作《禹贡》传,只当曰:'济水入河,并流数十里溢为荥泽,在敖仓东南',不当先之以'济水入河并流十数里而南截河'(张湛注《列子》济水文并同)。此系改流新道,方继而曰:'又并流数里溢为荥泽,在敖仓东南。'证以塞为平地之故迹,古渠今渎杂然并陈,殆亦翻以目验为说,而不察水道之有迁变时耳。"①黄河截断济水后,原先以济水为补给水源的济渠依然存在,只是济渠的主要补给水源发生变化,开始转向黄河。

在历史的变迁过程中,济渠和汴渠都是鸿沟的航道,以济水为主要补给水源的济渠和以黄河为主要补给水源的汴渠汇合后,黄河虽然是汴渠的主要补给水源,但也以济水的支流为补给水源,在黄河改道迁徙的影响下,成皋、荥阳之间的济渠取水口和汴渠取水口出现了汇合的情况。进而言之,因济渠与汴渠在成皋、荥阳、大梁之间的航线多有交叉和合流,济渠遂逐步从人们的视野中消失。尽管如此,济渠依旧有独立存在的空间。

鸿沟是由不同的航线及航段构成的,这些航线及航段在历史上多有分合,并有不同的名称。如程大昌考证道:"汴,非古矣。而能使四渎舟楫,交相灌注,利倍古昔,则其源委开塞,固所当讲也。汴之名,其在后世,以该郑、梁诸水。而其受河首水,名称差殊。自战国以至于今,其变迁最为不常。其曰鸿沟者,则苏秦说魏谓'南有鸿渐',而楚汉以为分王之境者,是也。其曰荥阳漕渠者,即司马迁言:'引河东南为鸿沟,以通宋、郑、陈、蔡、曹、魏,与济、汝、淮、泗会于楚者',是也。汉又有蒗荡渠,《水经》有渠水、阴沟,皆在此水也。其曰汳渠者,本在梁,下以受蒗荡渠为名。自东汉以来,多傍其名,以目诸水。隋人又益疏凿,自河以达于淮,故万世通名。此水曰汴,隋之通济渠,唐之广济渠,皆是也。至于睢、蔡过菑、获、梁沟、鲁沟、官渡、浚仪渠,又以受渠,而随事得名者也。砾丹、京、索、须、旃然又其水注之于此渠者也。其受其注皆与渠通,故世亦或以汴,若鸿沟名之,是皆并缘其名以行,非正派也。渠之所注,率平地无坚壤,人力既可更凿,水势亦自有变徙,故首之受河,末达淮、泗,不一其地,又会世无随纪其变者,后人对之往往茫然。而桑、郦以纪水自任,亦自纷错,不能如他水之条理也。虽然自迁、固以后,史官不志《河渠》《沟洫》。今天下之水,犹粗存经纬者,赖二子。作

---

① 清·阎若璩《尚书古文疏证》(黄怀信、吕翊欣校点),上海:上海古籍出版社2010年版,第405—406页。

述相因,尔二子以甚博,故不能一一精核,则祖其书而求之他载,揆理而订证之,以要其所宿,而待有国者之所采用,学士大夫之职也。"①在黄河水文变化的影响下,鸿沟各航段出现了"名称差殊"的情况,有了"济渠""汴渠"等称谓。进而言之,在黄河截断济水之前,鸿沟有因济水而建的航线,这条航线曾经一度有"济渠"之称。在这中间,因鸿沟与四渎即江、河、淮、济相通,一向是重要的漕运通道,因此引起程大昌的高度重视。后来,鸿沟的济水航线虽然有一部分隐匿在黄河之中,但没有完全消失,更重要的是,面向东南的汴水航段依旧存在,故程大昌得出了"而能使四渎舟楫,交相灌注,利倍古昔,则其源委开塞,固所当讲也"的结论。黄河迁徙改道后,给鸿沟自荥阳东至大梁以东的水道带来了巨大的变化,因文献缺载,遂给梳理这一区域的水文变化及航线变化带来了困难,但并非无迹可循。程大昌论述道:"据《水经》叙载,有渎无水者,比比皆是。则其同是一流,而前人以为东,后人以为西,亦各当时实录。固不可以执此非彼,而亦杂乱不胜言也。其纲要所在,惟其下流必经大梁,自梁而命其方,其在西者为官渡,其在东者为波,则差有伦,可考尔。官渡之别为沙(沙读如蔡),沙合颍,亦别而为过,过则为涡,皆入于淮,又他别为睢,自取虑(音秋卢)入泗。汳虽东行,亦分流以入涡。睢而其别有获,暨获之入泗,则在彭城之北、东。"②黄河迁徙及改道后,官渡作为鸿沟重要的航段节点,形成了一头联系黄河和一头联系淮河的水道。由于这一水道可以自官渡入沙水以后合颍水入涡水再入淮河,这样一来,遂给汳水(鸿沟、汴渠)东行带来了新的变化。

除了可厘清大梁以东的航线外,阳武(在今河南原阳东南)以东以北的航线也是可以厘清的。受黄河水文变化及改道的影响,鸿沟的入河口处于变化之中,此外,泥沙不断地淤积运道造成运道干浅等,后人需要在前人的基础上不断地开挖鸿沟入河的新航道。由于这些新航道在一定程度上利用了鸿沟原有的航道,且时有分合,历史上遂有了"济渠""汴渠"等不同的称谓。在这一过程中,济渠和汴渠作为鸿沟在不同时代开挖的新运道,虽然都可以"鸿沟"相称,但航线多有不同。

对此,前人多有认识,其中,程大昌的论述最有说服力。程大昌论述道:"济、汴受河,在秦汉成皋、荥阳之间。地既狭,而势皆倾东,故渠道无所散行,于是合流时多,分派时少,又历世水派数易,故辨正最难,此非独后世然也。两汉之史,未立汴名,而汴、济至明帝时已杂称无别矣。盖永平十三年,汴渠成。诏曰:自汴渠决败,东浸益甚盛,水门故处皆在河中。溁潆广溢,莫测涯岸,兖、豫之民多被水患,今既筑堤理渠,绝水立门,河、汴分流,复其旧迹。陶丘之北,渐就坟壤。据此诏所叙,渠未修复,则兖、豫受害。及水循故道则陶丘土见,详其《方域》,皆非汴流之所得注也。济、汴固皆同发于豫,而益东,则分行徐、兖,一南一东,不同道

---

① 宋·程大昌《禹贡后论·汴》,《四库全书》第 56 册,上海:上海古籍出版社 1987 年版,第 110—111 页。
② 同①,第 112 页。

也。此诏所指,兖与陶丘乃唐世曹、郓、濮、景之地,正古兖境,而无一或涉乎?徐则安得而言,汴渠也。臣考之载籍,固知其误,犹疑汉,此后世最为近古。或有其时汴、济同为一名,而后世不得究见邪?则必得汉世旧典为证,乃可以审知不谬。盖因《王景传》兼书济、汴两役,后一役有济渠一语,载张汜奏牍中。而后的然自信也。景之传曰:建武中,阳武令张汜言:河决日久,日月侵毁,济渠所漂数十州县,修理宜不难。光武已发卒起功矣,用乐俊之言,务且息民役,遂中止。永平中,渠益东侵,兖、豫怨叹,显宗以景偕王吴(《水经》作王昊)修浚仪渠,有功,乃诏与王吴修渠筑堤,自荥阳以东至千乘海口千余里,明年而渠成。此《王景传》所书之实也。此二役者皆在永平,又皆王景之所董督,而其功役所加,浚仪渠在先,济渠在后。浚仪既已讫役,水不为患。而济渠方且东浸,概病豫、兖,以其水害所被。而辨其地,因有功役先后,以验其名,则汉诏汴渠之语为讹,而张汜所指济渠为实也。郦道元之书汴、济最详,而不能疏别条理,臣于其间深探力考,然后仅得枢要。盖凡成皋、荥阳诸水,大抵既至阳武而后分派,以为东南两流,则汴、济明别之地也。其在阳武之南望大梁,历中牟而注乎圃田。泽之东者,是为官渡。官渡者,浚仪渠之所自出,是之谓汴。其东穿封丘而径定陶,以终入于海者,是为后世清河。而定陶者,正古陶丘(唐之曹州,今之兴仁州),是古济正径也。此郦氏所载与张汜所奏案之汴、济而皆相应,可信者也。若夫唐高宗之问以为荥口断绝不与下流相接者,臣意隋世汴渠既筑堤,以浚其流而受河之水,不复旁出,故济渠之在曹、郓间者,悉聚会他水,或受河于其下方,而古荥之在古豫者,因遂断不相续,故高宗以流不承原为疑。杜右直云:'不当有济。'盖有以也。"①程大昌的考证十分精辟,进一步厘清了济渠和汴渠之间的联系和区别。其中,强调治河有"济、汴两役",从侧面道出了王景、王吴恢复汴渠漕运包括恢复济渠漕运的真实情况。

程大昌的论述涉及五个方面的内容。

其一,济渠和汴渠是鸿沟的不同航段,有不同漕运方向,在黄河截断济水以前,两渠分别以济水和黄河为补给水源。因取水不同且有不同的航段,故有不同的称谓是必然的。不过,黄河改道截断济水后,以济水为基本补给水源的济渠虽然继续存在,但大部分的航道为黄河吞并,因此,余下的济渠航段出现了以黄河为主要补给水源的情况。

其二,在周定王五年(前602)黄河南徙之前,济渠和汴渠是鸿沟不同的航段,没有被黄河截断;周定王五年以后,黄河在截断济水的同时截断了鸿沟,由此引起了鸿沟水文方面的变化。如济渠和汴渠作为鸿沟的两个航段,原本在成皋、荥阳之间交汇,因这一区域水网密布,有不同的水道相通。时至秦汉,济水淹没到黄河之中后,受地形地貌的限制即"地既狭,而势皆倾东",原本在成皋、荥阳之间交汇的济渠和汴渠即有复式水道互通的济渠和汴渠出

---

① 宋·程大昌《禹贡后论·汴》,《四库全书》第56册,上海:上海古籍出版社1987年版,第111—112页。

现了"合流时多,分派时少"的情况。这一情况说明了济渠和汴渠同属鸿沟,两渠之间的变化与黄河水文变化及改道有直接的关系。

其三,济渠和汴渠作为鸿沟行经不同区域的航段,受黄河南徙以及截断济水的影响,有着分分合合的历史,时至秦汉,两渠在成皋、荥阳一带交错的复式航道合二为一,出现了或以济渠称"汴渠"的情况,或以"汴渠"称济渠的情况。如汉明帝一朝治河时将汴渠从黄河中剥离出来时,行经这一区域的济渠虽然在名义上继续存在,但已与汴渠合为一体,并成为汴渠的一部分,在此基础上出现了"杂称无别"的现象。也就是说,这一时期以"济渠"称谓新修的汴渠,实际上系沿用旧有的名称所至。

其四,历史上的济渠和汴渠虽然"同发于豫,而益东",甚至有的航段可以混称,但两渠"分行徐、兖"以后,出现了"一南一东,不同道"的情况,这样一来,在叙述某些特定的航段时,两渠的称谓又是不可以混称或替代的。进而言之,叙述两渠分行后的情况时,济渠和汴渠这两个称谓不能继续混用。如济渠北上后经古兖州陶丘"乃唐世曹、郓、濮、景之地",这条运道与通往东南即江淮的汴渠是不同的漕运方向。

其五,历史上的济渠和汴渠除了在成皋、荥阳一带形成复式航线外,又在阳武一带分流,形成面向不同方向的航线。王应麟记载:"陈留郡陈留有鲁渠,首受狼汤渠,东至阳夏入涡渠。浚仪故大梁,睢水首受狼汤水,东至取虑入泗。淮阳国扶沟涡水,首受狼汤渠,东至向入淮。《水经》:河水又东过荥阳北,蒗汤渠出焉。阴沟水出河南阳武县蒗荡渠。"①这里所说的"狼汤渠""阴沟水""蒗汤渠"等均是鸿沟不同航段的名称,同时也是济渠和汴渠行经不同区域的别称。根据这一论述,当知鸿沟某些航段可同时以"济渠"和"汴渠"相称。不过,这一情况到了东汉开始发生变化,如自阳武分流以后,原先某些可以济渠和汴渠互称的航段,至此不再可以互称。从这时起,济渠和汴渠开始成为特定的称谓,有了不同的指向,已成为两条不同走向的河渠,济渠在黄河以北,汴渠在黄河以南。如王景治河及兴修河渠主要有二役,其中,程大昌"浚仪渠在先,济渠在后"②的说法,明确交代浚仪渠和济渠是两个工程,两者多有区别。

第二节　王吴、王景治河及恢复汴渠

汉光武帝建武十年河患引发济患,出现了"河决积久,日月侵毁,济渠所漂数十许县"③

---

① 宋·王应麟《玉海·地理》,南京:江苏古籍出版社1990年版,第419页。
② 宋·程大昌《禹贡后论·汴》,《四库全书》第56册,上海:上海古籍出版社1987年版,第111页。
③ 刘宋·范晔《后汉书·王景传》,北京:中华书局1965年版,第2464页。

的情况,随着河患不断加深,在威胁济渠安全的同时,使得汴渠整体东移,"后汴渠东侵,日月弥广,而水门故处,皆在河中,兖、豫百姓怨叹"①。时至永平十二年(69)四月,治河及恢复汴渠漕运已到了刻不容缓的地步,如史有汉明帝"遣将作谒者王吴修汴渠,自荥阳至于千乘海口"②之说。千乘(在今山东高青高苑北)是黄河北行时的入海口,初为济渠行经的区域,后为黄河水道的一部分。此次兴修工程以荥阳为起点,向千乘方向延伸,试图通过重点疏通黄河北行的下泄水道,解除黄河水患带来的危机。

王吴兴修汴渠主要是在王景的领导下进行的,两者多有合作和分工。史称:"后汴渠东侵,日月弥广,而水门故处,皆在河中,兖、豫百姓怨叹,以为县官恒兴佗役,不先民急。永平十二年,议修汴渠,乃引见景,问以理水形便。景陈其利害,应对敏给,帝善之。又以尝修浚仪,功业有成,乃赐景《山海经》《河渠书》《禹贡图》,及钱帛衣物。夏,遂发卒数十万,遣景与王吴修渠筑堤,自荥阳东至千乘海口千余里。景乃商度地执,凿山阜,破砥绩,直截沟涧,防遏冲要,疏决壅积,十里立一水门,令更相洄注,无复溃漏之患。景虽简省役费,然犹以百亿计。明年夏,渠成。帝亲自巡行,诏滨河郡国置河堤员吏,如西京旧制。景由是知名。"③为了消除黄河侵吞济渠和汴渠引发的灾难,王景、王吴奉命修渠及兴修河堤,历时一年取得了成功。

王景、王吴治汴治济是以治河为先导的:一是针对黄河水文变化,采取疏通河道的措施来解除河患,以此来安顿民生,恢复当地的农业生产;二是以治汴治济为治河的基本内容,表达了解除黄河水患的诉求;三是通过治河表达了建立以洛阳为中心的漕运体系的诉求,如治理汴渠旨在重建从洛阳到江淮的漕运通道,治理济渠旨在重建洛阳与黄河以北的联系。胡渭论述道:"王景修渠筑堤,自荥阳东至千乘海口千余里,则其所治者,即东汉以后大河之经流也。而史称修汴渠,又曰汴渠成,始终皆不言河。盖建都洛阳,东方之漕,全资汴渠,故惟此为急。河、汴分流,则运道无患,治河所以治汴也。自平帝之后,汴流东侵,日月益甚。建武十年,阳武令张汜上言:河决积久,侵毁济渠,漂数十许县。是其时济亦决败矣。《水经·河水注》载王景事在荥阳蒗荡渠下(太子贤曰:汴渠即莨荡渠也),则河水当从此决入。然荥阳以下,南岸山脉已尽,地平土疏,随处可以决入,不独石门渠口也。济隧亦通河,至于岑遵八激堤而其流始绝。莽时河入济南、千乘,则侵济处更多,故筑堤自荥阳至千乘海口千余里。"④追溯东汉黄河水患加剧的历史,可以上溯到汉平帝一朝。

因水患不断加剧,建武十年出现了"侵毁济渠,漂数十许县"的事件,同时又出现了汴渠

---

① 刘宋·范晔《后汉书·王景传》,北京:中华书局1965年版,第2464—2465页。
② 刘宋·范晔《后汉书·明帝纪》,北京:中华书局1965年版,第114页。
③ 同①。
④ 清·胡渭《禹贡锥指》(邹逸麟整理),上海:上海古籍出版社2006年版,第497页。

东侵与黄河水道合为一体的情况。针对这些情况，王景、王吴受命治河，着力恢复汴渠和济渠漕运。王景、王吴治河主要在两大区域，并采取了不同的方法。具体地讲，一是在黄河以北兴修黄河自荥阳至千乘入海的河堤，筑堤安流时涉及济水；二是用筑堤的方法将汴渠从黄河中分离出来，用分流及恢复汴渠的方法解除黄河水患。因东汉建都洛阳，"东方之漕，全资汴渠，故惟此为急"，故叙述这一事件时不提治河，只提恢复汴渠漕运。从胡渭的论述中可得出的结论是：治河是修整汴渠和济渠的基本前提，要想恢复汴渠、济渠漕运，须从治河入手。

起初，兴修鸿沟时利用了济水，济水通漕，故有"济渠"之说。黄河截断济水以后，黄河以北的济水河道与黄河并存，王景、王吴筑堤时将济水故道从黄河中分离出来，在一定程度上起到了恢复济渠漕运的作用。永平十三年(70)，汴渠恢复漕运后，汉明帝至荥阳巡视并在诏书中写道："自汴渠决败，六十余岁，加顷年以来，雨水不时，汴流东侵，日月益甚，水门故处，皆在河中，濮濮广溢，莫测圻岸，荡荡极望，不知纲纪。今兖、豫之人，多被水患，乃云县官不先人急，好兴它役。又或以为河流入汴，幽、冀蒙利，故曰左堤强则右堤伤，左右俱强则下方伤，宜任水势所之，使人随高而处，公家息壅塞之费，百姓无陷溺之患。议者不同，南北异论，朕不知所从，久而不决。今既筑堤理渠，绝水立门，河、汴分流，复其旧迹，陶丘之北，渐就壤坟，故荐嘉玉絜牲，以礼河神。东过洛汭，叹禹之绩。今五土之宜，反其正色，滨渠下田，赋与贫人，无令豪右得固其利，庶继世宗《瓠子》之作。"①从所述内容看，这里所说的"汴渠"包括济渠，均为鸿沟流经不同区域的航段。

关于这点，前人有充分的认识。如马端临引致堂胡氏语论述道："致堂胡氏曰：'世言隋炀帝开汴渠以幸扬州。文士考《禹贡》言尧都冀州，居河下流，而八都贡赋重于用民力，故每州必记入河之水。独淮与河无相通之道，求之故迹而不得，乃疑汴水自禹以来有之，不起于隋。世既久远，或名鸿沟，或名官渡，或名汴渠，大概皆自河入淮，故淮可引江湖之舟以达于冀也。今据《后汉书》，则平帝时已有汴渠，曰"河、汴决坏"，则谓输受之所也。至是，发卒四十万修渠堤，则平地起两岸，而汴水行其中也。十里立一水门，更相洄注，则以节制上流，恐河溢为患也。是正与今之汴渠制度无异，特未有导洛之事耳。史曰"渠堤自荥阳而东"，则上疑其为鸿沟，下疑其为官渡者，恐未得其要。官渡直黄河也，故袁、曹相距，沮授曰："悠悠黄河，吾其济乎！"汴渠自西而东，鸿沟乃横亘南北，故曰未得其要也。独所谓自禹以来有汴者，此则不易之论也。'"②

沈德符在诠释"致堂胡氏"时指出："胡致堂名寅，字明仲，为胡安国长子，虽垂髫孺子亦知之。孝宗一日在宫中阅《通鉴纲目》，有致堂胡氏断语，未知其人。因出御札付内阁，问其本末。时洛阳刘文靖诸公在阁，俱茫然失对，遂直陈以谢。比出阁，翻阅故籍始得之，具揭以

---

① 刘宋·范晔《后汉书·明帝纪》，北京：中华书局1965年版，第116页。
② 元·马端临《文献通考·国用考三》，杭州：浙江古籍出版社1988年版，第239—240页。

复,且以寡学引愆,上亦上罪也。"①胡寅,崇安人,宋代名臣,《宋史》有传,著有《论语详说》《读史管见》《斐然集》《注叙古千文》等。撇开汴渠是否"自禹以来有之,不起于隋"不论,汴渠是鸿沟的别称当不成问题。黄河截断济水后,横亘南北的鸿沟亦被截断,但济渠作为鸿沟不可或缺的航段又是存在的。

从大的方面讲,东汉所说的"汴渠"是指先秦时兴修的鸿沟,包括两大航段:一是指北上至千乘一带的济渠;一是指自荥阳筑堤东连淮泗的汴渠。如果以治河恢复汴渠为节点,可将东汉所说的"汴渠"分为两个部分,一是指包括济渠在内的漕运通道,可将其称之为广义上的汴渠。黄河改道侵吞济水后,济水的部分水道继续存在,以济水为运道的济渠部分航线依旧存在。二是指王景、王吴筑堤分离黄河与汴渠运道时兴修的浚仪渠,浚仪渠远通淮、泗,可将其称之为狭义上的汴渠。其中,浚仪渠因以浚仪(在今河南开封)为中心向东西两个方向延展,故有"浚仪渠"之称。进而言之,济渠既有独立存在的价值,同时又可将其视为汴渠的一部分。

关于这点,后人多有论述。如针对"明帝永平十三年,汴渠初成,河、汴分流,复其旧迹"之说,丘浚论述道:"河即黄河,汴乃汴渠也。史称明帝时,河汴决坏,久而不修。至是明帝遣王景发卒数十万,修汴渠堤。自荥阳东至千乘(今青州乐安县也)海口,千余里。盖昔河汴堤坏,则汴水东与河合。日月弥广,而为兖、豫民害。今堤既成,则河东北入海,而汴东南入泗。是分流复其故迹也。"②这里所说的汴渠,包括自荥阳北上至千乘的济渠。胡渭论述道:"永平十三年,诏曰:河、汴分流,复其旧迹,陶丘之北,渐就坟壤。十五年,景从驾东巡至无盐,帝美其功,拜河堤使者,赐车马缣钱。陶丘今定陶,无盐今东平,皆济水所经之地也。二渠既修,则东南之漕,由汴入河,东北之漕,由济入河,舳舻千里,挽输不绝,京师无匮乏之忧矣。"③胡渭解构汉明帝"河、汴分流"时,以"二渠既修"等语叙述,当知东汉时期是可以"汴渠"称谓济渠的。依照丘浚、胡渭等人的看法,王景、王吴等治河及恢复汴渠漕运,其中包括恢复济渠。进而言之,济渠本身是鸿沟的一部分,汴渠漕运涉及"东北之漕,由济入河"的济渠,而王景、王吴兴修汴渠势必将济渠纳入汴渠之内。此外,济渠漕运涉及济水故道,可通淮、泗的汴渠利用了黄河截济之前的济水河道,这样一来,将济渠纳入汴渠之中乃是历史发展的必然。

黄河截断济水后引起鸿沟航段的变化,是前人的共识。胡渭论述道:"济渎之水,自周以来凡数变。初为济,及导荥为川,则荥与济合。鸿沟既开,荥渎为河所乱,及荥泽又塞,则所

---

① 明·沈德符《万历野获编·补遗》下册,北京:中华书局1959年版,第837页。
② 明·丘浚《大学衍义补·漕挽之宜上》(林冠群、周济夫校点),北京:京华出版社1999年版,第302页。
③ 清·胡渭《禹贡锥指》(邹逸麟整理),上海:上海古籍出版社2006年版,第497—498页。

行者唯河水矣。汴渠不通,则巨野以北所行唯菏、汝。戴村已筑,则东阿以下所行唯山泉沟泽之水,其号为济者,袭旧名而已。济渎入海之道,自唐以来亦数变。初经高苑县北,又东北至博昌入海。其后则不由博昌。《通典》云:旧济合在今博昌县界,今无。《元和志》蒲台县下云:海在县东一百四十里,海畔有一沙阜,俗呼为斗口淀。是济水入河之处,海潮与济相触,故名。盖其时济水改道从蒲台东北与河浑涛而入海也。宋南渡后,刘豫导泺水东行,入济水故道为小清河,仍经高苑县北至乐安县入海。及金皇统中,县令高通改由县南长沙沟至博兴合时水,又东北至乐安,由马车渎入海。"①在考证历史水文变化的基础上,胡渭强调了鸿沟与汴渠、济渠之间的关系。进而言之,胡渭所说的"汴渠不通",包括济渠。应该说,这一论述是有价值的,对于认识东汉时期黄河北岸的济渠水文有着重要的意义,如傅泽洪撰《行水金鉴·济水》时还专门引录了这段文字②。客观地讲,在黄河向南迁徙的背景下,济渠与黄河北道多有分合,但两者不能完全等同。

济水及济渠虽然"消失"在黄河之中,不过故道还在,原有的水系及支流继续存在,甚至可以说,王景、王吴治河筑堤后,在一定程度上恢复了济渠漕运的功能。在这中间,由于济水原有的水系继续存在,很快成为吴王夫差开深沟即菏水时可利用的补给水源。《国语·吴语》云:"吴王夫差既杀申胥,不稔于岁,乃起师北征。阙为深沟,通于商、鲁之间,北属之沂,西属之济,以会晋公午于黄池。"③菏水是吴王夫差为北上争霸兴修的"阙为深沟,通于商、鲁之间"的漕运通道,济渠与菏水相接后与泗水相通,进一步地密切了江淮与商、鲁及黄河之间的关系,从而扩大了漕运范围。史称:"济水,《水经注》云:济水东至乘氏县西分为二,南为菏水,北为济渎。北济东北径冤朐县故城北,又东北与濮水会,其一水东流过乘氏县南,又东过昌邑县北,又东过金乡县南,又东过东缗县北,又东过方与县北,为菏水,菏水又东过湖陆县南,东入于泗水。"④这一情况可进一步证明,济渠与汴渠分流后,北上的航线虽然与黄河北道多有重合,但有不同的水道。

由于"东方之漕,全资汴渠",黄河自荥阳东行的水道是兴修的重点,主要是通过修复自荥阳到浚仪的航线重建自洛阳至淮泗的漕运秩序,这样一来,狭义上的汴渠又可撇开济渠不论。郦道元记载:"汉明帝之世,司空伏恭荐乐浪人王景,字仲通,好学多艺,善能治水。显宗诏与谒者王吴始作浚仪渠。吴用景法,水乃不害,此即景、吴所修故渎也。渠流东注浚仪,故

---

① 清·胡渭《禹贡锥指》(邹逸麟整理),上海:上海古籍出版社2006年版,第609页。
② 清·傅泽洪《行水金鉴·济水》,《四库全书》第581册,上海:上海古籍出版社1987年版,第322—323页。
③ 徐元诰《国语集解》(王树民、沈长云点校),北京:中华书局2006年版,第545页。
④ 清·岳浚、杜诏等《山东通志·漕运》,《四库全书》第540册,上海:上海古籍出版社1987年版,第326页。

复谓之浚仪渠也。"①王景、王吴重修汴渠的基本前提是"河、汴决坏""汴渠东侵,日月弥广",如果任凭黄河肆虐,不仅会阻断漕运,而且还威胁到黄河流域的民生,治理黄河已刻不容缓。从这样的角度看,兴修浚仪渠是治理黄河及恢复汴渠漕运的重要举措。

不过,与疏浚黄河北行水道即济渠相比,恢复狭义汴渠的工程量更大,也更为重要。具体地讲,将汴渠从黄河水道中剥离出来可一举两得,一是可以在分流的基础上治理黄河,二是可以恢复汴渠向江淮的漕运。胡渭论述道:"永平上距平帝时仅六十余岁,故道岂遽堙灭,而王景治河唯从事汴、济。盖当时所急在运道,就其利便者为之,不暇远图耳。史称景凿山阜,截沟涧,防遏冲要,疏决壅滞,十里立一水门,费以百亿计,财力之充裕。若是向使讲求禹河故道而复之,则河流归北,汴、济不劳而治,功施到今,五代以降,溃溢横流之祸可以免矣。惜乎!其不及此也。河虽徙自周定王时,而东光以下至章武入海,犹是徒骇之故道。至王莽时,始改从千乘入海。而景遂因之,禹迹荡然无存,君子于此有遗憾焉。或曰:景即以复禹河为难,王莽河新绝未久,岂不可复乎?曰:不可。漳水之东,王莽河之西,既有清河,又有屯氏河、屯氏别河、张甲河、鸣犊河等渎,津渠交络,冰碎瓦裂,若导河行此,不久即败。景商度地势,然后兴工,不复禹河,则必用新河,固已筹之熟矣。"②胡渭的这一论述是有深意的,将"故道岂遽堙灭,而王景治河唯从事汴、济"与"盖当时所急在运道,就其利便者为之,不暇远图耳"等结合起来看,王景、王吴治河的重点虽与消除黄河水患有关,但重点落实在恢复汴渠及加强漕运方面。

修复汴渠和济渠主要有五大工程。一是兴建分离黄河和汴渠的筑堤工程。针对黄河在荥阳一带侵吞汴渠的情况,王景、王吴率数十万人在黄河和汴渠合二为一的水道之间构筑长堤,将汴渠从黄河水道中剥离出来。二是兴建水门(水闸)泄水及洄注工程。在王景等兴建洄注工程以前,水门的功能较为单一,或为泄水所设,通过泄水降低航道水位,将其控制在安全航行的范围之内;或为注水所设,通过注水抬高航道水位,以防航道干浅不利于航行。王景建造洄注工程后,创造性地将泄水和注水结合到一块,提高了水门的利用效率和价值。经过改造,在调节航道水位的过程中,水门同时具有了泄水和注水两大功能。具体地讲,航道水位过高时,通过水门泄水可以降低航道水位;当下一航段水位不足时,泄水渠中的泄水又可以及时地洄注到主航道。在这中间,水门建设与洄注工程建设有机地结合在一起,通过水门控制泄水和注水,从而健全和完善了航道的泄水和补水系统。进而言之,航道水位过高不利于航行时,可通过泄水降低航道水位;航道水位过低时,可将泄水洄注到航道,通过提高航道水位的办法来解决下流航道水位过低无法通航的问题。三是王景、王吴重点建设了塌流

---

① 北魏·郦道元《水经注·济水一》,杨守敬、熊会贞疏,段熙仲点校,陈桥驿复校《水经注疏》上册,南京:江苏古籍出版社1989年版,第649—650页。
② 清·胡渭《禹贡锥指》(邹逸麟整理),上海:上海古籍出版社2006年版,第498页。

工程。史称:"时有荐景能理水者,显宗诏与将作谒者王吴共修作浚仪渠。吴用景堨流法,水乃不复为害。"①所谓"堨流",是指在大堤内修筑防止洪水冲击堤岸的堤坝,通过减缓洪水冲击堤岸的力度,防止黄河洪水直接灌入汴渠,避免毁堤事件的发生。四是重点兴修加固汴口即荥口(在今河南荥阳西)工程。汴口是汴渠取黄河之水的渠口,是保证汴渠行运的关键。黄河有丰水和枯水季节,汴口地处黄土高原,土质松软,洪峰来临时极易坍塌;枯水季节来临时,黄河流速放缓,大量的泥沙极易淤积渠口。为此,王景、王吴将汴口视为恢复汴渠漕运的关键性工程,以有效阻遏汴渠决堤或淤塞情况的发生。五是兴修了自荥口至千乘的千里长堤,在这中间,包括兴修济渠大堤。

汴渠重修后,从水上加强了洛阳与中原、江淮、齐鲁等地在政治、经济、文化等方面的联系。追溯历史,如果说建武五年(29)王梁在洛阳重修阳渠已透露东汉可能发展漕运的信息,那么,经张纯重开阳渠加强洛阳水上交通建设,至张汜上书治河治济,标志着东汉全面治河和恢复漕运已提上了议事日程。从这样的角度看,永平十二年,王景、王吴用筑堤的方式,加固黄河堤防,恢复汴渠,将狭义上的汴渠从黄河中分离出来,传达了以漕运稳定政治秩序和发展农业的诉求。从表面上看,开通汴渠只是加强了东南漕运,实际上这里隐含了重点经营淮河流域及江淮的战略意图。

这一功绩泽及后世,时隔三十八年,在永初元年(107)九月,汉安帝刘祜调运扬州等五郡租米时,充分地利用东连淮泗的汴渠即狭义上的汴渠,如史有"调扬州五郡租米,赡给东郡、济阴、陈留、梁国、下邳、山阳"②之说,这里明确地传达了以漕运稳定社会秩序的信息;又如《后汉书·孝安帝纪》有永初七年(113)"京师大风,蝗虫飞过洛阳。……又调滨水县谷输敖仓"等语,唐李贤等注云:"《诗》曰:'薄狩于敖',即此地。秦于此筑太仓,亦曰敖庾,在今郑州荥阳县西北。《东观记》:'滨水县彭城、广阳、庐江、九江谷九十万斛,送敖仓。'"③汉安帝刘祜以汴渠为漕运通道,将九十万斛谷物运至洛阳以东的敖仓,解除了蝗灾等给洛阳及周边地区带来的粮食危机,从中可见狭义上的汴渠在维护东汉统治方面的作用。

第三节 汴口漕运与石门工程

针对汴口(汴渠入黄河的河口)时常坍塌,影响汴渠及黄河漕运等情况,重点兴修了汴口石门及与之有关的航段。如从汉灵帝建宁四年(171)起,在长达一百三十多年的时间里,围

---

① 刘宋·范晔《后汉书·王景传》,北京:中华书局1965年版,第2464页。
② 刘宋·范晔《后汉书·孝安帝纪》,北京:中华书局1965年版,第208页。
③ 同②,第220页。

绕着汴口兴修的大工程主要有四次。

先秦时期，鸿沟在河阴(在今河南孟津东北)一带开渠，首受黄河的河口分别有"汴口""荥口"等称。在黄河改道及迁徙的影响下，汴口长期在河阴与荥阳之间移动，由此给汴渠漕运带来了极大的困难。进而言之，面对黄河水文不断变化的过程，如何建造相应的水利设施将汴口相对固定下来，遂成为王景、王吴治理汴渠以后，东汉王朝必须要考虑的大问题。

汴水又称"汳水"，历史上的汳水又写作"邲水"。如周定王十年(前597)，晋国和楚国为了争霸，在邲水一带爆发了邲之战。"邲"古音"卞"，因此，邲水又写作"卞水"，卞水即汴水。如宋代张洎叙述汴水与黄河、济水等之间的水文关系时写道："汉明帝时，乐浪人王景、谒者王吴始作浚仪渠，盖循河沟故渎也。渠成流注浚仪，故以浚仪县为名。灵帝建宁四年，于敖城西北垒石为门，以遏渠口，故世谓之石门。渠外东合济水，济与河、渠浑涛东注，至敖山北，渠水至此又兼邲之水，即《春秋》晋、楚战于邲。邲又音汳，即'汴'字，古人避'反'字，改从'汴'字。渠水又东经荥阳北，旃然水自县东流入汴水。郑州荥阳县西二十里三皇山上，有二广武城，二城相去百余步，汴水自两城间小涧中东流而出，而济流自兹乃绝。唯汴渠首受旃然水，谓之鸿渠。"①这里所说的"鸿渠"指鸿沟。胡渭亦辨析道："《汉志》作'卞水'。《说文》作'汳'。后人恶'反'字，因改为'汴'。郦云：济水又兼'邲'目。《春秋·宣公十二年》，晋楚战于邲，即是水也。音卞，京相璠曰在敖北。"②追溯历史，在自然因素和人为因素的双重作用下，入汉以后，黄河改道频仍，侵入鸿沟的事件不断发生。为了消除河患、恢复漕运，元封二年(前109)，汉武帝亲临黄河溃决的现场指挥堵塞瓠子口(在今河南濮阳西南)，经此，黄河出现了"道河北行二渠，复禹旧迹，而梁、楚之地复宁，无水灾"③的局面，黄河进入相对稳定期，不再发生大的改道及迁徙事件。然而，堵塞瓠子口只是治标不治本的工程，时至东汉，黄河再度改道，治河及恢复漕运再度成为当务之急。在这中间，王景、王吴等采用筑堤的方法将汴渠从黄河水道中分离出来，为恢复汴渠漕运奠定了坚实的基础。

问题是，汴渠首受黄河，有两个难以解决的困难：一是汴口及汴渠以东是土质疏松的黄土高原，如遇到丰水季节流量增大的话，将会毁坏航道并发生改道的情况；二是枯水季节来临，黄河携带的大量泥沙将会在水流放缓时堵塞汴渠河道。如程大昌论述道："豫、徐率平地，汴行其间，支脉先自散漫，又其地徒壤少石，冲啮特易动，辄改移。"④胡渭亦论述道："然荥阳以下，南岸山脉已尽，地平土疏，随处可以决入，不独石门渠口也。"⑤针对这一特殊的地质构造，王景、王吴兴修汴渠时采用了"堨流"法即在低处挡水的方法，试图提高上流水位，控

---

① 元·脱脱等《宋史·河渠志三》，北京：中华书局1985年版，第2318—2319页。
② 清·胡渭《禹贡锥指》(邹逸麟整理)，上海：上海古籍出版社2006年版，第597页。
③ 汉·司马迁《史记·河渠书》，北京：中华书局1982年版，第1413页。
④ 宋·程大昌《禹贡后论·汴》，《四库全书》第56册，上海：上海古籍出版社1987年版，第112页。
⑤ 同②，第497页。

制流速,防止水流放缓,以解决汴口及河口一带容易塌陷、溃堤、改道、淤沙等问题。进而言之,汴口及河口一带位于黄土高原,土质十分松软,在黄河水流的激荡下极易坍塌,这一有史以来最大规模整治汴水的工程虽然解决了当下的问题,但不能持久,因此给加固汴口及河口进而治理汴渠中的泥沙带来了不尽的"话题"。

从王景、王吴治河将汴渠从黄河水道中分离出来,到汉灵帝建宁四年,在一百三十多年的时间,东汉围绕着汴口兴修的重大工程主要有四次。

其一,永平十二年,王景、王吴奉汉平帝之命治理黄河及恢复汴渠漕运。如史有"遣将作谒者王吴修汴渠,自荥阳至于千乘海口"①之说,此次治河以荥阳为起点,向北和向东等两个方向延伸,其中有三大工程:一是兴修荥阳即汴口;二是兴修荥阳以东至浚仪的航段,将汴渠从黄河中剥离出来;三是兴修自荥阳北上至千乘入海的河堤。

其二,重点治理汴口,恢复汴渠漕运。汉安帝永初七年,谒者奉命治理汴口及河口,用累石的方法加固了容易坍塌的堤段,由于累石加固的河堤一共有八段,故史有"八激堆"的说法。如郦道元记载:"河水又东,径八激堤北。汉安帝永初七年,令谒者太山于岑,于石门东,积石八所,皆如小山,以捍冲波,谓之八激堤。"②所谓"积石八所",是指针对汴口土质松软、堤岸容易坍塌等问题,在容易坍塌及决堤的汴口航段垒造八处石堤,以防止洪水掏空堤岸及毁坏航道。客观地讲,垒石护堤在一定程度上起到了"以捍冲波"的作用,通过加固汴口及河口一带,建成土石相间的堤岸。

其三,继续整治汴口及汴口以东的有关航段。汉顺帝阳嘉三年(134),河堤谒者王诲"疏山采石,垒以为障"。通过采石护堤,建成了以石材为主的堤岸。郦道元记载:"门南际河,有故碑云:惟阳嘉三年二月丁丑,使河堤谒者王诲,疏达河川,遹荒庶土。云大河冲塞,侵齿金堤,以竹笼石茸土而为竭。坏隤无已,功消亿万,请以滨河郡徒,疏山采石,垒以为障。"③河堤谒者王诲修整汴口及汴口以东的堤岸,可以分为前后两个阶段,他先是采取"以竹笼石茸土"的方法整治汴口及河口航段,失败以后,又采取了"疏山采石,垒以为障"即"缘河积石的办法",将汴口以东的航段改造成石堤。因其坚固,这一航段始有"金堤"之称。客观地讲,这一做法虽提高了汴口以东航段抗击激流冲刷的能力,但没有将汴口及河口航段的堤岸全部改造成石堤,故有"疏山采石,垒以为障"之说。

其四,汉灵帝建宁四年,在汉顺帝一朝加固工程的基础上,将汴口及河口航段全部改造为石砌堤岸,并重点兴修汴口。郦道元记载:"灵帝建宁中,又增修石门,以遏渠口,水盛则通

---

① 刘宋·范晔《后汉书·明帝纪》,北京:中华书局1965年版,第114页。
② 北魏·郦道元《水经注·河水五》,杨守敬、熊会贞疏,段熙仲点校,陈桥驿复校《水经注疏》上册,南京:江苏古籍出版社1989年版,第406页。
③ 北魏·郦道元《水经注·济水一》,杨守敬、熊会贞疏,段熙仲点校,陈桥驿复校《水经注疏》上册,南京:江苏古籍出版社1989年版,第654页。

注,津耗则辍流。"①所谓"又增修石门,以遏渠口",是指兴修的重点放在"渠口"即汴口,将其全部改造为石砌。所谓"水盛则通注,津耗则辍流",是指在石门的底部建造一条隆起的石坝,防止淤沙侵入。史称:"汉明帝时,乐浪人王景、谒者王吴始作浚仪渠,盖循河沟故渎也。渠成流注浚仪,故以浚仪县为名。灵帝建宁四年,于敖城西北垒石为门,以遏渠口,故世谓之石门。"②所谓"循河沟故渎"是指王吴兴修浚仪渠利用了黄河和鸿沟的旧水道。所谓"于敖城西北垒石为门",是指汉灵帝建宁四年在汴口即靠近敖城(在今河南荥阳东北)的地方建石质堤岸。元人在叙述汴口工程时只强调两个时间节点,一是汉平帝永平十二年王景、王吴兴修浚仪渠,二是汉灵帝建宁四年兴修石门,从其叙述中当知,在汴渠通漕的过程中,这是两个重要的时间节点。

石门工程是由河口、堤岸等工程构成的,东汉王朝反复兴修的原因是,黄河水文变化给兴修石门这一入河口带来无法估量的难度。石门一带以地质疏松的黄土为主,黄河水势增加时,不断地冲击河口及有关航段,导致塌方、毁堤等事件频频发生。又如,黄河水位下降后,汴渠得不到补给,航道干浅也无法通漕。可以说,汉安帝沿河口堆石护堤、汉顺帝"缘河积石为堰"、汉灵帝"又增修石门,以遏渠口"等,都与黄河水文变化及石门一带的地质构造有关。针对这一情况,东汉兴修石门时采取了三大措施:一是将与河口相连的黄河水道纳入兴修的范围;二是重点兴修汴口;三是兴修与河口有关的汴渠堤岸。汉顺帝阳嘉三年,已将汉安帝一朝垒石护堤的做法从石门展延到汴口以东的航段。又如建宁四年汉灵帝重点兴修汴口,通过增修石堰"以遏渠口",将原有的护堤积石改造为坚固的石堰,试图通过减缓黄河激流冲击渠首堤岸的力度,提高汴渠加固工程的质量。经此,改造后的汴口有了"石门""石门堰"等称谓。与此同时,汉顺帝一朝建造的汴渠"金堤"亦有了"石门渠"之称。

石门及石门渠既是黄河入汴、远通江淮的工程,同时也是由淮、泗入汴渠,经汴渠入黄河航道的关键航段。郦道元追溯石门及石门渠的兴修历史时记载:"大禹塞荥泽,开之以通淮、泗,即《经》所谓蒗荡渠也。汉平帝之世,河汴决坏,未及得修,汴渠东侵,日月弥广,门闾故处,皆在水中。汉明帝永平十二年,议治汴渠,上乃引乐浪人王景,问水形便。景陈利害,应对敏捷,帝甚善之。乃赐《山海经》《河渠书》《禹贡图》,及以钱帛。后作堤,发卒数十万,诏景与将作谒者王吴治渠,筑堤防修堨,起自荥阳,东至千乘海口,千有余里。景乃商度地势,凿山开涧,防遏冲要,疏决壅积,十里一水门,更相回注,无复渗漏之患。明年,渠成,帝亲巡行,诏滨河郡国,置河堤员吏,如西京旧制。景由是显名,王吴及诸从事者,皆增秩一等。顺帝阳嘉中,又自汴口以东,缘河积石为堰,通渠,咸曰金堤。灵帝建宁中,又增修石门,以遏渠

---

① 北魏·郦道元《水经注·河水五》,杨守敬、熊会贞疏,段熙仲点校,陈桥驿复校《水经注疏》上册,南京:江苏古籍出版社1989年版,第404页。
② 元·脱脱等《宋史·河渠志三》,北京:中华书局1985年版,第2318—2319页。

口,水盛则通注,津耗则辍流。河水又东北,径卷之扈亭北。《春秋左传》曰:文公七年,晋赵盾与诸侯盟于扈。《竹书纪年》:晋出公十二年,河绝于扈。即于是也。河水又东,径八激堤北。汉安帝永初七年,令谒者太山于岑,于石门东,积石八所,皆如小山,以捍冲波,谓之八激堤。"①因石门及石门渠的工程量太大,不可能一蹴而就,因此,这一工程是由汉安帝、汉顺帝、汉灵帝三朝共同完成的。然而,石门及石门渠的建造又是以王景、王吴整治汴渠的成果为基础的。如胡渭进一步记载:"明帝永平十二年,议治汴渠。乃诏王景与将作谒者王吴,筑堤修堨,起自荥阳,东至千乘海口,千有余里。景乃商度地势,凿山开涧,防遏冲要,疏决壅滞,十里一水门,更相洄注,无复溃漏之患。顺帝阳嘉中,又自汴口以东,缘河积石为堰,通古淮口,咸曰金堤。灵帝建宁中,又增修石门,以遏渠口,水盛则通注津,耗则辍流"。② 如果没有王景、王吴整治汴渠之举,那么汴口及汴渠渠首要想由土质堤坝变成石质堤坝,是万万不可能的。正是有了这样的基础,汉安帝、汉顺帝、汉灵帝三朝才有可能将汴口及汴渠渠首改造为石门及石门渠,才有可能通过加固堤防有效遏制汴口坍塌给航行带来的危险。

追溯汴口成为漕运节点的历史,首先要从商王朝迁都说起。商王中宗去世后,其子仲丁为帝。仲丁即位后,曾有迁都至嚣之举。如《尚书·仲丁》有"仲丁迁于嚣"语,司马迁《史记·殷本纪》亦有"帝中丁迁于隞"之说,司马贞《索隐》诠释道:"隞亦作'嚣',并音敖字。"③张守节引《括地志》交代嚣的地理位置时指出:"荥阳故城在郑州荥泽县西南十七里,殷时敖地也。"④荥阳一带自仲丁一朝起,成为商王朝活动的核心区域。鸿沟开挖后,面向黄河的汴口成为重要的交通枢纽。

秦统一六国后,为了进一地控制关东,利用仲丁旧都建造了储存粮食及战略物资的敖仓。如《史记·高祖本纪》有"汉王军荥阳南,筑甬道属之河,以取敖仓"等语,张守节诠释:"孟康云:'敖,地名。在荥阳西北山上,临河有大仓。'《太康地理志》云:'秦建敖仓于成皋。'"⑤郦道元记载:"济水又东,径敖山北,《诗》所谓薄狩于敖者也。其山上有城,即殷帝仲丁之所迁也。皇甫谧《帝王世纪》曰:仲丁自亳,徙嚣于河上者也,或曰敖矣。秦置仓于其中,故亦曰敖仓城也。济水又东,合荥渎,渎首受河水,有石门,谓之为荥口石门也。而地形殊卑,盖故荥、播所道,自此始也。门南际河,有故碑云:惟阳嘉三年二月丁丑,使河堤谒者王诲,疏达河川,遹荒庶土。云大河冲塞,侵齿金堤,以竹笼石葺土而为楬。坏隤无已,功消亿

---

① 北魏·郦道元《水经注·河水五》,杨守敬、熊会贞疏,段熙仲点校,陈桥驿复校《水经注疏》上册,南京:江苏古籍出版社1989年版,第403—406页。
② 清·胡渭《禹贡锥指》(邹逸麟整理),上海:上海古籍出版社2006年版,第453—454页。
③ 汉·司马迁《史记·殷本纪》,北京:中华书局1982年版,第101页。
④ 同③。
⑤ 汉·司马迁《史记·高祖本纪》,北京:中华书局1982年版,第373页。

万,请以滨河郡徒,疏山采石,垒以为障。"①敖仓位于成皋和荥阳之间,既与以济水为主要补给水源的荥渎(后来成为汴渠的一部分)相通,又通过荥渎与黄河相连,为此,汴口成了自荥渎入黄的关键。进而言之,在汴口即荥口建造敖仓,是因为敖仓濒临黄河,是石门渠即汴渠渠口与黄河航道相通的锁钥。在黄河水道摇摆不定的情况下,因受到黄河的影响,汴口必然会发生一定的变化。在这样的背景下,长期治理汴口加固石门以保证河口稳定不变遂成为常抓不懈的水利工程。进而言之,汴口不仅仅是汴渠建设中的关键性工程,同时也是黄河联系济水,远接淮、泗的关键性工程,可以说,石门畅通与否是从水上连通江淮和齐鲁的大问题。在这中间,石门独特的地理位置以及战略位置,受到历代统治者的高度重视。

在以洛阳为国都的年代,石门及石门渠是建立以洛阳为中心的水上交通枢纽的关键工程。具体地讲,从洛口进入黄河航线,主要有两个方向的航道:一是经黄河折向东北进入北济水,沿北济水航线可以深入到齐鲁及河北腹地;一是经黄河向东自汴口即石门或石门渠沿汴渠东行可进入淮河水系泗水,沿泗水航线可进入淮河,进而联系淮南、淮北地区。与此同时,自汴渠入淮后,经邗沟可远及长江及长江以南的地区。在这中间,由于东西流向的黄河截断济水将其分为南北两个部分,又由于黄河入汴处石门航段充分利用了南济水,因此从石门入黄河后可直接进入北济水。从这样的角度看,石门实际上是黄河与淮河水系相互连接的重点节点,同时也是江淮运道与齐鲁及河北地区相连的航段节点。如郦道元记载:"明帝永平十五年,东巡至无盐,帝嘉景功,拜河堤谒者。汉灵帝建宁四年,于敖城西北,垒石为门,以遏渠口,谓之石门。故世亦谓之石门水。门广十余丈,西去河三里。石铭云:建宁四年十一月黄场石也。而主吏姓名,磨灭不可复识。魏太和中,又更修之。撤故增新,石字沦落,无复在者。水北有石门亭,戴延之所云:新筑城周城三百步,荥阳太守所镇者也。水南带三山,即三皇山,亦谓之为三室山也。……济水又东,径敖山北,《诗》所谓薄狩于敖者也。其山上有城,即殷帝仲丁之所迁也。皇甫谧《帝王世纪》曰:仲丁自亳,徙嚣于河上者也,或曰敖矣。秦置仓于其中,故亦曰敖仓城也。济水又东,合荥渎,渎首受河水,有石门,谓之为荥口石门也。而地形殊卑,盖故荥、播所道,自此始也。"②又指出:"又北径茌平县东,临邑县故城西,北流入于河。河水又东北流,径四渎津,津西侧岸临河,有四渎祠,东对四渎口。河水东分济,亦曰泲水受河也。然荥口石门,水断不通,始自是出,东北流,径九里,与清水合,故济渎也。自河入济,自济入淮,自淮达江,水径周通,故有四渎之名也。"③敖城是殷商君主仲丁建在敖山上的都城,秦汉以后是重要的军事要塞。具体地讲,敖城下临黄河,地形险要,是兵家

---

① 北魏·郦道元《水经注·济水一》,杨守敬、熊会贞疏,段熙仲点校,陈桥驿复校《水经注疏》上册,南京:江苏古籍出版社1989年版,第652—654页。
② 同①,第650—654页。
③ 北魏·郦道元《水经注·河水五》,杨守敬、熊会贞疏,段熙仲点校,陈桥驿复校《水经注疏》上册,南京:江苏古籍出版社1989年版,第472—473页。

必争之地。不过，荥口石门及石门渠建成后，敖城的地位受到一定程度的削弱。石门及石门渠是黄河入汴的重要通道，从黄河经石门入汴后可远及泗水，从泗水可远达江淮，为此，后人十分重视石门及石门渠的战略位置。如前秦苻坚征伐东晋，为调度粮草及物资曾以石门及石门渠为中转站，如史有"运漕万艘，自河入石门，达于汝颍"①之说。

石门成为后世反复修缮的对象以及攻防的战略要地，从侧面道出了石门作为漕运枢纽的重要性。进而言之，石门是汴渠进入黄河的重要节点，同时也是远接淮、泗的咽喉，可以说，石门及石门渠的安全是否是关系汴渠畅通的大问题，为此，后世十分重视石门及石门渠在漕运中的地位和作用。如隋修通济渠，以洛阳以起点，远通淮、泗，至扬州入江，这一运道与王景、王吴兴修的"汴东南入泗"完全一致，其中，汴口即石门是"汴东南入泗"的重点工程。

---

① 唐·房玄龄等《晋书·苻坚载记下》，北京：中华书局1974年版，第2917页。

第三章 屯田与"省漕"及河渠建设

东汉屯田主要在内地和边地两大区域进行。光武帝刘秀争天下时,群雄竞起,百姓流离失所,为维持旷日持久的战争,刘秀用屯田的方式来解决日益增长的粮草需求,由此揭开了内地屯田的历史。刘秀夺取天下后,为解除边患及节省开支,揭开了在边地屯田的历史。范传贤先生论述道:"西汉和东汉都进行了军事屯田,其间各有特点和差别,在时间上,西汉是首创者,东汉是继承者;在空间上,西汉屯田只在边疆地区,未进入内地;东汉屯田首先是在内地,随后开展于边疆。……东汉呈现出明显的特点是,它不像西汉仅限于边境地区,而是从内地开始的。首先出现和存在于内地的郡县,特别是由被战争激烈摧残的地方,如河北、陕西、河南等地开始滋生。军垦运动几乎遍布整个华北地区、西北甘青一带、西域和辽东等地。"[1]很显然,东汉屯田始于内地,后来扩展到边地。与内地屯田相比,边地屯田与漕运的关系更大。通过边地屯田,达到"省漕"的目的。"省漕",是指减少或节约漕运开支,在不增加赋税征收的基础上保证军需。进而言之,边地屯田可以在减少内地赋税征收的同时,减轻漕运负担,进而实现"用功省少,而军粮饶足"[2]的目标。

从另一个层面看,东汉时期的河渠建设主要集中在河南、河北两大区域,如兴修阳渠、汴渠主要在河南进行,修复济渠主要在河北进行。尽管如此,其他区域的河渠建设依旧有可圈可点之处。如虞诩重修武都一带的河渠及发展农业,在抗击羌胡的过程中起到了不可替代的作用;又如马臻疏浚鉴湖,改善了浙江东部的农业生产条件和水上交通条件。在这中间,边地屯田与漕运及兴修河渠等交织在一起,在维护国家安全及社会发展方面承担着重要的使命。

---

[1] 范传贤、杨世钰、赵德馨《中国经济通史》,长沙:湖南人民出版社2002年版,第395页。
[2] 刘宋·范晔《后汉书·西羌传》,北京:中华书局1965年版,第2893页。

第一节 东汉屯田与"省漕"

东汉边地屯田,发生在边地不稳时常受到匈奴及诸羌蚕食的背景下。首先需要说明的是,史家所说的"屯田"包括军屯和民屯等两个方面,如汉宣帝刘询的诏书中有"今军士屯田"①之语。进入东汉以后,屯田虽包括民屯,但主要指军屯,如史有"建光元年,京都及郡国二十九淫雨伤稼。是时羌反久未平,百姓屯戍,不解愁苦"②之说,又有"然后简精锐之卒,发屯守之士,三军既整,甲兵已具,相其土地之饶,观其水泉之利,制屯田之术,习战射之教,则威风远畅,人安其业矣"③之说可证。

追溯历史,西汉末年天下大乱,匈奴联合盘踞在河西的羌胡乘机作乱,给东汉政权带来严重的威胁。史家在交代这一时期的政治形势时指出:"武帝时,西域内属,有三十六国。汉为置使者、校尉领护之。宣帝改曰都护。元帝又置戊己二校尉,屯田于车师前王庭。哀平间,自相分割为五十五国。王莽篡位,贬易侯王,由是西域怨叛,与中国遂绝,并复役属匈奴。匈奴敛税重刻,诸国不堪命,建武中,皆遣使求内属,愿请都护。光武以天下初定,未遑外事,竟不许之。会匈奴衰弱,莎车王贤诛灭诸国,贤死之后,遂更相攻伐。小宛、精绝、戎卢、且末为鄯善所并。渠勒、皮山为于阗所统,悉有其地。郁立、单桓、孤胡、乌贪訾离为车师所灭。后其国并复立。永平中,北虏乃胁诸国共寇河西郡县,城门昼闭。十六年,明帝乃命将帅,北征匈奴,取伊吾卢地,置宜禾都尉以屯田,遂通西域,于阗诸国皆遣子入侍。西域自绝六十五载,乃复通焉。明年,始置都护、戊己校尉。及明帝崩,焉耆、龟兹攻没都护陈睦,悉覆其众,匈奴、车师围戊己校尉。建初元年春,酒泉太守段彭大破车师于交河城。章帝不欲疲敝中国以事夷狄,乃迎还戊己校尉,不复遣都护。二年,复罢屯田伊吾,匈奴因遣兵守伊吾地。时军司马班超留于阗,绥集诸国。和帝永元元年,大将军窦宪大破匈奴。二年,宪因遣副校尉阎槃将二千余骑掩击伊吾,破之。三年,班超遂定西域,因以超为都护,居龟兹。复置戊己校尉,领兵五百人,居车师前部高昌壁,又置戊部候,居车师后部候城,相去五百里。六年,班超复击破焉耆,于是五十余国悉纳质内属。其条支、安息诸国至于海濒四万里外,皆重译贡献。九年,班超遣掾甘英穷临西海而还。皆前世所不至,《山经》所未详,莫不备其风土,传其珍怪焉。于是远国蒙奇、兜勒皆来归服,遣使贡献。及孝和晏驾,西域背畔。安帝永初元年,频攻

---

① 刘宋·范晔《后汉书·光武帝纪下》,北京:中华书局1965年版,第50页。
② 刘宋·范晔《后汉书·五行志一》,北京:中华书局1965年版,第3269页。
③ 刘宋·范晔《后汉书·桓谭冯衍传上》,北京:中华书局1965年版,第968页。

围都护任尚、段禧等,朝廷以其险远,难相应赴,诏罢都护。自此遂弃西域。"①

这一记载详细地交代了西汉经营西域及东汉放弃西域的真实情况,阐明了东汉放弃西域和屯田引起西域震动的原因。从西域各国不堪匈奴的压迫主动要求"内附",光武帝刘秀"以天下初定,未遑外事,竟不许之"放弃经营西域,到汉明帝刘庄面对匈奴入侵河西,于永平十六年(73)"北征匈奴,取伊吾卢地",重建屯田秩序后"遂通西域";从汉章帝刘炟建初元年(76)"不欲疲敝中国以事夷狄,乃迎还戊己校尉,不复遣都护",到建初二年(77)"复罢屯田伊吾";从汉和帝永元元年(89)窦宪大破匈奴,到永元三年班超在西域屯田及"复置戊己校尉",西域"五十余国悉纳质内属";从汉和帝去世"西域背畔",到汉安帝刘祜永初元年(107)"诏罢都护",经营西域与否一直困扰着东汉,一方面放弃西域及撤屯将引起整个西北地区的动荡不安,另一方面经营西域又力不从心。时至汉安帝一朝,终因国力不支,被迫采取了"遂弃西域"的方案。

东汉政府失去西域这一屏障后,给匈奴及诸羌提供了在西域及河西的活动空间,引起了边郡的动荡。如卢芳勾结匈奴割据五原(在今内蒙古包头市西北),加剧了东汉政权的危机,为此,光武帝刘秀采取了边地屯田之策。史称:"东方既平,七年,诏茂引兵北屯田晋阳、广武,以备胡寇。九年,与雁门太守郭凉击卢芳将尹由于繁畤,芳将贾览率胡骑万余救之,茂战,军败,引入楼烦城。时,卢芳据高柳,与匈奴连兵,数寇边民,帝患之。十二年,遣谒者段忠将众郡弛刑配茂,镇守北边,因发边卒筑亭候,修烽火,又发委输金帛缯絮供给军士,并赐边民,冠盖相望。茂亦建屯田,驴车转运。"②"七年"指光武帝建武七年(31)。此时"诏茂引兵北屯田晋阳、广武,以备胡寇",可视为光武帝刘秀下令在边郡屯田的开始。在这中间,杜茂镇守北边一方面"发边卒筑亭候,修烽火,又发委输金帛缯絮供给军士,并赐边民",稳定了北边;另一方面"建屯田,驴车转运",以军屯和民屯相结合的方式加强粮草转运,遏制了割据及反叛势力。

杜茂北边屯田很快得到推广。应劭《汉官仪》记载:"世祖中兴,……边陲萧条,靡有孑遗,鄣塞破坏,亭队绝灭。建武二十一年,始遣中郎将马援谒者分筑烽候堡壁,稍兴立郡县。……或空置太守令长,招还人民。上笑曰:'今边无人而设长吏治之,难如春秋素王矣。'乃建立三营,屯田殖谷。弛刑谪徒以充实之。"③建武三十年(54),刘秀在诏书写道:"即位三十年,百姓怨气满腹,吾谁欺,欺天乎?曾谓泰山不如林放,何事污七十二代之编录!桓公欲封,管仲非之。若郡县远遣吏上寿,盛称虚美,必髡,兼令屯田。"④建武二十一年到三十年,

---

① 刘宋·范晔《后汉书·西域传》,北京:中华书局1965年版,第2909—2911页。
② 刘宋·范晔《后汉书·朱景王杜马刘傅坚马传》,北京:中华书局1965年版,第776—777页。
③ 清·孙星衍《汉官六种·汉官仪》,《续修四库全书》第746册,上海:上海古籍出版社2002年版,第560页。
④ 刘宋·范晔《后汉书·祭祀志上》,北京:中华书局1965年版,第3161页。

刘秀多次下令屯田,这一作为完全可视为建武七年诏杜茂屯田的延续。

从大的方面讲,东汉边地屯田既受到形势的影响,同时又承袭了西汉的做法。史称:"边郡置农都尉,主屯田殖谷。又置属国都尉,主蛮夷降者。中兴建武六年,省诸郡都尉,并职太守,无都试之役。省关都尉,唯边郡往往置都尉及属国都尉,稍有分县,治民比郡。"①西汉在边郡置农都尉,使其拥有了"稍有分县,治民比郡"的权力,这一做法直接影响到东汉屯田职官建设。

光武帝刘秀以后,边地屯田之策得以继续执行。如史有李恂"持节使幽州,宣布恩泽,慰抚北狄,所过皆图写山川、屯田、聚落百余卷,悉封奏上,肃宗嘉之"②"肃宗"是汉章帝刘炟的庙号。

汉和帝时,为对付羌胡先后在关陇各地进行屯田。汉和帝永元元年(89),烧当羌酋长迷唐被护羌校尉邓训击败,去大、小榆,徙居颇岩谷。史称:"训因发湟中秦、胡、羌兵四千人,出塞掩击迷唐于写谷,斩首虏六百余人,得马牛羊万余头。迷唐乃去大、小榆,居颇岩谷,众悉破散。其春,复欲归故地就田业,训乃发湟中六千人,令长史任尚将之,缝革为船,置于箄上以度河,掩击迷唐庐落大豪,多所斩获。复追逐奔北,会尚等夜为羌所攻,于是义从羌胡并力破之,斩首前后一千八百余级,获生口二千人,马牛羊三万余头,一种殆尽。迷唐遂收其余部,远徙庐落,西行千余里,诸附落小种皆背畔之。烧当豪帅东号稽颡归死,余皆款塞纳质。于是绥接归附,威信大行。遂罢屯兵,各令归郡。惟置弛刑徒二千余人,分以屯田,为贫人耕种,修理城郭坞壁而已。"③邓训大胜后,以为河西边郡稳定,遂罢除屯兵,采取了民屯的方式。然而,因民屯缺少武力的保护,很快陷入了瘫痪的状态。

为了扭转不利于统治的局面,永元十四年(102),曹凤进献河西屯田之策,试图以军屯的方式重建河西的政治秩序和社会秩序。史称:"时西海及大、小榆谷左右无复羌寇。隃麋相曹凤上言:'西戎为害,前世所患,臣不能纪古,且以近事言之。自建武以来,其犯法者,常从烧当种起。所以然者,以其居大、小榆谷,土地肥美,又近塞内,诸种易以为非,难以攻伐。南得钟存以广其众,北阻大河因以为固,又有西海鱼盐之利,缘山滨水,以广田畜,故能强大,常雄诸种,恃其权勇,招诱羌胡。今者衰困,党援坏沮,亲属离叛,余胜兵者不过数百,亡逃栖窜,远依发羌。臣愚以为宜及此时,建复西海郡县,规固二榆,广设屯田,隔塞羌胡交关之路,遏绝狂狡窥欲之源。又殖谷富边,省委输之役,国家可以无西方之忧。'于是拜凤为金城西部都尉,将徙士屯龙耆。后金城长史上官鸿上开置归义、建威屯田二十七部,侯霸复上置东西

---

① 刘宋·范晔《后汉书·百官志五》,北京:中华书局1965年版,第3621页。
② 刘宋·范晔《后汉书·李陈庞陈桥传》,北京:中华书局1965年版,第1683页。
③ 刘宋·范晔《后汉书·邓寇列传》,北京:中华书局1965年版,第610—611页。

邯屯田五部,增留、逢二部,帝皆从之。列屯夹河,合三十四部。其功垂立。"①通过"广设屯田"即开置屯田三十四部,既"隔塞羌胡交关之路,遏绝狂狡窥欲之源",同时又"殖谷富边,省委输之役"。可以说,曹凤的屯田之策推广后,在河西"列屯夹河",成为有效遏制羌胡之乱的重要原因,故史家有"其功垂立"之说。

然而,好景不长,汉安帝刘祜永初时(107—113),羌胡再度作乱,一度建立的河西屯田秩序被迫中断,如史有"至永初中,诸羌叛。乃罢"②之说。由此引起的震动是,郡县被迫内徙,如陇西徙襄武(在今甘肃陇西)、安定徙美阳(在今陕西扶风)、北地徙池阳(在今陕西泾阳)、上郡徙衙(在今陕西白水),故史有"羌既转盛,而二千石、令、长多内郡人,并无守战意,皆争上徙郡县,以避寇难。朝廷从之,遂移陇西徙襄武,安定徙美阳,北地徙池阳,上郡徙衙。百姓恋土,不乐去旧,遂乃刈其禾稼,发彻室屋,夷营壁,破积聚"③之说。这一事实表明,一旦屯田秩序遭受破坏,不但河西不保,就是三辅地区也将成为羌胡入侵的对象,如史有"安帝以羌犯法,三辅有陵园之守,乃复置右扶风都尉,京兆虎牙都尉。皆置诸曹掾史"④之说可证。

汉安帝以后,针对撤屯带来的危机,尚书仆射虞诩再度提出边郡屯田的国策。如汉顺帝永建四年(129),虞诩上书道:"臣闻子孙以奉祖为孝,君上以安民为明,此高宗、周宣所以上配汤、武也。《禹贡》雍州之域,厥田惟上。且沃野千里,谷稼殷积,又有龟兹盐池以为民利。水草丰美,土宜产牧,牛马衔尾,群羊塞道。北阻山河,乘厄据险。因渠以溉,水春河漕。用功省少,而军粮饶足。故孝武皇帝及光武筑朔方,开西河,置上郡,皆为此也。而遭元元无妄之灾,众羌内溃,郡县兵荒二十余年。夫弃沃壤之饶,损自然之财,不可谓利;离河山之阻,守无险之处,难以为固。今三郡未复,园陵单外,而公卿选懦,容头过身,张解设难,但计所费,不图其安。宜开圣德,考行所长。"⑤"今三郡未复",是指安定、北地、上郡等地被羌胡长期侵占。虞诩的奏疏受到了重视,成为汉顺帝下令屯戍的依据,很快推广到安定、北地、上郡及陇西、金城等地。史称:"书奏,帝乃复三郡。使谒者郭璜督促徙者,各归旧县,缮城郭,置候驿。既而激河浚渠,为屯田,省内郡费岁一亿计。遂令安定、北地、上郡及陇西、金城常储谷粟,令周数年。"⑥重建河西的屯田秩序。

虞诩重建河西屯田秩序后,主要实现了三个目标:一是有效地巩固了边防,稳定当地的农业生产秩序和社会秩序;二是通过就地攫取军需,极大地节约了自内地漕转河西等地过程中的耗费;三是在兴修河渠的同时,重点发展当地的农业,实现了从水路快速地调运粮草及

---

① 刘宋·范晔《后汉书·西羌传》,北京:中华书局1965年版,第2885页。
② 同①。
③ 同①,第2887—2888页。
④ 刘宋·范晔《后汉书·百官志五》,北京:中华书局1965年版,第3621页。
⑤ 同①,第2893页。
⑥ 同①,第2893页。

军需物资的目标,进而支援了平叛战争。如胡三省注司马光《资治通鉴》中"安定、北地、上郡,山川险厄,沃野千里,土宜畜牧,水可溉漕"语云:"既可溉田,又可通漕也。"①王应麟亦记载:"《西羌传》:顺帝永建元年,陇西羌反,校尉马贤击之皆降。至四年,尚书仆射虞诩上疏曰:《禹贡》:雍州,厥田惟上,沃野千里,又有龟兹盐池,以为民利(上郡龟兹县有盐官),水草丰美,土宜产牧,因渠以溉,水春河漕,用功省,而军粮足。故孝武、光武筑朔方,开西河,置上郡,皆为此也。书奏,帝乃复三郡,使谒者郭璜督徙者归旧县,缮城郭,既而激河浚渠,为屯田,省内郡费岁一亿计,遂令安定、北地、上郡、陇西、金城常储谷粟。令周数年,其冬韩皓为校尉,明年因转湟中,屯田置两河间,以逼群羌。"②通过兴修河渠及屯田极大地稳定了西北边郡,改变了"飞刍挽粟以随其后"③的局面,达到了"用功省少,而军粮饶足"④的目的。

第二节　凉州、河西漕运与屯田

凉州是九州之一雍州,在汉代的新称。《尚书·禹贡》云:"黑水、西河惟雍州。弱水既西,泾属渭汭。漆、沮既从,沣水攸同。荆、岐既旅,终南惇物,至于鸟鼠,原隰厎绩,至于猪野。三危既宅,三苗丕叙。厥土惟黄壤。厥田惟上上,厥赋中下。厥贡惟球、琳、琅玕。浮于积石,至于龙门西河,会于渭汭。织皮昆仑、析支、渠搜,西戎即叙。"⑤雍州的东界至黄河,黄河西岸是关中,东岸是河东。西界至黑水(一说张掖河,一说党河,两河均在甘肃境内。又说黑水指新疆境内的喀喇乌苏河)。汉武帝设十三部州监察区时,改雍州为凉州。史称:"汉兴,因秦制度,崇恩德,行简易,以抚海内。至武帝攘却胡、越,开地斥境,南置交阯,北置朔方之州,兼徐、梁、幽、并夏、周之制,改雍曰凉,改梁曰益,凡十三部,置刺史。"⑥此时的凉州主要负责黑水、西河之间的监察事务,包括河西张掖、酒泉、武威、敦煌四郡。王莽新政时,改革职官制度,州刺史成为地方军事行政长官。时至东汉,凉州负责陇西、汉阳、武都、金城、安定、北地、武威、张掖、酒泉、敦煌、张掖属国、张掖居延属国等地的监察事务。

凉州漕运始于虞诩至武都(在今甘肃成县西北)任太守之时。汉安帝永初四年(110),羌胡发动叛乱,直接威胁到并州、凉州等地的安全。当时,执掌朝政的大将军邓骘萌生了放弃凉州的念头,打算集中力量对付来自并州的叛乱,如史有"永初四年,羌胡反乱,残破并、

---

① 宋·司马光《资治通鉴·汉纪四十三》,北京:中华书局1956年版,第1653页。
② 宋·王应麟《玉海·食货》,南京:江苏古籍出版社1990年版,第2811页。
③ 汉·班固《汉书·严助传》,北京:中华书局1962年版,第3245页。
④ 刘宋·范晔《后汉书·西羌传》,北京:中华书局1965年版,第2893页。
⑤ 清·阮元《十三经注疏·尚书正义》,北京:中华书局1980年版,第150页。
⑥ 汉·班固《汉书·地理志上》,北京:中华书局1962年版,第1543页。

凉,大将军邓骘以军役方费,事不相赡,欲弃凉州,并力北边"①之说。

当朝臣大都附从邓骘之说时,虞诩发表了不同的意见:"先帝开拓土宇,劬劳后定,而今惮小费,举而弃之。凉州既弃,即以三辅为塞;三辅为塞,则园陵单外。此不可之甚者也。谚曰:'关西出将,关东出相。'观其习兵壮勇,实过余州。今羌胡所以不敢入据三辅,为心腹之害者,以凉州在后故也。其土人所以推锋执锐,无反顾之心者,为臣属于汉故也。若弃其境域,徙其人庶,安土重迁,必生异志。如使豪雄相聚,席卷而东,虽贲、育为卒,太公为将,犹恐不足当御。议者喻以补衣犹有所完,诩恐其疽食侵淫而无限极。弃之非计。"②这段话的大意是,先帝开辟疆土十分辛苦,轻易地把它丢了,那么三辅将成为边塞。三辅一旦成为边塞,祖宗的陵园将在域外。现在,羌胡之所以不敢从并州方向入侵三辅,是因为凉州在他的后方,起到了牵制的作用。如果放弃了凉州,将会发生重大的变故。一旦凉州人心生异志,豪雄聚集到一块乘势东来,就算是有孟贲、夏育那样的勇士也抵挡不住。虞诩的观点受到李修的重视,进而了纠正了邓骘的错误决定,如史有"修善其言,更集四府,皆从诩议"③之说。

事实上,虞诩的认识是有战略眼光的。具体地讲,凉州水草丰茂,有良好的耕种和放牧条件。史称:"其民或以关东下贫,或以报怨过当,或以悖逆亡道,家属徙焉。习俗颇殊,地广民稀,水草宜畜牧,故凉州之畜为天下饶。保边塞,二千石治之,咸以兵马为务;酒礼之会,上下通焉,吏民相亲。是以其俗风雨时节,谷籴常贱,少盗贼,有和气之应,贤于内郡。"④自汉武帝开拓疆土及实行移民之策后,凉州及河西已成为汉王朝的重要粮仓,在打击匈奴和诸羌的战争中发挥了重要的作用。东汉时期,羌胡不断地侵扰凉州及河西,由于国力有限,再加上讨伐不力等诸多原因,东汉统治者只能眼睁睁地任凭其兴风作浪。为了解除边患,朝廷任命虞诩出任武都太守,如史有"后羌寇武都,邓太后以诩有将帅之略,迁武都太守"⑤之说,由此虞诩开启了经营凉州及河西的历史。

虞诩任武都太守后,击溃了来势汹汹的羌兵,如史有"既到郡,兵不满三千,而羌众万余,攻围赤亭数十日。诩乃令军中,使强弩勿发,而潜发小弩。羌以为矢力弱,不能至,并兵急攻。诩于是使二十强弩共射一人,发无不中,羌大震,退。诩因出城奋击,多所伤杀"⑥之说。他修筑营垒,招还流民,赈救百姓,安定了武都,如史有"诩乃占相地势,筑营壁百八十所,招

---

① 刘宋·范晔《后汉书·虞傅盖臧列传》,北京:中华书局1965年版,第1866页。
② 同①。
③ 同①。
④ 汉·班固《汉书·地理志下》,北京:中华书局1962年版,第1645页。
⑤ 同①,第1868页。
⑥ 同①,第1869页。

还流亡,假赈贫人,郡遂以安"①之说。他还兴修河渠发展漕运,减少漕运支出,如史有"先是运道艰险,舟车不通,驴马负载,僦五致一。诩乃自将吏士,案行川谷,自沮至下辩数十里中,皆烧石剪木,开漕船道,以人僦直雇借佣者,于是水运通利,岁省四千余万"②之说。李贤等注"自沮至下辩数十里中"云:"沮及下辩并县名。沮,今兴州顺政县也。下辩,今成州同谷县也。"③马端临指出:"虞诩为武都太守,开漕船道,而水运通利。"④通过兴修河渠开辟航线节约了运输成本,保证了平乱中的后勤补给。

其实,"开漕船道"不仅可以"岁省四千余万",更重要的是,这条新修的河渠还有防洪排涝、发展农业、保证武都安全等功能。李贤等注《后汉书·虞诩传》"自沮至下辩数十里中,皆烧石剪木,开漕船道"语云:"《续汉书》曰:'下辩东三十余里有峡,中当泉水,生大石,障塞水流,每至春夏,辄溢没秋稼,坏败营郭。诩乃使人烧石,以水灌之,石皆坼裂,因镌去石,遂无泛溺之患'也。"⑤在此之前,武都洪涝灾害严重,百姓流离失所,兴修下辩运道以后,安定了民生,发展了农业。史称:"诩始到郡,户裁盈万。及绥聚荒余,招还流散,二三年间,遂增至四万余户,盐米丰贱,十倍于前。"⑥李贤等注云:"《续汉书》曰:'诩始到,谷石千,盐石八千,见户万三千。视事三岁,米石八十,盐石四百,流人还归,郡户数万,人足家给,一郡无事。"⑦虞诩兴修河渠后,改善了武都一带的农业生产条件,两三年以后,武都呈现出一派繁荣的景象。姚之骃记载:"虞诩为武都太守,始到郡,谷石千,盐石八千,见户万三千。视事三载,米石八十,盐石四百,流人还归,户数万,人足家给,一郡无事(案:诩在武都既弭羌患,又通水运,故郡赖其利。如此乃竟以坐法免,何也)下辩东三十余里许有狭,中当水泉,生大石,障塞水流,每至春夏,辄溢没秋稼,坏败营郭。诩乃使人烧石,以水灌之,石皆坼裂,因镌去石,遂无泛溺之患。"⑧在为虞诩鸣不平的过程中,姚之骃进一步地肯定了虞诩的做法。

需要补充的是,"自沮至下辩"中的"沮"指沮县,同时又指自沮县引沮水。历史上的沮水又称"浊水""白水"。如郦道元记载:"浊水又东径武街城南,故下辨县治也。李玲、李稚以氐王杨难敌妻死,葬阴平。袭武街,为氐所杀于此矣,今广业郡治。浊水又东,宏休水注之,水出北溪,南径武街城东,而南流注于浊水。浊水又东径白石县南。《续汉书》曰:虞诩为武都太守,下辨东三十余里有峡,峡中白水生大石,障塞水流,春夏辄溢,败坏城郭。诩使烧

---

① 刘宋·范晔《后汉书·虞傅盖臧列传》,北京:中华书局1965年版,第1869页。
② 同①。
③ 同①。
④ 元·马端临《文献通考·国用考三》,杭州:浙江古籍出版社1988年版,第239页。
⑤ 同①,第1869—1870页。
⑥ 同①。
⑦ 同①,第1870页。
⑧ 清·姚之骃《后汉书补逸·虞诩》,《四库全书》第402册,上海:上海古籍出版社1987年版,第568页。

石,以醋灌之。石皆碎裂,因镌去焉。遂无泛溢之害。浊水即白水之异名也。浊水又东南,泥阳水北出泥谷,南径白石县东,而南入浊水。浊水又东南与仇鸠水合,水发鸠溪,南迳河池县故城西,王莽之乐平亭也。其水西南流注浊水。浊水又东南与河池水合,水出河池北谷,南迳河池戍东,西南入浊水。浊水又东南,两当水注之。水出陈仓县之大散岭,西南流入故道川,谓之故道水。……故道水南入东益州之广业郡界,与沮水枝津合,谓之两当溪,水上承武都沮县之沮水渎,西南流,注于两当溪。虞诩为郡漕谷布在沮,从沮县至下辨,山道险绝,水中多石,舟车不通,驴马负运,僦五致一。诩乃于沮受僦,直约自致之。"①浊水水系发达,分别有宏休水、泥阳水、仇鸠水、河池水、两当水、两当溪水等注入。虞诩兴修下辨运道时,采取裁弯取直的方法,在下辨的东面开凿了一条航线。这条航线开通后,一是使浊水有了漕运功能,以快捷的方式降低了运输成本,保证了军需;二是解除了郡城武都时常遭受水灾的威胁,为发展农业创造了必要的条件;三是漕运能力增强以后,稳固了武都一带的边防,加固关中地区的防务。

  武都是河西重镇,与关中、巴蜀接壤,战略地位十分重要。客观地讲,虞诩经营武都发生在西域失控的背景下,他在武都兴修河渠、改善农业生产条件,其难度是难以想象的。

  追溯历史,虞诩在武都发展漕运及恢复农业生产秩序,与赵充国河西屯戍有着直接的关系。具体地讲,汉宣帝时,赵充国在河西建立屯戍秩序、兴修河渠取得了丰硕的成果,这一成果对虞诩在武都屯戍及发展漕运有着直接的启示作用。如汉宣帝时期,诸羌反叛,河西及武都已成为重点争夺的区域。为了达到"省漕"以及以战养战的目标,赵充国在河西及武都重建了废弛以久的屯戍秩序。杜佑记载:"孝宣帝神爵元年,遣后将军赵充国将兵击先零羌。充国以击虏殄灭为期,乃欲罢骑兵屯田,以待其弊。奏曰:'臣所将吏士马牛食,月用粮谷十九万九千六百三十斛,盐千六百九十三斛,茭藁二十五万二百八十六石(石,百二十斤)。难久不解,徭役不息。又恐他夷卒有不虞之变。且羌虏易以计破,难用兵碎也,故臣愚心以为击之不便。计度临羌东至浩(音告)亹(音门)。即金城郡广武县地。临羌在今西平郡也),羌虏故田及公田,民所未垦,可二千顷以上。愿罢骑兵,留弛刑,应募及淮阳、汝南步兵与吏私从者,合凡万二百八十一人,用谷月二万七千三百六十三斛,盐三百八斛,分屯要害处。冰解漕下,缮乡亭,浚沟渠(漕下,以水运木而下也。缮,补也),理湟(音皇)狭(音夹),以西道桥七十所,令可至鲜水左右。田事出,赋人二十亩(田事出,谓至春人出营田也。赋谓班与之)。至四月草生,发郡骑及属国胡骑伉健各千,倅马什二,就草(倅,副也。什二者,千骑则与副马二百匹也),为田者游兵。以充入金城郡,益积蓄,省大费。今大司农所转谷至者,足支万人一岁食。谨上田处及器用簿,唯陛下裁许之。'上报曰:'如将军之计。'充国又奏曰:'今留步

---

① 北魏·郦道元《水经注·漾水》,杨守敬、熊会贞疏,段熙仲点校,陈桥驿复校《水经注疏》中册,南京:江苏古籍出版社1989年版,第1700—1706页。

士万人屯田,地势平易,臣愚以为屯田内有亡费之利,外有守御之备。骑兵虽罢,虏见万人留田为必禽之具,其土崩归德,宜不久矣。'诏罢兵,独充国留屯田,大获地利。明年遂破先零。"①如果说神爵元年(前61)是赵充国屯戍河西及武都的起点,那么,"明年遂破先零"则标志着屯戍河西取得了重要的成果。如赵充国上书时,有"治湟陿中道桥,令可至鲜水,以制西域,信威千里"②之说,以此与开"自沮至下辩数十里中"的水道相对照,当知虞诩在武都建立漕运及兴屯田之策与赵充国在河西屯戍有着某种内在的联系。很显然,赵充国河西屯戍的作为,对虞诩提出屯戍的主张产生了重要的影响。

第三节 马臻疏浚镜湖及漕运

会稽郡太守马臻在山阴(在今浙江绍兴)疏浚镜湖、兴修湖堤,也是东汉漕运史中的重要事件。

马臻疏浚镜湖的事迹始见于唐代。杜佑记载:"顺帝永和五年,马臻为会稽太守,始立镜湖,筑塘周回三百十里,灌田九千余顷,至今人获其利。"③又记载:"顺帝永和五年,马臻为太守,创立镜湖。在会稽、山阴两县界,筑塘蓄水,水高丈余,田又高海丈余。若水少则泄湖灌田,如水多则闭湖,泄田中水入海,所以无凶年。其堤塘,周回三百一十里,都溉田九千余顷。"④李吉甫亦记载:"镜湖,后汉永和五年太守马臻创立,在会稽、山阴两县界筑塘蓄水,水高丈余,田又高海丈余,若水少则泄湖灌田,如水多则闭湖泄田中水入海,所以无凶年。堤塘周回三百一十里,溉田九千顷。"⑤按照杜佑和李吉甫的说法,一是马臻疏浚镜湖是在汉顺帝永和五年(140),二是疏浚镜湖的目的是解除浙东一带的水患,发展农业,与疏通航道无关。

杜佑和李吉甫的观点得到后人的认可,认为马臻疏浚镜湖、筑湖堤,泽及后世,如宋以后,依旧得其沾溉。史称:"鉴湖之广,周回三百五十八里,环山三十六源。自汉永和五年,会稽太守马臻始筑塘,溉田九千余顷,至宋初八百年间,民受其利。"⑥明代萧良干等纂修方志时亦称:"马臻字叔荐,永和中为会稽守,创筑镜湖蓄水溉田。湖高于田丈余,高于海丈余,旱则泄湖灌田,潦则闭湖泄田水入海,是以虽遇旱潦而无凶年。其塘周回三百一十里,溉田九

---

① 唐·杜佑《通典·食货二》,杭州:浙江古籍出版社1988年版,第18页。
② 汉·班固《汉书·赵充国辛庆忌传》,北京:中华书局1962年版,第2988页。
③ 同①,第17页。
④ 唐·杜佑《通典·州郡十二》,杭州:浙江古籍出版社1988年版,第966页。
⑤ 唐·李吉甫《元和郡县图志·江南道二》(贺次君点校),北京:中华书局1983年版,第619页。
⑥ 元·脱脱等《宋史·河渠志七》,北京:中华书局1985年版,第2406页。

千余顷,民甚赖之。"①后世史家言之凿凿,马臻疏浚镜湖当有所本。

时至清代,胡渭在叙述马臻疏浚镜湖及筑湖堤时,称其建造了石闼等。胡渭记载:"山阴镜湖,会稽太守马臻作,筑塘周回三百里,疏为二门,其北堤石闼二,阴沟十九,南堤阴沟十四。盖皆古法也,川水暴至,则开高门受水,使水得游荡陂中,以分杀其怒;川平则仍闭以蓄水,遇旱即开下门以溉田。利民之事,无大于此者,故《易》曰'说万物者,莫说乎泽'。"②石闼即石砌小门,有蓄水和泄水功能。这一叙述补充了前人记载中的不足。

镜湖(鉴湖)本身是浙东漕渠的一部分,故疏浚镜湖包含了恢复浙东漕运的意图。曾巩论述道:"鉴湖,一曰南湖,南并山,北属州城漕渠,东西距江,汉顺帝永和五年,会稽太守马臻之所为也,至今九百七十有五年矣。其周三百五十有八里,凡水之出于东南者皆委之。州之东,自城至于东江。其北堤石挞二,阴沟十有九,通民田,田之南属漕渠,北东西属江者皆溉之。州之东六十里,自东城至于东江,其南堤阴沟十有四,通民田,田之北抵漕渠,南并山,西并堤,东属江者皆溉之。州之西三十里,曰柯山斗门,通民田,田之东并城,南并堤,北滨漕渠,西属江者皆溉之。总之,溉山阴、会稽两县十四乡之田九千顷。非湖能溉田九千顷而已,盖田之至江者尽于九千顷也。其东曰曹娥斗门,曰蒿口斗门,水之循南堤而东者,由之以入于东江。其西曰广陵斗门,曰新径斗门,水之循北堤而西者,由之以入于西江。其北曰朱储斗门,去湖最远。盖因三江之上、两山之间,疏为二门,而以时视田中之水,小溢则纵其一,大溢则尽纵之,使入于三江之口。所谓湖高于田丈余,田又高海丈余,水少则泄湖溉田,水多则泄田中水入海,故无荒废之田,水旱之岁者也。由汉以来几千载,其利未尝废也。"③从镜湖"北属州城漕渠""其北堤石挞二,阴沟十有九,通民田,田之南属漕渠"等语中不难发现,疏浚镜湖并及两面,一是改善了当地的农业生产条件,二是保证了浙东漕渠山阴航段的安全。

从大的方面讲,镜湖是山阴故水道的一部分,有调节其水位的功能,在漕运中负有重要的使命。东汉袁康记载:"山阴故水道,出东郭,从郡阳春亭。去县五十里。"④所谓"东郭",指山阴外城的东门;所谓"阳春亭",指山阴东门外的驿亭。自山阴出发,沿山阴故水道向东可进入曹娥江,向西越过钱塘江可与吴郡(在今江苏苏州)境内的吴古故水道相通。从这样的角度看,镜湖航线是浙东漕渠的重要航段当不成问题。

关于这点,还可以从晋时贺循兴修山阴漕渠的过程中得到进一步的证明。晋怀帝年间(307—312),会稽内史贺循主持兴修了浙东漕渠及山阴航段。史称:"运河自西兴抵曹娥横亘二百余里,历三县。萧山河至钱清,长五十里;东入山阴径府城至小江桥,长五十五里。又

---

① 明·萧良干修、张元忭等《万历绍兴府志·人物志三》,《四库全书存目丛书·史部》第201册,济南:齐鲁书社1997年版,第190页。
② 清·胡渭《禹贡锥指》(邹逸麟整理),上海:上海古籍出版社2006年版,第650页。
③ 宋·曾巩《越州鉴湖图序》,《曾巩集》(陈杏珍、晁继周点校),北京:中华书局1984年版,第205页。
④ 汉·袁康《越绝书·越绝外传》,《四库全书》第463册,上海:上海古籍出版社1987年版,第108页。

东入会稽,长一百里。其纵南自蒿坝北抵海塘,亦几二百里。旧经云:晋司徒贺循临郡,凿此以溉田,虽旱不涸,至今民饱其利。"①所谓"历三县",是指浙东漕渠途经萧山、山阴、上虞三县。所谓"萧山河",是指从萧山到钱清之间的萧山运河。所谓"纵南",是指这一航段以府城南面的镜湖南塘(南湖)为航道。所谓"蒿坝",是指建在距山阴四十里处蒿山附近的堰坝。由于蒿坝有堰镜湖的功能,故成为"绍兴、台州二府往来必经之地"②。所谓"凿此以溉田",是指贺循在马臻的基础上疏浚镜湖,恢复了镜湖的蓄水溉田功能。从这样的角度看,疏浚镜湖并及两面,一是改善了当地的农业生产条件,二是镜湖作为浙东漕渠的一部分,在浙江漕运扮演重要的角色。具体地讲,在从西兴起航中经山阴、会稽二县抵达曹娥江之前,必须以"湖广五里,东西百三十里"③的镜湖为航线。如史有"东南通镜湖,运河北达于海"④之说,镜湖是山阴故水道的重要航段,从山阴沿水路东行必走镜湖广陵斗门。如史有"官塘跨山、会二县,在山阴者又谓之南塘,西自广陵斗门,东抵曹娥亘一百六十里,即故镜湖塘也"⑤之说,所谓"自广陵斗门,东抵曹娥亘一百六十里",是指以山阴故水道为主航道。

---

① 明·萧良干修、张元忭等《万历绍兴府志·山川志四》,《四库全书存目丛书·史部》第200册,济南:齐鲁书社1997年版,第469—470页。

② 明·萧良干修、张元忭等《万历绍兴府志·水利志二》,《四库全书存目丛书·史部》第200册,济南:齐鲁书社1997年版,第649页。

③ 北魏·郦道元《水经注·浙江水》,杨守敬、熊会贞疏,段熙仲点校,陈桥驿复校《水经注疏》下册,南京:江苏古籍出版社1989年版,第3305页。

④ 宋·施宿等《会稽志·斗门》,《四库全书》第486册,上海:上海古籍出版社1987年版,第85页。

⑤ 同②,第645页。

第四章　曹操兴修睢阳渠与白沟

在争夺天下的过程中,曹操在其统治区内率先兴修了睢阳渠和白沟。睢阳渠以浚仪西为起点,中经官渡(在今河南中牟东北),随后自官渡东行至睢阳(在今河南商丘),故名。历史上的白沟又称"宿胥渎",宿胥渎是黄河的别流,在兴修宿胥渎时,曹操利用了黄河故道。为消灭盘踞在河北重镇邺城一带的袁绍残余势力,曹操引淇水入运道,建立了这条运粮河。因这条河渠利用了白沟旧道,故有"白沟"之称。

第一节　睢阳渠与汴渠漕运

建安七年(202)一月,曹操亲率大军从谯郡(在今安徽亳州)出发,进驻浚仪(在今河南开封)。抵达浚仪后,曹操在处理军政事务的同时,提出了开挖睢阳渠的构想。史称:"七年春正月,公军谯,令曰:'吾起义兵,为天下除暴乱。旧土人民,死丧略尽,国中终日行,不见所识,使吾凄怆伤怀。其举义兵已来,将士绝无后者,求其亲戚以后之,授土田,官给耕牛,置学师以教之。为存者立庙,使祀其先人,魂而有灵,吾百年之后何恨哉!'遂至浚仪,治睢阳渠,遣使以太牢祀桥玄。进军官渡。"① 曹操自浚仪向睢阳方向开睢阳渠以后,又向西南进军官渡(在今河南中牟东北),这一情况表明,在开睢阳渠以前,从睢阳到浚仪缺少必要的航线。

曹操此番进军官渡,发生在官渡之战以后。建安四年(199)六月,曹操率大军在官渡与袁绍相持。时至第二年十月,通过奇袭袁绍的乌巢(在今河南封丘西)粮仓,曹操取得了官渡之战的胜利。建安七年一月,曹操进驻浚仪,为北渡黄河,消灭袁绍盘踞在河北的残余力量作战前准备。胡三省诠释道:"七年(壬申、二〇二)春,正月,曹操军谯(谯县,属沛国,操之乡里),遂至浚仪,治睢阳渠(浚仪县,属陈留郡。睢水于此县首受蒗荡渠水,东过睢阳县,故谓之睢阳渠。睢,音虽。治,直之翻),遣使以太牢祀桥玄(玄识操于微时,故祀之)。进军官渡。袁绍自军败,惭愤,发病呕血;夏,五月,薨。"② 按照最初制订的作战方案,曹操打算从水路调集谯郡一带的粮草,随后以浚仪为中转站,完成进军河北的战略构想。

---

① 晋·陈寿《三国志·魏书》,北京:中华书局 1982 年版,第 22—23 页。
② 宋·司马光《资治通鉴·汉纪五十六》,北京:中华书局 1956 年版,第 2044 页。

在曹操进驻浚仪以前,浚仪的水上交通形势是这样的:浚仪作为漕运中转站,向西入汴渠再入黄河,可沿黄河航线北上进入河北;向东可进入淮河支流泗水,从泗水进入淮河。与此同时,以浚仪为起点,经汴渠向南可进入鸿沟的南流蔡渠,自蔡渠经淮河支流颍水等可入淮河。从这样的角度看,浚仪作为联系黄河、淮河流域的节点,受到曹操的高度重视是必然的。在这中间,曹操以浚仪为前敌指挥部,既可获得大后方淮北的后勤支援,又可为进军河北作积极的战事准备。遗憾的是,曹操进驻浚仪后发现,汴渠和蔡渠航道即联系淮北的复式航线已然淤塞,特别是从睢阳到浚仪的航段损坏严重,根本无法承担起转运粮草及后勤补给物资的重任,在这样的背景下,曹操把兴修睢阳渠提上了议事日程。

浚仪一带的汴渠和蔡渠航线遭受严重的破坏虽有许多不确定的因素,但有两个因素不可忽视:一是这一区域属于黄土地带,土质松软,在水流的冲击和浸泡下,堤岸容易坍塌,造成河道堵塞;二是从浚仪向东向南的汴渠和蔡渠航段,或以黄河为主要补给水源,或以黄河为间接的补给水源,受水文变化以及地形地貌的影响,汴渠和蔡渠经过这一土质松软的大平原时流速明显放缓,泥沙淤堵航道与堤岸坍塌交织在一起,直接影响航行。为了重新开通这一水上大通道,曹操决定利用睢水河道,建设一条自睢阳西行经蔡渠入汴渠,经汴口再入黄河的航线。

睢水是汴渠的别流,自浚仪西南从汴渠析出后,东行至睢阳南。历史上的浚仪曾是战国时期魏国的国都大梁,魏国迁都大梁后,在改造鸿沟旧道的基础上,提升了大梁这一水上交通枢纽的地位。郦道元记载:"汳水又东径梁国睢阳县故城北"①又记载:"睢水出陈留县西,蒗荡渠,东北流。《地理志》曰:睢水首受陈留浚仪蒗荡水也。……睢水又东径睢阳县故城南。"②在开睢阳渠之前,汴渠流经陈留、睢阳两地,然而,因水文变化等因素,两地之间的航道不再通行。如鸿沟的东流汴渠和南流蔡渠的补给水源取自黄河,航道淤沙十分严重。所谓"睢水出陈留县西",是指睢水自陈留西南析出。陈留是秦县,汉武帝元狩元年(前122)升陈留为郡级建制,以陈留县为治所,其后在陈留县的基础上建浚仪县,因此,浚仪县是陈留县的别称。胡渭考证道:"据《水经注》,阴沟本蒗荡渠,在浚仪县北,自王贲断故渠引水东南出以灌大梁,谓之梁沟。于是水出县南而不径其北,遂目梁沟为蒗荡渠,亦曰鸿沟。浚仪故县在今开封府西北,即大梁城,魏所都也。"③如果以"断故渠引水东南出以灌大梁"等语为参照,那么,"睢水出陈留县西",应在浚仪的西南。联系"睢水首受陈留浚仪蒗荡水"等语看,浚仪的西南应指官渡,官渡是汴渠和睢水分流的地点。睢水自官渡经汴渠析出后,"又东径睢阳县故城南",这样一来,曹操兴修睢阳渠时,势必把重点兴修的对象放在官渡这一航段节点上。

---

① 北魏·郦道元《水经注·汳水》,杨守敬、熊会贞疏,段熙仲点校,陈桥驿复校《水经注疏》中册,南京:江苏古籍出版社1989年版,第1968页。

② 北魏·郦道元《水经注·睢水》,杨守敬、熊会贞疏,段熙仲点校,陈桥驿复校《水经注疏》中册,南京:江苏古籍出版社1989年版,第2001—2007页。

③ 清·胡渭《禹贡锥指》(邹逸麟整理),上海:上海古籍出版社2006年版,第491页。

关于这点,还可以从官渡连接汴渠和蔡渠的地理位置上得到进一步的验证。郦道元注"渠出荥阳北河,东南过中牟县之北"等语云:"《风俗通》曰:渠者,水所居也。渠水自河与泲乱流,东径荥泽北,东南分泲,历中牟县之圃田泽北,与阳武分水。"①"渠水"是鸿沟的别称,"泲水"即济水,先秦时期,渠水(鸿沟)以黄河及济水为补给水源,并与两者相通。所谓"东南过中牟县之北",是指鸿沟东流行经东南入泗时必经在中牟县北面的官渡。班固记载:"睢水首受狼汤水,东至取虑入泗,过郡四,行千三百六十里。"②狼汤水又称"鸿沟",在历史水文变化的过程中,鸿沟与济水、黄河水系构成了错综复杂的关系,故有"荥渎""官度水""阴沟""汳水""浚仪渠""汴渠""梁沟"等称谓。取虑,秦县。如黄镇成记载:"鸿沟,一名官度水,一名蒗荡渠,今谓之汴河。大禹塞荥泽,开之以引河水,东南通淮、泗。"③从"官度水"这一称谓中当知,官渡是汴渠必经之地。

在研究历史水文变迁的过程中,徐文靖已充分注意到官渡这一航段节点与汴渠和睢水的关系。他论述道:"张洎曰:禹于荥泽下分大河为阴沟,引注东南,以通淮、泗。至大梁浚仪县西北,复分为二渠(汉明帝时王景始作浚仪渠,循河沟故渎故县氏之):一渠元经阳武中牟台下为官渡水(官渡,在今中牟县,曹操与袁绍相持于官渡口,即此),一渠始皇疏凿以灌魏郡,谓之鸿沟。"④所谓"元经阳武中牟台下为官渡水",是指汴渠东行至中牟境内析出的睢水。原来,早在东汉王景作浚仪渠时,自官渡汴渠析出的睢水已经存在。从这时起,睢水以官渡为节点,不但将浚仪和睢阳两地联系起来,而且有东行经取虑入泗、入淮的水道,只是此时的睢水不具备航运的能力。进而言之,睢水自汴渠析出后必经官渡,如果利用睢水河道建立官渡与睢阳的航线,那么,则可以官渡为航段节点经汴渠进入浚仪,又可进入鸿沟的南流蔡渠。

此外,从曹操"治睢阳渠"时有"进军官渡"之举中可以看到,官渡是睢阳渠连接汴渠和蔡渠的重要航段节点。睢水自汴渠析出后经浚仪的西南,蔡渠在浚仪的东南,官渡一带的睢水在汴渠和蔡渠之间。从水文形势上看,官渡有睢水远通睢阳,只要加以改造便可以官渡为节点,建立一条与汴渠、蔡渠相通的复式航线。进而言之,以官渡为航段节点利用睢水河道兴修睢阳渠,可以串联起睢阳和浚仪两地,重新建立汴渠和蔡渠在这一区域联系淮河水系的航线。如自睢阳向东可入淮河支流泗水,向南经蔡渠可入淮河支流颍水、涡水等。又如以浚仪为起点,向西可进入东汉时期兴修的汴渠,中经中牟、荥阳等地入黄河航线。黄河航线是经略中原的漕运大通道,入黄河以后经洛口,入洛水可进入洛阳;沿黄河航线继续向西,经三门峡入渭水或汉武帝兴修的漕渠可进入关中。从这样的角度看,曹操兴修睢阳渠以后立即"进军官渡",是有战略眼光的重要举措。这样做的目的主要有两个:一是为重点经营河北服

---

① 北魏·郦道元《水经注·渠》,杨守敬、熊会贞疏,段熙仲点校,陈桥驿复校《水经注疏》中册,南京:江苏古籍出版社1989年版,第1870页。
② 汉·班固《汉书·地理志上》,北京:中华书局1962年版,第1559页。
③ 元·黄镇成《尚书通考》,《四库全书》第62册,上海:上海古籍出版社1987年版,第175页。
④ 清·徐文靖《禹贡会笺》,《四库全书》第68册,上海:上海古籍出版社1987年版,第308页。

务,提供必要的后勤支援;二是有向西扩张即经营洛阳和关中及长安的意图。

在兴修睢阳渠的过程中,曹操采取了两个方案:一是利用汴渠和蔡渠旧有的航道,疏通了从官渡到浚仪的航线;二是利用了睢水河道,兴修了从官渡到睢阳的新航线。如王应麟记载:"《魏武纪》:建安七年正月至浚仪,治睢阳渠。《后魏书》:崔亮议修汴、蔡二渠,以通边运。《说文》:汳水受陈留浚仪,阴沟至蒙为雕水,东入于泗。"①依据《后魏书》,曹操兴修睢阳渠时利用了汴渠和蔡渠的旧航道当不成问题。顾祖禹考证道:"后汉建安七年曹操军谯,至浚仪治睢阳渠,盖因睢水而作渠。《汉志》注:睢水于浚仪首受莨荡渠,东至取虑而入泗。"②尽管"盖因睢水而作渠"多有不确定的因素,但大体上道出了睢阳渠是在睢水的基础上兴修的事实。进而言之,以官渡为节点,入汴渠可与东北方向的浚仪相连,自汴渠向南可与蔡渠相接,自睢水向东南可进入睢阳。由于河渠建设一向有取之现成的规律,因此,曹操利用睢水河道兴修睢阳渠当不成问题。

通过兴修睢阳渠,曹操利用睢水河道重新建立起汴渠、蔡渠之间的互通关系,形成了远接淮河的水运能力。汴渠和蔡渠流过不同的地区,与黄河水系、淮河水系形成了错综复杂的关系。胡渭考证道:"莨荡渠东南流为荥渎、济水,为官渡水,为阴沟、汳水、浚仪渠,其在大梁城南者为鸿沟,鸿沟南流兼沙水之目,沙水枝津又为睢水、涡水,名称不一,要皆河阴石门河水为之,委别而原同也。"③睢水既是汴渠的别流,又是蔡渠的别流。同时,涡水既是蔡渠的别流,又是淮河的支流。

历史上的蔡渠还有"蔡河""沙河""沙水"等称谓。蔡渠自浚仪东南接淮河支流颍水、涡水,是一条有别于鸿沟东流汴渠的航线。建安年间(196—220),因战争及水文变化等因素,蔡渠受到严重的破坏。这一时期,曹操兴修睢阳渠的目的有两个,一是恢复蔡渠与汴渠之间的航线,二是重点建立黄河水系与淮河水系的互通能力,建成远通淮河流域的复式航线。如胡渭注魏收《魏书·地形志二》"渠水在大梁城东分为蔡渠"④一语时论述道:"即今祥符县东南首受汴之蔡河。"⑤蔡渠自浚仪东南与汴渠分流后,经睢阳"下流至归德府鹿邑县合于颍水"⑥。如果能有效地利用这一水道,自然可以建立从不同的途径进入淮河水系的航线。因有这一情况的存在,从而为曹操开睢阳渠建立汴渠、蔡渠与淮北的水上大通道提供了依据。

关于这点,还可以从班固"睢水首受狼汤水,东至取虑入泗,过郡四"⑦等语中,得到进一步的证明。"狼汤水"至取虑入泗后,途经四个郡国。刘邦建汉后,惩秦之败,实行郡国并行的政治制度,在此基础上,进一步出现了以郡同时指代郡县和诸侯国两种行政建制的情况。

---

① 宋·王应麟《玉海·地理》,南京:江苏古籍出版社1990年版,第423页。
② 清·顾祖禹《读史方舆纪要·河南二》(贺次君、施和金点校)第4册,北京:中华书局2005年版,第2153页。
③ 清·胡渭《禹贡锥指》(邹逸麟整理),上海:上海古籍出版社2006年版,第454页。
④ 北齐·魏收《魏书·地形志二》,北京:中华书局1974年版,第2532页。
⑤ 同③,第615页。
⑥ 同②,第2146页。
⑦ 汉·班固《汉书·地理志上》,北京:中华书局1962年版,第1559页。

那么,睢水流经哪四个郡国呢? 班固没有明说。王鸣盛《十七史商榷》记载:"睢水受汴,东经陈留、梁国、谯郡、沛国,至彭城县入泗。"①班固所说的"东至取虑入泗"与王鸣盛所说的"至彭城县入泗"出现差异,与后世河流不断迁徙及改道有密切的关系。据此,研究东汉时期的鸿沟水文变化,应以班固所说行政区划为准。进而言之,如果以浚仪航段为节点的话,向西入汴渠再入黄河航线,既可入洛水远接洛阳,又可沿黄河航道西入关中;向东则可以陈留为节点,从陈留西向南再向东经梁国、谯郡、沛国等郡国,随后经彭城(在今江苏徐州)东到取虑入泗水,沿泗水折向东南后入淮河。这样一来,曹操充分利用睢水河道兴修睢阳渠是必然的。

那么,为什么曹操修睢阳渠以后,便可以顺利地"进军官渡"呢? 要回答这一问题,首先要从鸿沟与汴渠、蔡渠的关系说起。至道元年(995)九月,宋太宗"问侍臣汴水疏凿之由,令参知政事张洎讲求其事以闻",张洎应答道:"禹又于荥泽下分大河为阴沟,引注东南,以通淮、泗。至大梁浚仪县西北,复分为二渠:一渠元经阳武县中牟台下为官渡水;一渠始皇疏凿以灌魏郡,谓之鸿沟,莨菪渠自荥阳五出池口来注之。其鸿沟即出河之沟,亦曰莨菪渠。"②精通水文事务的张洎明确指出,鸿沟在浚仪西北的中牟官渡有两条渠道,一条是先秦时期的鸿沟旧道,一条是秦王嬴政二十二年(前225)秦将王贲引河灌魏都大梁的渠道。这里道出的一个基本事实是,鸿沟除了在浚仪分为东流汴渠和南流蔡渠之外,官渡亦是入汴渠入黄河再入河北的关键性航段。进而言之,兴修睢阳渠改善了从蔡入汴的航运条件,为曹操从淮北等战略后方转运粮草及军需物资到河北前线建立了一条快捷的水上通道。从这样的角度看,建安七年曹操从谯郡出发,经睢阳进军官渡,目的是为了利用蔡渠运兵运粮把军事斗争的锋芒指向黄河以北,剪除袁绍在河北的政治势力,以便建立可靠的后方根据地。

睢阳渠是鸿沟东流汴渠和南流蔡渠入泗、入颍、入涡,远通淮河和北入黄河的补充航线,这条航线主要以东汉末年的水文地理为基础,以新开的航道重建了黄河与淮河之间的联系。具体地讲,在黄河迁徙及改道以后,从荥阳到浚仪一带的水文发生巨大的变化。其中,自黄河改道及汴渠取水口发生变化后,汴渠与东汉以前的鸿沟航线多有不一致的地方。胡渭论述道:"许慎曰:汳水受陈留浚仪阴沟,至蒙为灘水,东入于泗。则淮、泗之可以达于河者,以灘至于泗也。许慎又曰:泗受沛水,东入淮。盖泗水至大野而合沛,然则泗之上源自沛亦可以通河也。渭按:前说即道汴入河之意,后说不知许氏所谓泗受沛者,沛即湖陵入泗之菏,而乃云泗水至大野而合沛,谬甚。盖泗水南流合菏,不西注大野也。上源亦可通河,仍是鸿沟为禹迹之说。"③通过兴修睢阳渠,曹操建立了将黄河、淮河水系相连的新航线,形成了一条沿黄河西行远控河北,沿睢阳渠东行连接江淮的航线。

对曹操而言,开通睢阳渠这一战略大通道有着特殊的意义。

---

① 清·王鸣盛《十七史商榷·〈汉书〉十二》(黄曙辉点校),上海:上海书店出版社2005年版,第128页。
② 元·脱脱等《宋史·河渠志三》,北京:中华书局1985年版,第2318页。
③ 清·胡渭《禹贡锥指》(邹逸麟整理),上海:上海古籍出版社2006年版,第145—146页。

其一，睢阳渠为曹操统一北方做出了巨大的贡献,实现了以低廉的漕运成本调集陈、蔡、汝、颍等地粮食及军事战略物资的构想。通过重建汴渠与蔡渠之间的联系,曹操解决了自谯郡经蔡渠入汴渠再入黄河,向河北调粮及转运军需物资的大问题,为进一步清除袁绍盘踞在河北的残余势力铺平了道路。

其二,睢阳渠以睢阳为航段节点,一头经蔡渠联系泗水、颍水、涡水及淮河水系,可深入到曹操经营的大后方谯郡及淮北;一头连接汴渠,可深入黄河及河北的腹地。打通了自淮北经蔡渠至官渡,自官渡至浚仪入汴渠,再从汴渠入黄河的水上通道,为曹操统一北方提供了强有力的后勤支援。如自睢阳渠西入汴渠入黄河再入洛水,可深入中原的腹地河南等地;沿黄河入淇水、汾水、沁水等,向南北拓展可连接河南、河北、河东等地;沿黄河航线西行经三门峡砥柱山可进入关中,随后经渭水可深入关中腹地。

其三,为曹操将谯郡建设为大本营,进一步经营淮北和淮南,把军事斗争的矛盾指向孙权提供了必备的条件。睢阳渠是具有农田灌溉等综合功能的河渠,建成后提高了这一区域的农业生产水平。曹操在睢阳设典农校尉,采取寓兵于农的办法在睢阳一带屯田垦荒,这一做法为保持军事上的优势提供了强有力的后勤支持。进而言之,通过加强睢阳这一粮食基地的建设,为曹操以此为基点兼顾江淮提供了强有力的后勤支援。

其四,睢阳渠不但为有为北征袁绍、统一北方提供后勤支援的重要作用,而且具有从不同的水路进军江淮、威慑孙权政治军事集团的能力。这一航线开通后,除了可以打通从淮北调集军需物资经浚仪中转入汴再入黄河的水上通道外,还可以打通入泗水、颍水、涡水再入淮河的水上通道,可以自睢阳渠可选择不同的航线进入淮河流域,进而沿淮河入邗沟再入长江,沿长江既可远接长江以南,同时又可借助于长江航道联系江汉以远的地区,甚至华南。

第二节 白沟与漕运

建安七年五月袁绍去世后,原有的军事力量一分为二,分别为小儿子袁尚和长子袁谭掌控,史有"绍自军破后,发病欧血,夏五月死。小子尚代,谭自号车骑将军,屯黎阳"①之说。

自官渡之战后,曹操政治军事集团已牢牢地把握了北方军事斗争的主动权。为了完成统一北方的梦想,建安九年,曹操将剑锋指向了盘踞在河北的袁尚、袁谭。为了加强漕运,通过快速运兵运粮消灭退居河北的袁绍残余势力,曹操把开挖白沟提上了议事日程。史称:"九年春正月,济河,遏淇水入白沟以通粮道。二月,尚复攻谭,留苏由、审配守邺。"②曹操挥师横渡黄河,直指袁谭,然而,不知轻重缓急的袁尚不但没有与其兄袁谭联手抗曹,反而加紧了进攻袁谭的步伐,并向袁谭的大本营黎阳(在今河南浚县东北)发起了猛烈的进攻。面对

---

① 晋·陈寿《三国志·魏书》,北京:中华书局1982年版,第23页。
② 同①,第25页。

这一突变的形势,曹操一方面坐山观虎斗,一方面调集军事力量加快了进攻河北重镇邺城(在今河北临漳西南)的步伐。

邺城是魏郡的治所,下辖十八县,行政区划主要由河北邯郸以南和河南安阳以北这一区域构成。这一政区一度是黄河以北最富庶的地区,有着特殊的战略意义。史称:"魏郡,高帝置。莽曰魏城。属冀州。户二十一万二千八百四十九,口九十万九千六百五十五。县十八:邺,故大河在东北入海。馆陶,河水别出为屯氏河,东北至章武入海,过郡四,行千五百里。斥丘,莽曰利丘。沙,内黄,清河水出南。清渊,魏,都尉治。莽曰魏城亭。繁阳,元城,梁期,黎阳,莽曰黎蒸。即裴,侯国。莽曰即是。武始,漳水东至邯郸入漳,又有拘涧水,东北至邯郸入白渠。邯会,侯国。阴安,平恩,侯国。莽曰延平。邯沟,侯国。武安。钦口山,白渠水所出,东至列人入漳。又有浸水,东北至东昌入虖池河,过郡五。行六百一里。有铁官。莽曰桓安。"①攻占邺城意味着夺取消灭袁绍残余势力的主动权,同时又可以在军事扩张的过程中稳固根据地,为挥师南下将军事斗争的矛头指向长江流域作必要的准备。从这样的角度看,曹操利用旧有的白沟水道兴修有漕运能力的白沟及建立后勤保障系统,对于统一北方有着特殊的战略意义。

在曹操兴修白沟以前,白沟作为历史上曾经存在的水道,是指以卫县(在今河南淇县西南)为起点,向北进入魏郡黄河的别流。为加强河北地区的漕运,曹操利用这一现成的水道,引淇水入运道开辟了白沟航线。如乐史记载:"白沟起在卫县,南出大河,北入魏郡。"②曹操利用旧水道建成白沟航线后,形成了自卫县南下进入黄河,经黄河入汴渠、入沙水(蔡河)远及江淮的航线。与此同时,由黄河入白沟,向北可进入魏郡治所邺城。兴修白沟对于改变黄河以北的水路交通有着特殊的意义。王守春先生论述道:"曹操之前,黄河以北平原的航运则是利用自然河流进行的。特别是东汉末年,出现军阀割据势力,华北平原是军阀们争战的主要战场。他们在争战中,往往利用水运通道来运输兵员和物资。"③曹操兴修白沟以后,改变了黄河以北依靠自然河流发展水上交通的情况。

在兴修白沟的过程中,曹操首先利用了淇水。淇水是流量充沛的大河,先秦时期,《诗经》多有描述淇水的诗篇。如从"淇水汤汤"(《诗经·卫风·氓》)以及"淇水悠悠,桧楫松舟,驾言出游,以写我忧"(《诗经·卫风·竹竿》)等中可知,淇水是条大河,水资源十分丰富。又如《战国策·秦策一·张仪说秦王》中有"昔者纣为天子,帅天下将甲百万,左饮于淇谷,右饮于洹水"语,《战国策·赵策二·苏秦从燕之赵》有"据卫取淇则齐必入朝"语,可知淇水一向有漕运能力,早在战国时期已成为各国争夺的水道。建安时期,割据冀州的韩馥打算把冀州让给袁绍,其部将劝韩馥至淇口(淇水入黄河的河口)与袁绍相持。裴松之注《三国志·魏书·袁绍传》引《九州春秋》云:"馥遣都督从事赵浮、程奂将强弩万张屯河阳。浮等闻馥欲以冀州与绍,自孟津驰东下。时绍尚在朝歌清水口,浮等从后来,船数百艘,众万余

---

① 汉·班固《汉书·地理志上》,北京:中华书局1962年版,第1573—1574页。
② 宋·乐史《太平寰宇记·河北道五》(王文楚等校点)第3册,北京:中华书局2007年版,第1156页。
③ 陈桥驿主编《中国运河开发史》,北京:中华书局2008年版,第36页。

人,整兵鼓夜过绍营,绍甚恶之。浮等到,谓馥曰:'袁本初军无斗粮,各已离散,虽有张杨、于扶罗新附,未肯为用,不足敌也。小从事等请自以见兵拒之,旬日之间,必土崩瓦解;明将军但当开合高枕,何忧何惧!'馥不从,乃避位,出居赵忠故舍。遣子赍冀州印绶于黎阳与绍。"①早在袁绍取冀州即韩馥让河北以前,淇水已是南入黄河的重要航线,赵浮等屯河阳(在今河南焦作孟州),"自孟津驰东下",以"船数百艘,众万余人"监视袁绍,将军队自孟津(在今河南孟津)从水路快速地运往淇口。这一情况表明,曹操在经营河北及兴修白沟时,势必要利用淇水建立新航线。

事实上,淇水与白沟所经过的地点也是一致的,可以说,这一情况完全可以从一个侧面证明曹操兴修白沟时,充分利用了原有淇水航线。如郦道元考证淇水与白沟及经过的区域时指出:"淇水又东北流,谓之白沟,径雍榆城南。《春秋·襄公二十三年》,叔孙豹救晋,次于雍榆者也。淇水又北径其城东,东北径同山东,又东北径帝喾冢西,世谓之顿丘台,非也。《皇览》曰:帝喾冢在东郡濮阳、顿丘城南台阴野中者也。又北径白祀山东,历广阳里,径颛顼冢西,俗谓之殷王陵,非也。《帝王世纪》曰:颛顼葬东郡顿丘城南,广阳里大冢者是也。淇水又东屈而西转,径顿丘北。故阚骃云:顿丘在淇水南。《尔雅》曰:山一成谓之顿丘。《释名》谓一顿而成丘,无高下小大之杀也。《诗》所谓送子涉淇,至于顿丘者也。魏徙九原、西河、土军诸胡,置土军于丘侧,故其名亦曰土军也。又屈径顿丘县故城西,《古文尚书》以为观地矣,盖太康弟五君之号曰五观者也。《竹书纪年》晋定公三十一年,城顿丘。《皇览》曰:顿丘者,城门名顿丘道。世谓之殷,皆非也,盖因丘而为名,故曰顿丘矣。淇水东北,径枉人山东,牵城西。《春秋·定公十四年》,公会齐侯卫侯于牵者也。杜预曰:黎阳东北有牵城,即此城矣。淇水又东北,径石柱冈,东北注矣。"②

为加强运兵运粮,曹操兴修白沟时利用了淇水。郦道元称"淇水东北,径枉人山东,牵城西",那么,枉人山及牵城在什么地方?李吉甫记载:"枉人山,在县西北四十二里。或言纣杀比干于此。"③"县西"指黎阳县西。"牵城"系古地名,在黎阳东南即靠近枉人山的地方。胡渭论述道:"《春秋·定公十三年》,公会齐侯,卫侯于牵。杜预曰:黎阳东北有牵城,即此。按枉人山,《元和志》云:在黎阳县西北四十五里,俗言纣杀比干于此,故名。《寰宇记》云:在县西北十三里,俗名上阳三山。《明一统志》云:在浚县西北二十五里,内黄县西南六十里,北连跨巨冈,左右溪涧,不啻数百。又按《荡水注》云:宜师沟东径荡阴县南,又东径枉人山东北,至内黄泽,右入荡水。《汤阴县志》云:枉人山在县东南二十五里,与浚县接界。是一山而跨三县之境也。"④随后,胡渭在引《浚县新志》描述枉人山的情况时进一步记载:"县西南四十余里有同山,县西二十里有白祀山,县西北二十五里有善化山,即古枉人山,俗名上阳三

---

① 晋·陈寿《三国志·魏书》,北京:中华书局1959年版,第191—192页。
② 北魏·郦道元《水经注·淇水》,杨守敬、熊会贞疏,段熙仲点校,陈桥驿复校《水经注疏》上册,南京:江苏古籍出版社1989年版,第860—863页。
③ 唐·李吉甫《元和郡县图志·河北道一》(贺次君点校),北京:中华书局1983年版,第462页。
④ 清·胡渭《禹贡锥指》(邹逸麟整理),上海:上海古籍出版社2006年版,第465页。

山,周三十里,高六十余丈,此皆贾让所谓西山也。"①枉人山,一名善化山,在黎阳县西北四十五里即浚县西北二十五里处。曹操渡河北上的第一个战略目标是黎阳,在这中间,白沟为曹操走水路挥师北上,及时地转运粮草及军事物资提供了强有力的后勤保障。

淇水发源于共县(在今河南辉县),以东西走向为主,个别河段呈东北和西南走向,与黄河别枝屯氏河大体平行。郦道元考证道:"今河内共北山,淇水出焉,东至魏郡黎阳入河,近所谓降水也。降读当如郦降于齐师之降,盖周时国于此地者,恶言降,故改为共耳。又今河所从,去大陆远矣。馆陶北屯氏河,其故道与? 余按郑玄据《尚书》有东过洛汭,至于大伾,北过降水,至于大陆,推次言之,故以淇水为降水,共城为降城,所未详也。稽之群书,共县本共和之故国,是有共名,不因恶降而更称。"②通过考证,郦道元揭示了淇水的历史水文地理情况,强调了淇水与黎阳的关系。屯氏河是黄河的别枝,郦道元略去两者间的关系不论,从侧面表达了屯氏河与淇水之间没有发生联系的态度。

在深入研究前人诸说的过程中,胡渭进一步考证道:"案《汉书》以襄国为信都,在大陆之西,或降水发源在此。下尾至今之信都,故得先过降水,乃至大陆。郑以降读为下江反,声转为共。河内共县,淇水出焉,东至魏郡黎阳县入河。此近降水,周时国于此地者,恶言'降',故谓之'共'。此郑胸臆不可从也。渭按:襄国今为邢台县,县界绝无降源。孔说非是。《郦注》浊漳引郑玄《尚书》注,言降水字不当作'绛',是也。而读'降'为'郦降于齐师'之'降',以淇水为降水,共城为降城,则谬。又曰:今河所从,去大陆远矣。馆陶北屯氏河,其故道与郦以为近是。今考《地理志》馆陶县下云:河水别出为屯氏河,东北至章武入海。今馆陶、临清、清平、高唐、景州、南皮、沧州、盐山界中,并有古屯氏河。则屯河行清河之东,大河故渎之西,其为禹河故道理或有之。然邺县故大河在东北入海。"③以班固《汉书·地理志》为依据,在辨析《尚书》郑注及郦道元之说的过程中,胡渭深入地研究了汉代地理及淇水水文等情况,关注了黄河别流屯氏河行经的区域,由此得出的结论是:淇水(降水)与屯氏河虽然相邻,但两者并不相通。进而言之,曹操开白沟以淇水为主要的补给水源,甚至部分航线利用了淇水河道,但没有与屯氏河发生直接的联系。如郦道元有"淇水又东北流,谓之白沟,径雍榆城南。《春秋》襄公二十三年,叔孙豹救晋,次于雍榆者也。淇水又北径其城东"④等语,这里透露的信息是,白沟雍榆航段是以淇水为基本航线的。

兴修白沟对于曹操重点经营河北及巩固大后方有着特殊的作用,白沟除了淇水及黄河别流有联系外,河北诸水也为白沟提供了充足的水源。如郦道元记载道:"白沟又北,左合荡水,又东北流,径内黄县故城南。……白沟自县北径戏阳城东,世谓之羛阳聚。《春秋左传·

---

① 清·胡渭《禹贡锥指》(邹逸麟整理),上海:上海古籍出版社2006年版,第452页。
② 北魏·郦道元《水经注·浊漳水》,杨守敬、熊会贞疏,段熙仲点校,陈桥驿复校《水经注疏》上册,南京:江苏古籍出版社1989年版,第957—958页。
③ 同①,第459—460页。
④ 北魏·郦道元《水经注·清水》,杨守敬、熊会贞疏,段熙仲点校,陈桥驿复校《水经注疏》上册,南京:江苏古籍出版社1989年版,第860页。

昭公九年》,晋荀盈如齐逆女,还,卒戏阳,是也。白沟又北,径高城亭东,洹水从西南来注之。又北径问亭东,即魏县界也。魏县故城,应劭曰:魏武侯之别都也。城内有武侯台,王莽之魏城亭也。左与新河合,洹水枝流也。白沟又东北,径铜马城西,盖光武征铜马所筑也,故城得其名矣。白沟又东北,径罗勒城东,又东北,漳水注之,谓之利漕口。自下清漳、白沟、淇河,咸得通称也。……白沟水又东北,径赵城西,又北阿难河出焉,盖魏将阿难所导,以利衡渎,遂有阿难之称矣。白沟又东北,径空陵城西,又北径乔亭城西,东去馆陶县故城十五里,县即《春秋》所谓冠氏也,魏阳平郡治也。淇水又屈径其县北。"①

白沟的航段节点有卫县(在今河南淇县)、雍榆(在今河南浚县西南)、顿丘(在今河南清丰西南)、内黄(在今河南内黄)、魏县(在今河北魏县)、馆陶(在今河北馆陶)等。在这中间,白沟与洹水汇合后经魏县,折向东北后与漳水汇合,进而从水路进入魏郡邺城。

关于这点,前人有充分的认识。如沈炳巽考订《水经注》时论述道:"白沟自县北径戏阳城东,世谓之义阳。《郭春秋·昭公十年》(按:《左传》是昭公九年,今云十年,误)晋荀盈如齐逆女,还卒戏阳,是也(杜预注:魏郡内黄县北有戏阳城,戏音许宜反)。白沟又北径高城亭东,又洹水从西南来注之,又北径问亭东即魏界也。应邵曰:县故城,魏武侯之别都也,城内有武侯台,王莽之魏城亭也。左与新河合洹水枝流也,白沟又东北径铜马城西,盖光武征铜马所筑也,故城得其名矣。白沟又东北径罗勒城东,又东北漳水注之,谓之利漕口。自下清漳、白沟、淇河咸得通称也。……白沟水又东北径赵城西,又北阿难河出焉。盖魏将阿难所导以利衡渎,首有阿难之称矣。白沟又东北径空陵城西,又北径乔亭城西,东去馆陶县故城十五里,县即《春秋》所谓冠氏也,魏阳平郡治也。其水又屈径其县北,又东北径平恩县故城东。《地理风俗记》曰:县故馆陶之别乡也。汉宣帝元康三年置,以封后父许伯为侯国。《地理志》:王莽之延平县矣。淇水又东过清渊县故城西,又历县之西北,为清渊故县,有清渊之名矣。世谓之鱼池城,非也。"②在考证的基础上,沈炳巽勾勒了白沟与河北诸水的关系。从后世的角度看,河北诸水分属黄河和海河两大水系,曹操在河北兴修河渠后,建立了河北诸水的互通关系,沟通了两大水系。进而言之,沈炳巽的考证可与郦道元的记载相互补充,基本勾勒出了白沟在行经地区的水上交通情况。

除了淇水是白沟的主要补给水源外,清水、荡水、洹水、涑水、浍水、阳水、黄泽、漳水等也是白沟的重要补给水源。白沟与这些河流互通后,进一步扩大了河北地区的漕运范围。如胡渭考证道:"清水(出河内修武县黑山,东流至朝歌县合淇水)、淇水(出河内隆虑县沮洳山,东流合清水,至魏郡内黄县为白沟,亦曰清河)、荡水(出河内荡阴县西。荡音汤)、洹水(出上党长子县洹山,洹音桓。荡、洹二水皆东流至内黄县入白沟)诸川,左右翼带,禹时并注

---

① 北魏·郦道元《水经注·淇水》,杨守敬、熊会贞疏,段熙仲点校,陈桥驿复校《水经注疏》上册,南京:江苏古籍出版社1989年版,第864—868页。
② 清·沈炳巽《水经注集释订讹·淇水》,《四库全书》第574册,上海:上海古籍出版社1987年版,第194页。

于河,亦犹河、汾之间,包有涑、浍等水,无论大小,皆当尽力,此浚畎浍距川之事,所谓涤源者也。"①通过兴修白沟,将不同的河流与白沟串联起来,极大地改善了河北一带的漕运条件。沈炳巽考证道:"淇水又东北径并阳城西,世谓之辟阳城,非也,即《郡国志》所谓内黄县有并阳聚者也。白沟又北左合阳水,又东北流径内黄县故城,南县右对黄泽。《郡国志》曰:县有黄泽者。《地理风俗记》曰:陈留有外黄,故加内。《史记》曰:赵廉颇伐魏取黄,即此县。"②此外,赵一清亦考证道:"白沟又北径高城亭,又东洹水从西南来注之。又北径问亭东即魏界也。魏县故城,应劭曰:魏武侯之别都也。城内有武侯台,王莽之魏城亭也。左与新河合洹水枝流也。白沟又东北径铜马城西,盖光武征铜马所筑也,故城得其名矣。白沟又东北径罗勒城东,又东北漳水注之,谓之利漕口。自下清漳、白沟、淇河咸得通称也。"③尽管河北地区有诸多的河流,但大部分在"河、汾之间"。在这中间,白沟连接不同的河流拓展了漕运的空间,提高了曹操调集军事战略物资的效率。

　　从大的方面讲,白沟开挖后与纵横于黄河以北的河流串联在一起,并与后来兴修的利漕渠等相互连通,提升了河北地区的漕运能力。如胡渭论述道:"禹河自汲县东北流入黎阳县界,至大伾山西南,折而北为宿胥口。苏代曰:决宿胥之口,魏无虚、顿丘。虚在朝歌界(今浚县西南有古朝歌城,本殷虚。《卫世家》云:封康叔居河、淇间。故商墟即此),顿丘在黎阳界(今浚县西有顿丘故城,本卫邑。《诗》曰'送子涉淇,至于顿丘'即此。时河已徙而东,宿胥口塞,故秦欲决之以灌二邑。《水经》《河水注》云:自淇口东至在遮害亭(亭在浚县西南五十里),又有宿胥口,旧河水北入也。《淇水注》云:淇水东流径枋城南(《元和志》:枋头故城在卫州卫县东一里。建安九年,魏武在淇水口下大方木为堰,遏淇水,令入白渠,以开运漕,故号其处为枋头。今在浚县之西南,即所谓淇门渡也),右合宿胥故渎。渎受河于顿丘县遮害亭东、黎山西(句),北会淇水处,立石堰遏水,令更东北注,魏武开白沟,因宿胥故渎而加其功。故苏代曰决宿胥之口,魏无虚、顿丘。即指是渎也。"④白沟与淇水、洹水、漳水、清水、黄河连通后,沿淇水北上,可抵达魏郡、广平郡(在今河北鸡泽东南)、清河郡(在今河北清河东南)等;沿淇水南下可进入黄河,自黄河向西入洛水后可抵洛阳;自黄河向东可入汴渠,沿汴渠可入睢水,经睢阳渠入泗水,经谯郡(在今安徽亳州)、淮南郡义成(在今安徽怀远)等地入颍,再进入淮河。进而言之,白沟南通黄河,经黄河入汴渠可入睢阳渠,自睢阳渠可入淮、泗,从而将黄河和淮河水系连接在一起。从某种意义上讲,白沟连接了河南、河北等地,初步解决了曹操在经营河北、统一北方时遇到的漕转难题。

　　白沟改善了河北地区的漕运及水上交通条件,为曹操重点经营河北及邺城奠定了坚实

---

① 清·胡渭《禹贡锥指》(邹逸麟整理),上海:上海古籍出版社2006年版,第40页。
② 清·沈炳巽《水经注集释订讹·淇水》,《四库全书》第574册,上海:上海古籍出版社1987年版,第193—194页。
③ 清·赵一清《水经注释·淇水》,《四库全书》第575册,上海:上海古籍出版社1987年版,第175—176页。
④ 同①,第464页。

的基础。如黄河连通白沟与睢阳渠的交通形势形成后,为曹操夺取邺城奠定了基础,故王守春先生有"把他经营多年,农业已有较好基础的河南地区的物资通过这条水运通道运到黄河以北地区,大大提高运输效率,为曹操进攻邺城提供了物资保障"①之说。史称:"神武奉诏,至是复谋焉。遣三千骑镇建兴,益河东及济州兵,于白沟舫船不听向洛,诸州和籴粟运入邺城。"②所谓"诸州和籴粟运入邺城",是说用漕运的方式将官府征购的粮食运入邺城。这一记载虽然是叙述东魏天平年间(534—537)发生的事情,但用来说明白沟与经营邺城的关系是有认识价值的。

淇水是黄河的支流,位于河北地区,经淇口南下可入黄河主干道。淇水是白沟的主要补给水源,曹操在遮害亭(在今河南浚县西南)建枋头(枋堰),通过"遏淇水入白沟以通粮道",白沟有了新的入河口。

白沟自枋头南入黄河,与淇水自淇口入黄河是两个地方。关于这点,前人所述甚明。郦道元记载:"淇水又南,历枋堰,旧淇水东南流,径黎阳县界南入河。《地理志》曰:淇水出共,东至黎阳入河。《沟洫志》曰:遮害亭西一十八里至淇水口是也。汉建安九年,魏武王于水口,下大枋木以成堰,遏淇水东入白沟,以通漕运,故时人号其处为枋头。"③枋头建在遮害亭,淇口在遮害亭以西十八里的地方,如史有"遮害亭西十八里,至淇水口"④之说。

遮害亭西距淇口有十八里,在这中间,曹操开白沟时为什么没有利用淇口这一自然形成的河口? 如果开白沟时采用自白沟入淇口,再自淇口入黄河的方案,岂不省工省时? 胡渭论述道:"按淇水口,贾让云在黎阳南七十余里,遮害亭西十八里。是河先合淇水,而后经遮害亭也。"⑤贾让是汉哀帝时期的人物,按贾让所说,黄河东流时合淇水在先,然后才东行经遮害亭河口。那么,曹操为什么要在遮害亭建枋头? 用遏水抬高水位的方法,建自遮害亭入黄河的河口呢?

其实,以遮害亭为白沟与黄河相接的河口是由多种因素及黄河水文形势决定的。一是官渡之战后,曹操军事斗争的主要目标转移到了河北,此时曹操的大后方是淮北,浚仪是转运中心。浚仪在淇口、遮害亭的东面,沿黄河航线西行先经遮害亭,后经淇口。从这样的角度看,自遮害亭入黄河再入白沟可以缩短北上的航程。二是曹操经营河北的第一个战略目标是袁谭据守的黎阳,淇口距黎阳较远,遮害亭距黎阳较近,在遮害亭开白沟有利于沿黄河航线自东向西调运粮草和兵丁。三是白沟的主要补给水源取自淇水,如果自淇口入河的话,将无法实现以淇水补给白沟及抬高航道水位的目标,为此,需要在淇口的上流截取淇水并引入事先拓宽拓深的黄河别流白沟水道。四是淇口既是淇水进入黄河的河口,同时也是淇水

---

① 陈桥驿主编《中国运河开发史》,北京:中华书局2008年版,第39页。
② 唐·李百药等《北齐书·神武纪下》,北京:中华书局1972年版,第16页。
③ 北魏·郦道元《水经注·淇水》,杨守敬、熊会贞疏,段熙仲点校,陈桥驿复校《水经注疏》上册,南京:江苏古籍出版社1989年版,第857—858页。
④ 汉·班固《汉书·沟洫志》,北京:中华书局1962年版,第1695页。
⑤ 清·胡渭《禹贡锥指》(邹逸麟整理),上海:上海古籍出版社2006年版,第455页。

和清水(济水)交汇以后,共同进入黄河的入河口。具体地讲,济水原先有自己的河道,被黄河改道截断后,黄河以北的济水与淇水相合,共同汇入黄河。胡渭论述道:"淇水口亦名清河口,以淇、清二水合流入河,故互受其名也。"①淇口又称"清口",淇水和清水经同一河口汇入黄河,一旦洪水季节来临,水势增大势必威胁航行安全。五是淇口一带的河道十分宽阔,因"清河又分河于此间,则下流缓弱,不能冲刷泥沙"②,再加上黄河素有"一石水而六斗泥"③之称,流速放缓后泥沙容易淤塞航道及河口,给疏浚航道带来困难,进而影响漕运。六是淇口一带土质松软,为了防止淇口及黄河堤岸塌陷,东汉以前在这一区域兴建了永久性的石堰。在这样的前提下,如果在淇口附近的石堰开复道另建白沟的入河口,将会破坏原有的石堰。因为这些原因,曹操开白沟时放弃了自淇口入河的开挖方案,将白沟的入河口移到了遮害亭。

遮害亭既是黄河水道的重要节点,同时又与宿胥故渎相连。宿胥故渎是黄河故道,元封二年(前109)汉武帝堵瓠子口以后这一航线被废弃。利用宿胥故渎开白沟可在靠近遮害亭的宿胥口入河,并节约成本、减少工程量和缩短航线。胡渭叙述建安以前的黄河水文形势时辨析道:"《汉志》河内共县下云:北山,淇水所出,东至黎阳入河。隆虑县下云:国水东北至信成入张甲河,过郡三,行千八百四十里。魏郡内黄县下云:清河水出南。《水经》:淇水出隆虑县西大号山,东过内黄县南为白沟,又东北过广宗县东为清河。清水出修武县北黑山,东北过获嘉县,又东过汲县北,又东入于河。《郦注》云:谓之清河口,即淇河口也。《地理志》曰:清河水出内黄县南。无清水可来,所有者唯钟是水耳。盖河徙南注清水,渎移唯留径绝余目。故东川有清河之称。曹公开白沟,遏水北注,方复故渎矣。渭按:《水经》隆虑所出之淇水即国水,宿胥故渎乃禹河之所行,国水自西来注之,势不得东出内黄县南为清河。清河盖禹河下流渐淤决而为此川,犹汉屯氏河之类。及周定王时,宿胥口塞,大河之水不至,国水循宿胥故渎,东北径内黄县南为清河。《汉志》所谓'东北至信成入张甲河,行千八百四十里'者也。其后故渎又塞,清河随淇水至黎阳入河,故淇水口亦名清河口。及曹公堰淇口,因宿胥故渎而加其功,使东北流为白沟,是为复故渎也。苏秦说赵曰东有清河,说齐曰西有清河。清河之来已久,疑春秋前有之。愚尝以鸿沟为禹河致塞之由,今清河又分河于此间,则下流缓弱,不能冲刷泥沙,邺东河道之塞,未必不由此也。《地理志》邺县故大河在东北入海,《水经注》宿胥故渎受河于遮害亭东、黎山西者,即王横所云禹之行河,随西山下,东北去者也。自黎阳以下,《水经》所称大河故渎,一名北渎,俗谓之王莽河者,即周定王时所徙,西汉犹行之,至王莽时遂空者也。所称河水自铁丘南,东北流,至千乘入海者,即王景所治,东汉以后见行之河也。禹河旧迹久失其传。汉、魏诸儒皆以北渎为禹河。司马迁知禹引河北载之高地矣,而不知当时所行者非禹河。王横知禹河随西山下,东北去矣,而不能实指其地名。班固知有邺东故大河矣,而不知其上承宿胥口。郦道元知宿胥故渎为白沟矣,而不知其下流

---

① 清·胡渭《禹贡锥指》(邹逸麟整理),上海:上海古籍出版社2006年版,第454页。
② 同①,第472页。
③ 汉·班固《汉书·沟洫志》,北京:中华书局1962年版,第1697页。

即邺东之河。杜佑知衡漳至肥乡入河矣,而不知其河即北过降水之河。故自大伾以下凡降水、大陆、九河、逆河之所在,皆不得其真。独宋程大昌著《禹贡论》及《山川地理图》,确然自有其所为禹河者,迨考其归趣,则以河水至千乘入海者,为元光改流出顿丘东南之河,而邺东故大河即禹之旧迹,孟康以为王莽河。非也。今按孟康所谓出贝丘西南,自王莽时遂空者,即大河故渎,一名北渎者也。未尝指邺东故大河为王莽河,且康既知此河出贝丘,岂复与在邺东者混而为一?顿丘东南之决河,未几即塞,安得以河水为元光改流之道。始建国三年之徙,见《汉书·王莽传》,而大昌谓禹河空于元光,不待莽时。世恶莽居下流,故河迁济竭皆归之,本无此事。然则汉人纪汉河亦不足信邪!盖唯不知汉时漳水自平恩以下皆禹河之故道,故谓巨鹿去古河绝远,而以枯绛应降水,移大陆于深州,种种谬误,皆由此出也。大昌锐意求禹河,动称王横、班固,而其言犹方枘圆凿之不相入,《蔡传》随声附和,世儒墨守不移,禹河之所以日晦也。"①

这一论述有四个方面的内容值得注意。一是黄河改道后,侵占了济水河道,并使之成为黄河水道的一部分。在这一过程中,曹操"开白沟,遏水北注,方复故渎",从表面上看,是指利用黄河水道;从本质上讲,主要是利用济水原有的水道。二是济水故道距黄河迁徙后的故道宿胥口不远,曹操"因宿胥故渎而加其功,使东北流为白沟,是为复故渎"的本质是,利用宿胥故渎开挖有漕运功能的白沟。三是宿胥口在遮害亭的东面,曹操从浚仪以东的地区包括淮河流域调集粮草,经黄河漕运北上河北地区时,须先经宿胥口,中经遮害亭,最后再入淇口,因此,在遮害亭兴建枋头,可以充分利用黄河故道进一步缩短航程,以便为经宿胥故渎北上提供快捷的漕运通道。四是两汉时期的黄河水文变化无常,受到了自然条件、气候变化以及过度引水灌溉等多种因素的影响。如西汉后期及王莽建立新朝时,黄河水文多次发生变化,多次改道,但因战乱等多种因素无暇关注黄河水文变化,到东汉王景、王吴治理黄河时,人们对此前的黄河水文地理已不太清楚。在这中间,因"禹河旧迹久失其传",为此,出现了"班固知有邺东故大河矣,而不知其上承宿胥口。郦道元知宿胥故渎为白沟矣,而不知其下流即邺东之河"等一系列的情况。然而,这一切并不是无迹可求,如"宋程大昌著《禹贡论》及《山川地理图》"时,通过深入细致的考辨,进一步澄清了班固以前及西汉以前的黄河水文的历史变迁。如果以程大昌的考辨为逻辑起点,梳理东汉以来黄河水文变化的情况,则不难发现曹操兴修白沟时为什么要选择遮害亭即以宿胥口作为入河口。进而言之,曹操以宿胥口为白沟入河口既与当时黄河的水文变化息息相关,同时又与建立以浚仪为中心的漕运中转站即方便漕运有某种内在的联系。

第三节 白沟枋头考辨

前人论述枋头建造的地点、白沟入河口与宿胥故渎的关系时,发表了诸多的意见。这些

---

① 清·胡渭《禹贡锥指》(邹逸麟整理),上海:上海古籍出版社2006年版,第472—473页。

意见,从不同的角度论述了选择地点建造枋头、借用宿胥故渎水道开白沟的原因。

在这些论述中,当以沈炳巽的考订及论述最为精当。如沈炳巽指出:"淇水又南历枋堰旧淇水南,东流径黎阳县界(今为浚县,其故城在县西二里),南入河。《地理志》曰:淇水出共(《汉志》:共县属河内郡),东至黎阳入河。《沟洫志》曰:在遮害亭西一十八里,至淇水口。汉建安九年,魏武王于水口下大枋木以成堰,遏淇水东入白沟,以通漕运,故时人号其处为枋头(枋头,在浚县西南八十五里,淇水之北即淇水口。《魏志》:曹操于淇水口下大枋木以成堰,遏淇水东入白沟,以通漕运,故名枋头。《晋书》:桓温伐慕容暐,暐将慕容垂拒温大破之,遂至枋头,即此地也)。是以卢谌《征艰赋》曰:后背洪枋巨堰,深渠高堤者也。自后遂废。魏熙平中,复通之,故渠历杨城北,东出今渎,破故堨,其堰悉铁柱木石参用。其故渎南径枋城西,又南分为二水,一水南注清水,水流上下更相通注,河清水盛,北入故渠,自此始矣。……宛水东南入淇水,淇水右合宿胥故渎,渎受河于顿丘县遮害亭东(亭在浚县西南五十里),黎山西北会淇水处,立石堰遏水,令更东北注。魏武开白沟,因宿胥故渎而加其功也。故苏代曰:决宿胥之口,魏无虚、顿丘,即指是渎也。淇水又东北流谓之白沟,径雍榆城南(在浚县西南一十八里)。"①从历史水文入手,沈炳巽详细地考证了枋头的历史及军事战略价值。其中,沈炳巽指出枋头"在浚县西南八十五里"值得注意,结合胡渭所说的淇口"在黎阳南七十余里,遮害亭西十八里"②等情况看,应该说,这一地理方位是准确的。由于这一区域是黄河故道宿胥故渎经过的区域,据此,可进一步证明曹操开白沟时利用了宿胥故渎。

曹操建枋头的目的是为了在淇口的上流截水,迫使淇水分流北上补给白沟。如胡渭引录前人的论述记载:"建安九年,魏武在淇水口下大方木为堰,遏淇水,令入白渠,以开运漕,故号其处为枋头。"③所谓"遏淇水,令入白渠",是指用大方木建堰遏淇水进入白沟。采用这一方法截水,是因为需要通过蓄积更多的水入白沟,同时因只需要截取部分淇水即可,故采用了建枋堰的办法截水。关于这一情况,完全可以从北魏孝明帝熙平二年(517)重修枋头分水济运的行为中得到证明,如沈炳巽有"魏熙平中,复通之,故渠历杨城北,东出今渎,破故堨,其堰悉铁柱木石参用。其故渎南径枋城西,又南分为二水,一水南注清水,水流上下更相通注"之说。

起初,枋头是一座可以泄水的木堰,时至后代,人们论述时多将其视为石堰。出现这样的情况,主要由四个原因的方面造成的。

其一,木堰距离淇口石堰只有十八里,因其地点相近,两者很容易被混为一谈。进而言之,很容易在淇口与曹操"遏淇水入白沟以通粮道"的枋头之间出现混淆。如郦道元记载:"淇水右合宿胥故渎,渎受河于顿丘县遮害亭东,黎山西北。会淇水处,立石堰遏水,令更东北注。魏武开白沟,因宿胥故渎而加其功也。故苏代曰:决宿胥之口,魏无虚、顿丘。即指是

---

① 清·沈炳巽《水经注集释订讹·淇水》,《四库全书》第574册,上海:上海古籍出版社1987年版,第192页。

② 清·胡渭《禹贡锥指》(邹逸麟整理),上海:上海古籍出版社2006年版,第455页。

③ 同②,第464页。

渎也。"①在曹操兴修白沟以前,经过汉代长时间的兴修,淇口一带的长堤已建成石堤。如汉哀帝一朝,贾让在奏疏中提出了"今可从淇口以东为石堤,多张水门"②的建议。以此为论述的依据,在汉哀帝一朝,淇口已经被改造为石堤。然而,因郦道元"淇水右合宿胥故渎"所指的地点不甚明确,因此,很容易错将两个地点混为一谈。其实,"会淇水处,立石堰遏水,令更东北注",与枋头是两个地点。

其二,枋头木堰建成后,经过后世不断地改造和加固出现了新的面貌。如北魏孝明帝熙平二年(517),一度将木堰改建为"铁柱木石参用"的堰坝。如郦道元记载:"是以卢谌《征艰赋》曰:后背洪枋巨堰,深渠高堤者也。自后遂废,魏熙平中复通之。故渠历枋城北,东出,今渎破故堨。其堰悉铁柱,木石参用。其故渎南径枋城西。又南分为二水:一水南注清水,水流上下,更相通注,河清水盛,北入故渠,自此始矣。"③这样一来,后世出现以石堰代称木堰的情况自然在情理之中。

其三,前人叙述木堰和石堰时大都含糊不清或语焉不详,这种情况很容易造成误读。如郦道元记载:"淇水又东出山,分为二水,水会立石堰,遏水以沃白沟,左为菀水,右则淇水。"④在解读这段文字时,因语言叙述时多有含糊不清的地方,这样一来,语言的歧义性往往会把"水会立石堰,遏水以沃白沟"即淇口石堰与枋头木堰等同起来。又如杜佑记载:"淇水出共山东,至今县界入河,谓之淇水口。汉建安中,曹公于水口下大枋木以成堰,遏淇水东入白沟,以通漕运,故时人号其处为枋头。"⑤杜佑的这一叙述主要引自郦道元的《水经注》,由于在转录这段文字时多有省略,因而让后人误解,进而把建造枋头木堰的地点与淇口混为一谈。其实,《水经注》在进行历史陈述时,是将淇口和枋头严格区分开来的。只是后人在引录《水经注》时对有关的文字进行了删减,因此有了误读或误解。又如方以智记载:"《魏志》云:武帝于清淇口东,因宿胥故渎开白沟,道清、洪二水入焉。《水经注》:宛水东南入淇水,右合宿胥故渎,渎受河于顿丘县遮害亭东,黎山西北立石堰,遏水东北注,魏武嘉其功。故苏代曰:决宿胥之口即指是渎也。《通典》:曹公于水口下大枋木成堰,遏淇水入白沟,时人号枋头。《沟洫志》:黎阳遮害亭西十八里至淇水口。晋桓温败于枋头即此,苻洪归枋头遣使来降,谢尚使戴施据枋头。后魏移汲郡治此顿丘,今亦在开州地。又延津径滑台城,今开封府延津县即酸枣,曹公遣于禁守延津,曹公又北救刘延至延津,即其地,一名灵昌津,即《左传》之廪延也。"⑥由于"渎受河于顿丘县遮害亭东,黎山西北立石堰,遏水东北注,魏武嘉其功"指代不明,也容易产生歧义,进而把淇口石堰与曹操在遮害亭一带建造的枋头木堰等同。

其四,后世关注白沟时,出现了将黎阳遮害亭一带的石堤等同于白沟入河口的情况。如胡渭记载:"汉河堤率谓之金堤。文帝时河决酸枣,东溃金堤。在今延津县界。成帝时河水盛溢,泛浸瓠子金堤。在今开州界。郦道元云:河水旧于白马县南泆通濮、济、黄沟,金堤既

---

① 北魏·郦道元《水经注·淇水》,杨守敬、熊会贞疏,段熙仲点校,陈桥驿复校《水经注疏》上册,南京:江苏古籍出版社1989年版,第860页。
② 汉·班固《汉书·沟洫志》,北京:中华书局1962年版,第1695页。
③ 同①,第858页。
④ 同①,第850页。
⑤ 唐·杜佑《通典·州郡八》,杭州:浙江古籍出版社1988年版,第946页。
⑥ 明·方以智《通雅·地舆》,《四库全书》第857册,上海:上海古籍出版社1987年版,第315页。

建,故渠水断。在今滑县界。若贾让所云'决黎阳遮害亭,放河使北入海,西薄大山,东薄金堤'者,则在今浚县界。其言曰:黎阳南故大金堤,从河西西北行,至西山南头,乃折东与东山相属。此堤盖即让所欲决以放河使北入海者。刘桢《黎阳山赋》曰:南荫黄河,左覆金城。金城即金堤,又在东山之东矣。禹引河北载之高地,使随西山下,东北去,无藉于堤,而亦不妨有堤。李垂《导河书》言曹公所开运渠,东北有伯禹古堤,盖鲧所作也。而禹修之,世遂目之曰禹堤。让所谓东薄金堤即此也。鲧用之以防川,而河有逆行之患,禹因之以导水,而河得就下之宜。胜棋所用,败棋之著也,良庖所宰,俗庖之刀也,而善败则相去远矣。"①起初,汉代将黄河堤岸称为"金堤",后来,经过西汉末年的改造,原有的金堤已改造为石堤,故金堤又指石堤。由于历史上有"黎阳南故大金堤"之说,因此容易出现误解,即错把黎阳遮害亭一带的金堤与白沟枋头等同。其实,两者之间是不可以混为一谈的。

枋头是扼守白沟入河的咽喉,涉及北征大事。为了确保这一运输线的畅通,曹操专门建立了枋城并派重兵把守。如李吉甫记载:"枋头故城,在县东一里。建安九年,魏武帝在淇水口下大枋木为堰,遏淇水令入白渠,以开运漕,故号其处为枋头。晋太和四年,桓温北伐,慕容暐时亢旱,水道不通,乃凿巨野三百余里,以通舟运。自清水入河,暐将慕容垂率众八万来拒,温大破之,遂至枋头。军粮竭尽,温焚舟步退,垂以八千骑追温,战败于襄邑,亦谓此也。后苻氏克邺,改枋头为永昌县。《十六国春秋》曰:'晋刘牢之救苻丕,慕容垂率师至枋头以拒之,知晋军盛,乃退。'后魏尝移汲郡理此。"②所谓"县东一里",是指枋城建在卫县东面的一里处。在枋头木堰建城是为了加强守卫,枋头城因此成为著名的军事要塞。

从历时的角度看,枋头工程对于改变黄河以北的水路有着非同一般的意义。如王守春先生指出:"枋头是一个规模很大的水利枢纽工程。该工程包括两项工程:一是用巨大的枋木作成堰,将原先流入黄河中的淇水加以拦截;另一项工程是开凿渠道,将淇水与原来源头在内黄县的清河相连通。这一条新开的渠道被称为白沟。淇水的一部分被巨枋拦截经白沟流至清河,淇水还有一部分仍流到黄河中去。根据《水经·淇水注》所引诗人对此工程的描写'后背洪枋巨堰,深渠高堤者也',拦截淇水是用巨大的木枋筑成高大的堰,然后,有一段人工开挖的'深渠高堤'引水渠道,与白沟相接。白沟则是在一条古老的河道上开凿的。这条古老河道应是'山经禹贡河'的河道。淇水是由今新乡市获嘉县西北太行山地中流出的一条很大的河流,此外,流入淇水的还有百泉湖,古称百门陂、苏门陂,该陂是由众多泉水汇流而成的湖,泄水量很大。……从工程角度而言,枋头工程的设计是非常巧妙的。枋头工程也是巧妙利用了当时行水黄河(当时称河水)、淇水、古老的'山经禹贡河'河道以及源头在内黄的清水诸河与河道之间的关系,在空间位置的选择方面也是巧妙地利用诸河流间的空间关系,是一个很好的选择。因此,枋头工程在古代是一项很了不起的水利工程。"③王守春先生的这一论述是十分中肯的,枋头建成后,改善了黄河以北的水运条件,提高了运输能力,进而在三国、魏晋及南北朝时期发挥了重要作用。

---

① 清·胡渭《禹贡锥指》(邹逸麟整理),上海:上海古籍出版社2006年版,第471—472页。
② 唐·李吉甫《元和郡县图志·河北道一》(贺次君点校),北京:中华书局1983年版,第461页。
③ 陈桥驿主编《中国运河开发史》,北京:中华书局2008年版,第38页。

第五章　曹操经营辽东与漕运

曹操统一北方后,乌桓成了最大的威胁。为了稳固北方边地及征伐乌桓,曹操开凿了平虏渠和泉州渠。平虏渠南接滹沱河,北通泒水后入潞河,与此同时,曹操又开凿泉州渠。泉州渠与平虏渠串联以后,实现了漳河、滹沱河、泒河、潞河等之间的互通。因两渠可南下进入黄河,在扩大漕运范围的同时,实现了在更大的范围内调集粮草及军用物资的目标。

第一节　平虏渠、泉州渠与漕运

袁尚等投靠乌桓(乌丸)后,不断地骚扰北境,对曹操控制的河北地区构成了严重的威胁。

针对这一形势,建安十一年(206)曹操开平虏渠和泉州渠,为北征乌桓做积极的战前准备。史称:"辽西单于蹋顿尤强,为绍所厚,故尚兄弟归之,数入塞为害。公将征之,凿渠,自呼沱入泒水,名平虏渠;又从泃河口凿入潞河,名泉州渠,以通海。"①所谓"自呼沱入泒水",是指开平虏渠将呼沱水(滹沱河)与泒水连接起来;所谓"从泃河口凿入潞河",是指开泉州渠将泃河与潞河连接起来。按照这一说法,平虏渠和泉州渠开凿以后,主要是将滹沱河、泒河、潞河等河流连接起来,在实现互通的过程中,重建了河北北部中经幽州至辽东一带的水上交通。史称:"后袁尚依乌丸蹋顿,太祖将征之。患军粮难致,凿平虏、泉州二渠入海通运,昭所建也。"②为了加强漕运,董昭提出了开平虏渠和泉州渠的建议,并为曹操采纳。

平虏渠及泉州渠开凿后,除了以滹沱河、泒河、潞河等为补给水源、扩大漕运范围外,沿途还利用了哪些河流?对此,前人有不同的看法。

其一,郦道元认为,曹操开平虏渠和泉州渠渠时,又有淇水、清河、泃水、鲍丘水等为补给水源或运道。如郦道元注《水经》淇水"又东北,过穷河邑南"等时叙述道:"清河又东北,径穷河邑南,俗谓之三女城,非也。东北至泉州县,北入滹沱水。《经》曰:笥沟东南至泉州县,

---

① 晋·陈寿《三国志·魏书》,北京:中华书局1959年版,第28页。
② 同①,第439页。

与清河合,自下为派河尾也。又东,泉州渠出焉。"①此外,又有"沟水又南,入鲍丘水。又东合泉州渠口故渎,下承滹沱水于泉州县,故以泉州为名。……自滹沱北入,其下历水泽一百八十里,入鲍丘河,谓之泉州口"②之说。根据这一情况,开凿平虏渠及泉州渠时,除了以《三国志·魏书》提到的滹沱河、泒河、潞河为补给水源或运道外,在开挖的过程中,又分别引入了淇水、清河、沟水、鲍丘水等。这些河流与两渠相通后,或为补给水源,或为航线,在此基础上扩大了漕运范围。

其二,宋人认为,漳河也是平虏渠及泉州渠的重要补给水源和航道。乐史记载:"平虏渠,在县南二百步。魏建安中于此穿平虏渠,以通军漕,北伐匈奴,又筑城在渠之左。大海,在县东十四里。衡漳河,在县西六十里。故蒲岭城。按:《郡国县道记》:蒲领,汉县,在冀州阜城县北三里蒲领故城是也。后汉并入蓨县。又按:《水经注》:'今县西北六十里漳河西岸,又有北蒲领故城,盖因汉末黄巾之乱,有蒲领人流寓于此,遂立此城。'后汉既以蒲领故城与蓨相近,足明今县西北界有此城,非汉县理所。"③所谓"县南",是指在清池县的南面,治所在今河北沧州东关。唐代李吉甫叙述清池县沿革时记载:"本汉浮阳县,属渤海郡,在浮水之阳。后魏属沧州。隋开皇十八年改为清池县,以县东有仵清池,因以为名。"④清池县的旧称是"浮阳县",隋开皇十八年(598)改称。两渠除了以滹沱河、泒河、潞河、淇水、清河、沟水、鲍丘水等为补给水源及航道外,同时又以漳河为补给水源和航道。

其三,清人认为,泉州渠通往辽西,濡水是重要的补给水源。如顾祖禹叙述泉州渠时论述道:"在县南。建安十一年,曹操将击乌桓,凿平虏渠、泉州渠以通运。《操纪》云:'凿渠自呼沱入泒水名平虏渠,又从泃河口凿入潞河名泉州渠,以通海。'泒音孤,或曰即直沽也。泃音句。《水经注》:'沟水出无终县西山,西北流过平谷县而东南流,又南流入潞河,又东合泉州渠口,操所凿也。渠东至辽西郡海阳县乐安亭南与濡水合而入海。'"⑤所谓"在县南",是指在泉州县南。

一般认为,泉州渠的起点在泉州县(在今天津武清城上村)。如郦道元记载:"又东合泉州渠口故渎,下承滹沱水于泉州县,故以泉州为名。"⑥这一观点提出后,受到后人的肯定,基本上没有人质疑。尽管如此,平虏渠和泉州渠的起点究竟在什么地方?古往今来依旧有分歧。

---

① 北魏·郦道元《水经注·淇水》,杨守敬、熊会贞疏,段熙仲点校,陈桥驿复校《水经注疏》上册,南京:江苏古籍出版社1989年版,第887—888页。
② 北魏·郦道元《水经注·鲍丘水》,杨守敬、熊会贞疏,段熙仲点校,陈桥驿复校《水经注疏》中册,南京:江苏古籍出版社1989年版,第1230—1231页。
③ 宋·乐史《太平寰宇记·河北道十四》(王文楚等点校)第3册,北京:中华书局2007年版,第1328—1329页。
④ 唐·李吉甫《元和郡县图志·河北道三》(贺次君点校),北京:中华书局1983年版,第518页。
⑤ 清·顾祖禹《读史方舆纪要·北直二》(贺次君、施和金点校)第1册,北京:中华书局2005年版,第460页。
⑥ 同②,第1230页。

其一，胡三省认为，平虏渠的起点在饶阳（在今河北衡水饶阳）。如胡三省注《资治通鉴》"欲助尚复故地。曹操将击之，凿平虏渠、泉州渠以通运"等语时论述道："《操纪》云：凿渠自呼沱入泒水，名平虏渠。又从泃河口，凿入潞河，名泉州渠，以通海（泒，音孤。泃，音句）。贤曰：呼沱河，旧在饶阳南，至曹操因饶河故渎，决令北注新沟水，所以今在饶阳县北。《说文》：泒水出雁门葰人戍夫山，东北入海。《水经注》：泃水出右北平无终县西山，西北流，过平谷县而东南流，又南流入于潞河，又东合泉州渠口，曹操所凿也。渠东至海阳县乐安亭南与濡水合，而入于海。泉州、平谷二县，皆属渔阳郡。贤曰：泉州故城，在今幽州雍奴县南。海阳县，属辽西郡。"①从地理形势上看，饶阳东邻沧州及大海，境内自西向东有滹沱河穿过，平虏渠自饶阳向北，与潞河等相接，并可进入泉州渠。至于泉州渠的起点在什么地方？胡三省没有交代。

其二，平虏渠和泉州渠的起点在什么地方？清人有不同的看法。如傅泽洪记载："三国时，辽西乌桓以袁尚兄弟入塞。曹操将讨之，乃凿二渠以通运。一自滹沱入泒水，谓之平虏渠。一自泃口入潞河，谓之泉州渠，以通海运。《说文》：泒水出雁门葰人戍夫山，东北入海。《水经》：泃水出无终西山，西北流至平谷，又南流入于潞河，又东合泉水渠口，曹操所筑也。渠东至乐安亭南与泸水合，入海。按：二水当时通漕，以制辽左。所谓平虏渠者，在今都城之南，疑即滹沱入运处也。唯泉州渠乃在京北，而东入辽海，不知定在何处。若因其遗迹，通之以馈平卢、辽西，亦一便也。泉州故城，在幽州雍奴。"②根据这一记载，平虏渠在"都城之南"，泉州渠在"京北"，这可能是就两渠主要的行经区域而言，至于两渠的起点依旧不清。文中又说"泉州故城，在幽州雍奴"，雍奴是秦县，治所在今天津武清崔黄口大宫城东侧，那么，是否可以说泉州渠的起点在泉州故城雍奴呢？似乎无法说清。朱彝尊论述道："泃水又南入鲍丘水，又东合泉州渠口故渎，上承滹沱水于泉州县，故以泉州为名。北径泉州县东，又北径雍奴县东，西去雍奴故城一百二十里，自滹沱北入其下，历水泽一百八十里入鲍丘河，谓之泉州口。陈寿《魏志》，曹太祖以蹋顿扰边，将征之，从泃口凿渠径雍奴泉州以通河海者也。今无水。"③朱彝尊以郦道元的说法为依据，提出泉州渠的起点在泉州县，以县名相称。

其三，今人论述平虏渠时，以郦道元的记载为基本依据，提出了平虏渠以平虏城（在今河北青县西南）为起点的看法。如谭其骧先生论述道："既然泉州渠是因为起自泉州县得名的，则平虏渠亦应起自平虏城附近或平虏城因在平虏渠首附近而得名。平虏城即西汉参户县治、东汉参户亭，今青县西南木门店，正是两汉滹沱河经流之地，那么，南起参户亭侧的滹沱河，北至文安县东注泒水的平虏渠，应该可以肯定，就是《水经·淇水篇》中的自滱邑西'又

---

① 元·胡三省《资治通鉴音注》，宋·司马光《资治通鉴·汉纪五十七》（"标点资治通鉴小组"校点），北京：中华书局1956年版，第2069页。
② 清·傅泽洪《行水金鉴·运河水》，《四库全书》第581册，上海：上海古籍出版社1987年版，第435页。
③ 清·于敏中《日下旧闻考·京畿》，北京：北京古籍出版社1981年版，第1851页。

东北过乡邑南(东)'一段清河。"①这一观点提出后,受到今人的肯定,并得到补证②,其共同的特点是以郦道元《水经注》为基本依据。

不过,平虏渠的得名虽与平虏城有关,但并不是以平虏城为起点。具体地讲,平虏渠行经鲁城县(在今河北黄骅县),鲁城县在沧州的北面,是沧州的属县,东濒临大海,如史有"大海,在县东九十里"③之说。李吉甫记载:"平鲁渠,在郭内。魏武北伐匈奴开之。"④结合"魏武北伐匈奴开之"所述,此处所说的"平鲁渠"应为平虏渠,在这里以"平鲁渠"相称,一是两者音同所致,二是因隋建鲁城县所致。所谓"在郭内",是指平虏渠经过鲁城县的城郭。如李吉甫叙述鲁城县时指出:"本汉章武县,属渤海郡,有盐官。高齐省。隋开皇十六年,于此置鲁城县。"⑤历史上的鲁城县乃析分章武县而来,后属清池县。如乐史记载:"本汉章武县地,属渤海郡,今县东南盐山县西北章武故城是也,后魏于今理置西章武县,高齐省。隋开皇十六年又于西章武故城置鲁城县,遥取长芦县北平虏城为名,仍改'虏'为'鲁'者,盖恶'胡'、'虏'之字也,属景州,唐贞观元年,废景州来属。乾符元年,县东有野稻、水谷,连接二千余顷,东西七十里,南北五十里,北至燕,南及魏,悉来扫拾,俗称圣米,甚救济民;至二年勅改乾符县。周显德二年并入清池县。"⑥因平虏渠经过鲁城县的城郭,又"遥取长芦县北平虏城为名",因此,平虏渠的起点应与平虏城没有关系。此外,鲁城县与清池县相邻,清池是隋开永济渠时的重要节点,其中永济渠的部分水道利用了平虏渠原有的航道,以此言之,平虏渠的起点应与鲁城有关。

开平虏渠和泉州渠以后,在保障后勤补给的前提下,曹操与乌桓及袁绍残余势力展开决战,从而将政治统治区域扩大到了幽州及辽东以远的广大区域。如李昉等归纳《三国志·魏书·武帝纪》的内容时记载:"初,袁绍皆立其酋豪为单于。西单于蹋顿尤强,为绍所厚,故尚兄弟归之,数入塞为害。公将征之,凿渠,自呼陁入孤水,名平虏渠。引军出卢龙,塞外道绝不通,乃堑山堙谷五百余里,经白檀,历平刚,涉鲜卑庭,东指柳城。未至二百里,虏乃知之。尚、熙与蹋顿、辽西单于楼班、右北平单于能臣抵之,等将数万骑逆军。登白狼山,卒与虏遇,众甚盛。公车重在后,被甲者少,左右皆惧。公登高,望虏阵不整,乃纵兵击之。使张辽为先锋,虏众大崩,斩蹋顿及各王以下,胡、汉降者二十余万口。"⑦从史家的叙述看,曹操在幽州及辽东"凿渠"包括开平虏渠和泉州渠两个方面,在这里,李昉所说的"凿渠"虽然只提平虏渠,但应包括泉州渠。王应麟记载:"《魏志》:建安十一年,三郡,乌元承天下乱,破幽州,略有汉民合十余万户,袁绍皆立其酋豪为单于。辽西单于蹋顿尤强,尚兄弟归之,数入塞为害。

---

① 谭其骧《长水集·海河水系的形成与发展》,北京:人民出版社2011年版,第456页。
② 陈桥驿《中国运河开发史》,北京:中华书局2008年版,第41—42页。
③ 唐·李吉甫《元和郡县图志·河北道三》(贺次君点校),北京:中华书局1983年版,第519页。
④ 同③。
⑤ 同③,第518—519页。
⑥ 宋·乐史《太平寰宇记·河北道十四·沧州》(王文楚等点校)第3册,北京:中华书局2007年版,第1328页。
⑦ 宋·李昉《太平御览·皇王部一八》,北京:中华书局1960年版,第444页。

曹公将征之,凿渠自呼沱入泒(音孤)水,名平虏渠。又从泃(音句)河口凿入潞河,名泉州渠,以通海(一云:通运)。十二年八月斩蹋顿。"①顾祖禹论述道:"建安十一年,曹操将击乌桓,凿平虏渠、泉州渠以通运。《操纪》云:'凿渠自呼沱入泒水名平虏渠,又从泃河口凿入潞河名泉州渠,以通海。'泒音孤,或曰即直沽也。泃音句。《水经注》:'泃水出无终县西山,西北流过平谷县而东南流,又南流入潞河,又东合泉州渠口,操所凿也。渠东至辽西郡海阳县乐安亭南与濡水合而入海。'"②由近及远,平虏渠开挖在前,泉州渠开挖在后,两条河渠互通后,为曹操打击乌桓、经营幽州及辽东铺平了道路。

平虏渠开凿后,经滹沱河可进入泒水,从泒水可入泃河,自泃河口开渠可入泉州渠。泃河口是曹操兴建泉州渠时开挖的河口,经此可远接潞河和濡水,并经海阳(在今河北唐山滦县西南)乐安亭东入大海。与此同时,又可自泃河经北塘口(直沽口,三汊河口,在今天津东北狮子林桥附近)入海。史称:"蓟运河,在宝坻县东三十里。其上流为梨河,发源迁安县之三屯营芦儿岭。一自蓟州之沽河,一自三河县之泃河,至县东北三岔口合流,俗名潮河,亦曰运粮河,又名白龙港。东南流至县东九十里,名丰台河。合还乡河,又南入宁河县界,经芦台抵北塘口入海。漕运南来者,由此达蓟州,故名。河水汹涌,宝坻地最洼下,雍正四年,修筑长堤一百八十里,始免水患。按:此即古鲍丘水入海故道也。"③泃河口既是平虏渠和泉州渠互通的航段节点,同时也是由泉州渠入潞河、濡水、鲍丘水等河流的航段节点。郦道元记载:"泃水又南,入鲍丘水。又东合泉州渠口故渎,上承滹沱水于泉州县,故以泉州为名。北径泉州县东,又北,径雍奴县东,西去雍奴故城一百二十里。自滹沱北入,其下历水泽一百八十里,入鲍丘河,谓之泉州口。陈寿《魏志》曰:曹太祖以蹋顿扰边,将征之,从泃口凿渠,径雍奴泉州以通河海者也。"④滹沱河曲折多弯,沿途接纳不同的河流,这些不同河流汇入滹沱河以后,均可以"滹沱河"相称,为此,滹沱河及后来形成的海河水系与平虏渠、泉州渠构成了错综复杂的关系。

具体地讲,平虏渠沿途经泃河、鲍丘水进入泉州境内,随后又自泉州渠进入潞河。所谓"自滹沱北入,其下历水泽一百八十里,入鲍丘河",是说泉州渠向北途经雍奴东,与自西北而来的滹沱河连接到一块,随后向南以沿途的湖泊为基本航线,行经一百八十里以后进入鲍丘水。进而言之,所谓"径雍奴泉州以通河海",是说泉州渠与滹沱河交汇及入鲍丘水后,形成了以相应区域的河流为基本航线的情况。史称:"泉州渠,在宝坻县东南,一名新河。《水经注》:泉州渠口故渎,上承滹沱于泉州县,故以泉州为名。北径泉州县东,又北径邕奴县东,西去邕奴故城一百二十里,其下历水泽一百八十里,入鲍丘河,谓之泉州口。《魏志》曰:魏太祖

---

① 宋·王应麟《玉海·地理》,南京:江苏古籍出版社1990年版,第425页。
② 清·顾祖禹《读史方舆纪要·北直二》(贺次君、施和金点校)第1册,北京:中华书局2005年版,第460页。
③ 清·和珅等《钦定大清一统志·顺天府二》,《四库全书》第474册,上海:上海古籍出版社1987年版,第124页。
④ 北魏·郦道元《水经注·鲍丘水》,杨守敬、熊会贞疏,段熙仲点校,陈桥驿复校《水经注疏》中册,南京:江苏古籍出版社1989年版,第1230—1231页。

以蹋顿扰边,将征之,从泃口凿渠径雍奴、泉州以通河海者也。今无水,又新水故渎自雍奴县承鲍丘水,东出谓之盐关。魏太祖征蹋顿与泃口俱导也,世谓之新河,又东绝庚水、泃水。"①这条航线自雍奴以下以河流的自然水道为主,同时也是泉州渠与河流相通的连接点,故有"泉州口"之称。进而言之,以"泉州口"相称,从一个侧面反映了泉州渠的重要性。

泉州渠自泃河口开渠,与滹沱河、孤水、泃河等河流相互连接,自泉州口与潞河相连,向北经雍奴泽等湖泊东行,经濡水东入大海。如史家叙述雍奴行政沿革时有"真君七年并泉州属。有泉州城、雍奴城"②之说,是说北魏太平真君七年(446)撤销泉州县制并入雍奴县。据此可知,所谓"上承滹沱水于泉州县"中的泉州县是指汉代的泉州县,其地点及治所与后世所说的泉州县或泉州府不在同一个地方。关于这点,前人多有辨析。如周祈考证道:"曹操凿泉州渠以通漕,今武清县东南四十里,汉泉州县,非泉州府。"③汉代的泉州县与后世的泉州府虽均可简称为"泉州",但两者的治所在不同的地点。具体地讲,汉县泉州县与雍奴县相邻,鲍丘水流经泉州和雍奴两县。这里提供的基本信息一是平房渠、泉州渠有共同的补给水源鲍丘水等,二是平房渠在汉代泉州县一带的航道借用了潞河,鲍丘水与泉州渠相通。泉州渠自泉州口与潞河相接,东行后与濡水相合。

平房渠与泉州渠相通后,不但可以沿河渠把军事战略物资直接运往辽东,而且还因这两条运河向东与不同的河流相接,可直入渤海。这一水上大交通构成后,形成了从海上调集山东沿海地区的物资沿泉州渠和平房渠北上辽东的态势。进而言之,这一航线开通后,构成了海上航线与内河及运河航线相互呼应之势,从而为曹操转运调集军事战略物资北上,战胜乌桓及袁尚残余势力提供了强有力的后勤保障。

前人叙述平房渠和泉州渠与北方水系的关系时,多有不同的表述。如陈寿有泉州渠"又从泃河口凿入潞河"④之说,郦道元又有"泃水又南,入鲍丘水。又东合泉州渠口故渎,下承滹沱水于泉州县,故以泉州为名。……自滹沱北入,其下历水泽一百八十里,入鲍丘河,谓之泉州口"⑤之说,从表面上看,这两种说法似乎多有矛盾,其实不然,出现这样的矛盾主要是由于不同的河流合流后出现异名或沿用原来的名称造成的。如郦道元记载:"鲍丘水入潞,通得潞河之称矣。"⑥针对河流多有异名的情况,胡渭进一步地论述道:"地记之言水也,凡二水大小相敌,既合流,自下皆得通称,多至五六水亦然。……二水既合,可以通称。然不得追溯其上流,而被以所合之名。如菏既合泗,谓菏为泗可也。并湖陵以上之菏而称之曰泗,则

---

① 清·和珅等《钦定大清一统志·顺天府二》,《四库全书》第474册,上海:上海古籍出版社1987年版,第130页。
② 北齐·魏收《魏书·地形志上》,北京:中华书局1974年版,第2476页。
③ 明·周祈《名义考·地部》,《四库全书》第856册,上海:上海古籍出版社1987年版,第336页。
④ 晋·陈寿《三国志·魏书》,北京:中华书局1959年版,第28页。
⑤ 北魏·郦道元《水经注·鲍丘水》,杨守敬、熊会贞疏,段熙仲点校,陈桥驿复校《水经注疏》中册,南京:江苏古籍出版社1989年版,第1230—1231页。
⑥ 同⑤,第1222页。

大不可矣。"①按照这样的说法,两水合流以后可继续使用原有的名称,主要有三种情况:一是在"二水大小相敌"即无法辨别谁是主流谁是支流的前提下,合流后的河道可继续使用合流前的水名;二是合流后即便是"多至五六水",依旧可以合流前的"大小相敌"的旧水相称;三是两水"通称"是指"二水大小相敌"合流后的水道,一般不包括合流前的水道,如菏水与泗水相合后的水道,以泗水命名。此外,支流汇入主流后,继续使用主流的名称,汇入主流前的河段可使用支流的名称,亦可以主流的名称相称。

滹沱河、泒水、沟河、鲍丘水、潞河、淇水、清河、漳河等属于北方不同的水系,曹操开平虏渠和泉州渠以后,将这些河流及沿线湖泊串联在一起,扩大了幽州及辽东一带的漕运范围,构建了河北至幽州等地的漕运系统和网络,也初步改变了北方水系的面貌,为隋开永济渠及形成海河水系奠定了基础。

滹沱河发源于繁峙(在今山西繁峙)东南的泰戏山,繁峙旧称"卤城"。班固记载:"卤城,虖池河东至参户入虖池别,过郡九,行千三百四十里,并州川。从河东至文安入海,过郡六,行千三百七十里。"②李吉甫亦记载:"泰戏山,一名武夫山,在县东南九十里。滹沱水出焉。"③郑樵记载:"滹沱水,班云:'出代郡卤城,东至文安入海。过郡六,行千三百七十里。'按,卤城,今代州繁峙县。其水东经定州深泽县东南,即光武所度处,今俗谓之危度口。又东过瀛州束城、平舒,开元中卢晖于此引滹沱,东入淇,通溉漕。文安,今隶霸州,若是,入海当在沧州界。"④胡渭注班固"灵丘,滱河东至文安入大河,过郡五,行九百四十里"⑤等语时指出:"文安属勃海郡。《寰宇记》云:文安故城在今县东北三十里。"⑥这里所说的"大河",是指滹沱河。滹沱河至文安故城即文安文安(在今河北文安)东北三十里处汇合滱河入海。综合诸说,滹沱河发源于泰戏山,随后向东流经深泽(在今河北深泽)、束城(在今河北束城)、平舒(在今河北大城)等地,至入海。

时至清代,滹沱河的水文发生了新的变化。如胡渭根据历史文献考证道:"以今舆地言之,繁峙、代州、崞县、忻州、定襄、五台、盂县(并属山西太原府)、灵寿、真定、藁城、深泽、无极(并属直隶真定府)、束鹿、博野(并属保定府)、安平、饶阳(并属真定府)、高阳(属保定府)、任丘(属河间府)、大城、文安(并属顺天府)诸州县界中,皆古滹沱水之所行也。宋初犹未改,自塘泺既兴,引水归北,而文安之渎堙废,遂以乐成(今献县)之滹沱别水为滹沱之正流,而故道不可复问。"⑦与建安时期的水文相比,清代滹沱河的水文多有变化,尽管如此,厘清两者之间的联系和区别,对于认识滹沱河与平虏渠、泉州渠之间的关系,有着重要的意义,对认识滹沱河与隋唐永济渠、宋代御河及元明清京杭大运河的关系有着不可替代的作用。

---

① 清·胡渭《禹贡锥指》(邹逸麟整理),上海:上海古籍出版社2006年版,第142—143页。
② 汉·班固《汉书·地理志下》,北京:中华书局1962年版,第1622页。
③ 唐·李吉甫《元和郡县图志·河东道三》(贺次君点校),北京:中华书局1983年版,第403页。
④ 宋·郑樵《通志·地理略》,杭州:浙江古籍出版社1988年版,第544页。
⑤ 同②。
⑥ 同①,第51页。
⑦ 同①,第55页。

平虏渠和泉州渠主要以滹沱河、潞河等为基本航道或补给水源,沿途建立了与易水、漳水、清river、恒水、卫河等之间的联系,并将水上交通线从河北地区拓展到幽州、辽东等广大区域。胡渭论述道:"《山海经》曰:大戏之山,滹池之水出焉。《战国策》苏秦说燕曰:南有嘑沱、易水。《汉志》代郡卤城县下云:虖池河东至参合入嘑沱别,并州川。从河东至文安入海,过郡六,行千三百七十里('参合'当作'参户',盖传写者因郡有参合而误。参合在汉雁门郡平城县东,今大同府阳和卫北。卤城与参合大山隔绝,虖沱不得至其地。今河间府青县南有参户故城。应劭云:平舒县西南五十里有参户亭,故县也。《水经注》:漳水自成平县南,又东北,左会虖沱别河故渎,又东北合清河,又东北径章武故城西,枝渎出为濊水,又东北径参户亭,分为二渎,一水径参户亭北,又东北径平舒县,注虖沱。盖即《汉志》所谓东至参户入虖沱别,从(瓜)河东至文安入海者也)。此即《禹贡》之恒、卫也。然禹主名山川,曲阳以下之滱,本名恒;灵寿以下之滹沱,本名卫。其出高是、泰戏者,则恒、卫之别源也。自周以虖池、呕夷为并州之川,其名著,而恒、卫之名遂隐。于是冀州二大川,以恒阳溪、雷沟河数十里之原委当之,蔡氏因目恒、卫为小水,而《经》义几不可通矣。"①在历史水文变迁的过程中,滹沱河先后与易水、漳水、清河、恒水、卫河等形成了错综复杂的水文关系。如"曲阳以下之滱,本名恒;灵寿以下之滹沱,本名卫",是说恒水自曲阳(在今河北曲阳)入滱水后,以下的滱水有"恒水"之称;卫河自灵寿(在今河北灵寿)入滹沱河以后,以下的滹沱河有"卫河"之称。这一情况的存在恰好说明了曹操开平虏渠和泉州渠时,滹沱河是不可或缺的补给水源。

反过来说,合流后虽然出现了名称混用的情况,但恒水和卫河各有自己的源头。如杜佑注《尚书·禹贡》"恒、卫既从"语时阐释道:"恒、卫,二水名也。恒水出恒山,在今博陵郡恒阳县界。卫水在今常山郡灵寿县西山所出。"②在这里,杜佑明确指出恒水和卫水有两个不同的源头。胡渭诠释班固《汉书·地理志》"恒水出常山上曲阳县,东入滱水。卫水出常山灵寿县,东入滹沱"时指出:"上曲阳今为曲阳县,属直隶真定府之定州,其故城在县西。灵寿县今属真定府,其故城在县西北。恒即滱水,卫即滹沱也,古今异名耳。"③这一说法与杜佑的说法有很大的不同。

不过,古今水文多有变化,清代的水文不能混同于唐代以前的水文。具体地讲,所谓"恒即滱水,卫即滹沱也,古今异名",主要是指清代水文的情况。从这样的角度看,胡渭的这一说法已取消了恒水、卫河原有的独立性,应该说,这一认识与唐代以前的水文已大相径庭。进而言之,阎若璩反对"蔡氏因目恒、卫为小水"的说法是正确的,这一说法对于全面认识建安时期的恒水和卫水水文有不可替代的作用,同时亦可见唐宋以后以卫河为漕运通道的原因。

以滱水称"恒水",或以恒水称"滱水",一方面是因两水合流以后互称造成的,另一方面则与"二水大小相敌"即流量大体相当有关。在缺少唯远为源的知识背景下,出现互称或混

---

① 清·胡渭《禹贡锥指》(邹逸麟整理),上海:上海古籍出版社2006年版,第51—52页。
② 唐·杜佑《通典·州郡八》,杭州:浙江古籍出版社1988年版,第945页。
③ 同①,第50页。

称的现象是必然的。

此外，滱水和恒水合流后，经高阳（在今河北高阳）同入易水。易水发源于故安（在今河北易县）阎乡，如史有"阎乡，易水所出，东至范阳入濡"①之说，同时又有"易水出涿郡故安县阎乡西山"②之说。如李吉甫记载："汉分置涿郡，今州则汉涿郡故安县之地。隋开皇元年改为易州，因州南十三里易水为名。"③曹魏时期的恒水水文与宋代以后的情况多有不同，因此，关注恒水水文时应注意曹操时代的情况。

关于这一问题，前人多有认识和阐释。如阎若璩考证道："引晁氏曰：今之恒水西南流至真定府行唐县，东流入于滋水，又南流入于衡水，非古径也。案《汉志》，恒水出上曲阳县恒山北谷，东入滱水，经滱水过上曲阳县北，恒水从西来注之。郦《注》，滱水又东，恒水从西来注之，自下滱水，兼纳恒川之通称焉。即《禹贡》之'恒卫既从也'。所以薛氏谓恒水曰：东流合滱水，至瀛州高阳县入易水，最合。以滱得兼称恒，故蔡《传》引此便足，不当复赘以晁氏云云，全与水道不合。或曰：安知晁氏时不尔？然检《元和》《寰宇》二书，恒水并阙。新辑《一统志》，宛与班氏、薛氏说同。引晁氏曰：卫水东北合滹沱河，过信安军，入易水。'东北'当作'东南'，不尔，便衍'北'字。"④通过考证恒水"古径"即汉代和北魏以前的河道，阎若璩详细地辨析了建安时期"滱得兼称恒"的情况。进而言之，滱水和恒水合流后出现了水名互替的情况，即两水合流后的水道，既可以"恒水"相称，同时又可以"滱水"相称。与此同时，因滱水和恒水同入易水，与易水交汇以后的水道又可以"易水"相称。

滱水是滹沱河的支流，在汇入滹沱河之前，滱水与恒水已经合流。从这样的角度看，汇入滹沱河的滱水，自然包括恒水。对此，前人多有认识。如郑樵记载："滱水，出灵丘县高氏山。灵丘，今隶蔚州。班云，东至文安入大河，过郡五，行九百四十里。按，文安今隶霸州。"⑤滱水的发源地高氏山，在今山西灵丘县境内。所谓"东至文安入大河"，是指滱水东行至文安境内后汇入滹沱河。如孔安国注《尚书·禹贡》"恒、卫既从，大陆既作"等语时论述道："二水已治，从其故道，大陆之地已可耕作。"⑥在水文变化等因素的作用下，历史上的恒水和卫河出现了多次改道的情况，同时因水文变化原有的水道已成为农田。尽管如此，依旧有迹可循。如班固引《尚书·禹贡》记载："《禹贡》恒水所出，东入滱。"⑦又如郦道元释《水经》"又东南过中山上曲阳县北，恒水从西来注之"等语时进一步论述道："滱水自倒马关南流，与大岭水合。水出山西南大岭下，东北流出峡，峡右山侧有祗洹精庐，飞陆陵山，丹盘虹

---

① 汉·班固《汉书·地理志上》，北京：中华书局1962年版，第1577页。
② 北魏·郦道元《水经注·易水》，杨守敬、熊会贞疏，段熙仲点校，陈桥驿复校《水经注疏》上册，南京：江苏古籍出版社1989年版，第1019页。
③ 唐·李吉甫《元和郡县图志·河北道三》（贺次君点校），北京：中华书局1983年版，第515页。
④ 清·阎若璩《尚书古文疏证》（黄怀信、吕翊欣校点），上海：上海古籍出版社2010年版，第898—899页。
⑤ 宋·郑樵《通志·地理略》，杭州：浙江古籍出版社1988年版，第544页。
⑥ 清·阮元《十三经注疏·尚书正义》，北京：中华书局1980年版，第147页。
⑦ 同①，第1576页。

梁,长津泛澜,萦带其下,东北流注于滱。滱水又屈而东,合两岭溪水,水出恒山北阜,东北流历两岭间。"①史家叙述恒水发源于曲阳的情况时有"恒山在西北,恒水出焉"②的说法。后世的河道虽有变化,但恒水像滱水那样有自己的源头和流经区域,在某种特定的场合下,需要注意两者间的联系和区别。

同理可证,卫河虽然是滹沱河的支流,合流后虽然以"滹沱河"相称,但这里不包括合流以前的情况。这一情况表明,在叙述历史水文时,两者应该分开,不能将卫河与滹沱河混为一谈。班固记载:"《禹贡》卫水出东北,东入虖池。"③"虖池"是"滹沱"的异写。如果将这里所说的"卫水"替换为"虖池"的话,势必出现将不同的河流混为一谈的情况,进而会造成不必要的混乱。如胡渭辨析道:"或问:恒、卫、滱、滹沱,《汉志》明列为四水,子谓恒即滱,卫即滹沱,亦有所据乎?曰:有之。《水经注》云:滱水东过上曲阳县北,恒水从西来注之。自下滱水兼纳恒川之通称,即《禹贡》所谓'恒、卫既从'也。此非恒即滱之明证邪?《水经》无滹沱之目,见《浊漳》《易》《滱》《巨马》诸篇中,仅一二语,故卫水无考。然《郦注》凡二水合流言自下互受通称者,不可枚举,则滹沱受卫之后,亦得通称卫水可知也(薛士龙云:恒水东流合滱水,至瀛州高阳县入易水;卫水东北合滹沱河,过信安军入易水。则宋人已知恒滱、卫滹沱为一水矣。惜《蔡传》述其言而不察耳。易水源短,滱、滹沱源长,当从小水会大水之例,谓滱、滹沱入易,非也)。不然,恒水出曲阳县西北,至县东北入滱;卫水出灵寿县东北,至县东南入滹沱。其所历不过数十里之地(曲阳东西相距六十里,灵寿东西相距四十里),曾谓是寻常之溪涧,而勤禹功之荒度乎哉!虽至愚者,亦知其无是理矣。"④由于历史上的水文情况处于不断的变化之中,又由于不同时期有对水文的不同认识,这就需要采取具体问题具体分析的方法做进一步论证。从胡渭的论证中当知,只有在两水或数水合流的前提下,才有可能出现以滱水称谓"恒水",或以恒水称"滱水",或以卫河称"滹沱河"的情况。正因为如此,常常会出现同一条河流有五六个以上的名称的现象。

滹沱河虽然是黄河以北极为重要的河流,然而,今本《水经注》并没有专门介绍滹沱河的篇目。对此,前人多有考辨和不同的解释。比较这些观点,其中以胡渭、赵一清等人的辨析最为有力。如胡渭论述道:"滹沱,大川也。《水经》当自为一篇。顷阅《寰宇记》镇州真定县蒲泽下引《水经注》云:滹沱河水东径常山城北,又东南为蒲泽,济水有梁焉,俗谓之蒲泽口。又滋水下引《水经》云:滋水又东至新市县,入滹沱河。又深州饶阳县枯白马渠下引《水经》云:滹沱河,又东有白马渠出焉。又瀛州河间县大浦淀下引《水经注》云:大浦下导,陂沟竞奔,咸注滹沱,是故人因决入之处,谓之百道口。此四条检今本无之,则似《水经》元有滹沱水篇,宋初尚存,而其后散逸。滹沱原委,不可得详,惜哉(欧阳玄《补正水经序》引《崇文总目》

---

① 北魏·郦道元《水经注·滱水》,杨守敬、熊会贞疏,段熙仲点校,陈桥驿复校《水经注疏》上册,南京:江苏古籍出版社1989年版,第1051页。
② 清·张廷玉等《明史·地理志一》,北京:中华书局1974年版,第894页。
③ 汉·班固《汉书·地理志上》,北京:中华书局1962年版,第1576页。
④ 清·胡渭《禹贡锥指》(邹逸麟整理),上海:上海古籍出版社2006年版,第50—51页。

云：《郦注》四十卷亡其五。盖泾、洛、滹沱等篇，皆在此五卷之中，今本仍为四十卷，则后人析之以充其数耳）！《汉志》代郡之卤城，常山郡之蒲吾、灵寿、南行唐、新市，信都国之信都，河间国之弓高、乐成，勃海郡之成平、东光、参户、东平舒、文安皆有滹沱，弓高、乐成、参户又有滹沱别水，而发源经过之地未悉。"①根据胡渭的考证，早在宋代编纂《崇文总目》时，《水经注》已经缺篇。针对这一情况，胡渭辑《水经注》佚文进行论证，从而得出了《水经注》原有"滹沱河"篇的结论。客观地讲，这一论述是有说服力的。

此外，赵一清撰《水经注释》时亦注意到这一问题，并进行了深入的阐释。从考释内容看，赵一清《水经注释》最大的贡献，是对《水经》及《水经注》中的缺篇进行了补证。如纪昀等例举赵一清《水经注释》的贡献时论述道："又《唐六典》注称桑钦所引天下之水百三十七，江河在焉。今本所列仅一百一十六水。考《崇文总目》载《水经注》三十五卷，盖宋代已佚其五卷。今本乃后人离析篇帙，以合原数，此二十一水盖即在所佚之中。一清证以本注，杂采他籍，得滏、洺、滹沱、泒、滋、伊、瀍、涧、洛、丰、泾、沕、渠获、洙、滁、日南、弱、黑十八水，于灢水下分灢余水。又考验本经，知清漳水、浊漳水、大辽水、小辽水，皆原分为二，共得二十一水，与《六典》注原数相符。其考据订补，亦极精核。"②纪昀等所说甚明，早在宋代时《水经》及《水经注》已经缺篇，针对这一情况，赵一清补充了今本《水经注》中缺失的北方河流及滹沱河的水文地理情况，从而得出了与《唐六典》注一致的结论。延续赵一清的观点，纪昀等进一步指出了《水经注》没有专门列"滹沱河"篇的原因。这一系列的情况表明，清代已充分注意到《水经注》缺滹沱河篇的情况，力求寻找更为合理的解释。

从另一个层面看，"恒滱、卫滹沱为一水"的情况，同样可以用来说明滹沱河与泒水时而有分别称呼、时而合在一起有相同称谓等情况。如史有繁畤"有长城、滹沱水、泒水"③之说，按照这样的说法，流经繁畤县境内的滹沱河和泒水自然是两条不同的河流。不过，后世叙述时，时常有将这两条河流合二为一的混称情况。如胡渭注释"滹沱水出代州繁畤县泰戏山"等语时论述道："一名武夫山，在县东南九十里。繁畤，本汉葰人县。属雁门郡。汉末荒废。晋改置繁畤县。周省，隋复置。葰音璪。滹沱一名泒水，许氏《说文》：泒水出葰人县戍夫山。郭景纯以为卤城县武夫山，《括地志》以为孤阜山，《寰宇记》以为平山，盖皆泰戏之别名也。"④按照胡渭的说法，滹沱河和泒水自然是同一条河流。这里，先不论"泒水起雁门葰人戍夫山"⑤中的戍夫山，是否就是指泰戏山，然而，从陈寿声称平虏渠"自呼沱入泒水"等提法中不难发现，早在西晋时期，人们已经把滹沱河与泒水区别开来了，并将它们视为两条不同的河流。不过，东晋时期开始出现将滹沱河和泒水视为同一条河流的看法。这一看法造成的直接后果是，后世多有"滹沱水出泰华池，一曰派水，并州川。《说文》'起雁门郡葰人县戍

---

① 清·胡渭《禹贡锥指》（邹逸麟整理），上海：上海古籍出版社2006年版，第54页。
② 清·纪昀等《钦定四库全书总目》（四库全书研究所整理），北京：中华书局1997年版，第947页。
③ 唐·魏徵等《隋书·地理志中》，北京：中华书局1973年版，第852页。
④ 同①。
⑤ 汉·许慎《说文解字》，北京：中华书局1963年版，第228页。

夫山'者"①之类的提法。另外,这里所说的"派水"是指泒水。厘清这一线索,当知在某一特定的历史时期及特定的区域,滹沱河和泒水是可以混称的。

泒水又有"汾水"之称。如王应麟记载:"《魏志》曰:建安十年凿渠,自呼沱入汾,名平虏渠。"②这里所说的《魏志》,当指《三国志·魏书·武帝纪》。问题是,王应麟为什么要将《三国志·魏书·武帝纪》中的"入泒"改为"入汾"?这样做究竟是有所本?还是传抄时的笔误造成的?因文献缺载,已无从稽考。不过,王应麟的这一说法得到了后人的认同和充分的肯定。如《山西通志·水利一》记载道:"《魏志》:汉建安十年凿滹沱入汾,名平虏渠。"③

这些情况表明,将"入泒"改为"入汾",不能简单地视为后世传抄时发生的错误,很可能与东汉时期试图开挖新的河渠,建立一条自滹沱河入汾水的航线,存在着某种内在的联系。如郦道元记载:"《地理志》曰:汾水出汾阳县北山,西南流者也。汉高帝十一年,封靳强为侯国,后立屯农,积粟所在,谓之羊肠仓。山有羊肠坂,在晋阳西北,石磴萦委,若羊肠焉,故仓坂取名矣。汉永平中治呼沱石臼河。按司马彪《后汉·郡国志》:常山南行唐县有石臼谷。盖欲乘呼沱之水,转山东之漕,自都虑至羊肠仓,将凭汾水以漕太原,用实秦晋。"④根据郦道元的记载,当知早在东汉时期开挖河渠时,已有建立一条自滹沱河入汾水航线的打算。然而,受地理形势的左右,滹沱河与汾水很难建立互通的关系。进而言之,要想真正达到"乘呼沱之水,转山东之漕,自都虑至羊肠仓,将凭汾水以漕太原"的目的,将十分困难。从这样的角度看,东汉开河渠虽有建立滹沱河和汾水互通的意图,但"入泒"和"入汾"是两回事,故不能混为一谈。

从文献记载的情况看,平虏渠和泉州渠是在幽州及辽东地区开挖的最早河渠,同时也是古代中国最北端的有漕运能力的河渠。两条河渠建成后,为隋代开永济渠以及唐宋兴修这一区域的河渠,建立自河北至幽州、辽东等地的漕运通道奠定了坚实的基础。具体地讲,一是隋炀帝兴修永济渠时,充分利用了曹操开渠的成果,利用了平虏渠和泉州渠原有的航道或航段;二是政治中心北迁后,平虏渠和泉州渠的部分航道,又成为元明清三代兴修京杭大运河利用的对象。如平虏渠有清池(在今河北沧县)这一航段节点,西接滹沱河,北通泒水,是平虏渠重要的航段节点。这一航段自泃河口开渠,经泉州渠入潞河,将滹沱河、泒水、泃河、潞河等河流连为一体,在一定程度上延长了河北地区的航线,扩大了漕运范围。后来,与平虏渠和泉州渠相关的航段成为隋唐永济渠、元明清三代兴修京杭大运河时利用的对象。

需要补充的是,曹操开平虏渠、泉州渠,在一定程度上改变了周定王五年(前602)黄河南徙后的水文,但这一改变与海河水系的形成关系不大。如王守春先生论述道:"古代的泒

---

① 赵尔巽等《清史稿·地理志七》,北京:中华书局1977年版,第2040页。
② 宋·王应麟《玉海·地理》,南京:江苏古籍出版社1990年版,第423—424页。
③ 清·觉罗马石麟、储大文等《山西通志·水利一》,《四库全书》第543册,上海:上海古籍出版社1987年版,第4页。
④ 北魏·郦道元《水经注·汾水》,杨守敬、熊会贞疏,段熙仲点校,陈桥驿复校《水经注疏》上册,南京:江苏古籍出版社1989年版,第525—526页。

水、滹沱水、漳水、洹水、淇水等河流,曾经是黄河的支流,后来由于黄河河道的逐渐南迁,这些河流先后脱离了黄河,并曾经有过分别入海的阶段,彼此并未形成相互连通的水系。后来由于曹操开凿了平虏渠等人工运河,将这些河流沟通,逐渐发展汇聚于今天津,形成今天的海河水系。"①这一说法自然有一定的道理,不过,如果以周定王五年为黄河南迁的节点,时至曹操开平虏渠、泉州渠时已过去八百多年。在这中间,泒水、滹沱水、漳水、洹水、淇水脱离黄河水系后,逐步形成了以滹沱水为主体至沧州入海的水系。具体地讲,曹操开平虏渠、泉州渠以后,部分河流虽然被截流,但依旧有至沧州入海的河流,或者说至沧州入海的河流并没有完全消失。从这样的角度看,简单地称曹操将这些河流汇聚到天津沽口,称其为"海河水系"是欠妥的。更重要的是,海河水系在此之前已经存在,如发源于燕山山脉的永定河、潮河、白河等河流,基本上是至天津沽口一带入海的。也就是说,在曹操开平虏渠、泉州渠以前,海河水系已经存在,只不过这一水系不包括泒水、滹沱水、漳水、洹水、淇水等。这一情况到了隋炀帝开永济渠时发生了彻底的变化,泒水、滹沱水、漳水、洹水、淇水等被截入永济渠后,均到天津沽口一带入海。进而言之,海河水系的形成应在隋炀帝时期。

第二节　经营辽东与沟河

沟河是一条古老的河流,围绕着沟河这一漕运通道,历史上曾发生过多次战争。如史有"齐师及燕战于沟水,齐师遁"②之说,战国时期,齐师北上与燕军大战于沟河,沟河成为齐、燕两军会战的地方,这应与沟河是战略要地有关。

沟河发源于何处? 历史上曾有三种说法。

其一,郦道元认为,沟河的发源地是无终县(在今天津蓟县)西山的白杨谷。如郦道元记载:"鲍丘水自雍奴县故城西北,旧分笥沟水东出。今笥沟水断,众川东注,混成一渎,东径其县北。又东与沟河合,水出右北平无终县西山、白杨谷。"③北魏以前,鲍丘水曾是笥沟的东支。北魏时期,水文变化及笥沟断流以后,鲍丘水成为独立的河流。史有"鲍丘河,一名矣榆河,即东潞水,俱流入于沟河"④之说,这一记载明确说明鲍丘水在与其他的河流汇合后东入沟河。水文再度发生变化后,鲍丘水虽然成了沟河的支流,但依旧有漕运能力,且有独立存在的价值。具体地讲,隋炀帝兴修永济渠时,其中借用的河道涉及鲍丘水、沟河等,这些河道后来成为元明清三代京杭大运河的一部分。

其二,顾祖禹认为,沟河发源地在黄崖口即黄崖峪关(在今天津蓟县北)。如顾祖禹考证

---

① 陈桥驿《中国运河开发史》,北京:中华书局2008年版,第38页。
② 方诗铭、王修龄《古本竹书纪年辑证》,上海:上海古籍出版社2005年版,第129页。
③ 北魏·郦道元《水经注·鲍丘水》,杨守敬、熊会贞疏,段熙仲点校,陈桥驿复校《水经注疏》中册,南京:江苏古籍出版社1989年版,第1227页。
④ 清·张廷玉等《明史·地理志一》,北京:中华书局1974年版,第886页。

道:"沟水,一名广汉川,在州北四十里。发源黄崖口,一支西南流,经盘山之阴入平谷为沟河;一支东南流,经盘山之阳,过三岔口入宝坻县之白龙港。宋广川郡之名以此。……黄崖峪关,州北四十里。其北三十五里曰寻思峪,又北十五里为柞儿峪。又车道峪堡,在黄崖峪东。志曰:自车道峪、黄崖口直北,即元人之大兴州也。"①黄崖口在蓟州的北面约四十里处,地势险峻,历来是联系辽东的重要通道。

其三,朱彝尊认为,沟河有更远的源头,发源于塞外,这一观点提出后得到了于敏中的赞同和肯定。如朱彝尊引《名胜志》云:"原沟河源出口外,入县境之黄崖口,广汉川自东迤逦绕县城西南,流经三河县,北至宝坻县,入白龙江。"②所谓"口外",是指塞外,是说沟河的源头在黄崖口以远的塞外。于敏中进一步辨析道:"广汉川源出塞外,从州北之黄崖关流入境,水分为二:一支西南流,经盘山之阴为独乐河,平谷灵山泉水注之,入三河为沟水,过草桥河汇盘山左去之水,至三叉口入宝坻县之白龙港。一支东南流,经蓟南五里桥,汇盘山右去之水,入潵流河。《方舆纪要》以东南流一支谓入宝坻县之白龙港,则仍是西南流一支之水矣。谨辨其讹于此。"③这一论述在澄清顾祖禹错误的同时,详细地交代了沟河与京杭大运河的关系。

在上述三种观点中,顾祖禹的观点有明显的错误,清代史学家在梳理沟河的源头时,对顾祖禹的观点多有批判和质疑。史称:"沟河,俗谓之'错河',自口外流入,西南流经蓟州北界,又西南经平谷县南,又折东南经三河县东,又东南至宝坻县界,合蓟运河。《水经注》:沟水,出右北平无终县西南白阳峪。西北流经平谷县,屈西南流,独乐水入焉。又左合盘山水,又东南径平谷县故城,东南与洳河会。又南径纱城东,而南合五百沟水。又东南径临河城北,屈而历其城东侧城南出。《竹书纪年》:梁惠成王十六年,齐师及燕战于沟水,齐师遁。即是水也。又南入鲍丘水。旧志:沟河,一名广汉川,发源蓟州北黄崖口。西南流经盘山之阴,入平谷县界。经县东门外,又西南经县城西南,又南入三河县界。经县北折而东,绕县城东、北二面,又东南至宝坻县东北界,入鲍丘河。按《唐书·地理志》:三河县,北十二里有渠河塘,盖即沟河之讹,俗亦名洳河,又名草桥河,至宝坻县又名龙港,皆即沟河之异名也。"④这一记载详细地叙述了沟河历史水文变迁的情况,从"自口外流入,西南流经蓟州北界,又西南经平谷县南"等记载看,认为沟河"发源蓟州北黄崖口"的观点显然是错误的。

不过,朱彝尊等声称沟河发源于塞外,主要是叙述清代沟河的水文情况,这一水文与北魏以前的水文大不一样。具体地讲,早在郦道元生活的时代,已出现了"今笥沟水断,众川东注,混成一渎"的情况,这样一来,沟河水文变化后,无终县西山白杨谷不再是沟河的源头,为

---

① 清·顾祖禹《读史方舆纪要·北直二》(贺次君、施和金点校)第1册,北京:中华书局2005年版,第494—495页。
② 清·于敏中《日下旧闻考·京畿》,北京:北京古籍出版社1981年版,第2281页。
③ 同②,第1888页。
④ 清·和珅等《钦定大清一统志·顺天府二》,《四库全书》第474册,上海:上海古籍出版社1987年版,第123—124页。

此,朱彝尊等提出洵河的新源头是必然的。进而言之,受自然地理、环境气候等因素的影响,海河水系的河道多有变化。如胡渭论述道:"今按太行、恒山之东,地平土疏,河、漳、滹沱等水性善徙,一朝泛决,触地成川者有之。"①这种历史水文的变化情况不但存在于漳河、滹沱河之中,同时也存在于洵河、鲍丘水和潞河之中。

尽管郦道元、顾祖禹、于敏中等在洵河发源问题上多有分歧,但叙述洵河自平谷以下流经的区域方面却观点一致。这一情况表明,洵河与其他河流"混成一渎"时,其水文变化主要发生在上游地区,自平谷以下的河道基本上没有发生变化。史称:"洵河,自平谷县界经三河县北,至宝坻境,汉临洵县以此水名。"②以此为参照,反观郦道元描述平谷以下的洵河走向,当知洵河自平谷以下的河道没有发生根本性的变化。郦道元记载:"西北流径平谷县,屈西南流,独乐水入焉。水出北抱犊固,南径平谷县故城东。后汉建武元年,光武遣十二将,追大枪、五幡,及平谷,大破之于是县也。其水南流入于洵,洵水又左合盘山水,水出山上,其山峻险,人迹罕交。去山三十许里,望山上水,可高二十余里,素湍皓然,颓波历溪,沿流而下,自西北转注于洵水。洵水又东南径平谷县故城东南,与泇河会。水出北山,山在傂奚县故城东南。东南流径博陆故城北,又屈径其城东,世谓之平陆城,非也。汉武帝玺书封大司马霍光为侯国。文颖曰:博大陆平,取其嘉名而无其县。食邑北海、河东。薛瓒曰:按渔阳有博陆城,谓此也。今其居山之阳,处平陆之上,匝带川流,面据四水,文氏所谓无县目嘉美名也。泇水又东南流,径平谷县故城西,而东南流注于洵河。洵河又南径絫城东,而南合五百沟水,水出七山北,东径平谷县之絫城南,东入于洵河。洵河又东南,径临洵城北,屈而历其城东,侧城南出。《竹书纪年》,梁惠成王十六年,齐师及燕战于洵水,齐师遁。即是水也。洵水又南,入鲍丘水。又东合泉州渠口故渎,下承滹沱水于泉州县,故以泉州为名。北径泉州县东,又北,径雍奴县东,西去雍奴故城一百二十里。自滹沱北入,其下历水泽一百八十里,入鲍丘河,谓之泉州口。陈寿《魏志》曰:曹太祖以蹋顿扰边,将征之,从洵口凿渠,径雍奴泉州以通河海者也。"③这一记载论述的对象虽说是北魏时期的洵河水文,但对于认识建安时期的洵河水文,进而认识曹操开凿平虏渠和泉州渠有着重要的参考价值。

从大的方面讲,《水经注》自然是阐释《水经》的著作,郦道元描述的水文虽然是北魏时期的水文,但这一水文情况实际上是以《水经》描述的水文情况为依据的。进而言之,《水经》描述的水文与曹操生活时代的水文应大体一致。前人论述《水经》作者桑钦时,有为东汉人或为三国人的提法④,这里且不论桑钦究竟是东汉人还是三国人,但在班固生活的年代

---

① 清·胡渭《禹贡锥指》(邹逸麟整理),上海:上海古籍出版社2006年版,第586页。
② 明·李贤等《明一统志·顺天府》,《四库全书》第472册,上海:上海古籍出版社1987年版,第15页。
③ 北魏·郦道元《水经注·鲍丘水》,杨守敬、熊会贞疏,段熙仲点校,陈桥驿复校《水经注疏》中册,南京:江苏古籍出版社1989年版,第1227—1231页。
④ 清·纪昀等辨析道:"又《水经》作者,《唐书》题曰桑钦,然班固尝引钦说,与此经文异。道元注亦引钦所作《地理志》,不曰《水经》。观其涪水条中称广汉已为广魏,则决非汉时。钟水条中称晋宁仍曰魏宁,则未及晋代。推寻文句,大抵三国时人。"《钦定四库全书总目·史部二十五·地理类二》(四库全书研究所整理),北京:中华书局1997年版,第946页。

《水经》这部著作已经问世当不成问题。如班固在《汉书》多次提到桑钦,其中有"桑钦言'绛水出西南,东入海'"①,郦道元注《水经》时亦有"桑钦云:绛水出屯留西南,东入海"②等语,两相对比,当知《水经》作者的生活年代应该稍早于曹操生活的年代。从这样的角度看,郦道元所说的洵河水文,应与曹操开平虏渠和泉州渠时洵河的水文情况基本上一致。进而言之,透过郦道元《水经注》中的记载,可以进一步厘清建安时期洵河与平虏渠、泉州渠的关系。

泃河是洵河的支流,亦称"洵河"。史称:"泃河,在平谷县,西南流至三河县界,入洵河。《水经注》:泃河,水出北山,山在傂奚县故城东南。东南流径博陆故城北,又屈径其城东,又东流径平谷县故城西,又东南流注于洵河。《明统志》:泃河,源自密云县石峨山,经三河县东南平谷故城,入洵河。旧志:今有周村河在平谷县西十里,源出口外,南流入泃,其入泃之处曰泃口,在三河县北十五里。"③泃河发源于平谷,入洵口又称"泃口"。顾祖禹论泃河时记载:"在县西。自密云县石城山流经县境,至县东南入洵河。"④"县西"指泃河在三河县的西面。又记载:"在县东南五里。源出密云县石峨山,流经县境,又西南流入三河县界。"⑤"县东南"指泃河在平谷县的东南。从这些论述中当知泃水是洵河的支流。不过,后世水文多有变化,如于敏中又论述道:"《唐书·地理志》,三河县北十二里有渠河塘,盖即洵河之讹,俗亦名泃河,又名草桥河。至宝坻县又名龙港。皆洵河异名也。"⑥在泃水入洵河之前,至三河的河段亦有"洵河"之称。厘清相关区域的水文变化,对于深入地认识平虏渠和泉州渠航线有着重要的意义。

鲍丘水又称"潞河""潞水",与洵水有着错综复杂的水文关系。傅泽洪记载:"三国时,辽西乌桓以袁尚兄弟入塞。曹操将讨之,乃凿二渠以通运。一自滹沱入泒水,谓之平虏渠。一自泃口入潞河,谓之泉州渠,以通海运。《说文》:泒水出雁门葰人戍夫山,东北入海。《水经》:洵水出无终西山。西北流至平谷,又南流入于潞河,又东合泉水渠口,曹操所筑也。渠东至乐安亭南与泸水合,入海。"⑦所谓"自泃口入潞河,谓之泉州渠",是说开泉州渠将洵水和潞水连接起来,形成自雍奴北入鲍丘水之势。另外,这里所说的洵水"又南流入于潞河水,又东合泉水渠口",与郦道元所说"洵水又南,入鲍丘水。鲍丘水又东合泉州渠口"是一回事,洵水是鲍丘水的支流。

不过,时至清代,又有了新的说法,认为鲍丘水和洵水的流量大体相当,为此,不再提两

---

① 汉·班固《汉书·地理志上》,北京:中华书局1962年版,第1553页。
② 北魏·郦道元《水经注·浊漳水》,杨守敬、熊会贞疏,段熙仲点校,陈桥驿复校《水经注疏》上册,南京:江苏古籍出版社1989年版,第916页。
③ 清·和珅等《钦定大清一统志·顺天府二》,《四库全书》第474册,上海:上海古籍出版社1987年版,第124页。
④ 清·顾祖禹《读史方舆纪要·北直二》(贺次君、施和金点校)第1册,北京:中华书局2005年版,第459页。
⑤ 同④,第503页。
⑥ 清·于敏中《日下旧闻考·京畿》,北京:北京古籍出版社1981年版,第2281页。
⑦ 清·傅泽洪《行水金鉴·运河水》,《四库全书》第581册,上海:上海古籍出版社1987年版,第435页。

河合流后谁是主流,谁是支流的问题。如朱彝尊论述:"鲍丘河在县西南,即白河之别名也。自密云县流经通州东境米庄村,又流经县界,至宝坻县境合于泃河。泃河在县北,自蓟州平谷县流入县境,又东南流入宝坻县界,合于鲍丘河。《唐志》:县北十二里有渠河塘,西北六十里有孤山陂,溉田三千顷。渠河疑即泃河之讹也。"①然而,朱彝尊所说的鲍丘水和泃水的水文是指清代水文,这一水文已不同于建安时期及北魏郦道元生活的时代。具体地讲,清代水文变化后,泃水不再是鲍丘水的支流。由于清代泃水流量与鲍丘水大体相当,因此,改变了人们关于泃水是鲍丘水支流的认识。关于这点,可从沈炳巽《水经注集释订讹》一书中找到更为明确的答案。如沈炳巽考订《水经注》叙述建安时期鲍丘水和泃水的水文情况时写道:"泃水又南入鲍丘水,又东合泉州渠口故渎,上承宰池水于泉州县,故以泉州为名。北径泉州县东,又北径雍奴县东,西去雍奴故城一百二十里,自虖池北入,其下历水泽一百八十里入鲍丘河,谓之泉州口。"②沈炳巽所述为建安及北魏时期的泃水,这里明确地说泃河是鲍丘水的支流。

鲍丘水除了有"潞河"之称外,又有"沽河""潮河""浭水""庚水""古庚水"等称谓。史家论述道:"沽河,在蓟州南。源出遵化州东界,曰梨河。西南流经州南,西经蓟州南,为沽河。折而南与泃河会,曰潮河,即古庚水也。《汉书·地理志》:无终县浭水西至雍奴入海,过郡一,行六百五十里注。师古曰:浭音庚,即下所云入庚者,同一水也。《水经注》:庚水出右北平徐无县北,塞中南流,历徐无山得黑牛峪水,又得沙谷水,并出西山,东流注庚水。又径徐无县故城,又南与周卢溪水合,又西南流,灅水注之,世亦谓庚水为柘水,南径燕山,又南径北平城西,南入鲍丘水,谓之柘口。《遵化州志》:梨河,在州南十里。源出迁安县界卢儿岭,西流入州界,至州西南七十里与诸水合,名曰合河,一名张子河,入蓟州界,名沽河。《蓟州志》:沽河,在州南五里。东接遵化玉田界,至州南李家窝折南,行至下仓店转西南,至行鞒头庄与泃河合,为白龙港,入宝坻县界。漕运南来者,自新开河溯流而上,至李家窝有永济桥,亦名永济河。按:旧志:以遵化州玉田县之还乡河为庚水,沽河为灅水。今以《水经注》考之,沽河即庚水,还乡河乃巨梁水。遵化州西之沙河,盖灅水也。"③历史上的鲍丘水有不同的称谓,这些情况的同时存在,虽然令人眼花缭乱,但经过梳理,其历史沿革是清晰可辨的。

鲍丘水和沽水均可简称为"潞河",更重要的是,两水相会后,自潞县以下的河段及水道皆可以"潞河"相称,并以此涵盖或替代原有的称谓。如郦道元记载:"沽水又南,湿余水注之。沽水又南,左会鲍丘水,世所谓东潞也。沽水又南径潞县,为潞河,《魏土地记》曰:城西三十里有潞河,是也。"④乐史亦记载:"潞河,一名沽河,一名鲍丘水,北自檀州密云县界流

---

① 清·于敏中等《日下旧闻考·京畿》,北京:北京古籍出版社1981年版,第1844—1845页。
② 清·沈炳巽《水经注集释订讹·鲍丘水》,《四库全书》第574册,上海:上海古籍出版社1987年版,第266页。
③ 清·和珅等《钦定大清一统志·顺天府二》,《四库全书》第474册,上海:上海古籍出版社1987年版,第129页。
④ 北魏·郦道元《水经注·沽河》,杨守敬、熊会贞疏,段熙仲点校,陈桥驿复校《水经注疏》中册,南京:江苏古籍出版社1989年版,第1215页。

入。《水经注》云：'鲍丘水东历夏谦泽。'《后魏诸州记》云：'城西三十里有潞河，源出北山，南流谓此水也。'"①在历史水文的变迁过程中，鲍丘水后来成为潞河的东支，故又有"东潞水"之称，与此同时，东潞水亦可简称"潞水"即潞河。沽水是潞河的西支，故又有"西潞水"之称。此外，沽水下流又有"鲍丘水""潞河"等称谓，鲍丘水下流亦有"沽水""潞河"等称谓。

鲍丘水是连接平虏渠和泉州渠的重要水道，这条水道除了建立平虏渠和泉州渠之间的互通关系外，更重要的是，鲍丘水以自身的水道扩展了这一区域的漕运空间，进而为曹操北征乌桓、经营幽州和辽东等地提供了强有力的后勤保障。如顾祖禹在叙述沽河时记载："在州南五里。自阳河以西，沟水以东，诸水皆入焉，其下流经新开河至直沽达于海。漕运溯流而上，直抵城南。《通典》：'渔阳有鲍丘水，又名潞水，即沽水矣。'后汉兴平二年，幽州牧刘虞为公孙瓒所杀，虞从事鲜于辅等合兵攻瓒，破瓒于鲍丘水。……志云：沽水一名西潞水，一名东潞水。或曰在通州东者曰西潞水，在蓟州南者曰为东潞水，下流皆合于宝坻县，亦兼有鲍丘水之名。"②按照这一说法，早在汉献帝兴平二年（195）以前，鲍丘水已是重要的漕运通道及战略要地。正因为如此，曹操兴修平虏渠、泉州渠时重点利用了鲍丘水。关于这点，前人多有认识和阐释。如傅泽洪论述道："二水当时通漕以制辽左，所谓平虏渠者，在今都城之南，疑即滹沱入运处也。唯泉州渠乃在京北而东入辽海，不知定在何处。若因其遗迹通之，以馈平卢、辽西亦一便也。泉州故城，在幽州雍奴。"③所谓"二水"，是指平虏渠和泉州渠。所谓"今都城之南"是指北京的南面；所谓"泉州渠乃在京北而东入辽海"是指北京的北面以及经辽东入海的航线。

时至元明清三代，鲍丘水又有"白河"之称。在这中间，曹操利用鲍丘水兴修平虏渠、泉州渠，对于后世开京杭大运河是有不世之功的。史称："白河，源出宣化府赤城县。自北口西流，入径密云县西，又南与潮河合。又南径顺义县东，又南至通州东，为北运河。下流径香河、武清诸县入天津之直沽归海。《汉书·地理志》：渔阳县，沽水出塞外，东南至泉州入海，行七百五十里。《水经注》：沽水径赤城南，又东南右合高峰水，又西南流出山，径渔阳县故城西，而南合七度水，又南渔水注之，又南与螺山水合，又南径安乐县故城东，俗谓之西潞水。西南流径狐奴山西，又南径狐奴县故城西，又南阳重沟水注之，又南径浚县为潞河。《魏氏土地记》：城西三十里有潞河，又东南至邕奴县西笥沟湿水入焉，俗谓之合口。又东南径泉州县故城东，又东南合清河。周梦旸《水部备考》：密云河，本白河上流，自牛栏山下与潮河会。初，蓟辽总督驻密云，从通州至牛栏山以车转饷，劳费特甚。嘉靖中，总督刘涛发卒于密云城西杨家庄，筑塞新口，开通旧道，令白河与潮河合流至牛栏山。水势甚大，故通州漕粮直抵密云城下。旧志：白河，自宣府镇赤城堡东流出边，又东南入密云县西北边城，东南经黄岸口堡及高家庄堡之南，又东至石塘城东北，会白马关河、冯家峪河，稍南流，会水峪河，经石塘城

---

① 宋·乐史《太平寰宇记·河北道十八》（王文楚等点校）第 3 册，北京：中华书局 2007 年版，第 1403 页。
② 清·顾祖禹《读史方舆纪要·北直二》（贺次君、施和金点校）第 1 册，北京：中华书局 2005 年版，第 495 页。
③ 清·傅泽洪《行水金鉴·运河水》，《四库全书》第 581 册，上海：上海古籍出版社 1987 年版，第 435 页。

东,而南至县旧城北,折而西,复南屈经城西,至县南十八里会潮河,乃西南流入怀柔县界,经县东七里,又南入顺义县界,至牛栏山东,会大水峪河,又南经县城东,凡六十里,入通州界。南流至州城北温余河,通惠河皆流入焉。又东南至张家湾,会凉水河,屈东流复折而南,过废潞县东,凡一百二十五里入香河县界。转东经香河县西十里,复转而南入武清县界,经县东三十里,又东南至三角淀,会诸水南通御河,是为直沽。按:白河下流即今之北运河,元明时运道皆由此。考《元史·河渠志》:自通州以下,皆呼为白河。"①所谓"北运河",是指自通州(在今北京通州)至天津与海河交汇的航段。元代以后,鲍丘水改称"白河"的原因虽不太清楚,但从这一记载中当知,元明清三代兴修北运河时,利用了曹操兴修平虏渠、泉州渠时的航道及鲍丘水当不成问题。

第三节　新河的漕运功能

继开挖平虏渠、泉州渠之后,曹操又开挖了新河。因自然地理发生巨大的变化,又因文献缺载,今天已很难看清其真实面貌,乃至于新河渐渐地从人们的视野中淡出。

新河的起点在泉州渠的北面,泉州渠北会鲍丘水,行经鲍丘水东面的盐关口(在今天津宝坻林亭口一带),随后向东穿庚水(州河)、巨梁水(还乡河)、封大水(陡河)、缓虚水(沙河)、清水(清河)等河流,与辽东以远的濡水(滦河)相连。从形势上看,曹操开新河的目的,是为了开通从泉州渠到濡水之间的航线,可能是因沿途串联了不同的河流,故用"新河"名之。

尽管新河的面貌已漫漶不清,所幸郦道元留下了《水经注》,使后人对新河的航线及基本情况能有所了解。据载:"濡水自孤竹城东南,径西乡北,瓠沟水注之。水出城东南,东流注濡水。濡水又径牧城南,分为二水。北水枝出,世谓之小濡水也。东径乐安亭北,东南入海。濡水东南流,径乐安亭南,东与新河故渎合。渎自雍奴县承鲍丘水,东出,谓之盐关口。魏太祖征蹋顿,与沟口俱导也,世谓之新河矣。陈寿《魏志》云,以通河海也。新河又东北,绝庚水,又东北出,径右北平,绝巨梁之水,又东北径昌县故城北,王莽之淑武也。新河又东,分为二水,枝渎东南入海。新河自枝渠东出,合封大水,谓之交流口。水出新安平县,西南流径新安平县故城西,《地理志》辽西之属县也。又东南流,龙鲜水注之。水出县西北,世谓之马头水,二源俱导,南合一川,东流注封大水。《地理志》曰:龙鲜水东入封大水者也。乱流南会新河,南注于海。《地理志》曰:封大水于海阳县南入海。新河又东出海阳县,与缓虚水会。水出新平县东北,世谓之大笼川,东南流径令支城西,西南流与新河合,南流注于海。《地理志》曰:缓虚水与封大水皆南入海。新河又东与素河会,谓之白水口。水出令支县之蓝山,南合

---

① 清·和珅等《钦定大清一统志·顺天府二》,《四库全书》第474册,上海:上海古籍出版社1987年版,第122页。

新河;又东南入海。新河又东至九濄口,枝分南注海。新河又东径海阳县故城南,汉高祖六年,封摇毋馀为侯国,《魏土地记》曰:令支城南六十里有海阳城者也。新河又东,与清水会,水出海阳县,东南流径海阳城东,又南合新河,又南流一十许里,西入九濄,注海。新河东绝清水,又东,木究水出焉,南入海。新河又东,左迤为北阳孤淀,淀水右绝新河,南注海。新河又东会于濡。濡水又东南至絫县碣石山。文颖曰:碣石在辽西絫县。王莽之选武也。絫县并属临渝,王莽更临渝为冯德。《地理志》曰:大碣石山在右北平骊成县西南,王莽改曰碣石也。汉武帝亦尝登之,以望巨海,而勒其石于此。"①

以郦道元的记载为依据,严耕望先生描述了这一航线行经的地点。他论述道:"此新河西自今武清县东一百三四十里处,东经宝坻南境,宁河北境,唐山南境(唐河沙河合流处之南),滦宁南境,乐亭城南,与滦河会于县东。盖略与海岸平行而东,去海岸通常不过五十里上下,以避海上风涛之险。"②这一论述准确揭示了新河的地理方位,有着重要的参考价值。

此后,王守春先生采纳近人杨守敬、常征等人的观点进一步论述道:"'新河'大致呈东西方向延伸。其西端接鲍丘河,接口处被称为盐关口,位于今天津宝坻;其东端与滦河尾相接,位于今乐亭。杨守敬认为,'新河旧自今宝坻县,经丰润县、滦州,至乐亭县西北,入滦河,久湮'。滦州即今滦县。常征等经详细考证,进一步更具体指出新河的位置:'曹操所开的这条新河,大体经今宝坻城北、玉田县南、丰润县西,而后经今丰南、滦南、乐亭三县的边海地带,这一带也正是高度与宝坻相当而湖泊密布之区。''新河'的东端通过滦河口与大海相通。"③这一观点与严耕望先生的论述结合,全面展现了新河行经的区域。

新河以鲍丘水为主要补给水源,随后,在盐关口向东穿过庚水(州河),行经昌城(在今河北唐山西)北,继续向东分为两支,其中一支流向东南入大海,一支自枝渠(古河流,已不存在)向东与封大水(陡河)汇合,折向东南经龙鲜水(马头水),又经海阳故城(在今河北滦县西南二十里)南,与缓虚水(沙河)汇合后,经新平东北,再经支城西向南通往大海。史称:"海阳,龙鲜水东入封大水。封大水、缓虚水皆南入海。"④龙鲜水、封大水、缓虚水都是辽西的重要河流。秦汉时期,辽西郡的治所为阳乐县(在今辽宁锦州义县西),辖境为今河北迁西、乐亭以东、长城以南,辽宁松岭山以东、大凌河下游以西地区。

值得注意的是,郦道元记载龙鲜水、封大水、缓虚水等河流时将其全部列在"濡水"条目下,因此,这三条河流应是濡水的支流,其中龙鲜水又是封大水的支流。从这样的角度看,新河的补给水源主要是鲍丘水和濡水。从地理方位上看,新河经过的区域有两个特点:一是与濡水、鲍丘水等经过的地区大体一致;二是与平虏渠、泉州渠经过的地区有重合之处。这里提供的信息是,三条河渠有共同的补给水源和共用的航线。其中,共用的航线基本上沿袭了

---

① 北魏·郦道元《水经注·濡水》,杨守敬、熊会贞疏,段熙仲点校,陈桥驿复校《水经注疏》中册,南京:江苏古籍出版社1989年版,第1256—1263页。
② 严耕望《唐代交通图考·隋唐永济渠》第五卷,上海:上海古籍出版社2007年版,第1636页。
③ 陈桥驿主编《中国运河开发史》,北京:中华书局2008年版,第43—45页。
④ 汉·班固《汉书·地理志下》,北京:中华书局1962年版,第1625页。

原有的河流航道,新开渠道与原有的河道交织在一起形成了互通关系,如新河在雍奴县境内受鲍丘水,鲍丘水因此成为新河航线的组成部分。与此同时,鲍丘水亦与平虏渠、泉州渠共用水源和共用航线。

新河开挖的时间当在曹操北征乌桓、登临碣石山之前。胡渭在考证新河所经地区及其与濡水之间的关系时指出:"濡水从塞外来,东南径令支故城东,又南径孤竹城西,又东南径牧城西,分为二水:北水枝出,世谓之小濡水,东径乐安亭北,东南入海;濡水东南流,径乐安亭南,东与新河故渎合(新河即魏武征蹋顿时所开也),又东南至絫县碣石山,而南入于海。乐安亭者,盖即今乐亭县东北之乐安故城也。……曹孟德诗曰:东临碣石,以观沧海。水何澹澹,山岛竦峙。建安十二年征乌桓过此而作(《濡水注》云:魏太祖征蹋顿,与沟口俱导者,世谓新河。新河会濡水,东南至碣石山,而南入海。则曹公征乌桓时道经碣石可知)。后魏文成帝太安四年,东巡登碣石山,望沧海,改山名乐游。盖此山虽沦于海,而去北岸不远,犹可扬帆揽胜。"①按照这一说法,似表明曹操的"东临碣石,以观沧海"作于建安十二年(207)北征乌桓时路过碣石山时,在曹操大败乌桓之前。

曹操率军大败乌桓,是在建安十二年八月。史称:"八月,登白狼山,卒与虏遇,众甚盛。公车重在后,被甲者少,左右皆惧。公登高,望虏陈不整,乃纵兵击之,使张辽为先锋,虏众大崩,斩蹋顿及名王已下,胡、汉降者二十余万口。辽东单于速仆丸及辽西、北平诸豪,弃其种人,与尚、熙奔辽东,众尚有数千骑。"②曹操的《步出夏门行》是一组诗,其中有"孟冬十月,北风徘徊""水竭不流,冰坚可蹈"等诗句,以此为参照,当知新河在曹操征伐乌桓之前已经建成。张可礼通过考证进一步指出,《步出夏门行》作于建安十二年"秋冬归途中"③。以此为时间节点,当知新河建成的时间下限在建安十二年八月之前,又因平虏渠、泉州渠开挖在先,新河开挖的时间在后,据此,当知新河开挖的时间应在建安十二年。

新河与平虏渠、泉州渠之间的关系非常紧密,通过相互补充、相互为用,扩大了漕运的范围。具体地讲,平虏渠与滹沱河、鲍丘水、泒水、泃河、潞河、濡水等相通,泉州渠亦与泃河、鲍丘水、潞河、沽水、濡水等相通,并可进入滹沱河。与此同时,新河亦与鲍丘水、泃河、潞河、濡水等相通,并通过有关的河口进入滹沱河等。新河开挖后,与鲍丘水、滹沱河、潞河、濡水等形成新的互通关系,可以利用河流的自然水道经河口从一条河渠进入另一条河渠。如新河在雍奴县承鲍丘水向东的航段节点是泃河口,与此同时,泃河口也是平虏渠进入泉州渠的河口。又如泉州渠作为平虏渠向东的延长线,"至辽西郡海阳县乐安亭南,与濡水合而入海",在这中间,新河亦与濡水相会,并经海阳乐安亭南东入渤海。从这样的角度看,新河与泉州渠不但有共用的河道,而且有相同的出海口。如建安十二年七月,曹操北征乌桓时,"大水,傍海道不通……引军出卢龙塞,塞外道绝不通,乃堑山堙谷五百余里,经白檀,历平冈,涉鲜

---

① 清·胡渭《禹贡锥指》(邹逸麟整理),上海:上海古籍出版社2006年版,第354—357页。
② 晋·陈寿《三国志·魏书》,北京:中华书局1959年版,第29页。
③ 张可礼《三曹年谱》,济南:齐鲁书社1983年版,第97页。

卑庭,东指柳城"①。在这中间,新河与泉州渠互通并同入渤海,为在更大的范围内调集和转运军用战略物资提供了便利的条件。曹操充分利用原有的河道及新开河渠,通过调集河北以远的粮草及战略物资,有力地支援了平定乌桓的战争。

从文献记载的情况看,新河、平虏渠、泉州渠有共用的航线,并在不同的地点相交。具体地讲,沿新河航线可出入平虏渠和泉州渠,或沿平虏渠、泉州渠航线可出入新河,三条河渠与这一区域的河流互通,以水上交通线串联起不同的地区。在这中间,通过调集不同地区的粮草及物资,为夺取征伐乌桓的胜利提供了强有力的后勤支援。更重要的是,三条河渠互通后,为转运粮草及军事战略物资提供了最为经济和可靠的航线,最大限度缩短了航程。具体地讲,曹操开挖平虏渠、泉州渠时,在充分利用沿途河流的基础上,采取裁弯取直等兴修方案,提高了水运效率。如平虏渠、泉州渠所利用的河道,受自然地理形势及山峦走向的制约,其河道大都呈现出曲折迂回的状况,曹操开挖平虏渠、泉州渠以后,采取一定的措施缩短了航程。又如新河开挖后,进一步缩短自平虏渠进入泉州渠的航线,提高了转运粮草及军用物资的效率。

新河、平虏渠、泉州渠实现互通后,通过各自的航线串联起不同的区域,形成不同的漕运通道,进而为曹操完成北征大业以及安定北方,建立起不同的后勤补给中心。具体地讲,新河、平虏渠、泉州渠等与不同的河流以及白沟、长明沟等连通后,不但在更大的范围内建立了北方水上交通运输体系,加强了中原地区与幽州及辽东等地的联系,而且为曹魏建立稳固的以邺城为中心的河北大后方做出了重大的贡献。在这一过程中,曹操运送粮草及战略物资时从白沟等河渠出发,形成了经内黄(在今河南安阳内黄)"左与新河合"②的水上交通。此与同时,经新河入平虏渠以后,可入泒水,可入泉州渠,随后由泉州渠连通鲍丘水,并进入濡水及东入大海。胡渭论述道:"濡水东南流,径乐安亭南,东与新河故渎合(新河即魏武征蹋顿时所开也),又东南至絫县碣石山,而南入于海。乐安亭者,盖即今乐亭县东北之乐安故城也。"③将白沟、平虏渠、泉州渠、新河等连接起来,构建起纵横交错、四通八达的水上交通运输网络,沿着这一航线进行漕运,既可以南下进入黄河中下游地区,同时也可以沿黄河西行入关中,或沿黄河入汴渠(鸿沟)并远及江淮,在此基础上形成震慑东吴、西蜀的力量,还可以北上威慑虎视眈眈的乌桓、经营辽东等地。

三渠实现互通的意义十分重大,在改善自河北至辽东的水上交通现状的同时,也为后世维护南北统一做出了重要的贡献,如隋唐两代征辽东时对这一漕运通道多有利用。严耕望先生论述道:"三渠既通,西自河北中部之饶阳虏渠口(今饶阳县)东抵濡河(今滦河)接卢龙。河北物资可自饶阳取平虏渠东漕至平虏城(今青县西南七八十里)北之潢口,绝清漳而东至盐官,后置新平虏城即鲁城(今沧州东北七八十里),折北渡诸河尾(清漳滹沱巨马沽潞

---

① 晋·陈寿《三国志·魏书》,北京:中华书局1982年版,第29页。
② 北魏·郦道元《水经注·淇水》,杨守敬、熊会贞疏,段熙仲点校,陈桥驿复校《水经注疏》上册,南京:江苏古籍出版社1989年版,第866页。
③ 清·胡渭《禹贡锥指》(邹逸麟整理),上海:上海古籍出版社2006年版,第354页。

诸河之总汇,即今天津地区之海河)。约于今天津地区循泉州渠东北入鲍丘水,曰泉州口,约在今武清县东一百二三十里处。又循由鲍丘水所开之新河渠东径今唐山南境(唐河沙河合口之南)历绝由北南流入海诸水,径今滦宁南境,乐亭城南,东入滦河。三渠东西衔接,全部漕程约逾千里,不啻为中古时代东北交通运输之一条大动脉,对于当时东北之军事、政治、经济、商业皆有甚大作用。而饶阳地居河北地区之正中间,既当长渠之口,且可西溯泒水(今沙河)、滹沱,兼取陆道,逾太行,又复当河北地区之南北干线,南驰贝(今清河)魏(大名),北趋幽燕,为河北地区东西南北交通之纽,故在中古时代,饶阳鲁口(即房渠口)显有较突出之地位。"①这条全程超过千里的漕运大通道开通后,为开发和经营河北、辽东等区域起到了积极的作用。在这中间,饶阳(在今河北衡水饶阳)凭借区位优势率先崛起成为北方的重镇,与其成为重要的交通枢纽息息相关。

---

① 严耕望《唐代交通图考·隋唐永济渠》第五卷,上海:上海古籍出版社2007年版,第1636页。

第六章　邺城漕运及交通枢纽建设

曹操受封邺城后,重点兴修了长明沟和利漕渠。起初,兴修沟渠的目的是为了排洪防涝及灌溉农田,与漕运没有关系。不过,在兴修的过程中,曹操利用战国时期的旧渠西门渠引入漳水,提高了水位,从而使长明沟具有了漕运能力。

与曹操兴修的其他河渠相比,利漕渠建设的时间最晚。曹操在击败袁绍占据邺城(在今河北临漳西南)后,重点经营邺城并修筑了利漕渠。开利漕渠的目的,是为了将此前建设的河北诸渠串联起来,为经营邺城这一战略大后方服务。在这一过程中,曹操利用漳水等开利漕渠,建立了与白沟相通的漕运秩序,同时也建立起以邺城为中心向四周辐射的漕运通道。具体地讲,利漕渠开辟了自今河北曲周县南至馆陶县西南的航线,沿这条航线南下与白沟相接,沿白沟可进入黄河,随后从黄河入汴渠可远及江淮。与此同时,沿利漕渠北上可分别进入平房渠、泉州渠、新河等,远及幽州及辽东。可以说,利漕渠作为邺城水上交通枢纽建设的重要工程,提升了邺城的政治地位,在为曹操统一北方和稳定其政局做出重要贡献的同时,有力地促进了这一区域社会经济的发展。从这样的角度看,当军事斗争成为政治斗争的主要形式时,曹操政治集团需要通过建设有综合功能的河渠,为军事斗争提供强有力的后勤支援。长明沟和利漕渠建成后,维护了邺城的政治地位和交通枢纽的地位,扩大了邺城周边的农田灌溉面积,通过农田水利建设为改良土壤、排洪防涝等,为曹操建立以邺城为中心的屯田制度奠定了坚实的基础。

第一节　长明沟与灌溉及漕运

郦道元记载:"魏武又以郡国之旧,引漳流自城西东入,径铜雀台下,伏流入城东注,谓之长明沟也。渠水又南,径止车门下。魏武封于邺,为北宫,宫有文昌殿。沟水南北夹道,枝流引灌,所在通溉,东出石窦下,注之洹水。故魏武《登台赋》曰:引长明,灌街里,谓此渠也。"①这里透露的信息有三条:一是曹操经营邺城时开挖了长明沟,长明沟引漳水穿城而过,形成了自城西到城东的渠道,乐史引郦道元"伏流入城东注,谓之长明沟"语时,干脆将其改为"伏流入城,谓之长明沟"②,从强调的内容看,曹操开渠时将长明沟引到了城中;二是长明沟是邺城一带的水利工程,由主渠和支渠构成,兼有灌溉功能,有"枝流引灌,所在通溉"之说;三是长明沟通过建造石窦即石质涵洞将漳水引入洹水。所谓"东出石窦下,注之洹水",是指将漳水注入洹水,提高洹水水位。如赵一清《水经注释》将此语改为"东出石窦堰下,注之洹水"③,可以证明郦道元所说的"石窦"有调漳水入洹水的功能。

问题是,曹操是于何时兴修长明沟的?曹操引漳水开长明沟,与战国时期西门豹兴修的西门渠之间有什么样的关系?清水的枝津长明沟与曹操所开的长明沟有什么样的关系?曹操兴修的长明沟是一条什么样的河渠?

长明沟开于何时?可以曹操建铜雀台及率诸子登台作赋为参照。史有建安十五年(210)冬"作铜雀台"④,又有"时邺铜爵台新成,太祖悉将诸子登台,使各为赋"⑤之说,铜雀台(铜爵台)落成后曹操率诸子登台竞艺,为此,曹操兴致盎然地写下了《登台赋》。

铜雀台是曹操在邺城建造的规模宏大的宫殿群,与金虎台、冰井台合称"三台"。如陆翙记载:"铜爵、金凤、冰井三台,皆在邺都北城西北隅,因城为基址。建安十五年,铜爵台成。曹操将诸子登楼使各为赋,陈思王植援笔立就。金凤台,初名金虎,至石氏改今名。冰井台,则凌室也。金虎、冰井皆建安十八年建也。铜爵台,高一十丈,有屋一百二十间,周围弥覆其上。金虎台,有屋百三十间。冰井台,有冰室三,与凉殿皆以阁道相通。三台崇举,其高若山云至。后赵石虎三台更加崇饰,甚于魏初,于铜爵台上起五层楼阁,去地三百七十尺,周围殿屋一百二十房。"⑥所谓"金凤台,初名金虎,至石氏改今名",是指避后赵石虎之讳,改金虎台为金凤台。郦道元亦记载:"城之西北有三台,皆因城为之基,巍然崇举,其高若山。建安中魏武所起,平坦略尽。……中曰铜雀台,高十丈,有屋百余间。台成,命诸子登之,并使为

---

① 北魏·郦道元《水经注·浊漳水》,杨守敬、熊会贞疏,段熙仲点校,陈桥驿复校《水经注疏》上册,南京:江苏古籍出版社1989年版,第935—936页。
② 宋·乐史记载:"长明沟,《水经注》云:魏武引漳水入铜雀台下,伏流入城,谓之长明沟。三台。铜雀,中台也;金虎、冰井,南台、北台也。石虎于上藏冰,三伏之月以赐大臣。"(《太平寰宇记·河北道四·相州》(王文楚等点校)第3册,北京:中华书局2007年版,第1139页)
③ 清·赵一清《水经注释·浊漳水清漳水》,《四库全书》第575册,上海:上海古籍出版社1987年版,第187页
④ 晋·陈寿《三国志·魏书》,北京:中华书局1959年版,第32页。
⑤ 同④,第557页。
⑥ 晋·陆翙《邺中记》,《四库全书》第463册,上海:上海古籍出版社1987年版,第308页。

赋。"①如果以曹操建铜雀台为参照,当知建安十五年冬天以前长明沟已建成并投入使用。

曹操开长明沟主要是在西门渠的基础上进行的。魏文侯时期,西门豹守邺,他引漳入邺,建造了西门渠这一农田灌溉工程。史称:"西门豹引漳水溉邺,以富魏之河内。"②《史记·滑稽列传》记载:"西门豹即发民凿十二渠,引河水灌民田,田皆溉。当其时,民治渠少烦苦,不欲也。豹曰:'民可以乐成,不可与虑始。今父老子弟虽患苦我,然百岁后期令父老子孙思我言。'至今皆得水利,民人以给足富。十二渠经绝驰道,到汉之立,而长吏以为十二渠桥绝驰道,相比近,不可。欲合渠水,且至驰道合三渠为一桥。邺民人父老不肯听长吏,以为西门君所为也,贤君之法式不可更也。长吏终听置之。故西门豹为邺令,名闻天下,泽流后世,无绝已时,几可谓非贤大夫哉!"③西门豹引漳水开十二渠,改善了当地的农业生产条件,提升了当地的农业生产水平。不过,此时的西门渠只有农田灌溉及改良土壤等方面功能,与漕运没有关系。曹操攻取邺城后,决定在前人的基础上拓展西门渠的农田灌溉等功能,兴修兼有漕运功能的长明沟。

追溯历史,在曹操夺取邺城之前,西门渠曾多次遭到破坏,并多次重修。如魏襄王在位时史起曾"引漳水溉邺,以富魏之河内"④,这一史述固然是说修复西门渠,但它是以西门渠遭受破坏为前提的。又如汉安帝元初二年(115),重修西门渠,如史有"修理西门豹所分漳水为支渠,以溉民田"⑤之说。建安九年(204)曹操以水代兵进攻邺城,引漳水灌邺再次破坏了西门渠。

攻占邺城后,为了稳定和重建河北农业生产秩序,曹操着手重修西门渠,在扩大西门渠灌溉面积的同时,强化了该渠在改良土壤及排洪防涝等方面的功能。如郦道元记载:"漳水又东,径武城南,世谓之梁期城。梁期在邺北,俗亦谓之两期城,皆为非也。司马彪《郡国志》曰:邺县有武城,武城即斯城矣。漳水又东北,径西门豹祠前。祠东侧有碑,隐起为字。祠堂东头石柱,勒铭曰:赵建武中所修也。魏文帝《述征赋》曰:羡西门之嘉迹,忽遥睇其灵宇。漳水右与枝水合,其水上承漳水于邯会西,而东别与邯水合。水发源邯山东北,径邯会县故城西,北注枝水。故曰邯会也。张晏曰:漳水之别,自城西南与邯山之水会。今城旁犹有沟渠存焉。汉武帝元朔二年,封赵敬肃王子刘仁为侯国。其水又东北入于漳。昔魏文侯以西门豹为邺令也,引漳以溉邺,民赖其用。其后至魏襄王,以史起为邺令,又堰漳水以灌邺田,咸成沃壤,百姓歌之。魏武王又堨漳水,回流东注。号天井堰。二十里中,作十二墱,墱相去三百步,令互相灌注。一源分为十二流,皆悬水门。陆氏《邺中记》云:水所溉之处,名曰晏陂

---

① 北魏·郦道元《水经注·浊漳水》,杨守敬、熊会贞疏,段熙仲点校,陈桥驿复校《水经注疏》上册,南京:江苏古籍出版社1989年版,第937—938页。
② 汉·司马迁《史记·河渠书》,北京:中华书局1982年版,第1408页。
③ 汉·司马迁《史记·滑稽列传》,北京:中华书局1982年版,第3213页。
④ 汉·班固《汉书·沟洫志》,北京:中华书局1962年版,第1677页。
⑤ 刘宋·范晔《后汉书·孝安帝纪》,北京:中华书局1965年版,第222页。

泽。故左思之赋魏都也。谓磴流十二,同源异口者也。魏武之攻邺也,引漳水以围之。《献帝春秋》曰:司空邺城围,周四十里,初浅而狭,如或可越。审配不出争利,望而笑之。司空一夜增修,广深二丈,引漳水以注之,遂拔邺。本齐桓公所置也,故《管子》曰:筑五鹿、中牟、邺以卫诸夏也。后属晋,魏文侯七年,始封此地,故曰魏也。汉高帝十二年,置魏郡,治邺县,王莽更名魏城。后分魏郡,置东、西部都尉,故曰三魏。"①为了迅速地消灭袁绍盘踞在河北的残余势力,曹操一方面利用西门渠"引漳水以围之",摧毁了邺城;另一方面在夺取邺城后又重修西门渠,恢复了邺城一带的社会经济秩序。可以说,破坏与重修并存虽然诉说了历史的不幸,但也为曹操熟悉邺城一带的水文,兴修长明沟奠定了坚实的基础。

在叙述历代兴修西门渠事件的原委时,胡渭论述道:"昔战国时魏西门豹、史起先后为邺令,皆引漳水溉田,以富河内,写卤化为稻粱。后汉元初二年,复修故渠以溉田。建安中,曹公平邺,又堨漳水回流东注,号天井堰,里中作十二磴,磴相去三百步,令互相灌注,一源分为十二流,皆悬水门,水所溉之处,名曰晏泽陂。故左思《魏都赋》云'磴流十二,同源异口'也。"②所谓"磴",指建造拦截漳水的堰坝。为了迫使漳水进入预设的渠道及控制流量,曹操在渠口建造了"悬水门"即进水闸。经过重修,西门渠的灌溉能力得到了全面的提升。曹操引漳水攻邺后,虽然拉开了重修西门渠的序幕,但此时河北的政治局势动荡不安,不可能立即把开凿长明沟及建设邺城这一水上交通枢纽提上议事日程。进而言之,只有在河北为曹操政治集团全面掌控后,才有可能开凿长明沟。从这样的角度看,曹操重修西门渠与开长明沟应在两个时间。尽管如此,曹操重修西门渠却为兴修长明沟引漳入洹奠定了坚实的基础。

从曹操"引长明,灌街里"以及郦道元"引漳流自城西东入,径铜雀台下,伏流入城东注"等情况看,曹操兴修长明沟时,有七个方面的情况值得注意。

其一,曹操兴修长明沟时,充分利用了旧有的清水(济水)枝津长明沟,在拓宽拓深河道及引入新的补给水源的过程中,使其具有了漕运能力。如引漳水入洹以后,建成了自邺城经洹水,向南至安阳(今河南安阳)的漕运通道。郦道元记载:"洹水自邺,东径安阳县故城北。……《魏土地记》曰:邺城南四十里,有安阳城,城北有洹水东流者也。"③通过改造长明沟水道,引入洹水等河流后,扩大了新开长明沟流经的区域。安阳是曹操兴修长明沟的重要节点,后世史家叙述彰德府(在今河南安阳)与长明沟的关系时记载:"长明沟,在临漳县西。《水经注》:魏武引漳流自邺城西东入,径铜雀台下,伏流入城,东注谓之长明沟。又南径止车门下北宫,有文昌殿,沟水南北夹道,枝流引灌,所在通溉。东出石窦下注之湟水,故魏武《登

---

① 北魏·郦道元《水经注·浊漳水》,杨守敬、熊会贞疏,段熙仲点校,陈桥驿复校《水经注疏》上册,南京:江苏古籍出版社1989年版,第931—935页。
② 清·胡渭《禹贡锥指》(邹逸麟整理),上海:上海古籍出版社2006年版,第39页。
③ 北魏·郦道元《水经注·洹水》,杨守敬、熊会贞疏,段熙仲点校,陈桥驿复校《水经注疏》上册,南京:江苏古籍出版社1989年版,第899页。

台赋》曰:引长明,灌卫里。谓此渠也。《寰宇记》:邺县有长明沟。"①文中所说的"长明沟,在临漳县西",是指长明沟在邺城的西面。安阳在邺城的南面,与邺城隔漳水相望。漳水注入新开的长明沟以后,为建设以邺城为中心的漕运秩序创造了必要的条件。

其二,黄河南徙改道及截断清水后,长明沟在向南北两个方向延展时,亦出现了被黄河截断的情况。郦道元记载:"《释名》曰:济,济也。源出河北,济河而南也。《晋地道志》曰:济自大伾入河,与河水斗,南泆为荥泽。《尚书》曰:荥波既潴。孔安国曰:荥泽波水以成潴。阚骃曰:荥播,泽名也。故吕忱云:播水在荥阳,谓是水也。昔大禹塞其淫水,而于荥阳下引河东南以通淮、泗。济水分河,东南流。"②长明沟以黄河为横向坐标,在向南北两个方向延伸的过程中,将黄河南北串联在一起。从这样的角度看,长明沟与曹操先前开凿的河渠串联在一体,建成了从河北到河南的水上交通,形成了远接江淮的能力,这一水上交通干线极大地丰富了原有的陆路交通体系,从而展示出强大的生命力。

其三,开长明沟时,曹操充分利用了清水枝津长明沟与诸水相通的河道,通过扩大补给水源结构及引水入运,在与白沟、黄河通连的过程中,延长了以邺城为中心的航线。具体地讲,安阳与朝歌(在今河南淇县)同为殷商的旧都,邺城旧属殷商京畿地区,境内有洹水、淇水等水资源丰富的河流。与此同时,清水枝津长明沟自安阳、朝歌等地入淇水,与白沟相通。如郦道元记载:"洹水出山,东径殷墟北。……洹水径内黄县北,东流注于白沟,世谓之洹口也。"③洹水行经内黄与白沟相连,白沟或以淇水为补给水源或借用淇水为航道,与曹操新开的长明沟互通后,扩大了水运范围,为建设以邺城为中心的水上交通枢纽奠定了坚实的基础。郦道元记载:"淇水又东出山,分为二水,水会立石堰,遏水以沃白沟,左为菀水,右则淇水。自元甫城东南,径朝歌县北。《竹书纪年》,晋定公二十八年,淇绝于旧卫,即此也。淇水又东,右合泉源水。水有二源,一水出朝歌城西北,东南流。……其水南流东屈,径朝歌城南。《晋书地道记》曰:本沫邑也。《诗》云:爰采唐矣,沫之乡矣。殷王武丁,始迁居之,为殷都也。"④曹操兴修的长明沟自邺城南行后,沿途经过安阳、朝歌等地,这一航道与白沟相通后,为发展河北水运和农业提供了便利的条件。

其四,清水枝津长明沟经修武(在今河南修武)后流入朝歌,也为曹操兴修新的长明沟创造了必要的条件。如郦道元记载:"清水又东南流,吴泽陂水注之。水上承吴陂,于修武县故

---

① 清·和珅等《钦定大清一统志·彰德府》,《四库全书》第477册,上海:上海古籍出版社1987年版,第149页。
② 北魏·郦道元《水经注·济水一》,杨守敬、熊会贞疏,段熙仲点校,陈桥驿复校《水经注疏》上册,南京:江苏古籍出版社1989年版,第645—649页。
③ 北魏·郦道元《水经注·洹水》,杨守敬、熊会贞疏,段熙仲点校,陈桥驿复校《水经注疏》上册,南京:江苏古籍出版社1989年版,第895—900页。
④ 北魏·郦道元《水经注·淇水》,杨守敬、熊会贞疏,段熙仲点校,陈桥驿复校《水经注疏》上册,南京:江苏古籍出版社1989年版,第850—851页。

城西北。修武，故宁也，亦曰南阳矣。马季长曰：晋地自朝歌以北至中山为东阳，朝歌以南至轵为南阳。……《魏土地记》曰：修武城西北二十里，有吴泽陂，南北二十许里，东西三十里，西则长明沟入焉。水有二源。北水上承河内野王县东北界沟，分枝津为长明沟，东径雍城南，寒泉水注之。水出雍城西北，泉流南注，径雍城西。《春秋·僖公二十四年》，王将以狄伐郑，富辰谏曰：雍，文之昭也。京相璠曰：今河内山阳西有故雍城。又东南注长明沟，沟水又东，径射犬城北。……长明沟水东入石涧，东流，蔡沟水入焉。水上承州县北白马沟，东分，谓之蔡沟，东会长明沟水，又东，径修武县之吴亭北，东入吴陂，次北有苟泉水入焉。水出山阳县故修武城西南，同源分派，裂为二水，南为苟泉，北则吴渎，二渎双导，俱东入陂。山阳县东北二十五里，有陆真阜，南有皇母、马鸣二泉，东南合注于吴陂也。次陆真阜之东北，得覆釜堆。堆南有三泉，相去四五里，参差合次，南注于陂泉。"①在曹操兴修长明沟以前，清水枝津长明沟流经山阳县（在今河南焦作山阳）等地，而山阳是东入朝歌的必经之地。

其五，清水枝津长明沟源出长葛（今河南长葛），曹魏兴修长明沟时，充分利用了清水枝津长明沟的河道，进而扩大了漕运范围。如乐史记载："长明沟，在县西四十五里。源出许州长葛县界，与大沟合流。司马彪《郡国志》云：'苑陵县有白雁陂，引渎南流，谓之长明沟。'笔沟，在县东北四十里。与康沟相合，端直如笔。蓬池，在县北五里。按《述征记》云：'大梁西南九十里尉氏有蓬池。'阮籍有诗云：'徘徊蓬池上，回首望大梁。'即此是也。"②清水枝津长明沟与笔沟相通，沿笔沟可入康沟，随后进入黄河。史称："长明沟，源出长葛县界，经尉氏县西南，汇为大陂，东南与大沟合流。大沟，在尉氏县西南一十五里，东北合康沟入于黄河。"③又称："长明沟，自许州长葛县，流入洧川县南，东流至尉氏县西。《水经注》：水出苑陵县故城西北，谓之龙渊泉，南流又东重泉水注之，又东南入白雁陂。自陂引渎南流，谓之长明沟。东转径向城北又东，右径为染泽陂，又东经尉氏县故城南沟渎。自是三分，北分为康沟。《寰宇记》：长明沟，在县西南四十五里，与大沟合流。旧志，康沟在县南门外，东流入白家潭小黄河。"④综合这些记载，当时的水文形势是，沿清水枝津长明沟自长葛可入康沟等，经尉氏（在今河南尉氏）与沙水（蔡河）相通。清水枝津长明沟自长葛与太沟（大沟）、康沟相连，将漕运范围向南拓展到尉氏境内，沿途河流及陂泽（湖泊）汇入曹操新开的长明沟以后，在提高新渠水位的基础上增强了漕运能力，使其由普通的灌溉渠嬗变为重要的漕运通道。

其六，沁水是清水枝津长明沟的重要水源，沁水注入后增加了清水枝津长明沟流量，为

---

① 北魏·郦道元《水经注·清水》，杨守敬、熊会贞疏，段熙仲点校，陈桥驿复校《水经注疏》上册，南京：江苏古籍出版社1989年版，第799—803页。
② 宋·乐史《太平寰宇记·河南道一》（王文楚等点校）第1册，北京：中华书局2007年版，第13页。
③ 明·李贤等《明一统志·河南布政司》，《四库全书》第472册，上海：上海古籍出版社1987年版，第633页。
④ 清·和珅等《钦定大清一统志·开封府》，《四库全书》第477册，上海：上海古籍出版社1987年版，第26页。

曹操兴修以邺城为中心的长明沟创造了条件。郦道元记载："沁水又东,光沟水注之。水首受丹水,东南流,界沟水出焉。又南入沁水,又东南流,径成乡城北,又东径中都亭南,左合界沟水,水上承光沟,东南流,长明沟水出焉。又南径中都亭西,而南流注于沁水也。又东过周县北。县故州也。《春秋左传》隐公十有一年,周以赐郑公孙段,六国时,韩宣子徙居之。有白马沟水注之,水首受白马湖,湖一名朱管陂。陂上承长明沟。湖水东南流,径金亭西,分为二水,一水东出为蔡沟,一水南流注于沁水也。"①所谓"东南流,长明沟水出焉",是指沁水汇聚界沟水和光沟等河流后,与清水枝津长明沟相合;所谓"南流注于沁水",是指清水枝津长明沟南流后,再度注入沁水;所谓"陂上承长明沟",是指沁水流经白马湖时与清水枝津长明沟相接。沁水注入长明沟以后,与有灌溉能力的陂塘相接,为发展相关区域的农业创造了良好的条件。具体地讲,长明沟等与沿途的陂塘有着相互为用的关系,一方面沿途河流为清水枝津长明沟提供了丰富的补给水源,另一方面陂塘又起到调节长明沟航道水位的作用。具体地讲,白马湖、吴泽陂等与长明沟相通,起到了调节航道水位的作用。如史有"但泄湖水一寸,则为河一尺"②之说,又有"若运河水浅,开放练湖一寸,可添河水一尺"③之说,这一论述虽然是谈论练湖与江南运河镇江段的关系,但可知湖泊在调节运河水位中的作用,故这一说法完全可用来说明长明沟与沿途湖泊及陂塘之间的关系。客观地讲,清水枝津长明沟成为曹操长明沟的主干道后,经过改造及拓宽拓深具有了灌溉、改良土壤、防洪排涝及水运等综合功能。从历史的角度看,曹操兴修长明沟主要取得了两个标志性的成果:一是以清水枝津长明沟为干线,进一步扩大了农田灌溉面积,有力促进了河北地区的农业发展;一是新修的长明沟与白沟等连通后,进一步扩大了水运范围,突出了邺城水上交通枢纽的地位。

其七,曹操利用清水枝津长明沟河道兴修长明沟时,建立了长明沟与沙水(蔡水)之间的互通关系。如郦道元记载:"沙水南径扶沟县故城东,县即颍川之谷平乡也。有扶亭,又有洧水沟,故县有扶沟之名焉。建武元年,汉光武封平狄将军朱鲔为侯国。沙水又东与康沟水合,水首受洧水于长社县东,东北径向冈西,即郑之向乡也。后人遏其上口,今水盛则北注,水耗则辍流。又有长明沟水注之,水出苑陵县故城西北,县有二城,此则西城也。二城以东,悉多陂泽,即古制泽也。京相璠曰:郑地。杜预曰:泽在荥阳苑陵县东,即《春秋》之制田也。故城西北平地出泉,谓之龙渊泉。渊水流径陵丘亭西,又西,重泉水注之,水出城西北平地。泉涌南流,径陵丘亭西,西南注龙渊水。龙渊水又东南径凡阳亭西,而南入白雁陂。陂在长社县东北,东西七里,南北十里,在林乡之西南。司马彪《郡国志》曰:苑陵有林乡亭。白雁陂

---

① 北魏·郦道元《水经注·沁水》,杨守敬、熊会贞疏,段熙仲点校,陈桥驿复校《水经注疏》上册,南京:江苏古籍出版社1989年版,第840—842页。

② 元·脱脱等《宋史·河渠志七》,北京:中华书局1985年版,第2405页。

③ 清·赵弘恩、黄之隽等《江南通志·河渠志》,《四库全书》第508册,上海:上海古籍出版社1987年版,第685页。

又引渎南流,谓之长明沟,东转北屈。又东径向城北,城侧向冈,《左传·襄公十一年》,诸侯伐郑师于向者也。又东右迆为染泽陂,而东注于蔡泽陂。长明沟又东径尉氏县故城南。圈称云:尉氏,郑国之东鄙。弊狱官名也。郑大夫尉氏之邑。故栾盈曰:盈将归死于尉氏也。沟渎自是三分,北分为康沟,东径平陆县故城北。高后元年,封楚元王子礼为侯国。建武元年,以户不满三千,罢为尉氏县之陵树乡,又有陵树亭,汉建安中,封尚书荀攸为陵树乡侯。故《陈留风俗传》曰:陵树乡,故平陆县也。北有大泽,名曰长乐厩。康沟水又东径扶沟县之白亭北,《陈留风俗传》曰:扶沟县有帛乡帛亭,名在七乡十二亭中。康沟又东径少曲亭。《陈留风俗传》曰:尉氏县有少曲亭,俗谓之小城也。又东南径扶沟县故城东,而东南注沙水。沙水又南会南水,其水南流,又分为二水。一水南径关亭东,又东南流与左水合。其水自枝渎南径召陵亭西,疑即扶沟之亭也。而东南合右水,世以是水与鄢陵陂水双导,亦谓之双沟。又东南入沙水。沙水南与蔡泽陂水合,水出鄢陵城西北。"①历史上的沙水又有"蔡河""蔡渠"等称谓,鸿沟自浚仪(在今河南开封)分流后,向南的一枝为蔡河,向东的一枝为汴河(汴渠)。长明沟旧道与沙水在尉氏、扶沟等地多次相合,形成了往复循环的航线,其中,尉氏是长明沟与沙水交汇的重要节点。王存在叙述尉氏与清水枝津长明沟的关系时论述道:"京南九十里。八乡。朱家曲、宋楼、卢馆三镇。有惠民河、长明沟、三亭、制泽陂。"②自清水枝津长明沟南下可进入沙水,自沙水可进入尉氏、扶沟等地。除此之外,经尉氏、扶沟等地可入汴渠等航线。长明沟在和沙水相连互通后,与黄河以南的航线串联在一起,改变了河北水上交通的面貌,加强了黄河以北与黄河以南的联系。

　　沙水在黄河以南,与曹操兴修的长明沟相通后,构建了跨越黄河南北的航线和错综复杂的交通网。起初,沙水是鸿沟即汴渠的南枝,在南流的过程中与睢水、涡水、颍水、泗水等相通,可进入淮河。与此同时,又可沿睢阳渠进入泗水、颍水等。睢水入淮的水道是曹操兴修睢阳渠的基础,在历史水文不断变化的过程中,经过不同时代人们的兴修及改建,鸿沟航线即东流汴渠和南流沙水的航线多次发生变化。如胡渭论述道:"鸿沟南流兼沙水之目,沙水枝津又为睢水、涡水,名称不一,要皆河阴石门河水为之,委别而原同也。"③在曹操兴修长明沟以前,以浚仪为航段节点,鸿沟航线主要有两个面向不同区域的航段:一是向东入泗及进入淮河的汴渠,其主要的补给水源来自黄河,少部分来自黄河截断济水后的济水支流;一是向南入颍、入涡、入淮的沙水,其主要的补给水源主要来自汴渠、颍水、涡水等。如沙水有与

---

① 北魏·郦道元《水经注·渠水》,杨守敬、熊会贞疏,段熙仲点校,陈桥驿复校《水经注疏》中册,南京:江苏古籍出版社1989年版,第1906—1911页。
② 宋·王存《元丰九域志》(王文楚、魏嵩山点校)上册,北京:中华书局1984年版,第2页。
③ 清·胡渭《禹贡锥指》(邹逸麟整理),上海:上海古籍出版社2006年版,第454页。

淮河相通的航线,史有"沙水东流注于淮"①之说,又有"涡水受沙水于扶沟县"②之说,又有"淮水又北,夏肥水注之。水上承沙水于城父县,右出东南流径城父县故城南"③之说等,这些说法从不同的侧面证明了沙水与淮河水系有着特殊的关系。如胡渭考证道:"鸿沟又兼沙水之目。沙水东南流,至新阳县为百尺沟,注于颍水。……沙水所出又有睢水、涡水。睢水自陈留县首受,东南流,至下相县入泗。"④泗水、颍水、夏肥水等自然是淮河的支流,涡水、睢水等虽与汴渠相通,但又至东南入淮,因此完全可视为淮河的支流。进而言之,在历史的变迁过程中,在黄河和淮河水系的双重影响下,补入沙水的水源已呈现出多元化的势态。在这一过程中,除了有黄河、淮河水系的水源补入外,还出现新运道以旧运道为补给水源的现象。在这中间,旧水道的水运功能虽然减弱了,但丰富的水资源依旧是可以利用的资源。

曹操开凿的长明沟与沙水相通后,使原本复杂的水文形势呈现出更加复杂的势态。以《史记·河渠书》为依据,胡渭论述鸿沟与黄河、淮河水系之间的关系时指出:"及荥阳下引河东南与济、汝、淮、泗会,则阴沟、汳水、鸿沟、沙水、涡水、睢水诸川,或自入淮,或由颍、泗以达淮,而淮之所纳愈多矣。"⑤如果说鸿沟打通了黄河与淮河水系之间的漕运通道的话,那么,以荥阳为节点,汝水、泗水、沙水、涡水、睢水等淮河支流则与鸿沟系统的阴沟、汳水等构成了相互交错的航线。沙水与长明沟之间的漕运通道建立后,进一步密切了河北与黄河及淮河水系之间的关系。具体地讲,长明沟向北经野王界沟等,沿清水枝津长明沟故道可入黄河故道,沿黄河故道进入曹操兴修的白沟,经邺城等地,可经安陵(在今河北沧州)至幽州及辽东以远的地区;向东自黄河入鸿沟汴渠航段可进入泗水、涡水等远接江淮;向西沿黄河航线可入洛水,自洛水经阳渠入洛阳;自黄河航线向南经鸿沟南枝沙水等可远抵南阳(在今河南南阳)。与此同时,自南阳可联连汉水。

更重要的是,长明沟与沙水相通后,建立了一条自邺城南下入河、入淮的漕运通道,沿这条漕运通道可以将邺城屯田的粮食源源不断地运往淮河流域,为经营淮北、淮南以及与后来的孙权政权对峙,提供了强有力的后勤保障。

---

① 北魏·郦道元《水经注·渠水》,杨守敬、熊会贞疏,段熙仲点校,陈桥驿复校《水经注疏》中册,南京:江苏古籍出版社1989年版,第1923页。
② 北魏·郦道元《水经注·阴沟水》,杨守敬、熊会贞疏,段熙仲点校,陈桥驿复校《水经注疏》中册,南京:江苏古籍出版社1989年版,第1936页。
③ 北魏·郦道元《水经注·淮水》,杨守敬、熊会贞疏,段熙仲点校,陈桥驿复校《水经注疏》下册,南京:江苏古籍出版社1989年版,第2523页。
④ 清·胡渭《禹贡锥指》(邹逸麟整理),上海:上海古籍出版社2006年版,第597页。
⑤ 同④,第619页。

第二节 利漕渠与北方漕运

建安十八年九月,曹操兴修利漕渠,旨在通过强化邺城水陆交通枢纽的地位,来提升邺城的政治地位。史有"作金虎台,凿渠引漳水入白沟以通河"①之说,在兴建邺城宫苑时,采取引漳水入运的办法兴建了利漕渠,建立了与白沟互通的航线。

追溯历史,在曹操开利漕渠之前,与邺城有关的长明沟与白沟已经互通。那么,为什么还要兴建利漕渠呢?道理很简单,目的是进一步提升运道互通的能力,将黄河漕运延长到幽州以远的区域,具有经营辽东的战略意图。

金虎台原名金凤台,与铜雀台、冰井台并称"邺城三台"。如左思《魏都赋》有"飞陛方辇而径西,三台列峙以峥嵘"语,李善注:"铜爵园西,有三台。中央有铜爵台,南则金虎台,北则冰井台。"②此外,前人叙述时,又有将铜雀台称之为"金凤台"的情况。如郭茂倩题解韦应物《三台二首》时写道:"《邺都故事》曰:'汉献帝建安五年,曹操破袁绍于邺。十五年筑铜雀台,十八年作金虎台,十九年造冰井台,所谓邺中三台也。'《北史》曰:'齐文宣天保中营三台于邺,因其旧基而高博之。九年台成,改铜爵曰金凤,金虎曰圣应,冰井曰崇光'云。"③这一提法可备一说。从表面上看,利漕渠是为美化宫苑环境开挖的引漳工程,不过,从"利漕"二字中当知,这一河渠是有水运功能的,甚至可以说是环绕邺城的一条不可或缺的河渠。

利漕渠与以淇水为补给水源的白沟相连,进一步扩大了邺城的漕运范围。郦道元记载:"建安十八年,魏太祖凿渠,引漳水东入清、洹,以通河漕,名曰利漕渠。"④从叙述上看,利漕渠虽有独立存在的价值,但同时又是长明沟的拓展工程。郦道元注《水经》"又东北过斥漳县南"语云:"应劭曰:其国斥卤,故曰斥漳。汉献帝建安十八年,魏太祖凿渠,引漳水东入清、洹,以通河漕,名曰利漕渠。漳津故渎水旧断,溪东北出,涓流濛注而已。《尚书》所谓覃怀底绩,至于衡漳者也。孔安国曰:衡,横也,言漳水横流也。又东北径平恩县故城西。"⑤斥卤是侯国,除国以后设斥漳县,"斥漳"因境内有漳水而名。沈炳巽考证道:"斥漳县,今为广平府威县。《汉志》作斥章,属广平国,今曲周县东,有斥漳故城。"⑥在行政区划变迁的过程中,时

---

① 晋·陈寿《三国志·魏书》,北京:中华书局1982年版,第42页。
② 梁·萧统《文选》,北京:商务印书馆1959年版,第122页。
③ 宋·郭茂倩《乐府诗集·杂曲歌辞》第3册,北京:中华书局1979年版,第1057页。
④ 北魏·郦道元《水经注·浊漳水》,杨守敬、熊会贞疏,段熙仲点校,陈桥驿复校《水经注疏》上册,南京:江苏古籍出版社1989年版,第952页。
⑤ 同④。
⑥ 清·沈炳巽《水经注集释订讹·浊漳水清漳水》,《四库全书》第574册,上海:上海古籍出版社1987年版,第210页。

至清代,汉斥漳县(在今河北曲周)已有新称。

那么,斥漳故城究竟在什么地方?沈炳巽论述道:"故城在今广平府曲周县平恩镇。"①赵一清亦论述道:"又东北过斥漳县南。应劭曰:其国斥卤,故曰斥漳。汉献帝建安十八年,魏太祖凿渠,引漳水,东入清、洹,以通河漕,名曰利漕渠。漳津故渎水旧断,溪东北出,涓流濈注而已。《尚书》所谓'覃怀底绩,至于衡漳'者也。孔安国曰:衡,横也,言漳水横流也,又东北径平恩县故城西。应劭曰:县故馆陶之别乡,汉宣帝元康三年置,以封后父许伯为侯国(一清按:许伯封已见《淇水》篇,馆陶县下注,此复出是地节三年),王莽更曰延平也。"②傅泽洪进一步总结道:"郦注:今广平府曲周县东有斥漳故城。《元和志》:漳水,在曲周县西二十九里平恩故城,在今山东东昌府丘县西,旧在曲周县东南五十里。金省入曲周。《丘县志》云:漳水,今唯经曲周,不入县界。"③利漕渠自斥漳与漳水相接,经斥漳故城在馆陶(在今河北馆陶)与白沟相连。从地理方位看,利漕渠在漳水与黄河之间,呈东南至西北走向。黄河水盛时,可从白沟经利漕渠进入漳水;漳河水盛时,可从利漕渠入白沟即从利漕口进入白沟。

后世漳水水文一再地发生变化,给深入研究利漕渠与漳水的关系带来了难度。尽管如此,依旧是有迹可循。史称:"漳有二源,自山西长子县出者为浊漳,自乐平县出者为清漳,二水各流至河南彰德府临漳县之合漳村,始会为一。考其故道,明初由临漳县入成安县注魏县,至元城县之西店东,入山东馆陶县,达于卫河。正德初,徙于元城之阎家渡入卫河。又十余年,自魏县双井村入卫河。嘉靖初,自回龙村入卫河,后复自内黄县石村入卫河。万历二年,漳河北溢,由魏县成安肥乡入曲周县之滏阳河,而馆陶之流绝。国朝顺治九年,漳水又自广平县之杜村,经元城县贾家庄,后绕至广平之平固店,直注丘县,分为两道:一从县西径直隶广宗县,下达于滹沱河;一从县东径直隶清河县北,至青县入于运河。其自成安县柏寺营至馆陶县杨家圈庄,有通漳遗迹,漳水不经者。自万历二年,始历一百二十四载至。国朝康熙三十六年六月初九日,漳水骤至馆陶,与卫河合,此后北流渐微。至康熙四十七年入丘之上流尽塞,而全漳入于馆陶,即今南馆陶镇所出之漳河也。卫合淇、洹诸水,仅成带川益以二漳,乃见浩瀚双流,交注所益,岂在汶、济下哉!至会通一津,全以各闸节蓄,而临清以北则环曲而行,不复置闸,世遂有三湾抵一闸之说。而不知前人用曲之意,全为漳水而设也。漳水之浊,虽减于黄河,而易淤亦与黄河等。然而治漳之法与治河又有不同,黄河来源甚高,建瓴而下彻底翻掀,顺其所趋,则沙随水滚,绝无壅阻,遇曲则势逆,势逆则脉滞。水过之处,余沙

---

① 清·沈炳巽《水经注集释订讹·浊漳水清漳水》,《四库全书》第574册,上海:上海古籍出版社1987年版,第210页。

② 清·赵一清《水经注释·浊漳水清漳水》,《四库全书》第575册,上海:上海古籍出版社1987年版,第190页。

③ 清·傅泽洪《行水金鉴·河水》,《四库全书》第580册,上海:上海古籍出版社1987年版,第147页。

易留,渐留渐长路愈曲,而势愈逆脉愈滞,迫之使怒横决,随之,故以逢湾取直为上策。盖循其性而行所无事也,漳水浊滓稍轻而来源平坦,无奔激振荡之力,若津道径直缓缓而行,则水浮沙沈随路淀积,疏之,不胜疏矣。今多用湾曲使之左撞右击,自生波澜,鼓动其水而不使之稍宁,则沙亦带之而去,无复停顿,是纡折之正以排瀹之耳,岂仅以此为节蓄之方哉。若知其防淤,而概以黄河逢湾取直之义施之,则求通反滞大失,曩贤规画之精思矣,谨详述之,以贻来者。"①明初漳水"由临漳县入成安县注魏县,至元城县之西店东,入山东馆陶县,达于卫河",时至明正德年间(1506—1521),出现"徙于元城之闫家渡入卫河。又十余年,自魏县双井村入卫河"等情况。此后,明嘉靖年间(1522—1566),漳水河道再度迁徙;明万历二年(1574),漳水经馆陶的水道断流;清顺治九年(1652),漳水自丘县(今河北丘县)分为两道;康熙三十六年(1697),漳水重经馆陶,北流几近断绝。进而言之,经丘县东"径直隶清河县北,至青县入于运河"的水道几近断绝;康熙四十七年(1708),全漳经馆陶达于卫河。在这一历史变迁的过程中,以清代的水文变化最大,同时还有故道恢复的情况,因此,这一记载对于了解建安时期的水文是有认识价值的。

以利漕渠建成为标志,曹操在统一北方的基础上进一步巩固了以邺城为中心的北方根据地。从建安七年(202)到建安十八年,曹操在中原及黄河以北开凿了睢阳渠、白沟、平虏渠、泉州渠、新河、长明沟、利漕渠七条河渠。除了睢阳渠,其他的六条河渠主要建在河北。七条河渠建成后,一是形成了北上远及辽东的漕运通道,南下进入黄河及淮河流域的漕运通道,构建了以邺城为中心的漕运体系;二是这些河渠具有引水灌溉的能力,在改良土壤发展相关区域的农业生产做出了重大贡献,进而为曹操建立稳固的河北根据地发展域内经济奠定了基础,为与东吴、西蜀对峙提供了强有力的后勤支援。

其一,七条河渠在支持曹魏的军事斗争、屯田、漕运等方面有特殊的作用和功能。一是这些河渠开挖后,为曹操以较低的成本转运粮食等战略物资,统一北方立下了汗马功劳。北方统一后,曹操把斗争前线推进到与西蜀、东吴接壤的地带,河渠为转运军事战略物资,确保军事斗争中的优势提供了强有力的支持。二是这些河渠为屯田河北做出了巨大的贡献。为了把河北地区建成可靠的大后方,曹操将军屯和民屯交织在一起,通过河渠灌溉农田,大力发展农业,有效地支持了与西蜀、东吴之间的战争。在这一过程中,曹操采用了以灌溉压制盐碱的办法改造了河北地区的盐碱地,为农业高产稳产提供了强有力的保证,在建设河北这一粮食基地的过程中,达到了扩充经济实力的目的。三是以河渠为依托,就近屯田和建设航运交通网络,改善了原有的交通布局,一方面为后世将漕运中转仓建在运河边上提供了依据,确立了曹魏在三国鼎立中的优势地位,另一方面也为司马氏取代曹魏、加速统一的进程提供了必要的条件。

---

① 清·岳浚、杜诏等《山东通志·漕运》,《四库全书》第540册,上海:上海古籍出版社1987年版,第330页。

其二,七条河渠形成互通之势后,形成了以邺城为中心的交通枢纽。在曹操攻占邺城之前,邺城交通以陆路为主。攻占邺城后,通过兴修长明沟、新河、利漕渠等,曹操提升了邺城的政治地位和经济地位。具体地讲,长明沟等与此前开挖的白沟等河渠串联在一起,构成了从北到南的水路大通道,将黄河水系与淮河水系连接到一块,从而使曹操政治集团有了更广阔的战略局面,为其经营西北和东南提供了丰富的战略物资和后勤保障。在重点经营邺城的过程中,曹操通过兴修河渠改善了邺城的交通及漕运条件。其中,长明沟开通后,从邺城出发经山阳、修武、怀县、武德等地可进入黄河流域。入黄河以后,经荥阳可进入汴渠,从汴渠沿鸿沟故道经尉氏、平陆可抵扶沟等地。与此同时,在加强河渠建设的基础上,曹操采取相互连通的方法,将它们与先前开挖的河渠连接起来,从而形成了北通海河、南通黄河、东通淮泗之势,进而从水上建立了华北地区与中原及江淮之间的水上大交通网。在这一过程中,曹操利用河渠的灌溉功能发展当地的农业,有力地促进了曹魏统治中心区域内的社会经济发展。进而言之,曹操充分利用已有的河渠资源发展农业和水上交通,有效地提升了邺城的政治中心和经济中心的地位。如李吉甫叙述邺城的历史沿革时指出:"《禹贡》冀州之域。又为殷盘庚所都,曰殷墟,项羽与章邯盟于洹水南殷墟是也。春秋时属晋。战国时属魏,魏文侯使西门豹守邺是也。秦兼天下,为上党、邯郸二郡之地。汉高帝分置魏郡,理邺。后汉末,冀州理之,韩馥为冀州牧,居邺。其后袁绍、曹操因之。建安十七年,册命操为魏公,居邺。黄初二年,以广平、阳平、魏三郡为'三魏',长安、谯、许、邺、洛阳为'五都'。石季龙自襄国徙都之,仍改太守为魏尹。慕容隽平冉闵,又自蓟徙都之,仍置司隶校尉。苻坚平邺,以王猛为冀州牧,镇邺。后魏孝文帝于邺立相州。初,孝文帝幸邺,访立州名,尚书崔光对曰:'昔河亶甲居相。圣皇天命所相,宜曰相州。'孝文帝从之,盖取内黄东南故殷王河亶甲居相所筑之城为名也。至东魏孝静帝又都邺城,高齐受禅,仍都于邺,改魏尹为清都尹。周武帝平齐,复改为相州。大象二年,自故邺城移相州于安阳城,即今州理是也。隋大业三年,改相州为魏郡。武德元年,复为相州。后或为总管,或为都督。"①邺城成为北方重镇,甚至在南北朝分立时期一度成为国都,客观地讲,与曹操重点经营及建立以邺城为中心的漕运秩序有着割不断的联系。

其三,曹操将军事斗争的大本营移往洛阳后,进一步扩大了七条河渠的存在空间及使用价值。他以河北为支援军事斗争的后勤保障基地,七条河渠形成互通之势后从水上加强了与黄河、淮河、长江等水系的联系,进而为隋王朝建立以洛阳为中心的水陆交通枢纽奠定了坚实的基础。顾祖禹考证道:"'建安七年魏武至浚仪,治睢阳渠',盖东达睢阳之渠也。"②睢阳渠以浚仪为起点向东延伸,至睢阳可入泗水,从泗水可进入淮河流域,入淮河后东行可进

---

① 唐·李吉甫《元和郡县图志·河北道一》(贺次君点校),北京:中华书局1983年版,第451—452页。
② 清·顾祖禹《读史方舆纪要·河南二》(贺次君、施和金点校)第4册,北京:中华书局2005年版,第2148页。

入江淮之间的邗沟,进而远及长江。可以说,这一分布黄河两岸的大通道建成后,为隋王朝利用这些河渠打通贯穿南北的通济渠、永济渠等提供了必要的条件,进而加强了江淮与黄河流域、辽东以及更远区域的联系。如郦道元论述道:"谓之清口,即淇河口也,盖互受其名耳。《地理志》魏郡曰:清河水出内黄县南。内黄无清水可来,所有者惟钟是水耳。盖河徙南注,清水渎移,汇流径绝,余目尚存,故东川有清河之称,相嗣不断。曹公开白沟,遏水北注,方复故渎矣。"①追溯隋代兴修永济渠的历史,完全可以上溯到曹操开挖的白沟。在历史发展的进程中,白沟为隋代修建永济渠提供了雏形,亦成为宋王朝经营华北时不可或缺的漕运通道。

其四,七条河渠互通后,建构了以邺城为中心的水陆交通枢纽,极大地改善了河北及以北地区的交通条件,对这一区域的交通建设和城市布局等产生了深远的影响。史称:"三郡乌丸承天下乱,破幽州,略有汉民合十余万户。袁绍皆立其酋豪为单于,以家人子为己女,妻焉。辽西单于蹋顿尤强,为绍所厚,故尚兄弟归之,数入塞为害。公将征之,凿渠,自呼(滹)沱入泒水,名平虏渠;又从泃河口凿入潞河,名泉州渠,以通海。"②因泉州渠与漳水、滹沱河、泒水、泃水、潞水等相通,又因这些河流本身有部分的漕运能力,两者交织在一起,遂出现了自泉州渠等经漳河等可抵邺城的局面。具体地讲,以邺城为水上交通枢纽,沿白沟航线可抵达黄河,渡黄河以后,经鸿沟汴渠航段可远接泗水,远接江淮。与此同时,沿利漕渠、白沟、漳水等北上,中经新河、平虏渠、泉州渠等可抵达幽州、辽东以及更远的区域并东入大海。如郦道元记载:"白沟又东北,径罗勒城东,又东北,漳水注之,谓之利漕口。自下清漳、白沟、淇河,咸得通称也。"③建安十八年九月,曹操"凿渠引漳水入白沟以通河"④,利漕渠建成后,引漳水入白沟既丰富了白沟的水源,又将利漕渠与白沟相连,增强了水上交通运输能力。在这中间,漳水与清水、洹水等相通,利漕渠、白沟、长明沟等亦与清水相通,利漕渠建成后与曹操先前开挖的河渠串联起来,形成了"自下清漳、白沟、淇河,咸得通称"的局面。

其五,除睢阳渠以外,曹操在黄河以北开挖的六条河渠实际上是一个有机的整体。具体地讲,隋炀帝以白沟为基础开挖永济渠以后,平虏渠、泉州渠、新河等依旧有独立存在的价值。如为了防止奚、契丹作乱并形成威慑力量,驻守易州(在今河北易县)的姜师度明确提出了疏浚平虏渠等的主张,试图通过加强漕运来全面控制蓟州以北的地区。史称:"姜师度,魏人也。明经举。神龙初,累迁易州刺史、兼御史中丞,为河北道监察兼支度营田使。师度勤于为政,又有巧思,颇知沟洫之利。始于蓟门之北,涨水为沟,以备奚、契丹之寇。又约魏武

---

① 北魏·郦道元《水经注·清水》,杨守敬、熊会贞疏,段熙仲点校,陈桥驿复校《水经注疏》上册,南京:江苏古籍出版社1989年版,第817页。
② 晋·陈寿《三国志·魏书》,北京:中华书局1959年版,第28页。
③ 北魏·郦道元《水经注·淇水》,杨守敬、熊会贞疏,段熙仲点校,陈桥驿复校《水经注疏》上册,南京:江苏古籍出版社1989年版,第867页。
④ 同②,第42页。

旧渠,傍海穿漕,号为平虏渠,以避海艰,粮运者至今利焉。寻加银青光禄大夫,累迁大理卿。景云二年,转司农卿。"①又称:"神龙三年,沧州刺史姜师度于蓟州之北,涨水为沟,以备奚、契丹之寇。又约旧渠,傍海穿漕,号为平虏渠,以避海难运粮。"②综合这两则记载:一是唐中宗神龙初年姜师度任易州刺史,在屯田的过程中,利用易州一带的河流建成了防止奚、契丹入侵的水上防线;二是神龙三年(707),姜师度出任沧州刺史,根据当地的水文条件提出了"约旧渠"及发展漕运的主张。从"又约旧渠,傍海穿漕,号为平虏渠"等语中可以探知,将旧渠命名为"平虏渠",应与曹操兴修的平虏渠等有关。进而言之,姜师度"约旧渠"实际上是在平虏渠、泉州渠、新河等的基础上疏浚旧有的漕运通道。在重建漕运秩序后,唐王朝增强了控制蓟州以北的能力,进而达到了威慑奚、契丹的效果。从后世的情况看,姜师度在曹操的基础上重开的河渠在元明清三代兴修京杭大运河时多有利用。

其六,白沟作为河北重要的漕运通道,其利用率明显高于曹操兴修的其他河渠。北齐时有"于白沟舣船不听向洛,诸州和籴粟运入邺城"③之说,这条水上大通道是自河北入黄河的重要通道,在建设的过程中,充分发挥黄河航线的作用,初步形成了以黄河为东入汴渠及南下入沙水的航线节点,进一步密切了河北与河南之间的联系。宋代十分重视白沟等在漕运中的作用,在白沟的基础上兴修了御河。宋真宗景德元年(1004),著作佐郎李垂进献《导河形胜书》时指出:"其始作自大伾西八十里,曹公所开运渠东五里,引河水正北稍东十里,破伯禹古堤,径牧马陂,从禹故道,又东三十里转大伾西、通利军北,挟白沟,复西大河,北径清丰、大名西,历洹水、魏县东,暨馆陶南,入屯氏故渎,合赤河而北至于海。既而自大伾西新发故渎西岸析一渠,正北稍西五里,广深与汴等,合御河道,逼大伾北,即坚壤析一渠,东西二十里,广深与汴等,复东大河。两渠分流,则三四分水,犹得注澶渊旧渠矣。大都河水从西大河故渎东北,合赤河而达于海,然后于魏县北发御河西岸析一渠,正北稍西六十里,广深与御河等,合衡漳水;又冀州北界、深州西南三十里决衡漳西岸,限水为门,西北注滹沱,潦则塞之,使东渐渤海,旱则决之,使西灌屯田,此中国御边之利也。"④从李垂描述的情况看,白沟除了继续在屯田中发挥重要作用外,还有力地推动了沿线城市和地区的经济发展,并成为宋代与辽、金对峙时的漕运大通道。

综上所述,曹操开挖的白沟为后世建立贯穿全国的运河大交通特别是华北地区的水上交通具有特殊的意义,主要有以下五点。一是白沟直接建立了黄河与北方水系的联系。二是为隋开挖永济渠奠定了坚实的基础,白沟航线通过联系华北地区的不同河流,将不同地区串联在一起,有力地促进了华北地区社会经济的发展。三是为北宋发展华北地区的水上交

---

① 后晋·刘昫等《旧唐书·良吏传下》,北京:中华书局1975年版,第4816页。
② 后晋·刘昫等《旧唐书·食货志下》,北京:中华书局1975年版,第2113页。
③ 唐·李百药等《北齐书·神武纪下》,北京:中华书局1972年版,第16页。
④ 元·脱脱等《宋史·河渠志一》,北京:中华书局1985年版,第2261—2262页。

通提供了依据,如北宋在与辽、金等政权的对峙中,御河是一条重要的漕运通道,这条航道是以白沟及永济渠为基础的。四是白沟在山东北部、河北、天津等境内的航段是元代会通河经过这一区域的基础,经过长时间的建设,白沟经过的相应区域作为重要的航段节点,逐步出现了一批新兴城市。当元代统治者以白沟为基础兴修会通河时,这些区域及与之有关的城市出现了再度兴盛的繁荣景象。可以说,在元代兴修运河的过程中,这一航段不但成为元代南北运河整体东移的关键性航段,而且带动了沿岸社会经济的发展。五是白沟为明清两代进一步兴修鲁运河、南运河、北运河奠定了坚实的基础。

客观地讲,白沟的漕运及交通能力的提升与后世不断地疏浚、开挖并延长其航道形成新的互通之势有着直接的联系。如顾祖禹考证道:"白沟河,在城东含辉门外。河无山源,以潦涸为盈竭。《舆地广记》:'河出自封丘县界,亦曰湛渠,唐载初元年引汴水注白沟以通徐、兖之漕,其色甚洁,故名。'"①武则天载初元年(689),唐人在白沟及永济渠旧道的基础上兴修新航道,开辟了一条从白沟入汴河的新航线,在一定程度上加强了洛阳与徐州、兖州等重镇之间的联系。从这样的角度看,曹操开挖北方河渠,对于隋唐建设以洛阳为中心的水陆交通枢纽有着不世之功。进而言之,追溯洛阳水陆交通枢纽形成的历史,曹操经营河北及邺城时开挖北方河渠是不可或缺的环节。

第三节 曹操屯田与漕运

建安元年(196),曹操接受枣祗、韩浩等人的建议开始在统治区域内屯田。史称:"天子拜公司空,行车骑将军。是岁用枣祗、韩浩等议,始兴屯田。"②"是岁",是指汉献帝刘协建安元年。

那么,枣祗、韩浩等人屯田之策,为什么会得到曹操的支持并立即推行呢?《晋书·食货志》交代了这一事件的前因后果。史称:"汉自董卓之乱,百姓流离,谷石至五十余万,人多相食。魏武既破黄巾,欲经略四方,而苦军食不足,羽林监颍川枣祗建置屯田议。魏武乃令曰:'夫定国之术在于强兵足食,秦人以急农兼天下,孝武以屯田定西域,此先世之良式也。'"③董卓之乱后,百姓流离失所,出现了"人多相食"的局面,给恢复农业经济提出了新的要求。

枣祗、韩浩等人的屯田之议是有战略眼光的,而屯田得以推广又与曹操深入研究天下形势,以屯田为"定国之术"紧密地联系在一起。如裴松之注"是岁用枣祗、韩浩等议,始兴屯

---

① 清·顾祖禹《读史方舆纪要·河南二》(贺次君、施和金点校)第4册,北京:中华书局2005年版,第2147页。
② 晋·陈寿《三国志·魏书》,北京:中华书局1982年版,第14页。
③ 唐·房玄龄等《晋书·食货志》,北京:中华书局1974年版,第783—784页。

田"语云:"《魏书》曰:自遭荒乱,率乏粮谷。诸军并起,无终岁之计,饥则寇略,饱则弃余,瓦解流离,无敌自破者不可胜数。袁绍之在河北,军人仰食桑椹。袁术在江、淮,取给蒲蠃。民人相食,州里萧条。公曰:'夫定国之术,在于强兵足食,秦人以急农兼天下,孝武以屯田定西域,此先代之良式也。'是岁乃募民屯田许下,得谷百万斛。于是州郡例置田官,所在积谷。征伐四方,无运粮之劳,遂兼灭群贼,克平天下。"①当军事斗争成为政治斗争的主要形式时,曹操敏锐地认识到,要想建立一支强大的军队,需要以屯田为"定国之术"来达到"强兵足食"的目的。彭大翼论述道:"东汉灵帝中平以来,民弃农业,诸军并起,率乏粮谷,无敌自破者,不可胜数。枣祗请置屯田,曹操从之,募民屯田许下,得谷百万斛,故征伐四方,无运粮之劳。"②彭大翼的论述深刻地揭示了许下屯田的意义,正因为如此,曹操以"秦人以急农兼天下,孝武以屯田定西域"为"先世之良式",将屯田作为既定"国策",开始在不同的区域推广。在这中间,通过屯田,曹操顺利地解决了军队给养匮乏、民食不足等问题,有效地动员了为战争服务的各种力量,稳定了统治区域日趋恶化的社会经济秩序和政治秩序。

起初,曹操统治区内屯田事务是由任峻负责的。史称:"于是以任峻为典农中郎将,募百姓屯田许下,得谷百万斛。郡国列置田官,数年之中,所在积粟,仓廪皆满。祗死,魏武后追思其功,封爵其子。"③这一记载主要有六个方面值得关注。

其一,曹操接受枣祗等人的建议,任命任峻为典农中郎将,揭开了屯田的序幕。史称:"太祖每征伐,峻常居守以给军。是时岁饥旱,军食不足,羽林监颍川枣祗建置屯田,太祖以峻为典农中郎将,募百姓屯田于许下,得谷百万斛,郡国列置田官,数年中所在积粟,仓廪皆满。官渡之战,太祖使峻典军器粮运。……军国之饶,起于枣祗而成于峻。"④起初,任峻"常居守以给军",在负责屯田事务后,因在官渡之战中"典军器粮运",故又承担起漕运事务。也就是说,曹操下达屯田令后,典农中郎将除了负责屯田事务外,同时又负责运兵运粮等事务。在这中间,"军国之饶,起于枣祗而成于峻",固然是高度地评价了枣祗、任峻在屯田中的地位和作用,同时也透露了屯田与漕运紧密相连的信息。进而言之,典农中郎将除了负责屯田事务外,还负责漕运事务。李吉甫记载:"初,魏武帝既破黄巾,经略四方,而苦军食不足。羽林监颍川枣祗建置屯田,于是以任峻为典农中郎将,募人屯田许下(即今许昌县),得谷百万斛。郡国列置田官,数年之间,所在仓储盈积。"⑤"募百姓屯田许下"可能有两个指向,一是指招募流民参加军屯,一是指招募百姓进行民屯。

其二,曹操以任峻为典农中郎将,标志着曹操屯田是从军屯开始的。追溯历史,中郎将

---

① 晋·陈寿《三国志·魏书》,北京:中华书局1982年版,第14页。
② 明·彭大翼《山堂肆考·政事》,《四库全书》第975册,上海:上海古籍出版社1987年版,第634页。
③ 唐·房玄龄等《晋书·食货志》,北京:中华书局1974年版,第784页。
④ 同①,第489页。
⑤ 唐·李吉甫《元和郡县图志·河南道四》(贺次君点校),北京:中华书局1983年版,第209页。

一职出自秦官,主要掌中央禁卫。史称:"左中郎将。右中郎将。秦官,汉因之。与五官中郎将领三署郎,魏无三署郎,犹置其职。"①西汉时期,继续分为五官、左、右三署,但待遇明显提高。史称:"中郎有五官、左、右三将,秩皆比二千石。"②杜佑亦记载:"五官、左、右中郎将,皆秦官,汉因之,并领三署郎从。后汉之制,郡国举孝廉以补之。"③至东汉,中郎将分为五署,由五官中郎将主五官郎,左中郎将主左署郎,右中郎将主右署郎,虎贲中郎将主虎贲宿卫,羽林中郎将主羽林郎。④ 东汉末年,"中郎将"成为加衔,不再只限于禁卫统领方面,镇守一方的军政大员也可授予"中郎将"一职。史称:"东中郎将,汉灵帝以董卓居之。南中郎将,汉献帝建安中,以临淄侯曹植居之。西中郎将。北中郎将,汉建安中,以鄢陵侯曹彰居之。凡四中郎将,何承天云,并后汉置。"⑤此外,建安十六年(211),曹丕受命任五官中郎将等职。史称:"建安十六年,为五官中郎将、副丞相。二十二年,立为魏太子。"⑥据此可知,中郎将是建安时期十分的重要职官。以此为参照,当知曹操以任峻为中郎将,又以"典农"为加衔,意在向世人强调屯田乃军国大事,同时也透露了屯田是"定国之术"的重要信息。

其三,从设"典农中郎将"管理许昌屯田事务,到"郡国列置田官"中当知,田官隶属典农中郎将,屯田组织机构为军事编制。杜佑叙述典农中郎将及副手典农都尉、典农校尉等来源时论述道:"并曹公置。晋武帝太始二年,罢农官为郡县,后复有之。"⑦"曹公"指曹操。任峻时任中郎将,以"典农"加衔,意在突出此时的屯田具有军屯的特点。史称:"古者重武官,有主射以督课之,军屯吏、驺、宰、永巷宫人皆有,取其领事之号。"⑧从表面上看,曹操以"典农"加衔,有自立职官事职之嫌,其实与两汉职官制度一脉相承。

其四,曹操开展军屯是从统治核心区域河南开始的。如继任峻许昌屯田后,又有严匡任颍川典农中郎将,司马昭任洛阳典农中郎将,这一系列的情况表明,河南是曹操屯田的核心区域。史称:"文皇帝讳昭,字子上,景帝之母弟也。魏景初二年,封新城乡侯。正始初,为洛阳典农中郎将。"⑨曹操推行的军屯之策,始于建安元年,延续到曹魏时期,此后,又为晋王朝所继承。

其五,典农中郎将兼有耕种和戍守两个方面的职责,战时可率部参与战争。史称:"二十三年春正月,汉太医令吉本与少府耿纪、司直韦晃等反,攻许,烧丞相长史王必营,必与颍川

---

① 梁·沈约《宋书·百官志下》,北京:中华书局1974年版,第1248页。
② 汉·班固《汉书·百官公卿表上》,北京:中华书局1962年版,第731页。
③ 唐·杜佑《通典·职官十一》,杭州:浙江古籍出版社1988年版,第169页。
④ 刘宋·范晔《后汉书·百官志二》,北京:中华书局1965年版,第3574—3576页。
⑤ 梁·沈约《宋书·百官志上》,北京:中华书局1974年版,第1226页。
⑥ 晋·陈寿《三国志·魏书》,北京:中华书局1982年版,第57页。
⑦ 唐·杜佑《通典·职官八》,杭州:浙江古籍出版社1988年版,第154页。
⑧ 同②。
⑨ 唐·房玄龄等《晋书·文帝纪》,北京:中华书局1974年版,第32页。

典农中郎将严匡讨斩之。"①建安二十三年,吉本与耿纪等造反时,颍川典农中郎将严匡率部平叛。

其六,自屯田推广到各地后,曹操获取了大量的粮草,保证了军用。从"所在积粟,仓廪皆满"中当知,这些仓廪应建在方便运输的地方。如果再考虑到曹操兴修河渠时,强调了河渠的灌溉、交通等综合功能,再结合"官渡之战,太祖使峻典军器粮运"等语看,当知屯田区的粮仓大都建在河渠沿线,具有漕运中转仓的性质。

在推广屯田之策的过程中,曹操进行了制度建设。如在郡国设置田官的基础上,设屯田都尉即典农都尉、典农校尉等,加强屯田事务管理。史称:"建安十八年,州并属冀州,更拜议郎、西部都督从事,统属冀州,总故部曲。又使于上党取大材供邺宫室。习表置屯田都尉二人,领客六百夫,于道次耕种菽粟,以给人牛之费。"②通过屯田制度建设,稳定了政治局势,促进了统治区域的社会经济发展。

在进行制度建设及发展军屯的同时,曹操又将田官制度推广到郡国,关心民屯事务。史称:"太祖欲广置屯田,使渊典其事。渊屡陈损益,相土处民,计民置吏,明功课之法,五年中仓廪丰实,百姓竞劝乐业。"③国渊负责相关区域的屯田事务后,根据具体情况采取了一系列的改革措施,经此,提高了百姓从事农业生产的积极性。从这样的角度看,"郡国列置田官"包含了劝耕的成分,民屯和军屯相辅相成,为曹操统一北方提供了充足的粮草及物资,进而为曹魏长期保持军事斗争中的优势起到很大作用。

在这一过程中,民屯与安置流民结合在一起,成为曹操恢复农业经济的重要手段。据史料记载,东汉末年,人口流动主要有几个方向:一是长安遭受灭顶之灾后,关中三十万人口或十万西迁至凉州,或十万南迁益州,或十万沿汉水至荆州;二是中原大地陷入战火后,当地百姓或迁往冀州、幽州及辽东,或迁往徐州及江淮之间,或经徐州继续南迁至长江以南避乱。史称:"魏武之初,九州云扰,攻城掠地,保此怀民,军旅之资,权时调给。于时袁绍军人皆资椹枣,袁术战士取给蠃蒲。魏武于是乃募良民屯田许下,又于州郡列置田官,岁有数千万斛,以充兵戎之用。"④为稳定社会生产秩序,保持军事斗争中的优势,曹操采取了安置流民与屯田相结合的措施。

然而,怎样才能有效地安置流民?曹操接受卫觊的建议,采取了征收盐税为流民购置耕牛等生产资料的措施。史称:"建安初,关中百姓流入荆州者十余万家,及闻本土安宁,皆企望思归,而无以自业。于是卫觊议为'盐者国之大宝,自丧乱以来放散,今宜如旧置使者监卖,以其直益市犁牛,百姓归者以供给之。勤耕积粟,以丰殖关中,远者闻之,必多竞还。'于

---

① 晋·陈寿《三国志·魏书》,北京:中华书局1982年版,第50页。
② 同①,第469页。
③ 同①,第339页。
④ 唐·房玄龄等《晋书·食货志》,北京:中华书局1974年版,第782页。

是魏武遣谒者仆射监盐官,移司隶校尉居弘农。流人果还,关中丰实。"①从表面上看,这里所说的征收盐税的目的是为关中流民购置生产资料,稳定关中的农业生产秩序,但实际情况是,此时的盐税已成为曹操恢复农业生产和社会秩序的重要手段。从这样的角度看,卫觊所说的"盐者国之大宝,自丧乱以来放散,今宜如旧置使者监卖,以其直益市犁牛,百姓归者以供给之"不仅涉及安置关中流民的问题,而且有更为普遍性的意义。

需要特别指出的是,曹操在统治区域内实行屯田,是与开挖有灌溉、排洪防涝、交通等综合功能的河渠联系在一起的。河渠建设是曹操富有战略眼光的举措,在沿黄河两岸兴修河渠的过程中,曹操建成了有灌溉、改良土壤、排洪防涝、交通运输等综合功能的河渠。如屯田区沿河渠展开,在与沿途粮仓交织在一起,为快速地运兵运粮提供了帮助。这一时期,屯田与漕运等交织在一起,最大限度地稳定了域内的社会秩序,满足了征伐方面的需求。曹操在经营河北时,有意识地建设有综合功能的河渠,为曹操长期保持军事上的优势起到了不可替代的作用。可以说,屯田与开挖河渠交织在一起,不但为广积粮粟做出了积极的贡献,而且解决了后勤转输时遇到的难题。从这样的角度看,屯田与开挖河渠是曹操保持政治、军事、经济等优势的战略支撑点。在这中间,从开凿方便转运军事物资的河渠,到利用河渠进行屯田,在长期的军事斗争过程中,曹魏通过屯田和河渠建设,提升了国家的经济实力,达到了以战养战的目的。

与其他区域相比,淮南屯田明显具有屯田和漕运相结合的特点,根据这一情况,有必要进行专门的论述。

对于曹操政治军事集团而言,在淮南屯田有双重意义:一是可以有效地建立遏制东吴的防线,阻止孙权来犯;二是可以就地获取粮草,随时可沿淮南一带的水路运兵运粮南下,为经营东南作战略准备。黄初五年(224)八月,魏文帝曹丕亲自到淮南重镇寿春(在今安徽寿县)谋划征伐东吴事宜,这一事实从一个侧面说明了在淮南屯田有现成的水路可供运兵运粮,故史有"为水军,亲御龙舟,循蔡、颍,浮淮,幸寿春"②之说。

从形势上看,淮南屯田可分为两个阶段。第一阶段以民屯为主,始自刘馥任扬州刺史之时。第二阶段以建安十四年(209)孙权进攻合肥为节点,经此,淮南一带的屯垦进入军屯时期。

先看看淮南屯田第一阶段的情况。曹操占据黄河以南的地区以后,淮南一带成为曹操与东吴政治军事集团重点争夺的区域。为了控制江、淮,刘馥奉曹操之命,出任扬州刺史,在此基础上揭开了淮南民屯的序幕。

淮南成为曹操重点经营的屯田区,是有历史原因的,主要有两点:一是淮南有春秋时期楚国令尹孙叔敖兴修的水利工程芍陂;二是淮南屯田有悠久的传统,如东汉王景任庐江太守

---

① 唐·房玄龄等《晋书·食货志》,北京:中华书局1974年版,第784页。
② 晋·陈寿《三国志·魏书》,北京:中华书局1982年版,第84页。

时,曾在此屯田。史称:"明年,迁庐江太守。先是,百姓不知牛耕,致地力有余而食常不足。郡界有楚相孙叔敖所起芍陂稻田。景乃驱率吏民,修起芜废,教用犁耕,由是垦辟倍多,境内丰给。遂铭石刻誓,令民知常禁。又训令蚕织,为作法制,皆著于乡亭,庐江传其文辞。"①所谓"明年",是指汉章帝建初八年(83)。王景任庐江太守后,重修了芍陂,在此基础上开始屯田,进而形成了"由是垦辟倍多,境内丰给"的局面。不过,杜佑认为王景任庐江太守有更早的时间。杜佑记载:"后汉章帝建初中,王景为庐江太守。郡部安丰县有楚孙叔敖所起芍陂,先是荒废,景重修之,境内丰给。"②建初是汉章帝的年号,共九年,王景重修芍陂应发生建初四年或五年。

刘馥上任后,主要采取了四个方面的措施:一是建造郡城合肥(在今安徽合肥),稳定了社会秩序;二是安顿流民,在此基础上屯田,恢复了当地的农业生产;三是重修或兴修水利设施,为农业生产提供了保障;四是高筑城垒,积极地应对可能发生的战争。史称:"后孙策所置庐江太守李述攻杀扬州刺史严象,庐江梅乾、雷绪、陈兰等聚众数万在江、淮间,郡县残破。太祖方有袁绍之难,谓馥可任以东南之事,遂表为扬州刺史。馥既受命,单马造合肥空城,建立州治,南怀绪等,皆安集之,贡献相继。数年中恩化大行,百姓乐其政,流民越江山而归者以万数。于是聚诸生,立学校,广屯田,兴治芍陂及茹陂、七门、吴塘诸堨以溉稻田,官民有畜。又高为城垒,多积木石,编作草苫数千万枚,益贮鱼膏数千斛,为战守备。"③所谓"太祖方有袁绍之难",是说建安四年六月,曹操与袁绍在官渡相持,至次年十月,曹操奇袭袁绍乌巢(在今河南封丘西)粮仓,继而击溃袁绍。孙策死于建安五年五月,据此当知,刘馥淮南屯田发生在建安四年。因"广屯田"与安定生产秩序、安置流民等联系在一起,故此时的屯田属于民屯。史有"既而又以沛国刘馥为扬州刺史,镇合肥,广屯田,修芍陂、茹陂、七门、吴塘诸堨,以溉稻田,公私有蓄,历代为利"④之说,重修芍陂、茹陂、七门、吴塘等水利工程与民屯结合在一起,稳定了当地的社会秩序和政治秩序。

淮南屯田的第二阶段始于建安十四年。建安十三年(208)刘馥去世,次年,孙权进攻合肥,淮南沦为曹操与孙权争夺的主战场。在这中间,曹操率大军与孙权于合肥大战,严重地破坏了芍陂一带的屯田秩序。史称:"建安十四年,曹操引水军自涡入淮,出肥水,军合肥,开芍陂屯田。"⑤曹操重新恢复对合肥的统治后,重开芍陂屯田,从"军合肥,开芍陂屯田"看,此时的屯田应为军屯。

什么叫陂?陂,主要指环形的堤坝。胡渭论述道:"陂亦堤也,而实不同。川两厓筑堤,

---

① 刘宋·范晔《后汉书·循吏传》,北京:中华书局1965年版,第2466页。
② 唐·杜佑《通典·食货二》,杭州:浙江古籍出版社1988年版,第17页。
③ 晋·陈寿《三国志·魏书》,北京:中华书局1982年版,第463页。
④ 唐·房玄龄等《晋书·食货志》,北京:中华书局1974年版,第784页。
⑤ 元·马端临《文献通考·田赋考七》,杭州:浙江古籍出版社1988年版,第74页。

制其旁溢,陂则环泽而堤之,此其所以异也。陂必有水门,以时蓄泄。考之传记,寿春芍陂,楚相孙叔敖作,有五门。隋赵轨修之,更开三十六门。"①从"陂则环泽而堤之"不难发现,刘馥重修芍陂、茹陂等,主要是用筑堤的方式,将流向低洼处的河流蓄积起来,用于农田灌溉。然而,有其利必有其弊。胡渭论述道:"穰县钳卢陂,汉南阳太守召信臣作,有六石门,号为六门陂。山阴镜湖,会稽太守马臻作,筑塘周回三百里,疏为二门,其北堤石闼二,阴沟十九,南堤阴沟十四。盖皆古法也,川水暴至,则开高门受水,使水得游荡陂中,以分杀其怒;川平则仍闭以蓄水,遇旱即开下门以溉田。利民之事,无大于此者,故《易》曰'说万物者,莫说乎泽'。贾让言:内黄界有泽,方数十里,环之有堤,太守以赋民,民起庐舍其中。盖自战国开阡陌、尽地力,即有废泽以为田者。其后翟方进坏汝南鸿隙陂,而郡人怨之。谢灵运求会稽回踵、岯崲二湖以为田,而太守不许。陂之不可废也如此。近世逐利而忘害,古时潴水之地,无尺寸不耕,而昧其昔之为陂泽矣。就《禹贡》所载言之,荥播塞为平地,非人之罪。余若大陆、雷夏、大野、震泽、菏泽,皆失其旧,大抵由围田所致,而他泽从可知已。夫子之论政也,曰:无见小利,见小利则大事不成。今废泽以为田,而百川决溢,人无宁居,岁数不登,皆谋国者见小利之害也。"②通过列举各地建造陂塘的情况,胡渭认为,一味地围垦破坏自然,势必带来"百川决溢,人无宁居,岁数不登"的严重后果。应该说,这一认识是有见地的。

综上所述,淮南屯田具有四个基本特征,这四个特征可谓是囊括了曹操屯田时的主要方面。

其一,淮南屯田从民屯开始,后进入军屯阶段。军屯和民屯作为曹操屯田的基本方式,在淮南屯田中得到了充分的反映。如在淮南屯田的过程中,采取了安置流民及劝耕等一系列的措施。具体地讲,民屯是发展农业的重要举措,通过为百姓及流民提供必要的生产资料,在安置百姓及流民的基础上,为农业经济发展和繁荣提供了强有力的支撑。军屯即建立一支寓兵于农的军队,有效地增加了粮草储备,减轻了百姓的赋税负担,稳定了社会经济秩序。

其二,淮南屯田带有边地和内地屯垦的双重特点。具体地讲,曹操屯田可分为边地和内地两个方面。边地屯田,主要集中在与其他政治军事集团交界的地方,如关中、淮南等地的屯田。内地屯田,主要集中在其统治的核心区域如河南、河北两地,其中河南屯田集中在许昌、颍川及洛阳等地,河北屯田集中在以邺城为中心的区域。不过,伴随着曹操统治区域的扩大,淮南已由边地变为内地。

其三,淮南屯田时,以兴修有灌溉功能的河渠为先导,通过改善统治区域内的农业生产条件,实现了广积粮草的目标。在这一过程中,在淮南开展屯田,除了淮南有良好的屯垦条件外,更重要的是,淮南有便利的水上交通,在此屯田方便漕运,可以最大限度地节约人力资

---

① 清·胡渭《禹贡锥指》(邹逸麟整理),上海:上海古籍出版社2006年版,第650页。
② 同①。

源,提升转输粮草及军事物资速度,保持军事斗争中的优势。

其四,淮南有发达的水上交通网,在此屯田可分散屯粮,在减轻仓廪建设压力的同时,可以快捷的方式统筹军需物资及粮草的转运,及时保障战争中的需求。

总之,淮南屯田在曹操政权建设中具有特殊的意义。具体地讲,从开挖河渠为运兵运粮服务到注重建设河渠的灌溉、排洪防涝、改良土壤、交通运输等综合功能,从简单地屯田到全面地推广屯田即实行军屯和民屯,屯田在曹操进行政权建设起到了关键性的作用,同时也为曹操将农业生产区从黄河流域扩展到淮河流域,进而保持政治稳定和经济发展奠定了坚实的基础。可以说,兴修河渠和屯田在曹操政权建设方面具有不可替代的作用,开创了统治区域内的政治稳定和经济繁荣的新局面。

主要参考文献

[1] 安作璋.中国运河文化史[M].济南:山东教育出版社,2001.

[2] 班固.汉书[M].北京:中华书局,1962.

[3] 班固.两都赋[M]//萧统.文选.北京:商务印书馆,1959.

[4] 鲍彪.战国策注[M]//四库全书:第406册.上海:上海古籍出版社,1987.

[5] 毕沅.关中胜迹图志[M]//四库全书:第588册.上海:上海古籍出版社,1987.

[6] 毕沅.续资治通鉴[M].北京:中华书局,1957,第2475页.

[7] 蔡泰彬.晚明黄河水患与潘季驯之治河[M].新北:台湾花木兰文化出版社,2011.

[8] 曾巩.曾巩集[M].陈杏珍,晁继周,点校.北京:中华书局,1984.

[9] 陈开虞.康熙江宁府志[M].南京:南京出版社,2011.

[10] 陈梦家.汉简缀述[M].北京:中华书局,1980.

[11] 陈桥驿.中国运河开发史[M].北京:中华书局,2008.

[12] 陈寿.三国志[M].北京:中华书局,1959.

[13] 陈直.三辅黄图校证[M].西安:陕西人民出版社,1980.

[14] 程大昌.雍录[M].黄永年,点校.北京:中华书局,2002.

[15] 程大昌.禹贡后论[M]//四库全书:第56册.上海:上海古籍出版社,1987.

[16] 程大昌.禹贡论[M]//四库全书:第56册.上海:上海古籍出版社,1987.

[17] 程颢,程颐.二程集[M].王孝鱼,点校.北京:中华书局,1981.

[18] 单锷.吴中水利书[M]//四库全书:第578册.上海:上海古籍出版社,1987.

[19] 董仲舒.春秋繁露[M].上海:上海古籍出版社,1989.

[20] 杜佑.通典[M].杭州:浙江古籍出版社,1988.

[21] 范传贤,杨世钰,赵德馨.中国经济通史[M].长沙:湖南人民出版社,2002.

[22] 范晔.后汉书[M].北京:中华书局,1965.

[23] 方诗铭,王修龄.古本竹书纪年辑证[M].上海:上海古籍出版社,2005.

[24] 方以智.通雅[M]//四库全书:第857册.上海:上海古籍出版社,1987.

[25] 房玄龄,等.晋书[M].北京:中华书局,1974.

[26] 傅寅.禹贡说断[M]//四库全书:第57册.上海:上海古籍出版社,1987.

[27] 傅泽洪.行水金鉴[M]//四库全书:第581册.上海:上海古籍出版社,1987.

[28] 高江涛.考古学视角的大禹与大禹治水[J].史志学刊,2015:4.

[29] 葛洪.西京杂记[M]//笔记小说大观:第1册.扬州:江苏广陵古籍刻印社,1984.

[30] 谷应泰.明史纪事本末[M].北京:中华书局,1977.

[31] 顾颉刚.古史辨[M].上海:上海古籍出版社,1981.

[32] 顾起元.客座赘语[M].孔一,校点.上海:上海古籍出版社,2012.

[33] 顾祖禹.读史方舆纪要[M].贺次君,施和金,点校.北京:中华书局,2005.

[34] 郭茂倩.乐府诗集[M].北京:中华书局,1979.

[35] 郭沫若.古代用牲之最高记录[M]//郭沫若全集.北京:人民出版社,1982.

[36] 何建章.战国策注释[M].北京:中华书局,1990.

[37] 和珅,等.钦定大清一统志[M]//四库全书:第474册.上海:上海古籍出版社,1987.

[38] 贺次君.括地志辑校[M].北京:中华书局,1980.

[39] 胡道静.梦溪笔谈校证[M].上海:上海古籍出版社,1987.

[40] 胡广,等.钞本明实录[M].北京:线装书局,2005.

[41] 胡渭.禹贡锥指[M].邹逸麟,整理.上海:上海古籍出版社,2006.

[42] 胡仔.苕溪渔隐丛话前集[M].廖德明,校点.北京:人民文学出版社,1962.

[43] 桓宽.盐铁论[M]//王利器.盐铁论校注.北京:中华书局,1992.

[44] 黄怀信,张懋镕,田旭东.逸周书汇校集注[M].上海:上海古籍出版社,2007.

[45] 黄仁宇.明代的漕运[M].张皓,张升,译.北京:新星出版社,2005.

[46] 黄盛璋.历史地理论集[M].北京:人民出版社,1982.

[47] 黄镇成.尚书通考[M]//四库全书:第62册.上海:上海古籍出版社,1987.

[48] 黄宗羲.明儒学案[M].北京:中华书局,1985.

[49] 纪昀,等.钦定四库全书总目[M].四库全书研究所,整理.北京:中华书局,1997.

[50] 贾谊.论积贮疏[M]//王洲明,徐超.贾谊集校注.北京:人民文学出版社,1996.

[51] 江藩.国朝汉学师承记[M].钟哲,整理.北京:中华书局,1983.

[52] 觉罗石麟,储大文,等.山西通志[M]//四库全书:第543册.上海:上海古籍出版社,1987.

[53] 乐史.太平寰宇记[M].王文楚,等,校点.北京:中华书局,2007.

[54] 李翱.来南录[M]//董诰,等.全唐文.北京:中华书局,1983.

[55] 李百药,等.北齐书[M].北京:中华书局,1972.

[56] 李步嘉.越绝书校释[M].北京:中华书局,2013.

[57] 李昉.太平御览[M].北京:中华书局,1960.

[58] 李吉甫.元和郡县图志[M].贺次君,点校.北京:中华书局,1983.

[59] 李绅.入扬州郭[M]//全唐诗.北京:中华书局,1960.

[60] 李焘.续资治通鉴长编[M].北京:中华书局,2004.

[61] 李贤,等.明一统志[M]//四库全书:第472册.上海:上海古籍出版社,1987.

[62] 李学勤.清华简九篇综述[J].文物,2010:5.

[63] 梁方仲.中国历代户口、田地、田赋统计[M].上海:上海人民出版社,1980.

[64] 梁益.诗传旁通[M]//四库全书:第76册.上海:上海古籍出版社,1987.

[65] 刘琳.华阳国志校注[M].成都:巴蜀书社,1984.

[66] 刘昫,等.旧唐书[M].北京:中华书局,1975.

[67] 刘晏.遗元载书[M]//董诰,等.全唐文.北京:中华书局,1983.

[68] 刘于义,沈青崖,等.陕西通志[M]//四库全书:第553册.上海:上海古籍出版社,1987.

[69] 陆广微.吴地记[M].曹林娣,校注.南京:江苏古籍出版社,1999.

[70] 陆翙.邺中记[M]//四库全书:第463册.上海:上海古籍出版社,1987.

[71] 陆游.老学庵笔记[M]//陆放翁全集.北京:中国书店1986.

[72] 马承源.上海博物馆藏战国楚竹书(二)[M].上海古籍出版社,2002.

[73] 马承源.上海博物馆藏战国楚竹书(一)[M].上海古籍出版社,2001.

[74] 马端临.文献通考[M].杭州:浙江古籍出版社,1988.

[75] 毛晃.禹贡指南[M]//四库全书:第56册.上海:上海古籍出版社,1987.

[76] 枚乘.七发[M]//萧统.文选.上海:商务印书馆,1936.

[77] 内藤虎次郎,等.先秦经籍考[M].江侠庵,编译.上海:商务印书馆,1931.

[78] 欧阳忞.舆地广记[M].李勇先,王小红,校注.成都:四川大学出版社,2003.

[79] 欧阳修,等.新唐书[M].北京:中华书局,1975.

[80] 彭邦本.从大禹到李冰:上古水利理念初探——以古蜀治水史迹及其影响为中心[C]//纪念都江堰建堰2260周年国际学术论坛论文选编.北京:中国水利水电出版社,2005.

[81] 彭大翼.山堂肆考[M]//四库全书:第975册.上海:上海古籍出版社,1987.

[82] 钱大昕.潜研堂文集[M]//续修四库全书:第1438册.上海:上海古籍出版社,2002.

[83] 钱文子.汉唐制度[M]//解缙,等.永乐大典:第7册.北京:中华书局,1986.

[84] 秦建明,杨政,赵荣.陕西泾阳县秦郑国渠首拦河坝工程遗址调查[J].考古,2006:4.

[85] 秦中行.秦郑国渠渠首遗址调查记[J].文物,1974:7.

[86] 青山定雄.唐宋时代的交通与地志地图的研究[M].东京:吉川弘文馆,1972.

[87] 清华大学出土文献研究与保护中心,李学勤.清华大学藏战国竹简(一)[M].上海:中西书局,2010.

[88] 清华大学出土文献研究与保护中心.清华大学藏战国竹简〈保训〉释文[J].文物,2009:6.

[89] 丘浚.大学衍义补[M].林冠群,周济夫.校点.北京:京华出版社,1999.

[90] 裘锡圭.中国出土古文献十讲[M].上海:复旦大学出版社,2004.

[91] 阮元.十三经注疏[M].北京:中华书局,1980.

[92] 沈炳巽.水经注集释订讹[M]//四库全书:第574册.上海:上海古籍出版社,1987.

[93] 沈德符.万历野获编[M].北京:中华书局,1959.

[94] 沈约.宋书[M].北京:中华书局,1974.

[95] 施宿,等.会稽志[M]//四库全书:第486册.上海:上海古籍出版社,1987.

[96] 石一参.管子今诠[M].北京:中国书店,1988.

[97] 史能之.咸淳毗陵志[M].朱玉林,张平生.点校.扬州:广陵书社,2005.
[98] 史念海.河山集[M].北京:三联书店,1963.
[99] 司马光.资治通鉴[M].邬国义,校点.上海:上海古籍出版社,1997.
[100] 司马迁.史记[M].北京:中华书局,1982.
[101] 司马相如.上林赋[M]//萧统.文选.北京:商务印书馆,1959.
[102] 宋濂,等.元史[M].北京:中华书局,1976.
[103] 宋正海,高建国,孙关龙,等.中国古代自然灾民动态分析[M].合肥:安徽教育出版社,2002.
[104] 孙星衍.汉官六种[M]//续修四库全书:第746册.上海:上海古籍出版社,2002.
[105] 谭其骧.黄河与运河的变迁[J].地理知识,1955:8.
[106] 谭其骧.长水集[M].北京:人民出版社,2011.
[107] 唐晏.两汉三国学案[M].中华书局,1986.
[108] 唐元海.淮河志[M].北京:科学出版社,2001.
[109] 田文镜,王士俊,孙灏,等.河南通志[M]//四库全书:第535册.上海:上海古籍出版社,1987.
[110] 脱脱,等.宋史[M].北京:中华书局,1985.
[111] 王昌龄.客广陵[M]//全唐诗.北京:中华书局,1960.
[112] 王昌龄.宿京江口期刘眘虚不至[M]//全唐诗.北京:中华书局,1960.
[113] 王成组.中国地理学史[M].北京:商务印书馆,1982.
[114] 王存.元丰九域志[M].王文楚,魏嵩山,点校.北京:中华书局,1984.
[115] 王鸣盛.十七史商榷[M].黄曙辉,点校.上海:上海书店出版社,2005.
[116] 王溥.唐会要[M].北京:中华书局,1955.
[117] 王樵.尚书日记[M]//四库全书:第64册.上海:上海古籍出版社,1987.
[118] 王钦若,等.册府元龟[M].北京:中华书局,1960.
[119] 魏收.魏书[M].北京:中华书局,1974.
[120] 魏徵,等.隋书[M].北京:中华书局,1973.
[121] 吴澄.书纂言[M]//四库全书:第61册.上海:上海古籍出版社,1987.
[122] 吴自牧.梦粱录[M].杭州:浙江人民出版社,1980.
[123] 萧良干,张元忭,等.万历绍兴府志[M]//四库全书存目丛书:第201册.济南:齐鲁书社,1997.
[124] 辛德勇.西汉时期陕西航运之地理研究[M]//历史地理:第21辑.上海:上海人民出版社,2006.
[125] 辛树帜.禹贡新解[M].北京:农业出版社,1964.
[126] 辛树帜.禹贡制作年代的分析[J].西北农学院学报,1957:3.
[127] 星斌夫.大运河[M].东京:近藤出版社,1971.
[128] 徐汉兴,樊连法,顾明杰.对长江潮区界与潮流界的研究[J].水运研究,2012:6.

[129] 徐天麟.西汉会要[M].上海:上海古籍出版社,2006.

[130] 徐文靖.禹贡会笺[M]//四库全书:68册.上海:上海古籍出版社,1987.

[131] 徐元诰.国语集解[M].王树民,沈长云,点校.北京:中华书局,2002.

[132] 徐鼒.读书杂释[M].阎振益,钟夏,点校.北京:中华书局,1997.

[133] 许慎.说文解字[M].北京:中华书局,1963.

[134] 薛平拴.陕西历史人口地理[M].北京:人民出版社,2001.

[135] 严耕望.唐代交通图考:第五卷[M].上海:上海古籍出版社,2007.

[136] 阎若璩.尚书古文疏证[M].黄怀信,吕翊欣,校点.上海:上海古籍出版社,2010.

[137] 扬雄.河东赋[M]//费振刚,等.全汉赋.北京:北京大学出版社,1993.

[138] 杨剑虹.从居延汉简看西汉在西北的屯田[J].西北史地,1984:2.

[139] 杨守敬,熊会贞.水经注疏[M].段熙仲,点校.陈桥驿,复校.南京:江苏古籍出版社,1989.

[140] 杨勇.洛阳伽蓝记校笺[M].北京:中华书局,2006.

[141] 姚之骃.后汉书补逸[M]//四库全书:第402册.上海:上海古籍出版社,1987.

[142] 于敏中.日下旧闻考[M].北京:北京古籍出版社,1981.

[143] 俞希鲁.至顺镇江志[M].杨积庆,等,校点.南京:江苏古籍出版社,1999.

[144] 袁枚.随园随笔[M].王英志.袁枚全集:第5册.南京:江苏古籍出版社,1993.

[145] 岳浚,杜诏,等.山东通志[M]//四库全书:第540册.上海:上海古籍出版社,1987.

[146] 张衡.东京赋[M]//萧统.文选.北京:商务印书馆,1959.

[147] 张可礼.三曹年谱[M].济南:齐鲁书社,1983.

[148] 张强.道德伦理的政治化与秦汉统治术[J].北京大学学报,2003:2.

[149] 张强.帝王思维与经学思维模式[J].南京师范大学文学院学报,2004:2.

[150] 张强.帝王思维与阴阳五行思维模式[J].晋阳学刊,2001:2.

[151] 张强.董仲舒的天人理论与君权神授[J].江西社会科学,2002:2.

[152] 张强.汉武帝与文治[J].江苏社会科学,1997:6.

[153] 张强.论西汉前期的天人思想[J].河北师范大学学报,2001:2.

[154] 张强.司马迁的通变观与五德终始说[J].南京师范大学学报,2005:4.

[155] 张强.司马迁与〈春秋〉学之关系论[J].南京大学学报,2005:4.

[156] 张强.西汉帝王与帝王之学及经学之关系[J].淮阴师范学院学报,2001:2.

[157] 张强.阴阳五行说的历史与宇宙生成模式[J].湖北大学学报,2001:5.

[158] 张廷玉,等.明史[M].北京:中华书局,1974.

[159] 张玉书,陈廷敬,等.钦定佩文韵府[M]//四库全书:第1026册.上海:上海古籍出版社,1987.

[160] 章潢.图书编[M]//四库全书:第970册.上海:上海古籍出版社,1987.

[161] 章如愚.群书考索后集[M]//四库全书:第937册.上海:上海古籍出版社,1987.

[162] 赵尔巽,等.清史稿[M].北京:中华书局,1977.

[163] 赵弘恩,黄之隽,等.江南通志[M]//四库全书:第508册.上海:上海古籍出版社,1987.

[164] 赵荣,秦建明.秦郑国渠大坝的发现与渠首建筑特征[J].西北大学学报(自然科学版),1987:1.

[165] 赵晔.吴越春秋[M].苗麓,校点.南京:江苏古籍出版社,1999.

[166] 赵一清.水经注笺刊误[M]//四库全书:第575册.上海:上海古籍出版社,1987.

[167] 赵翼.廿二史札记[M].王树民.廿二史札记校证.北京:中华书局,1984.

[168] 郑樵.通志[M].杭州:浙江古籍出版社,1988.

[169] 郑肇经.中国水利史[M].上海:上海书店,1984.

[170] 周祈.名义考[M]//四库全书:第856册.上海:上海古籍出版社,1987.

[171] 周应合.景定建康志[M]//四库全书:第489册.上海:上海古籍出版社,1987.

[172] 朱鹤龄.禹贡长笺[M]//四库全书:第67册.上海:上海古籍出版社,1987.

[173] 朱熹.偶读漫记[M].朱杰人,严佐炎,刘永翔.朱子全书:第24册.上海:上海古籍出版社,2010.

[174] 朱熹.四书章句集注[M]//朱杰人,严佐炎,刘永翔.朱子全书:第6册.上海:上海古籍出版社,2010.

后 记

掐指一算,这本书已断断续续写了二十年。古人云:十年磨一剑。然而,我用二十年的时间才勉强完成,内心多有苍凉之感。在这期间,运河学由冷门成为热门,由邹逸麟先生总主编的《中国运河志》业已出版发行。

我是学古代文学的,之所以要跨界,是因为古人一向把史学视为文学的一部分。近代以后,国人以西方的文学观为标杆,开始把史学从文学中剥离出来,不过,文学史家叙述文学史时,依旧把文学发生的历史追溯到史学那里。可以说,如果没有《尚书》《周易》《春秋》《左传》《战国策》《史记》等支撑的话,先秦及秦汉文学将无法正确地叙述和书写。更重要的是,要想深入地研究古代作家并揭示其作品的内涵,需要关注特定时代的政治、经济、军事、文化等。也就是说,史学既是中国古代文学的一部分,也是古代文学研究的必要手段及武器,正因为如此,我干脆把运河和漕运纳入自己的研究范围。

撰写《中国运河与漕运研究》,得到诸多师友的帮助和关心。首先,要感谢文史大家卞孝萱先生。卞先生与胡阿祥兄主编《国学四十讲》(湖北人民出版社2008年版)以后,立即把《新编国学三十讲》提上了议事日程。在先生的安排下,我承担了撰写《运河学》的任务。很显然,先生这样做是为了奖掖后进,提升我的研究能力。自此,运河及漕运成为我进行科学研究的重要方面。可惜,卞先生已于2009年9月作古,无法看到此书了。其次,要感谢美学家吴功正先生。在我生病期间,吴先生经常打电话问候。令人感动的是,此时吴先生已到了生命的最后关头,还在全力修订他从先秦到明清多卷本的断代美学史著作,同时依旧不忘关心晚生。还要感谢小说研究大家萧相恺先生,在我生病期间,萧先生不时地打电话问候。在我生病期间,莫砺锋先生和程章灿先生代表南京大学中国古代文学和古代文献专业同人对我表示了慰问和关怀。要感谢汤漳平先生、徐志啸先生、林家骊先生、黄灵庚先生、赵敏俐先生、姚小鸥先生、党圣元先生、曹书杰先生、姚文放先生、李昌集先生、马亚中先生、方铭先生、徐兴无先生、吴兆路先生、黄震云先生、骆冬青先生、程国赋先生、方向东先生、多洛肯先生、韩璞庚先生、李静先生、王占通先生、赵辉先生、任刚先生、程杰先生、刘士林先生、范子晔先生、张新科先生、李浩先生等,他们都给予了我极大的关心、支持和帮助。还要感谢出版社的薛春民先生、冀彩霞女士、孙蓉女士、雷丹女士、王骞先生、李江彬女士、王冰先生等,他们在这本书的出版过程中,付出了极大的心血和努力。最后特别要感谢的是陕西师范大学教授朱士光先生、南京大学教授范金民先生,他们在本书申请2019年国家出版基金项目时写了推荐意见。

总之,需要感谢的师友太多了,正是因为有了你们的关心,此书才得以付梓。

张 强

2019 年 1 月 20 日